Angela Dinghaus (Hrsg.)
Frauenwelten

Frauenwelten

Biographisch-historische Skizzen aus Niedersachsen

Herausgegeben von
Angela Dinghaus

1993
Georg Olms Verlag
Hildesheim · Zürich · New York

Umschlagmotiv: Portraitstudie, Kohledruck um 1920, von Aenne Heise.

*

*

Gedruckt mit freundlicher Unterstützung der Niedersächsischen Sparkassenstiftung, Hannover.

Printed in Germany
Gedruckt auf säurefreiem Papier
Umschlaggestaltung: Barbara Gutjahr, Hamburg
Herstellung: Druckerei Friedr. Schmücker GmbH, 4573 Löningen
ISBN 3-487-09727-3

Inhaltsverzeichnis

Vorwort

Lebensbilder von Frauen aus Niedersachsen stehen im Mittelpunkt dieser Arbeit, die vor einigen Jahren vom damaligen Ministerium für Wissenschaft und Kunst angeregt wurde. Angela Dinghaus übernahm die Aufgaben der Herausgeberin. Sie hat auch die unterschiedlichen Biographien in größere Zusammenhänge eingeordnet. Die biographischen Skizzen, die in diesem Buch präsentiert werden, sollen dazu dienen, eine breitere Öffentlichkeit für frauenspezifische Themen zu interessieren und den Ausbau einer historischen Frauen- und Geschlechterforschung in Niedersachsen zu fördern.

Der vorliegende Band wäre ohne die Unterstützung der Niedersächsischen Sparkassenstiftung, des Arbeitsamtes Hannover und der Universität Hannover sowie zahlreicher niedersächsischer Archive, Bibliotheken und Museen nicht zustande gekommen: den Stadtarchiven Hannover, Hildesheim, Göttingen, Hann. Münden und Braunschweig, dem Niedersächsischen Hauptstaatsarchiv Hannover, den Niedersächsischen Staatsarchiven Osnabrück und Wolfenbüttel, dem Kirchenkreisarchiv Göttingen, dem Universitätsarchiv Göttingen, dem Archiv des Friederikenstifts Hannover, der Niedersächsischen Landesbibliothek Hannover, der Staats- und Universitätsbibliothek Göttingen, der Stadtbibliothek Hannover, dem Historischen Museum Hannover und vielen anderen. Ihnen allen sei für die Unterstützung dieses Projektes herzlich gedankt.

Adelheid v. Saldern
Historisches Seminar
Universität Hannover

Danksagung

Bei den Autorinnen und Autoren bedanke ich mich für zahlreiche Anstöße, Hinweise und für ihre Mitarbeit. Wichtige Anregungen verdanke ich außerdem Karin Ehrich, Christiane Schröder, Kai Krüger und insbesondere Gunda Wolf.
Mein besonderer Dank gilt Adelheid von Saldern, die das Projekt kritisch begleitet hat und uns stets ermunternd mit Rat und Tat zur Seite stand.

Angela Dinghaus

Angela Dinghaus

Niedersachsens Frauen ...

Wer denkt da nicht an Persönlichkeiten wie Roswitha von Gandersheim, die Kurfürstin Sophie, Dorothea Schlözer und Caroline Herschel, Helene Lange, Ricarda Huch oder Paula Modersohn-Becker, um nur einige Frauen zu nennen, die auch überregional bekannt geworden sind, Frauen, deren Leben dokumentiert und oft beschrieben worden ist. Die Leserin und der Leser werden diese Biographien hier vergeblich suchen. Die Palette der Beiträge umfaßt weitgehend unbekannte Lebensbilder; berühmte Frauen aus Niedersachsens Geschichte fehlen nahezu vollständig.

Nach "bedeutsamen" Frauen aus dieser Region hat bereits 1929 Erich Rosendahl[1] Ausschau gehalten. Er versuchte, "weibliche Pendants" zu berühmten Männern Niedersachsens aufzuspüren, fand die "Heldin" und die "fromme Frau", und er folgte damit einer traditionellen Umgehensweise mit (Frauen)Biographien, die an dieser Stelle nicht fortgesetzt werden soll. "Heldinnen" werden im folgenden nicht präsentiert. Stattdessen sollen über Biographien von Frauen die spezifisch weiblichen Lebensverhältnisse aufgespürt werden, Lebensbedingungen, die für viele Frauen selbst bedeutsam gewesen sind und auch heute noch ein Stück weit ihren Alltag bestimmen. In diesem Rahmen haben die Biographien auch Beispielcharakter: Stellvertretend für die Situation vieler geben sie einen Einblick in die Geschichte von Frauen.[2]

---

1 Erich Rosendahl, Niedersachsens Frauen, Hannover 1929.

2 In der etablierten Geschichtsschreibung, sowohl in der traditionellen als auch in der neueren Sozialgeschichte, hat die Geschichtslosigkeit der Frau Tradition. Vorrangig identifiziert mit der allgemeinen Geschichte wurden die Handlungen und Erfahrungen von Männern. Angeregt durch die neue Frauenbewegung setzte sich seit den späten sechziger Jahren allmählich die Auffassung durch, daß nicht allein Männer, sondern auch Frauen, die andere "Hälfte" der Menschheit, eine Geschichte haben. Gefordert wird, daß die "Konsequenzen des Geschlechts" neben den sozialhistorischen Kategorien Klasse und Schicht einen gleichrangigen Stellenwert erhalten sollen. Vgl. dazu Gisela Bock, Diskussionsforum. Geschichte, Frauengeschichte, Geschlechtergeschichte, in: Geschichte und Gesellschaft. Zeitschrift für Historische Sozialwissenschaft, Jg.14/ 1988, S.364-391, S.364-367 u. S.374. Eine Literaturauswahl zur historischen Frauenforschung: Annette Kuhn, Das Geschlecht - eine historische Kategorie? in: Ilse Brehmer/ Juliane Jacobi-Dittrich/ Elke Kleinau/ Annette Kuhn (Hrsg.), Frauen in der Geschichte, Bd.4: "Wissen heißt leben...". Beiträge zur Bildungsgeschichte von Frauen im 18. und 19. Jahrhundert, Düsseldorf 1983, S.29ff.; Gerda Lerner, Welchen Platz nehmen Frauen in der Geschichte ein? Alte Definitionen und neue Aufgaben, in: Elisabeth List/ Herlinde Studer (Hrsg.), Denkverhältnisse, Feminismus und Kritik, Frankfurt/ M. 1989, S.334-352; Michelle Perrot (Hrsg.), Geschlecht und Geschichte. Ist eine weibliche Geschichtsschreibung möglich? Vorwort, Frankfurt/ M. 1989, S.15-27. Dieser Sammelband verdeutlicht Schwierigkeiten der Geschlechtergeschichtsschreibung, Quellenproblematik und Perspektiven; Brigitte Studer, Das Geschlechterverhältnis in der Geschichtsschreibung und in der Geschichte des 19. und 20. Jahrhunderts. Überlegungen zur Entwicklung der historischen Frauenforschung und zu ihrem Beitrag zur geschichtlichen Erkenntnis, in: Feministische Studien 1989, H.1, S.97-121. Zu Methoden, Fragestellungen, Perspektiven: Gisela Bock, Historische Frauenforschung: Fragestellungen und Perspektiven, in: Dies. (Hrsg.), Frauen suchen ihre Geschichte. Historische Studien zum 19. und 20. Jahrhundert, München 1987, S.24-61. Einen Forschungsüberblick zur historischen Frauenforschung geben Ute Frevert, Literaturbericht. Bewegung und Disziplin in der Frauengeschichte. Ein Forschungsbericht, in: Geschichte und Gesellschaft. Zeitschrift für Historische Sozialwissenschaft, Jg.14/ 1988, S.240-262; Annette Kuhn, Frauengeschichtsforschung, in: Aus Politik und Zeitgeschichte. Beilage zur Wochenzeitung Das Parlament, 17. August 1990, S.3-15. Die Methoden in der historischen Frauenforschung sind vielfältig: Ideen-, Politik-, Wirtschafts- und Sozialgeschichte, Mentalitäts- und Alltagsgeschichte (oral history), historische Demo-

Es ist den Versuch wert, der Geschichte von Frauen in einem regional überschaubaren Raum, also vor "Ort", nachzugehen. Niedersachsen, eine Schöpfung der Nachkriegszeit, bildet dabei einen sehr lockeren geographischen Bezug. Anknüpfungspunkte mögen häufig nur die Geburtsstadt oder ein paar Aufenthaltsjahre eines Frauenlebens sein. Ein Leben lang hielten sich die wenigsten Frauen, die hier vorgestellt werden, an einem Ort bzw. in einer Region auf. Dies gilt besonders für die Zeit des 19. und 20. Jahrhunderts. Ausschlaggebend bei der Auswahl der Biographien war auch nicht zwingend der "niedersächsische" Geburtsort, sondern mehr das Wirken von Frauen in oder ihre besondere Verbundenheit mit einem Ort des späteren Niedersachsens.

Eine Sammlung über niedersächsische Frauen kann ein Anfang sein, Lebensbilder von Frauen mit regionalem Bezug und unter frauengeschichtlicher Perspektive vorzustellen.[3] Streifzüge durch die Jahrhunderte beleuchten einige Lebensbereiche von Frauen, typische Lebensverhältnisse, doch sicherlich nicht in aller Bandbreite. Vieles bleibt zu tun übrig.

---

graphie, Familienforschung und biographische Materialien. Wesentlich ist die Formulierung neuer Fragestellungen, die Nutzbarmachung neuer Quellengattungen (Scheidungsakten, Steuerlisten, Nachrufe u.a.) sowie eine Neuinterpretation von Quellen (Bock, Geschlechtergeschichte, a.a.0., S.386f.). Ein eher traditioneller Ansatz in der Frauengeschichte ist die biographische Darstellung. Waren es zunächst überwiegend Einzelbiographien über sog. "bedeutende Frauen", so werden neuerdings unter sozialgeschichtlichem Blickwinkel Frauen als Gruppe, im Kollektiv, untersucht: Arbeiterinnen, Lehrerinnen, Dienstmädchen, Sozialdemokratinnen, Angestellte etc., mit dem Schwerpunkt: Unterschichten/ Erwerbstätigkeit (Studer, a.a.0., S.98). Gerade subjektive Erfahrungen von Frauen können über biographisches Material (Briefe, Tagebücher, Autobiographien, Interviews) erhellt werden (Lerner, Welchen Platz..., a.a.0., S.342).

3 Lokale Studien zur historischen Frauenforschung waren bereits ein Anfang. In den letzten Jahren wurden von verschiedenen Museen, Archiven, historischen Arbeitskreisen und Vereinen Projekte eingerichtet, die die Geschichte von Frauen zum Thema haben. Frauenforschungsprojekte gab und gibt es - um nur einige aus Niedersachsen anzusprechen - in den Städten Braunschweig, Göttingen, Oldenburg, Hildesheim, Hann. Münden, Nienburg und Barsinghausen. Auch Frauenstadtrundgänge gehören in einigen Städten mittlerweile zum Kulturprogramm. Regionale und lokale Frauenforschung ist noch ausbaufähig. Viele Archivmaterialien können unter diesen Aspekten und neuen Fragestellungen noch untersucht werden. In letzter Zeit erschienen über Frauen aus niedersächsischen Städten folgende (biographische) Studien: Christl Wickert, Zwischen Familie und Parlament. Sozialdemokratische Frauenarbeit in Südniedersachsen 1919-1950 am Beispiel von Hann. Münden und Einbeck, Kassel 1983; dazu auch: Cordula Tollmien, Die Geschichte der Arbeiterwohlfahrt in Hann. Münden, Volkmarshausen 1983; Gabriele Armenat, Frauen aus Braunschweig, Braunschweig 1987 (Kurzbiographien vom Mittelalter bis zum 20. Jahrhundert: Fürstinnen, Künstlerinnen, Schriftstellerinnen, Beginen, Hexen, gewerbliche Frauenarbeit, Frauenbewegung in Braunschweig); Marianne Koerner, Auf die Spur gekommen. Frauengeschichte in Göttingen, Neustadt Rbge. 1989 (Lokale Stadtgeschichte von 1750 - 1933: Hebammen, Dienstmädchen, Prostituierte, Arbeiterinnen, Marktfrauen, bürgerliche und konfessionelle Frauenvereine); Birgit Panke-Kochinke, "Dienen lerne beizeiten das Weib...". Frauengeschichten aus Osnabrück, Pfaffenweiler 1990 (17. bis 20. Jahrhundert: Hexenprozesse, Ehescheidung, uneheliche Mütter, Hebammen, Mädchenbildung, Lehrerinnen); Carola Gottschalck/ Heidrun Neukirchen (Hrsg.), Graupenschauer. Mündener Arbeiterfrauen erzählen aus ihrem Leben, Neustadt Rbge. 1990 (Lebensgeschichten von Arbeiterfrauen, geboren zwischen 1898 und 1936, aus Hann. Münden); Hiltrud Schroeder (Hrsg.), Sophie & Co. Bedeutende Frauen Hannovers. Biographische Portraits, Hannover 1991 (Biographien vom 17. bis 20. Jahrhundert: Fürstinnen, Wissenschaftlerinnen, Politikerinnen, Künstlerinnen, Lehrerinnen, Sozialarbeiterinnen). Zur bürgerlichen und proletarischen Frauenbewegung, zum Frauenalltag im Hamburg der Weimarer Republik und zu Beginn der Bundesrepublik: Karen Hagemann/ Jan Kolossa, Gleiche Rechte - Gleiche Pflichten? Ein Bilder-Lese-Buch zu Frauenalltag und Frauenbewegung in Hamburg, Hamburg 1990.

Unsere Auswahl von Frauen und die Fragen an ihre Biographien mögen zu einem besseren Verständnis von Frauengeschichte führen. Dabei war beabsichtigt, ein breiteres soziales Spektrum zu berücksichtigen - "biographiewürdig" sind schließlich nicht nur Angehörige höherer Gesellschaftsschichten. Zumindest in Ausschnitten soll auch Einblick in den Arbeitsalltag der großen Anzahl ärmerer Frauen gewährt werden; ihre Lebensbereiche und Erfahrungen sind beinahe in Vergessenheit geraten. Ferner wird versucht, soweit es das Material erlaubt, das Leben von Frauen mit all seinen Widersprüchen und gesellschaftlichen bzw. geschlechtlichen Schranken transparent zu machen. Denn ebenso wie soziale Kategorien prägte die Geschlechtszugehörigkeit die Lebenssituation von Frauen.
Biographien von Frauen können - sofern Quellen vorhanden sind - veranschaulichen, wie Frauen mit dem vorgegebenen gesellschaftlichen Weiblichkeitsideal umgingen, in welchem Ausmaß sie sich arrangierten und welche Bedingungen gegebenenfalls erforderlich waren, um ansatzweise alternative Lebensformen zu entwickeln. Viele wurden bei ihren Versuchen, ein für Frauen eher unkonventionelles Leben zu führen, die "Weiblichkeitsnormen" nicht oder nur bedingt zu erfüllen, sogar unterstützt. Die niveaulose Mädchenbildung beispielsweise konnte manches Mal unterlaufen werden - Eltern, Freunde und Verwandte förderten oft entsprechende Initiativen der Mädchen. Ein Teil der Frauen war trotz rechtlicher Einschränkungen durchaus in der Lage, die gesellschaftlich vorgegebenen Rollenideale zu hinterfragen.
Es ist viel darüber gesagt und geschrieben worden, wie eine Frau zu sein hat; doch wie sahen die Leitbilder aus der Perspektive der Frauen aus? Welche Erfahrungen machten sie, wie deuteten sie die Realität, welche Lebensentwürfe wurden konzipiert? Fragen nach den Handlungsspielräumen und subjektiven Denkweisen von Frauen können in diesem Rahmen nur ansatzweise aufgeworfen und beantwortet werden. Innerhalb des großen zeitlichen Rahmens werfen die einzelnen Beiträge Schlaglichter auf.[4]
Die Quellen - oft müssen sie "gegen den Strich" gelesen werden - setzen sich aus einem breiten Spektrum zusammen. Erwähnenswert sind die biographischen Materialien aus "erster Hand" wie Autobiographien, Memoiren, Tagebücher, Briefe, Interviews und expressionistische Dokumente aus Kunst und Literatur. Biographische Quellen aus "zweiter Hand" vervollständigen das Bild. Zu ihnen zählen Biogra-

---

4 Es sollte auch berücksichtigt werden, daß Lebensbeschreibungen aus der Retrospektive, ob Biographie oder Autobiographie, leicht ein schiefes Bild ergeben. Zur Intention bzw. Motivation von Biographen und Biographinnen vgl. Walter Markow, Beim Schreiben einer Biographie..., in: Grete Klingenstein/ Heinrich Lutz/ Gerald Stourzh (Hrsg.), Biographie und Geschichtswissenschaft. Aufsätze zur Theorie und Praxis biographischer Arbeit, München 1979, S.242-253; Alan John Percivale Taylor, The historian as biographer, in: Grete Klingenstein/ Heinrich Lutz/ Gerald Stourzh (Hrsg.), Biographie und Geschichtswissenschaft. Aufsätze zur Theorie und Praxis biographischer Arbeit, München 1979, S.254-261. Zum Umgang mit biographischen Materialien vgl. u.a. Martin Kohli, Erwartungen an eine Soziologie des Lebenslaufs, in: Ders. (Hrsg.), Soziologie des Lebenslaufs, Darmstadt und Neuwied 1978, S.9-31; Erika M. Hoerning, Lebensereignisse: Übergänge im Lebenslauf, in: Wolfgang Voges (Hrsg.), Methoden der Biographie- und Lebenslaufforschung, Opladen 1987, S.231-259, S.231f.; Wolfram Fischer/ Martin Kohli, Biographieforschung, in: Wolfgang Voges (Hrsg.), Methoden der Biographie- und Lebenslaufforschung, Opladen 1987, S.23-49.

phien, Nachrufe und Zeitungsberichte, Urkunden, Chroniken, Kirchenbücher und Personalakten sowie amtliche und nichtamtliche Protokolle wie Strafprozeßakten, Scheidungsakten, Eheverträge und Eheklagen. Die Basis der einzelnen Arbeiten bildeten sowohl unveröffentlichte Quellen aus Archivbeständen oder Privatbesitz als auch veröffentlichte Quellen und zum Teil neuere Forschungsergebnisse aus Magisterarbeiten, Dissertationen sowie lokalen Projekten zur Frauengeschichte.

Spezielle Einführungen zu den einzelnen Kapiteln sollen verdeutlichen, wie es um die gesellschaftliche, rechtliche und soziale Situation von Frauen bestellt war. Dabei kann es sich nicht um eine Sozialgeschichte d e r Frauen handeln,[5] sondern um ausgewählte Aspekte, die historische und soziale Bezüge zu den jeweils folgenden Frauenbiographien herstellen sollen.
Ohne die Individualität einer Persönlichkeit in den Hintergrund zu drängen, weist eine Lebensgeschichte meist auch Typisches auf und ist nicht zu lösen vom jeweiligen historischen und sozialen Kontext.[6]
Die Lebenswege von bürgerlichen Frauen, die in dem Kapitel "Erziehung, Emanzipation und bürgerliche Sozialarbeit" zusammengefaßt sind, können auch stellvertretend für bestimmte Leitideen und Lebensverhältnisse von Frauen aus dem Bürgertum des 19. und beginnenden 20. Jahrhunderts herangezogen werden. In dem Bereich "Arbeit und Alltag" geht es vorrangig um ausgesuchte spezifische Arbeits- und Lebensverhältnisse von Frauen aus den gesellschaftlichen Unterschichten; über ihren Arbeitsalltag ist noch immer wenig bekannt.
Die kapitelweise Einteilung der Lebensgeschichten soll jedoch nicht als ein statisches Schema verstanden werden. Sicher gibt es Überschneidungen: Ordensfrauen aus dem Mittelalter sind häufig auch Künstlerinnen oder Förderinnen der Künste gewesen, Frauen aus der Frauenbewegung arbeiteten auch politisch oder literarisch, und Frauen in Wissenschaft und Politik waren zum Teil auch engagiert in der bürgerlichen oder proletarischen Frauenbewegung.

---

5 Erste Ansätze und Problematisierung einer Sozialgeschichte über Frauen bei: Barbara Becker-Cantarino, (Sozial) Geschichte der Frau in Deutschland 1500-1800, Ein Forschungsbericht, in: Dies. (Hrsg.), Die Frau von der Reformation zur Romantik. Die Situation der Frau vor dem Hintergrund der Literatur- und Sozialgeschichte, Bonn 1985, S.243-281; dies., Der lange Weg zur Mündigkeit. Frau und Literatur (1500-1800), Stuttgart 1987.

6 Anregungen zur Methode der "Sozialhistorischen Biographieforschung", ihre Verknüpfung mit der Sozialgeschichte und Abgrenzung von der traditionellen Biographik bei Andreas Gestrich, Einleitung: Sozialhistorische Biographieforschung, in: Ders. (Hrsg.), Biographie - sozialgeschichtlich, Göttingen 1988, S.5-28. Zu den neueren Diskussionen um die Einsetzung und Nutzbarmachung biographischer Materialien in der Sozialforschung z.B. Erika M. Hoerning, Biographische Methode in der Sozialforschung, in: Das Argument, 123/ 1980, S.677-687, S.677. Verschiedene neue Ansätze zur Biographieforschung in BIOS, ein Forum mehrerer Disziplinen, die sich mit biographischen Dokumenten befassen: Geschichtswissenschaft, Soziologie, Volkskunde, Literaturwissenschaft, Erziehungswissenschaft, Psychologie. Zu weiteren Aspekten vgl. Hans Süssmuth (Hrsg.), Historische Anthropologie. Der Mensch in der Geschichte, Göttingen 1984; Hans-Paul Bahrdt, Autobiographische Methoden. Lebenslaufforschung und Soziologie, in: Wolfgang Voges (Hrsg.), Methoden der Biographie- und Lebenslaufforschung, Opladen 1987, S.77-85, S.80f.; Werner Fuchs, Biographische Forschung. Eine Einführung in Praxis und Methoden, Opladen 1984, S.11ff.

Die Proportionen der einzelnen Abschnitte dieses Buches spiegeln eine immer noch brüchige Frauen- bzw. Geschlechterforschung wider.[7] Wenig bekannt ist über den Alltag von Frauen aus der Zeit des Mittelalters, nur punktuell überliefert sind die Lebensformen der oberen Stände, aber selten einmal das Leben dieser Frauen: Fürstinnen, Adlige, Ordensfrauen ... . Der Zeitraum des Mittelalters und mehr noch die Frühe Neuzeit gelten im Hinblick auf die historischen Erfahrungen des weiblichen Geschlechts noch weitgehend als "weiße Flecken". Für die Frühe Neuzeit ist das Phänomen der Hexenverfolgungen und deren Opfer, die "Hexen", ein breites Forschungsfeld, doch auch hier gibt es kaum Hinweise auf die Lebensumstände der Betroffenen, ergeben sich gravierende Probleme bei dem Versuch, Frauenleben zu rekonstruieren. Die Hexenverfahren - nicht zuletzt auch Ausdruck kirchlicher Frauenfeindlichkeit - weisen aber deutlich auf mögliche "Konsequenzen des Geschlechts" hin.

Erst um die Wende vom 18. zum 19. Jahrhundert bessert sich die Quellenlage. Verglichen mit dem Material über bürgerliche Frauen sind Überlieferungen über Frauen der unteren Gesellschaftsschichten allerdings nach wie vor spärlich und Selbstzeugnisse eine Rarität. Kollektive Biographien bieten eine Methode, den Alltag und die spezifischen Lebensverhältnisse jener Frauen zu rekonstruieren, über die sonst nicht gesprochen wird.[8]

Die meisten Frauen haben immer gearbeitet: in der Landwirtschaft, im Handwerk und auch innerhalb eines bürgerlichen Haushaltes, als Gelegenheitsarbeiterinnen und in häuslichen Diensten - im Zuge der Industrialisierung dann vermehrt in Fabrik- und Heimarbeit. Zwar waren auch in vorindustriellen, traditionellen Gesellschaftsformen Frauen nicht gleichberechtigt, weder rechtlich noch ökonomisch, verglichen mit späteren Zeiten scheinen sie jedoch zum Teil über eigenständigere Arbeitsbereiche verfügt zu haben.

Der "Mythos von der ewigen Mutter" jedenfalls entpuppt sich als Erfindung der bürgerlichen Gesellschaft, ein Leitbild, das sich in der Realität allenfalls auf gutbürgerliche Frauen bezog.

Doch dieser Mythos wirkt bis in die heutige Zeit nach. Die Vorstellungen von der "natürlichen" Aufgabenverteilung der Geschlechter, nach denen die Frau für den häuslichen Bereich und der Mann für die Öffentlichkeit geschaffen seien, sind erst im 18. Jahrhundert entstanden. Kontinuitäten zum Frauen- und Männerbild der traditionellen Gesellschaft sind bei dieser historisch gewordenen Definition der Geschlechtscharaktere[9] sicherlich nicht von der Hand zu weisen, doch erst die biologisch untermauerten Theorien von der "Minderwertigkeit des weiblichen Geschlechts"[10] konnten die Unterdrückung der Frauen in der bürgerlichen Gesellschaft

---

7 Bislang bildeten die Schwerpunkte u.a.: Kämpfe um Rechte der Frauen, Ehe, Scheidung, Bildungsmöglichkeiten, erwerbstätige Frauen, Idealbilder von Weiblichkeit, Erziehungsideale und geschlechtsspezifische Sozialisation (Lerner, Welchen Platz..., a.a.O., S.337. Vgl. auch Frevert, a.a.O.).

8 Einführend zu "kollektiven Biographien" vgl. Gestrich, a.a.O., S.7ff.; Wilhelm Heinz Schroeder, Kollektive Biographien in der historischen Sozialforschung, in: Ders. (Hrsg.), Lebenslauf und Gesellschaft. Zum Einsatz von kollektiven Biographien in der historischen Sozialforschung, Stuttgart 1985, S.7-17.

9 Vgl. dazu die grundlegende Studie von Karin Hausen, Die Polarisierung der "Geschlechtscharaktere" - Eine Spiegelung der Dissoziation von Erwerbs- und Familienleben, in: Werner Conze (Hrsg.), Sozialgeschichte der Familie in der Neuzeit Europas, Stuttgart 1976, S.363-393.

10 Bock, Geschlechtergeschichte, a.a.O., S.375; vgl. auch Studer, a.a.O., S.100ff.

"begründen" und damit rechtfertigen. Mit dem "Anderssein" der Frauen wurde ihr weitgehender Ausschluß aus der bürgerlichen Öffentlichkeit legitimiert - trotz der an sich für alle Menschen geltenden bürgerlichen Leitbilder von Freiheit und Gleichheit der Individuen. Die Auflösung der traditionellen Gesellschaft und die Aufklärung hat also für Frauen eine andere Bedeutung gehabt als für Männer und bedeutet eine wesentliche Zäsur für die Geschlechtergeschichte.
Im Verlauf des Übergangs von der Agrar- zur Industriegesellschaft kam es zu einschneidenden Veränderungen für Frau und Familie. Der Wandel der Produktionsverhältnisse beeinflußte den Status, den Frauen als Familienangehörige und Arbeitskräfte einst inne hatten.[11] Mit fortschreitender Industrialisierung entstanden "typische" Frauenberufe wie beispielsweise die Sozialarbeit für bürgerliche Frauen und der Beruf des Dienstmädchens Ende des 19. Jahrhunderts. Es entwickelte sich ein geteilter Arbeitsmarkt: spezielle Frauenbranchen wie die Textil- oder Nahrungsmittelindustrie, schlecht entlohnte Frauenarbeit in den Fabriken. Bürgerliche Rollenideale, die häufig auch von Frauen verinnerlicht wurden, führten bei den erwerbstätigen Frauen zu Doppel- und Mehrfachbelastung. Sie mußten - sofern sie dazu gezwungen waren, eine Arbeit anzunehmen - gleichzeitig Familie, Haushalt und Beruf gerecht werden, wobei die Arbeit in der Familie Priorität haben sollte. Das Weiblichkeitsideal des Bürgertums konnte schließlich bis zu einem gewissen Grad auch in den unteren Schichten Fuß fassen.
Das 19. und das 20. Jahrhundert war aber auch für Frauen eine Zeit des Aufbruchs. Bürgerliche Emanzipationsideale machten vor dem weiblichen Geschlecht nicht halt, und Frauen wurden zunehmend unzufriedener mit ihrer begrenzten Rolle als Gattin, Hausfrau und Mutter in der Familie; sie wollten am gesellschaftlichen Leben teilhaben. Die Unvereinbarkeit der bürgerlichen Ideale vom "Wesen" der Frau mit der realen Lebenssituation wurde zuerst von Vertreterinnen der bürgerlichen Frauenbewegung thematisiert. Sie hatten ein Bewußtsein von der eigenen Rechtlosigkeit, und sie beriefen sich dabei auf die Menschenrechte. Selbstzeugnisse belegen, daß Frauen, und nicht nur prominente Vertreterinnen aus dem Umfeld der Frauenbewegung, in verschiedenster Form nicht einverstanden waren mit ihrer Stellung in der Gesellschaft. Schranken in Recht und Gesetz, aber auch verinnerlichte Rollenmuster führten häufig zu Spannungen und Konflikten. Die meisten Frauen wollten durchaus den bürgerlichen Weiblichkeits- und Mütterlichkeitsidealen "treu" bleiben. Ein Ausweg aus diesem persönlichen Dilemma schien für viele darin zu liegen, ihre emanzipatorischen Vorstellungen mit Sozialarbeit zu verknüpfen. So konnten persönliche Freiräume geschaffen und mit dem gesellschaftlich anerkannten "Dienst an der Menschheit" gerechtfertigt werden.
Wurden die neuen sozialen Berufe seit dem Ende des 19. Jahrhunderts zu "standesgemäßen" Arbeitsfeldern für bürgerliche Frauen, welche die Rolle der Frau als Mutter und Erzieherin in der Familie nicht antasteten, sind Frauen in den Bereichen "Wissenschaft und Politik" dagegen weiter die Ausnahme geblieben - auch nach der Öffnung der Universitäten seit 1908 und der Erlangung des Frauenwahlrechts im Zuge der revolutionären Umwälzungen im Jahre 1918/19. Politikerinnen arbeiteten vorrangig auf dem sozialpolitischen Sektor. Auch Frauen aus der Arbei-

---

11 Lerner, Welchen Platz..., a.a.O., S.345.

terbewegung setzten sich - ähnlich wie bürgerliche Frauen - hauptsächlich für soziale Belange ein.
Die politische Gleichstellung der Frauen in der Weimarer Republik verbesserte nicht automatisch die weiblichen Lebensbedingungen. Die alten gesellschaftlichen Normen und Leitbilder wurden nicht aufgehoben, und die realen Lebensverhältnisse der meisten Frauen blieben weiterhin von Abhängigkeiten, Zwängen und Pflichten geprägt. Doch Frauen wagten sich mehr als in den vorangegangenen Jahrzehnten in die Männerdomänen Wissenschaft und Politik. Das wurde ihnen nicht leicht gemacht. Gerade von einer Frau wurde nach wie vor verlangt, Familie und Arbeit miteinander zu vereinbaren oder sich für das eine oder andere zu entscheiden.
Obwohl Frauen zunehmend über einen größeren Handlungsspielraum verfügten, trug die "Emanzipation" von Frauen in den zwanziger Jahren unseres Jahrhunderts einen ambivalenten Charakter. War doch die Gleichberechtigung - mit Ausnahme des Wahlrechts - meist nur eine auf dem Papier. Der Alltag zahlreicher Frauen wurde von Doppelbelastung in Familie und Beruf, von bürgerlichen Geschlechtsrollenzuweisungen dominiert. Von einer solchen "Bestimmung der Frau" blieben selbst Künstlerinnen nicht unberührt. Doch die vorgegebenen gesellschaftlichen Leitbilder wurden vermehrt von Frauen hinterfragt, und es gab neue Handlungsspielräume, die genutzt, Grenzen, die überschritten werden konnten.

Angela Dinghaus

Notizen aus dem Mittelalter

Über Biographien den weiblichen Lebensverhältnissen aus dem Mittelalter näher zu kommen ist problematisch. Dabei ist die Versuchung groß, den außergewöhnlichen Einzelfall, die Äbtissin, die Königin zu favorisieren, also Frauen, die durch ihre Zugehörigkeit zur herrschenden Schicht von den erzählenden Quellen des Mittelalters bevorzugt worden sind.[1]

Biographien spielten traditionell eine große Rolle in der Frauengeschichtsschreibung. In Gestalt der Nonne oder Herrscherin "würdigten" sie das weibliche Geschlecht und betonten dabei die Rolle der aufopfernden Frau. In der neueren Frauenforschung sollen mittelalterliche Frauen dagegen Stärke demonstrieren. Berücksichtigt werden sowohl Einzelbiographien als auch Gruppen von Frauen: Beginen, Hebammen, erwerbstätige städtische Frauen. Doch auch hier handelt es sich um eine Minorität der Frauen.[2]

Über Frauen im Mittelalter erschienen in den letzten Jahren Gesamtdarstellungen[3] sowie Einzelstudien mit dem Schwerpunkt auf erwerbstätigen Frauen.[4] Besonderer Wert wurde auf die aktive Beteiligung von Frauen in der mittelalterlichen Stadtwirtschaft gelegt. Die Erkenntnisse sind noch recht lückenhaft.[5]

---

1 Christiane Klapisch-Zuber, Die Mediävisten, die Frau und die serielle Geschichtsschreibung, in: Michelle Perrot (Hrsg.), Geschlecht und Geschichte. Ist eine weibliche Geschichtsschreibung möglich? Frankfurt/ M. 1989, S.147-159, S.149f.

2 Christina Vanja, Probleme und Möglichkeiten der Arbeit über weibliche Biographien in der mittelalterlichen Geschichte, in: Beiträge zur feministischen Theorie und Praxis, Bd.7/ 1982, S.14-17, S.14f.

3 Eine Übersicht geben: Edith Ennen, Frauen im Mittelalter, München 1985; Eileen Power, Als Adam grub und Eva spann, wo war da der Edelmann? Das Leben der Frau im Mittelalter, Berlin 1984; Shulamit Shahar, Die Frau im Mittelalter, Hamburg 1983; Peter Ketsch, Frauen im Mittelalter, Bd.1: Frauenarbeit im Mittelalter. Quellen und Materialien, hrsg. v. Annette Kuhn, Düsseldorf 1983; ders., Frauen im Mittelalter, Bd.2: Frauenbild und Frauenrechte in Kirche und Gesellschaft. Quellen und Materialien, hrsg. v. Annette Kuhn, Düsseldorf 1984; Gabriele Becker/ Helmut Brackert/ Sigrid Brauner/ Angelika Tümmler, Zum kulturellen Bild und zur realen Situation der Frau im Mittelalter und in der Frühen Neuzeit, in: Aus der Zeit der Verzweiflung. Zur Genese und Aktualität des Hexenbildes, Beiträge von Gabriele Becker, Silvia Bovenschen, Helmut Brackert u.a., Frankfurt/ M. 1983, S.11-128.

4 Z.B. Beate Brodmeier, Die Frau im Handwerk in historischer und moderner Sicht, Münster/ Westfalen 1963; Peter-Per Krebs, Die Stellung der Handwerkerswitwe in der Zunft vom Spätmittelalter bis zum 18. Jahrhundert, Diss. rechtswiss., Regensburg 1974; Edith Ennen, Die Frau in der mittelalterlichen Stadtgesellschaft Mitteleuropas, in: Hansische Geschichtsblätter, Jg. 98/ 1980, S.1-22; Barbara Kroemer, Von Kauffrauen, Beamtinnen, Ärztinnen - Erwerbstätige Frauen in deutschen mittelalterlichen Städten, in: Annette Kuhn/ Jörn Rüsen (Hrsg.), Frauen in der Geschichte, Bd.2: Fachwissenschaftliche und fachdidaktische Beiträge zur Sozialgeschichte der Frauen vom frühen Mittelalter bis zur Gegenwart, Düsseldorf 1982, S.73-96; Margret Wensky, Die Frau in Handel und Gewerbe vom Mittelalter bis zur Frühen Neuzeit, in: Hans Pohl (Hrsg.), Die Frau in der deutschen Wirtschaft. Referate und Diskussionsbeiträge des 8. Wissenschaftlichen Symposiums der Gesellschaft für Unternehmensgeschichte e.V. am 8. und 9. Dezember 1983 in Essen, Wiesbaden 1985, S.30-44; Anke Wolf-Graaf, Frauenarbeit im Abseits. Frauenarbeit und weibliches Arbeitsvermögen, München 1981; Erika Uitz, Die Frau in der mittelalterlichen Stadt, Stuttgart 1988. Ein weiterer Schwerpunkt von Einzelstudien ist die Rechtslage der Frau im Mittelalter, z.B. Mariella Rummel, Die rechtliche Stellung der Frau im Sachsenspiegel-Landrecht, Frankfurt/ M./ Bern/ New York/ Paris 1987. Hier werden die Rechtsgrundsätze für Frauen (Freie) des ländlichen Bereichs im Sachsenspiegel (13. Jahrhundert) untersucht.

5 Bisher wurde nur eine kleine Anzahl von Städten hinsichtlich der Frauenarbeit untersucht und regionale Unterschiede nicht genügend herausgearbeitet (Wensky, a.a.O., S.30). Es zeichnen sich nur Konturen über

Die Ursache liegt nicht allein in der spärlichen Quellenlage. Häufig kam es nicht nur zu unvollständigen, sondern fehlerhaften Ergebnissen. Die feministische Frauenforschung neigte dazu, dem negativen Mittelalterbild über die Frau ein positives Extrem entgegenzuhalten. Den frauenfeindlichen kirchlichen Standpunkten, der Rechtsunmündigkeit von Frauen und ihrem mangelnden Anteil an politischer Macht wurden autonome weibliche Wirtschaftszweige und Zünfte, einflußreiche Äbtissinnen und Königinnen oder die weibliche Macht über das Geburtswesen gegenüber gestellt. Es entstand ein neuer Mythos.[6]

Eine vermeintlich größere Autonomie mittelalterlicher Frauen wurde betont, um diese gegen spätere gesellschaftliche Unterdrückung von Frauen abzusetzen, ohne zu bedenken, daß Frauen - unterdrückt auch in der mittelalterlichen Gesellschaft - in verschiedenen gesellschaftlichen Ständen unterschiedliche Möglichkeiten der Lebensformen und Selbständigkeit besaßen.[7]

Begriffsübertragungen wie "Emanzipation" oder "Persönlichkeitsentwicklung" trugen dazu bei, ein unzutreffendes Bild von der mittelalterlichen Frau zu zeichnen. Die Ziele der Aufklärung waren für den mittelalterlichen Menschen nicht erstrebenswert, sondern das Leben in der Gemeinschaft: in der dörflichen Gemeinde, in der Zunft oder im Kloster, die Einbindung in eine von Gott geschaffene Ordnung.[8]

Die ständische Ordnung galt für Männer ebenso wie für Frauen; für beide existierte abgesehen von sozialen Unterschieden rechtliche und politische Ungleichheit.[9]

In diesem Zusammenhang sollte auch der Begriff "Arbeit" neu überdacht werden. Die Hervorhebung, daß Frauen in fast allen Zünften gearbeitet haben und in Handel oder Landwirtschaft über eigenständige Arbeitsbereiche verfügten, muß durch die Frage nach dem gesellschaftlichen Stellenwert und der Bewertung weiblicher Arbeit ergänzt werden.[10] Wenn Frauen erwerbstätig waren, so waren sie meist dazu genö-

---

die Bedeutung von Frauen in der mittelalterlichen Stadt ab, und es fehlt oft noch an sozialer Differenzierung (Uitz, a.a.0., S.183f.). Köln ist in diesem Zusammenhang am besten erforscht (Ennen, Frauen im Mittelalter, a.a.0., S.240). Es können an dieser Stelle nur einführende Literaturhinweise gegeben werden; die ältere Literatur wird nicht berücksichtigt. Es sei aber auf Helmut Wachendorf, Die wirtschaftliche Stellung der Frau in den deutschen Städten des späten Mittelalters, Diss. phil., Hamburg 1934, verwiesen, eine zentrale Untersuchung über erwerbstätige Frauen in der mittelalterlichen Stadtgesellschaft. Vgl. zur weiblichen Erwerbstätigkeit im ausgehenden Mittelalter und in der Frühen Neuzeit Rita Bake, Vorindustrielle Frauenerwerbsarbeit. Arbeits- und Lebensweise von Manufakturarbeiterinnen im Deutschland des 18. Jahrhunderts unter besonderer Berücksichtigung Hamburgs, Köln 1984; Merry E. Wiesner, Working Women in Renaissance Germany, New Brunswick, New Jersey 1986.

6 Claudia Opitz, Evatöchter und Bräute Christi. Weiblicher Lebenszusammenhang und Frauenkultur im Mittelalter, Weinheim 1990, S.7f.

7 Eva Schirmer, Mystik und Minne. Frauen im Mittelalter, Berlin 1984, S.5.

8 Vanja, Weibliche Biographien, a.a.0., S.14f.

9 Ennen, Frauen im Mittelalter, a.a.0., S.13f.

10 Heide Wunder, Frauen in der Gesellschaft Mitteleuropas im späten Mittelalter und in der Frühen Neuzeit (15. bis 18. Jahrhundert), in: Helfried Valentinitsch (Hrsg.), Hexen und Zauberer. Die große Verfolgung - ein europäisches Phänomen in der Steiermark, Graz/ Wien 1987, S.123-154, S.132. Frauen waren in der Zeit vom frühen 13. bis zum späten 15. Jahrhundert in fast allen Handwerken zugelassen; vermutlich wegen der günstigeren materiellen Lage des Handwerks im ausgehenden Mittelalter, und in allen handwerklichen Betrieben trugen Frauen zur Arbeit bei (Brodmeier, a.a.0., S.16). Wohl standen die Meistersfrau, Meisterswitwe oder -Tochter aufgrund der Position des Mannes in hohem gesellschaftlichen Ansehen; von arbeitenden und lohnabhängigen Frauen hielt die mittelalterliche Gesellschaft allerdings wenig. Auch scheint die selbständige handwerkliche Tätigkeit von Frauen vorwiegend in Berufen mit geringeren wirtschaftlichen und politischen Machtmöglichkeiten konzentriert gewesen zu sein, etwa als Zulieferinnen oder Endfertigerinnen im Textilhandwerk (Brodmeier, a.a.0., S.13f.). Die Geschäftsführung

tigt. Das heutige Emanzipationsverständnis trifft nicht die Lebenssituation von Frauen aus der Zeit des Mittelalters und der Frühen Neuzeit. Eine Lösung aus Unmündigkeit mag für sie weniger im eigenen Arbeitsverdienst als in der Gründung eines eigenen Hausstandes gelegen haben.[11]
Es war ohne Zweifel wichtig, Gegenpositionen zum landläufigen Bild weiblicher Geschichtslosigkeit zu entwickeln und insbesondere die bürgerliche Rolle der Hausfrau und Mutter als historisch geworden zu erkennen zu geben; doch nicht in "romantischer Rückbesinnung", sondern im Hinblick auf die Geschlechterfrage, die es auch in vorindustriellen Zeiten gegeben hat.[12]
Unter geschlechterspezifischer Fragestellung ist das Mittelalter und mehr noch die Frühe Neuzeit weitgehend unerforscht. Forschungen zur Frauengeschichte haben ihren Schwerpunkt im 19. und 20. Jahrhundert,[13] und erst seit jüngster Zeit gibt es sozialhistorische Ansätze, die für diesen Zeitraum differenziert weibliche Lebenszusammenhänge untersuchen[14] oder eine kritische Bestandsaufnahme in Angriff nehmen.[15]
An die Grenzen der Materiallage stoßen aber auch Arbeiten, die Frauen als historische Subjekte sichtbar machen wollen. Oft lassen die Quellen nur die Erforschung der Lebensumstände von adligen Frauen zu.[16]
Die überlieferten erzählenden Quellen über Frauen aus der Zeit des Mittelalters sind nicht nur spärlich, sondern wurden in der Regel von Angehörigen der Oberschicht verfaßt, von Adligen und von Angehörigen der Kirche, die mit der Mehrzahl der Frauen wenig zu tun hatten.[17] Herrscherinnen und Nonnen repräsentieren diese Majorität nicht. Der Alltag der meisten Frauen war durch ihre Zugehörigkeit zur

---

der Frau wurde oft notwendig, wenn der Mann abwesend oder auf die Mitarbeit seiner Frau angewiesen war (Krebs, a.a.O., S.7).

11 Heide Wunder, Zur Stellung der Frau im Arbeitsleben und in der Gesellschaft des 15.-18. Jahrhunderts. Eine Skizze, in: Geschichtsdidaktik, Jg.6/ 1981, Gd 3/81, S.239-251, S.249.

12 Opitz, Evatöchter, a.a.O., S.8f.

13 Ute Frevert, Literaturbericht. Bewegung und Disziplin in der Frauengeschichte. Ein Forschungsbericht, in: Geschichte und Gesellschaft. Zeitschrift für Historische Sozialwissenschaft, Jg. 14/ 1988, S.240-262, S.240 u. S.262.

14 Zum Geschlechterverhältnis und weiblichen Identitäten anhand von Eheschließungskonflikten im Hoch- und Spätmittelalter vgl. Claudia Opitz, Frauenalltag im Mittelalter. Biographien des 13. und 14. Jahrhunderts, Weinheim und Basel 1985; dies., Vom Familienzwist zum sozialen Konflikt. Über adlige Eheschließungspraktiken im Hoch- und Spätmittelalter, in: Ursula A.J. Becher/ Jörn Rüsen (Hrsg.), Weiblichkeit in geschichtlicher Perspektive. Fallstudien und Reflexionen zu Grundproblemen der historischen Frauenforschung, Frankfurt/ M. 1988, S.116-149, und dies., Evatöchter, a.a.0. Zur Stellung der adligen Frau im 12. Jahrhundert vgl. Georges Duby, Die Frau ohne Stimme. Liebe und Ehe im Mittelalter, Berlin 1989; zur mittelalterlichen Marienverehrung vgl. Hedwig Röckelein/ Claudia Opitz/ Dieter R. Bauer (Hrsg.), Maria. Abbild oder Vorbild? Zur Sozialgeschichte mittelalterlicher Marienverehrung, Tübingen 1990; über Frauen in religiösen Bewegungen vgl. Ute Weinmann, Mittelalterliche Frauenbewegungen. Ihre Beziehungen zur Orthodoxie und Häresie, Pfaffenweiler 1990.

15 Für das späte Mittelalter und die Frühe Neuzeit vgl. Wunder, Stellung der Frau, a.a.0. Wunder stellte fest, daß bei vielen Arbeiten ältere Literatur mehr oder weniger unkritisch übernommen wurde (ebd., S.240). Zur Stellung der Frau in der Gesellschaft des ausgehenden Mittelalters und der Frühen Neuzeit vgl. Wunder, Frauen in der Gesellschaft, a.a.0.

16 Claudia Opitz, Frauenalltag, a.a.O., wertete biographische Texte über adlige Frauen aus, Heiligenviten des 13. Jahrhunderts, die im Zuge sozialreligiöser Bewegungen des Hoch- und Spätmittelalters entstanden sind.

17 Power, a.a.O., S.9f.

bäuerlichen Bevölkerung geprägt, und diese Kreise haben kaum eigene Zeugnisse hinterlassen.[18]
Allgemeiner Konsens ist, daß Frauen in der mittelalterlichen Agrarverfassung mit ihren regional unterschiedlich ausgeprägten Grundherrschaften entschieden zur Subsistenz beitrugen. Ein hohes gesellschaftliches Ansehen besaß ihre Arbeit wohl nicht.[19]
Für Frauen der unteren Gesellschaftsschichten müssen verschiedene Materialien (Pachtverzeichnisse, Steuerlisten, Frauentestamente, Eheverträge u.a.) unter sozialgeschichtlicher Fragestellung ausgewertet werden, über die ein Einblick in Erwerbsleben, Eigentums- und Erbrechte gewonnen werden kann.[20] Eine weitere Möglichkeit, weiblichen Lebensverhältnissen und -bedingungen auf die Spur zu kommen, ist die Methode der kollektiven Biographie.[21]
Diese kurze Skizze über die Schwierigkeiten, mittelalterliches Frauenleben zu erhellen, deutet schon darauf hin, daß die Frage nach d e r Frau im Mittelalter falsch gestellt ist. Ohne die wertvolle Arbeit von Gesamtdarstellungen zu schmälern, bleiben sie doch für diesen langen Zeitraum (ca. 500-1500) partiell und werfen ungelöste Fragen auf.[22]

Besonders für den Zeitraum des frühen Mittelalters (ca. 6./7.- 10. Jahrhundert) sind Quellen eine Rarität, welche Fragen nach Frauen, Geschlechterbeziehungen, familiären Zusammenhängen und Arbeitsformen beantworten können. Stärker noch als in späteren Jahrhunderten sind Frauen aus der Oberschicht überrepräsentiert. Eine einseitige Schwerpunktbildung ist kaum zu vermeiden.[23] Eine Biographie wird die ei-

18 Peter Ketsch, Aspekte der rechtlichen und politisch-gesellschaftlichen Situation von Frauen im frühen Mittelalter (500-1150), in: Annette Kuhn/ Jörn Rüsen (Hrsg.), Frauen in der Geschichte, Bd.2: Fachwissenschaftliche und fachdidaktische Beiträge zur Sozialgeschichte der Frauen vom frühen Mittelalter bis zur Gegenwart, Düsseldorf 1982, S.11-71, S.53; Power, a.a.0., S.12f. Im frühen Mittelalter machte die ländliche Bevölkerung ca. 95% aus, im späten Mittelalter, seit der Entwicklung der Städte, immerhin noch ca. 80%. Über städtische Frauen ist viel mehr bekannt als über Frauen auf dem Lande, vgl. Edith Ennen, Die Frau in der Landwirtschaft vom Mittelalter bis zur Frühen Neuzeit, in: Hans Pohl (Hrsg.), Die Frau in der deutschen Wirtschaft. Referate und Diskussionsbeiträge des 8. Wissenschaftlichen Symposiums der Gesellschaft für Unternehmensgeschichte e.V. am 8. und 9. Dezember 1983 in Essen, Wiesbaden 1985, S.18-29, S.18.

19 Ketsch, Aspekte, a.a.0., S.55 u. S.66. Vgl. zu Frauen in der mittelalterlichen Landwirtschaft im Hinblick auf geschlechtsspezifische Arbeitsteilung, Rechtspositionen, zur Familiengröße und sozialer Schichtung: Ennen, Die Frau in der Landwirtschaft, a.a.0.; zu Frauen in der bäuerlichen Wirtschaft des ausgehenden Mittelalters: Wunder, Stellung der Frau, a.a.0., S.244f.

20 Vanja, Weibliche Biographien, a.a.0., S.15. Die neuere historische Frauenforschung will sich mit quantifizierbarem Quellenkorpus und seriellen Methoden historischen Lebensformen von Frauen nähern, um den Handlungsspielraum zu ermessen, den Frauen trotz juristischer und kirchlicher Reglementierungen gehabt haben (Klapisch-Zuber, a.a.0., S.151f.).

21 Vanja, Weibliche Biographien, a.a.0., S.15ff.

22 Opitz, Familienzwist, a.a.0., S.116f.

23 Werner Affeldt, Lebensformen für Frauen im Frühmittelalter. Probleme und Perspektiven ihrer Erforschung, in: Ursula A.J. Becher/ Jörn Rüsen (Hrsg.), Weiblichkeit in geschichtlicher Perspektive. Fallstudien und Reflexionen zu Grundproblemen der historischen Frauenforschung, Frankfurt/ M. 1988, S.51-78, S.55. Quellen aus dem frühen Mittelalter können und sollten für die Frauengeschichte neu erschlossen werden: Annalen, Chroniken, Klostergeschichte, Herrscher- und Papstviten, hagiographische Literatur (ebd., S.56).

ner "herausragenden" Figur sein: König oder Heiliger[24] - Königin oder Heilige bleibt zu ergänzen.

"Am 'Weltgeschehen' scheinen Frauen nicht teilzunehmen, es sei denn einige 'Ausnahmefrauen' privilegierter Schichten oder Frauen als Objekte im Ringen um Familienprestige und um Durchsetzung politischer Ziele oder schließlich Frauen gewissermaßen im Kollektiv, wie Kinder, aber auch Männer der Mittel- und Unterschichten, die Geschichte zu ertragen haben und unter ihr leiden."[25]

In den erzählenden Quellen des Mittelalters bestimmten Männer, was historischen Wert haben sollte - im frühen Mittelalter ausnahmslos Kleriker, die häufig aus der Oberschicht kamen. Männer zeichneten auch kirchliches und weltliches Recht auf. Die Lebenswirklichkeit mag für Frauen aber günstiger gewesen sein, als die Rechtsnormen vermuten lassen.[26] Allein die Darstellung der rechtlichen Lage besagt wenig über die Stellung der Frauen im Alltagsleben.[27]

Obwohl Männer tonangebend waren, und kirchliche Normen, Ideale und Leitbilder den Handlungsspielraum der Frauen mehr einschränkten als den der Männer, gab es im frühen Mittelalter doch Abweichungen von diesen Normen. Der Einfluß von Frauen auf Erziehung und Bildung, die Machtpositionen von Äbtissinnen und Herrscherinnen sind bekannt. Wie frei aber Frauen im Einzelfall handeln konnten, und wie ihre persönlichen Wünsche mit den gesellschaftlichen Leitbildern vereinbart wurden, ist noch nicht geklärt.[28]

Wenn auch Frauen einen hohen Anteil am geistigen Leben weltlicher Höfe und Klöster hatten, haben sie kaum Selbstzeugnisse hinterlassen. Roswitha von Gandersheim (um 935 - nach 1000) ist eine Ausnahme. Da zahlreiche Werke anonym geblieben sind, kann jedoch daran gezweifelt werden, ob die literarische Produktion von Frauen überhaupt bekannt geworden ist.[29]

---

24 Jacques LeGoff, Wie schreibt man eine Biographie? in: Fernand Braudel/ Lucien Febvre/ Arnaldo Momigliano/ Natalie Zemon Davis/ Carlo Ginzburg/ Jacques LeGoff/ Reinhart Koselleck, Der Historiker als Menschenfresser. Über den Beruf des Geschichtsschreibers, Berlin 1990, S.103-112, S.106.

25 Affeldt, a.a.O., S.57.

26 Ebd., S.57f. Kenntnisse über die Rechtsentwicklung in nachkarolingischer Zeit sind lückenhaft. Im frühen Mittelalter gab es kein einheitliches Recht, sondern differierendes Gewohnheitsrecht bzw. Stammesrecht, das die Rechtsgrundsätze bis in das 13. Jahrhundert bestimmte. Während des gesamten Mittelalters verfügten Frauen nur über eingeschränkte Rechts- und Handlungsfähigkeit. Sie standen unter Geschlechtsvormundschaft und Muntgewalt (Ketsch, Aspekte, a.a.O., S.14ff.). Auch im Erbrecht waren sie schlechter gestellt als Männer (ebd., S.23f.). Vgl. zur rechtlichen Stellung der Frau auch Ketsch, Frauenbild und Frauenrechte, a.a.O., S.146ff.

27 Ketsch, Aspekte, a.a.O., S.19f. So stellte Claudia Opitz fest, daß die Herrschaftsansprüche von Kirche und Politik gegenüber adligen Frauen und Autoritätsstrukturen innerhalb der Ehe unterlaufen werden konnten. Die Machtansprüche von adligen Ehefrauen des 11. bis 13. Jahrhunderts wurden aber nicht in Recht, Gewohnheit und religiöse Ethik transformiert (Opitz, Evatöchter, a.a.O., S.53 u. S.37f.).

28 Affeldt, a.a.O., S.58ff. Dabei handelt es sich nicht zuletzt wieder um ein Quellenproblem. Ob Frauen ihre Identität in den gesellschaftlich vorgefundenen Rollenmustern fanden, ist für das frühe Mittelalter noch nicht beantwortet worden (ebd., S.64f.). Für den Zeitraum des Hoch- und Spätmittelalters geht Claudia Opitz, Frauenalltag, a.a.O., und Evatöchter, a.a.O., diesen Fragen nach (Ehestreitigkeiten, Konflikte).

29 Affeldt, a.a.O., S.61f. Vgl. auch Elisabeth Schraut/ Claudia Opitz, Frauen und Kunst im Mittelalter, Braunschweig 1983. Die literarische Produktion von Frauen im Hoch- und Spätmittelalter ist besser rekonstruiert. Die schreibende Frau wurde entdeckt an Höfen und unter den Mystikerinnen, vgl. Ursula Liebertz-Grün, Autorinnen im Umkreis der Höfe, in: Hiltrud Gnüg/ Renate Möhrmann (Hrsg.), Frauen Literatur Geschichte. Schreibende Frauen vom Mittelalter bis zur Gegenwart, Stuttgart 1985, S.16-34; Margret Bäurle/ Luzia Braun, "Ich bin heiser in der Kehle meiner Keuschheit". Über das Schreiben der My-

Vermutlich standen den Frauen aus der Oberschicht mehr Handlungsspielräume offen als den Frauen aus niedrigeren Schichten. Die monastischen Gemeinschaften nahmen nur Frauen aus dem Adel auf. Sofern das Leben im Kloster erstrebenswert war, bedeutete die klösterliche Lebensform eine Alternative zum Leben in der "Welt" als Ehefrau oder Witwe. "Karrieren" im Kloster waren zwar möglich, doch der Ausschluß von Frauen von kirchlichen Ämtern war bereits in den ersten Jahrhunderten der christlichen Kirche vollzogen worden.[30]

Politischen Einfluß konnten Frauen bei der Leitung adliger Güter und königlicher Haushalte, der Führung grundherrschaftlicher Betriebe und der Regentschaft für unmündige Söhne ausüben. Königin waren sie aber nicht aus eigenem Recht, sondern nur bis zum Zeitpunkt der Mündigkeit des männlichen Erben oder bei Abwesenheit des Ehemannes, und die Einflußmöglichkeiten von Königinnen variierten je nach Zeit und Region.[31]

Ein wesentlicher Faktor, der die politische Herrschaft der Frau begünstigte, war die Verfügung über Eigenbesitz (Erbe, Mitgift, Geschenke). Seit dem 6. Jahrhundert konnten Königinnen bzw. adlige Frauen frei über Besitz verfügen - obwohl sie der Muntgewalt unterstanden. Häufig handelte es sich um große Territorien, und im Rahmen des mittelalterlichen Feudalsystems schloß dieser Besitz politische Herrschaft ein. Seit dem 8. Jahrhundert leiteten Frauen des Adels darüber hinaus die Verwaltung der königlichen Güter und Finanzen, und bis in das Spätmittelalter trugen Frauen die Verantwortung über wirtschaftliche Angelegenheiten, als Landbesitzerinnen, Verwalterinnen von Grundbesitz und als Familienoberhäupter. Diese Stellung erlangten sie vermutlich in Phasen der Expansion und Kriege, in denen die Männer abwesend waren.[32]

Die Regentschaft von Königinnen in Vertretung für unmündige Söhne konnte unter Umständen eine längere Zeit andauern und somit auch die Position der Herrscherin stärken.

Wurde im frühen Mittelalter die politische Herrschaft von Frauen prinzipiell nicht in Frage gestellt, änderte sich diese Haltung seit dem 11. Jahrhundert. Seither übten Frauen keine Reichsregentschaft mehr aus; die Territorialstaatsentwicklung und die Herausbildung eines Berufsbeamtentums scheinen ihre Mitarbeit entbehrlich gemacht zu haben. Nur noch in den Fürstentümern war die weibliche Regentschaft während des gesamten Mittelalters möglich.[33]

Seit der Ottonenzeit wird im Deutschen Reich ein anwachsender politischer Einfluß von den Ehefrauen der Herrscher verzeichnet. Politische Macht (Interventionsrecht) besaßen besonders die Frauen der Ottonen und Salier auch zu Lebzeiten ihrer Ehe-

---

stikerinnen, in: Hiltrud Gnüg/ Renate Möhrmann (Hrsg.), Frauen Literatur Geschichte. Schreibende Frauen vom Mittelalter bis zur Gegenwart, Stuttgart 1985, S.1-15. Vgl. Frauen und Literatur in der Frühen Neuzeit: Gisela Brinker-Gabler (Hrsg.), Deutsche Dichterinnen vom 16. Jahrhundert bis zur Gegenwart. Gedichte und Lebensläufe, Frankfurt/ M. 1986, und Barbara Becker-Cantarino, Der lange Weg zur Mündigkeit. Frau und Literatur (1500-1800), Stuttgart 1987.

30 Affeldt, a.a.O., S.67f.

31 Ebd., S.66f.

32 Ketsch, Frauenbild und Frauenrechte, a.a.O., S.362.

33 Ebd., S.362-363ff. In staufischer Zeit, nach dem Niedergang der kaiserlichen Zentralgewalt (Investiturstreit 1075-1122), wurde die politische Rolle der Königin bedeutungsloser. Interventionen von Königinnen waren seltener, und der Königin wurde keine Regentschaft oder Statthalterschaft übertragen. Die Regentschaft für unmündige Söhne übten nun die Fürsten aus (ebd., S.363ff.).

männer. Im 10. Jahrhundert erfolgte ihre offizielle Anerkennung als Mitregentin. Über einige Frauen dieser Zeit sind uns Lebensbeschreibungen überliefert.[34]
In den überlieferten Viten werden Königinnen häufig als "fromme", "mildtätige" Herrscherinnen geschildert[35] - die mittelalterlichen Schriftquellen geben sicher nicht authentisch die Erfahrung von adligen Frauen wieder. Unter Berücksichtigung der Intention und des jeweiligen historischen Kontextes sind diese Quellen aber ein Dokument ihrer Zeit.[36] Sie enthalten, abgesehen von "Lobreden", Milieuschilderungen. Dabei verdeutlichen sie, daß Personen höheren Standes bestimmten Rollenidealen gemäß dargestellt wurden und es Individualität im heutigen Sinne nicht gab. So ist den Quellen nur schwer zu entnehmen, wo sie ein typisches Einzelschicksal oder einzelne Modelltypen darstellen. Es bestand eine enge Verbindung zwischen dem Individuum und dem historischen Typ, den es verkörperte. Die Individualität mittelalterlicher Herrscher (Herrscherinnen), dazu erzogen, eine bestimmte Rolle einzunehmen, und das historische Modell können kaum voneinander getrennt werden.[37]
Obwohl Frauen im Mittelalter rechtlich weitgehend handlungsunfähig waren, verfügten sie als Adlige oder Königinnen über einen gewissen Handlungsspielraum. Sie konnten nicht nur politisch intervenieren. Ihre Klostergründungen zeugen auch von den kulturellen Einflußmöglichkeiten, die sie in der mittelalterlichen Gesellschaft besaßen.

Wie die Mönchsorden waren auch Frauenklöster Bildungszentren und karitative Einrichtungen in der mittelalterlichen Gesellschaft, und die Stiftung von Klöstern war eine kulturelle und karitative Leistung.[38] Seit dem 8. Jahrhundert ist die Missionstätigkeit von Nonnen nachzuweisen. Um 900 gab es im deutschen Raum ca. siebzig Nonnenkonvente.[39]
Für Frauen war das Kloster ein Raum, in dem sie sich intellektuell und künstlerisch entfalten konnten.[40] Seit dem 12. und 13. Jahrhundert verlagerte sich die intellektuelle Tätigkeit von den Klöstern in die neu entstandenen Universitäten, zu denen Frauen im deutschsprachigen Raum der Zutritt verwehrt blieb.[41]
Die Stellung der Frauen innerhalb der Kirche war ambivalent. Der Zugang zum Priesteramt und zur kirchlichen Hierarchie wurde ihnen zwar verwehrt, doch im

---

34 Ketsch, Aspekte, a.a.O., S.44 u. S.33.

35 Vgl. zur Darstellung der Frau in der Geschichtsschreibung des frühen Mittelalters, hier besonders die "Ideale" in den Viten über Königin Mathilde (Gattin Heinrichs I.): Marie-Louise Portmann, Die Darstellung der Frau in der Geschichtsschreibung des frühen Mittelalters, Basel und Stuttgart 1958, S.84ff.

36 Opitz, Evatöchter, a.a.O., S.19. Claudia Opitz untersuchte die Intention und die Aussagekraft von Heiligenviten des späten Mittelalters.

37 LeGoff, a.a.O., S.107 u. S.109.

38 Ennen, Frauen im Mittelalter, a.a.O., S.78.

39 Ketsch, Frauenbild und Frauenrechte, a.a.O., S.267f. Das Klosterleben von Frauen im Frühmittelalter ist ein Forschungsdesiderat, vgl. Petra Heidebrecht/ Cordula Nolte, Leben im Kloster: Nonnen und Kanonissen. Geistliche Lebensformen im frühen Mittelalter, in: Ursula A.J. Becher/ Jörn Rüsen (Hrsg.), Weiblichkeit in geschichtlicher Perspektive. Fallstudien und Reflexionen zu Grundproblemen der historischen Frauenforschung, Frankfurt/ M. 1988, S.79-115, S.80. Einen Überblick über die Entwicklung von Frauenklöstern geben Heidebrecht/ Nolte, a.a.O.

40 Claudia Opitz/ Elisabeth Schraut, Frauen und Kunst im Mittelalter, in: Cordula Bischoff/ Brigitte Dinger/ Irene Ewinkel/ Ulla Merle, Frauen Kunst Geschichte. Zur Korrektur des herrschenden Blicks, Gießen 1985, S.33-52, S.38f. Im Kloster gab es zahlreiche Künstlerinnen auf den Gebieten: Buchmalerei, Kalligraphie, Textilkunst, Musik, Dichtung, Malerei (Schraut/ Opitz, a.a.O.).

41 Opitz/ Schraut, a.a.O., S.47.

Kloster konnten Frauen am kirchlichen und kulturellen Leben teilhaben und als Äbtissin eine beachtliche Machtfülle erlangen.[42]
Das Leben im Kloster war gesellschaftlich hoch angesehen. Ein Leben in Enthaltsamkeit und die Ausübung christlicher Tugenden sorgten nicht zuletzt für das eigene Seelenheil; die Bedeutung der "himmlischen Belohnung" ist für die Psyche des mittelalterlichen Menschen nicht zu unterschätzen.[43]
Die individuellen Gründe für einen Klostereintritt sind schwer nachzuvollziehen und mögen vielschichtig gewesen sein. Diskutiert wird aus heutiger Sicht das Motiv "Flucht vor der Ehe" und auch der "unfreiwillige" Aufenthalt im Kloster.[44] Frauen konnten sich im Kloster einer unliebsamen Heirat entziehen oder als Witwe ein Auskommen finden. Oft waren sie aber schon als Kinder von den Eltern für ein Klosterleben bestimmt worden, und es kam vor, daß mißliebige Gattinnen ins Kloster abgeschoben wurden.[45] Das Leben im Kloster bedeutete für die Frauen auf jeden Fall eine standesgemäße Alternative zur Ehe und war zugleich eine soziale Absicherung.[46]

Im Hochmittelalter gab es eine starke weibliche Frömmigkeitsbewegung, an der Frauen aller gesellschaftlichen Stände beteiligt waren.[47] Angelehnt an das Reformmönchstum wollten sie ein Leben führen, das dem Armutsideal entsprach - eine gefährliche Gratwanderung zwischen Ordensleben, freien religiösen Gemeinschaften und Ketzerei.[48]
Die Anzahl der Frauenklöster war zwar seit dem 12. Jahrhundert kontinuierlich angestiegen,[49] doch die neu entstandenen Klöster konnten bei weitem nicht alle Frauen aus der religiösen Bewegung aufnehmen. Breitere Schichten aus dem städtischen Bürgertum drängten in die klösterlichen Gemeinschaften, und minderbemittelte Frauen verfügten meist nicht über die nötige Mitgift, eine Voraussetzung, um in einen Orden aufgenommen zu werden. Ärmere Frauen, denen der Zugang zu den Klöstern versperrt blieb, entwickelten neue Formen religiösen Lebens. Als Beginen lebten sie in freien Frauengemeinschaften, ohne feste Ordensregeln und ohne Anschluß an ein Kloster.[50]
Der religiöse Aufbruch von Frauen seit Beginn des 12. und im 13. Jahrhundert war nördlich der Alpen besonders ausgeprägt. Um 1300 nahmen - neben den Frauenklö-

---

42 Ketsch, Aspekte, a.a.O., S.45-48, und ders., Frauenbild und Frauenrechte, a.a.O., S.275f. Vgl. zum Frauenbild der Kirche und Theologie ebd., S.26ff.

43 Heidebrecht/ Nolte, a.a.O., S.82f.

44 Christina Vanja, Klosterleben und Gesellschaft: Lebensläufe von Nonnen und Stiftsfrauen in spätmittelalterlichen hessischen Konventen, in: Wilhelm Heinz Schröder (Hrsg.), Lebenslauf und Gesellschaft. Zum Einsatz von kollektiven Biographien in der historischen Sozialforschung, Stuttgart 1985, S.18-27, S.19. Es muß berücksichtigt werden, daß die Idee von der Entscheidungsfreiheit modern ist (Opitz, Familienzwist, a.a.O., S.130). Vgl. auch Vanja, weibliche Biographien, a.a.O.

45 Ketsch, Aspekte, a.a.O., S.46, und ders., Frauenbild und Frauenrechte, a.a.O., S.272.

46 Vanja, Klosterleben, a.a.O., S.24.

47 Herbert Grundmann, Religiöse Bewegungen im Mittelalter. Untersuchungen über die geschichtlichen Zusammenhänge zwischen der Ketzerei, den Bettelorden und der religiösen Frauenbewegung im 12. und 13. Jahrhundert und über die geschichtlichen Grundlagen der deutschen Mystik, Hildesheim 1961, S.522f. Vgl. zur Geschichte der "religiösen Frauenbewegung" im 12. und 13. Jahrhundert ebd., S.170ff., und zu den sozialen Aspekten dieser Bewegung ebd., S.519ff.

48 Ennen, Frauen im Mittelalter, a.a.O., S.110f.

49 Ebd., S.113.

50 Ketsch, Frauenbild und Frauenrechte, a.a.O., S.271.

stern - "semireligiöse Frauengemeinschaften", Beginenkonvente, einen Aufschwung.[51] Schon seit der ersten Hälfte des 13. Jahrhunderts gab es Beginen im gesamten mitteleuropäischen Raum, vornehmlich in den Städten.[52] Zwischen Welt und Orden[53] wollten diese Frauen ein gottgeweihtes Leben führen, ohne sich einem Orden anzuschließen oder ein Gelübde abzulegen. Im Gegensatz zu den "umherziehenden" Beginen lebten städtische Beginen in Kleinstgemeinschaften oder größeren Konventen. Von Anfang an wurden sie von den kirchlichen Institutionen beargwöhnt und mit Ketzerei in Verbindung gebracht. Es wechselten Phasen der Duldung, der bewußten Förderung und der Verfolgung von Beginen.[54]

Im späten Mittelalter verstärkte sich der obrigkeitliche Zugriff auf die Beginenbewegung in den Städten. Da die Lebensform der Beginen nicht in eine bestimmte Ordnung eingebunden war, d.h. es fehlte die Zustimmung der kirchlichen Autoritäten, war die Kirche daran interessiert, ihnen feste Ordensvorschriften aufzuzwingen.[55] Seit dem 14. Jahrhundert schlossen sich Beginen organisatorisch den männlichen Bettelorden an, um dem Verdacht der Ketzerei zu entgehen.[56] Die Integration der Beginen in die Orden der Franziskaner, Dominikaner oder Augustiner verlief nicht reibungslos, waren sie doch keine Nonnen im eigentlichen Sinne. Ohne formale Herrschaftsstrukturen hatten sie eigene religiöse Vorstellungen entwickelt, und sie lebten nicht in klösterlicher Abgeschiedenheit, sondern nahmen durch ihre Arbeit teil am städtischen Wirtschaftsleben.[57] Da ihr Eigenvermögen oft nicht ausreichte, waren Beginen karitativ tätig und übten verschiedene Handwerke aus, was im späten Mittelalter zu Konflikten mit den Zünften führte. Im 16. Jahrhundert wurden Beginen bekämpft von der katholischen und protestantischen Kirche und von den Zünften.[58]

Ein Beispiel einer städtischen Beginengemeinschaft sind die hannoverschen Beginen. Über die einzelnen Frauen ist kaum etwas bekannt, allenfalls die Namen und ihre soziale Herkunft. In Hannover kamen die Beginen überwiegend aus der städtischen Mittelschicht, aus der Kaufmannschaft und dem Handwerk. Ungeachtet der sozialen Herkunft stand die Älteste der hannoverschen Gemeinschaft vor. Die Beginen regelten ihr Zusammenleben weniger hierarchisch als die Ordensgemeinschaften. Doch zur Voraussetzung, in eine städtische Beginengemeinschaft aufgenommen zu werden, gehörten auch bei den Beginen Eintrittsgelder und Besitzüberlassung. (Über persönliches Eigentum konnten sie weiterhin verfügen.)[59] Für Frauen aus ärmsten Schichten war der Zutritt damit erschwert.

Die Stadt Hannover war interessiert an der Kontrolle der Beginen. Die hannoverschen Beginen schlossen sich dem Bettelorden der Augustiner an. Ihre - zögernde - Anpassung bewirkte wenig, und der Druck auf die hannoverschen Beginen verstärkte sich seit der Reformation durch den protestantischen Rat der Stadt. Eine

---

51 Opitz, Familienzwist, a.a.O., S.136f.

52 Weinmann, a.a.O., S.175. Vgl. zu Beginen in den deutschen Städten ebd., S.176ff., und zu den verschiedenen Ansätzen über die Entstehung der Beginenbewegung ebd., S.168ff.

53 Ennen, Frauen im Mittelalter, a.a.O., S.113.

54 Ketsch, Frauenbild und Frauenrechte, a.a.O., S.343.

55 Opitz, Evatöchter, a.a.O., S.137-140.

56 Ketsch, Frauenbild und Frauenrechte, a.a.O., S.344. Vgl. zur Eingliederung religiöser Frauengemeinschaften in Bettelorden: Grundmann, a.a.O., S.199ff.

57 Weinmann, a.a.O., S.203f.

58 Ketsch, Frauenbild und Frauenrechte, a.a.O., S.346.

59 Ebd., S.345.

wichtige Einrichtung der mittelalterlichen Stadt, die vielen Frauen eine religiöse Lebensform und soziale Sicherung gewährt hatte,[60] sollte auch in Hannover an Bedeutung verlieren.

Seit dem ausgehenden Mittelalter scheinen Frauen zunehmend an Selbständigkeit eingebüßt zu haben. Ein Indikator, abgesehen von wirtschaftlichen und rechtlichen Beschneidungen, ist der Verlust von weiblichen Orten der Religiösität durch die Auflösung von Stiften und Klöstern im Zuge der Reformation.[61]
Forschungen über das frühneuzeitliche Leben von Frauen stecken, wie schon gesagt, erst in den Anfängen.[62] Bisher standen überwiegend die "negativen" Auswirkungen der Reformation auf die Frauen im Mittelpunkt: die Herausbildung geschlechtsspezifischer Rollenleitbilder, die sich nach der Aufklärung im Bürgertum so erfolgreich durchsetzen konnten.[63] Besonderes Augenmerk galt der ideologischen Aufwertung der Frau als Ehefrau und Mutter seitens der protestantischen Kirche, welche die Ehe als einzige Lebensform protegierte. Ledige Frauen seien mehr und mehr an den Rand der Gesellschaft gedrängt worden, degradiert zur überflüssigen und nutzlosen "alten Jungfer". Durch die Schließung von Klöstern und Beginenhäusern sei Frauen eine Alternative zur Ehe verloren gegangen.[64]
Eine vermehrte rechtliche Minderstellung, die Verluste wirtschaftlicher Selbständigkeit und die stärkere Betonung der Rolle der Frau in der Familie, der Luther in seinen Äußerungen zum christlichen Ehestand Nachdruck verliehen hatte, zeigen zunächst nur die Normen.[65] Doch viele Frauen waren nicht verheiratet. Oft arbeiteten sie in fremden Haushalten und Werkstätten, im Gewerbe, als Tagelöhnerinnen und Gelegenheitsarbeiterinnen.[66] Eine verstärkte Anbindung der Frauen ans Haus seit dem 15. und 16. Jahrhundert ist bei Lohnarbeiterinnen oder in der Hauswirt-

---

60 Ebd., S.344.

61 Alice Zimmerli-Witschi, Frauen in der Reformationszeit, Diss. phil., Zürich 1981, S.186. Neben widerständigen Nonnen gab es aber auch Frauen, die die reformatorische Lehre unterstützten, vgl. Angelika Nowicki-Pastuschka, Frauen in der Reformation. Untersuchungen zum Verhalten von Frauen in den Reichsstädten Augsburg und Nürnberg zur reformatorischen Bewegung zwischen 1517 und 1537, Pfaffenweiler 1990, S.87.

62 Einen kritischen Überblick und Forschungsanregungen geben Wunder, Stellung der Frau, a.a.0.; dies., Frauen in der Gesellschaft, a.a.0.; dies., Überlegungen zum Wandel der Geschlechterbeziehungen im 15. und 16. Jahrhundert aus sozialgeschichtlicher Sicht, in: Heide Wunder/ Christina Vanja (Hrsg.), Wandel der Geschlechterbeziehungen zu Beginn der Neuzeit, Frankfurt/ M. 1991, S.12-26; Natalie Zemon Davis, Frauen und Gesellschaft am Beginn der Neuzeit. Studien über Familie, Religion und die Wandlungsfähigkeit des sozialen Körpers, Frankfurt/ M. 1989. Zum Forschungsstand vgl. auch Claudia Ulbrich, Aufbruch ins Ungewisse. Feministische Frühneuzeitforschung, in: Beate Fieseler/ Birgit Schulze (Hrsg.), Frauengeschichte gesucht - gefunden? Auskünfte zum Stand der Historischen Frauenforschung, Köln/ Weimar/ Wien 1991, S.4-21.

63 Vgl. Helga Möbius, Die Frau im Barock, Stuttgart 1982; Dagmar Lorenz, Vom Kloster zur Küche: Die Frau vor und nach der Reformation Dr. Martin Luthers, in: Barbara Becker-Cantarino (Hrsg.), Die Frau von der Reformation zur Romantik. Die Situation der Frau vor dem Hintergrund der Literatur- und Sozialgeschichte, Bonn 1985, S.7-35; Barbara Becker-Cantarino, (Sozial) Geschichte der Frau in Deutschland 1500-1800. Ein Forschungsbericht, in: Dies. (Hrsg.), Die Frau von der Reformation zur Romantik. Die Situation der Frau vor dem Hintergrund der Literatur- und Sozialgeschichte, Bonn 1985, S.243-281; dies., Mündigkeit, a.a.0.; Mary B. Broda, Herr über Sie. Ein Versuch über die Typisierung der Frau in der Reformation, in: Feministische Studien, Jg. 5/ 1986, Nr.1, S.46-58.

64 Lorenz, a.a.0., S.14 u. S.20, und Broda, a.a.0.

65 Wunder, Stellung der Frau, a.a.0., S.240.

66 Wunder, Frauen in der Gesellschaft, a.a.0., S.130 u. S.134.

schaft einer Handwerkerfamilie schwer nachzuvollziehen.[67] Das bürgerliche Leitbild von der Hausfrau und Mutter kann zwar bis in das 15. Jahrhundert zurückverfolgt werden, gesellschaftliches Leitbild wurde es jedoch erst später in der bürgerlichen Gesellschaft.[68]

Es ist schwierig, die Ab- oder Zunahme der Freiheiten von Frauen zu messen. Welche Freiräume hatten sie im Mittelalter? Was veränderte sich in der Frühen Neuzeit? Dabei ist für beide Epochen zu beachten, daß die Entwicklungen weder linear verliefen noch Frauen aller Lebenslagen gleichmäßig trafen. Auch mangelt es oft noch an den historischen Erkenntnissen, um Kontinuitäten oder Brüche feststellen zu können.[69]

---

67 Wunder, Wandel der Geschlechterbeziehungen, a.a.0., S.23f.

68 Wunder, Frauen in der Gesellschaft, a.a.0., S.143.

69 Christiane Schröder, Hannoversche Quellen zur materiellen und sozialen Bedeutung der Ehe im 17. Jahrhundert: Überlieferung, Auswertbarkeit, Erkenntnismöglichkeiten. Magisterarbeit am Historischen Seminar der Universität Hannover, Hannover 1990, S.7f.

Olaf Mußmann

Beginen - "Kommunardinnen" des Mittelalters? Die "via media" in Hannover

Am Mittwoch, dem 25. Juni 1533, probte die hannoversche Bevölkerung den Aufstand. Am frühen Abend versammelten sich etwa 700 Personen auf dem Marktplatz. Der Menschenauflauf entstand spontan und sollte die Forderungen der Menge nach ungehinderter Ausübung des evangelischen Glaubens und sozialen Reformen unterstreichen. Nach heftigen Wortwechseln mit Vertretern des städtischen Rates schlug die ohnehin gespannte Stimmung um: Kirchenglocken läuteten Sturm, Bürger bewaffneten sich und besetzten Stadtwälle und Marktplatz. Bis zum folgenden Morgen hatten sich die Gemüter wieder etwas beruhigt; die Waffen wurden nach Hause getragen. Die Menschenansammlung auf dem Marktplatz hingegen löste sich nicht auf; aus ihrer Mitte entsandte Delegierte traten erneut in Verhandlungen mit dem Hannoverschen Rat.[1]

Der Vorfall war einer der spektakulärsten in einer Kette von Ereignissen, welche die Ratsversammlung unter Druck setzte und die den Weg für die endgültige Durchsetzung des protestantischen Glaubens in Hannover ebnete. Am 15. Juli 1534 erfolgte schließlich die offizielle Anerkennung der Reformation in Hannover durch den Landesherrn.[2] Damit war Hannover protestantisch. Alles, was den Geruch von Katholizismus verbreitete, verschwand aus dem öffentlichen Leben der Stadt. Für katholische Religionsgemeinschaften bedeutete das das Ende. Eine dieser nun aufzulösenden Gemeinschaften war die der Beginen - am 25. Juli 1534 einigten sich die Beginen und die knapp einen Monat zuvor neu gewählte Ratsversammlung über die Modalitäten der Auflösung.[3] Für Frauen verschloß sich hiermit eine gesellschaftliche Nische. Es wurde eine soziale Entwicklungslinie gekappt, die hannoverschen Frauen über einen Zeitraum von mehr als 200 Jahren die Möglichkeit geboten hatte, als Beginen eine selbstbestimmte und spezifisch weibliche Daseinsform zu entwickeln und zu leben.

In diesem Aufsatz soll anhand des Beispiels der Gemeinschaft der Beginen in Hannover ein Bild von ihnen nachgezeichnet werden. Wegen der für das Mittelalter allgemein schlechten Überlieferungslage beschränkt sich das zur Verfügung stehende Quellenmaterial auf die städtischen Grundbesitzeintragungen, die Ratsprotokolle, auf die vom Rat bezüglich der Beginen erlassenen Statuten und die Urkundenüber-

---

1 F. Johannsen/ H.D. Schmid/ M. Schmitz, Die Einführung der Reformation in Hannover. Ein Quellenlesebuch, Hannover 1983, S.45; W. Blumenberg, Wie die Stadt Hannover vor 400 Jahren evangelisch wurde, Hannover 1933, S.28.

2 Blumenberg, a.a.O., S.29-38. Allgemeines zur Reformation in Hannover siehe auch: Johannsen u.a., a.a.O.; Stadtkirchenausschuß Hannover (Hrsg.), Studien zur Kirchengeschichte der Stadt Hannover. Zur 400jährigen Gedenkfeier der Einführung der Reformation in der Stadt Hannover, Hannover 1933 (= Zeitschrift der Gesellschaft für Niedersächsische Kirchengeschichte, Jg.38); S. Müller, Die Reformation in Hannover, in: H.W. Dannowski/ W.R. Röhrbein, Geschichten um Hannovers Kirchen, Hannover 1983.

3 Stadtarchiv Hannover (StAH), Ratsprotokolle, 1534/ 24.

lieferung.[4] Die Literatur gibt zu den hannoverschen Beginen relativ wenig her,[5] ist allerdings für das allgemeine Beginentum als verhältnismäßig gut zu bezeichnen.[6]
Wer oder was waren nun Beginen? Über die Herkunft des bereits während des Mittelalters gebräuchlichen Namens ist besonders in der älteren Forschung vielfach spekuliert worden, letztlich bleibt sie jedoch ungeklärt. Beginen waren Frauen, die ein von der Religion bestimmtes Leben führten, ohne jedoch Angehörige eines Klosters zu sein oder ein Klostergelübde abgelegt zu haben. Ihnen fehlte ein organisatorischer Überbau, das Beginentum war gleichsam eine privat veranstaltete, spezifisch weibliche Frömmigkeitsform. Das Leben einer Begine zu führen, bedeutete den Versuch zu machen, einen Mittelweg zwischen weltlicher und geistlicher Lebensführung zu finden - eben die "via media".
Eine genauere Definition von dem zu geben, was eine Begine war, fällt wegen der Vielschichtigkeit der Erscheinungsformen schwer. Es gab viele Möglichkeiten, ein halbgeistliches Leben wie es die Beginen anstrebten, zu führen. Frauen konnten ihre "via media" in der Wanderschaft von Ort zu Ort suchen oder den Versuch machen, als seßhafte Beginen ihre Vorstellungen zu verwirklichen. Verfügten sie über einen festen Wohnort, so konnten sie allein oder in einer Gemeinschaft leben, die wiederum mehr oder weniger groß sein konnte. Auch hatten diese Gemeinschaften jeweils ihre regionalen Besonderheiten. Die ökonomische Grundlage von Beginen unterschied sich von Fall zu Fall ebenso, wie ihr Verhältnis zu Obrigkeit, Klerus und Gesellschaft. Selbst die Grenzen zu verwandten Gruppierungen wie Klausnerinnen, Terziarinnen oder regulierten Ordensfrauen lassen sich oft nicht eindeutig ziehen. Insgesamt läßt sich kein einheitliches Bild beschreiben. Auffallend jedoch ist die starke Präsenz von Beginengemeinschaften in den mittelalterlichen Städten Norddeutschlands; sie sind für die meisten Städte im Gebiet des heutigen Niedersachsens belegt oder anzunehmen.[7] Zum Teil ist das ein Quellenproblem. Für die historische Forschung werden Beginen in Norddeutschland praktisch erst mit ihren Gemeinschaften in den überlieferten Akten und Urkunden sichtbar. Aussagen über wandernde Beginen zu treffen, fällt dagegen außerordentlich schwer. Selbst einzeln lebende städtische Beginen, die ja mögliche Vorläuferinnen von Gemeinschaften oder Konventen gewesen sein könnten, sind selten nachzuweisen. Anhaltspunkte, die über diese Frauen Auskunft geben, finden sich allenfalls im Zusammenhang mit ihrer Verfolgung durch die Inquisition.

---

4 Ein Teil des Materials liegt in gedruckter Form vor. Vgl. C.L. Grotefend/ G.F. Fiedler, Urkundenbuch der Stadt Hannover. Erster Theil, Hannover 1860 (= Urkundenbuch des Historischen Vereins für Niedersachsen, Bd. V); K.Fr. Leonhardt, Das älteste Bürgerbuch der Stadt Hannover und gleichzeitig Quellen, Leipzig 1933; ders., Das Haus- und Verlassungsbuch der Altstadt Hannover 1428-1533, 1428-1477, Hannover 1941.

5 Die umfassendste Darstellung liefert E. Büttner, Die Kirche im spätmittelalterlichen Hannover, Hannover 1933, S.63-67. Einige weitere Angaben finden sich in Literatur zur Reformation. Zu norddeutschen Beginen siehe G. Peters, Norddeutsches Beginen- und Begardenwesen im Mittelalter, in: Niedersächsisches Jahrbuch für Landesgeschichte, Bd. 41/42, 1969/70, S.50-118.

6 Einen Überblick gibt B. Hotz, Beginen und Willige Arme im spätmittelalterlichen Hildesheim, Hildesheim 1988, S.9-11 (= Schriftenreihe des Stadtarchivs und der Stadtbibliothek Hildesheim, Bd. 17).

7 Peters, a.a.O., S.50-118; I. Grübel, Bettelorden und Frauenfrömmigkeit im 13. Jahrhundert. Das Verhältnis der Mendikanten zu Nonnenklöstern und Beginen am Beispiel Straßburg und Basel, München 1987, S.93-100 (= Kulturgeschichtliche Forschungen, Bd. 9).

Die nicht an Klöster angeschlossenen Beginen waren kaum von der Kirche zu kontrollieren, und so haftete ihnen schnell der Häresieverdacht an. Ganz besonders entzogen sich dieser Kontrolle vagierende Beginen, sie traf die Verfolgung durch die Kirche denn auch am härtesten. Kontakte einzelner dieser Frauen zu ketzerischen Sekten schürten das kirchliche Mißtrauen weiter. So kam es im norddeutschen Raum zu insgesamt drei Verfolgungswellen, die mit den Jahren 1311/12, 1354 und 1395 begannen und die erst zu Beginn des 15. Jahrhunderts verebbten.[8] Während dieser Verfolgungen kristallisierte sich eine spezielle Strategie heraus: Nicht zu kontrollierende wandernde Beginen wurden gebrandmarkt und verfolgt, die "guten" Beginen jedoch, die ein geregeltes Leben in ihren Gemeinschaften und Konventen innerhalb der Städte führten, blieben unbehelligt.

Im Ergebnis wurden umherziehende Beginen zurückgedrängt, die in Gemeinschaften lebenden frommen Frauen in den Städten dagegen konnten ihre Stellung bis auf wenige Ausnahmen festigen. In ihrem Verhalten ist bestenfalls eine Tendenz zu bemerken, sich unauffällig zu geben und darum den Namen "Begine" zu vermeiden.[9] In Hannover wird dies augenfällig. Ihre Behausung hieß nicht Beginen-, sondern Susternhaus.

Diese selektive Verfolgung der Beginen machte sie zu einer spezifischen Erscheinung mittelalterlicher Urbanität in den betreffenden Regionen. Die Kategorie "Stadt" bietet noch einen weiteren Erklärungsansatz für die Existenz der städtischen Beginengemeinschaften: Die mittelalterliche Stadt war gekennzeichnet durch relative Herrschaftsfreiheit. Im Gegensatz zum Feudalrecht des übrigen Landes galt hier ein anderes, das städtische Recht - "Stadtluft macht frei" hieß die Devise für diejenigen, die sich ihren früheren Herrschaftsstrukturen entziehen wollten. Das Feudalrecht auf dem Land ließ keine Experimente wie die der Beginengemeinschaften zu. Die Stadt dagegen war ein sich selbst organisierender Bereich, dessen Freiräume von Kaufleuten, Handwerkern und den übrigen städtischen Gruppen für jeweils eigene Organisationsformen genutzt wurden - Beginen taten nichts anderes.

Die Mehrzahl der Beginen lebte also in städtischen Gemeinschaften.[10] Diese Art ihrer Lebensgestaltung - sozusagen das Zusammenleben in "Wohngemeinschaften" - macht diese Gruppe der mittelalterlichen Gesellschaft aus heutiger Sicht besonders interessant. Durch ihre außergewöhnliche Wohn- und Lebensform wurden die Beginen zu einer eigenständigen sozialen Gruppe. Diese Frauen dokumentierten ihre gesellschaftliche Besonderheit nach außen durch eine eigene in Grau oder Blau gehaltene Tracht;[11] eine habitähnliche Kleidung, deren strenger Ausdruck in Hannover durch gestickte Tücher oder etwas Zierat anscheinend etwas gemildert wurde.[12] Neben der durch gleichförmige Kleidung nach außen dokumentierten Zusammengehörigkeit verbanden die sozialen und ökonomischen Beziehungen die einzelnen Beginen fest mit der Gemeinschaft. Parallelen zur Wohngemeinschafts- und Kommu-

---

8 Hotz, a.a.O., S.21-32; Peters, a.a.O., S.98-117.

9 Peters, a.a.O., S.101-104.

10 Statistisches Material existiert zu dieser Problematik nicht, doch legt ein Überblick über die Forschung diesen Schluß nahe.

11 Peters, a.a.O., S.77f.

12 Büttner, a.a.O., S.65; StAH, Ratsdenkbuch, 1505, 63.

nenbewegung der 1960er und siebziger Jahre, soweit sich Vergleiche unserer Zeit zum Mittelalter überhaupt ziehen lassen, drängen sich gleichwohl auf.
Die Grundlagen des Beginentums entstanden während der religiösen Erneuerungsbewegung des 11. und 12. Jahrhunderts. Der inzwischen eher weltlich geprägte Charakter der bestehenden Orden ließ eine inner- und außerkirchliche Opposition wachsen, die eine stärkere Hinwendung zu geistlich religiösen Inhalten des klösterlichen Lebens forderte. Besonders aus dieser Opposition heraus entstanden die Mendikantenorden, die Ordensgemeinschaften der Bettelmönche. Bekannteste Vertreter dieser Orden sind wohl die zu Beginn des 13. Jahrhunderts vom Papst zugelassenen Franziskaner- und Dominikanerorden, denen später die Augustiner- und Karmeliterkongregationen folgten. Merkmale dieser Orden waren Armut, Betteln, Wanderpredigt, Mission, Studium und später das Niederlassen in den Städten, wo sie sich intensiv der Seelsorge der Bevölkerung annahmen.
Die Gedankenwelt der Bettelorden wirkte nicht nur auf Kleriker, sie wirkte auch auf weite Kreise der Bevölkerung. Eine allgemeine Frömmigkeitsbewegung entstand, die Kirchen wie Klöstern einen riesigen Zulauf bescherte und mehr und mehr Orden und Konvente entstehen ließ. Für Männer war es kaum ein Problem, ihre Vorstellungen eines von der Religion bestimmten Lebens zu verwirklichen, die Klöster standen ihnen offen. Frauen hatten es da weitaus schwerer. Bis in das 12. Jahrhundert hinein gab es nur für adlige Frauen die Möglichkeit, in den Eigenklöstern des Adels - gewissermaßen den Versorgungsanstalten für ihre nicht unter die Haube gebrachten Töchter - unterzukommen. Ein durch vielerlei Faktoren (Kreuzzüge, Zölibat, erhöhte Sterblichkeit der männlichen Bevölkerung) verursachter Frauenüberschuß, so ein Erklärungsansatz für das Aufkommen der Beginenbewegung,[13] verschärfte die ohnehin problematische Situation. Unverheiratet gebliebene Frauen mußten sich Formen der Lebensgestaltung außerhalb der Ehe suchen. Vielen erschien das Leben als Nonne ein attraktiver Ausweg zu sein. Einige Orden öffneten daraufhin ihre Pforten auch für nicht adlige Frauen. Die Eingliederung der Frauenkongregationen in das monastische System überforderte die kirchlichen Institutionen jedoch. Früher oder später versuchten nahezu alle Orden wieder, sich dem Zustrom der frommen Frauen zu entziehen. Zusätzlich versperrte das Laterankonzil[14] von 1215 mit dem Beschluß, Ordensneugründungen nicht mehr zuzulassen, die Möglichkeit, neue Gemeinschaften eigens für Nonnen zu schaffen. Frauen wurde damit der Weg in die Klöster erneut erheblich erschwert.[15] Ihre Reaktionen darauf waren unterschiedlich. Sie konnten sich bestehenden Sekten anschließen, denen allerdings die Kirche häufig Ketzertum unterstellte. Andere Möglichkeiten boten die oben aufgeführten Erscheinungsformen des Beginentums. Sie charakterisieren gleichzeitig die gesamte Bandbreite der Reaktionsmöglichkeiten mittelalterlicher Frauen auf diese Situation.

---

13 K. Bücher, Die Frauenfrage im Mittelalter, Tübingen 1910, S.6-10.

14 Die normengebende Versammlung der Kirche.

15 E.G. Neumann, Rheinisches Beginen- und Begardenwesen - Ein Mainzer Beitrag zur religiösen Bewegung am Rhein, Meisenheim/ Glan 1960, S.12ff. (= Mainzer Abhandlungen zur mittleren und neueren Geschichte, Bd.4); H. Grundmann, Religiöse Bewegungen im Mittelalter. Untersuchungen über die geschichtlichen Zusammenhänge zwischen der Ketzerei, den Bettelorden und der religiösen Frauenbewegung im 12. und 13. Jahrhundert, Berlin 1935, S.201 und 319ff.

Die Thesen vom Frauenüberschuß und der Religiosität als auslösendes Element der Beginenbewegung sind in letzter Zeit bezweifelt worden.[16] Ihnen wird die Ansicht entgegengesetzt, es hätte sich um einen bewußten emanzipatorischen Akt von Frauen gehandelt, die sich den Verhaltensanforderungen der mittelalterlichen Gesellschaft entziehen wollten, eine Art "weibliche Gegenkultur".[17] Nun ist es aber problematisch, die Beweggründe für das menschliche Handeln über eine derart lange Zeit und bei einer so dünnen Quellenbasis, wie sie für das Mittelalter überliefert ist, zu erkennen. Es besteht darüber hinaus die Gefahr, eigene, in unserem Gesellschaftssystem wurzelnde Interpretationsmuster auf die mittelalterliche Gesellschaft zu übertragen. Meines Erachtens kann als Erklärungsansatz nur ein kleinster gemeinsamer Nenner, eben der der relativen Rechtsfreiheit der Städte und der Gestaltbarkeit des sozialen Raumes, dienen.
Was immer die Beweggründe der Frauen mit all ihren individuellen Unterschiedlichkeiten gewesen sein mögen, sie bildeten zu Beginn des 13. Jahrhunderts in den stärker urbanisierten Regionen von Flandern, Brabant und Holland von Klöstern unabhängige Lebens- und Wohngemeinschaften und traten damit als Beginen in die Öffentlichkeit. Andere Frauen übernahmen das Modell: Das Beginenwesen breitete sich rasch über Deutschland bis nach Frankreich und Norditalien aus. Das geschah allerdings nicht ohne Widerstand. Besonders südlich der Alpen konnten sich die Beginen, wie andere religiöse Gruppen auch, nicht vom Ketzereivorwurf freimachen und wurden verfolgt. In Holland, Belgien und Norddeutschland dagegen gelang es ihnen weit besser, sich mit den bestehenden Verhältnissen zu arrangieren; in diesen Gegenden überstanden sie selbst gegen Beginen gerichtete Anfeindungen unbeschadet.[18]
Im deutschen Raum tauchte die erste Beginenniederlassung 1223 in Köln auf, in den dreißiger Jahren gab es erste Beginen in der Mainzer Gegend und 1255 in Hamburg.[19] Der Hinweis, in Hannover hätte es bereits 1251 ein Beginenhaus gegeben,[20] erwies sich bei Überprüfung der Quelle als Zahlendreher: richtig muß es 1512 heißen.[21] Der erste belegbare Anhaltspunkt für Beginen in Hannover findet sich nicht erst, wie bislang angenommen, 1357, sondern nahezu ein halbes Jahrhundert früher, 1311 im zweiten Pfandregister der Stadt Hannover.[22] Dort wird ein "Arnoldus de Sororibus" (lateinisch: sorores = Schwestern) erwähnt, der später mit "Arnold van den Susteren" (mittelniederdeutsch: Sustern = Schwestern) bezeichnet wurde. Weiter führt das Pfandregister 1323 einen "Henricus de Begkinen" an, und 1334 wird

---

16 E. Ennen, Frauen im Mittelalter, München 1984, S.141-144; H. Wunder, Frauen in der Gesellschaft Mitteleuropas im späten Mittelalter und in der Frühen Neuzeit, in: H. Valentinitsch (Hrsg.), Hexen und Zauberer. Die große Verfolgung - ein europäisches Phänomen in der Steiermark, Graz/ Wien 1987, S.123-154, S.126f.; R. Habermas, Die Beginen - eine "andere" Konzeption von Weiblichkeit? In: Die ungeschriebene Geschichte. Historische Frauenforschung. Dokumentation des 5. Historikerinnentreffens in Wien, 16. bis 19. April 1984, Himberg bei Wien 1985, S.199-207, S.199.

17 Habermas, a.a.O., S.199-207.

18 Hotz, a.a.O., S.21-29; Neumann, a.a.O., S.144f.

19 Peters, a.a.O., S.53.

20 L.A.T. Holscher, Beschreibung des vormaligen Bistums Minden, Münster 1877 (hier nach dem Neudruck: Osnabrück 1978), S.198.

21 D.E. Baring, Beschreibung der Lauensteinschen Saale, Bd.2, Lemgo 1744, S.152.

22 StAH, B 8260 K; abgedruckt in: Leonhardt, Bürgerbuch, a.a.O., S.192; S.199; S.202.

ein "Johannes der Backinen" erwähnt. Die phonetische Umsetzung der Schreibweisen "Begkinen" und "Backinen" läßt sich eindeutig mit Beginen gleichsetzen.[23] Auch der Hinweis auf die "Sororis" bzw. "Süstern" ist eindeutig: Für Hannover ist der Name "Süsternhus" für das Anwesen der Beginen vielfach belegt.[24] Da im 14. Jahrhundert Eigennamen häufig noch nicht als Vor- und Zuname ausgebildet waren, wurden Personen oft nach ihren Wohnstätten oder anderen für sie charakteristischen Ortsbezeichnungen benannt. Das in den obigen Fällen die Eigennamen und Namenszusätze verbindende "de" weist besonders darauf hin.[25] Es handelte sich also wohl nicht, wie in der Forschung in ähnlich gelagerten Fällen vielfach vermutet, um verwandtschaftliche Beziehungen. Schließlich ist es in patriarchalischen Strukturen, wie sie die mittelalterliche Gesellschaft aufwies, schlechterdings undenkbar, daß sich die Familiennamensgebung an weiblichen Mitgliedern der Familien orientierte. Es muß sich bei den genannten Herren also um Personen gehandelt haben, die in unmittelbarer Nähe der Beginen wohnten oder dort Besitz hatten. All dies deutet auf eine bereits zu Beginn des 14. Jahrhunderts in Hannover bestehende Beginengemeinschaft hin, deren Gründungsdatum jedoch weiterhin unklar bleibt.
Der innere Organisationsgrad der hannoverschen Beginengemeinschaft war um die Mitte des 14. Jahrhunderts bereits relativ hoch.[26] Die frühesten Informationen über ihre innere und äußere Ordnung stammen aus dem Jahr 1357.[27] Den Beginen gehörte ein eigenes Haus einschließlich eines mit Bäumen bestandenen Gartens innerhalb der Stadtmauer. Ihr Grundstück lag am westlichen Stadtrand, direkt neben dem noch heute vorhandenen Beginenturm, der seinen Namen durch diese Nachbarschaft erhalten hat. Ein von der Leinstraße zum Beginenhaus abzweigender Weg wurde kurzerhand auch nach den Beginen benannt, heute heißt dieser kleine Gang Pferdestraße. Eine "Meisterin" genannte Begine vertrat nach außen ihre Mitschwestern. Sie repräsentierte dem Rat gegenüber und wohl auch in anderen Rechtsgeschäften die Gemeinschaft. Neben der Meisterin stellten die "vier ältesten Schwestern" die oberste Instanz innerhalb der Gemeinschaft dar,[28] die Meisterin war vermutlich nur ausführendes Organ. Neben ihrem Amt gab es weitere wie beispielsweise das der Pförtnerin. Diese Posten wurden üblicherweise durch Wahlen aus dem Kreis der Beginen besetzt.[29] In Hannover allerdings wurde im 16. Jahrhundert mindestens die Pförtnerin durch den Rat der Stadt eingesetzt. In den Augen der Stadtobrigkeit mußte ihr Amt besonders bedeutungsvoll erscheinen, denn sie war diejenige, die durch das Öffnen der Tür den Kontakt der im Beginenhaus lebenden Frauen zur städtischen Öffentlichkeit herstellte. Entsprechend streng waren die Schließzeiten geregelt: Ausgang gab es nur mit Genehmigung der Ältesten; im Sommer wurde abends um

23 H. Niebaum, Phonetik und Phonologie, Graphetik und Graphemik des Mittelniederdeutschen, in: Besch u.a. (Hrsg.), Sprachgeschichte. Zweiter Halbband, Berlin/ New York 1985, S.1220-1227, S. 1222; O. Nübel, Mittelalterliche Beginen- und Sozialsiedlungen in den Niederlanden, Tübingen 1970.

24 Vgl. die im Aufsatz angegebenen Quellen.

25 A. Bach, Die deutschen Personennamen, Bd.1, Heidelberg 1952, § 239ff.

26 Zur Typisierung und zur Entwicklung von Beginengemeinschaften siehe Neumann, a.a.O., S.72f.

27 Eine Urkunde, die im Zusammenhang mit dem Bau des Beginenturms entstand (Grotefend, a.a.O., S.369).

28 Büttner, a.a.O., S.64.

29 Nübel, a.a.O., S.153ff.

neun Uhr, im Winter um acht Uhr endgültig abgeschlossen.[30] Im 16. Jahrhundert - nur für diese Zeit existieren hierzu Angaben - war die Höchstzahl der Beginen in Hannover auf 20 festgesetzt, ferner durften bei ihnen zwei Konversen und eine weltliche Magd, die der gesamten Gemeinschaft diente und von ihr bezahlt wurde, wohnen.[31] Männern, besonders in Verkleidung zur Fastnacht, war der Zutritt verboten.[32]

Die Ämterteilung war charakteristisch für Beginengemeinschaften, die eine Größe erreicht hatten, welche Arbeitsteilung notwendig machte. Arbeitsdifferenzierung und Hierarchisierung spiegelten dabei oft die unterschiedliche soziale Herkunft der Beginen wider.[33] Die Schichtung im Zusammenleben der Beginen fand ihre Fortsetzung in einer hier idealtypisch aufgezeigten Dreiteilung der Gemeinschaft: An der Spitze standen die eigentlichen Beginen. Ihnen untergeordnet lebten in sogenannten Freilassungen Frauen, die aus verschiedensten Gründen nur eine gewisse Zeit in der Beginengemeinschaft verbringen wollten oder sich noch auf das Leben als Begine vorbereiteten. Die Konversen genannten Frauen der hannoverschen Gemeinschaft sind in diese Gruppe einzuordnen. Die unterste Stufe bildeten die Insassinnen der Infirmerien. Hier lebten kranke oder im Alter pflegebedürftig gewordene Beginen und andere versorgungsbedürftige Frauen.[34] Die beschriebene Gliederung bezieht sich auf die sehr großen Beginenhöfe Hollands. Kleinere und ökonomisch schwächere Gemeinschaften, dazu ist auch die hannoversche zu zählen, konnten sich eine solch weitgehende Dreiteilung vermutlich nicht leisten, da die in den Infirmerien lebenden Frauen ja mitversorgt werden mußten und die Gemeinschaft belasteten.

Es gab allerdings auch Beginengemeinschaften, die egalitärer strukturiert waren, die Hildesheimer Konvente sind ein Beispiel. Hier entschieden offenbar die frommen Frauen gemeinsam über Neuaufnahmen, Ausschlüsse und Finanzgeschäfte; Ämterteilung oder eine Vorsteherin gab es hier anscheinend nicht.[35]

Die hannoversche Beginengemeinschaft stellte eine Zwischenform dar. In ihr überschnitten sich zwei Organisationsmuster: Auf der einen Seite bildete die Schichtung in Beginen, Konversen und Magd ein hierarchisches Element, andererseits oblag den Ältesten die innere Führung. Da bei ihrer Berufung das Alter, weniger die soziale Herkunft entscheidend war, stellt diese Form der Organisation von Herrschaft eher ein egalisierendes Element dar. Im Prinzip konnte jede der Beginen einmal in diese Position aufsteigen. Den Ältesten die größte Autorität einzuräumen war zu einer Zeit, als gesellschaftliche Veränderungen im Vergleich zu der unseren sehr langsam verliefen, durchaus sinnvoll. Aufgrund ihrer Lebenserfahrung war die Wahrscheinlichkeit besonders groß, daß sie für eventuell auftauchende Probleme Lösungsmöglichkeiten parat hatten oder fanden. Sie besaßen, solange sie nicht senil wurden, die größte Kompetenz. Trat dieser Fall ein, so drohte ihnen allerdings sogar

---

30 Vgl. Büttner, a.a.O., S.63-67.

31 Ebd., S.65f.

32 Ebd., S.67.

33 Nübel, a.a.O., S.157f.

34 Ebd., S.175.

35 Hotz, a.a.O., S.57f.; vgl. auch Peters, a.a.O., S.74-76.

der Ausschluß aus der Gemeinschaft.[36] Vermutlich mußten sie aber die Gemeinschaft nicht verlassen, sondern hatten nur ihr Amt abzugeben.
Die hannoverschen Beginen stammten, zumindest seit 1441, durchweg aus der Stadt Hannover.[37] Auf ihre soziale Herkunft dagegen läßt sich nur schließen. Im Hausbuch der Stadt Hannover tauchen rund zwei Dutzend Namen von Beginen auf, deren Familiennamen sich zum Teil im ältesten Bürgerbuch der Stadt wiederfinden und die sich dort den sozialen Schichten zuordnen lassen. Ein Vergleich zeigt, daß der überwiegende Teil der hier aufgeführten Beginen aus dem Kreis der Kaufleute, also aus der Oberschicht der Stadt stammte. Es sind auch Ratsgeschlechter vertreten. Die Namen von Handwerkern erscheinen weniger häufig. Aufgrund der Quelle können natürlich nur die Namen von Grundbesitzern verglichen werden, doch scheinen mit der Kaufmannschaft und dem Handwerk die tragenden Schichten der hannoverschen Beginen genannt zu sein. Darauf weisen auch die 1530 genannten Eintrittsgelder hin, die bei der Aufnahme in die Gemeinschaft zu zahlen waren. Sie waren gestaffelt. Handwerkertöchter hatten schon relativ viel zu entrichten, für andere Frauen, und damit waren sicherlich die Töchter der Kaufleute gemeint, war die Aufnahme in das Beginenhaus weitaus teurer.[38] Hohe Eintrittsgelder schlossen ärmere Schichten aber vom Beitritt aus.
Ihre Lebensführung orientierten die Beginen an Verhaltensanforderungen, die den Vorstellungen der mittelalterlichen Menschen von einem religiös geführten Leben entsprangen: Ein christliches Leben sollte in Keuschheit, Gehorsam und Armut geführt werden. Die Keuschheitsforderung befolgten die Beginen im allgemeinen, obwohl gerade ihre politischen Gegner mit dem behaupteten Verstoß gegen diese Maxime gegen die frommen Frauen agitierten. Den Rahmen, in dem Gehorsam zu leisten war, legten Hausordnungen und Statuten fest. Gegenüber dem Leben der Nonnen in Klöstern waren diese Gebote außerordentlich abgeschwächt. Noch weit stärker unterschieden sich die Beginen von den Nonnen dadurch, daß sie sich bei Eintritt in eine Beginengemeinschaft nicht von ihrem Besitz trennten. Das Armutspostulat befolgten sie also nicht. Als Begine zu leben war im Vergleich zum reglementierten Leben einer Nonne durchaus attraktiv und bot, da diese Frauen ja weiterhin über ihr Eigentum verfügten, zudem die Möglichkeit, nach Veränderungen der persönlichen Lebensumstände wieder in das weltliche Leben zurückzukehren. Da Beginen jedoch wegen ihrer karitativen Arbeit und der Funktion der Beginengemeinschaften als Aufnahmepool für alleinstehende Frauen die gesellschaftliche Situation entschärften, wurde die Nichtbeachtung des Armutsideals toleriert.[39]
Die Normen, an denen Beginen ihr Verhalten innerhalb und außerhalb der Gemeinschaft ausrichteten, wurden in der Regel in zunächst selbstgegebenen Ordnungen festgelegt, über deren Einhaltung und Präzisierung aber später nicht nur die Beginen, sondern auch Stadtrat und Klerus, oft sogar Bischöfe und Landesherren wachten. In diesen Statuten tauchen die genannten Verhaltensanforderungen immer wieder auf. Hier spiegeln sich ebenso die lokalen Bedingungen der einzelnen Städte und das oft erstaunliche Anpassungsvermögen der Beginen an die jeweiligen Umstände

---

36 "Unsynnichkeit" ist ein im Statut von 1441 festgelegter Ausschlußgrund.
37 Büttner, a.a.O., S.63.
38 Ebd., S.66.
39 Neumann, a.a.O., S.88ff.

wider. Mit Hilfe dieser Satzungen lassen sich deshalb Einblicke in die Lebenssituationen der Beginen gewinnen.[40]
Über die Verhältnisse im hannoverschen Beginenhaus gibt erstmals ein als Konzept überliefertes Exemplar eines 1441 vom hannoverschen Rat erlassenen Statuts Auskunft.[41] Es regelte in erster Linie die Bedingungen für Neuaufnahmen. Ortsfremde Frauen schloß das Statut vom Eintritt in die Gemeinschaft aus. Das kann als Hinweis darauf gewertet werden, daß dies früher möglich war und daß die Kapazitäten des Beginenhauses nun allmählich erschöpft waren. Vor der Aufnahme war von angehenden Beginen eine Probezeit von einem halben Jahr zu absolvieren, das Mindestalter betrug 12 Jahre. Im Falle des Verstoßes gegen Verhaltensnormen konnten Beginen ausgeschlossen werden: Als Gründe werden besonders Unkeuschheit, wiederholter Diebstahl oder Renitenz genannt. Krankheiten, welche die Gemeinschaft belasten konnten, das Statut erwähnt Aussatz, Epilepsie und Schwachsinn, führten ebenfalls zum Ausschluß.
In den Jahren 1510, 1520 und 1530 erließ der hannoversche Rat weitere Statuten für das Beginenhaus.[42] In diesen Satzungen kommen zwei Bestrebungen deutlich zum Ausdruck: Einerseits sollten sie das ökonomische Überleben der Gemeinschaft garantieren, ohne die Stadt zu belasten. Andererseits baute der Rat sein Aufsichtsrecht über die Beginen sukzessiv aus und unterwarf sie den Verhaltensanforderungen, die die Stadtväter an die frommen Frauen stellten.
Für Beginen bestanden drei Möglichkeiten, ihre wirtschaftliche Existenz zu sichern: Sie konnten ihr Einkommen aus Schenkungen, Berufsausübung und Eigenvermögen beziehen.[43] In welchem Verhältnis diese drei Erwerbsquellen zum jeweiligen Einkommen der Beginen beigetragen haben, läßt sich kaum beurteilen. Zudem veränderten sich die Anteile im Laufe der Zeit. Schenkungen und Stiftungen stellten besonders in der Startphase der Gemeinschaften eine gewichtige Einnahmequelle dar, der Weiterbestand war dann von Erwerbstätigkeit oder vorhandenem Kapital abhängig.
Zu Schenkungen, die den Start der Beginengemeinschaft in Hannover ermöglichten, sind keinerlei Quellen vorhanden, so daß hierzu auch keine Aussagen gemacht werden können. Es ist jedoch anzunehmen, daß fromme Bürger und Bürgerinnen die Beginen, wie in anderen Städten auch, wenigstens von Zeit zu Zeit durch Stiftungen unterstützten, einzelne Hinweise deuten dies an.[44] Die Berufstätigkeit der Beginen stellte gegenüber den Schenkungen vermutlich eine weit wichtigere Einnahmequelle dar. Ihre Arbeitsfelder standen oft im Zusammenhang mit dem christlichen Gebot der Nächstenliebe: Kinderbetreuung und Erziehung, Krankenpflege, Bestattung von Toten und Unterhaltung der Gräber zählten zu ihren Tätigkeiten. Sie arbeiteten häufig als Wäscherinnen oder im Textilhandwerk, aber auch außerhalb der sogenannten Frauenberufe waren Beginen als Handwerkerinnen zu finden.[45] Für die hannoverschen Beginen gibt es aus der zweiten Hälfte des 15. Jahrhunderts die Andeutung,

40 Ebd., S.82ff. u. S.87ff.

41 Büttner, a.a.O., S.63-67.

42 Ebd., S.64ff.

43 Neumann, a.a.O., S.93ff.

44 Urkunden, Bestand I, Nr. 835 und 1012; Büttner, a.a.O., S.81.

45 Neumann, a.a.O., S.93-104.

sie würden von ihrer Hände Arbeit leben. Für das 16. Jahrhundert konkretisieren sich die Hinweise: Die Beginen widmeten sich der Krankenpflege, und da in ihrem Garten Leinwand aufgehängt wurde, haben sie vermutlich auch als Wäscherinnen gearbeitet. Sie unterrichteten hannoversche und auswärtige Kinder im Lesen, Schreiben und Handarbeiten und beköstigten sie auch. Das Großziehen von Findelkindern gehörte mutmaßlich ebenfalls zu ihrem Aufgabenbereich.[46]

Eine bedeutende Einnahmequelle bildeten Erträge aus Eigenkapital. Im städtischen Urkundenbestand und in den Überlieferungen des Rates sind etwa drei Dutzend Rentenkäufe durch Beginen aufgeführt. Das Hausbuch der Stadt führt eine etwa ebenso hohe Zahl von Einkünften aus Hypotheken auf Hausbesitz allein für den Konvent auf, die Anzahl der auf den Namen einzelner Beginen lautenden Renteneinkünfte aus derartigen Hypotheken liegt noch um ein Vielfaches höher. Die große Zahl der im Hausbuch aufgeführten Beginen legt den Schluß nahe, daß ein sehr hoher Prozentsatz von solchen Renten lebte. Die Satzungen von 1520 und 1530 bekräftigen das: Neuaufzunehmende Frauen sollten, wie schon ihre Vorgängerinnen, über ausreichend hohe Renteneinkünfte zur Bestreitung ihres Lebensunterhaltes verfügen.

Das Statut von 1510 bestimmte, daß ein festgelegter Betrag aus dem Nachlaß verstorbener Beginen an die Gemeinschaft ging, ehe die Erbschaft von den Hinterbliebenen angetreten werden durfte. Sollte der Wert der Hinterlassenschaft diese Summe nicht erreichen, so fiel der gesamte Hausrat der Verstorbenen an die Beginen. Weitere Einkünfte erzielten sie durch Gelder, die von neu eintretenden Frauen zu zahlen waren; sie kamen ebenfalls der gesamten Gemeinschaft zugute.

Der hannoversche Rat war vermutlich nicht so sehr um eine solide finanzielle Basis der Beginengemeinschaft bemüht, weil gerade diese religiöse Gruppe den Ratsherren besonders am Herzen lag. Die sozial deklassierende Lage des Beginenhauses an der Stadtmauer - dem Stadtrand sozusagen - und die Tatsache, daß man sich nicht scheute, im Beginenturm, also in direkter Nachbarschaft der frommen Frauen, einen Kerker einzurichten,[47] deuten eher auf eine geringe Wertschätzung, die der Rat den Beginen entgegenbrachte. Bestimmungen der Statuten und einige Vergünstigungen, die der Rat den Beginen gewährte, stehen in krassem Gegensatz dazu. Der Rat befreite die Beginen 1465 teilweise von ihren Steuern[48] und übertrug zwei Häuser aus dem Besitz städtischer Beamte auf ihren Namen. Das eine lag auf dem Grundstück Osterstraße 104 und stand den Beginen von 1448 bis 1453 zur Verfügung. Das andere, Am Markte 6, besaßen sie von 1530 bis 1531.[49] Bei diesen Überschreibungen ging es vermutlich nicht um die Bereitstellung neuen Wohnraums, sondern um den Nießbrauch der Erträge aus den Hypothekenanlagen, mit denen diese Häuser belastet waren - um Geld also. Das bedeutete eine formelle und materielle Unterstützung der Beginen durch den Stadtrat. Der scheint die Bedeutung der Beginen folglich

46 Büttner, a.a.O., S.63-67; C. Greiffenhagen, Die Beginen Niedersachsens, in: Hannoverland. Monatsschrift für Geschichte, Landes- und Volkskunde, Sprache, Kunst und Literatur unserer niedersächsischen Heimat, Jg.5/ 1911, S.177-181 und S.195-197; S.180.

47 StAH, Ratsdenkbuch, 1468 / 97.

48 Ebd., 1465 / 20.

49 Ebd., 1448, 834:26; Grundbesitzkartei, L 86 und K 278 (abgedruckt bei Leonhardt, Haus- und Verlassungsbuch, a.a.O.).

durchaus erkannt zu haben, die ihnen bei dem Abbau sozialer Spannungen zukam. Das Verhältnis des Rates gegenüber den Beginen wandelte sich also im Laufe der Zeit von Gleichgültigkeit oder gar Geringschätzung hin zu einer sich zumindest in finanzieller Förderung niederschlagenden Anerkennung.

Die Sorge der Ratsherren um die finanzielle Absicherung der Beginen scheint andererseits in der Angst der Stadtobrigkeit begründet gewesen zu sein, die Gemeinschaft könne der Stadtkasse auf Dauer zur Last fallen. Und ein weiteres Konfliktfeld vermied der Rat auf diese Weise: Hätten die Beginen keine derart feste finanzielle Basis gehabt, hätten sie auch in anderen Bereichen arbeiten müssen. Das aber hätte unweigerlich zur Konfrontation mit den Zünften geführt. Derartige Auseinandersetzungen sind, im Gegensatz zu Hannover, für viele andere Städte belegt und wurden oft zu Lasten der Beginen ausgetragen.[50]

Die ohnehin vorhandenen Konfliktpunkte traten seit der Mitte des 15. Jahrhunderts noch deutlicher hervor. Mit der Krise des Spätmittelalters verengten sich die gesellschaftlichen Spielräume in der gesamten Alten Welt. Handwerker schotteten sich noch strenger gegen Konkurrenz ab. Parallel dazu fielen die Erträge aus den Grundrenten. Das betraf eine der Haupteinnahmequellen nicht nur der hannoverschen Beginen. In dieser Stadt reagierten die Beginen auf das Nachgeben des Geldmarktes und die damit verbundene Zahlungsunfähigkeit vieler Schuldner mit immer häufigeren Pfändungen von Häusern, auf die sie bislang nur Rentenansprüche besaßen. Allein in den Jahren 1474 bis 1479 ließen die Beginen, einzeln oder als Gemeinschaft, fünf Häuser pfänden.[51]

In dieser Zeit gesellschaftlichen Umbruchs bemühten sich die Ratsherren der Städte um Kontrolle der städtischen Bevölkerung und um Ausgleich sozialer Spannungen. Ihr Steuerungsinstrument waren Verordnungen. Das Erscheinen des ersten hannoverschen Beginenstatuts im Jahre 1441 und die im 16. Jahrhundert in schneller Folge erlassenen und immer strenger gefaßten weiteren Statuten spiegeln diese Entwicklung gerade in bezug auf die Beginen deutlich wider.[52]

Der Stadtrat war eine Instanz, die auf die hannoverschen Beginen großen Einfluß ausübte, sie war aber nicht die einzige. Auch mit Stadtklerus und Bettelorden hatten sie sich auseinanderzusetzen. Gerade wegen ihres geistlichen Lebens wurde ihnen gegenüber besonders darauf geachtet, daß sie ihren religiösen Pflichten nachkamen. Dafür war zunächst ein städtischer Pfarrer zuständig, bei dem die Beginen bis etwa zur Mitte des 15. Jahrhunderts auch beichteten.[53] Von diesem Zeitpunkt an scheinen zunehmend mehr Beginen die Dritte Regel der Franziskaner angenommen zu haben. Die "Tertia Regula" war eine für außerhalb der Klöster lebende weltliche Personen vorgesehene Ordensregel, die auch von Frauen, ob verheiratet, ledig oder verwitwet, angenommen werden konnte. Die Terziarinnen, Frauen, welche die Dritte Regel angenommen hatten, mußten ihre Annäherung an ein nonnenähnliches Leben mit ihrer Unterwerfung unter eine härtere Disziplin bezahlen, dafür aber kamen sie in ihrer Vorstellung dem Himmel ein ganzes Stück näher. Die Franziskaner übernahmen die

---

50 Nübel, a.a.O., S.184f.; Neumann, a.a.O., S.130.

51 StAH, Ratsdenkbuch, 1474,42; 1477,10; 1477,40; 1478,44; 1479,60.

52 Diesen Prozeß hat Gerhard Österreich mit dem Begriff "Sozialregulierung" in Abgrenzung zur in der Frühen Neuzeit beginnenden "Sozialdisziplinierung" bezeichnet.

53 Büttner, a.a.O., S.64.

seelsorgerischen Rechte und Pflichten für diese Frauen. Ihr Kloster lag in der Nachbarschaft des Beginenhauses, etwa an der Stelle des heutigen Niedersächsischen Landtages.
Die Annahme der Dritten Regel durch die Beginen hatte verschiedene Gründe. Der Rat war daran interessiert, daß sich möglichst viele der Beginen einer Ordensregel unterwarfen, da sie höhere sittlich-moralische Anforderungen an die Frauen stellte und den städtischen Gremien die Ausübung der Kontrolle erleichterte. So schrieben im 16. Jahrhundert die Ratsherren folgerichtig in die Statuten, daß keine Frau mehr in die Gemeinschaft aufgenommen werden dürfe, die nicht gewillt sei, die Dritte Regel anzunehmen. Ein weiterer Grund war die besondere Stellung der Beginen in der mittelalterlichen Gesellschaft. Beginen waren weder Nonnen noch weltliche Frauen. Ihre Lebensform jenseits der sonst üblichen Rollenvorstellungen brachte ihnen oft Anfeindungen ein, gegen die sie sich durch die Annahme einer Ordensregel schützen konnten. Die hannoverschen Beginen wurden dadurch zu Tertiarinnen, die Gemeinschaft zum Konvent.
Die hannoverschen Franziskaner nutzten die für nicht unter der Dritten Regel lebenden Beginen wenig günstige gesellschaftliche Situation des 15. Jahrhunderts aus. Sie versuchten, den Anschluß der Beginen zu erzwingen und setzten sie unter Druck. Der Vorsteher der Franziskaner predigte von der Kanzel, alle Beginen, welche nicht nach der Dritten Regel leben wollten, seien zu verdammen, da sie in einem nicht von der Kirche gebilligten Stande verharrten. Die Beginen wandten sich daraufhin um Unterstützung an den Augustinerreformator Busch, der sie gegen die Angriffe in Schutz nahm.[54] Die Beginen mußten sich letztlich doch dem öffentlichen Druck beugen, doch schlossen sie sich nun nicht - wie ihre Schwestern in den meisten norddeutschen Städten - den Franziskanern, sondern den Augustinern an.[55]
Ihre Anpassung nützte den hannoverschen Beginen auf Dauer allerdings wenig. Das den Beginen ohnehin entgegengebrachte Mißtrauen mischte sich im Vorfeld der Reformation mit antiklerikalem und den Katholizismus ablehnenden Gedankengut, das es den Beginen in Hannover zunehmend schwerer machte, ihre Vorstellungen im Konvent zu verwirklichen. Die unnachgiebige Haltung des hannoverschen Rates in Sachen Reformation trug zu einer Verschärfung des politischen Klimas der Stadt bei. Ausschreitungen gegenüber Katholiken kamen immer häufiger vor. Die Übergriffe reichten von Anfeindungen einzelner Personen über Schüsse in Anwesenheit des katholischen Landesherrn bis hin zur Gefangensetzung stadthannoverscher Ratsmitglieder und der anschließenden Flucht nahezu der gesamten Stadtobrigkeit in das katholische Hildesheim. Unter diesen Bedingungen verließen bereits um 1530 eine Reihe von Frauen den Konvent.[56]
Mit dem eingangs beschriebenen Aufruhr von 1533 entlud sich dann der lange aufgestaute Volkszorn. Ein Jahr später gab es ein neues, nun protestantisches Stadtregiment.[57] Unter den veränderten Bedingungen war an ein weiteres Bestehen des Beginenhauses nicht zu denken. Der neue Rat verhielt sich jedoch den Beginen gegenüber recht rücksichtsvoll. Vermutlich wegen der gebührenden Öffentlichkeitswir-

54 Ebd., S.62.
55 Ebd., S.66; Greiffenhagen, a.a.O., S.195.
56 Ebd., S.67.
57 Blumenberg, a.a.O., S.34; Müller, a.a.O., S.180.

kung legte er ihnen im Juli 1534 nahe, zum neuen Glauben überzutreten und zog zunächst ihr Vermögen ein. Doch wandelte er diese Kapitalien bereits drei Monate später in Renten für die ehemaligen Beginen um.[58] Sie durften weiterhin im ehemaligen Beginenhaus wohnen, waren nach wie vor von diversen städtischen Pflichten befreit und konnten sogar den Schulunterricht der Kinder weiter betreiben.[59] Neuaufnahmen allerdings erfolgten nicht mehr. Einige der Frauen zogen wieder zu ihren Familien, wie die Schwestern Kube und Margarete Berckhusen,[60] andere, wie Anna Lauenkopf[61], heirateten, die übrigen starben im Laufe der Zeit. Das ehemalige Beginenhaus verfiel. Ein Seitenflügel des Beginenhauses wurde 1580 renoviert und aufgestockt. Hier fand die städtische Schreib- und Rechenschule ein neues Domizil - an diesem Ort wurde also auch weiterhin Schulunterricht erteilt. Das übrige Gebäude wurde abgebrochen, und der hannoversche Rat ließ hier seinen Pferdestall errichten.[62] Von nun an hieß die Beginenstraße Pferdestraße - ein Stück Erinnerung an die Beginen verschwand aus dem Stadtbild.
Gleichwohl beeinflußte der Versuch der Beginen, sich als Frauen eine gesellschaftliche Existenznische zu schaffen, die weitere Entwicklung dieses Grundstücks: es blieb auch später ein Ort für die Ausübung sozialer Tätigkeit.[63]
1734 entstand neben dem früheren Beginenhaus das erste städtische Lazarett. Als es wegen Raumnot 1834 geschlossen wurde und die Einrichtung nach Linden übersiedelte, erwarb der Schneider Gimpe die Badeeinrichtungen des Krankenhauses und führte sie privatwirtschaftlich weiter. Dieses Badehaus blieb bis weit in das 20. Jahrhundert bestehen.[64] In dem in städtischem Besitz befindlichen früheren Beginenhaus entstand, nachdem sich die Ernährungslage der Unterschicht durch Teuerungen seit 1846 verschlechterte, Mitte des 19. Jahrhunderts eine Dependance der Egestorffschen Suppenanstalt als Ausgabestelle für Mahlzeiten. Später wurde das Gebäude umgebaut und 1873 als Industrieschule und Domizil der Gemeindediakonie eingeweiht. In dieser "Bethania" genannten Einrichtung entstanden im Laufe der Zeit eine Strickschule, eine Krankensuppenanstalt, eine Arbeitsvermittlung für Frauen, eine Verteilungsstelle für Artikel des Grundbedarfs und schließlich eine Augenklinik. Der stetig wachsende Platzbedarf konnte nicht mehr befriedigt werden, und so zog das Bethania um 1900 in die Adolfstraße um; die alten Baulichkeiten wurden von einem benachbarten Möbelgeschäft übernommen.[65] Damit endete in der Pferdestraße zu Beginn des 20. Jahrhunderts eine Tradition sozialer und karita-

58 StAH, Ratsprotokolle, 24 und 93/2.

59 StAH, B 8290 m, S.1435-1442.

60 O. Jürgens, Hannoversche Chronik, Hannover 1907, S.146.

61 StAH, Hann. GBII, (1908).

62 Redecker Chronik, in: Hannoversche Geschichtsblätter, Nr.9, 1906, S.221ff. und Nr.11, 1908, S.110-112.

63 Ich danke Christiane Schröder für diesen Hinweis.

64 Vgl. Adressbücher der Stadt Hannover; H. Mundhenke, Hannover und seine Krankenhäuser 1734-1945, in: Hannoversche Geschichtsblätter, NF Nr.13, 1960, S.5 u. S.95; K. Mlynek/ W.R. Röhrbein, Hannover Chronik. Von den Anfängen bis zur Gegenwart, Zahlen, Daten, Fakten, Hannover 1991, S.86 u. S.117.

65 Vgl. Adressbücher der Stadt Hannover; J.S. Büttner, Das Henriettenstift und seine Arbeitsgebiete, Hannover 1885, S.35f.

tiver Tätigkeit, die von den Beginen hier mehr als 500 Jahre zuvor begründet worden war.

Abb. 1: Der 1580 zur Schreib- und Rechenschule umgebaute Flügel des Beginenhauses in der Pferdestraße. Die alte Architektursubstanz ist links unter dem Fachwerkneubau zu erkennen. Es handelte sich um ein anscheinend verputztes, zweigeschossiges und unterkellertes Massivhaus im für das mittelalterliche Hannover typischen Baustil.

Angela Dinghaus

Magie und Hexenwahn

Das Phänomen der Hexenverfolgungen in der Frühen Neuzeit konnte selbst im Rahmen einer umfangreichen Hexenforschung noch nicht hinreichend geklärt werden. Gesamtdeutungen des europäischen Hexenwahns sind problematisch und nicht einfach zu erstellen. Abgesehen von unterschiedlichen Akzentuierungen besteht in der Forschung ein Konsens, Hexereibeschuldigungen, wie sie massenhaft in der Zeit des 16. und 17. Jahrhunderts auftraten, nicht allein als Ausdruck kirchlicher Disziplinierungsmaßnahmen zu verstehen, sondern in einen Zusammenhang mit sozialen Konflikten zu bringen. Das "Hexenproblem" wird als ein Krisenindikator aufgefaßt.[1]

Auch in der deutschen Hexenforschung sind allgemeingültige Aussagen kaum möglich, weder über die Anfänge und das Ende der Hexenverfolgungen, noch über die Ursachen ihrer unterschiedlichen Intensität in den deutschen Territorien. Zentraler Erklärungsansatz ist, daß Verfolgungen nur dann möglich wurden, wenn ein "Verfolgungswille von unten" mit der "Verfolgungsbereitschaft von oben" zusammentrafen.[2]

Der eigentliche Beginn und Höhepunkt systematischer Hexenverfolgung fiel in eine Zeit des politischen, religiösen und sozialen Umbruchs: die Auflösung feudaler Herrschaftsverhältnisse, Glaubenskriege, Agrarkrisen und damit verbunden erhöhter sozialer Unsicherheit. Der wellenartige Verlauf der Hexenjagden in Deutschland mit seinen Höhepunkten um 1590, 1630 und 1660[3] wird mit verschiedenen Faktoren erklärt: Wirtschaftliche, demographische und konfessionspolitische Interpretationsansätze beleuchten die Ursachen.[4]

Im Zeitalter der Konfessionskämpfe und Kirchenreform, in dem eine geschwächte Kirche sich zunehmend von Andersgläubigen distanzierte (es ist zugleich auch die Zeit der Herausbildung absolutistischer Staatsgewalten), war die Bevölkerung auf dem Hintergrund des kirchlichen Machtkampfes Disziplinierungsversuchen und staatlicher Willkür ausgesetzt.[5] Beide Konfessionen unterschieden sich übrigens in ihrem "Kampf gegen Hexen" nicht voneinander.[6]

---

1 Wolfgang Behringer, Neue historische Literatur. Erträge und Perspektiven der Hexenforschung, in: Historische Zeitschrift, Bd.249, Dez. 1989/ H.3, S.619-640, S.620f. u. S.638.

2 Wolfgang Schieder, Hexenverfolgungen als Gegenstand der Sozialgeschichte, in: Geschichte und Gesellschaft. Zeitschrift für Historische Sozialwissenschaft, Jg. 16/ 1990, H.1, S.5ff., S.6. Die Ursachen liegen nicht ausschließlich in weltlicher oder kirchlicher Sozialdisziplinierung, sondern auch bei der Bevölkerung selbst. Die Forschung will sich dieser Problematik heute mit lokalen Studien nähern und die Konflikte dörflicher Gemeinden untersuchen (ebd., S.6f.). Bei den Beiträgen aus Braunschweig/ Wolfenbüttel, Osnabrück und Rotenburg handelt es sich nicht um methodisch-theoretische Lokalstudien zur Erforschung von Hexenprozessen, sondern um Illustrationen, die in die Thematik einführen.

3 Gerhard Schormann, Hexenprozesse in Deutschland, Göttingen 1986, S.55.

4 Ebd., S.123f.

5 Helmut Brackert, "Unglückliche, was hast du gehofft?" Zu den Hexenbüchern des 15. bis 17. Jahrhunderts, in: Aus der Zeit der Verzweiflung. Zur Genese und Aktualität des Hexenbildes. Beiträge von Gabriele Becker, Silvia Bovenschen, Helmut Brackert u.a., Frankfurt/ M. 1983, S.131-187, S.182. Vgl. dazu Richard van Dülmen (Hrsg.), Entstehung des frühneuzeitlichen Europa 1550-1648, Frankfurt/ M. 1982, S.282: Hexenprozesse als Form der Disziplinierung im frühneuzeitlichen Europa.

6 Schormann, Hexenprozesse in Deutschland, a.a.O., S.115f.

Die Ursachen der Hexenverfolgungen werden weiter in Verbindung mit sozioökonomischen Problemen und dem Anwachsen der bäuerlichen Unterschicht gebracht.[7] Einiges spricht dafür, daß die Opfer in der Regel aus den sozial schwächsten Schichten der Gesellschaft stammten.[8] Verfahren gegen höher gestellte Personen gehörten eher zu den Ausnahmen.[9]

Die Ära der Hexenprozesse ist identisch mit dem Zeitraum des Übergangs einer feudal-ständischen Gesellschaft in die Moderne. Solche Übergangszeiten scheinen bei Menschen erhöhte Ängste hervorzurufen. Kollektive Mentalitäten wie Ängste oder Verunsicherung,[10] "Massenwahn"[11] und Agressionen gegen sozial schwache Gruppen oder Außenseiter, "männliche Sozialängste" (auf Frauen bezogen), aber auch Sündenbockfunktionen (ausgelöst wurden Prozesse häufig durch Mißernten und erhöhte Abgaben) bieten Erklärungsmuster für das Drängen von Gemeinden auf Hexenprozesse.[12] Auch die Bevölkerung setzte sich ein für Verfolgungen, Folterungen und Hinrichtungen von "Hexen".[13] Die Schuld an der allgemeinen Krisensituation am Ausgang des Mittelalters, die Verantwortung für Katastrophen allgemeiner und persönlicher Natur wurde personalisiert.[14] Konkrete Schuldzuweisungen scheinen populär gewesen zu sein, noch dazu mit einer wohlwollenden Kirche im Hintergrund, die die Vernichtung von "Hexen" als "gutes Werk" absegnete.[15] Sicherlich mag eine "Hexe" als Sündenbock und Urheberin von Not greifbarer gewesen sein als die unbegreiflichen gesellschaftlichen Zustände;[16] zur Lebenswirklichkeit der Menschen gehörte jedoch auch die reale Angst vor "Verhexung".[17]

Besonders Frauen wurden verdächtigt, Menschen und Vieh durch Schadenzauber Krankheit und Tod zu bringen. Zu ihren Arbeitsbereichen gehörten die Nahrungsmittelproduktion, Krankenpflege, Geburtshilfe und die Versorgung des Viehs. Das Mißtrauen gegenüber Frauen äußerte sich vielleicht in der Angst, daß diese ihre Verantwortung mißbrauchen könnten.[18]

---

7 Ebd., S.72ff.

8 Ebd., S.77f. Vgl. dazu Hugh R. Trevor-Roper, Der europäische Hexenwahn des 16. und 17. Jahrhunderts, in: Claudia Honegger (Hrsg.), Die Hexen der Neuzeit. Studien zur Sozialgeschichte eines kulturellen Deutungsmusters, Frankfurt/ M. 1978, S.188-234: Hexenwahn als Ausdruck sozialer Spannungen.

9 Gerhard Schormann, Hexenprozesse in Nordwestdeutschland, Hildesheim 1977, S.133f.

10 Vgl. Jean Delumeau, Angst im Abendland. Die Geschichte kollektiver Ängste im Europa des 14. bis 18. Jahrhunderts, Reinbek bei Hamburg 1985.

11 Wanda v. Baeyer-Katte, Die Historischen Hexenprozesse. Der verbürokratisierte Massenwahn, in: Wilhelm Bitter (Hrsg.), Massenwahn in Geschichte und Gegenwart, Stuttgart 1965, S.220-231.

12 Schormann, Hexenprozesse in Deutschland, a.a.0., S.57f. u. S.123f.

13 Brackert, a.a.0., S.182.

14 Ebd., S.179.

15 Hartmut Lehmann, Hexenglaube und Hexenprozesse in Europa um 1600, in: Christian Degn/ Hartmut Lehmann/ Dagmar Unverhau, Hexenprozesse. Deutsche und skandinavische Beiträge, Neumünster 1983, S.14-27, S.18f.

16 Helga Möbius, Die Frau im Barock, Stuttgart 1982, S.120.

17 Wolfgang Behringer, "Erhob sich das ganze Land zu ihrer Ausrottung ...". Hexenprozesse und Hexenverfolgungen in Europa, in: Richard van Dülmen (Hrsg.), Hexenwelten. Magie und Imagination vom 16. bis 20. Jahrhundert, Frankfurt/ M. 1987, S.131-169, S.152.

18 Ingrid Ahrendt-Schulte, Schadenzauber und Konflikte. Sozialgeschichte von Frauen im Spiegel der Hexenprozesse des 16. Jahrhunderts in der Grafschaft Lippe, in: Heide Wunder/ Christina Vanja (Hrsg.), Wandel der Geschlechterbeziehungen zu Beginn der Neuzeit, Frankfurt/ M. 1991, S.198-228, S.228.

Die Opfer der Hexenprozesse waren denn auch in der überwiegenden Mehrzahl Frauen. Basierend auf der traditionellen Frauenverachtung der Kirche[19] trugen die Verfolgungen eine frauenfeindliche Komponente.
Es gibt verschiedene Herangehensweisen, diese "Feindseligkeit" gegenüber Frauen zu bewerten. Feministische Ansätze betonen einen Zusammenhang zwischen der aufkommenden "männlich dominierten" Wissenschaft mit der Abdrängung von Frauen aus bestimmten Berufen. Vermutet wird die "Bekämpfung" einer vermeintlich größeren Selbständigkeit von Frauen in der Frühen Neuzeit.[20] Ob es sich dabei um einen kalkulierten "Feldzug gegen das weibliche Geschlecht"[21] oder gegen eine bestimmte Gruppe von Frauen handelte, oder um die "Unterdrückung medizinischen Geheimwissens" durch die aufkommende ärztliche Wissenschaft, ist schwer zu belegen.[22]
Auffällig scheint eine Konzentration der weiblichen Opfer in der Berufsgruppe der Hebammen, eine Gruppe von Frauen, gegen die es schon seit längerem Vorbehalte und Verdächtigungen gegeben hatte. Neben den Heilkundigen wurden sie zu einem als "magisch empfundenen Naturbereich" gezählt.[23] Es kann jedoch nicht davon ausgegangen werden, daß Hebammen - wenn auch grundsätzlich verdächtig - prinzipiell verfolgt worden sind.[24]

---

19 Die christlich-abendländische Feindseligkeit gegenüber Frauen, das negative Frauenbild der mittelalterlichen Kirche und Theologie, hatte Tradition, vgl. Gabriele Becker/ Helmut Brackert/ Sigrid Brauner/ Angelika Tümmler, Zum kulturellen Bild und zur realen Situation der Frau im Mittelalter und in der Frühen Neuzeit, in: Aus der Zeit der Verzweiflung. Zur Genese und Aktualität des Hexenbildes. Beiträge von Gabriele Becker, Silvia Bovenschen, Helmut Brackert u.a., Frankfurt/ M. 1983, S.11-128, S.14ff. Nach der kirchlichen Lehre war die Frau besonders anfällig für Zauberei und in hohem Maße empfänglich für die Verlockungen des Teufels. Als "Männerverführerin" und "Glaubensabtrünnige" bedrohe sie die kirchliche und gesellschaftliche Ordnung, vgl. Sigrid Schade, Kunsthexen - Hexenkünste. Hexen in der bildenden Kunst vom 16. bis 20. Jahrhundert, in: Richard van Dülmen (Hrsg.), Hexenwelten. Magie und Imagination vom 16. bis 20. Jahrhundert, Frankfurt/ M. 1987, S.170-218, S.173; Jeffrey Burton Russell, Hexerei und Geist des Mittelalters, in: Claudia Honegger (Hrsg.), Die Hexen der Neuzeit. Studien zur Sozialgeschichte eines kulturellen Deutungsmusters, Frankfurt/ M. 1978, S.159-187, S.174ff. Frauen, so die vorherrschende Meinung, seien aufgrund ihrer "Natur" stärker den "Teufelskünsten" zugeneigt als Männer, vgl. Kurt Baschwitz, Hexen und Hexenprozesse. Die Geschichte eines Massenwahns und seine Bekämpfung, München 1963, S.16f. Frauen als "Naturwesen", "nicht mehr Tier, noch nicht Mensch", waren der Kirche schon lange verdächtig. Vgl. Claudia Honegger, Die Hexen der Neuzeit. Analysen zur Anderen Seite der okzidentalen Rationalisierung, in: Dies. (Hrsg.), Die Hexen der Neuzeit. Studien zur Sozialgeschichte eines kulturellen Deutungsmusters, Frankfurt/ M. 1978, S.21-151, S.101f.; Eva Labouvie, Hexenspuk und Hexenabwehr. Volksmagie und volkstümlicher Hexenglaube, in: Richard van Dülmen (Hrsg.), Hexenwelten. Magie und Imagination vom 16. bis 20. Jahrhundert, Frankfurt/ M. 1987, S.49-93, S.54.

20 Vgl. Joanna Hodge, Hexen und die Entstehung der modernen Rationalität, in: Frauengeschichte. Beiträge zur feministischen Theorie und Praxis, Dokumentation des 3. Historikerinnentreffens in Bielefeld, April 1981, hrsg. v. Sozialwissenschaftliche Forschung und Praxis für Frauen e.V., München 1981, S.77-83, und Brackert, a.a.0., S.174f. u. S.176f.

21 Friederike Höher, Hexe, Maria und Hausmutter - Zur Geschichte der Weiblichkeit im Spätmittelalter, in: Annette Kuhn/ Jörn Rüsen (Hrsg.), Frauen in der Geschichte, Bd.3: Fachwissenschaftliche und fachdidaktische Beiträge zur Geschichte der Weiblichkeit vom frühen Mittelalter bis zur Gegenwart, Düsseldorf 1983, S.13-62, S.55.

22 Schormann, Hexenprozesse in Deutschland, a.a.0., S.105ff.; Behringer, Neue historische Literatur, a.a.0., S.636. Erklärungsansätze für die Verfolgung von Frauen sollten weniger den Charakter von "Verschwörungstheorien" haben, sondern verschiedene Faktoren berücksichtigen.

23 Brackert, a.a.0., S.179.

24 Behringer, Erhob sich das ganze Land, a.a.0., S.152.

Frauen kam auch im Hexenprozeß nicht ausschließlich die Rolle des Opfers zu, Frauen begegnen uns als Zeuginnen und Denunziantinnen, und Männer waren nicht nur die Verfolger von Frauen, sondern konnten - wenn auch in sehr viel geringerem Ausmaß - Leidtragende sein.[25]

Zur Mehrheit der Prozeßopfer zählten vermutlich Frauen, die sich in einer gesellschaftlich schwächeren Position befanden und kaum Fürsprecher aufweisen konnten, alleinstehende und ältere Frauen aus den sozialen Unterschichten.[26] Es waren aber durchaus auch Frauen aus höheren Gesellschaftsschichten betroffen.[27]

Anna Ameldung aus Osnabrück war keine arme Frau. Sie stammte aus dem städtischen Bürgertum. Der Prozeß gegen Anna Ameldung ist ein Beispiel dafür, daß Hexenprozesse auch politische Motivationen zum Hintergrund haben konnten. Hexereibeschuldigungen gegen Frauen des politischen Gegners zeugen in diesem Fall von einem "kalkulierten Machtstreben".[28] Doch der "gesellschaftliche Boden" für die Prozesse - auch wenn politische Machtkämpfe dahinter standen - mußte erst einmal bereitet sein.[29]

Die Opfer von Hexenverfahren waren in vielen Fällen schon seit längerem "im Gerede".[30] Gerüchte führten zu Denunziationen und schnell war man mit gegenseitigen "Zaubereivorwürfen" zur Hand, möglicherweise ohne die Folgen zu bedenken. Vielleicht aber konnte so manch einer (eine) über diese Anschuldigungen auch "alte Rechnungen" begleichen.[31]

Die überlieferten Akten der Prozeßprotokolle und juristischen Gutachten liefern als zumeist einzige Quellengattung über die Opfer nur ein unvollständiges Bild. Über die Persönlichkeit und das soziale Umfeld der Betroffenen ist wenig zu erfahren. Häufig existieren als einzige Spur nur die Namenslisten der Hingerichteten.[32]

Wer diese Frauen "wirklich" waren, ist das zentrale Problem. Sie haben keine eigenen Zeugnisse hinterlassen. Die überlieferten Quellen zeigen sie nur in einer extremen Situation, in der sie, angeklagt als "Hexe", Rechenschaft ablegen mußten.[33]

---

25 Eva Labouvie, Männer im Hexenprozeß. Zur Sozialanthropologie eines "männlichen" Verständnisses von Magie und Hexerei, in: Geschichte und Gesellschaft. Zeitschrift für Historische Sozialwissenschaft, Jg. 16/ 1990, H.1, S.56-78, S.58; S.59; S.69 u. S.77f. Männer waren als Angeklagte in den Zaubereiprozessen anderen Verdächtigungen ausgesetzt als Frauen, vgl. auch Ahrendt-Schulte, a.a.O., S.203ff.

26 Baschwitz, a.a.O., S.139ff.

27 Behringer, Erhob sich das ganze Land, a.a.O., S.150f.

28 Birgit Panke-Kochinke, "Dienen lerne beizeiten das Weib ...". Frauengeschichten aus Osnabrück, Pfaffenweiler 1990, S.10, und vgl. Gisela Wilbertz, Die Hexenprozesse in Stadt und Hochstift Osnabrück, in: Christian Degn/ Hartmut Lehmann/ Dagmar Unverhau, Hexenprozesse. Deutsche und skandinavische Beiträge, Neumünster 1983, S.218-221, S.218ff.

29 Interessant in diesem Zusammenhang ist der Hexenprozeß Herzog Erichs II. gegen seine Frau Sidonie 1572/73 im Fürstentum Calenberg. Die Initiative ging hier von einem Landesherren aus, der sich seiner Frau entledigen wollte. Dieses "rationale" Anliegen löste eine ganze Prozeßlawine aus, vgl. Schormann, Hexenprozesse in Nordwestdeutschland, a.a.O., S.60f.; Hubert Brieden, Brenn Hexe Brenn, in: Landestrost, Nr.16 (Febr. 1985); Nr.17 (März 1985); Nr.18 (April 1985); Nr.19 (Mai 1985).

30 Schormann, Hexenprozesse in Deutschland, a.a.O., S.109f.

31 Ebd., S.97ff.

32 Ebd., S.21f.

33 Jeanne Favret, Hexenwesen und Aufklärung, in: Claudia Honegger (Hrsg.), Die Hexen der Neuzeit. Studien zur Sozialgeschichte eines kulturellen Deutungsmusters, Frankfurt/ M. 1978, S.336-366, S.337.

Wenig bekannt ist auch über die Auswirkungen der Hexenprozesse und des Hexenglaubens auf die Lebensbedingungen und die gesellschaftliche Stellung von Frauen.[34]

Zum Überblick werden im folgenden einige Eckdaten aus der Geschichte der Hexenverfolgungen zusammengefaßt:
Den eher fließenden Übergang vom traditionellen mittelalterlichen Zaubereiverfahren[35] zum frühneuzeitlichen Hexenprozeß markieren die Bulle von Papst Innozenz VIII., 1484, mit der das verschärfte Vorgehen gegen Frauen eingeleitet wurde, die der Hexerei bezichtigt worden waren, sowie der Malleus Maleficarum oder "Hexenhammer" der beiden päpstlichen Inquisitoren Sprenger und Institoris, 1487. Der "Hexenhammer" zeichnete sich aus durch einen "pathologischen Frauenhaß".[36] Er sollte zum maßgeblichen Gesetzbuch für die Gerichtspraxis werden. Als Leitfaden der katholischen und protestantischen Hexenverfolger[37] bildete das vielgedruckte Werk den Auftakt zu zahlreichen "Hexenbüchern". Sie alle lieferten Legitimationshilfen und waren für die praktische Verwendung zugeschnitten.[38] Mit dem "Hexenhammer", der eigentlich nur die bis dahin bestehende Hexenliteratur zusammengefaßt und systematisiert hatte, entstand eine "wissenschaftliche Hexenlehre", die davon ausging, daß die "Zusammenarbeit" mit dem Teufel sich nach genau definierten Formen vollziehe und bestimmte Handlungen der Beteiligten zur Folge habe.[39] Tenor der Hexenbücher war, daß die Welt sich in einem unheilvollen Zustand befinde, und der Teufel, gefährlichster Gegner der Christenheit, in dieser Situation einen günstigen Nährboden für sein Unwesen habe. Zu diesem Zweck bediene er sich auf Erden der "Hexen".[40] Die Hexenlehre wurde von den Geistlichen und von Juristen aufgenommen und über die Kanzel und Universitäten in die Bevölkerung verbreitet.[41] *"Die Mönche des Spätmittelalters säten, die Rechtsgelehrten ernteten."*[42]
Seit dem 16. Jahrhundert unterlagen die Hexenverfahren nicht mehr päpstlichen Inquisitoren, sondern weltlichen Gewalten.[43] In den deutschen Territorien besaß im 16. und 17. Jahrhundert der jeweilige Landesherr - allerdings nicht als einziger Gerichtsherr - den größten Einfluß auf das Gerichtswesen.[44] Territorialherren und lo-

---

34 Ahrendt-Schulte, a.a.O., S.198.

35 Der Glaube an Schadenzauber hatte schon im europäischen Mittelalter zu Folter und Hinrichtungen geführt (Behringer, Erhob sich das ganze Land, a.a.O., S.131ff.). Der Höhepunkt der Hexenverfolgungen setzte aber in fast allen europäischen Ländern erst zwischen 1560 und 1660 ein (ebd., S.140f.). Schwerpunkt war Zentraleuropa, das heutige Frankreich, die Schweiz und Deutschland (ebd., S.159f.). In Deutschland begannen die Verfolgungen später als in Frankreich und in der Schweiz. Doch sie waren in den deutschen Ländern sehr ausgeprägt. Möglicherweise lag das an der politischen Zersplitterung - die Initiative, Hexenprozesse zuzulassen, ging im Deutschen Reich von den Territorien aus; Verfolgungen konnten von der Zentralmacht nicht gebremst werden (ebd., S.162f. u. S.141f.).

36 Manfred Hammes, Hexenwahn und Hexenprozesse, Frankfurt/ M. 1983(5), S.67.

37 Baschwitz, a.a.O., S.92f.

38 Brackert, a.a.O., S.134.

39 Schormann, Hexenprozesse in Nordwestdeutschland, a.a.O., S.2.

40 Brackert, a.a.O., S.171.

41 Schormann, Hexenprozesse in Nordwestdeutschland, a.a.O., S.42ff.; S.126f. u. S.133.

42 Trevor-Roper, a.a.O., S.191.

43 Baschwitz, a.a.O., S.102.

44 Schormann, Hexenprozesse in Nordwestdeutschland, a.a.O., S.45.

kale Gewalten entschieden über die Zulassung von Verfahren[45] - oder sie stritten darum, wie es der Prozeß um Anna Ameldung aufzeigt: Der Rat der Stadt Osnabrück wollte sich hier gegenüber dem schwedischen Landesherren behaupten.
Hexenverfolgungen als das "Erbe der Inquisition" fielen nunmehr in den Zuständigkeitsbereich weltlicher Gerichtsbarkeit,[46] doch entschieden wurden viele Prozesse nicht von den zuständigen Gerichten, sondern von Juristenfakultäten. Reichsrechtlich bestand die Regelung (Carolina), daß die örtlichen Gerichte in Zweifelsfällen den Rat von Rechtsgelehrten einholen mußten. Insbesondere bei Hexenverfahren wurde empfohlen, die Prozeßakten zur Begutachtung und Entscheidung an Juristen weiterzuleiten. Im nordwestdeutschen Raum kam man dieser Empfehlung in der Regel auch entgegen.[47] Die zuständigen Juristenfakultäten für Nordwestdeutschland waren u.a. Rinteln und Helmstedt.[48] Die Helmstedter Fakultät spielte bei der Prozeßlawine in Braunschweig-Wolfenbüttel eine entscheidende Rolle und auch für Margarete Meineken aus Rotenburg, deren Prozeß durch das Urteil von Helmstedter Juristen entschieden wurde. Die Juristen hielten sich bei ihren Beurteilungen streng an die "Hexenlehre".
Die Hexenlehre hatte eine neue Ära von Prozessen eingeleitet, die sich mit Zauberei- und Hexereidelikten befaßten. Der altüberlieferte Glaube, daß Menschen zaubern könnten - von der mittelalterlichen christlichen Kirche noch für heidnisch erklärt -, konnte sich bis gegen Ende des 15. Jahrhunderts auch im kirchlichen Bereich durchsetzen.[49] Doch Schadenzauber war seit dem "Hexenhammer" nur noch ein Anklagepunkt unter weiteren.[50] Das Delikt der Zauberei trat mehr und mehr in den Hintergrund der Anklage. Angeklagt wurde der Abfall von Gott. Dahinter stand die Angst vor dem Teufel als verkörperte Verschwörung gegen die christliche Welt,[51] die Furcht vor der "Hexe" als "Werkzeug" des Teufels.[52] Die Hexenlehre, mit der dieser "Verschwörung" Einhalt geboten werden sollte, unterschied sich vom volks-

---

45 Behringer, Erhob sich das ganze Land, a.a.O., S.150.

46 Brackert, a.a.O., S.137.

47 Schormann, Hexenprozesse in Nordwestdeutschland, a.a.O., S.8f.

48 Das Rintelner Archiv ist kaum mehr vorhanden (Schormann, Hexenprozesse in Nordwestdeutschland, a.a.O., S.13f.). Von der Helmstedter Juristenfakultät ist überliefert, daß dort in dem Zeitraum von 1600 bis 1670 423 Gutachten zu Hexenprozessen mit 562 Entscheidungen verfaßt wurden, von denen die meisten (555) die Folter nahelegten und Hinrichtungen zur Folge hatten (ebd., S.23f.). Nach 1670 sank die Anzahl der Gutachten rapide (ebd.) - es ist der Zeitraum, in dem die Hexenverfolgungen allmählich abflauten (Schormann, Hexenprozesse in Deutschland, a.a.O., S.6f.). Es ist problematisch, die Anzahl von Hexenprozessen statistisch zu erfassen. Viele Akten sind heute verschwunden oder verbrannt (vgl. Panke-Kochinke, a.a.O., S.9, für den Osnabrücker Raum), und Verbannungen werden häufig nicht berücksichtigt. Für das heutige Niedersachsen sind über 800 Hexenverbrennungen überliefert. Grafschaft Schaumburg: ca. 200; Herzogtum Braunschweig/ Wolfenbüttel: über 176; Calenberg: über 60; Braunschweig/ Lüneburg: über 75; Hochstift Osnabrück: über 250. (Angaben nach Behringer, Erhob sich das ganze Land, a.a.O., S.164.) Über Hildesheimer Hexenprozesse vgl. Wilhelm Hartmann, Die Hexenprozesse in der Stadt Hildesheim, Hildesheim und Leipzig 1927. In den deutschen Territorien waren es vermutlich über 20.000, in Europa ca. 100.000 Hexenverfahren - ohne Verbannungen (Behringer, Erhob sich das ganze Land, a.a.O., S.165).

49 Baschwitz, a.a.O., S.51; S.55.

50 Schormann, Hexenprozesse in Deutschland, a.a.O., S.22f.

51 Richard van Dülmen, Imaginationen des Teuflischen. Nächtliche Zusammenkünfte, Hexentänze, Teufelssabbate, in: Ders. (Hrsg.), Hexenwelten. Magie und Imagination vom 16. bis 20. Jahrhundert, Frankfurt/ M. 1987, S.94-130, S.90f.

52 Ebd., S.128.

tümlichen Magieglauben früherer Epochen zur Lebensbewältigung und Problemlösung bei Krankheit, Tod oder sozialen Spannungen.[53]
Systematisch und bürokratisch wurden "Hexen" nun von kirchlicher und auch von weltlicher Seite bekämpft. Folter und "Hexenproben" gehörten zu den zentralen Beweismitteln.[54] Neue Anklagepunkte seit dem ausgehenden Mittelalter waren der "Teufelspakt", die "Teufelsbuhlschaft" und der "Hexensabbat".[55] Gerade auch in der Verbindung mit dem "Hexensabbat" oder "Hexentanz" waren sie ein Produkt der Gelehrten, die ihre Vorstellungen durch Predigt, Erzählungen und öffentliche Urteile weitergaben.[56]
Viele Angeklagte hatten offenbar große Schwierigkeiten, sich den Sabbat vorzustellen. Sie wiederholten unter der Folter meist Gehörtes.[57] Auch unter scharfer Folter wurden "Teufelspakt", "Teufelsbuhlschaft" und der "Hexentanz" am längsten abgestritten.[58] Die Beispiele aus Braunschweig-Wolfenbüttel, Osnabrück und besonders der Prozeß gegen Margarete Meineken aus Rotenburg weisen darauf hin.
"Hexerei" wurde von der Hexenlehre als "Crimen exceptum" aufgeführt, als ein Delikt, welches schärfere und willkürlichere Foltermethoden zu rechtfertigen schien als andere Vergehen.[59] Denunziationen galten als ein schwerwiegendes Indiz und waren oft ausreichender Anlaß, Anklage zu erheben und die Folter zuzulassen. Den Denunziationen wurde durch Geistliche, welche die Bevölkerung dazu aufriefen, "Hexen" anzugeben, Vorschub geleistet.[60]
Die Folter sollte nachhelfen, ein Geständnis abzulegen. Denn das Ziel war nicht die Entlastung der Angeklagten. Indizienprozesse wie die Hexenverfahren wären ohne die Anwendung von Folter nur schwerlich zum Ziel gekommen.[61] Es mußte sich noch dazu um ein "richtiges" Geständnis handeln, einschließlich sämtlicher strafbaren Handlungen, die von der Hexenlehre aufgelistet worden waren. Um den Grundsätzen der Hexenlehre gemäß antworten zu können, mußten die Angeklagten meist regelrecht "zurechtgefoltert" werden.[62] Ein Geständnis sollte jedoch auch "frei" erfolgen - unter der Folter Erpreßtes war also später zu wiederholen -, wobei der Freiwilligkeit angesichts von Androhungen weiterer Folterungen Grenzen gesetzt waren.[63] Die üblichen Prozeßbedingungen waren ja außer Kraft gesetzt. Auch mehrmalige Folter, die sonst nicht gestattet wurde, gehörte zur gängigen Praxis, so lange, bis das Geständnis erfolgte.[64] Die Beiträge aus Niedersachsen geben dafür trauriges Zeugnis.
Abgesehen von Denunziationen und Gerüchten waren weitere Verdachtsmomente "Hexereidelikte", die in einer Familie vorgekommen waren. Man glaubte, daß die

---

53 Labouvie, Hexenspuk, a.a.O., S.88f.; S.55 u. S.56ff.
54 v. Dülmen, Entstehung des..., a.a.O., S.286f.
55 Trevor-Roper, a.a.O., S.197.
56 v. Dülmen, Imaginationen, a.a.O., S.107f. Ein jeder Ort hatte seinen Hexenplatz, auf dem der "Hexentanz" stattfand - im norddeutschen Raum ist der bekannteste der Brocken im Harz (ebd., S.111).
57 Ebd., S.121.
58 Ebd., S.97f.
59 Schormann, Hexenprozesse in Nordwestdeutschland, a.a.O., S.2.
60 Ebd., S.126f. u. S.129ff.
61 Richard van Dülmen, Theater des Schreckens. Gerichtspraxis und Strafrituale in der Frühen Neuzeit, München 1988, S.25f.
62 Schormann, Hexenprozesse in Nordwestdeutschland, a.a.O., S.116.
63 v. Dülmen, Theater, a.a.O., S.36f.
64 Behringer, Erhob sich das ganze Land, a.a.O., S.143ff.

Fähigkeit zur Hexerei weitergegeben werden konnte, sich praktisch vererbte. Besonders verdächtig war hier die Beziehung zwischen Mutter und Tochter.[65] Hinzu kamen die "Hexenproben". Als Indiz gegen eine Beschuldigte konnten sie Folterungen rechtfertigen oder galten fast selbst schon als Beweis für die Schuld der Angeklagten.

Im nordwestdeutschen Raum war die "Wasserprobe" verbreitet.[66] Dreimal wurde die Verdächtige in das Wasser geworfen. Schwamm sie oben, so war dies ein schweres Indiz für ihre Schuld. Ging sie dagegen unter, was in den wenigsten Fällen vorkam, so war ein Beweis für die Unschuld erbracht.[67] Häufig forderten die Angeklagten sogar eine "Wasserprobe", denn sie hofften, damit ihre Schuldlosigkeit beweisen zu können: "Gott lasse Unschuldige nicht oben schwimmen ...", und auf dem Wasser treibend, versuchten sie, unterzutauchen, was ihnen aber nicht gelang.[68] Im 17. Jahrhundert war diese Hexenprobe unter den Juristen jedoch nicht unumstritten.[69]

Eine Verteidigung war in einem Hexenprozeß überhaupt nicht oder nur pro forma möglich, da die Verteidiger wegen "Begünstigung" selbst in höchster Gefahr schwebten. Man konnte nur einen "milderen" Tod beantragen, d.h. die Verurteilten wurden vor der Verbrennung enthauptet.[70]

Was ist "Hexerei"? - Ein typisches Verfahren

Nach der damaligen Hexenlehre waren die Beschuldigten einen "Dämonenpakt" eingegangen und hatten dem Teufel "beigewohnt" (Teufelspakt und Teufelsbuhlschaft). Insbesondere Frauen neigten nach den geltenden Vorstellungen dazu, sich mit dem Teufel geschlechtlich zu verbinden. Nachdem eine Frau diese Verbindung eingegangen war, ging man davon aus, daß nun der "Schadenzauber" erfolgen würde, z.B. in Form von Vergiftungen von Menschen und Tieren oder Vernichtung der Ernte.[71]

Eine weitere Unterstellung war die Teilnahme am Hexentanz. Die Lehre vom Hexensabbat beinhaltete, daß jede "Hexe" an dieser Veranstaltung teilnehmen würde und dort - dies ist sehr wesentlich - mit anderen "Hexen" Kontakt aufnahm. Die Beschuldigten wurden deshalb von den Gerichten zu "Besagungen" genötigt, d.h. sie mußten "Hexen" angeben, die ihnen beim Tanz begegnet waren. Die Besagungen dürfen nicht mit Denunziationen verwechselt werden, da von freiwilligen Angaben nicht die Rede sein kann. Die Gerichte drohten mit der Folter und wendeten diese auch an, solange ein Prozeß nicht "ordnungsgemäß" mit einer Besagung sein Ende nahm.[72]

Die gefolterten Frauen gaben häufig Bezugspersonen an oder Menschen, die sie - oft aufgrund von Gerüchten - mit Zauberei in Verbindung brachten. Es wurden auch be-

---

65 Schormann, Hexenprozesse in Nordwestdeutschland, a.a.O., S.125.

66 Ebd., S.36.

67 Hammes, a.a.O., S.111f.

68 Schormann, Hexenprozesse in Nordwestdeutschland, a.a.O., S.120ff.

69 Ebd., S.118ff.

70 Ebd., S.40.

71 Schormann, Hexenprozesse in Deutschland, a.a.O., S.20f.

72 Ebd., S.18f.

reits verstorbene Personen angegeben,[73] und es mag vorgekommen sein, daß aus Rache ganz bewußt bestimmte Menschen mit in den Tod gezogen wurden.[74]
Besagungen waren in einem Hexenverfahren zentral und ein gewichtiges Indiz. Viele Prozesse begannen und endeten mit Besagungen. Hier liegt auch eine Erklärung für das Auftreten von Massenprozessen. Die erpreßten Angaben zogen rasch weite Kreise,[75] wie an den Braunschweiger und Osnabrücker Prozessen zu sehen ist. Die Hexenlehre in Verbindung mit Folter beeinflußte die Art der Geständnisse maßgeblich. Ein "übliches" Geständnis gegen Ende des Prozesses, ein Geständnis nach "Maß", mußte das Bekenntnis des Teufelspaktes, der Teufelsbuhlschaft, Schadenzauber, Teufelstanz und Besagung enthalten.[76] Der Rotenburger Hexenprozeß ist ein Beispiel für die "praktische Anwendung" der Hexenlehre, unter der die Opfer von Hexereiverfahren zu leiden hatten.

Die "wissenschaftliche Hexenlehre" ist schon seit ihrem Beginn mit dem "Hexenhammer" kontrovers diskutiert worden, wobei die Existenz von Zauberei und von "Hexen" jedoch nicht in Frage gestellt worden ist. Und auch die Angeklagten waren von der Existenz der "Hexen" ebenso überzeugt wie ihre Umwelt oder ihre Ankläger. Doch in den meisten Fällen hielten sie sich für unschuldig. "Reale Volksmagie" gehörte zur Lebenswirklichkeit der Menschen. Dies gilt auch für die nordwestdeutschen Regionen.[77]
"Zahlreiche Studien haben mittlerweile bestätigt, daß Magie ein integraler Bestandteil des Alltagslebens war, das ganze Spätmittelalter und die frühe Neuzeit hindurch, erstaunlich unabhängig von Konfession, Geschlecht und sozialem Status."[78]
Der Glaube an Zauberei und an das "Hexenunwesen" ließ freilich unterschiedliche Meinungen zu. Man fragte sich z.B. schon, weshalb die "Hexen", die doch so mächtig seien, sich nicht freizauberten oder ihren Verfolgern schadeten.[79]
Zu den wohl berühmtesten Kritikern der damaligen Hexenverfahren gehörte der Jesuit Friedrich von Spee, der 1631 in Rinteln seine "Cautio criminalis" veröffentlichte. Als Beichtvater zahlreicher "Hexen" hatte er Einblick in den praktischen Verfahrensverlauf. Er bezweckte mit seiner Schrift, die Verantwortlichen über die realen Verhältnisse aufzuklären. Sein Ziel war es, diese Form von Prozessen abzuschaffen.[80] Auch Spee glaubte an "Zauberei" und "Hexen". Er wandte sich aber gegen die willkürlichen Verfahrensweisen und kritisierte das Beweismittel der Folter. Spee prangerte an, daß Folter schon auf bloße Denunziation hin eingesetzt und zu leichtfertig gehandhabt würde. Er verurteilte auch den Druck, der auf die Angeklagten ausgeübt wurde, weitere Personen anzugeben.[81]

---

73 Ebd., S.21f. u. S.50.
74 Behringer, Erhob sich das ganze Land, a.a.O., S.150f.
75 Schormann, Hexenprozesse in Deutschland, a.a.O., S.49 u. S.21ff.
76 Ebd., S.26 u. S.21.
77 Hartmut Lehmann, Hexenprozesse in Nordwestdeutschland und in Skandinavien im 16., 17. und 18. Jahrhundert. Bemerkungen zum Forschungsstand, in: Christian Degn/ Hartmut Lehmann/ Dagmar Unverhau, Hexenprozesse. Deutsche und skandinavische Beiträge, Neumünster 1983, S.9-13, S.12.
78 Behringer, Neue historische Literatur, a.a.O., S.630; vgl. Delumeau, a.a.O., S.538ff.
79 Baschwitz, a.a.O., S.94.
80 Brackert, a.a.O., S.154ff.
81 Ebd., S.159f. u. S.156f.

Friedrich von Spee hat das Ende der Hexenverfolgungen nicht mehr erleben können. In Deutschland, wo vermutlich die Anzahl der Opfer am größten gewesen ist, dem Zentrum der Hexenjagden in Europa,[82] flauten die Prozesse gegen Ende des 17. Jahrhunderts ab. Die Gründe sind - ebenso wie die Ursachen - noch nicht ausreichend geklärt. Nur das Ende der Prozeßwelle während des Dreißigjährigen Krieges 1631/32 ist zurückzuführen auf die Intervention der Schweden, die in ihrem Herrschaftsbereich die Hexenprozesse unterbanden.[83]

Abb. 2: Flugblatt über eine Hexenverbrennung in Derneburg, aus dem Jahr 1555

82 Behringer, Neue historische Literatur, a.a.O., S.626.
83 Schormann, Hexenprozesse in Deutschland, a.a.O., S.61ff.

Carl Möller

Anna Ameldung - Osnabrücker "Hexe"

Über die Hexenprozesse in der Stadt Osnabrück sind wir relativ gut unterrichtet. Zwischen 1561 und 1639 wurden hier mindestens 276 Frauen und 2 Männer als Hexen und Zauberer hingerichtet. Während dieser 78 Jahre war es jedoch keineswegs so, daß die Bevölkerung, besonders die Frauen, ständig in der Furcht lebte, der Hexerei bezichtigt werden zu können. Wir können vielmehr drei Verfolgungsperioden deutlich voneinander abgegrenzt ausmachen, nämlich im Jahr 1561, in den Jahren 1583 bis 1592 und von 1636 bis 1639. Ein Prozeß im Jahr 1561 forderte 16 Opfer, zwischen 1583 und 1592 kam es zu 207 Todesurteilen und von 1636 bis 1639 gab es 55 Hinrichtungen, darunter auch die von zwei Männern.

Die einzelnen Verfolgungsperioden brachten jeweils soviel Anklagen, die für die Beschuldigten tödlich endeten, weil der anklagende und verurteilende Rat der Stadt Osnabrück in diesen Zeiten unter der Führung von Männern stand, die mit unglaublicher Härte und fanatischem Eifer im wahrsten Sinne des Wortes über Leichen gingen, um ihre intoleranten, vermeintlich Gott wohlgefälligen Ziele durchzusetzen. Der Bürgermeister Rudolf Hammacher (1528-1594), der 23 Jahre lang ununterbrochen Ratsvorsitzender war, hat seinen missionarischen Wahn auch durch die unerbittliche Verfolgung der Reformierten demonstriert. Bürgermeister Dr. Wilhelm Peltzer, der dem Rat während der letzten Hexenverfolgung vorstand, starb in tiefster geistiger Umnachtung und litt vermutlich auch während seiner Amtszeit an Verfolgungswahn und zumindest zeitweiser Geistesgestörtheit.

Die Akten der letzten Verfolgungsperiode von 1636 bis 1639 sind fast vollständig erhalten. In der Notzeit und der brisant geladenen Atmosphäre inmitten des Dreißigjährigen Krieges genügte die geringste Veranlassung, um die unter der Oberfläche scheinbar verborgenen Gegensätze zu einer dramatischen Auseinandersetzung mit zunehmend verhärteten Fronten zu entfachen.

In einem Hof an der Hakenstraße, wo der am Jahresbeginn 1636 gewählte neue Bürgermeister Dr. Wilhelm Peltzer wohnte, war ein Diebstahl begangen worden. Man vernahm bald darauf im Hofe nachts ein großes Poltern, Schreien und Katzenbeißen und fand, als man die Katzen verjagen wollte, im Hof einen Beutel mit dem gestohlenen Geld liegen. Nur Hexenspuk könne dies veranlaßt haben, hieß es. Und schon begann die Suche nach Verdächtigen, die Hexenjagd.

Zunächst wurden einige Frauen von niederem Stand verdächtigt, verhaftet und zu Geständnissen erpreßt. Immer wieder und überall ist in den Hexenprotokollen nachzulesen, wie "erfolgreich" die Folterungen waren. Irgendwann war der Widerstand der gequälten Frauen gebrochen, der Schmerz so unerträglich geworden, daß man die gewünschten Geständnisse abgab, damit nur die Qualen ein Ende hatten. Immer wieder wurde auch versucht, selber glimpflicher davonzukommen, indem man hochgestellte und einflußreiche Personen bezichtigte, an "Hexereidelikten" beteiligt gewesen zu sein.

Eine der verhafteten Frauen stand als Amme im Dienst von Anna Ameldung, der Frau des Apothekers und vormaligen Ratsherrn Heinrich Ameldung. Sie gestand nach Folterung, der Hexerei schuldig zu sein. Ihr wurden daraufhin u.a. folgende Fragen vorgelegt:

"Ob sie nicht schon die Hexereikunst gelernt, ehe sie in des Apothekers Dienst getreten und wem sie es weiter gelehrt?
Welches Mägdlein ihre Frau, die Apothekerin, mit zum Tanze gebracht?
Ob es nicht ihre eigene Tochter gewesen?
Wer die silberne Schale mitgebracht?
Was sie für Traktement <d. i. Lohn> gehabt und woher es geschafft worden?
Ob nicht neulich, wie der Drost von Böselager noch hier gewesen, sich etwas auf der Steinwerkstreppe zugetragen? <Zu der betreffenden Zeit sollte Frau Ameldung von der Treppe gefallen sein, ohne sich verletzt zu haben, d.V.>
Wie es zugegangen, daß ihre Frau und die Wittib <d. i. Witwe> Modemann fast alle Tage in Ohnmacht gefallen und fast eine Stunde ohne Verstand gewesen?
Ob sie nicht die Meier'sche, Otting'sche, Pagenstecher'sche und Grave'sche auf dem Tanze gesehen?
Ob nicht ihre Frau den Buhlen oft in Gestalt einer schwarzen Katze und wohl in der Kirche auf dem Schoße gehabt?
Ob sie nicht einmal die Wittib Regine Klonens in einen Graben durch ihren Buhlen stossen lassen, und ihre Frau alles gewußt, wie sie zu Haus gekommen?"[1]

Die Fragesteller fanden auf ihre Fangfragen leicht die gewünschte Antwort, zumal mit Hinweis auf die Folterkammer, oder, wenn das nicht genügte, durch Anwendung der Marterwerkzeuge.

So geriet die Apothekersfrau durch die Vernehmung ihrer Amme, die unter Zwang die Hexerei gestanden hatte, ebenfalls in Verdacht.

Die Zeugin oder die Untersuchungsrichter erinnerten sich offensichtlich einer scherzhaften Begebenheit, die sich zwei Jahre zuvor ereignet hatte und die nun Frau Ameldung zum Verhängnis wurde. Es wird deutlich, welch kleine und unbedeutende Anlässe in der Zeit des Hexenwahns genügten, um einen Menschen zu vernichten.

Die Schilderung dieser Begebenheit beruht auf einem an Bürgermeister und Rat gerichteten "wahrhaften Bericht" Heinrich Ameldungs vom 12. August 1636[2]:

"... Anno 1634 ist Rotger Vortkamp <ein Vetter des Apothekers Ameldung, d.V.> seiner vorigen Gewohnheit nach Schaumburg zu feiern respektive Schwager und Vettern Everhart Asner Amtmann und Conrad von Bippen Amtschreiber daselbst, dieselbe zu besuchen verreist, und allda, wie er gewohnt, etliche Tage verblieben, und mit seinen Freunden, was in Küche und Keller vorhanden, fürlieb genommen, und täglich woll gezecht, bei welcher Zeche ihm aus vermeinter Kurzweil von obigen Personen neben anderen, so dabei gewesen, so alle mit zusammen ihm

---

1 Zit. nach Fr. Lodtmann, Die letzten Hexen Osnabrücks und ihre Richter, in: Mitteilungen des Historischen Vereins zu Osnabrück, Bd.10, Osnabrück 1875, S.97-189, S.112f.

2 Staatsarchiv Osnabrück (StAO), Akte Dr. Peltzer, Rep. 100, Abschnitt 306, Nr.11, fol. 326ff.: "Wahrhafter Bericht" Heinrich Ameldungs v. 12. August 1636.

aufgetragen und weiß gemacht worden, daß etliche Hexen im Amt Schaumburg verbrannt worden, welche bekannt <haben>, daß dieselben neben etlichen Osnabrückischen und Münsterischen Weibern bei Essen, da die drei Stecken stehen, auf dem Tanze miteinander gewesen ... ."
Minden habe Bier, Münster Brot geliefert und andere Getränke, *"... daneben war allda gewesen eine Büchse aus meiner Apotheke, mit allerhand Confect, so mit H. A. gezeichnet gewesen".*
Der leichtgläubige Vortkamp *("der beste Narr")* glaubte seinen Zechgenossen die Geschichte. Auf dem Heimweg brachte er sie *"alsbald zu Minden, Lübbecke und den ganzen Weg bis hierher, und ferner in der ganzen Stadt also bei jedermannig-lich gleich, ob es wahr war, für neue Zeitung"* unters Volk.
Boshafte Leute verbreiteten, *"als sollte solche Büchse mit Confect von meiner Frau dahin gebracht sein. Vortkamp <hat> mich auch selbst gefragt, ob ich eine Büchse aus der Apotheke missen täte darin Confect gewesen mit H. A. gezeichnet, habe ich ihm geantwortet, daß ich niemals eine Büchse gehabt darin ich Confect gehabt, darauf mein Name wäre."*
Ameldung forderte Vortkamp auf, *"wofern er mein Vetter sein wolle, und so viel Schwätzens von solcher Büchse gemacht hatte, soll er mir die Büchse mitbringen. Damit man sehen solle, daß es nur Vexatio <Neckerei> und Narrenwerk war",* haben die Verwandten auf der Schaumburg *"ein alten Sieberschen Krug ... mit guten Kuhdreck und anderen unflätigen Sachen gefüllt, mit ... Makulatur umwunden, mit Siegelgarn fest verbunden, mit einem alten Schaumburgischen großen Siegel und anderen kleinen Siegeln wohl versiegelt".* Das alles wurde in einen Holster (Reisegepäck) getan und Vortkamp wurde *"befohlen, das Confect in guter Obacht zu nehmen".* Dazu gaben sie ihm einen verschlossenen Brief an Ameldung mit. Als Vortkamp bei Ameldung ankam und auspackte, *"ist ihm nach Eröffnung aber des Kruges in die Nase ein Stank gekommen, daß kein Mensch dazu hat rauchen wollen. Wie ich nun solches gesehen, habe ich ihn laut seinem Beischreiben abprügeln wollen, daß er mir so viel Geschwätz gemacht, so mein Hausfrau mir um Gottes Willen gebeten, den armen Menschen, der doch genug vernarrt war, nicht zu schlagen, sondern gewaltig incarpiert <gefoppt> worden, daß ihm die Tränen über die Backen gelaufen."*
Das hätte Frau Ameldung nicht tun sollen. Zu dem bereits vorhandenen Gerücht, daß Frau Ameldung die bewußte Konfektbüchse zum Hexentanz in Essen mitgebracht hatte, kam nun noch die Tatsache, daß sie durch ihre Fürbitte Vortkamp vor der wohlverdienten Züchtigung bewahrt hatte.
Dies sowie die Verdächtigung der gefolterten Amme reichten Dr. Peltzer und dem Rat aus, am 1. August 1636 Frau Ameldung zusammen mit der 82jährigen Witwe Anna Modemann, Anna Helmich und Johann Helmich verhaften zu lassen. Die Verdächtigungen werden in den Hexenprotokollen vom 12., 27. und 30. Juli 1636 erwähnt.[3]
Welches Gewicht man gerade auf die Geschichte mit der Konfektbüchse legte, zeigt die Tatsache, daß Dr. Peltzer schon einen Tag nach der Verhaftung persönlich an

3 Vgl. Heinz-Jürgen Stebel, Die Osnabrücker Hexenprozesse, Osnabrück 1969, S.28.

den Rat der Stadt Minden schrieb und anfragte, ob Frau Ameldung von einer der dortigen "Hexen" angeschuldigt worden sei.
Die Antwort gaben Bürgermeister und Rat der Stadt Minden postwendend am 3. August 1636:
"So bezeugen wir demnach hiermit, daß Supplicantis <Bittstellers> Ehehausfrau Anna Von der Hude <d.i. Anna Ameldung>, weil Hans Christoffer Brunß, Fürstl. Osnabr. und Mindischen gewesenen Medici und Archiatri <Leib- und Oberarzt> nachgelassene Wittib, von guten ehrlichen Eltern, ... und sich die Zeit, solange sie bei uns haushaltlich gewohnt, fromm und aufrichtig verhalten, und mit keinen verdächtigen Weibern conversiert, und niemals von denselben der verbotenen Zauberei ist nominiert und bezichtigt worden, sondern allemals, bis an jetzo, guts Gerüchts verblieben."[4]
Anstatt der erwarteten Belastung kam also ein einwandfreies Leumundszeugnis aus ihrer Vaterstadt, wo sie auch in erster Ehe gewohnt hatte. Das war jedoch kein Grund für Dr. Peltzer, von seinem Vorhaben abzulassen. Am 3. August trug er die Angelegenheit im Rat und vor den Ständen vor. Dabei wies er ausdrücklich darauf hin, daß seit fast fünfzig Jahren keine Hinrichtung wegen Hexerei erfolgt sei. Nunmehr habe man aber durch "sonderbare Schickung Gottes" Mittel an die Hand bekommen, wieder gegen einige, unter ihnen auch die Apothekersfrau Ameldung und Anna Modemann, vorzugehen.
Einhellig beschlossen Rat und Stände, beide Frauen noch einmal in "Güte" befragen zu lassen. Sollten sie aber nicht gestehen, so müsse "cum balneo et tortura" (mit Wasserprobe und Folter) verfahren werden. Bei der Gegenüberstellung mit den drei sie beschuldigenden Frauen am Tag ihrer Verhaftung hatte Frau Ameldung jede Schuld bestritten und erklärt, einen Teil der Belastungszeuginnen überhaupt nicht zu kennen. Und als man sie aufforderte, sich freiwillig dem Wasserbad zu unterziehen, hatte sie das kategorisch abgelehnt.
Entgegen der sonstigen Gewohnheit in den Hexenprozessen, die Wasserprobe am Tage der Verhaftung oder kurz danach durchzuführen, mußten Anna Ameldung und Anna Modemann fast acht Wochen im Gefängnis verbringen, bevor sie am 20. September 1636 zum Badeplatz an der Hase geführt wurden.
Der Grund für diese Verzögerung lag am entschiedenen Widerstand der Angehörigen der verhafteten Frauen. Bereits am 2. August 1636, also einen Tag nach der Verhaftung seiner Frau, machte Heinrich Ameldung beim Rat die erste Eingabe und forderte die Bekanntgabe der Indizien. Mit dem früheren Bürgermeister Dr. Albert Modemann, dem Sohn der Mitangeklagten, verlangte er die Einschaltung unparteiischer Rechtsgelehrter und eine Rechtsbelehrung darüber, ob das beabsichtigte Wasserbad zulässig sei oder nicht. Als der Rat auf ihre Eingaben nicht reagierte, wandten Ameldung und Modemann sich an die landesfürstlichen Räte. Diese verfügten am 6. August 1636, daß die Sache von dem Spruchkollegium einer Universität entschieden werden müsse. Der Rat protestierte gegen dieses Mandat. Er berief sich auf das "ius de non evocando", das Gerichtsprivileg Kaiser Friedrich I. von 1171, und

4 StAO, Akte Dr. Peltzer, a.a.0., fol. 467: Leumundszeugnis für Anna Ameldung vom Bürgermeister und Rat der Stadt Minden vom 3. August 1636.

sprach sich selbst die oberste Gerichtsbarkeit zu. Mit dieser Begründung sprach der Rat dem Landesherrn auch jede Befugnis ab, in das Gerichtswesen der Stadt einzugreifen.
Ein weiterer Umstand wurde aufgegriffen und es wurde behauptet, er bestärke die Verdachtsmomente gegen Anna Ameldung. Nach ihrer Verhaftung hatte sie die silbernen Haken an ihrem Schnürmieder abgetrennt und nach Hause geschickt. Dies wurde als weiterer Beweis für ihre Schuld angesehen, denn ein solches Verhalten deutete darauf hin, daß sie selbst nicht mehr damit rechnete, mit dem Leben davonzukommen und verhindern wollte, daß dem Scharfrichter - wie gebräuchlich - diese Wertstücke zufielen.
Ameldung versuchte, dieses Verdachtsmoment zu entkräften, indem er dem Rat erklärte, seine Frau habe dies nicht aus Schuldbewußtsein getan. Vielmehr seien ihr die Haken beim ungewohnten Liegen auf der Erde oder einer Bank im Gefängnis hinderlich gewesen. Sie hätte den Zierat deshalb abgetrennt und in Verwahrung gegeben. Außerdem dürfe man es ihr nicht übelnehmen, wenn sie den Schmuck vor den Händen der Ratsdiener und des Scharfrichters habe retten wollen.
Da der Rat sich weigerte, die verlangten Rechtsgutachten einzuholen, wandte sich Ameldung an mehrere, ihm bekannte rechtskundige Persönlichkeiten, wie den Bürgermeister von Minden, Dr. Heinrich Schreiber, den Syndicus der Stadt Münster, Heinrich Witfeld, den schaumburgischen Vizekanzler und Rat Dr. Leonhard von der Borgh und den Syndicus der Stadt Minden. Diesen legte er übereinstimmend folgende Fragen vor:
Ob der Rat die Indizien bekanntgeben müsse?
Ob die bloße Besagung ein ausreichendes Indiz für die Anwendung der Tortur sei?
Was sie von der Wasserprobe hielten?
Ob die Gefangenen nicht gegen Kaution freizulassen seien?[5]
Sämtliche Gutachten fielen für Ameldung und Dr. Modemann positiv aus. Insbesondere wurde immer wieder darauf hingewiesen, daß die Wasserprobe von den Rechtsgelehrten aller Fakultäten abgelehnt werde.
Das energische Eintreten Ameldungs und Modemanns für ihre Angehörigen führte schließlich zu einem Teilerfolg. In einem "poenal mandatum" der schwedischen Kanzlei vom 3. September 1636 wurden Bürgermeister und Rat bei einer Strafe von nunmehr 3.000 Goldgulden und bei der Ungnade des Landesherrn verboten, etwas gegen Frau Ameldung und Frau Modemann zu unternehmen, bevor nicht die Indizien, wie es rechtens sei, erörtert wären und den beschuldigten Frauen die Möglichkeit der Verteidigung gegeben worden sei. Auch diesen Strafbefehl ließ der Rat völlig unbeachtet.
Nachdem sie sich vorher noch mit den Predigern beraten hatten, faßten der Rat und die Stände zum 20. September den Beschluß, das Verfahren fortzusetzen.
Bei dem Wasserbad, das noch am 20. September 1636 stattfand, schwammen beide Frauen erwartungsgemäß dreimal nach oben.
Daß der damalige Osnabrücker Scharfrichter bei den Wasserproben manipulierte, indem er zu Grund sinkende zu früh hochzog, ist in einem Hexenprozeß aus dem

5 StAO, Akte Dr. Peltzer, a.a.O., fol. 291.

Jahre 1639 belegt, ebenso daß er sich damit brüstete, bis dato durch mehrfache scharfe Martern und Rutenhiebe noch jedes gewünschte Eingeständnis der Hexerei erpreßt zu haben. Um als unschuldig entlassen zu werden, war es auch in Osnabrück Bedingung, daß man eine dreimalige Tortur ohne Bekenntnis durchstand.
Nach dem Wasserbad wurden beide zum Bocksturm, dem Hexengefängnis, gebracht, wo die Verhöre begannen.
Während die Peinkommissare sonst bei der Befragung der Beschuldigten freie Hand hatten, lag in diesem Fall eine von Dr. Peltzer handschriftlich verfaßte "Interrogatoria Fisci" vor. Dieser Fragebogen enthielt 22 Fragen an die "Besagerin" der Apothekersfrau, Grete Melters, die im Hause Ameldung als Amme tätig gewesen war. Weiter wurden darin je 9 spezielle Fragen an Frau Ameldung und Frau Modemann selbst gestellt.
Ein solches persönliches Eingreifen Dr. Peltzers in den Ablauf eines Verfahrens ist in keinem weiteren Fall nachweisbar. Es beweist aber, welch großes Interesse er an dem erfolgreichen Abschluß gerade dieses Prozesses hatte und legt den Verdacht sehr nahe, daß er durch die Verfolgung der beiden Frauen seine persönlichen Gegner treffen wollte.
Am 22. und 26. September sowie am 5. Oktober 1636 fanden getrennte Verhöre gegen Frau Ameldung und Frau Modemann statt. Nach Anwendung der "Territion" und der "Scherffe" gestanden sie beide alles, was man von ihnen auf die üblichen Suggestivfragen hin hören wollte. Ihr Wille war so weit gebrochen, daß sie sich schließlich gegenseitig der Teilnahme am Hexentanz bezichtigten.
Im Bewußtsein, daß eine weitere Intervention beim Rat und der landesfürstlichen Kanzlei zwecklos und reine Zeitverschwendung sei, hatten sich Heinrich Ameldung und Dr. Modemann inzwischen direkt an den Landesherrn, Gustav Gustavson, gewandt, der sich im Feldlager Kyritz in Brandenburg aufhielt.
Gustavson hatte mittlerweile erkannt, was für ein gefährlicher Gegner ihm in Dr. Peltzer erwachsen war und wie sehr seine Autorität in der Stadt durch den Bürgermeister bedroht war. Wohl mehr um diese Autorität wieder herzustellen, als um den beiden Frauen zu helfen, entschloß sich Gustavson zum Eingreifen. In einem Schreiben vom 1. Oktober 1636, das er besonders an Dr. Peltzer und seine treuesten Gefolgsgenossen, Dr. Brüning und Jobst Voß, richtete, befahl er, bei der Vermeidung einer Strafe von 10.000 Goldgulden, den Prozeß gegen Anna Ameldung und Anna Modemann bis zu seiner Rückkehr nach Osnabrück auszusetzen. Seiner Regierung sei der gebührende Respekt entgegenzubringen. Alle Indizien seien an unparteiische Rechtsgelehrte zu verschicken. Außerdem müsse den beiden Frauen eine ausreichende Verteidigungsmöglichkeit gegeben werden.
Wann dieser schriftliche Befehl Gustavsons in Osnabrück eingetroffen ist, läßt sich nicht nachprüfen. Er kam entweder zu spät oder wurde, wie die vorangegangenen "poenal mandata" der schwedischen Kanzlei, von Bürgermeister und Rat einfach nicht beachtet. Am 6. Oktober 1636 beschloß der Rat, Frau Ameldung, Frau Modemann und sechs weitere Beschuldigte am nächsten Tag vor das öffentliche Halsgericht "citieren" zu lassen.

Gegen Anna Ameldung wurde im kleinen Wachthaus vor dem Bocksturm verhandelt. Um vier Uhr früh am 7. Oktober 1636 wurde sie durch das Schwert hingerichtet.
Dr. Peltzer hatte im Kampf gegen seine politischen Gegner vorläufig gesiegt. Gegen den Landesherrn hatte er das Ratsprivileg der eigenen Gerichtshoheit verteidigt und die Führer der patrizischen Ratsopposition durch ihre als Hexen verurteilten Frauen und Mütter kompromittiert und abqualifiziert.
Noch drei weitere Jahre konnte Dr. Peltzer sein unseliges und blutiges Walten fortführen. In der harten Notzeit des Dreißigjährigen Krieges wurde alles Unglück der schädlichen Zauberkunst der Hexen unterstellt. In einer Mischung aus Rache und dem Bestreben, Schuld und Unvermögen auf andere abzuwälzen, wurden mit dem Vorwurf des Schadenzaubers lokalpolitische Machtkämpfe ausgetragen, mißliebige Personen ins Abseits gedrängt und schließlich vernichtet. Seine Machtposition suchte der Bürgermeister sich bei den unteren Schichten zu sichern, indem er immer weitere Kreise der führenden Oberschicht in seine Kampagne verwickelte. Doch hier verlor er durch seine Maßlosigkeit die notwendige Unterstützung im gleichen Maße, wie durch die ausufernden Verdächtigungen die Zahl seiner Gegner wuchs, die im Jahre 1640 die Wahl eines anderen Bürgermeisters durchsetzten.
Sogleich begann der langwierige, nie zu einem Abschluß gekommene Prozeß gegen Dr. Peltzer, der das Leben der Kontrahenten und das ihrer Kinder überdauerte, und der den schwedischen Reichstag, das Reichskammergericht zu Speyer und den Deutschen Kaiser beschäftigte.

Es dauerte sehr lange, bis willkürliche Maßnahmen wie Gefangensetzung ohne Anklage und Mitteilung der Indizien, Wasserprobe, Folterung, erpreßte Geständnisse und Verweigerung der Verteidigung und Einschaltung von Rechtsgelehrten aus dem Prozeßwesen verschwanden.
Als um 1655 in deutschen Landen eine neue Hexenverfolgungswelle ausbrach, war die Osnabrücker Region nicht mehr davon betroffen. Hier war eine neue Verfolgung nicht mehr durchsetzbar. Man kann vielmehr mit Fug und Recht behaupten, daß die grundlegende politische und wissenschaftliche Auseinandersetzung, die in Osnabrück stattgefunden hatte, wesentlich mit dazu beitrug, dem schrecklichen Hexenwahn das endgültige Aus zu bereiten.
Von daher war der Kampf der tapferen Anna Ameldung, so tragisch er auch für sie persönlich endete, und der ihrer Mitstreiter und Mitstreiterinnen letztlich nicht vergebens. Sie hatte vielmehr die Stärke und Kraft, ihren Mann und andere, die schon Zweifel befallen hatte, ob Anna Ameldung womöglich doch eine "Hexe" sein könnte, aufzurichten und zu bestärken. Heinrich Ameldung berichtet:
"Daß sie, die stets sich in wahrer Religion verhalten und beständig geblieben, auch mich, der ich in großer Anfechtung der Religion gewesen, so stark ermahnet, daß ich ja nit um großer Ehr', Geld und Gut, oder um Einhaltung einiger Contribution von der wahren Religion abweichen sollte."[6]

---

6 StAO, Akte Dr. Peltzer, a.a.O., fol. 326.

Die Stadt Osnabrück ehrte ihr Andenken, indem sie eine Straße nach Frau Ameldung benannte.

Zusätzlich benutzte Literatur

Hoffmeyer, Ludwig/ Koch, Heinrich: Chronik der Stadt Osnabrück, Osnabrück 1982(4).

Israel, Ottokar: Osnabrücker Lesebuch, Bilder aus Osnabrücks Vergangenheit, Osnabrück 1968.

Lindemann, Ilsetraut: Von Abeken bis Windthorst, Stadtgeschichte in Straßennamen, Osnabrück 1972.

Wilbertz, Gisela: Hexenprozesse und Zauberglaube im Hochstift Osnabrück, in: Osnabrücker Mitteilungen, Bd. 84, Osnabrück 1978, S.33-50.

Solveig Pockrandt

Hexenjagd im Herzogtum Braunschweig-Wolfenbüttel

Das Herzogtum Braunschweig-Wolfenbüttel hat sich im Zusammenhang mit Hexenprozessen einen besonderen Ruf erworben. Im Jahre 1601 wird notiert, daß *"Christo Niebuer aus Mauderode, zu Werningerode wegen Zauberei gefoltert, bekennt, daß er gesagt 'alß ehr gefenglich angenommen, ehr wollte nicht gerne, das er gen Wolfenbüttel kommen möchte, sintemal der Herzogk vielen armen leuthen zu wehe täte'."*[1]

Und auch die "Hexe" Emer Kreismars wird nach der Folter bedroht, wenn sie nicht gestehe, wolle man sie nach Wolfenbüttel schicken. Die Akten enthalten ihre darauf bezüglichen Worte: *"Dann sollte Ich woll bekennen."*[2]

Soweit die überlieferten Aussagen zweier Betroffener. Aus Joachim Strucks ungedruckter Chronik erfahren wir ferner:

"Ao 1591 den 26. Juny war des Sonnabends nach Johanni, hat Herzog Heinrich Julius für Wolfenbüttel am Lecheln Holtze 6 alte Zauberschen gebrant. Die eine war 106 Jahr alt, welche eine Zeitlang geschleiffet und darnach auch verbrant ... ."[3]

Und in der Rethemeierschen Chronik zum Jahre 1590 heißt es:

"In den Fasten dieses Jahres ließ der Herzog viele Hexenmeister und Zauberinnen zu Wolfenbüttel verbrennen, als wohin aus dem Lande Braunschweig, Göttingischen und Calenbergischen Theils, alle Maleficianten zusammengebracht und gerichtet wurden ... . Wie dann zu Wolfenbüttel öfters auf einen Tag 10, 12 und mehr gebrant und der Ort des Lecheln-Holzes von den Zauber-Pfählen als ein kleiner Wald anzusehen gewesen."[4]

Alle diese Aussagen fielen in die Regierungszeit des Herzog Heinrich Julius (1589-1613). Dieser Mann galt bei seinen Zeitgenossen als Sachkenner der Hexerei, und in seiner Leichenpredigt wurde sein gottgefälliger Eifer bei der Verfolgung und Vernichtung der Hexen rühmend hervorgehoben.[5]

Soweit einige zeitgenössische Urteile und Berichte. Die Gerichtsakten sind bis auf spärliche Reste verschwunden. Es existiert allerdings das *"Generalregister oder Repertorium über alle und jene Criminalsachen, so nach dem Alphabet als die Zunamen anfangen ausgetheilt de Anno 1569"*.[6] Während der Jahre 1590 bis 1620, also in der Regierungszeit des besagten Herzogs, wurden 114 Personen wegen Hexerei aktenkundig, 97 Frauen und 17 Männer. Davon wurden 50 Personen verbrannt, drei

---

1 Zit. nach Friedrich v. Kausch, Hexenglaube und Hexenprozesse in unserer Heimat, im Selbstverlag des Verfassers, Burg b.M., Unterm Hagen 75, 1927, S.31. Vgl. Gerhard Schormann, Hexenprozesse in Nordwestdeutschland, Hildesheim 1977, S.47.

2 Zit. nach Kausch, a.a.O., ebd.

3 Zit. nach Wilhelm Bornstedt, Das Herzogliche "Hohe Gericht" im Stockheimer Streithorn am Lecheln Holze vom 16. bis zum 19. Jahrhundert. Diebstahl, Mord und Hexenverbrennungen, Braunschweig 1982, S.43.

4 Rethmeier, Braunschweig-Lüneburgische Chronika, zit. nach Bornstedt, a.a.O., S.41f.

5 Kausch, a.a.O., S.26. Vgl. auch W.G. Soldan/ H. Heppe, Geschichte der Hexenprozesse, Bd.2, Nachdruck der 3. Auflage, München 1912, S.59f.

6 Verf. Friedrich Ortlep, Hauptstaatsarchiv Hannover (HStAH), Cal Br 21 C IX, 3 Nr.4; vgl. Schormann, Hexenprozesse in Nordwestdeutschland, a.a.O., S.49.

enthauptet, vier ausgewiesen und 39 freigelassen.[7] In sieben Fällen wurde das Verfahren eingestellt, eine Frau starb in der Haft und für zehn weitere ist das Ergebnis des Verfahrens unbekannt.[8] Betrachtet frau sich diese Zahlen, so fällt, auch bei hoch veranschlagter Fehlerquote, der Herzog als Hexenjäger nicht aus dem Rahmen. Der "Wald von Brandpfählen", den zeitgenössische Beobachter am Lechlumer Holz gesehen haben, mag aus der Tatsache resultieren, daß die Todesurteile der Jahre 1590 bis 1592 häufig in Form von Massenhinrichtungen vollstreckt worden sind.[9]
Hexenverbrennungen fanden stets öffentlich statt. Sie galten als Volksfest und Volksbelustigung erster Güte. Stand der Wind günstig, hatten die verurteilten Frauen "Glück" und erstickten, bevor die Flammen sie erreichten. Im anderen Falle wurden sie unter unglaublichen Qualen lebendig zu Tode gebrannt. Um die Scheiterhaufen standen Wolfenbütteler Bürger und Bürgerinnen und "genossen" das Schauspiel. Was in ihnen vorgegangen sein mag, wird von keiner Quelle überliefert.
Nachdem Heinrich Julius also zu Beginn seiner Regierungszeit sein Territorium von "bösen Weibern" oder "Hexen" gesäubert hatte, ließ der Verfolgungseifer dieses gelehrten Mannes (er war ein Liebhaber der Literatur und verfaßte selbst Theaterstücke) deutlich nach.
Neben dem genannten Repertorium existiert Archivmaterial der Universität Helmstedt aus dieser Zeit. Die Männer der Wissenschaft, des rationalen Denkens, hatten eine wesentliche gesellschaftliche Aufgabe zu erfüllen. Sie lieferten sorgfältig ausgearbeitete, "objektive", d.h. nicht von "persönlichen Urteilen" getrübte Gutachten an die Gerichte. Nicht nur in Wolfenbüttel, sondern auch in anderen Gebieten wurden die juristischen Fakultäten in die Hexenprozesse mit einbezogen, und zwar häufig dreimal im Verlauf eines Prozesses: Zur Verhaftung, zur Folter und zur Verurteilung. Die Wissenschaftler sprachen nicht nur Be-, sondern auch Verurteilungen aus.
Im Zeitraum von ca. 1600 bis 1670 verfaßten die Helmstedter Juristen 423 Gutachten in Hexenprozessen, die 562 Entscheidungen enthielten. Bei sieben von ihnen ist das Ergebnis nicht erkennbar. Für die restlichen 555 sah es so aus[10]:

Schleifen, verbrennen	1
Verbrennen	99
Ertränken, verbrennen	2
Enthaupten, verbrennen	2
Enthaupten	3
Landesverweisung	13
Stäupen	1

7 Es ist mir wichtig, in diesem Zusammenhang zu klären, daß "freigelassen" für die Frauen nicht das Ende ihrer Qualen bedeutete. Zum einen litten sie an den Folgen der Folter, d.h. sie waren physisch und psychisch zerstört. Die Friedrich Dudingsche wurde vom Scharfrichter mit Feuer ziemlich scharf angegriffen, so daß der Bader bis jetzt an ihr zu heilen gehabt ... die grassierende Seuche sei zu der Feuerwunde gekommen, die Angeklagte werde wohl verenden, was dann auch geschehen ist (Kausch, a.a.0., S.32). Zum anderen waren diese Freigelassenen sozial geächtet und ferner ständig in Gefahr, erneut verhaftet zu werden. Kam es zu weiteren Verhaftungen und Folterungen, so waren diese Frauen häufig die ersten, die den Gepeinigten einfielen.

8 Schormann, Hexenprozesse in Nordwestdeutschland, a.a.O., S.50.

9 Ebd., S.50.

10 Ebd., S.23ff; S.50.

Christliche Unterweisung	1
Foltern	175
Terrieren (Schrecken durch Zeigen und Vorführen der Folterwerkzeuge)	28
Inquirieren (peinliche Untersuchung)	87
Verhaften, inquirieren	22
Weiter inquirieren	19
Indizien reichen noch nicht zur Folter	5
Entlassen, inquirieren	1
Purgiert (reinigen)	17
Freilassen	68
Verfahren einstellen	1
Kein Verfahren eröffnen	8

Gutachten der Helmstedter Juristen hatten ihren Preis - die Wissenschaftler verdienten daran. Noch immer sind viele Menschen geneigt, die Hexenverfolgungen als "Relikte des finsteren Mittelalters" zu sehen, als Aberglauben oder Sadismus unvernünftiger, frustrierter kirchlicher "Frauenhasser". Die Einschaltung der Universitäten, die ausgeklügelten juristischen Beweisführungen in den Gutachten und auch die rechtlich-moralischen Begründungen machen jedoch deutlich, daß die damalige Rechtsprechung sich im Einklang mit fortschrittlichen Bestrebungen befand. Keinesfalls sollte es der Willkür der Richter oder dem "gesunden Volksempfinden" überlassen sein, Hexen zu vernichten. Keine Angeklagte durfte ohne Geständnis gerichtet werden, und so diente selbst die Folter - im Gegensatz zum früheren "Gottesurteil" - dem menschlichen Bemühen um "Wahrheitsfindung".

Das Gottesurteil wurde allerdings weiterhin als ein zusätzliches Mittel herangezogen, um die Wahrheit herauszufinden. In Wolfenbüttel wurden die angeklagten Frauen "auf das Wasser gesetzt" oder "gebadet". Dabei wurden den beschuldigten Frauen Hände und Füße zusammengebunden. In dieser Haltung wurden sie ins Wasser geworfen.[11] Ging die Frau unter, d.h. ertrank sie, hatte man bedauerlicherweise eine Falsche erwischt. Trieb sie auf dem Wasser, war sie eine Hexe und wurde weiter gefoltert und/ oder gleich verbrannt. Es gibt für die Anwendung dieser Hexenprobe zwei Erklärungen: Das Wasser wird zum Sakrament der heiligen Taufe benötigt und ist daher ein heiliges Element. Als solches nimmt es alles Fromme in sich auf und stößt das Unheilige, mit dem Teufel im Bunde stehende, ab. Daher schwimmen alle Teufelsbräute oben.[12] Eine andere Erklärung besagt, daß Hexen leichter als Menschen seien. Deshalb würden Hexen, die ja auch fliegen können, nicht untergehen.[13]

In einer Abrechnung des "Nachrichters" Meister Hans Adam, also des Henkers und Scharfrichters, finden wir einige Notizen zum gängigen Umgang mit den angeklag-

---

11 "Fortschrittlichen" Männern geriet diese Hexenprobe in Verruf. Einigen Zeitgenossen war aufgefallen, daß sich spielende Kinder in der gleichen Haltung ins Wasser befördern ließen. Die Kinder hatten beobachtet, daß sie in dieser Haltung aus physikalischen Gründen einfach nicht untergehen konnten.

12 Kausch, a.a.O., S.30.

13 Bekannt ist die Hexenwaage von Oudewater. Hier wurden die Angeklagten tatsächlich gewogen, denn Leichtigkeit galt als Indiz für Hexen.

ten Frauen und zur Durchführung der Prozesse. Hier ein Auszug aus dem Jahre 1664[14]:

"... den 7. April: Habe ich eine junge Hexe vor dem Lechler Holz lebendig verbrennet ... dafür 3 fl
den 2. Maii: Habe ich Eine Alte Hexe, auß Bröistedt bürttig, die beschuldigt worden, daß sie 3 Kinder dem bösen Geist ingebant auff daß Wasser gesetzt, dafür 3 fl
den 7. Maii: Die alte Hexe zum Ersten Mal hinter dem Schloß torquiret, die aber nichts gestanden ... dafür 3 fl
den 14. Maii: die bemelte Hexe, im beywesen meiner beyden Schwäger, von Schöningen und von der Liebenburg, nochmahls zu der Tortur genommen ... dafür 3 fl
den 6.t. Septembris: bin ich uff befehl Ihr: Hochfürstl: Durchl: nach dem Ambt Wikkensen verreiset, wegen etzlicher Hexen, welche Erstlich gebadet, darnach verbrandt worden ... Erstlich eine Hexe aus dem Dorfe Einem getorquiret, welche auff eines Schafers Fraw gekant, daß sie auch Hexen könnte ... dafür 3 fl
Diese Hexe Nachgehendts vor den Andern drey Hexen verbranndt ... dafür 3 fl
Hernach das böse Bietwief, von Einem getorquiret, die aber nichts bekennen wollen ... dafür 3 fl
Nachfolgendts habe ich ihre Cammaratin Ebenmeßig hartt torquiret, welche auff daß böse Bietwief obengemeldt, bekannt, daß sie auch Hexen könte ... dafür 3 fl
Darnach habe ich daß böse Bietwief in Gegenwardt ihrer Cammaratin, wieder vorgehabt unndt in ihrer Gegenwardt torquiret, sie aber doch geleugnet, dafür 3 fl
Alßbaldt den dritten Tag darnach, habe ich deß Schafer Hanßens Fraw gebadet ... dafür 3 fl
Nachfolgendes, uff Ihr: Fr: Durchl: befehl habe ich daß böse wib wieder vorgenommen unnt hartt torquiret, daruf sie ihre Übelthat bekant ... dafür 3 fl
Den andern Tag darnach, habe ich des Schafer Hanßen sein Weib auch torquiret, welche ihre Übelthat unndt Bosheit auch bekant ... dafür 3 fl
Alß nun die drey Weiber vorerwehnet auch bekannt, sein diesselbe uff eingeholtes Urtheil alle 3. verbrandt, und habe sie auff einen Hauffen setzen laßen, iedoch Einer jeden Einen absonderlichen Pfahl zum Gedächtnuß, dabey verdienet 9 fl ... ."

Wen wundert es, daß der Scharfrichter im Volksmund "Angstmann" hieß?[15]
Schon aus diesem knappen Auszug wird deutlich, warum es so häufig zu Massenprozessen kam. Die angeklagten Frauen wurden so lange gefoltert, bis sie "auf andere bekennen" oder, wie es häufig hieß, andere "besagen".[16] Grundlage für dieses Vorgehen war die Vorstellung, daß Hexen sich in bestimmten Nächten treffen (bekannt ist vor allem die Walpurgisnacht auf dem Blocksberg), um in einer wüsten

---

14 Staatsarchiv Wolfenbüttel (StAWf), 4 Alt 19, vorl. Nr.35.

15 Kausch, a.a.O., S.65. Aufgrund der zitierten Quelle, die nur stichprobenartig ausgewertet werden konnte, hege ich Zweifel an den Zahlenangaben von Schormann, Hexenprozesse in Nordwestdeutschland, a.a.O., S.57: Für den Zeitraum von 1648 bis 1670 gibt er 5 Todesurteile an. Es wäre ein großer Zufall, wenn davon allein 4 Hinrichtungen auf ca. 6 Monate des Jahres 1664 gefallen sein sollten.

16 Vgl. auch Gerhard Schormann, Hexenprozesse in Deutschland, Göttingen 1981, S.23. Ich halte Schormanns Unterscheidung zwischen Zauberei- und Hexenprozessen für ein wesentliches Indiz der Verwissenschaftlichung und Rationalisierung der Verfolgungen. In Bezug auf die Ursachen des sogenannten "Hexenwahns" hat es m.E. keine Aussagekraft, ob ein Prozeß alle vier Elemente des Hexenprozesses: Teufelspakt, Vollzug des Paktes in Form von Geschlechtsverkehr, Schadenzauber sowie die Teilnahme am Sabbat enthält oder nicht.

Orgie ihrem Herrn, dem Teufel, zu huldigen. Dabei mußten sie zwangsläufig auch andere Hexen treffen und erkennen.
Auf die Teilnahme am sogenannten Hexensabbat konzentrierte sich auch das Verhör von Dorothea Lembken. Sie wurde nach ihrer Gefangennahme, wie allgemein üblich, am 16. Mai 1650 zunächst "gütlich" verhört. Als sie ihre Schuld nicht bekannte, begannen die Herren mit der Tortur:
"Hierauf ist vermöge des Urtheils mit der Tortur gegen sie verfahren, uf der Torturbank gezogen und die Beinschrauben ezliche Mal aufgesetzet!"[17]
Während des "peinlichen" Verhörs mußte sie immer wieder auf die Fragen der Richter antworten (insgesamt 67 Fragen). "Frag Puncten" waren zum Beispiel:
1. Ob die gefangene Dorothea Lembken damals auf dem ... oder Zaubertantz gewesen,
2. An welchem Orte es geschehen,
3. In welchem Jahre, und an was tage es gewesen, ...
5. Welche Leute sie dabei gefunden,
6. Was sie dabey getahn,
7. Wie sie an den Ort kommen,
8. Ob sie dahin geritten, gefahren, gegangen, oder in der Luft dahin geführet sey ...
26. Wie weit vor Zelle, oder Giffhorn die Däntze gehalten worden, ...
32. Ob sie rohte oder gelbe Bärte gehabt, ...
59. Ob auch Frauens Personen bei dem Tanze sich gefunden,
60. Ob selbige alt oder iung gewesen,
61. Ob Gefangene dieselbe gekandt,
62. Wie sie mit Namen geheißen,
63. Woher sie bürtig gewesen,
64. Ob Gefangene mit Ihnen geredet,
65. Was sie mit Ihnen geredet,
66. Ob der Spielmann, welcher beim Tantze gewesen, eine Sackpfeife oder Trommel gehabt
67. Wer Ihm die Trommel gehalten.

Neben genauen Informationen über den Ort und die Durchführung des Hexentanzes sowie die äußere Erscheinung des Teufels und der Dämonen drehten sich die Fragen immer wieder um die dort anwesenden Frauen. Die psychologischen Folgen eines solchen Vorgehens, der Zwang, andere unschuldige Frauen ihren Henkern auszuliefern und womöglich bei der Folterung und Verbrennung der "Cammaratin", Nachbarin, Freundin, Schwester oder Mutter anwesend sein zu müssen, sind kaum zu ermessen.
Die Richter machten es sich und der Angeklagten in einem solchen Verhör keineswegs leicht. Widersprachen sich die Beschuldigten etwa, wurde weiter inquiriert, auch dann, wenn sie in ihren wahnsinnigen Schmerzen alles gestanden, was ihre Peiniger hören wollten. Das Ergebnis einer solchen Verhörpraxis ist uns im Fall von Dorothea Lembken überliefert.

---

17 StAWf, 2 Alt 17893. Vgl. auch Bornstedt, a.a.O., S.48ff.

"Wollte zuletzt alles auf sich nehmen, damit sie der Marter abkäme. Am 18. May 1650 aber doch verhören wollen. Sie so schwach gewesen, daß sie nicht vom Lager hochkommen konnte. Wollte auch keine Speise zu sich nehmen."[18]
Ihr Prozeß dauerte länger als ein Jahr. Dorotheas Mutter, Catarina Dettings, wandte sich am 1. Juni 1651 mit einem Brief an den Herzog:
"... daß sie meiner armen elenden Tochter nicht nur so einen schimpflichen Tod möge abgethan, sondern mit dem Schwerte begnadet werden ... ."[19]
Das Urteil lautete:
"Auf den Rat Juristische Fakultät, der Fürstlichen Julius Universität ... das abberürte mensch mit dem Feuer zu Tode zu strafen sei. 10. Tag des Monats Juni 1651."[20]
Seine fürstliche Gnaden, Herzog August (der Gründer der berühmten Bibliothek in Wolfenbüttel), sah offenbar keinen Grund, der Bitte dieser mutigen Mutter nachzugeben. Hexerei wurde, nach der damals gängigen Vorstellung, oft in weiblicher Blutsverwandtschaftslinie weitergegeben. Catarina Dettings befand sich also möglicherweise selbst in unmittelbarer Gefahr. In dieser Situation für die Tochter, eine überführte Hexe, zu bitten, zeugt von enormem Mut und großer Liebe zu ihrer Tochter.
Sowohl der Prozeß gegen Dorothea Lembken als auch die Abrechnung von Meister Hans Adam fielen in die Regierungszeit von Herzog August dem Jüngeren (1635-1666). Auf persönlichen Befehl dieses "Friedensfürsten" - er galt als geistig hochstehender, feinsinniger Mann - mußte auch die "Hexe von Einem", die nach dreimaliger Tortur noch immer nichts gestanden hatte, was sonst gelegentlich zur Freilassung führen konnte, weiter gefoltert werden. So wundert es die Leserin und den Leser sicher schon nicht mehr, daß ausgerechnet dieser fortschrittliche Mann, bevor er das Herzogtum Wolfenbüttel übernahm, in seinem Besitztum Hitzacker als Hexenjäger so gewütet hat, daß sein Bruder Ernst in Dannenberg *"mit militärischem Eingreifen drohte, wenn nicht wenigstens die schon gefolterten und verurteilten Dannenberger Untertanen freigelassen würden."*[21]
In den Jahren 1610 bis 1615 veranlaßte Herzog August in seinem - relativ kleinen - Territorium Sammelprozesse und Massenhinrichtungen, die - gemessen an der Zahl der Einwohner und Einwohnerinnen - in den welfischen Ländern beispiellos waren und den "Wald von Brandpfählen" seines Vorgängers bei Wolfenbüttel um 1590 noch weit übertrafen. In diesem Zusammenhang wird von 70 Hinrichtungen gesprochen - eine nach der heutigen Quellenlage durchaus glaubhafte Zahl. Herzog August beschränkte seinen Verfolgungseifer offenbar nicht nur auf die Menschen, die ihm direkt ausgeliefert waren. Abgesehen von dem Protest seines Bruders lassen weitere Quellen auch Übergriffe auf andere Territorien vermuten. Beschwerdeschreiben aus dem lüneburgischen Amt Bleckede, die Einwohner mit einer Zulage wegen der Hexen belegen zu lassen,[22] weisen darauf hin. Hexenprozesse waren teuer, und da die Angeklagten und ihre Angehörigen häufig mittellos waren, belasteten sie den

18 Nach Bornstedt, a.a.O., S.48.
19 Ebd., S.51.
20 Ebd.
21 Schormann, Hexenprozesse in Nordwestdeutschland, a.a.O., S.63.
22 Vgl. ebd.

Staatshaushalt oft erheblich. Wohl auch ein Grund für den gelegentlich nachlassenden Verfolgungseifer, z.B. von Herzog Heinrich Julius!
Die Hexenverfolgungen richteten sich gegen bestimmte Teile der weiblichen Bevölkerung. Meister Adam erwähnt z.B. eines "Schafers Fraw", und wenn in den genannten Quellen Berufsangaben erscheinen, so sind eindeutig Hirtinnen überproportional vertreten.[23]
Hirtinnen waren auch die heil- und kräuterkundigen Frauen des Ortes. Sie verbrachten viel Zeit außerhalb ihrer Ortschaft, in und mit der Natur, und sie hatten genug Zeit und Muße zur Beobachtung. In Krankheitsfällen kurierten sie die ihnen anvertrauten Tiere selbst. Was lag näher, als sie auch zu den kranken Menschen zu rufen? Diese Frauen verfügten oft über ein erstaunliches empirisches Wissen und erschienen deshalb besonders verdächtig.[24]
In diesem Sinne ist auch das "Einbannen des bösen Geistes", also das Krankmachen, zu verstehen. Denn, so der logische Rückschluß, wer heilen kann, kann auch Krankheit oder Tod bewirken.
Mit den Hexen verschwand auch die weibliche Heilkunde. Die männliche, wissenschaftliche Medizin übernahm die Erklärung der Naturprozesse und die Verwaltung des weiblichen Körpers.[25] Und damit *"... steht <die Hexe> am Schnittpunkt der historischen Entwicklung, an dem die Ausbeutung der Natur ihren systematischen Charakter erhielt. Sie fiel der notwendig fortschreitenden Naturbeherrschung und damit dem Sieg der abstrakten Vernunft ... zum Opfer."*[26]
Dies erklärt die besondere Beteiligung gerade der fortschrittlichen Männer, die für Aufklärung, Rationalismus und Wissenschaftlichkeit stehen, an der Verfolgung von Hexen. Das Selbstverständnis, d.h. der Denkansatz dieser Frauen mag ihnen unverständlich oder gefährlich erschienen sein.[27]
Mit der Vernichtung der "Weisen Frauen", der Hebammen, der Hirtinnen, der Nichtangepaßten und der alten Frauen, aber auch vieler völlig unbeteiligter Frauen schufen die Hexenjäger die domestizierte Frau von heute.
"Mit den Scheiterhaufen-Feuern, auf denen unsere Vorfahrinnen brannten, haben die Mörder allen Frauen bis in unsere Zeit die Angst vor einem Aufbegehren gegen die vorHERRschaft in unsere Gehirne gebrannt. Gleichzeitig wurde unser Geist in

---

23 Ebd., S.58.

24 Waltraud Woeller, Zur Geschichte des Hexenwahns und der Hexenprozesse in Deutschland, in: Wissenschaftliche Zeitschrift der Humboldt-Universität zu Berlin, Gesellschafts- und sprachwissenschaftliche Reihe, Jg. 12, Berlin (DDR) 1963, 884-885a, nach Annette Kuhn/ Jörn Rüsen (Hrsg.), Frauen in der Geschichte, Bd.2, Düsseldorf 1982, S.121. Kausch weist darauf hin, daß die ältesten Anklagen den Zauberinnen Vergiftungen vorwarfen. Viele Heilkräuter wirken ja tatsächlich falsch dosiert als Gifte. Er zitiert einen Zeugen, der auf die Frage, "ob sie <die Hexe> nicht von der Zauberei in Verdacht gewesen", antwortet: "Das konnte ihr keiner zusagen ... wer Leuten was abweisen kann, der kann ihnen auch was anweisen" (Kausch, a.a.0., S.61).

25 Vgl. Claudia Honegger, Die Hexen der Neuzeit. Analysen zur Anderen Seite der okzidentalen Rationalisierung, in: Dies. (Hrsg.), Die Hexen der Neuzeit. Studien zur Sozialgeschichte eines kulturellen Deutungsmusters, Frankfurt/ M. 1978, S.21-151, S.116ff.

26 Silvia Bovenschen, Die aktuelle Hexe, die historische Hexe und der Hexenmythos, in: Gabriele Bekker/ Silvia Bovenschen/ Helmut Brackert u.a., Aus der Zeit der Verzweiflung. Zur Genese und Aktualität des Hexenbildes, Frankfurt/ M. 1983, S.292.

27 Vgl. Erika Wisselinck, Frauen Denken Anders, Straßlach 1984, und dies., Hexen - Warum wir so wenig von ihrer Geschichte erfahren und was davon auch noch falsch ist, München 1986.

einer perfiden Weise besetzt, so daß die meisten von uns noch heute unter Amnesie leiden, d.h. wir erinnern uns gar nicht mehr an unsere einstige Ganzheit, und wir sehen, hören, merken nicht, wenn unsere Menschenwürde als Frauen verletzt wird."[28]

Und weiter:

"Die 'neue Frau' ist weitgehend nicht einmal mehr ihrer eigenen Natur mächtig, geschweige denn der anderer Leute oder der Natur draußen."[29]

Abb. 3: Wasserprobe. Vermutlich Anfang des 18. Jahrhunderts

28 Barbara Pade-Theisen an Judy Chicago, zit. nach Wisselinck, Hexen, a.a.O., S.128.
29 Honegger, a.a.0., S.123.

Angela Dinghaus

"In peinlichen Sachen der Margarete Meineken - angeklagt der Zauberei"

Auf dem Höhepunkt der Hexenverfolgungen in Deutschland Ende des 16. und in der ersten Hälfte des 17. Jahrhunderts blieben auch das damalige Stift Verden und Amt Rotenburg von Hexenprozessen nicht verschont, mußten vornehmlich Frauen, die der "Hexerei" bezichtigt worden waren, auf dem Scheiterhaufen ihr Leben lassen.[1]
Die politische und soziale Situation des Herzogtums Verden war - wie auch in den übrigen deutschen Ländern, Städten und Dörfern - gekennzeichnet von wechselnden Herrschaften, Belagerungen, Verwüstungen und sozialer Unsicherheit. Verden und Rotenburg litten besonders unter den Auswirkungen des Dreißigjährigen Krieges. Rotenburg, das von etlichen Einäscherungen heimgesucht wurde, war nach Beendigung des Krieges hoch verschuldet.[2]
Unterbrochen nur in der Zeit des Dreißigjährigen Krieges, setzten die Hexenverfolgungen in Verden und Umgebung um die Mitte des 17. Jahrhunderts erneut ein:
"Triebfeder derselben war der Magister Hinrich Rimphoff, der seit 1638 erster Prediger am Dome und seit 1642 zugleich Superintendent war. Er witterte allenthalben Hexen und erhielt die ganze Gegend durch sein unablässiges Schelten und Eifern gegen die in Verden vorhanden seyn sollenden Hexen in Bewegung."[3]
Der lutherische Superintendent Rimphoff hatte 1647 eine Gegenschrift zur "Cautio criminalis" des Jesuitenpaters Friedrich von Spee[4] verfaßt. Mit seinem Hexenbuch "Drachenkönig": *"... d.i. wahrhaftige, deutliche, christliche und hochnothwendige Beschreibung des grausamen und hochvermaledeiten Hexen- und Zauberteufels ..."*[5] wollte Rimphoff die Kritik Friedrich von Spees an den Hexenverfahren widerlegen. Er folgerte in der Logik vieler seiner Zeitgenossen, daß die Tatsache der Hexenprozesse zugleich ein stichhaltiger Beweis für die Existenz von "Hexen" sei.[6] Er beschwor die Gefahren, die den Menschen drohen würden, sofern sie den "Teufel" samt seiner "Hexen" unterschätzten. Im Geiste Hinrich Rimphoffs flackerten die Hexenjagden in der Ära der letzten großen Prozeßwellen auch im Stift Verden wieder auf.[7]

Bei dem Rotenburger Prozeß gegen Margarete Meineken aus dem Jahre 1664 handelt es sich um ein charakteristisches Hexenverfahren. Margarete war auffällig ge-

---

1 Ch.G. Pfannkuche, Die aeltere Geschichte des vormaligen Bisthumes Verden, Verden 1830, S.305ff.; Hermann Ruete, Der Flecken Rotenburg in Hannover in Vergangenheit und Gegenwart, Rotenburg i. Hannover 1895, S.70 u. S.268.

2 Ruete, a.a.O., S.70ff.; S.198ff.; S.107ff.; S.196 u. S.112ff. Zur Geschichte des Herzogtums Verden (1283-1823) und des Amtes Rotenburg (1648-1885) vgl. Walter Junck, Die Geschichte des Kreises Rotenburg, Stade 1949; Enno Heyken, Rotenburg. Kirche, Burg und Bürger, Hannover 1966 (= Rotenburger Schriften, hrsg. v. Heimatbund Rotenburg/ Wümme, Kreisvereinigung für Heimat- und Kulturpflege e.V., Sonderheft 7).

3 Pfannkuche, a.a.O., S.312.

4 Vgl. Einführung "Magie und Hexenwahn".

5 Zit. nach Pfannkuche, a.a.O., S.312.

6 Kurt Baschwitz, Hexen und Hexenprozesse. Die Geschichte eines Massenwahns und seine Bekämpfung, München 1963, S.294.

7 Ruete, a.a.O., S.268f.

worden aufgrund von Gerüchten und einer Denunziation. Sie wurde daraufhin der "Hexerei" angeklagt und im Verlauf des Prozesses, nach anfänglichem Leugnen des Tatbestandes, unter Androhung von und mittels Anwendung der Folter zu einem Geständnis gezwungen. Auch eine "Hexenprobe" fehlt nicht sowie "Besagungen"[8] gegen Ende des Prozesses.

Über die Persönlichkeit der Angeklagten ist - wie so oft bei den Opfern von Hexenverfolgungen - wenig zu erfahren. Margarete war offenbar ein mittelloses Mädchen von 17 Jahren, gebürtig aus Westeresch im Kirchspiel Scheeßel. In Buxtehude hatte sie eine Zeitlang "gedient",[9] vielleicht als Magd oder Haushaltshilfe. Margaretes Fluchtversuch kurz vor der Hinrichtung deutet darauf hin, daß sie nicht gewillt war, sich dem Urteil widerstandslos zu fügen.

Anhand der Gutachten aus den Juristenfakultäten Rinteln und Helmstedt sowie des Rotenburger Protokolls über das Verhör der Margarete Meineken kann lediglich der Verlauf dieses Prozesses rekonstruiert werden.

Margarete Meineken wurde im Mai 1664 der Zauberei bezichtigt, angeklagt und nach vier Monaten, am 9. September 1664, auf dem Scheiterhaufen verbrannt.

Seinen Anfang nahm der Prozeß, nachdem sich Gerüchte verdichtet hatten, in denen Margarete Schadenzauber unterstellt wurde. Neben verschiedenen magischen Delikten habe sie die Kuh des Johann Holsten aus Westeresch "totgezaubert".[10] Geredet wurde auch darüber, daß die Meineken einer ihr verwandten Frau das "Hexen" beibringen wollte. Die Verwandte hatte angegeben, Margarete habe sie aufgefordert, die Worte auszusprechen:

"Hier stehe ich auf dem Mist, verschwöre den Herrn Christ, Sonn' und Mond und keinem Menschen Gutes zu thun, denn nur allein dem Teufel."[11]

Daraufhin habe Margarete zugegeben, gemeinsam mit ihrer Mutter Holstens Kuh verzaubert zu haben.

Margarete Meineken stand schon seit längerem unter dem Verdacht der Zauberei und wurde für verschiedene Krankheitsfälle in der Umgebung verantwortlich gemacht, doch diese Aussage kam einer Denunziation gleich.

Um ihre Unschuld zu beweisen, die Margarete stets beteuerte, verlangte sie, daß man sie mit ihrer inzwischen mitangeklagten Mutter einer Wasserprobe unterziehen solle.

Die Wasserprobe hatte im Herzogtum Verden eine längere Tradition.[12] Auf Anraten der juristischen Fakultät in Rinteln, der dieser Fall mittlerweile zur Entscheidung unterbreitet worden war, wurde die Hexenprobe am 14. Juni 1664 durchgeführt:

"Zwei Nachrichter aus Rotenburg und Verden banden in der Mühlenkuhle bei dem Schloß zwei kleine Schiffe zusammen, und der Drost und seine Beamten fanden sich mit einigen Hundert Zuschauern bei der Mühlenkuhle ein. Nachdem die Hände und Füße der Margarete kreuzweis gebunden und ihre Haare gelöst waren, ließ man sie dreimal in das Wasser. Jedesmal 'fing sie wie eine Gans zu treiben an', und trotz aller Anstrengungen gelang es ihr nicht, unter das Wasser zu kommen."[13]

---

8 Vgl. Einführung "Magie und Hexenwahn".

9 Walter Junck, Aus alten Akten, in: Aus dem Heimatborn. Beilage zum "Rotenburger Anzeiger", Jg.1/ Nr.9, September 1927; Nr.10, Oktober 1927, Rotenburg/ Hannover 1927.

10 Ruete, a.a.O., S.269.

11 Zit. nach ebd.

12 Junck, Aus alten Akten, a.a.O.

13 Ruete, a.a.O., S.269f.

Margarete hätte nach dem Volksglauben untergehen müssen, um zu beweisen, daß sie keine "Hexe" sei. Doch die Rintelner Juristen ließen die Wasserprobe nicht ohne weiteres als einen Beweis für die Schuld oder Unschuld der Angeklagten gelten. Man hielt den ungünstigen Ausgang der Wasserprobe als Beweisgrund nicht für ausreichend, die Anwendung der Folter zu empfehlen, welche ein Geständnis beschleunigt hätte. Obwohl Rinteln Hexenproben im allgemeinen empfahl, um darüber zu einem schnelleren Geständnis zu gelangen,[14] war der Fall Meineken etwas anders gelagert. Die Juristen plädierten zunächst dafür, weitere Zeugen unter Eid aussagen zu lassen. Die Indizien waren wohl noch zu spärlich:

"... Alldieweil aber die Denunciantin nur unica et singularis nec omni exceptione major testis ist auf das bahden kein beständig grundt der schuldt und ohnschuld zu setzen, ..."[15]

Die Rotenburger Beamten schienen mit diesem Spruch aus Rinteln nicht einverstanden gewesen zu sein, denn fortan wurden im Verlauf des Prozesses Helmstedter Juristen zu Rate gezogen.

Inzwischen hatte Margarete Meineken zugegeben, daß sie der *"Denunciantinnen Cathrinen in Buxtehude etwas lehren wollen, Sie wüßte es aber nicht mehr ..."*,[16] und nachdem ihre Mutter sich im Gefängnis das Leben genommen hatte, gestand Margarete, daß sie eine "Hexe" sei.

Aus Helmstedt kamen nun die Anweisungen, in welcher Form das Verhör geführt werden müsse, streng nach dem Fragenkatalog der "wissenschaftlichen Hexenlehre".[17] Die Helmstedter Juristen gaben jetzt auch grünes Licht, die Angeklagte der Folter zu unterziehen:

"... darauf sie weiter und anfangs in der guete zu befragen, ob sie nicht nochmals bekennen mügte, daß ihre Mutter ihr die Hexerey gelehret? Mit was worten und wo sie solches gethan? Ob sie derselben die Worte nachgeredet? Wie die von anfang biß zu ende gelautet und heißen? Ob sie nicht Gott im Himmel abgesaget und dem Teufel sich ergeben? Ob Sie nicht mit demselbigen sich unnatürlicher weiße vermischet und gebuhlet? Ob und wehm sie mit ihrer Zauberey schaden gethan? Wann Sie nun die Wahrheit nicht bekennen wirdt, ist Sie von dem scharfrichter mittelst Vorzeigung derer zur Peinlichkeit gehörigen instrumenten zu bedrohen, auch da sie noch nicht recht zugeben würde, zu gründlicher Erkundigung mit Peinlicher scharfer frage jedoch menschlicher weiße zu belegen, und was Sie bey jedweden actibus und darunter mediante tortura nachdem Sie deren erlaßen, auf jedwedes fragstücke aussagen wird, eigentlich und deutlich zu protocolliren und aufzuzeichnen, ..."[18]

Margarete Meineken wurde mit Hilfe dieses Leitfadens erneut verhört, und als sie noch immer nicht zur Befriedigung der Beamten geantwortet hatte, schritt man zur Folter. Verurteilt und gerichtet werden konnten die Angeklagten in einem Hexenprozeß nur nach Ablegung eines Schuldgeständnisses, ein Geständnis, das all die Anklagepunkte enthalten mußte, die von den Helmstedtern vorgegeben worden waren.

---

14 Gerhard Schormann, Hexenprozesse in Nordwestdeutschland, Hildesheim 1977, S.118ff.

15 Zit. nach Junck, Aus alten Akten, a.a.O.

16 Zit. nach ebd.

17 Vgl. Einführung "Magie und Hexenwahn".

18 Zit. nach Junck, Aus alten Akten, a.a.O.

Das Verhör zog sich einen ganzen langen Tag hin. "Gütige" Ermahnungen, die "Wahrheit" zu sprechen und eine ständige Wiederholung der immer gleichen Fragen wurden abgelöst von der Folter, die im Laufe des Tages ihre Wirkung nicht verfehlte. Margarete bejahte die Frage nach dem Teufelspakt und sie gab zu, daß ihre Mutter ihr das "Hexen" beigebracht habe - sie konnte ihr damit nicht mehr schaden. Doch die "Buhlschaft" mit dem Teufel, d.h. den sexuellen Verkehr, stritt sie nach wie vor ab:

"Sagt Nein, könne nicht sagen, was nicht wahr wehre, wan man Sie auch von Gliedern zu Gliedern voneinanderzöge;"[19]

Um nun wegen Hexerei einen Schuldspruch fällen zu können, und über den Ausgang des Prozesses, über die "Wahrheit", waren sich die Ankläger wohl einig, mußte die Angeklagte die ihr gestellten Fragen "richtig" beantworten. Die Hexenlehre, nach der sich die Prozeßführung richtete, sah, abgesehen vom Delikt des Schadenzaubers und Teufelspaktes, die Buhlschaft mit dem Teufel und die Teilnahme am Hexentanz vor. Insbesondere das Eingeständnis, am Hexentanz teilgenommen zu haben, war von zentraler Bedeutung. Beim Tanz mußte eine "Hexe" ja anderen verdächtigen Personen begegnet sein, deren Namen von der Angeklagten unbedingt in Erfahrung gebracht werden mußten. Zu diesem Zweck mußte erneut die Folter Abhilfe schaffen. Allein das Aufzeigen der Folterinstrumente hatte nicht viel bewirkt. Also griff man zu Daumenschrauben und dem spanischen Stiefel und quälte Margarete Meineken so lange, bis sie die gewünschten Aussagen machte. Margarete gestand die Teufelsbuhlschaft und auch den Schadenzauber. Gegen die Teilnahme am Tanz oder Hexensabbat verwahrte sie sich bis zuletzt: *"... aufm Tantz aber sey nie mitgewesen ... ."*[20] Erst nachdem auch dieses letzte Delikt aus Margarete herausgefoltert worden war, gaben sich die Ankläger aus Rotenburg zufrieden; hatte sich doch die Hexenlehre mit ihren genau definierten Handlungen von der Zusammenarbeit des Teufels mit den Hexen wieder einmal bestätigt. Man ließ die Angeklagte endlich in Ruhe.

Aus Helmstedt erfolgte umgehend das Todesurteil. Margarete Meineken mußte ihre Schuld noch einmal öffentlich bekennen und wurde daraufhin hingerichtet.

Eine Woche vor ihrem Tod soll die verurteilte Margarete noch einen Fluchtversuch unternommen haben. Sie ist nicht weit gekommen.[21]

Bei ihrem letzten Verhör hatte Margarete Meineken unter dem Druck der Mißhandlungen weitere Frauen angegeben, die sie mit Zauberei in Verbindung brachte:

"Alß nun Torta gesaget, daß Sie nun nichts mehr wüßte, sondern alles bekennet, man mogte Sie wieder gehn laßen, so wolle Sie noch etwas sagen, worüber man sich verwundern solte, und gefraget, was solches denn wehre, hatt Sie auff eine oder andere Frauvens bekennet, so auch zaubern kondten undt daß Sie einsmahls auffm Bringke hinter des Oberförsters Hauße mit aufm Tantz gewesen, sonst aber nicht mehr ... ."[22]

Um welche Frauen es sich handelte und aus welchen Motiven Margarete Meineken diese Frauen "besagte", kann nicht mehr rekonstruiert werden. Es mag sein, daß sie es nicht ertrug, allein für ein Delikt hingerichtet zu werden, mit dem sie möglicher-

---

19 Zit. nach ebd.

20 Zit. nach ebd.

21 Ruete, a.a.O., S.271f.

22 Zit. nach Junck, Aus alten Akten, a.a.0.

weise sogar andere Personen in Verbindung brachte. Es mag auch sein, daß Margaretes Vater diese Besagung entscheidend beeinflußte:

"Nach einigen Tagen wurde ihr eröffnet, daß sie am Freitag, den 9. September, hingerichtet werden sollte. Das arme Mädchen weinte bitterlich, ... Ihr Vater wollte nicht, daß sie allein den Schimpf hätte, und suchte die Verurteilung von anderen Hexen herbeizuführen. Margarete bezeichnete sechs Mädchen, welche in Scheeßel am Hexentanze teilgenommen hätten und wiederholte noch eine Stunde vor der Hinrichtung diese Beschuldigungen."[23]

Ob die Besagungen der Margarete Meineken weitere Hexenprozesse zur Folge hatten, ist nicht bekannt. Doch der Kreis eines typischen Hexenprozesses hatte sich geschlossen. Durch die Angabe von weiteren "Hexen" war der Grundstein zum nächsten Prozeß bereits gelegt.

23 Ruete, a.a.0., S.272. Hermann Ruete standen Akten zur Verfügung, die einige Jahrzehnte später nicht mehr vorhanden waren, vgl. Junck, Aus alten Akten, a.a.0.

Angela Dinghaus

Arbeit und Alltag

In den Einführungen der vorangegangenen Kapitel wurde bereits darauf hingewiesen, daß über das Leben von Frauen aus früheren Epochen noch immer zu wenig bekannt ist. Als besonders schwierig erweist sich die historische Suche nach Frauen, die keinem höheren Gesellschaftsstand angehörten.
Für die Zeit des späten 18. und frühen 19. Jahrhunderts scheint das Materialvorkommen über Frauen aus den unteren Gesellschaftsschichten umfangreicher zu sein. Es handelt sich um eine relative Verbesserung der Materiallage, relativ in Bezug auf Frauen aus dem Zeitraum des Mittelalters oder der Frühen Neuzeit. Verglichen mit den Informationen, die wir etwa über bürgerliche Frauen des 19. Jahrhunderts besitzen, sind biographische Daten von Frauen aus dem ländlichen und handwerklichen Milieu, von Arbeiterinnen oder Dienstmädchen, spärlich gesät. Kollektive Biographien bieten einen Ansatz, diese historische Lücke zu schließen.

Die gesellschaftlichen Arbeitsleistungen von Frauen, produktive und für das Überleben der Familien notwendige Arbeit, sind lange Zeit übergangen oder abgewertet worden. In Vergessenheit geraten ist, daß die Mehrzahl der Frauen zu allen Zeiten schwer gearbeitet hat.
Erwerbsarbeit von Frauen tauchte nicht erst mit dem Einsetzen der industriellen Revolution im 19. Jahrhundert auf. Auch von einer statischen, "natürlichen" geschlechtsspezifischen Arbeitsteilung, in der Frauen für die häusliche Versorgung, Männer für die ökonomische Erhaltung ihrer Familien zuständig gewesen seien, eine Aufgabenverteilung, die erst durch die Industrialisierung aus den Fugen geraten sei, kann keine Rede sein. Sicherlich war die gesellschaftliche Arbeitsteilung in allen Kulturen und zu allen Zeiten auch immer gekoppelt an die Geschlechtszugehörigkeit, doch nicht als "biologisch-natürliche" Konstante, sondern sowohl kulturell als auch historisch einem Wandel unterworfen.
Historische Formen von Arbeitsteilung zwischen den Geschlechtern, die Entwicklung der modernen Hausarbeit, eine Differenzierung in "typisch" männliche und weibliche Berufssparten sowie die geringe Wertung und Entlohnung von Frauenarbeit und schließlich die Abwesenheit von Frauen in den führenden Positionen haben eine Geschichte.
Die Geringschätzung der Arbeitsleistungen von Frauen hat vermutlich weniger zu tun mit der Relevanz dieser Arbeit als mit dem "Faktum der politischen Dominanz" des Mannes in der traditionellen und auch in der bürgerlichen Gesellschaft. Die politische Sprachlosigkeit der Frauen wurde übertragen auf die Bedeutung bzw. Unbedeutsamkeit von Frauenarbeit.
Es wurde eine Linie gezogen von den Pflichten der bürgerlichen Hausfrau des späten 19. und 20. Jahrhunderts zu den Aufgaben der Frauen in der traditionellen, vorindustriellen Gesellschaft, Frauen, die in den Haushalten von Familienbetrieben in der Landwirtschaft und des Handwerks oder in fremden Hauswirtschaften als Dienstmägde arbeiteten. Ausschließlich der Verdienst und die Arbeit des männli-

chen Familienoberhauptes schienen die Versorgung der Familienmitglieder zu sichern.[1]

Diese Vorstellungen sind weder mit der Lebenssituation von Frauen in der traditionellen, noch mit der in der bürgerlichen Gesellschaft in Einklang zu bringen. In der traditionellen Gesellschaft trug die gesamte Familie zur Existenzsicherung bei: Männer, Frauen und Kinder. Der Arbeit von Frauen kam besonders in der Landwirtschaft, aber auch im Handwerk eine große Bedeutung zu.[2]

Der Alltag von Frauen aus den bäuerlichen Schichten hatte wenig gemein mit dem bürgerlichen Ideal von der Hausfrau, Gattin und Mutter, die sich ausschließlich um das Wohlergehen ihrer Familie kümmern sollte. Auch die bäuerliche Wirtschaft war geprägt von geschlechtlich differenzierten Aufgabenbereichen: Die Frauen waren weitgehend für Tätigkeiten innerhalb des Hauses zuständig, während der Mann Feld- und Waldarbeiten besorgte. Doch die Aufgaben der Frau umfaßten ein breites Spektrum. Sie arbeitete in Küche und Keller, verwaltete die Vorratswirtschaft und war zuständig für das Vieh, und sie trug die Verantwortung für die Kleidung (Spinnen, Weben, Nähen...). Weiter fielen in ihren Zuständigkeitsbereich die Reinigungsarbeiten, die Kindererziehung sowie die Aufsicht über das Gesinde. Bei erhöhten Arbeitsanforderungen, beispielsweise während der saisonalen Arbeiten wie Aussaat oder Ernte, mußten Frauen auch außerhalb ihrer häuslichen Domäne mit zupacken. Trotz getrennter Aufgabenbereiche, bei denen die Grenzen für die Frauen eher fließend waren, arbeiteten Männer und Frauen sich gegenseitig zu - die miteinander verschränkten Leistungen beider sicherten das Überleben der bäuerlichen Hauswirtschaft.[3] Die Arbeitsleistungen waren noch nicht in Tätigkeiten gespalten, die entweder in den Bereich der Produktion oder Konsumtion fielen. Die Herstellung und der Verbrauch von Gütern bildeten eine Einheit, und die bäuerliche Wirtschaft konnte nur funktionieren, indem alle ihre Mitglieder zusammen arbeiteten.[4]

Dominierend im bäuerlichen und auch im handwerklichen Milieu war die Sozialform des "ganzen Hauses".[5] Die Haushaltsfamilie existierte bis in das 18. Jahrhundert. In bäuerlichen Familien konnte sie sich sogar noch bis weit in das 20. Jahrhundert halten. Kennzeichen dieser Sozialform sind die Verbindung zwischen Produktion und Familienleben und ein familiärer Zusammenhang, in den auch das Gesinde einbezogen wurde. Sicher handelt es sich bei dieser traditionellen Form des Zusammenlebens und -arbeitens um einen Idealtyp. Ein Zusammenleben von drei oder mehr Generationen unter einem Dach oder die autonome, vom Markt unabhängige Eigenversorgung der Haushaltsfamilien hat in dieser Form nicht ausschließlich, ja

---

1 Barbara Duden/ Karin Hausen, Gesellschaftliche Arbeit - Geschlechtsspezifische Arbeitsteilung, in: Annette Kuhn/ Gerhard Schneider (Hrsg.), Frauen in der Geschichte, Bd.1.: Frauenrechte und die gesellschaftliche Arbeit der Frauen im Wandel. Fachwissenschaftliche und fachdidaktische Studien zur Geschichte der Frauen, Düsseldorf 1979, S.11-33, S.11-16.

2 Ebd., S.15f.

3 Ute Frevert, Frauen-Geschichte. Zwischen bürgerlicher Verbesserung und neuer Weiblichkeit, Frankfurt/ M. 1986, S.26f.

4 Duden/ Hausen, a.a.0., S.19f.

5 Otto Brunner, Vom "ganzen Haus" zur "Familie", in: Heidi Rosenbaum (Hrsg.), Familie und Gesellschaftsstruktur. Materialien zu den sozioökonomischen Bedingungen von Familienformen, Frankfurt/ M. 1974, S.48-55.

nicht einmal überwiegend existiert. Aus der Sicht von bürgerlichen Lebens- und Arbeitsformen sind die Unterschiede jedoch gravierend.[6]

Die Rolle der Frau in der traditionellen Haushaltsfamilie kann gewiß nicht als gleichberechtigt bezeichnet werden. Sie war dem Vater oder Ehemann untergeordnet. Auch ihre wichtigen, existenznotwendigen Arbeitsleistungen änderten nichts daran, daß der Mann seine Familie allein in der Öffentlichkeit vertrat und das Züchtigungsrecht über Frau, Kinder und Gesinde besaß. Die Bäuerin konnte neben dem männlichen Haushaltsvorstand ihre Autorität im Hause entfalten. Dort verfügte sie über einen eigenen Verantwortungsbereich, erzog Mägde und Kinder, wobei die Erziehung der Kinder eher "nebenbei" erfolgte.[7]

Frauen auf dem Lande bildeten keine homogene Gruppe. Es gab Bäuerinnen, die neben ihrem Ehemann eigenständig einen Hof bewirtschafteten, Handwerker- und Tagelöhnerfrauen und natürlich das Gesinde, die Mägde. In Handwerker- und Tagelöhnerfamilien, die im Nebenerwerb kleine Landstücke bearbeiteten oder die Allmende nutzten - der Verdienst des Mannes reichte für den Unterhalt der Familie meist nicht aus -, wurde ein großer Teil der landwirtschaftlichen Arbeit von Frauen verrichtet.[8]

Ebenso wie die Männer waren die Frauen bis in das 18. Jahrhundert in Stände differenziert, doch die Frauen aller Stände waren zudem im Rahmen des vorherrschenden patriarchalen Familienmodells weitgehend rechtlos.[9] Trugen Frauen noch im 18. und beginnenden 19. Jahrhundert mit ihrer Arbeit in Landwirtschaft, Handwerk und Gewerbe, durch die Eigenproduktion von Nahrung und Kleidung, sichtbar zum Unterhalt der Familien bei,[10] wandelte sich dieses Bild seit dem Beginn der Industrialisierung allmählich.

---

6 Heidi Rosenbaum (Hrsg.), Familie und Gesellschaftsstruktur. Materialien zu den sozioökonomischen Bedingungen von Familienformen: Einleitung, Frankfurt/ M. 1974, S.7-35, S.17. Auch der für die ländliche Gesellschaft angenommene Kinderreichtum ist eher eine Klischeevorstellung, vgl. Heidi Rosenbaum, Formen der Familie. Untersuchungen zum Zusammenhang von Familienverhältnissen, Sozialstruktur und sozialem Wandel in der deutschen Gesellschaft des 19. Jahrhunderts, Frankfurt/ M. 1982, S.60ff. In den Städten gab es vor der Industrialisierung neben der familiaren auch andere Lebensformen für Frauen (Witwen, Ledige).

7 Frevert, Frauen-Geschichte, a.a.0., S.27f.; vgl. Harald Winkel, Die Frau in der Landwirtschaft (1800-1945), in: Hans Pohl (Hrsg.), Die Frau in der deutschen Wirtschaft. Referate und Diskussionsbeiträge des 8. Wissenschaftlichen Symposiums der Gesellschaft für Unternehmensgeschichte e.V. am 8. und 9. Dezember 1983 in Essen, Wiesbaden 1985, S.89-102, S.89f.

8 Carola Lipp, "Fleißige Weibsleut" und "liederliche Dirnen". Arbeits- und Lebensperspektiven von Unterschichtsfrauen, in: Dies. (Hrsg.), Schimpfende Weiber und patriotische Jungfrauen. Frauen im Vormärz und in der Revolution 1848/49, Baden-Baden 1986, S.25-55, S.25f. Die ländliche Gesellschaft war, wie die städtische, sozial differenziert und ländliche Lebensverhältnisse unterschieden sich regional (Rosenbaum, Formen der Familie, a.a.0., S.49ff.). Zu Beginn des 19. Jahrhunderts - der Deutsche Bund war fast noch ein reines Agrarland - lebten ca. dreiviertel der Bevölkerung auf dem Lande. Ungefähr ein Drittel gehörte der Bauernschicht an, ein weiteres Drittel bewirtschaftete Kleinstbesitz (hierzu gehörten auch die ländlichen Handwerker) und etwa ein Drittel besaß überhaupt kein Land, verdingte sich als Landarbeiter oder Tagelöhner. Bäuerliche Traditionen und Lebensformen prägten auch die unterbäuerlichen Schichten, Gesellschaftsschichten, die sich im Verlauf des 19. Jahrhunderts von der ländlichen Wirtschaftsweise abzulösen begannen (Frevert, Frauen-Geschichte, a.a.0., S.25f.).

9 Ingeborg Weber-Kellermann, Frauenleben im 19. Jahrhundert. Empire und Romantik, Biedermeier, Gründerzeit, München 1983, S.10f.

10 In Manufakturen gab es schon in vorindustrieller Zeit außerhäusliche Erwerbsarbeit von Frauen, vgl. Rita Bake, Vorindustrielle Frauenerwerbsarbeit. Arbeits- und Lebensweise von Manufakturarbeiterinnen im Deutschland des 18. Jahrhunderts unter besonderer Berücksichtigung Hamburgs, Köln 1984, S.22ff.

Nachdem die Stein-Hardenbergschen Reformen 1807 das Ende der feudalen Produktionsweise eingeläutet hatten, kam es zu Einbrüchen und Umwälzungen im gesamten sozialen Gefüge. Preußens Agrarreformen trafen besonders hart die kleinen Bauern und die besitzlosen Schichten. Auch Frauen waren von den Auswirkungen dieser Prozesse betroffen, doch sie erfuhren die Folgen anders als Männer.[11]
Zunächst einmal waren die im Kern der Reformen angelegten Auflösungen der ständischen Schranken Prozesse, die sich von Land zu Land unterschiedlich darstellten und die in Preußen und in den Kleinstaaten bis in die Zeit des Deutschen Reiches, ja sogar bis in das 20. Jahrhundert hinein mit feudalen Restbeständen in Recht und im sozialen Leben behaftet blieben. Die Aufhebung der Leibeigenschaft, die Gewährung von Freizügigkeit, das Züchtigungsverbot und das Recht der Bauern auf Besitz an Grund und Boden wurden indirekt wieder eingeschränkt (Patrimonialgerichtsbarkeit, "abgemildertes" Züchtigungsrecht über das Gesinde, begrenzte Freizügigkeit durch ein buntes Spektrum vielfältiger Heimatrechte). Der Gutsbesitzer und der Grundherr waren jedoch ihrer Fürsorgepflicht ein für allemal enthoben.[12]
Als besonders zählebig erwiesen sich - abgesehen von persönlichen Abhängigkeitsverhältnissen - die Eigentumsverhältnisse. Das bürgerliche Recht auf Privateigentum an Grund und Boden entpuppte sich als "Landraub der Gutsbesitzer".[13] Viele Bauern konnten ihre Besitzrechte nicht halten, und die Kleinstbesitzer waren im Konkurrenzkampf mit den Grundbesitzern die Unterlegenen. Für die unterbäuerlichen Schichten bedeutete der Verlust der Allmende einen besonders harten Einschnitt. Aus den verarmten ländlichen Gesellschaftsschichten sollte sich bald die Klasse der "freien" Lohnarbeiter zusammen setzen.
Die Frauen der unterbäuerlichen Schichten hatten ihre Existenzgrundlage verloren. Auch für den gesellschaftlichen Stellenwert der Frauenarbeit hatte der Verlust von Arbeitsmöglichkeiten in der Zeit der Frühindustrialisierung und des Pauperismus weitreichende Folgen. Sie verloren mit ihrem Garten- und Landbesitz und ihren Nutzungsrechten in Wald und Feld, der Allmende, die überwiegend von Frauen in Anspruch genommen wurde, auch die Bedeutung ihrer Arbeit. Die Aufgaben der Frauen lagen ja gerade in der Eigenproduktion von Nahrungsmitteln und Kleidung und dem Sammeln von Nahrung und Heizungsmaterial. Dabei handelte es sich nicht um einen zusätzlichen Beitrag zum Familieneinkommen, sondern um Tätigkeiten, die entweder für die eigene Versorgung der Frauen oder für das Überleben der Familien notwendig waren.[14] Seit dem letzten Drittel des 19. Jahrhunderts produzierten die Industrien viele Güter, die von Frauen angefertigt worden waren, schneller und billiger. Die Frauen wurden zunehmend abhängiger vom Einkommen des Ehemannes.[15]
Der soziale Strukturwandel infolge des Bevölkerungsanstieges und der Industrialisierung, die Pauperisierung großer Teile der Bevölkerung auf dem Lande und zu-

---

11 Barbara Duden/ Elisabeth Meyer-Renschhausen, Landarbeiterinnen, Näherinnen, Dienstmädchen, Hausfrauen. Frauenarbeit in Preußen, in: Peter Brandt (Bearb.), Preußen. Zur Sozialgeschichte eines Staates. Eine Darstellung in Quellen, Reinbek bei Hamburg 1981, S.265-285, S.268.

12 Ute Gerhard, Verhältnisse und Verhinderungen. Frauenarbeit, Familie und Rechte der Frauen im 19. Jahrhundert. Mit Dokumenten, Frankfurt/ M. 1978, S.18-22, und vgl. Heide Wunder, Die bäuerliche Gemeinde in Deutschland, Göttingen 1986, S.115ff.

13 Gerhard, a.a.O., S.22f.

14 Ebd., S.24ff.

15 Duden/ Meyer-Renschhausen, a.a.O., S.268-271.

nehmend auch in den Städten sowie Landflucht waren Prozesse, die erst um die Mitte des 19. Jahrhunderts zum Abschluß kamen. In Verbindung mit der freien Konkurrenz auf dem Arbeitsmarkt führten sie zu sinkenden Arbeitslöhnen. Mit Lohnarbeit konnten die Männer für ihre Familien nicht aufkommen. Dem Gelderwerb von Frauen waren jedoch Grenzen gesetzt. In Form von Heim- seltener Fabrikarbeit arbeiteten sie fast ausschließlich im Textilbereich als billigste Arbeitskräfte.[16] In der Phase der Frühindustrialisierung wurden auch Frauen und Kinder in den Fabriken beschäftigt. Frauen in der Textilindustrie arbeiteten unter den erbärmlichsten Arbeitsbedingungen sechzehn bis achzehn Stunden täglich und erhielten hierfür zwei Drittel oder nur die Hälfte des Lohns der Männer. Größer noch war die Ausbeutung von Frauen in der Heimindustrie. In Heimarbeit leisteten vorwiegend verheiratete Frauen samt ihrer Kinder billigste Akkordarbeit.
Doch die größte Berufsgruppe innerhalb der erwerbstätigen Frauen stellten nach wie vor Frauen in der Landwirtschaft, billige Landarbeiterinnen und Tagelöhnerinnen, gefolgt von Dienstbotinnen, die, ausgestattet mit den geringsten Rechten, quasi feudale Arbeitsverhältnisse eingehen mußten. Qualifizierte Berufe in Industrie und Gewerbe, Handel und Verkehr oder Sozialarbeit bildeten noch das Schlußlicht in der Skala der Berufsmöglichkeiten für Frauen.[17] Mittelständische Berufe - in der Regel den bürgerlichen Frauen vorbehalten - nahmen erst um die Jahrhundertwende zu.
Die Gewerbefreiheit seit den Stein-Hardenbergschen Reformen (1807) ging an den Frauen vorüber, ohne ihnen Berufsmöglichkeiten in Handwerk und Gewerbe zu eröffnen.[18] Waren Frauen schon seit dem ausgehenden Mittelalter mehr und mehr aus den Zünften verdrängt worden, wurden die letzten Überbleibsel weiblichen Handwerks nach der Einführung der Gewerbefreiheit zerstört.[19] Die Grundsätze der Gewerbefreiheit konnten sich - wie die übrigen Reformen auch - in Preußen und in den anderen deutschen Staaten nur langsam durchsetzen. Erst 1869 erlangten sie im Norddeutschen Bund und danach im Reichsgebiet eine einheitliche Gültigkeit. Mit ihnen wuchs der Konkurrenzdruck im Handwerk. Frauen waren als erste davon betroffen. Kampagnen gegen die gewerbliche und handwerkliche Arbeit von Frauen können am Beispiel des Schneiderhandwerks in Preußen nachvollzogen werden. Die Gewerbefreiheit für Frauen wurde von den Handwerksorganisationen erfolgreich unterlaufen, indem die politische Rechtlosigkeit und Geschäftsunfähigkeit von Frauen zum Anlaß genommen wurde, ihren Zugang zu den Innungen in Frage zu stellen. Frauen durften danach nicht voll in Handwerksorganisationen eingegliedert

---

16 Ebd., S.274f.

17 Daniela Weiland, Geschichte der Frauenemanzipation in Deutschland und Österreich. Biographien - Programme - Organisationen, Düsseldorf 1983, S.87-93.

18 Beate Brodmeier, Die Frau im Handwerk in historischer und moderner Sicht, Münster-Westfalen 1963, S.63.

19 Gerhard, a.a.0., S.36ff. Obwohl Frauen im Handwerk oft mit unqualifizierten Tätigkeiten vorlieb nehmen mußten, konnten sie doch bestimmte Kompetenzen erlangen (Erfahrung, Fachwissen, Organisation), vgl. Heide Wunder, Frauen in der Gesellschaft Mitteleuropas im späten Mittelalter und in der Frühen Neuzeit (15. bis 18. Jahrhundert), in: Helfried Valentinitsch (Hrsg.), Hexen und Zauberer. Die große Verfolgung - ein europäisches Phänomen in der Steiermark, Graz/ Wien 1987, S.123-154, S.144ff. Noch im späten Mittelalter arbeiteten Frauen in zahlreichen Gewerben, als Witwen, eigenständige Meisterinnen, als mithelfende Familienangehörige und außerhäuslich Beschäftigte. In der Regel wurden sie schlecht entlohnt; es gab aber auch Spezialistinnen (Textilwesen), vgl. Juliane Kümmell, Alltag und Festtag spätmittelalterlicher Handwerker, in: Cord Meckseper/ Elisabeth Schraut, Mentalität und Alltag im Spätmittelalter, Göttingen 1985, S.76-96, S.83.

werden und hatten kein Anrecht auf Berufsausbildung. Doch als angelernte, billige Arbeitskräfte wollte das Handwerk nicht auf sie verzichten.[20] Die Kampagnen gegen Frauenarbeit im Handwerk richteten sich weniger gegen die gewerbliche und handwerkliche Arbeit von Frauen in Form von Zuliefertätigkeiten oder als mithelfende Familienangehörige, sondern in erster Linie gegen qualifizierte Arbeitsplätze für Frauen.[21]
Im letzten Drittel des 19. Jahrhunderts waren erwerbstätige Frauen im Gewerbe nur auf wenige, "traditionelle", d.h. schlecht entlohnte und minder qualifizierte Bereiche konzentriert: zu 80% arbeiteten sie in den fünf Branchen: Nahrung/ Genuß, Bekleidung, Textil, Handel, Gaststätten/ Beherbergung. Die Arbeitsbereiche Nahrung und Genuß, die Bekleidungsindustrie, aber auch die zunehmende Tätigkeit von Frauen im Dienstleistungssektor wurden als typische Frauenberufe angesehen, da sie angeblich familiäre und hausarbeitsnahe Fähigkeiten erforderten - von Frauen somit am geschicktesten auszuüben seien. Im Textilbereich wurden Frauen hingegen weniger wegen ihrer Geschicklichkeit oder Fingerfertigkeit beschäftigt, denn hier profitierte man besonders von den Billiglöhnen, ja die Textilindustrie lebte sogar von Frauenarbeit.[22]
Die "spezifischen" Fähigkeiten der Frauen wurden auffallend häufig in Berufen eingesetzt, die sich durch kurze Anlernzeiten und Monotonie auszeichneten. Dieses Phänomen kann auch in den mittelständischen Berufssparten beobachtet werden. Zunehmende Arbeitsteilung und Bürokratisierung zu Beginn des 20. Jahrhunderts brachten Arbeitsplätze hervor, die vornehmlich von Frauen besetzt wurden, von weiblichen Angestellten, die in den mehr und mehr mechanisierten Büros Handlangertätigkeiten verrichteten. Nun erst stieg auch der Anteil der ungelernten Arbeiterinnen in der Industrie, die ihre Produktionsstruktur mechanisiert hatte und arbeitsteilig zu organisieren begann.[23]
Die Kennzeichen der typischen Frauenberufe - von der Heimarbeiterin bis zur Angestellten - sind das niedrige Sozialprestige und die schlechte Bezahlung. In der beruflichen Rangordnung, die sich von der Qualifikation herleitet, stehen sie im letzten Glied.[24]
Industrialisierung und Pauperismus hatten für Frauen aus den unteren Gesellschaftsschichten neue Abhängigkeiten zur Folge. In Heim- und Fabrikarbeit vergrößerte sich ihr Arbeitsaufwand, was in keinem Verhältnis zu ihrem Verdienst stand.[25] Abgesehen vom Verlust ihrer vorindustriellen Arbeitsmöglichkeiten, die sicher auch nicht besonders hoch bewertet, doch immerhin noch als gesellschaftlich notwendig akzeptiert worden waren, konfrontierte man die erwerbstätigen Frauen mit einer "Frau-ins-Haus" Ideologie, die völlig herausgelöst war aus dem historischen Kontext und davon ausging, daß Frauen, wenn überhaupt, ohnehin nur ein Zubrot ver-

---

20 Brodmeier, a.a.O., S.63ff.

21 Gerhard, a.a.O., S.37ff.

22 Reinhard Stockmann, Gewerbliche Frauenarbeit in Deutschland 1875-1980. Zur Entwicklung der Beschäftigtenstruktur, in: Geschichte und Gesellschaft. Zeitschrift für Historische Sozialwissenschaft, Jg.11/ 1985, S.447-475, S.449-456 u. S.459f.; Angelika Willms, Modernisierung durch Frauenarbeit? Zum Zusammenhang von wirtschaftlichem Strukturwandel und weiblicher Arbeitsmarktlage in Deutschland 1882-1939, in: Toni Pierenkemper/ Richard Tilly (Hrsg.), Historische Arbeitsmarktforschung. Entstehung, Entwicklung und Probleme der Vermarktung von Arbeitskraft, Göttingen 1982, S.37-71, S.56.

23 Stockmann, a.a.O., S.461-470.

24 Weiland, a.a.O., S.92.

25 Duden/ Meyer-Renschhausen, a.a.O., S.268.

dienen würden. Für den Unterhalt der Familie sei allein das männliche Familienoberhaupt zuständig. Diese Überlegungen schienen zugleich die Minimalstlöhne von Frauen zu rechtfertigen.[26] Für die Familien war der Verdienst der Frauen oder Töchter alles andere als ein Zubrot; für das Überleben zählte jeder Pfennig. Und daß zahlreiche Frauen nicht verheiratet waren oder verwitwet, wurde übersehen.

Die Zuständigkeit der Frau für alle hauswirtschaftlichen Arbeiten hielt sich nach der Durchsetzung der industriekapitalistischen Produktionsweise und dem Zerfall der Familienwirtschaften.[27] Diese "alte" Arbeitsteilung unter neuen wirtschaftlichen und sozialen Vorzeichen dehnte sich auf den gesellschaftlichen Arbeitsmarkt aus. Typische Männerbranchen waren der Bergbau, die Eisen- und Stahlindustrie sowie der Maschinenbau, und zu den Frauenbranchen zählten die Bekleidungs- und Reinigungsgewerbe, die Textil- und Nahrungsmittelindustrie.[28]

Diesen Arbeitsbedingungen entsprach im 19. Jahrhundert ein Rechtssystem - insbesondere das bürgerliche Familienrecht - , das die Frauen aller Gesellschaftsschichten auf allen Rechtsgebieten benachteiligte. Abgesehen von ihrer staatsbürgerlichen Entmündigung waren die Frauen unter die Vormundschaft des Ehemannes gestellt. Sie blieben ausgeschlossen vom Eigentumserwerb. Auch über ihre Arbeitskraft durften sie nicht frei verfügen, sondern waren abhängig von der Zustimmung, aber auch Anweisung ihres Ehemannes. Gebunden blieben sie weiterhin an ihre familiären Pflichten.

Diese Rechtsauffassung war weder in Einklang zu bringen mit den allgemeinen Prinzipien des bürgerlichen Rechts von der Freiheit und Gleichheit der Individuen, noch mit den ökonomischen Erfordernissen der kapitalistischen Gesellschaft,[29] die schließlich auch auf die außerhäusliche Arbeit von Frauen angewiesen war. Als feudaler Kontrast zu den postulierten bürgerlichen Freiheits- und Gleichheitsidealen enthielt die Rechtsstellung der Frauen in ihrer offensichtlichen Widersprüchlichkeit jedoch auch emanzipatorische Momente.[30] Frauen konnten gleiche Rechte für sich beanspruchen.

Für die einzelnen Frauen aber war und ist es noch heute nicht so leicht möglich, dem circulus vitiosus ihrer familiären Rolle und den entsprechenden Arbeitsbedingungen zu entgehen. Die Benachteiligung von Frauen in der Arbeitswelt wurde begründet und zementiert durch die Verallgemeinerung und Festschreibung ihrer Rolle als Hausfrau und Mutter - in allen Gesellschaftsschichten. Die familiären Pflichten wiederum schwächten und schwächen noch heute die berufliche Position verheirateter sowie unverheirateter Frauen. Berufliche Resignation oder die "Flucht in die Ehe"

---

26 Gerhard, a.a.O., S.27. Vgl. Gabi Piecha, Die Minderentlohnung der Frauenarbeit - historischer Ursprung und Aktualität, in: ASTA-Frauengruppe und Demokratische Fraueninitiative (Hrsg.), Ringvorlesung "Frau und Wissenschaft", Marburg 1980, S.71-93, S.74-77.

27 Duden/ Hausen, a.a.O., S.25.

28 Ebd. Vgl. zur Theorie des segmentierten Arbeitsmarktes Willms, Modernisierung durch Frauenarbeit?, a.a.O., S.40f. Vgl. zur geschlechtsspezifischen Arbeitsteilung auf dem Arbeitsmarkt auch Ingeborg Wegehaupt-Schneider, Frauenindustriearbeit in Deutschland: Eine Konkurrenz für die männlichen Industriearbeiter auf dem Arbeitsmarkt? Zur Geschichte der sozialen, politischen und ökonomischen Bedingungen der Frauenindustriearbeit in Deutschland von der Industrialisierung bis zum Ende des Zweiten Weltkrieges, Diss. sozialwiss., Göttingen 1985.

29 Gerhard, a.a.O., S.14f. u. S.188.

30 Ebd., S.8.

scheinen vorprogrammiert.[31] Aber auch eine Heirat war keine Garantie dafür, von der Erwerbsarbeit ein für allemal "befreit" zu sein. Viele Frauen mußten das Kunststück vollbringen, Arbeit und Familie miteinander zu vereinbaren.

Eine neue Dimension für den Arbeitsalltag der Frauen drückte sich weniger in den schlecht entlohnten und minder qualifizierten Tätigkeitsfeldern aus als darin, daß die Bewertung von Männer- und Frauenarbeit nicht nur in voneinander separaten Branchen, sondern auch in den gleichen Branchen unterschiedlich verlief. Auch bei gleicher Arbeitsleistung, bei gleichen Arbeitszeiten verdienten Frauen nur etwas mehr als die Hälfte des Männerlohnes. Sie mußten darüber hinaus noch einen Haushalt bewältigen, der trotz industrieller Güter nicht weniger Anforderungen an sie stellte: tägliche Transportarbeiten der nötigen Waren, höhere Standards an Ordnung, Reinlichkeit und Kindererziehung[32] gehörten zu den gesellschaftlichen Erwartungen an die Ehefrauen und Mütter, die bei einem überlangen Arbeitstag und langen Anfahrtswegen zur Arbeit und zurück nicht so ohne weiteres "nebenbei" erfüllt werden konnten.

"In der zweiten Hälfte des 19. Jahrhunderts sahen sich Frauen aller sozialen Schichten einem immer stärkeren sozialen Druck ausgesetzt, ihre Familienarbeit zu intensivieren und nach wissenschaftlichen Vorgaben zu gestalten. Ohne daß sie persönlich über die ökonomischen Mittel verfügten, die dazu notwendig waren, wurden ihnen immer größere Verantwortlichkeiten aufgebürdet. In ihren Händen liege es, so die veröffentlichte Meinung von Ärzten, Pfarrern, Unternehmern, Sozialpolitikern, ob ihre Männer Trunkenbolde oder disziplinierte Arbeiter seien, von ihren hauswirtschaftlichen Fähigkeiten hänge die Gesundheit der Familienmitglieder ab, ihre Pflegeleistungen entschieden über die Überlebenschancen ihrer Säuglinge, und ihre Liebesbereitschaft und Erziehungstalente bestimmten die berufliche Zukunft ihrer Kinder. Die physische Erleichterung der Hausarbeit durch Maschinen, die seit den zwanziger Jahren in die Haushalte Einzug hielten, aber erst seit den sechziger Jahren des 20. Jahrhunderts allgemeine Verbreitung fanden, konnte die Zunahme an Pflichten nicht aufwiegen."[33]

Im Zuge der Auflösung der Hauswirtschaftsfamilien wurden an Hausarbeit und Kindererziehung neue Anforderungen gestellt. Abgesehen von strengeren Reinlichkeitsnormen und Erziehungsmaßstäben galt es für die Frau, im mehr und mehr privaten Bereich der Familie für ein emotionales Klima zu sorgen, in dem die Familienmitglieder, besonders der Ehemann, sich von den Anstrengungen in und Anfeindungen der "feindlichen" Außenwelt des Erwerbslebens erholen konnten. Die familiären Bindungen standen nicht mehr unter dem Vorzeichen eines gemeinsamen Arbeitszusammenhanges; im Gegenteil: Hausarbeit sollte als Kontrast zur außerhäuslichen Erwerbsarbeit den Anschein eines von Arbeit losgelösten Raumes haben, frei von "sichtbarer" Arbeit und vor allen Dingen auch frei von Einkünften - im Bürger-

---

31 Gisela Brinker-Gabler (Hrsg.), Frauenarbeit und Beruf. Die Frau in der Gesellschaft. Frühe Texte, Frankfurt/ M. 1979, S.12f.

32 Duden/ Hausen, a.a.0., S.25ff. Vgl. zu den Versuchen, bürgerliche Wertvorstellungen und Verhaltensweisen auf soziale Unterschichten zu übertragen (Hygiene): Ute Frevert, "Fürsorgliche Belagerung": Hygienebewegung und Arbeiterfrauen im 19. und frühen 20. Jahrhundert, in: Geschichte und Gesellschaft. Zeitschrift für Historische Sozialwissenschaft, Jg.11/ 1985, H.4, S.420-446.

33 Frevert, Frauen-Geschichte, a.a.0., S.295.

tum war jegliche Form von Arbeit bei Frauen mittlerweile in Verruf geraten und schadete dem sozialen Ansehen.[34]
Die familiäre Arbeit wurde entweder zum "Lebensinhalt" bürgerlicher Frauen, oder sie mußte von Frauen, die es sich nicht leisten konnten, dem Ideal von der Hausfrau und Mutter zu entsprechen, "nebenbei" geleistet werden. Auf dem Wege zur modernen Gesellschaft hielten sich traditionelle Muster und patriarchalische Lebensformen.[35] Männer blieben bei der familiären Arbeit außen vor, und Ideologien, die die Rolle der Frau in erster Linie als familiare bestimmten und damit ihre "natürliche" Abhängigkeit und Unterordnung nachweisen wollten,[36] bildeten das fundamentalistische Gegenstück zum gesellschaftlichen Wandel.
Hatte dieses Ideal schon wenig gemein mit der Lebenssituation der überwiegenden Mehrzahl der Frauen in der vorindustriellen Gesellschaft und mißachtete es alle Arbeiten, die zur traditionellen Hauswirtschaft gehörten, so blieb es auch im 19. Jahrhundert nur einer Minderheit bürgerlicher Frauen vergönnt, den Vorstellungen von der Gattin, Hausfrau und Mutter zu entsprechen. Und selbst zahlreiche bürgerliche Frauen hätten noch um die Wende vom 18. zum 19. Jahrhundert wenig mit diesem Ideal anzufangen gewußt:
"Man muß sich vergegenwärtigen, was es im 18. und zu Beginn des 19. Jahrhunderts heißt, einen Haushalt unter dem Attribut und Zwang der Sparsamkeit und Mäßigung zu führen. Gekennzeichnet durch lokal auf einen der deutschen Kleinstaaten begrenzten oder übergreifenden Krieg, Hungersnöte, Seuchen, Transportschwierigkeiten, die Engpässe in Nahrungsmitteln, Teuerung, Mangel wichtiger Rohmaterialien mit sich bringen, erfordert es fast kaufmännisches Geschick, diese Engpässe zu umgehen, Vorratswirtschaft zu betreiben oder konkret ausgedrückt, jeden Tag die Nahrung für die gesamte Familie sowie Bekleidung und Wohnungseinrichtung zur Verfügung zu haben."[37]
Obgleich es mit dem Alltag der meisten Frauen nichts zu tun hatte, konnte sich das bürgerliche Ideal über die Rolle der Frau jedoch auf lange Sicht gesehen in allen Schichten der Gesellschaft durchsetzen.[38] Viele Frauen mögen selbst auch darauf gehofft haben, sich eines Tages - von Erwerbsarbeit und Doppelbelastung befreit - ausschließlich der Familie widmen zu können.
Die Trennung zwischen Erwerbsarbeit und Hausarbeit sowie die ausschließliche Zuständigkeit der Frauen für den häuslichen Bereich gehören also zu den Begleiterscheinungen der Industrialisierung und spiegeln die Ambivalenzen der Modernisierung.
Die Zuständigkeit der Frau für die häusliche Arbeit und die Familie hat eine lange Tradition - noch im 18. und frühen 19. Jahrhundert allerdings mit einem ganz anderen gesellschaftlichen Stellenwert. Die Aufgabengebiete der Frau umfaßten, wie schon erwähnt, weit mehr als "nur" die Sorge um die Familie und die Erziehung der

---

34 Gertraude Kittler, Hausarbeit. Zur Geschichte einer "NaturRessource", München 1980, S.15ff.
35 Frevert, Frauen-Geschichte, a.a.O., S.22.
36 Barbara Greven-Aschoff, Sozialer Wandel und Frauenbewegungen, in: Geschichte und Gesellschaft. Zeitschrift für Historische Sozialwissenschaft, 7. Jg/ 1981, H.3/4, S.328-346, S.344f.
37 Birgit Panke, Bürgerliches Frauenbild und Geschlechtsrollenzuweisungen in der literarischen und brieflichen Produktion des 18. Jahrhunderts, in: Frauengeschichte. Beiträge zur feministischen Theorie und Praxis, Dokumentation des 3. Historikerinnentreffens in Bielefeld, April 1981, hrsg. v. Sozialwissenschaftliche Forschung und Praxis für Frauen e.V., München 1981, S.6-11, S.7.
38 Ebd., S.6.

Kinder, und die Arbeitsaufgaben von Mann und Frau waren noch miteinander verschränkt. Beide, Mann und Frau, aber auch das Gesinde oder mithelfende Familienangehörige, waren für jeden deutlich erkennbar aufeinander angewiesen.
Die seit der Industrialisierung von der außerhäuslichen Erwerbsarbeit abgekoppelte Hausarbeit, die räumliche, sachliche und sozial getrennte Einheit von Arbeit und Leben führten zu einer neuen Variante geschlechtlicher Arbeitsteilung: Der Mann erarbeitete den Lohn und die "nichtarbeitende", d.h. nicht Geld verdienende Hausfrau war auf das Geld ihres Mannes angewiesen, um die erforderlichen Waren zu kaufen. Hausarbeit - deren Notwendigkeit außer Frage steht - wurde zur "nicht-entlohnten" aber "lohnverzehrenden" Tätigkeit mit dem entsprechend geringen gesellschaftlichen Ansehen.[39] Die Arbeit von Frauen war gespalten in (zumeist schlecht) entlohnte, aber "sichtbare" Arbeit und unbezahlte Arbeit im Haushalt und für die Familie,[40] die von den erwerbstätigen Frauen noch dazu bewältigt werden mußte.
Hausarbeit als Folge und Voraussetzung außerhäuslicher Erwerbsarbeit[41] besteht erst seit rund einhundert Jahren und ist seitdem stets einem Wandel unterworfen gewesen.[42] Ungeachtet dieser Umstände wird die Hausarbeit von Frauen als "naturgeschichtliche Konstante" begriffen. Als Selbstverständlichkeit und noch dazu als unqualifizierte, "unsichtbare" Tätigkeit wird sie aus der Erwerbsarbeit ausgeklammert. Die "Unsichtbarkeit" dieser Leistungen erklärt sich nicht zuletzt aus der fehlenden Vergütung. Bei aller Idealisierung der häuslichen Arbeit zu einem Beruf fehlt der Hausarbeit der wesentlichste Aspekt einer Profession - das Entgelt.[43]
Die traditionelle Hauswirtschaft der ländlichen Gesellschaft, des Handwerks und Gewerbes kannte keine in dieser Form voneinander losgelöste außerhäusliche Erwerbstätigkeit und Hausarbeit. Auch die traditionellen Arbeitsbereiche von Frauen - ob als Nebenerwerb oder für den alleinigen Unterhalt - zeichneten sich nicht durch gute Verdienstmöglichkeiten aus.[44] Die große Anzahl der ärmeren Hauswirtschaften in Handwerk und Gewerbe war jedoch auf diese Gelegenheitsarbeiten oder den Nebenerwerb ihrer Frauen angewiesen.

Das Göttinger Beispiel von Handwerkerfrauen aus dem 18. Jahrhundert illustriert, daß ein großer Teil der Ehefrauen von nicht wohlhabenden Handwerkern schon während ihrer Ehe, spätestens aber bei ökonomischen Schwierigkeiten oder nach dem Ableben ihres Ehemannes gezwungen war, für den Lebensunterhalt ihrer Angehörigen aufzukommen. Der Göttinger Beitrag veranschaulicht den Alltag von

---

39 Frevert, Frauen-Geschichte, a.a.0., S.294f.

40 Ebd., S.288f.

41 Ulla Knapp, Frauenarbeit in Deutschland, Bd.1: Ständischer und bürgerlicher Patriarchalismus. Frauenarbeit und Frauenrolle im Mittelalter und im Bürgertum des 19. Jahrhunderts, München 1984, S.11.

42 Kittler, a.a.0., S.10.

43 Gisela Bock/ Barbara Duden, Arbeit aus Liebe - Liebe als Arbeit: Zur Entstehung der Hausarbeit im Kapitalismus, in: Frauen und Wissenschaft. Beiträge zur Berliner Sommeruniversität für Frauen, Juli 1976, hrsg. v. der Gruppe Berliner Dozentinnen, Berlin 1977, S.118-199, S.169. Für das Verständnis der Stellung der Frau in der kapitalistischen Gesellschaft ist die Hausarbeit von zentraler Bedeutung, vgl. Batya Weinbaum/ Amy Bridges, Die Kehrseite des Lohnstreifens. Konsumptionsarbeit im Spätkapitalismus, in: Barbara Schaeffer-Hegel/ Barbara Watson-Franke (Hrsg.), Männer Mythos Wissenschaft. Grundlagentexte zur feministischen Wissenschaftskritik, Pfaffenweiler 1989, S.165-175, S.165.

44 Bock/ Duden, a.a.0., S.125-130. Vgl. zur Frauenarbeit im ausgehenden Mittelalter und in der Frühen Neuzeit u.a. Bake, a.a.0.; Merry E. Wiesner, Working Women in Renaissance Germany, New Brunswick/ New Jersey 1986.

Frauen in traditionellen Arbeits- und Lebenszusammenhängen, ein Alltag, der in der patriarchalischen Hauswirtschaft einer Handwerkerfamilie von strengen Normen und Sittlichkeitsmaßregeln geprägt war. Obrigkeit, Kirche und Zunft setzten die Zeichen, und die Frauen wurden dabei in der Regel noch mehr in die Pflicht genommen als die Männer. Die Handwerkerfrauen waren noch dazu in allen Bereichen abhängig von ihren Vätern und Ehemännern.

Die Handwerkerschaft, eine der zahlenmäßig wichtigsten Gruppen in der städtischen Gesellschaft,[45] prägte die gewerbliche Produktion in Deutschland in den Städten, aber auch auf dem Lande, bis weit in das 19. Jahrhundert. Traditionelle Strukturen des Handwerks bestanden bis zu Beginn des 19. Jahrhunderts.[46] So auch die Sozialform des "ganzen Hauses". Im Unterschied zur bäuerlichen Wirtschaft war der Grad der Selbstversorgung geringer, was Abhängigkeiten vom Erwerbseinkommen und von konjunkturellen Schwankungen bedeutete.[47]

Die Mehrzahl der städtischen Handwerker war noch im 18. Jahrhundert in eine zünftige Ordnung integriert. Die Zünfte regelten nicht allein berufsständische Angelegenheiten, sondern beeinflußten das alltägliche Leben der Handwerkerfamilien durch ein umfassendes Normensystem.[48] Zünftige Verhaltensregeln wie Ehrbarkeitsforderungen und die Kontrolle des Lebenswandels betrafen auch die Ehefrauen der Handwerker.[49] Bei Verstößen konnte die Zunft empfindliche Strafen verhängen. Eine lange Tradition im Zunftwesen war die Bedingung, daß Meister und Meisterin von "ehrlicher" und "ehelicher" Abstammung, von "tadellosem" Ruf zu sein hatten.[50]

Obrigkeit, Kirche und Zunft waren sich einig in ihrer Verurteilung von "Unsittlichkeit", sie gingen gleichermaßen und im Verbund gegen "Unzucht" vor.[51] Der Beitrag über die Göttinger Handwerkerfrauen veranschaulicht, daß es besonders die Frauen waren, die unter den Sanktionen zu leiden hatten. Die Folgen einer unehelichen Schwangerschaft hatten sie in der Regel allein zu tragen. Handwerkerswitwen konnten bei "unsittlichem" Lebenswandel ihr Geschäft verlieren.[52]

Gegen Ende des 18. Jahrhunderts lebte vermutlich die Mehrzahl der Handwerker am Rande des Existenzminimums. Ohne die Mitarbeit der Frauen konnten sie ihre Familie kaum ernähren. Eine Handwerkerfamilie sicherte ihren Unterhalt häufig aus mehreren Einkommensquellen: Erwerbstätigkeit von Familienmitgliedern, landwirtschaftlichen Arbeiten oder Zimmervermietung,[53] für die in erster Linie die Frauen zuständig waren.

Im handwerklichen Milieu ist eine strikte Arbeitsteilung zwischen den Geschlechtern zu beobachten: Männer verrichteten die qualifizierte Arbeit, die von Frauen nicht gelernt und ausgeübt werden durfte, die Frauen führten den Haushalt, erzogen die Kinder und trugen mit anderen Tätigkeiten zum Unterhalt der Familie bei. Bei

---

45 Friedrich Lenger, Sozialgeschichte der deutschen Handwerker seit 1800, Frankfurt/ M. 1988, S.21.

46 Rosenbaum, Formen der Familie, a.a.O., S.122-125.

47 Ebd., S.180f.

48 Helmut Möller, Die kleinbürgerliche Familie im 18. Jahrhundert. Verhalten und Gruppenkultur, Berlin 1969, S.89.

49 Lenger, a.a.O., S.14f.

50 Peter-Per Krebs, Die Stellung der Handwerkerswitwe in der Zunft vom Spätmittelalter bis zum 18. Jahrhundert, Diss. rechtswiss., Regensburg 1974, S.86ff.

51 Möller, a.a.O., S.86.

52 Ebd., S.92.

53 Lenger, a.a.O., S.28f. u. S.24.

der Arbeit im Gewerbe des Mannes oder der Familie wurden sie tendentiell für Hilfsdienste herangezogen.[54] Obgleich zahlreiche Handwerker auf die gewerbliche Mitarbeit ihrer Ehefrauen angewiesen waren, blieben die Frauen nahezu ausgeschlossen von eigenständiger gewerblicher Arbeit und Ausbildung. Eine Handwerkerswitwe durfte den Betrieb ihres verstorbenen Mannes meist nur übergangsweise fortführen.[55]

Die Autorität des Handwerkers leitete sich aus seiner qualifizierten Arbeit ab. Der Handwerker legitimierte seine übergeordnete Position aus seiner Eigenschaft als Meister und Zunftmitglied, als Bürger und Hausvater. Die Handwerkerfrau war nur über ihren Mann in der Zunft vertreten, beschränkt auf das Haus und ökonomisch vom Mann abhängig. Es fehlten ihr die rechtliche und politische Eigenständigkeit. Doch zahlreiche Handwerkerfrauen mußten im Notfall oder im Alter für den Unterhalt der Familie aufkommen. Arbeitsamkeit war sogar eine der Voraussetzungen, die Frauen mitbringen mußten, um geheiratet zu werden.[56]

Bei einer Heirat standen praktische und finanzielle Erwägungen im Vordergrund. Ein häufiges Erscheinungsbild waren die Versorgungsehen. Da die Witwen der Handwerker den Betrieb meist nur vorübergehend weiterführen durften, im Falle einer Witwenschaft also unversorgt zurückblieben, sahen die Zünfte zur Witwenversorgung die Einheirat vor. Es durfte sich dabei nur um einen Mann bzw. Gesellen vom Fach handeln. So kam es oft zu Ehen zwischen altersungleichen Paaren, älteren Meisterswitwen, die versorgt, und Gesellen, die bei der Erlangung der Meisterwürde aufgrund der Einheirat bevorrechtigt wurden.[57] Konnten oder wollten die Witwen sich nicht wieder verheiraten, waren der soziale Abstieg und der Weg in die Armut oftmals vorprogrammiert. Darauf deutet auch die Situation der Göttinger Handwerkerfrauen hin.

Lebte ein Großteil der Handwerkerfamilien ohnehin schon in bescheidenen Verhältnissen, verschärfte sich diese Situation gegen Ende des 18. Jahrhunderts zusehends. Infolge des Bevölkerungsanstieges erhöhten sich die Agrarpreise, ohne durch gestiegene Löhne kompensiert werden zu können. Diese Entwicklung zog auch eine verringerte Nachfrage nach gewerblichen Produkten nach sich. Hinzu kam, daß aufgrund des Bevölkerungswachstums mehr Anwärter in das Handwerk drängten, als es verkraften konnte.[58] Der Niedergang des Handwerks löste Spannungen im Familienleben und in den ehelichen Beziehungen aus. Die Beispiele aus Göttingen zeugen davon, daß für die ökonomischen Probleme einer Handwerkerfamilie oft die Handwerkerfrau als Sündenbock herhalten mußte. Die Handwerker kompensierten den Verlust ihrer ökonomischen Macht nicht selten mit einer Überbetonung ihrer Eigenschaft als Hausvater. Ein Ausweg, die Ehekonflikte zu lösen, waren die Trennung von Tisch und Bett bei den Katholiken und die Scheidung oder Trennung bei den Protestanten. Scheidungsklagen wurden in der Mehrzahl von Frauen erhoben. Dieser Weg war sehr langwierig und wurde erschwert durch die schlechtere ökono-

---

54 Rosenbaum, Formen der Familie, a.a.O., S.154ff.

55 Ebd. Vgl. zu den verschiedenen Fortführungsrechten seit dem Mittelalter in deutschen Städten: Krebs, a.a.O., S.137ff.

56 Rosenbaum, Formen der Familie, a.a.O., S.153-157.

57 Ebd., S.152; S.147f. u. S.138.

58 Ebd., S.134f.

mische Position der Frau, aber auch des Mannes, der den Unterhalt für seine Frau kaum aufzubringen vermochte.[59]
Ein Handwerker war nicht zuletzt auf seine Frau angewiesen. Ledige Meister bildeten die Ausnahme und die Funktionen der Meisterin waren schwer zu ersetzen. Sie repräsentierte den Meisterhaushalt, pflegte den Kontakt zu der Kundschaft, sie war für den Verkauf der Waren zuständig und mußte neben ihrem großen Haushalt, in dem sie nicht allein die Mutter ihrer Kinder sondern auch der Lehrlinge war, zusätzliche Tätigkeiten ausüben.[60]

Auf die hohen sittlichen Anforderungen an Frauen und die Folgen bei Verstößen wurde bereits hingewiesen. Zur Situation von ledigen Müttern, die in den Städten von Gelegenheitsarbeiten lebten, folgt ein Beispiel aus Göttingen.
Im ausgehenden 18. und im 19. Jahrhundert gab es in Göttingen, wie auch in anderen Orten, eine hohe Anzahl von ledigen Müttern, die in der Regel aus den sozialen Unterschichten kamen.[61]
Konnte eine Magd mit unehelichem Kind im 16. Jahrhundert noch mit dem Tode bestraft werden,[62] lockerten sich diese drakonischen Gesetze im Verlauf des 18. Jahrhunderts. Der Preußische Staat war an einem Zuwachs seiner Untertanen[63] interessiert und ledige Mütter waren als Ammen begehrt. Auch humanitäre Gründe gaben den Ausschlag. Doch die doppelte Moral gehörte noch längst nicht der Vergangenheit an.[64] Die Konsequenzen einer unehelichen Schwangerschaft trafen Frauen härter als Männer. Abgesehen vom gesellschaftlichen Makel, der besonders an der ledigen Mutter haftete, als einer Frau, die gegen die Sittlichkeit verstoßen hatte,[65] bedeutete ein uneheliches Kind häufig Arbeitsausfall und finanzielle Not. Die Kosten für das Kind mußten aber irgendwie aufgebracht werden. Alimente wurden oftmals nicht gezahlt oder reichten in vielen Fällen nicht aus.[66] Schon die Schwangerschaft konnte zu Verdienstausfällen führen und die Göttinger Fälle von ledigen Wäscherinnen, Aufwärterinnen, Näherinnen, Mägden und Tagelöhnerinnen weisen darauf hin, daß Frauen in dieser Situation häufig allein gelassen wurden. Und da diese Frauen ohnehin nur über ein geringes Einkommen verfügten, drohte ihnen sogar die Ausweisung. Der städtischen Armenkasse sollten sie nicht zur Last fallen. Auch in Göttingen wurden ortsfremde ledige Mütter aus der Stadt verwiesen.

---

59 Ebd., S.159f.
60 Ebd., S.145ff.
61 Eine Ursache lag u.a. in den wirtschaftlich begründeten Heiratsbeschränkungen der Obrigkeit (Wunder, Frauen in der Gesellschaft, a.a.O., S.128). Zur Erklärung der unterschiedlichen Illegitimitätsraten in den einzelnen europäischen Großräumen reichen monokausale Erklärungsansätze jedoch nicht aus, vgl. Michael Mitterauer, Ledige Mütter. Zur Geschichte unehelicher Geburten in Europa, München 1983, S.81ff.
62 Wunder, Frauen in der Gesellschaft, a.a.O., S.130.
63 Vgl. zum bevölkerungspolitischen Interesse des absolutistischen Staates (Preußen): Ute Frevert, Frauen und Ärzte im späten 18. und frühen 19. Jahrhundert. Zur Sozialgeschichte eines Gewaltverhältnisses, in: Annette Kuhn/ Jörn Rüsen (Hrsg.), Frauen in der Geschichte, Bd.2: Fachwissenschaftliche und fachdidaktische Beiträge zur Sozialgeschichte der Frauen vom frühen Mittelalter bis zur Gegenwart, Düsseldorf 1986, S.177-210, S.179ff.
64 Wunder, Frauen in der Gesellschaft, a.a.O., S.144.
65 Gertrud Schubart-Fikentscher, Die Unehelichen-Frage in der Frühzeit der Aufklärung, Berlin 1967, S.73ff.
66 Bake, a.a.O., S.132f.

Eheversprechensklagen als letzte Hoffnung der Frauen, ihre Misere abzuwenden, blieben meist erfolglos. Wenn überhaupt, so hatten die betroffenen Frauen einen Anspruch auf Alimente. Da Frauen bei einer unehelichen Schwangerschaft aber beweispflichtig waren, gingen sie meist leer aus. Der schlechte Ruf der ledigen Mutter - nicht des Vaters - verhinderte nicht selten spätere Eheschließungen, und sobald es sich um eine Frau handelte, die aus einer niedrigeren gesellschaftlichen Schicht kam als der Mann, wurde eine Ehe oft von vorn herein vereitelt.[67]

Nicht allein die Folgen einer unehelichen Schwangerschaft, sondern Schwangerschaft und Geburt an sich bedeuteten für Frauen ein besonderes Risiko. Eine bessere medizinische Versorgung sollten seit dem 15. Jahrhundert städtische Hebammen gewährleisten.[68]

Der Beruf der Hebamme war als ein traditioneller Frauenberuf mit weitreichenden Kompetenzen sicher eine Ausnahme. Als Geburtshelferin und medizinische Fachkraft haben Hebammen in der Geschichte eine wichtige Rolle gespielt. Ihre Meinung, ihr Urteil wurde ernst genommen.[69] Vor Gericht wurden Hebammen als medizinische Expertinnen zugezogen; sie waren Sachverständige für Schwangerschaft, Virginität, Impotenz, für Aborte und Geburt. Im städtischen Leben konnten sie es zu geachteten Positionen bringen.

Geburtshilfe lag traditionell in den Händen von Frauen. Über eine autonome Berufsorganisation verfügten Hebammen jedoch nicht, und es scheint schon lange die Tendenz gegeben zu haben, Hebammen behördlich zu reglementieren. Seit dem ausgehenden Mittelalter verstärkten sich die Bemühungen um Kontrolle der Geburtshilfe, besonders auch seitens der "männlichen Experten", der Ärzte.[70]

Instrumente zur Überwachung des Geburtswesens waren städtische Hebammenordnungen und Hebammeneide. Am Beispiel Hildesheim verdeutlichen diese Verordnungen, daß die Geburtshilfe seit dem späten Mittelalter als Frauenberuf Einbußen zu verzeichnen hatte. Die allmähliche Professionalisierung, der zunehmende Einfluß von Ärzten sowie Hebammenlehr- und Entbindungsanstalten, die gegen Ende des 18. Jahrhunderts in vielen deutschen Städten eingerichtet wurden, führten zur Ausgrenzung weiblicher Kompetenzen im Geburtswesen.[71]

Hebammen unterlagen einer Meldepflicht, etwa bei dem Verdacht auf Abtreibung oder bei unehelichen Geburten. Sie wurden nicht nur kontrolliert, um keinesfalls zur "Komplizin"[72] der Schwangeren zu werden, sondern sie sollten selbst auch Kontrolle ausüben. Dazu wurde den Hebammen von den städtischen Behörden ein hohes Maß an "sittlicher" Lebensführung abverlangt.[73]

---

67 Schubart-Fikentscher, a.a.0., S.73ff. Zu den Unterhaltsansprüchen an den Vater eines unehelichen Kindes vgl. ebd., S.78ff.

68 Wunder, Frauen in der Gesellschaft, a.a.0., S.126.

69 Wiesner, Working women, a.a.0., S.188; vgl. die Studie über Hebammen im Nürnberg des ausgehenden Mittelalters und der Frühen Neuzeit von Merry E. Wiesner, Early modern midwifery: A case study, in: International Journal of Women's Studies, 1983/ Nr.6, S.26-43.

70 Esther Fischer-Homberger, Medizin vor Gericht. Zur Sozialgeschichte der Gerichtsmedizin, Darmstadt 1988, S.44-46ff.

71 Vgl. Frevert, Frauen und Ärzte, a.a.0.

72 Den Hebammen wurde auch unterstellt, daß sie über mangelnde medizinische Kenntnisse verfügen würden (Frevert, Frauen und Ärzte, a.a.0., S.191).

73 Wiesner, Working women, a.a.0., S.189.

Dorothea Borchers fachliche Qualifikationen zur Hebamme ließen nichts zu wünschen übrig. Allein ihr Lebenswandel verhinderte um die Mitte des 19. Jahrhunderts augenscheinlich die Berufsausübung. Als uneheliche Mutter war sie wohl kein Vorbild für Schwangere. Sie wurde deshalb vom Hildesheimer Magistrat erst eingestellt, nachdem sie ihren "schlechten" Ruf durch eine Heirat wieder instand gesetzt hatte.
Der Beitrag aus Hildesheim betont die ambivalente Funktion von Hebammen. Moralische Kontrolle zeigt nur die eine Seite, und die Hilfe für Frauen aus den unteren Gesellschaftsschichten, zu der Hebammen verpflichtet waren, ist nicht zu unterschätzen.
Die Hildesheimer Hebammenlehr- und Entbindungsanstalt nahm überwiegend ledige Schwangere auf - auch Dorothea Borchers hatte dort entbunden -, und für arme Frauen gab es in diesen Anstalten die Möglichkeit, kostenlos zu gebären. Die Schwangeren waren Lernobjekte für Medizinstudenten und Hebammen,[74] doch die betroffenen Frauen, häufig Dienstmädchen und somit besonders bedroht von Stellenverlust und Verdienstausfall, hatten wohl oft keine andere Wahl und konnten sich hier immerhin eine Zeit lang aufhalten und erholen.

Dienstmädchen scheinen prädestiniert dafür zu sein, Klischeevorstellungen und Vorurteile hervorzurufen. Diese reichen von der "Perle", die ihr gesamtes Dasein ihrer "Herrschaft" opfert bis hin zur angeblichen Tendenz dieser Mädchen zu "Sittenlosigkeit" und ihrer besonderen "Anfälligkeit" für Prostitution.[75] Die Betroffenen selbst haben ihre Arbeits- und Lebensbedingungen nur selten thematisiert.[76]
Um die Wende vom 19. zum 20. Jahrhundert hatte sich der Beruf des Dienstboten bereits zu einer Domäne von vorwiegend jungen, ledigen Frauen entwickelt. Als frauentypische Berufsgruppe, die noch deutlicher als andere Frauenberufe vom hauswirtschaftlichen Charakter geprägt war, sind die Dienstmädchen von der historischen Sozialforschung lange Zeit übersehen worden.[77]

---

74 Frevert, Frauen und Ärzte, a.a.0., S.198f.

75 Friederike Wetzorke, "...aber ein eigener Haushalt wär' schöner". Dienstmädchen in Braunschweig um die Jahrhundertwende, Frankfurt/ M. 1988, S.7, und Karin Walser, Prostitutionsverdacht und Geschlechterforschung. Das Beispiel der Dienstmädchen um 1900, in: Geschichte und Gesellschaft. Zeitschrift für Historische Sozialwissenschaft, Jg. 11/ 1985 , S.99-111.

76 Wetzorke, a.a.0., S.7f.; Karin Walser, Dienstmädchen. Frauenarbeit und Weiblichkeitsbilder um 1900, Frankfurt/ M. 1985, S.10.

77 Dorothee Wierling, Mädchen für alles. Arbeitsalltag und Lebensgeschichte städtischer Dienstmädchen um die Jahrhundertwende, Berlin/ Bonn 1987, S.12f. Angeregt vom Interesse der historischen Frauenforschung an spezifisch weiblichen Arbeits- und Lebenszusammenhängen besann sich auch die Sozialgeschichte auf die Lebenssituation von Dienstmädchen (Walser, Dienstmädchen, a.a.0., S.7f.). Betont wurde der wichtige Stellenwert, den Dienstmädchen als historisch vernachlässigte Randgruppe der Gesellschaft in der Alltagsgeschichte einnehmen, vgl. Klaus Tenfelde, Dienstmädchengeschichte. Strukturelle Aspekte im 19. und 20. Jahrhundert, in: Hans Pohl (Hrsg.), Die Frau in der deutschen Wirtschaft. Referate und Diskussionsbeiträge des 8. Wissenschaftlichen Symposiums der Gesellschaft für Unternehmensgeschichte e.V. am 8. und 9. Dezember 1983 in Essen, Wiesbaden 1985, S.105-119, S.107. Das Interesse an der Geschichte der Dienstmädchen beschränkte sich zunächst auf die größeren Städte des Deutschen Reiches, die Ballungszentren der Industrialisierung. In letzter Zeit werden jedoch auch kleinere Städte und Ortschaften zu dieser Thematik untersucht. Ein Ansatz ist die Arbeit über Dienstmädchen aus Braunschweig von Wetzorke, a.a.0.

Gegen Ende des 19. Jahrhunderts waren etwa ein Fünftel der statistisch erfaßten weiblichen Erwerbstätigen Dienstbotinnen.[78] Augenscheinlich sind die quasi feudalen Abhängigkeitsstrukturen, in die Leben und Arbeit von Dienstboten eingebunden waren. Die Arbeitsbedingungen und Lebensformen von Dienstmädchen waren noch bis in das 20. Jahrhundert hinein gleichermaßen von traditionellen wie auch modernen Strukturen geprägt.

In den Zeiten der traditionellen Hauswirtschaft wurde das Gesinde noch weitgehend in das Familienleben integriert. Erst nachdem die Hauswirtschaften allmählich zerfielen, kam es auch vermehrt zu sozialer Differenzierung - die bürgerliche Familie legte zunehmend Wert auf Distanz zu ihrem Personal.[79]

Dienstmädchen kamen zumeist aus der ländlichen oder kleinstädtischen Unterschicht und Arbeit war ihnen seit der Kindheit vertraut.[80] Die Arbeitsverhältnisse im städtischen Dienst erlebten sie jedoch mit Widersprüchen. Erwerbstätig außerhalb der Familie lebten sie hier bei und arbeiteten für eine Familie, ohne "dazu" zu gehören. Sie lebten zwar unter einem Dach mit ihren Arbeitgebern, wohnten aber oft unter den schlimmsten Bedingungen und nahmen ihre Mahlzeiten getrennt von der "Herrschaft" ein. Stets zu Diensten, bevormundet und verpflichtet zu Gehorsam, blieben sie im Alter nicht selten unversorgt.[81] Die bürgerlichen Familien, die sich Personal leisten konnten, brauchten sich um die traditionellen Versorgungspflichten, die Fürsorge für ihre Dienstboten bei Krankheit oder im Alter kaum noch zu kümmern, während den Dienstmädchen traditionelle Zwänge und Abhängigkeiten verblieben.

Der Lohn eines Dienstmädchens setzte sich aus Geld und Naturalien (Kost und Logis) zusammen und besonders letzteres richtete sich in der Regel nach dem Ermessen der "Herrschaft". Nicht selten war die Kost karg und als Schlafstelle mußte ein Verschlag ausreichen - erinnert sei an die schon sprichwörtlichen Berliner Hängeböden.[82]

Zur großen Mehrheit in der Berufsgruppe der Dienstmädchen zählte das "Mädchen für alles". Besonders die kleineren Haushalte konnten sich zumeist nur ein Dienstmädchen leisten, das für die gesamte Hausarbeit zuständig war. Diese Haushalte waren natürlich daran interessiert, ihre einzige Arbeitskraft voll auszunutzen. Die befristeten Dienstverträge mit ihren feudalen Überhängen leisteten diesem Ansinnen Vorschub: Die Mädchen mußten ihre Arbeitskraft rund um die Uhr zur Verfügung stellen, alle angewiesenen Arbeiten ausführen, Lohn und Beköstigung beruhten auf "freier" Übereinkunft. Die Pflichten der "Herrschaft" waren vergleichsweise gering.[83]

---

78 Dorothee Wierling, "Ich hab meine Arbeit gemacht - was wollte sie mehr?" Dienstmädchen im städtischen Haushalt der Jahrhundertwende, in: Karin Hausen (Hrsg.), Frauen suchen ihre Geschichte. Historische Studien zum 19. und 20. Jahrhundert, München 1987, S.146-174, S.146.

79 Rolf Engelsing, Zur Stellung der Dienstboten in der bürgerlichen Familie im 18. und 19. Jahrhundert. (Stellung der Dienstboten in der "geschlossenen Hauswirtschaft"), in: Heidi Rosenbaum (Hrsg.), Familie und Gesellschaftsstruktur. Materialien zu den sozioökonomischen Bedingungen von Familienformen, Frankfurt/ M. 1974, S.286-296, S.291f.

80 Wierling, "Ich hab meine Arbeit...", a.a.O., S.148. Vgl. zur sozialen Herkunft der Dienstmädchen: Heidi Müller, Dienstbare Geister. Leben und Arbeitswelt städtischer Dienstboten, Berlin 1985, S.37ff.

81 Wetzorke, a.a.O., S.38.

82 Wierling, "Ich hab meine Arbeit...", a.a.O., S.148f.

83 Tenfelde, a.a.O., S.110f.

Die rechtlichen Beziehungen zwischen den Dienstboten und ihren Arbeitgebern wurden von Gesindeordnungen geregelt. Nachdem die Preußischen Agrarreformen den Gesindezwangdienst abgeschafft hatten, sollten die zahlreichen Gesindeordnungen im Deutschen Reich die "Herrschaften" vor Landflucht, Vertragsbruch und vor "modernen" Arbeitsverhältnissen schützen. Dienstmädchen waren durch das Dienstbuch, das sie zu führen hatten, unter Polizeiaufsicht gestellt und so jederzeit und bei jedem Stellenwechsel leicht zu kontrollieren. Die Braunschweiger Gesindeordnung betont fast ausschließlich die Pflichten des Dienstpersonals.
Gesindeordnungen wurden erst 1918 endgültig abgeschafft, doch solange die Dienstmädchen noch unter einem Dach mit ihren Arbeitgebern lebten, hatte sich auch an dem persönlichen Abhängigkeitsverhältnis nichts wesentliches geändert.[84]
Gegen Ende des 19. und zu Beginn des 20. Jahrhunderts war ein Prozeß zum Abschluß gekommen, der bereits im 18. Jahrhundert eingesetzt hatte: die Verweiblichung des Gesindedienstes und die Entwicklung der Dienstbotentätigkeit zu einem typischen Übergangsberuf für unverheiratete Mädchen und Frauen der gesellschaftlichen Unterschichten.[85] Der häusliche Dienst sollte den Zeitraum bis zur Ehe überbrücken, er war auch häufig nur ein Stadium auf dem Weg in andere Berufe. Die "Mädchen vom Lande" erhofften sich über den Weg in den städtischen Dienst soziale Aufstiegs- und verbesserte Heiratschancen. Auch war diese Arbeit für sie oft die einzige Möglichkeit, in die Stadt zu gelangen. Die städtischen Mädchen der unteren Schichten bevorzugten dagegen die Arbeit in den Fabriken.[86] Trotz der nahezu völligen Rechtlosigkeit, die das Dienstmädchendasein mit sich brachte, zogen die Dienstbotinnen die Alternative Fabrikarbeit nicht häufig in Betracht. Sie scheinen diese Arbeitsbedingungen durchaus verkraftet zu haben - wenn auch widerwillig. Ihre Abneigungen richteten sich weniger gegen die Tätigkeiten, die sie als Dienstmädchen zu verrichten hatten, sondern gegen den "Charakter des Dienens".[87]
Und waren sie auch (im Sinne der Arbeiterbewegung) schwer zu organisieren, so entwickelten Dienstbotinnen ihre eigenen Strategien, um mit unerträglichen Arbeitsverhältnissen fertig zu werden, wie die Braunschweiger Beispiele zeigen.

Die miserable Situation der Dienstmädchen wird gern auf die überlegene Position der "Herrschaft" zurückgeführt, auf die Launen der Arbeitgeber, denen diese Mädchen aufgrund ihrer persönlichen Abhängigkeit ausgeliefert waren. Es rücken besonders die bürgerlichen Frauen in das Blickfeld, die mit ihrem "Geiz" und ihrer "Herrschsucht" ihre Dienstmädchen von morgens bis abends traktierten.[88] Anscheinend frei von der Erwerbs- und Hausarbeit ließen sie Dienstboten für sich arbeiten. Die Mehrzahl der bürgerlichen Frauen bezog ihr Selbstbewußtsein durchaus aus dem Status des "nicht-arbeiten-müssens", doch auch sie waren weitgehend rechtlos und finanziell vom Ehemann abhängig.[89] Die ungeregelten Arbeitszeiten ihrer Mädchen scheinen die bürgerlichen Hausfrauen nicht belastet zu haben und sicher überstieg es auch ihre Vorstellungskraft, daß selbst Dienstmädchen sich ein Eigenleben

---

84 Wierling, "Ich hab meine Arbeit...", a.a.O., S.149f., und vgl. Gerhard, a.a.O., S.52ff.
85 Tenfelde, a.a.O., S.115.
86 Wetzorke, a.a.O., S.8 u. S.10f.
87 Wierling. "Ich hab meine Arbeit...", a.a.O., S.161ff. u. S.168f.
88 Duden/ Meyer-Renschhausen, a.a.O., S.278f.
89 Weber-Kellermann, Frauenleben, a.a.O., S.228f.

wünschen könnten.[90] Die Herrschaft der Hausfrau - so sehr die Dienstbotinnen darunter gelitten haben mögen - war aber nur eine scheinbare. Der bürgerliche Haushalt unter der Leitung der Hausfrau blieb immer ausgerichtet auf die Bedürfnisse des Hausherren.[91] Ebenso wie ihr Dienstmädchen war auch die bürgerliche Hausfrau - in leitender Funktion - zuständig für den reibungslosen Ablauf des Haushaltes.
Auch die offen zur Schau gestellte müßige Lebensweise der bürgerlichen Frauen erweist sich bei näherem Hinsehen als ambivalent. Um den schönen Schein aufrecht halten zu können, mußte so manche Frau aus dem nicht wohlhabenden Bürgertum ihre begrenzten Mittel kaschieren[92] und einen Lebensstil vortäuschen, den sie sich eigentlich nicht leisten konnte. Gegenüber der Öffentlichkeit spielte sie die Rolle der müßigen Gattin und symbolisierte durch ihre vermeintliche Freistellung von jeglicher Arbeit den Status ihres Ehemannes. Innerhalb der Familie stand dagegen sparsamstes Wirtschaften auf der Tagesordnung.
Die beruflichen Erfordernisse im Bürgertum verlangten gegenüber der Öffentlichkeit Repräsentationspflichten, die erhebliche Kosten verursachten. Die Hausfrau durfte es sich keineswegs anmerken lassen, daß sie im Haushalt arbeitete, um diese Repräsentation zu ermöglichen. Dieselbe Dame, die sich bei Geselligkeiten - scheinbar frei von Arbeit - von ihrem Personal bedienen ließ, hatte womöglich schon Tage vor der Festlichkeit ihre Küche nicht mehr verlassen.[93]
Die kaschierte Geldnot prägte umso mehr den Alltag dieser Familien. Um den Schein zu wahren, mußte an allen Ecken und Enden gespart werden. Zunächst natürlich am Personal. Viele mittlere Beamtenfamilien konnten sich nicht mehr als ein Dienstmädchen leisten. Das "Mädchen für alles" war nun in der Regel nicht in der Lage, die gesamte Arbeit, die in dem Haushalt anfiel, allein zu leisten. Um ihren müßigen Lebensstil zumindest vor der Öffentlichkeit in Szene setzen zu können, war die Hausfrau zwar an der größtmöglichen Ausbeutung ihrer einzigen Arbeitskraft interessiert (der Arbeitsdruck muß für das Dienstmädchen enorm gewesen sein), doch selbst bei allen Bemühungen, die Arbeit weitestgehend zu delegieren, blieb der Hausfrau die Mitarbeit oft nicht erspart. Häufig handelte es sich nicht nur um "unsichtbare" Hausarbeit, die ständig verschleiert werden mußte, sondern darüber hinaus verdienten sich bürgerliche Frauen zur Verbesserung ihres Haushaltsbudgets nebenbei etwas Geld mit Heimarbeit, in der Regel Handarbeiten für die Konfektionsherstellung.[94]

Nicht nur die Hausfrauen, sondern auch die berufstätigen Frauen wurden und werden zunächst über ihre häuslichen Pflichten bestimmt.[95] Das Beispiel der Dienstmädchen zeigt diese Zuweisung noch am krassesten. "Hausarbeitsnah" sind jedoch auch die typischen Gelegenheitsarbeiten von Frauen wie Waschen, Putzen oder Heimarbeit sowie die Frauenbranchen in der Textil-, Bekleidungs- und Nahrungsmittelindustrie.

---

90 Wetzorke, a.a.O., S.48f.

91 Wierling, "Ich hab meine Arbeit...", a.a.O., S.160.

92 Duden/ Meyer-Renschhausen, a.a.O., S.284.

93 Sibylle Meyer, Die mühsame Arbeit des demonstrativen Müßiggangs. Über die häuslichen Pflichten der Beamtenfrauen im Kaiserreich, in: Karin Hausen (Hrsg.), Frauen suchen ihre Geschichte. Historische Studien zum 19. und 20. Jahrhundert, München 1987, S.175-197, S.175-179 u. S.183-186.

94 Ebd., S.187ff. u. 192ff.

95 Knapp, Frauenarbeit in Deutschland (1), a.a.O., S.2f.

Zu Beginn des 20. Jahrhunderts wanderten Frauen aus der Landwirtschaft und den häuslichen Diensten ab und arbeiteten vermehrt in Fabriken, Büros, Banken und Kaufhäusern. 1907 waren aber noch mehr als die Hälfte der erwerbstätigen Frauen in der Haus- und Landwirtschaft beschäftigt,[96] und zahlreiche Hausfrauen und Mütter übten nach wie vor Gelegenheitsarbeiten aus. Auch die Heimarbeit von Frauen war eine weit verbreitete Erscheinung. Besonders für verheiratete Frauen und Mütter schien Heimarbeit eine Möglichkeit zu bieten, ihre familiären Pflichten und Erwerbsarbeit miteinander zu verbinden.[97]
Die Hausindustrie bildete eine Etappe zwischen den Arbeits- und Lebensformen der traditionellen Hauswirtschaft und den modernen Fabrikarbeiterhaushalten. In der Phase der Vor- und Frühindustrialisierung war sie überwiegend in ländlichen Gebieten angesiedelt, in denen die industrielle Massenproduktion noch nicht lohnte und wo genügend Arbeitskräfte vorhanden waren. Vorwiegend Frauen und Kinder aus den unterbäuerlichen Schichten stellten in Heimarbeit Spielzeug, hölzerne Waren oder Einzelteile für die Konfektionsindustrie her.[98] Eine Kombination von traditionellen und modernen industriellen Arbeitsverhältnissen kennzeichnet die räumliche Einheit von Arbeitsplatz und Wohnraum bei gleichzeitiger Abhängigkeit der Heimarbeiterfamilien vom Verleger, der maßgeblich Organisation und Arbeitszerlegung bestimmte und die Preise diktieren konnte.
Die Verelendung der Familien in der hausindustriellen Produktion des 19. Jahrhunderts wurde durch die Konkurrenz industrieller Massenanfertigungen noch beschleunigt.[99]
Auch zu Beginn des 20. Jahrhunderts bedeutete Heimarbeit krasse Armut, ungesicherte Löhne und eine große Abhängigkeit vom Verleger bzw. Unternehmer. Die Vereinbarung des Lohnes war eine Angelegenheit zwischen den Heimarbeitern, Heimarbeiterinnen und Unternehmern. Heimarbeit, statistisch schwer zu erfassen, gehörte zu den "Grauzonen des Erwerbssystems".[100] Die isolierte und oftmals auch "verschämte" Heimarbeit erschwerte zudem eine gewerkschaftliche Organisation.[101]
Für die Frauen kam noch hinzu, daß ihre Arbeit (auch bei gleicher Stückzahl) geringer entlohnt wurde als die von Männern - bewertet als ein Zuverdienst, der für einen ganzen Arbeitstag nur den halben Lohn brachte.[102]
Die Vorteile einer Arbeit, die zu Hause erledigt werden konnte, erwiesen sich für die Frauen als trügerisch. Neben überlangen Arbeitstagen mußten sie Haushalt und

---

96 Frevert, Frauen-Geschichte, a.a.O., S.288ff. u. S.172f. Die Gesamtquote der weiblichen Erwerbstätigkeit betrug um die Jahrhundertwende etwa ein Drittel (ebd., S.290f.).

97 Ebd., S.87ff.

98 Ingeborg Weber-Kellermann, Die deutsche Familie, Frankfurt/ M. 1981(6), S.141f.

99 Rosenbaum, Formen der Familie, a.a.O., S.189-197.

100 Hermann Schäfer, Die Heimarbeiterin und die Fabrikarbeiterin (1800-1945), in: Hans Pohl (Hrsg.), Die Frau in der deutschen Wirtschaft. Referate und Diskussionsbeiträge des 8. Wissenschaftlichen Symposiums der Gesellschaft für Unternehmensgeschichte e.V. am 8. und 9. Dezember 1983 in Essen, Wiesbaden 1985, S.65-78, S.67f.

101 Karin Hausen, Technischer Fortschritt und Frauenarbeit im 19. Jahrhundert. Zur Sozialgeschichte der Nähmaschine, in: Geschichte und Gesellschaft. Zeitschrift für Historische Sozialwissenschaft, Jg. 4/ 1978, H.2, S.148-169, S.168; Rosmarie Beier, Frauenarbeit und Frauenalltag im Deutschen Kaiserreich. Heimarbeiterinnen in der Berliner Bekleidungsindustrie 1880-1914, Frankfurt/ M. 1983, S.37.

102 Stefan Bajohr, Die Hälfte der Fabrik. Geschichte der Frauenarbeit in Deutschland 1914 bis 1945, Marburg 1979, S.40; Schäfer, a.a.O., S.69.

Kinderbetreuung gerecht werden.[103] Die Möglichkeit, bei der Arbeit den Kindern nahe zu sein, bedeutete für den Alltag der Familien nur, daß die Kinder mitarbeiten mußten, damit die Arbeit überhaupt bewältigt werden konnte:
"Tagsüber scheinen die Straßen des hübschen Städtchens wie ausgestorben, nur hin und wieder sieht man einzelne Frauen, ein Kleines im faltenreichen bunten Kattunmantel auf dem Arm, rasch über die Straße laufen, oder die Hucke auf dem Rücken, um fertige Arbeit abzuliefern. Spielende Kinder sind nicht zu sehen. Die Allerkleinsten sind in der Kinderbewahranstalt, wo sie für 10 Pfennig den Tag über versorgt werden. Aber schon ein, zwei Jahre vor der Schulpflicht beginnt ihre Arbeitszeit. Sie müssen bei der Herstellung von Puppen für glücklichere Kinder helfen. Es war ein trauriger Anblick, eine Anzahl Kinder so still bei der Arbeit sitzen zu sehen. Die Leute haben eine Arbeitsteilung bis ins Kleinste hinein vorgenommen, damit eben jedes Kind mithelfen kann, denn das ist einfache Notwendigkeit."[104]
Für die Hausarbeit blieb so gut wie keine Zeit:
"Betritt man des Vormittags eine Wohnung und glaubt die Näherin beim Kochen, so sitzt sie an ihrer Maschine und näht in fieberhafter Hast. Die Betten sind noch nicht gemacht, ein kleines, ungewaschenes Kind liegt in dem einen und schreit, ein älteres spielt an der Erde. Die Mutter kann sich nicht darum kümmern, denn es ist Liefertag, und die Arbeit muß unbedingt fertig werden. Zum Sprechen ist keine Zeit, denn es lenkt die Gedanken von der Arbeit ab."[105]
Heimarbeit von Frauen war auch in der Weimarer Republik weit verbreitet. Besonders während der Inflationsjahre scheuten viele Unternehmer Investitionsrisiken. Indem sie die Rohmaterialien zur Weiterverarbeitung in die privaten Haushalte vergaben, sparten sie Geld und technische Investitionen und waren unabhängig genug, Waren einzukaufen, die der wechselnden Konjunktur am angemessensten schienen.[106]
Die Kosten eines Teils der Produktionsmittel (z.B. Nähmaschinen) wurden auf die privaten Haushalte verlagert. Die Vorteile lagen eindeutig auf Seiten der Konfektionäre, die sich um die Produktionsmittel nicht kümmern mußten und die Arbeit je nach Saison vergeben konnten. Einen Anspruch auf dauernde Beschäftigung konnten die Heimarbeiterinnen in der Konfektionsindustrie nicht erheben.[107]
Mehr als die Hälfte der Heimarbeiterinnen arbeiteten in der Weimarer Republik für die Konfektionsindustrie. Nach wie vor waren die Löhne miserabel, die Auftragslage ungesichert, die Arbeitszeiten endlos und die Wohnverhältnisse beengt, und

---

103 In der protoindustriellen Heimarbeiterfamilie wurden tendentiell noch alle anfallenden Arbeiten gemeinsam erledigt (Frevert, Frauen-Geschichte, a.a.O., S.87ff.). In der industriekapitalistischen Gesellschaft gab es auch in Heimarbeiterhaushalten eine klare Arbeitsteilung zwischen Mann und Frau. Der Mann arbeitete außerhäuslich (sofern er Arbeit hatte), und die Frau war, neben ihrer Heimarbeit, allein für den Haushalt und die Kindererziehung zuständig (Beier, a.a.O., S.10).

104 Ottilie Baader, Ein steiniger Weg. Lebenserinnerungen, Berlin 1931, S.62. (Um die Jahrhundertwende.)

105 Ebd., S.65.

106 Bajohr, a.a.O., S.213ff.

107 Annette Hülsenbeck, Nähen und Schneidern - Frauenarbeit und Männerarbeit. Ein Beitrag zur Geschichte der geschlechtsspezifischen Arbeitsteilung, in: Ursula Aumüller-Roske (Hrsg.), Frauenleben - Frauenbilder - Frauengeschichte, Pfaffenweiler 1988, S.61-74, S.70f. Seit ca. 1880 war der Besitz einer Nähmaschine eine wesentliche Vorbedingung zur Übernahme von Heimarbeit in der Textilindustrie (Beier, a.a.O., S.50ff.). Vgl. zur Sozialgeschichte der Nähmaschine: Hausen, a.a.O.

nach wie vor mußten Kinder mithelfen, ohne die diese Arbeit nicht bewältigt werden konnte.[108]
Die Erinnerungsgespräche mit den Kindern von hannoverschen Heimarbeiterinnen geben Eindrücke über ihren familiären Alltag wieder.[109] Sie verdeutlichen die Auswirkungen der Heimarbeit auf den Tagesablauf der gesamten Familie, und sie weisen nicht zuletzt auf die gesundheitlichen Belastungen dieser Arbeit hin.
Die Mütter der Interviewpartnerinnen arbeiteten in den zwanziger Jahren in der Textilindustrie, z.B. für die Knopffabrik in Hannover, und die Hilfe der Kinder, besonders der Mädchen, wurde dabei stark in Anspruch genommen. Es war keine Frage, daß sie ihren Müttern bei der Haus- oder Heimarbeit zur Hand gehen mußten. Für die Kinder war es oft die einzige Möglichkeit, mit der Mutter zu reden. Gern gearbeitet haben diese Mädchen aber nicht; sie mußten vielmehr oft dazu angehalten werden. Die Heimarbeit der Frauen und die Mitarbeit der Kinder war für das Überleben der Familie unentbehrlich.
Die Arbeit in der Textilindustrie zählte zu den typischen Formen weiblicher Hausindustrie in den Großstädten. Als "hausarbeitsnahe" Arbeit wurde die Näharbeit schlecht bezahlt, denn es handelte sich ja um Tätigkeiten, die angeblich jede Frau aufgrund ihres Geschlechtes leisten konnte, quasi erweiterte Hausarbeit, für die eine Berufsqualifikation überflüssig schien.[110] Für die Unternehmer machten sich diese unqualifizierten Arbeitsverrichtungen der Heimarbeiterinnen jedoch bezahlt.
In den Weimarer Jahren hat es einige Versuche gegeben, die Ausbeutung durch hausindustrielle Arbeit in Grenzen zu halten. Seit 1918 waren die Unternehmer dazu verpflichtet, Lohnverzeichnisse auszuhängen, um die Tarife offen zu legen. Angestrebt wurde eine einheitliche Entlohnung. Weiter sollte der Lohnsatz pro Stück oder Arbeitsstunde in Lohnbücher eingetragen werden. Angestrebt wurden bindende Lohnabmachungen vor Ausgabe der Arbeit. Doch in der Praxis konnten sich diese Bestimmungen kaum durchsetzen. Die Löhne blieben weit unter dem Mindestsatz, und weder das "Heimarbeiterlohngesetz" von 1923 noch die "Verordnung über Neuregelung der Lohnverzeichnisse und Lohnbücher" von 1928 änderten etwas an der vorherrschenden Praxis, Lohnverzeichnisse nicht oder erst nach Ablieferung der Arbeit auszuhängen und die Lohnsätze nicht in Lohnbücher einzutragen.[111]
Je nach Qualität der abgelieferten Arbeit konnten die Löhne gedrückt werden, und es ist auch vorgekommen, daß die Zahlungen sich um Tage verzögerten. Solche Erfahrungen mußten auch die Heimarbeiterinnen aus Hannover machen. Die Arbeitsbedingungen verschärften sich noch in der Weltwirtschaftskrise. Heimarbeiterinnen fürchteten ihre Entlassung, waren doch genügend andere Bewerber vorhanden, die ihre Arbeitsplätze umgehend eingenommen hätten.[112]

Eine andere Verdienstmöglichkeit für die beruflich überwiegend unqualifizierten Frauen der unteren Gesellschaftsschichten bot die Arbeit in den Fabriken. Nicht die Angestellte war das typische Erscheinungsbild der berufstätigen Frau in den zwan-

108 Bajohr, a.a.O., S.215f.
109 Die Interviews mit den Kindern von Heimarbeiterinnen entstanden in Anlehnung an Rosmarie Beiers Untersuchung über Heimarbeit im Berlin der Jahrhundertwende, a.a.O.
110 Hülsenbeck, a.a.O., S.70.
111 Bajohr, a.a.O., S.216f.
112 Ebd., S.218.

ziger Jahren, sondern, zumindest quantitativ, mehr noch die Industriearbeiterin.[113] 1925 waren fast ein Fünftel der erwerbstätigen Frauen Fabrikarbeiterinnen. Diese Tendenz zeichnete sich schon seit der Jahrhundertwende ab, nachdem die Heimarbeitsbranchen zunehmend auf das Fabriksystem umzustellen begannen und viele verheiratete Frauen der besser bezahlten Fabrikarbeit den Vorzug gaben.[114]
Insgesamt hatte sich an der Gesamterwerbsquote der Frauen seit der Jahrhundertwende kaum etwas geändert. Spekulationen über eine scheinbar ansteigende Frauenerwerbsquote in den ersten Jahrzehnten des 20. Jahrhunderts sind auf das statistische Material zurückzuführen, das nun vollständiger die mithelfenden Familienangehörigen erfaßte. Eine neue Erscheinung war, daß sich die Berufsdauer im Leben einer Frau verlängerte.[115] Die Erwerbsbeteiligung von Frauen war insgesamt recht stabil. Seit rund einhundert Jahren leisteten Frauen ca. ein Drittel der gesamten Erwerbsarbeit.[116]
In der Weimarer Zeit hielten sich die geschlechtsspezifischen Strukturen des Arbeitsmarktes. Typische Frauensparten waren weiterhin die - wenn auch schrumpfenden - Textil- und Bekleidungsindustrien und neu hinzu kamen die Elektrotechnischen Industrien, die als hochgradig rationalisierte Branchen un- und angelernte Arbeiterinnen bevorzugten.[117]
Zu den eher traditionellen Frauenbranchen gehörte die Nahrungsmittelindustrie auf dem Lande. Im Raum Hannover - Braunschweig war die Konservenindustrie weit verbreitet, eine Branche, die hauptsächlich von billiger Frauenarbeit profitierte. Die Arbeit in einer Konservenfabrik versprach hausarbeitsnahe Tätigkeiten, für die weniger Qualifikation als "weibliche Fingerfertigkeit" gefragt war. Die zumeist ungelernten Frauen erhofften sich hier leichtere, besser bezahlte Arbeit als in der Land- oder Hauswirtschaft, den spärlichen Alternativen, die ihnen auf dem Lande zu Verfügung standen.
Gehörte die Fabrikarbeit in Relation zu Heim- und Gelegenheitstätigkeiten noch immer zu der am besten bezahlten Alternative, so gilt auch für die Weimarer Republik die Minderentlohnung von Frauen in Bezug auf Männerlöhne. Hierbei spielte nicht allein die traditionell schlechtere Qualifikation der Frauen eine Rolle. Selbst ungelernte Arbeiterinnen verdienten nicht annähernd so viel wie ungelernte Arbeiter, und sie verdienten meist so wenig, daß sie allein von ihrem Einkommen nicht leben konnten.[118] Diese Lohndiskriminierungen wurden in der Regel verdeckt ge-

---

113 Die Anzahl der weiblichen Angestellten war seit der Jahrhundertwende enorm gestiegen, aber für Industrie und Handwerk gewann die Lohnarbeiterin zunehmend an Bedeutung, vgl. Gabriele Wellner, Industriearbeiterinnen in der Weimarer Republik: Arbeitsmarkt, Arbeit und Privatleben 1919-1933, in: Geschichte und Gesellschaft. Zeitschrift für Historische Sozialwissenschaft, Jg. 7/ 1981, H.3/4, S.534-554, S.535.

114 Frevert, Frauen-Geschichte, a.a.0., S.172f. u. S.91f.

115 Bajohr, a.a.0., S.17f. u. S.24ff.

116 Angelika Willms, Grundzüge der Entwicklung der Frauenarbeit von 1880-1980, in: Walter Müller/ Angelika Willms/ Johann Handl, Strukturwandel der Frauenarbeit 1880-1980, Frankfurt/ New York 1983, S.25-54, S.34ff.

117 Josef Mooser, Arbeiterleben in Deutschland 1900-1970. Klassenlagen, Kultur und Politik, Frankfurt/ M. 1984, S.33. Vgl. zur ungleichen Ausbildungssituation von Frauen: Wellner, a.a.0., S.542ff.

118 Rosenbaum, Formen der Familie, a.a.0., S.405f., und Bajohr, a.a.0., S.52f.

halten. Oft waren die Leistungen aufgrund der meist getrennten Männer- und Frauenbranchen nicht direkt vergleichbar.[119]
Weibliche Löhne lagen in den Weimarer Jahren zwischen 30 und 40% niedriger als die Männerlöhne.[120] Dies galt nicht nur für die Industrie, sondern ebenso für andere Wirtschaftszweige. Auch weibliche Angestellte mußten sich vorwiegend mit den unqualifizierten und schlechter bezahlten Büroarbeiten begnügen - der Aufstieg zum Buchhalter, Sachbearbeiter oder Abteilungsleiter war ihnen verwehrt und blieb den Männern vorbehalten.[121]
Die Begründungen der Lohndifferenzen waren vielfältig. Abgesehen von dem Verweis auf mangelnde Körperkraft, verminderte Leistungsfähigkeit und Belastbarkeit von Frauen - gemindert nicht zuletzt aufgrund ihrer Beanspruchung in Familie und Haushalt, und abgesehen von Hinweisen auf die schlechtere Qualifikation von Frauen, legitimierte man die Lohnrelationen mit der These, daß der Männerlohn Familienlohn, Frauenlohn dagegen "nur" Individuallohn sei. Die Frauen würden ihren Verdienst ja entweder "nur" für ihre eigene Person verwenden oder als Ehefrau "nur" einen Zusatz zum Einkommen des Mannes erwirtschaften. Dabei wurde übersehen, daß zahlreiche Frauen allein für ihre Familie aufzukommen hatten und ledige Männer schließlich keinen Individuallohn erhielten, ein Einkommen, von dem im übrigen eine einzelne Person kaum existieren konnte. Auch der Hinweis auf die Qualifikationsdefizite war keine stichhaltige Begründung. Schließlich verdienten schlecht ausgebildete Frauen noch immer weniger als schlecht ausgebildete Männer.
Frauenarbeit wurde weitestgehend als eine vorübergehende Phase im Leben einer Frau begriffen. Der Trend zum Dauererwerb konnte diese Auffassung nicht erschüttern, im Gegenteil: das Phasenmodell schien die schlechtere Ausbildungssituation von Frauen sogar noch zu festigen.[122] Viele Frauen teilten diese Anschauungen durchaus und hofften, daß sie nach der Heirat, spätestens aber nach der Geburt des ersten Kindes mit der außerhäuslichen Arbeit ein Ende machen könnten.
Selbst für den geringsten Lohn wurde selbstverständlich ein voller Arbeitstag verlangt, und die angeblich so "leichte" Frauenarbeit erweist sich bei näherer Betrachtung als eine Arbeit, die von langen Arbeitszeiten, Berufskrankheiten, unterlaufenem Arbeiterinnenschutz und, nach Rationalisierungsmaßnahmen, von Arbeitshetze und Monotonie gekennzeichnet war.[123] Die Arbeitsbedingungen in den Weimarer Industriebetrieben waren auch für die Frauen mangelhaft. Nach der Einschränkung des 8-Stunden Tages 1923 gehörten Überstunden zur gängigen Praxis. 1924 arbeiteten mehr als die Hälfte der Beschäftigten in den Frauenindustrien bis zu 10 Stunden täglich.[124]

---

119 Ulla Knapp, Frauenarbeit in Deutschland, Bd.2: Hausarbeit und geschlechtsspezifischer Arbeitsmarkt im deutschen Industrialisierungsprozeß. Frauenpolitik und proletarischer Frauenalltag zwischen 1800 und 1933, München 1984, S.432.

120 Wellner, a.a.O., S.547f.

121 Frevert, Frauen-Geschichte, a.a.O., S.172f.; vgl. dies., Vom Klavier zur Schreibmaschine - Weiblicher Arbeitsmarkt und Rollenzuweisungen am Beispiel der weiblichen Angestellten in der Weimarer Republik, in: Annette Kuhn/ Gerhard Schneider (Hrsg.), Frauen in der Geschichte, Bd.1: Frauenrechte und die gesellschaftliche Arbeit der Frauen im Wandel. Fachwissenschaftliche und fachdidaktische Studien zur Geschichte der Frauen, Düsseldorf 1979, S.82-112.

122 Bajohr, a.a.O., S.70-85.

123 Knapp, Frauenarbeit in Deutschland (2), a.a.O., S.434-437.

124 Bajohr, a.a.O., S.191-195.

Hinzu kam für die Arbeiterinnen noch die gesamte Hausarbeit. Viele Fabrikarbeiterinnen waren verheiratet und mußten ihre Familie versorgen. Auch die unverheirateten Arbeiterinnen, die in der Regel im Haushalt ihrer Eltern lebten, wurden für die häusliche Arbeit herangezogen.[125] So nimmt es nicht Wunder, daß die meisten Frauen nur aus dem ökonomischen Zwang heraus erwerbstätig waren und lieber zu Hause geblieben wären, wenn sie die Wahl gehabt hätten. Erstrebt wurde, von der Mehrfachbelastung befreit, das Leben einer bürgerlichen Hausfrau führen zu können. Die Arbeit hatte bei den Fabrikarbeiterinnen nicht den Hauch von Emanzipation, nichts von einem Wunsch nach Unabhängigkeit. Dominierend war das Gefühl des Zwanges, Geld verdienen zu müssen, und dominierend war wohl auch das Gefühl, weder Beruf noch Familie gerecht werden zu können.[126] Die interviewten Fabrikarbeiterinnen aus dem hannoverschen und braunschweigischen Umland waren vielleicht nicht zuletzt an den flexiblen Arbeitszeiten interessiert, die ihnen in der Konservenindustrie geboten wurden, um so ihre häusliche Arbeit günstiger organisieren zu können.
Selbst arbeitslose Männer hielten es meist für "unter ihrer Würde", ihre erwerbstätigen Frauen daheim zu entlasten. Hilfe im Haushalt kam - wenn überhaupt - meist von anderen Frauen: Großmüttern, Töchtern oder Nachbarinnen.[127] Ein großes Problem war die Betreuung kleinerer Kinder. Konnte die Kinderbetreuung nicht privat organisiert werden, blieben die Kinder oft unbeaufsichtigt.[128] Gleichzeitig mußten die erwerbstätigen Frauen ihren Rollen als Mutter, Hausfrau, Ehefrau und Arbeiterin gerecht werden, und wenn sie die Hausarbeit nicht schafften, hagelte es nicht selten Vorwürfe. Die Rolle des Mannes als Alleinernährer der Familie wurde nicht in Frage gestellt - der Verdienst der Frauen war wohl zu gering, um ein Umdenken auszulösen.[129]
Viele Frauen sahen in der Hausarbeit aber auch einen eigenen Verantwortungsbereich, den sie sich nicht aus der Hand nehmen lassen wollten, und viele Frauen definierten selbst ihre Erwerbsarbeit als Zuschuß zum Familieneinkommen. Durchgängiger Tenor bei den befragten Konservenarbeiterinnen ist: "die Hausfrau, die dazu verdient".
Hinzu kam noch die ablehnende Haltung der Arbeiter zur Berufstätigkeit verheirateter Frauen. Ihr Ideal war die nicht erwerbstätige Ehefrau.[130] Männliche Denkmuster prägten auch die Arbeiterbewegung[131] und die Probleme weiblicher

---

125 Renate Bridenthal/ Claudia Koonz, Beyond Kinder, Küche, Kirche: Weimar women in politics and work, in: Berenice A. Caroll, Liberating woman's history. Theoretical and critical essays, Urbana/ Chicago/ London 1976, S.301-329, S.315. Für ein Leben in einer eigenen Wohnung (bzw. Zimmer) fehlte meist das Geld, vgl. Rosemary Orthmann, Erwerbstätigkeit, Lebenszyklus und Ausgabeverhalten - Unverheiratete Fabrikarbeiterinnen in Berlin (1902), in: Ruth Ellen B. Joeres/ Annette Kuhn (Hrsg.), Frauen in der Geschichte, Bd.6: Frauenbilder und Frauenwirklichkeiten. Interdisziplinäre Studien zur Frauengeschichte in Deutschland im 18. und 19. Jahrhundert, Düsseldorf 1985, S.330-348, S.344.

126 Knapp, Frauenarbeit in Deutschland (2), a.a.O., S.313-321.

127 Ebd., S.341ff.

128 Wellner, a.a.O., S.551.

129 Rosenbaum, Formen der Familie, a.a.O., S.442-446. Über Lebensverhältnisse und Arbeitsbedingungen deutscher Textilarbeiterinnen gegen Ende der Weimarer Republik vgl.: Deutscher Textilarbeiterverband (Hrsg.), Mein Arbeitstag - Mein Wochenende. 150 Berichte von Textilarbeiterinnen, Berlin 1930.

130 Mooser, a.a.O., S.35f. u. S.142.

131 Die Arbeiterbewegung stand der Frauenerwerbsarbeit traditionell kritisch bis ablehnend gegenüber. Aus Angst vor der lohndrückenden weiblichen Konkurrenz verfolgten die Gewerkschaften die Politik, Frauen aus den Industriebetrieben zu verdrängen (Weiland, a.a.O., S.218f.). Der Begriff "proletarischer

Doppelbelastung wurden kaum hinterfragt. Ein Arbeiter verfügte im Gegensatz zu einer Arbeiterin noch immer über mehr Gelegenheiten, die Freizeit zu gestalten oder politisch aktiv zu werden - im Wirtshaus, im Verein, in der Fabrik[132] und in der Gewerkschaft.

Ebenso wie die weibliche Fabrikarbeit von vielen Arbeitern mißbilligt wurde, wurden auch weibliche Gewerkschaftsmitglieder nicht selten von ihren männlichen Kollegen diskriminiert. Noch um die Jahrhundertwende sahen die Gewerkschaften in der Arbeiterin eine Konkurrentin - Frauen wurden nur sehr zögernd aufgenommen.[133] An der Unterrepräsentation von Frauen in den Gewerkschaften sollte sich in den zwanziger Jahren nicht viel ändern. Die Gründe mögen vielfältig gewesen sein: die männliche Feindseligkeit der Arbeiterbewegung oder eine gleichgültige bis ablehnende Haltung von Frauen, die mit Gewerkschaften nichts zu tun haben wollten. Doch in erster Linie scheinen geschlechtliche Rollenzuweisungen in der Sozialisation und im Alltag der Frauen eine Rolle gespielt zu haben. Viele Frauen hielten eine gewerkschaftliche Interessenvertretung für überflüssig, da sie ja "nur" vorübergehend arbeiteten. Ein weiterer Aspekt ist die Doppel- und Mehrfachbelastung der Arbeiterinnen.[134] Ihnen fehlte schlicht die Zeit, neben ihrer Beanspruchung in Beruf, Haushalt und Kindererziehung gewerkschaftlich aktiv zu werden.

Die ländlichen Konservenarbeiterinnen betonen in diesem Zusammenhang, daß ihrer Ansicht nach die Gewerkschaftsarbeit "Männersache" gewesen sei. Sie seien davon ausgegangen, daß ihr Berufsleben nur eine Übergangsphase sein würde; eine gewerkschaftliche Organisation sich also für sie nicht rentierte. Die Konservenarbeiterinnen befürchteten zudem, aufgrund von gewerkschaftlichen Aktivitäten ihren Arbeitsplatz zu verlieren. Es war eine begründete Angst, da sie die für Frauen so typische Saisonarbeit verrichteten.

Berufstätigkeit von verheirateten Frauen war in den Weimarer Jahren gesellschaftlich nicht anerkannt und wurde je nach Wirtschaftslage bekämpft oder gefördert. Besonders in Krisenzeiten kam es immer wieder zu Doppelverdienerkampagnen.[135] Die Demobilmachungsverordnungen kurz nach dem Krieg bildeten den Auftakt. Leisteten zahlreiche Frauen während des Ersten Weltkrieges noch Schwerstarbeit in typischen Männerberufen,[136] wurden Frauen nach dem Krieg ohne Rücksicht auf ihre sozialen Verhältnisse aus Industrie und öffentlichem Dienst entfernt, um den aus dem Krieg heimkehrenden Männern Platz zu machen.[137] Es zweifelte allerdings

---

Antifeminismus" (vgl. Werner Thönnessen, Frauenemanzipation. Politik und Literatur der deutschen Sozialdemokratie zur Frauenbewegung 1863-1933, Frankfurt/ M. 1976) muß sicherlich differenziert gesehen werden (Richard J. Evans, Sozialdemokratie und Frauenemanzipation im deutschen Kaiserreich, Berlin/ Bonn 1979, S.26f.); der Gleichberechtigung ihrer Frauen standen die Arbeiter aber meist ablehnend gegenüber und sie setzten sich lange gegen die Aufnahme und Gleichstellung von Frauen in ihren Organisationen zur Wehr (Evans, a.a.O., S.26f.).

132 Knapp, Frauenarbeit in Deutschland (2), a.a.O., S.294.

133 Bajohr, a.a.O., S.92ff.; Schäfer, a.a.O., S.72ff.

134 Bajohr, a.a.O., S.94-97.

135 Frevert, Frauen-Geschichte, a.a.O., S.180.

136 Bajohr, a.a.O., S.130-158. In der Kriegsindustrie war zwar ein Anstieg von Frauenarbeit zu verzeichnen, aber zumeist handelte es sich um Frauen, die bis dahin in anderen Branchen beschäftigt waren. Viele Frauen lebten während des Krieges von Heimarbeit oder öffentlichen Unterstützungsleistungen, vgl. Ute Daniel, Arbeiterfrauen in der Kriegsgesellschaft. Beruf, Familie und Politik im Ersten Weltkrieg, Göttingen 1989, S.259ff.

137 Bajohr, a.a.O., S.158-167.

kaum jemand daran, daß diese Arbeit nicht auf Dauer gedacht war, auch die Frauen nicht.[138] Die Demobilmachungsverordnungen, die auch von den Gewerkschaften getragen wurden, konnten die Zahl der lohn- und gehaltsabhängigen Frauen zwar kurzfristig verringern, sie verhinderten jedoch nicht, daß viele Frauen in den zwanziger Jahren berufstätig blieben.[139]
Doppelverdienerkampagnen tauchten und tauchen mit schönster Regelmäßigkeit in Zeiten erhöhter Arbeitslosigkeit auf. Obwohl der Arbeitsmarkt vorwiegend geschlechtsspezifisch strukturiert war, waren die niedrigeren Arbeitslosenzahlen von Frauen ausreichender Anlaß, zu beanstanden, daß die Frauen den Männern die Arbeitsplätze wegnehmen würden.[140] In der Krise waren Beschäftigungsverhältnisse von Frauen aber offenbar mehr von Kurzarbeit gekennzeichnet.[141] Die verhältnismäßig niedrige Arbeitslosenquote der Frauen verschweigt zudem, daß viele Frauen überhaupt nicht registriert wurden. Mit weniger als 30 Stunden wöchentlich übten sie häufig Berufe aus, die von der Arbeitslosenversicherungspflicht ausgenommen waren. Putz- und Waschfrauen, Aufwärterinnen und Büglerinnen oder Heimarbeiterinnen erhielten bei einer Entlassung kein Arbeitslosengeld und tauchten somit auch in keiner Arbeitslosenstatistik auf. Das Arbeitslosenversicherungsgesetz von 1927 benachteiligte zudem Frauen, die voll erwerbstätig waren: Sie erhielten entweder eine prozentual niedrigere Unterstützung als Männer, oder sie erhielten überhaupt kein Geld, sofern sie verheiratet und in dieser Ehe versorgt waren. Doch von Beitragszahlungen wurden sie nicht ausgenommen.[142]
Die Erfahrungen in der Arbeitswelt ließen wenig Spielraum, den Frauen eine Berufsbindung zu erleichtern.[143] Die ländlichen Konservenarbeiterinnen aus dem hannoverschen und braunschweigischen Umland empfanden ihre Arbeit jedoch nicht durchweg als negativ. Dazu mag ein gutes Arbeitsklima beigetragen haben, ein sozialer Bezug sowie die Vertrautheit der Arbeit. Für einige von ihnen war die Arbeit in der Fabrik so etwas wie erweiterte Hausarbeit. Bittere Realität bleibt, daß sie im Alter mit niedrigsten Renten auskommen müssen - Hausarbeit zählte ja nicht und ihre Erwerbsarbeit war "nur" ein Zuverdienst.
An den wirtschaftlichen Erfordernissen, die Frauenarbeit notwendig machen, und zwar nahezu lebenslange Erwerbstätigkeit, hat sich bis heute nichts geändert. Die Erwerbsquote von Frauen in der Bundesrepublik beträgt mittlerweile rund 52%. Frauen werden in der Arbeitswelt weiterhin über ihre Familienrolle definiert. Die Folgen sind Qualifikationsdefizite und die Konzentration von Frauen in Branchen, die am schlechtesten bezahlen. Selbst bei vorhandenen Möglichkeiten, in höhere Positionen aufzusteigen, überlegen Frauen stärker als Männer, ob diese Arbeit auch mit der Familie vereinbart werden kann.[144]

---

138 Daniel, a.a.O., S.264f. Daniel bezeichnet die partielle Auflösung des geschlechtsspezifischen Arbeitsmarktes während der Kriegsjahre als "Emanzipation auf Leihbasis" (ebd., S.264f.). Es ist zu fragen, ob die Frauen selbst in ihrer Arbeit emanzipatorische Momente gesehen haben.

139 Bajohr, a.a.O., S.94 u. S.168f.

140 Ebd., S.169 u. S.173.

141 Wellner, a.a.O., S.541.

142 Bajohr, a.a.O., S.174f.

143 Wellner, a.a.O., S.554.

144 Ursula Schwarzer, Wo das Geld winkt, sitzen die Männer. Zum Thema "Frauenförderung" in den Betrieben, in: Frankfurter Rundschau, 30. Juni 1990, S. ZB5.

Sylvia Möhle

"So sehr ich gewohnet bin, niedrige Schicksahle, mit geduldiger Fassung zu ertragen." Göttinger Handwerkerfrauen im 18. und frühen 19. Jahrhundert [1]

Kindheit und Jugend

In eine Handwerkerfamilie des 18. Jahrhunderts hineingeboren zu werden, bedeutete zumeist das Aufwachsen mit vielen Geschwistern in beengten Wohnverhältnissen. Es beinhaltete aber auch in einer Mehrzahl der Fälle die frühzeitige Konfrontation mit dem Tod, denn die Kindersterblichkeit war hoch, und oft verloren die Kinder früh den Vater oder die Mutter sowie mehrere Geschwister. So waren Stiefeltern und Stiefgeschwister alltäglich. Es konnten Familienkonstellationen entstehen, in denen Kinder weder mit den Eltern noch mit einem Teil der Geschwister tatsächlich verwandt waren.[2] Einen Hinweis auf die gefühlsmäßige Bindung der Eltern an die Kinder geben die Taufeintragungen in den Kirchenbüchern: Häufig wurden Neugeborene nach ihren gerade verstorbenen Geschwistern genannt.[3]

Die Mädchenerziehung folgte einem festgefügten Rollenverständnis, das Mädchen auch von der Lehre in einem Handwerk ausschloß und die Mitarbeit der Ehefrauen oftmals als "unehrlich" anprangerte. Frauen waren nicht zunftfähig und wurden, wenn sie in einem zünftischen Gewerbe mitarbeiteten, durch den Vorwurf der "Unehrlichkeit" anderen, durch Geburt oder Gewerbe rechtlosen und "unehrlichen" Personen wie beispielsweise fahrenden Leuten, Müllern, Schäfern oder Scharfrichtern gleichgesetzt.

Die Handwerkerstochter ging der Mutter bei allen Hausarbeiten und anderen Tätigkeiten zur Hand, beaufsichtigte kleinere Geschwister und wurde weitgehend auf eine spätere Ehe und Haushaltsführung im Handwerk vorbereitet. Dazu gehörte allerdings durchaus eine durch täglichen Umgang mit der vom Vater und den Gesellen ausgeführten Arbeit erworbene Sachkenntnis, die eine Heirat mit einer Frau aus demselben Handwerk für einen heiratswilligen Jungmeister attraktiv machte.

Die Schulordnungen der Zeit sahen einen Schulbesuch vom sechsten bis zum zwölften Lebensjahr auch für Mädchen vor, wobei das erklärte Ziel des Unterrichts das Lesen gedruckter deutscher Schrift sowie die Kenntnis des Katechismus sein sollte. Der Schulunterricht vermittelte so auch die notwendigen Grundkenntnisse, ohne die ein Kind mit vierzehn Jahren nicht zur Konfirmation zugelassen werden sollte. Allerdings wurde trotz der Aufsichtspflicht der Gemeindepastoren nicht wirklich darauf geachtet, ob auch alle Kinder eine Schule besuchten. Die im 18.

---

1 Bei den für diesen und den folgenden Aufsatz verwendeten Quellen handelt es sich um unveröffentlichtes Material aus Göttinger Archiven, das im Rahmen eines Projektes der Gesamthochschule Kassel zu Ehekonflikten und Ehescheidung im 18. Jahrhundert aufgearbeitet wird.

2 Heidi Rosenbaum, Formen der Familie. Untersuchungen zum Zusammenhang von Familienverhältnissen, Sozialstruktur und sozialem Wandel in der deutschen Gesellschaft des 19. Jahrhunderts, Frankfurt/ M. 1982, S.162ff.

3 Kirchenkreisarchiv Göttingen (KirchenkreisA Gött.), Kirchenbücher der 6 Göttinger Gemeinden des 18. Jahrhunderts.

Jahrhundert nahezu allen Frauen vor Gericht fehlende Fähigkeit, auch nur ihren Namen zu schreiben, während die Männer fast ausnahmslos dazu in der Lage waren, läßt auf eine Vernachlässigung der Mädchenbildung schließen.[4]
Etwa die Hälfte aller Haushalte und Einwohner Göttingens gehörten Handwerk und Gewerbe an. In diesem Bereich dominierte die Zwei-Generationen-Familie. Ein Handwerkerhaushalt umfaßte durchschnittlich etwa vier bis fünf Personen, von denen ein bis zwei Dienstmägde und/oder Gesellen waren.[5] Es gab aber jenseits dieser Durchschnittsberechnungen große Unterschiede: Neben Alleinmeistern, die durchaus auf die Mitarbeit ihrer Familie angewiesen waren, gab es Meister mit einem Gesellen, aber vereinzelt auch mit fünf bis zehn Gesellen und mehreren Mägden.
Die materiellen Verhältnisse in den meisten Handwerkerhaushalten erforderten es, daß die Kinder, die anders als im ländlichen Bereich als Arbeitskräfte nicht gebraucht wurden, früh in Dienst oder Lehre gingen. Zwölf- bis vierzehnjährige Mädchen waren in anderen Handwerkerhaushalten als Kindermädchen oder Warenverkäuferinnen und -austrägerinnen beschäftigt, als junge, noch ledige Frauen fanden sie Anstellungen als Dienstmagd, zumal wenn es sich um Töchter armer Handwerker handelte und die zu erwartende Mitgift gering war.[6] In diesen, vom elterlichen Haushalt völlig abgekoppelten Arbeiten, lag auch eine gewisse "Gefährdung" des für eine Heirat mit einem Handwerker notwendigen "untadeligen" Rufes der Frauen. Es kam auch bei Handwerkertöchtern zu "Eheversprechungsklagen" (Klage auf Erfüllung eines gegebenen Eheversprechens bzw. einer rechtsgültigen Verlobung) und nichtehelichen Schwangerschaften, deren Zahl allgemein im Dienstbotenmilieu sehr hoch war.[7]

Verlobung und Eheschließung

Maria Christine Oettinger zeigt der Kirchenkommission zwei Monate nach ihrer Eheschließung mit Georg David Kern am 2. Februar 1750 an, daß dieser ihre *"Eltern durch arglistige Vorstellung animiret, daß sie mich zur Ehe mit diesen Kern gezwungen"*.[8] Johanne Christiane Mädeln, Frau des Camelotmachers Martin Rörig, gibt im Dezember 1797 zu Protokoll: *"Durch das unaufhörliche, dringende und mit Drohungen unterstützte Zureden meiner Mutter bin ich in einem Alter von noch nicht 14 Jahren genöthiget worden, mich wieder meine Neigung mit Beklagtem zu vereheligen."*[9]
Es gab eine ganze Reihe von Faktoren, die zu einer Verlobung und Eheschließung führen konnten, doch Gefühle haben hier nur einen sehr geringen Stellenwert gehabt

4 D. Kunst, Die Entwicklung der allgemeinbildenden Schulen in Göttingen von der Universitätsgründung bis zum Ende des 19. Jahrhunderts (1734-1877), 1984 (= Europäische Hochschulschriften, Reihe III, Bd.225).

5 W. Sachse, Göttingen im 18. und 19. Jahrhundert. Zur Bevölkerungs- und Sozialstruktur einer deutschen Universitätsstadt, Göttingen 1987 (= Studien zur Geschichte der Stadt Göttingen 15).

6 KirchenkreisA Gött., Pfarr. Marien 343.

7 Universitätsarchiv Göttingen (UnivA Gött.), Gerichtsakten und KirchenkreisA Gött., Stadtsup. 347.

8 KirchenkreisA Gött., Stadtsup. 347, I.

9 KirchenkreisA Gött., Stadtsup. 347, II.

und kamen erst in der Ehe, im positiven wie im negativen Sinn, zum Tragen. Die meisten Gründe für eine Ehe waren eng mit den wirtschaftlichen Verhältnissen der Eltern der Frau oder des zukünftigen Bräutigams verknüpft. Der Tod des Vaters oder beider Elternteile konnte den jeweiligen Vormund der Kinder veranlassen, so bald wie möglich passende eheliche Verbindungen anzubahnen, um die weiblichen Waisen ökonomisch abzusichern. Die schlechte finanzielle Situation eines Handwerkers konnte ihn dazu bewegen, seine Töchter zu einer baldigen Heirat zu drängen. Schließlich gab es viele Gesellen, welche die Meisterschaft und Gildemitgliedschaft sowie eine Existenzgrundlage in Form einer angemessenen Mitgift nur durch die Heirat mit einer Meistertochter erlangen konnten. Eine mehr oder weniger "freie" Wahl unter standesgemäßen Heiratskandidaten hatte eine Frau nur, wenn ihre Eltern und Großeltern tot waren und sie selbst mündig war, oder wenn sie sich in der Fremde befand, und aufgrund der Entfernung den zwingend erforderlichen Konsens ihrer Eltern oder Vormünder nicht einholen und durch Eid den obrigkeitlichen Konsens erlangen konnte.

Nach der "Verlobungsconstitution" des Landes Hannover von 1733 mußte ein gültiges Eheversprechen vor zwei "ehrlichen" männlichen Zeugen abgelegt werden.[10] Im Rechtsbewußtsein der Menschen scheint aber der meist gleichzeitig mit dem Eheversprechen erfolgte Austausch von Geschenken eine stärkere rechtsstiftende Bedeutung gehabt zu haben. Da das Ablegen eines gültigen Eheversprechens in seiner rechtlichen Bedeutung einer Eheschließung gleichkam, zog es häufig die Aufnahme sexueller Kontakte nach sich. Waren lediglich Geschenke getauscht, jedoch keine Zeugen hinzugezogen worden, konnte es bei einem "Rückzieher" - meist des Mannes - zu erheblichen Problemen für die Frau kommen. Nichteheliche Schwangerschaft, aber auch "nur" die empfindliche Schädigung ihres Rufes einhergehend mit einer Einschränkung ihrer Heiratschancen waren die Folgen.[11]

Verlobungsgeschenke waren beispielsweise *"Zeug zum Mantel, eine grünsamtene Pelzmütze, ein Gesangbuch, ein silberner Ring, eine Tasche, ein Paar Schnallen, ein Spendelkissen"* oder *"Pantoffeln, sechs Reihen Perlen, ein Halstuch und ein Paar Strümpfe"*.[12]

Der Mann stattete der Frau während der Verlobungszeit im Haus der Eltern regelmäßig Besuche ab. Nach Verlauf einiger Monate - handelte es sich um eine Witwe oder einen Witwer, die zur Versorgung des bereits vorhandenen Haushalts einen neuen Ehepartner dringend brauchten, auch schon früher - wurde das Aufgebot bestellt, das dreimal erfolgen mußte, bevor die Trauung privat im eigenen Haus oder in der Kirche vollzogen wurde.

Die Angst derjenigen Frauen vor der Ehe, die oft einen viel älteren Witwer heirateten und gleich für mehrere kleine Kinder sorgen mußten, ist überliefert.[13] Welche Gefühle andere Frauen bei ihrer Eheschließung gehabt haben mögen, ist aus dem

---

10 C.H. Ebhardt, Gesetze, Verordnungen und Ausschreiben für den Bezirk des Königl. Consistorii zu Hannover, welche in Kirchen- und Schulsachen ergangen sind, Bd.1 u.2, Hannover 1845, S.219-222.

11 UnivA Gött., Gerichtsakten und KirchenkreisA Gött., Stadtsup. 347.

12 UnivA Gött., Gerichtsakten B, X, 25 und Aa IV, 36; KirchenkreisA Gött., Stadtsup. 347, II.

13 KirchenkreisA Gött., Stadtsup. 314 und 347. Beispielsweise hatte die 34jährige Johanna Rosina Milde Angst davor, den 44jährigen Witwer und Meister Heinrich Frohme zu heiraten, und sie sagte, "daß sie sich fürchtete, bey so viele Kinder zu gehen, und deren Stiefmutter zu werden".

vorhandenen Material nicht zu entnehmen. Allerdings gibt es zahlreiche Informationen über eine häufige Form der Eheschließung: die Witwenheirat. Verwitwete Frauen, die keinen erwachsenen Sohn hatten, der das Handwerk weiterführen konnte, mußten zur Existenzsicherung für sich und ihre Kinder meist wieder heiraten. Zunächst gestattete die Gilde ihnen zwar, mit einem Gesellen das Handwerk weiterzuführen, doch meist nur für einen Zeitraum von einem Jahr. Dies entsprach der Trauerzeit, die eine Witwe unverheiratet verbringen sollte (bei Männern war sie wesentlich kürzer). Die Versorgung der zumeist unmündigen Kinder zog einen Teil ihrer Energien von der handwerklichen Tätigkeit ab. Die Gesellen mußten beaufsichtigt werden, die Waren mußten verkauft und Rohstoffe beschafft werden. Als Frau konnte sie nicht alle Geschäfte so selbstverständlich abwickeln wie ein Handwerksmeister, weil ihr die entsprechende Rechtsposition fehlte. So konnte die Witwenschaft nur von kurzer Dauer sein. Heiratskandidaten gab es genug, da diese durch die Heirat zu Meisterschaft, Gildemitgliedschaft und Werkstatt kamen. Göttinger Quellen zeigen, daß oft Bittgesuche an das Konsistorium nach Hannover geschickt wurden mit der Bitte um Erlaubnis zur Wiederverehelichung vor Ablauf der Trauerzeit. Zuvor mußte jedoch ausgeschlossen sein, daß die Witwe schwanger war. Die Wiederverheiratung wurde von den Zünften als Möglichkeit der Altersversorgung für Meisterwitwen gefördert und war letztlich, solange es keine alternativen Erwerbsmöglichkeiten für Frauen gab, der einzig gangbare Weg der Subsistenzsicherung. Es gibt aber Beispiele von Witwen, die ihren Lebensunterhalt kümmerlich durch geringfügige Mieteinnahmen, durch Spinnen oder Stricken erwarben. Andere wurden von ihren Kindern gepflegt und unterstützt. Manche hatten das Glück, sich in ein Hospital einkaufen zu können oder durch einen von ihrer Mitgift angelegten Geldbetrag jährliche Zinsen als eine Art "Altersversicherung" zu empfangen. Auch konnten sie die zu ihrem Haus gehörenden Brautage verkaufen. Doch für viele war die Witwenschaft von Armut geprägt.[14]

Die Mitgift

Normalerweise erhielt eine Handwerkertochter bei ihrer Heirat eine Mitgift, bestehend aus Hausrat, Möbeln und Bargeld. War sie bereits Erbin, kam Verschiedenes aus dem Besitz ihrer Mutter (das "Mütterliche") und vielleicht sogar ein Haus hinzu. Es gab aber auch Fälle der Verweigerung der Mitgift durch den Vater oder den Bruder aus wirtschaftlichen Erwägungen. Aufgrund der existentiellen Bedeutung der Mitgift für die Gründung eines Handwerkerhausstandes konnte dies zu Ehelosigkeit oder sehr späten Heiraten der betreffenden Frauen führen.
So heirateten Anna Margaretha und Catharina Margaretha Knauf, entfernte Verwandte der bereits erwähnten Maria Christine Oettinger, im Alter von 42 bzw. 41 Jahren einen jeweils wesentlich (13 bzw. 17 Jahre) jüngeren Mann. Anna Margaretha war 1688, ihre Schwester 1694 als Tochter des Schusters, Bürgers und Hausbesitzers Gottfried Knauf geboren worden. Ihr Bruder Otto, 1690 geboren, übernahm

14 UnivA Gött., Gerichtsakten; zum Witwenhandwerk siehe allgemein: Peter-Per Krebs, Die Stellung der Handwerkerswitwe in der Zunft vom Spätmittelalter bis zum 18. Jahrhundert, Diss., Regensburg 1974.

offenbar nach dem Tod des Vaters das elterliche Haus. Die Schwestern hatten den Schustern und Branntweinbrennern Gottfried und Otto Knauf wichtige Arbeiten im Haushalt und im Branntweinverkauf verrichtet und bis zum Zeitpunkt des Todes ihres Vaters keine Mitgift erhalten. Doch nun, 1730, heiratete Anna Margaretha den 1701 geborenen Senkler Johann Justus Kern; nach dem Tod der Mutter heiratete schließlich auch Catharina Margaretha 1735 den 1711 geborenen Hutmacher Johann Andreas Böning, der ein altes, mit Hypotheken belastetes Haus besaß. Beide Männer klagten nun im Namen ihrer Ehefrauen um die Auszahlung des Erbteils an ihre Ehefrauen durch Otto Knauf. 1737 erging vor dem Göttinger Zivilgericht das Urteil, Otto Knauf habe jeweils 125 Thaler an seine Schwestern auszuzahlen.
Beide Ehen der Schwestern Knauf blieben kinderlos. Der wirtschaftliche Aspekt als Begründung zunächst für die Verhinderung einer Verheiratung, dann auf Seiten der nicht wohlhabenden, jüngeren Ehemänner zugunsten einer solchen Ehe wird deutlich. Die zu erwartende Mitgift machte die Ehe mit den Frauen attraktiv.[15]

Geburt und Schwangerschaft - "Da nun des Endzwecks des Ehestandes ist, die Welt zu vermehren"[16]

Die schnelle Folge der zahlreichen Schwangerschaften und Geburten war im 18. und 19. Jahrhundert ein großes Risiko für Frauen. Viele von ihnen starben bei der Geburt oder kurz darauf im Kindbett, und auch die Kindersterblichkeit war sehr hoch. Bei den Geburten wurde normalerweise eine Hebamme gerufen. Diese Hebamme half nicht nur unmittelbar bei der Geburt, sondern pflegte Mutter und Kind auch noch einige Wochen danach.
Hebammen unterstanden seit der Frühen Neuzeit durchgängig der Obrigkeit, für die sie eine wichtige Kontrollfunktion innehatten, sobald der Verdacht bestand, daß ein Kind außerhalb der Ehe gezeugt worden sei. Sie mußten der Gebärenden solange jede Hilfeleistung verweigern, bis die in den Wehen liegende Frau in ihrer Not den Namen des Vaters preisgab. Die Hebamme hatte auch die Aufgabe, ein schwaches Kind mit geringen Überlebenschancen zu taufen. Darüber hinaus führte sie die notwendige Untersuchung bei Witwen durch, die sich wiederverheiraten wollten: Eine Schwangerschaft von ihrem verstorbenen Mann war ein Ehehindernis. War eine Witwe erwiesenermaßen nicht schwanger, so konnte sie mit besonderer Erlaubnis des Konsistoriums in Hannover nach Ablauf von fünf Monaten wieder heiraten. Die Hebamme mußte auch jede "verdächtige" Frühgeburt melden, da diese auf unstatthafte voreheliche Kontakte schließen ließ.[17] Allerdings konnte man im 18. Jahrhun-

---

15 KirchenkreisA Gött., Stadtsup. Albani 347 und Stadtsup. 347, I; Kirchenbücher der 6 Göttinger Gemeinden des 18. Jahrhunderts.

16 So die Frau des Tuchmachers Ohms, Maria Catharina Lüdemann, in ihrer Klage 1753 darüber, daß ihr Mann keine Kinder zeugen könne (KirchenkreisA Gött., Stadtsup. 347, I).

17 KirchenkreisA Gött., Pfarr. Marien 343, betrifft uneheliche Schwangerschaft und Frühgeburt der Bauer; Pfarr. Jacobi 347, Klage Ellissen.

dert noch nicht genau bestimmen, welche Abweichungen es in der Dauer einer Schwangerschaft geben konnte, und so kam es häufig zu Konflikten.[18]
Schwangerschaft und Geburt waren in zweifacher Hinsicht für Frauen mit Gefahren und negativen Konsequenzen verbunden. Zum einen gab es das schon erwähnte große gesundheitliche Risiko, das viele Frauen an den Folgen einer schweren Geburt oder einfach an Auszehrung aufgrund der Vielzahl von schnell aufeinander folgenden Schwangerschaften sterben ließ. Zum anderen bestand die Gefahr der Stigmatisierung durch nichteheliche Geburt. In einer Gesellschaft, die gerade im Handwerkermilieu die gesamte Existenzberechtigung von der ehelichen Geburt und einem untadeligen Lebenswandel auch und gerade der Frauen abhängig machte, bedeutete eine nichteheliche Schwangerschaft meistens Ächtung, verbunden mit einer schmerzlichen öffentlichen Buße während der Messe vor versammelter Gemeinde sowie einem hohen Bußgeld.[19]
Nicht selten bedeutete die erste nichteheliche Schwangerschaft nur den Beginn einer ganzen Reihe solcher Geburten. Eine Frau mit einem "illegitimen" Kind hatte kaum mehr Chancen auf eine Heirat und sank so immer weiter in Armut und Dürftigkeit ab. So heißt es in den Akten, daß *"keyn Mädgen so ein Kind hat ohne Geld heyrathen kan"*.[20] Die Glaserwitwe Justine Margarethe Hentze klagt 1759 auf Zahlung einer Entschädigungssumme aufgrund eines nicht eingehaltenen Eheversprechens und Schwängerung: *"... daß ich nicht allein eine Bürgers und Handwerks Witwe bin, sondern auch als eine geschwächte nunmehro alle Hoffnung verlohren, honestam nubendi conditionem zu finden, und dadurch meinen Kindern und mir den Lebensunterhalt zu erleichtern, gestalten jedermann sich vor ein so gutes Werk, eine geschwächte zu heirathen und wieder zu Ehren zu bringen sehr in Acht nimmt."*[21]
Alimentezahlungen zu erhalten war schwer und mit langwierigen Prozessen verbunden, in denen der Frau die Beweispflicht der Vaterschaft und meist eines sonst unbescholtenen Lebenswandels sowie eines erfolgten Eheversprechens oblag, um überhaupt eine Chance zu haben. Männer dagegen konnten sich durch einen Eid von jeder Verpflichtung befreien. So waren die Frauen von vornherein auf ihre eigene Arbeit zur Sicherung des Lebensunterhaltes angewiesen; oft gaben sie die Kinder aufs Land in Kost und Pflege. Die zunehmende Politik der Heiratsverbote gegen Ende des 18. und zu Beginn des 19. Jahrhunderts zur Entlastung der Armenkassen führte zu einer drastischen Erhöhung der Zahl der nichtehelichen Kinder auch bei Frauen aus dem Handwerkermilieu.[22]

---

18 Allgemein dazu: Esther Fischer-Homberger, Medizin vor Gericht. Zur Sozialgeschichte der Gerichtsmedizin, Darmstadt 1988, S.230ff.; KirchenkreisA Gött., Stadtsup. 347, III, betreffs Frühgeburt in der Familie Kosegarten.

19 Die Kirchenbuße bestand im wesentlichen darin, daß der Büßer oder die Büßerin während der Messe vor der Bank stand oder vor dem Altar kniete. Der Name und die Tat wurden verlesen, und nach Gebeten wurde die betreffende Person wieder in die Gemeinde aufgenommen (KirchenkreisA Gött., Kirchenbuch der Gemeinde Obernjesa).

20 KirchenkreisA Gött., Stadtsup. 347.

21 UnivA Gött., Gerichtsakten B, XLI, 25.

22 UnivA Gött., Gerichtsakten.

Ehe und Ehekonflikte

Zwar behielt die einen Handwerker heiratende Handwerkerstochter ihre "weiblichen Rechte" an ihrer Mitgift, welche oftmals in einem Haus und Bargeld sowie Möbeln und Hausrat bestand. Es wurden bereits vor der Eheschließung, bei der Verlobung, Eheberedungen zwischen dem Vater der Braut und dem Bräutigam schriftlich festgehalten, und Brautschatzinventare listeten die Besitztümer der Frau auf.[23] Häuser liefen in Steuerverzeichnissen auch nach der Heirat noch manches Mal unter dem Namen der Frau.[24] Die Frau konnte jedoch über ihr "Eingebrachtes", das oftmals Existenzgrundlage und Sicherheit des Handwerksbetriebes bildete, nicht in der Form verfügen, daß sie davon beliebig hätte eigene Ausgaben bestreiten können. Sie verdiente selbst nichts, auch wenn sie selbstverständlich alle die Tätigkeiten ausführte, deren Verrichtung in einem Handwerkerhaushalt und in einer "Ackerbürgerstadt" (einer Stadt, in der ein großer Teil der Bevölkerung nicht nur durch handwerkliche Tätigkeiten, sondern auch durch Landwirtschaft einen Teil des Lebensunterhalts verdient) noch von ihr erwartet wurden. Das Geldproblem taucht daher in familiären und ehelichen Konflikten an exponierter Stelle auf. Von der Handwerkerfrau wurde erwartet, daß sie mit dem, was ihr Mann ihr gab, effektiv wirtschaftete und - auch durch die Bewirtschaftung von Acker- und Gartenland - die Ernährung von Mann, Kindern, Magd und Gesellen sicherstellte. Sie hatte also eine wichtige selbständige Position im Haushalt, sie machte das Budget, und der reibungslose Ablauf der Geschäfte hing von ihr ab, wenn sie nicht nur für die Gesellen sorgte, sondern oftmals auch den Warenverkauf übernahm. Im Handwerkerhaushalt gab es den Zwang zur Rollenergänzung; ohne die Mitarbeit der Frau klagten Handwerker sofort über Einkommensverluste oder gar über drohenden Ruin.[25] Doch eine effektive Mitarbeit der Frau setzte sowohl ein ausreichendes Einkommen bei stabiler Wirtschaftslage des betreffenden Handwerks als auch die Kooperation des Mannes voraus, der letztendlich über das Geld verfügte. Beides war jedoch allzu oft nicht gegeben.
Handwerkerfrauen wurden in Zeiten ökonomischer Krisen des jeweiligen Handwerks oder auch persönlicher Krisen ihres Ehemannes im Verlauf daraus resultierender ehelicher und familiärer Konflikte oftmals für die unzureichende finanzielle Versorgung der Familie verantwortlich gemacht. Bei ihnen, die in "normalen" Zeiten die finanziellen Mittel für die Versorgung von Familie und Gesinde einteilten, wurde nun der Grund für den Mangel gesucht, und es wurden ihnen Verschwendung, Putzsucht, Eitelkeit und egoistische Ausgaben unterstellt, Eigenschaften, die im Bild einer Handwerkerfrau des 18. Jahrhunderts nichts zu suchen hatten und vor denen eindringlich gewarnt wurde:
"hat sie die Ausgaben unter Händen/ O wehe dem Geld!

---

23 Beispielsweise das Brautschatzinventar der Margarethe Catharina Lotze von 1741 (UnivA Gött., Gerichtsakten, E, XXXVIII).

24 So bei Anna Maria Heße, geborene Jünemann, die 1711 heiratete; ihr Haus wurde jedoch noch 1737 unter ihrem Namen versteuert (Stadtarchiv Göttingen (StadtA Gött.), AB Collectentabelle 1737; KirchenkreisA Gött., Kirchenbuch der Gemeinde St. Marien).

25 Der Seiler Samuel Schultze fürchtete um seine Existenz und Meister Hartwig wußte nicht, wie er die Versorgung seiner neuen Gesellen gewährleisten sollte, nachdem beide von ihren Frauen verlassen worden waren (KirchenkreisA Gött., Pfarr. Johannis 347, I u. Stadtsup. 347, I; UnivA Gött., Gerichtsakten, Ac, XXXII, 2).

führest aber du die Ausgaben selbst/ so lauffen sie
dir entweder übern Beutel/ oder verkauffen dir deine<n>
Haußrath."[26]
Die Frauen werden angeklagt, Geld vom Warenverkauf für sich behalten, Kisten und Kästen des Mannes aufgebrochen und daraus Geld gestohlen oder kleinere Summen, die für das Mehlmahlen oder den Brotkauf gedacht waren, für sich ausgegeben zu haben.

Solcherart angegriffene Frauen gaben meist zu Protokoll, daß ihre Männer das wenige Geld, das sie verdienten, in den Kneipen vertranken oder gar, daß sie überhaupt keiner Arbeit mehr nachgingen und sich auch um keine bemühten, ihre Ernährerfunktion also vollkommen aufgegeben hatten. Manche Frauen sagten aus, sie hätten ihren Unterhalt zeit ihres Ehelebens selbst verdienen müssen, wie Elisabeth Maria Muhlert, deren Mann ihr seit Jahren keine Kleidung und Nahrung mehr gab, *"wesfals ich mich selbst bekostigen und kümmerlich behelfen müßen".*[27]

Die Arbeitsmöglichkeiten für Handwerkerfrauen waren die der meisten Frauen in der Stadt: Waschen, Nähen, Aufwarten, Stricken und der Dienst als Magd oder Dienstmädchen. Im glücklichsten Fall hatten sie Hauseigentum und konnten auf spärliche Mieteinkünfte hoffen. Doch in jedem Fall bedeutete das Dasein als alleinstehende, geschiedene oder verlassene Frau oder als ältere Witwe ohne Chance auf Wiederverheiratung einen sozialen Abstieg für Handwerkerfrauen, die nicht über ein höheres Vermögen verfügten. Gleiches geschah Frauen, deren Männer wegen ökonomischer Krisen oder aus eigenem Verschulden nicht in der Lage waren, ihren Betrieb lukrativ zu führen und die Ernährung von Familie und Gesellen sicherzustellen.[28] Das Ausmaß an selbständiger Frauenarbeit, in welcher Art auch immer, darf für das 18. Jahrhundert nicht unterschätzt werden.

Aus den ökonomischen Problemen in den Handwerkerfamilien ergaben sich vielfältige soziale Konflikte zwischen den Eheleuten: Der seiner ökonomischen Macht verlustig gegangene Handwerker entwickelte sich in der Familie häufig zu einem prügelnden Tyrann.[29] Eine Vielzahl von Klagen mißhandelter Ehefrauen beweist es. Oft verließen die Frauen - verbotener Weise, da eine Ehefrau obrigkeitlich dazu verpflichtet war, bei ihrem Mann zu leben und ihm zu folgen - ihre eigenen Häuser, um dem Ehemann zu entgehen. Sie wohnten entweder bei den Eltern oder zur Miete, einige fanden nur kurzzeitig Unterschlupf und zogen in der Stadt umher.[30]

Catharina Margaretha Knauf, die den Hutmacher Johann Andreas Böning geheiratet hatte und wesentlich älter als ihr Mann war, reichte 1749/50 eine Eheklage ein, nachdem sie ihren Mann verlassen hatte und zu ihrem Schwager und ihrer Schwe-

---

26 Anonym, Spiegel der regiersichtigen bösen Weiberen (Erstauflage Augsburg 1733), 1982, S.32.

27 KirchenkreisA Gött., Stadtsup. 347, I.

28 KirchenkreisA Gött., Stadtsup. 347, Dorothea Brummer, die den Seiler Samuel Schultze verlassen hatte, sagte aus: "So bin ich dahero höchst genöthiget worden, mich von meinem Ehemann Schultze hinweg zu begeben und meinen zeitlichen Unterhalt in frembder Leuthe Dienst zu suchen."

29 Rosenbaum, a.a.0., S.158f.; Rosenbaums Ausführungen werden durch das vorhandene Aktenmaterial gestützt.

30 Anna Maria Heße, geborene Jünemann, mußte ihre eigene Wohnung in ihrem Haus auf der Flucht vor ihrem gewalttätigen Mann verlassen und fand nur kurzfristig Unterschlupf bei ihren Mietern. Sie konnte trotz Anweisung aus Hannover an den Stadtrat, ihren Mann aus dem Haus zu bringen, die Räumung nicht erreichen.

ster gezogen war.[31] Zur gleichen Zeit floh die zweite Frau ihres Bruders Otto Knauf, die er geheiratet hatte, aus Göttingen und ging zurück in ihre Geburtsstadt Karlshafen. Wie sie verließen viele die Stadt für immer, da sie die Strapazen einer Eheklage nicht auf sich nehmen wollten und "gingen lieber in die Welt hinaus", als zu ihrem Mann zurückzukehren. Die junge Frau des 59jährigen Schusters und Branntweinbrenners Otto Knauf, Dorothea Elisabeth Mitternacht, hatte sich in den verworrenen Besitzverhältnissen Knaufs nicht zurechtgefunden. Sie gab an, die Zustände in Knaufs Haus seien "kein Haushalt", und sie lehnte ein solches ungeordnetes Leben zusammen mit gleichaltrigen Stiefkindern und deren Ehepartnern ab. Es gelang ihr tatsächlich, eine Ehe und Existenzgründung nach ihren Bedingungen durchzusetzen, und Knauf folgte ihr nach Karlshafen.[32]

Teilweise zwang der Magistrat ausgezogene Frauen zur Rückkehr, manchmal erteilte er jedoch nachträglich die Genehmigung für die eigenmächtige Trennung. Einige Frauen verstanden es zumindest zeitweise, innerhalb des Hauses einen Weg zu finden, um sich allzu großem Druck zu entziehen, indem sie ein eigenes Zimmer im Haus beanspruchten. Doch dies ließen die Wohnverhältnisse nicht in allen Haushalten zu. Und auch diese Möglichkeit war nur eine Lösung von begrenzter Dauer, da der Ehemann zumeist eine Klage anstrengte. Bäcker Quentin zeigte an, *"daß die Gegnerin in einem jetzigen Alter von 32 Jahren sich völlig von mir aus meiner Wohnstube entfernte, sich auf ein Zimmer in der 3ten Etage begab, daselbst sich speisen und tränken ließ"*.[33]

Für die Frauen war es schwierig, nachzuweisen, daß ihnen durch ihre Männer Unrecht getan wurde, denn grundsätzlich hatte ein Ehemann das Recht, seine Frau zu schlagen. Erst "unvernünftiges" Prügeln wurde mit einer obrigkeitlichen Ermahnung, bei Wiederholung mit Inhaftierung gestraft. Das Bild von der herrschsüchtigen und "nach den Hosen trachtenden" Frau war gegenwärtig und wurde durch die den Mann prügelnde Ehefrau verkörpert. Dieser "verkehrten" Welt glaubte man sich durch harte Strafen für körperliche Gewalt von Frauen sowie durch die Erlaubnis, die Ehefrau zu schlagen, erwehren zu können.[34]

Dementsprechend drastisch mußten die Schilderungen einer Frau sein, die ihre Eheklage auf Mißhandlung gründete. Catharina Margaretha Böning, geborene Knauf, gab an, ihr Mann trinke und fange dann an, sie zu schlagen. Sie zeigte dem Gericht die Spuren der Prügel und berichtete, daß sie Johann Andreas Böning in letzter Zeit häufiger auf die Wache bringen lassen mußte. Doch schließlich sei sie aus dem Haus geflohen und habe später ihre Möbel herausgeholt. Ihre Nichte sagte aus, das Haus Bönings sei nun ganz leer von Möbeln, und sie habe Böning während einer vierzehntägigen Krankheit pflegen müssen. Zwar sei es zwischen den Eheleuten nach dieser Krankheit zu einem neuerlichen Versöhnungsversuch gekommen, und die Frau habe sich bei einem Meister um Arbeit für ihren Mann bemüht. Doch habe schon kurz darauf der Streit wieder begonnen; die Frau habe fliehen müssen.

---

31 KirchenkreisA Gött., Stadtsup. Albani 347.

32 KirchenkreisA Gött., Stadtsup. 347, I und StadtA Gött., AB Collectentabellen 1744 und 1750.

33 KirchenkreisA Gött., Stadtsup. 347, VI.

34 Siehe dazu auch Natalie Zemon Davis, Humanismus, Narrenherrschaft und die Riten der Gewalt, Frankfurt/ M. 1987.

Um ihre Klage zu stützen, brachte Catharina Margaretha Knauf auch die Gottlosigkeit ihres Mannes zur Sprache, der nicht zur Kirche und zum Abendmahl ginge. Ihr Mann wehrte sich mit dem Argument, er habe nicht dorthin gehen können, da er beständig mit ihr im Streit gelebt habe. Sie habe sogar nach dem Abendmahl Streit angefangen. Schließlich ging er zur Gegenoffensive über und verlangte von seiner Frau Kostgeld, da sie *"ihr Brodt nicht verdienet"*.[35]

"Nachdem es nun mein Zustand nicht leidet, auf denselben länger vergeblich zu warten"[36] - Das große Problem des "böswilligen Verlassens" im 18. Jahrhundert

Die weitaus häufigste Form, sich einer ungeliebten Ehe oder unerträglichen ökonomischen Verhältnissen zu entziehen, war auch im Handwerk die "Desertion" oder "böswillige Verlassung". Zumeist Männer waren es, die heimlich ihre Familie und ihre Werkstatt für immer verließen. Viele zog es zu den Soldaten, einige wanderten aus, von den meisten wurde niemals bekannt, wohin sie gegangen waren. Die zahlreichen so verlassenen Frauen brachten sich und ihre Kinder durch eigene Arbeit mühsam durch. Dorothea Schröder, geborene Eddigehausen, deren Mann Heinrich Anthon Schröder als Soldat nach Utrecht gezogen war, schrieb ihm 1783: *"Ich <habe> eine große Last gehabt und mein Zeug zur Versetzung im Hause laßen müßen, den ich habe daß Kind da, und habe alles verkauffen müßen, was ich gehabt."*[37]

Viele Frauen wollten sich nach Verlauf einiger Jahre wieder verheiraten und erhoben Klage auf Scheidung wegen Desertion. Diese Desertionsprozesse waren unkomplizierter und kürzer als andere Scheidungsklagen und verliefen meist erfolgreich.

Frauen und Kirche

Die Religion spielte auch im Leben von Frauen aus dem Handwerkermilieu eine große, oft bestimmende Rolle. Die Kirche nahm eine zentrale Position bei Geburt und Taufe, beim Unterricht, der vorrangig in Katechismuslehre bestand, bei Verlobung und Eheschließung sowie bei der Bestattung für sich in Anspruch. Die Kirche konnte zu Beginn wesentlicher Lebensabschnitte ihre Zustimmung geben oder sie verweigern. Handwerkerfrauen traten als geehrte Witwen von Kirchenvorstehern auf, denen man ein Begräbnis unter ihrem Stuhl in der Kirche zugestand, Frauen spendeten oder kauften sich in ein Hospital ein. Arme Witwen wohnten in den Witwenhäusern der Gemeinden und erhielten Almosen.[38]

---

35 KirchenkreisA Gött., Stadtsup. Albani 347.

36 KirchenkreisA Gött., Stadtsup. 347, II, Desertionsklage Ebert-Gerillt.

37 KirchenkreisA Gött., Pfarr. Jacobi 347.

38 KirchenkreisA Gött., Stadtsup. 347; die Kirchenbücher der 6 Göttinger Gemeinden im 18. Jahrhundert; StadtA Gött., AB Collectentabellen.

Doch die Vertreter der Kirche spielten auch bei der Sanktionierung von abweichendem Verhalten eine große Rolle. Sie waren federführend in der Kommission, vor der Eheklagen verhandelt wurden, aber sie hatten auch in ihrer Eigenschaft als Gemeindepfarrer verschiedene Mittel zur Hand, um "Unmoral" zu strafen. Der Ausschluß vom Abendmahl sowie die Verhängung der Kirchenbuße waren hierbei zwei wichtige Instrumente. Ganz gezielt konnten sie auch Gemeindemitglieder aus ihrer Gemeinde vertreiben, da ihnen die weltliche Obrigkeit als ausführende Gewalt zur Seite stand. Oftmals waren Frauen die Opfer dieser rigorosen und sie eindeutig benachteiligenden Politik. Sie waren es zumeist, die mit ihren Kindern die Wohnung verlassen oder öffentlich Kirchenbuße ableisten mußten; gegen Ende des 18. Jahrhunderts wurden sie gezielt der Stadt verwiesen und ihrer Existenzgrundlage beraubt.[39] Nur selten traf es die Väter der nichtehelichen Kinder.
Auch bei Eheklagen wurde aus einer Klägerin nicht selten eine Beklagte. Selbst in Fällen von schwerer Mißhandlung versuchten der Pfarrer oder die Kommission aus geistlichen und städtischen Vertretern zumeist, die Aufrechterhaltung der Ehe mit allen Mitteln durchzusetzen und mahnten die Klägerinnen, nicht selbst zu dem "Widerwillen" beizutragen, der zwischen den jeweiligen Ehegatten entstanden war. Im Falle des 1758 verhandelten Ehekonfliktes zwischen Johann Daniel Schepeler und seiner Frau Catharina Margaretha Iesengardt wird dies besonders deutlich. Den Gerüchten nach, so heißt es, führe er eine unfriedliche Ehe und sein Prügeln solle die Ursache sein, daß seine Frau vom Schlage gerührt worden ist. Letztlich wird die Ehefrau ermahnt, ihren Mann nicht zu provozieren.[40]
Die Kirche bemühte sich, den Lebensweg der Ehepaare und Familien zu begleiten und zu überwachen, und wenn es zu "unsittlichen" Abweichungen kam, strafend einzugreifen. Doch oft blieb sie erfolglos, und es kam immer wieder zu "wilden Ehen" auch im Handwerkermilieu, die über Jahre Bestand hatten und unangefochten waren.[41] Manchmal konnte der Vertreter der Kirche erst am Sterbebett der "Abweichler" etwas erreichen, wie bei Catharina Holborn, der Frau des Knochenhauers Christoph Krische, deren vier Töchter nichteheliche Kinder bekamen. In ihrem Sterbeeintrag heißt es 1671:
"sie war in 8 Jahren nicht zur Kirchen auch nicht zum Abendmahl des Herrn gewesen doch aber etliche Tage vor ihrem Ende hat sie deßhalb noch bereuhet und empfangen."[42]

---

39 Beredtes Zeugnis hiervon legen die detaillierten Aufzeichnungen des Göttinger Pastors Wagemann ab (KirchenkreisA Gött., Pfarr. Marien 343).
40 KirchenkreisA Gött., Stadtsup. Marien 314.
41 Beispielsweise das Konkubinat des Bäckers Töpfer mit Dorothea Wilhelmine Elisabeth Kruse (KirchenkreisA Gött., Pfarr. Johannis 347), oder die wechselnden Partnerschaften der Bäckerswitwe Dorothea Catharina Schelper (KirchenkreisA Gött., Stadtsup. 347, II).
42 KirchenkreisA Gött., Kirchenbücher der Gemeinde St. Jacobi.

Sylvia Möhle

"Weilen sie noch jung von Jahren und dergleichen Sachen nicht recht verstanden habe ..." Zur Situation lediger Mütter in den unteren sozialen Schichten im 18. und 19. Jahrhundert am Beispiel der Wäscherin Eleonore Lange und anderer alleinstehender Frauen

Im Sommer des Jahres 1786 erhob die Wäscherin Eleonore Lange Einspruch gegen das Aufgebot des Stallbediensteten Christian Blase in der Göttinger Jacobikirche: Blase habe sich lange Zeit von ihr verköstigen und sich die Wäsche waschen lassen, und er habe ihr schließlich die Ehe versprochen.

Eleonore Lange war zu diesem Zeitpunkt 45 Jahre alt und hatte fünf nichteheliche Kinder zur Welt gebracht. Sie war im Juni 1786 Großmutter geworden, als ihre Tochter Anna Louise einen nichtehelichen Sohn geboren hatte, dessen Vater ein Jurastudent war.

Als Eleonore Lange ihre Beschwerde gegen die geplante Verehelichung Christian Blases vorbrachte, erklärte ihr der Superintendent Luther, daß das Eheversprechen Blases ungültig sei, da es nicht, wie rechtlich erforderlich, vor zwei Zeugen erfolgt war. Luther ließ darüber hinaus deutlich seine Zweifel daran erkennen, daß es überhaupt ein solches Versprechen gegeben hatte. Eine Frau mit mehreren nichtehelichen Kindern hatte einen derart schlechten Ruf, daß man sich nicht vorstellen konnte, sie könne einen geeigneten und willigen Ehepartner finden. Eleonore Lange hatte gern heiraten wollen, doch war sie bisher jedesmal enttäuscht worden. Luther berichtete später, sie habe vor einigen Jahren schon einmal einen anderen Stallknecht, von dem sie schwanger war, *"durch Essen und Trinken an sich gezogen"*. Sie hatte auch für Christian Blase nicht nur gewaschen, sondern *"hat ihn oft des abends mit Essen bewirthet; aber ohne daß er es gefordert hat"*. Die Mutter Blases ging in einem Brief an den Superintendenten sogar so weit, zu behaupten:

"Diese benahmte Langin aber sich bey dieser Gelegenheit seiner anmaßet, und ihm durch Zwangsmittel die selbsten angebrachten Spasreden vor Ernst ausleget, dahin zu vermögen sie zu heyrathen."

Der Einspruch Eleonore Langes gegen Blases anderweitige Verheiratung wurde abgelehnt.[1]

So wie ihr ging es zahllosen Aufwärterinnen, die für Tagelohn in die Häuser wohlhabenderer Bürger oder zu Studenten gingen, um zu putzen und die Betten zu machen; Näherinnen, die - angefeindet von der ohnehin überbesetzten Schneidergilde - für wenig Geld Flickarbeiten annahmen; Wäscherinnen, die, manchmal auf das Waschen von Seide spezialisiert, generell jedoch kümmerlich bezahlt wurden; Trödlerinnen aller Art, die den größten Teil des städtischen Kleinhandels kontrollierten; und schließlich Mägden, Spinnerinnen und Tagelöhnerinnen, um nur die wichtigsten der zahlreichen von Frauen ausgeübten Tätigkeiten zu nennen.

Ihre Versuche, die Männer, welche ihnen die Ehe versprochen hatten und deren Kinder sie zumeist aufziehen mußten, zur Einlösung ihres Versprechens zu bewe-

---

1 Kirchenkreisarchiv Göttingen (KirchenkreisA Gött.), Pfarr. Jacobi 347.

gen, scheiterten meist. Das Bild dieser Frauen in den Quellen, die ausnahmslos von Männern verfaßt worden sind, sowie in zeitgenössischen Reisebeschreibungen und der neueren Literatur zu Göttingen ist ambivalent. Johann Nikolaus Becker schrieb 1798 in seinen "Fragmenten aus dem Tagebuch eines reisenden Neu-Franken" zu der Frage, ob die Einrichtung eines obrigkeitlich kontrollierten Bordells den "Ausschweifungen" in Göttingen Grenzen setzen könne:

"Wer würde es besuchen, so lange es noch gefällige Aufwärterinnen giebt, die wohlfeiler und heimlicher zu haben sind, als die Mädchen in so einem Hause."[2]

Es wird immer wieder auf die verdeckte Prostitution hingewiesen, der vor allem die Aufwärterinnen nachgegangen seien, und auf die Absicht dieser Frauen, sich durch eine Eheversprechungsklage eine Entschädigungszahlung zu verschaffen. Ihre Klagen vor Gericht sprechen jedoch in erster Linie von Hoffnung auf eine Verehelichung, von Unwissen und Verführung, von Nötigung und Vergewaltigung, und erst in zweiter Linie auch von Berechnung. Allerdings konnte die sogenannte "Satisfaktion", die im Falle einer Ablehnung einer rechtlich begründeten Forderung nach Eheschließung durch den Mann zu zahlen war, im 18. Jahrhundert für eine Frau die Grundlage für eine Existenzgründung und Heirat darstellen und sie - trotz des vorhandenen nichtehelichen Kindes - als Ehepartnerin attraktiv werden lassen. Die Hoffnung auf eine solche Zahlung konnte natürlich nur bei einem zahlungskräftigen Mann in Erfüllung gehen, und so finden sich in den Kirchenbüchern häufig falsche Angaben über den angeblichen Vater. Meist wurde ein Student adliger Herkunft ausgewählt; diese Gruppe stellte allerdings, neben den Handwerksgesellen und Soldaten, auch die meisten der wirklichen Väter nichtehelicher Kinder.[3] Oft wurde dem Pastor der betreffenden Gemeinde später von der Frau der wahre Vater genannt. Doch auch Scham und Furcht lagen solchen falschen Angaben zugrunde: Frauen gaben phantasievolle Namen von imaginären Grafen und Baronen zu Protokoll, die angeblich die Stadt verlassen hatten.

Berechtigte Hoffnungen auf eine Eheschließung konnten ohnehin nur die Frauen hegen, die sich mit einem "standesgemäßen" Partner eingelassen hatten. Manchmal kam es zu einer Zwangstrauung, wie beispielsweise 1742 in der Johannisgemeinde:

"Den 14. August sind ein Paar Leute auff der Deputations Stube copuliret worden, als Johann Conrad Gehle und Anna Maria Stephan, welche aber vorher von diesen Menschen ist geschwängert worden, weil er sich dann geweigert dieselbe zu heyrathen, ist er nach Anklage auff den Carzer gesetzet worden, darauff er sich denn resolviret dieselbe zu nehmen, welches also denn vor der gantzen Deputation geschehen ist."[4]

Solche Formen des Eheschließungszwanges gab es noch in der ersten Hälfte des 18. Jahrhunderts. Mit zunehmenden sozialen Problemen Ende des 18. Jahrhunderts und

---

2 Johann Nikolaus Becker, Fragmente aus dem Tagebuch eines reisenden Franken, nach der Erstausgabe von 1798 neu herausgegeben von Wolfgang Griep, Bremen 1985, S.139ff. (= Kleine Bibliothek der Aufklärung Bd.1); Stefan Brüdermann, Göttinger Studenten und akademische Gerichtsbarkeit im 18. Jahrhundert, Göttingen 1990 (= Göttinger Universitätsschriften A, Bd.15). Stellvertretend für andere Reisebeschreibungen sei hier genannt: Johann Nikolaus Becker.

3 Irma Freise, Geburten von unehelichen Studentenkindern in Göttingen von 1739 bis 1852, in: Quellen zur Genealogie 4, 1979, S.431-471; KirchenkreisA Gött., Kirchenbücher der 6 Göttinger Gemeinden.

4 KirchenkreisA Gött., Kirchenbuch der Johannisgemeinde, Trauungen 1742.

Abb. 4: Öffentliche Auspeitschung "unehelicher Mütter". Radierung von D. Chodowiecki, 1782

in der ersten Hälfte des 19. Jahrhunderts kam es jedoch zu einer stärkeren Berücksichtigung der materiellen Grundlagen für eine Familiengründung. Entsprechend wurden Heiratsverbote ausgesprochen, und die Nichtehelichenquote stieg an.
Waren die Unterschiede in der Herkunft eines Paares zu groß, wurde einer Klage auf Einlösung eines Eheversprechens erst gar keine Chance eingeräumt. Der Student Nikolaus Fleischmann kommentierte die Eheversprechensklage einer Witwe - bei der er vier Monate kostenlos gewohnt hatte - gegen ihn mit den Worten:
"Nachdem ich zufälligerweise die Klägerin auf dem Schützenhofe zu Nikolaus Berg angeredet, both sie sich bey mir zur Wäscherin an ... <sie hat> hierdurch alle mögliche Gelegenheit gesucht, mich zu verführen, ... und wie sie zu hoffen wagte, wohl gar zu heirathen. ... Da ich auch Vater und Mutter habe und deren Consens überall steht, solche auch mich hierher geschickt haben, um etwas zu lernen, nicht aber eine Wäscherin zu heiraten, so fände auch, blos aus diesem Grunde, die Klage nicht statt."[5]
Nur eine Alimentenklage und Forderung nach Erstattung der Kindbettkosten sowie "Satisfaktion" hatten in einem solchen Fall Aussichten auf Erfolg, und auch hier mußte eine Frau den Beweis erbringen, daß der Beklagte der Vater des Kindes war und sie keinen anderen Liebhaber gehabt hatte. Durch diese Beweispflicht konnten sich viele Männer einer Verantwortung entziehen, aber auch durch einen Eid konnten sie sich von den drohenden Verpflichtungen befreien.
Bis zur Errichtung des Accouchierhauses 1751 waren Frauen vor der Geburt eines nichtehelichen Kindes häufig gezwungen gewesen, die Stadt zu verlassen, da niemand sie aufnehmen und ihnen beistehen wollte. Aufwärterinnen und Mägde rekrutierten sich ohnehin meist vom Lande, hatten in der Stadt keine Verwandten und verloren bei Schwangerschaft häufig ihre Stellung oder konnten keine Tagelöhnerinnenarbeit mehr verrichten. So finden sich in den Kirchenbüchern der umliegenden Dörfer immer wieder Eintragungen wie diese:
"d. 11t Martii ein unehlig Kind gebohren von einer Menschen nahmens ... aus Göttingen zu uns gelauffen kommen, da es denn Hauß bey Hauß gegangen es aber kein Mensch wolte einnehmen, hatte sich endlich der Ehrl. Christoff Bornemann u. seine Tochter Agnesa erbarmen laßen es eingenommen, da es in großer Noth sogleich des Kindes genesen ist, u. zwar ein klein Mädgen dazu sind erbethen 28 gevattern ... ."[6]
Das Accouchierhaus bot Abhilfe für Frauen, die durch ihre Schwangerschaft in akute Not geraten waren. Gerade Frauen, die vom Lande stammten, nahmen das Angebot, bis zur Geburt dort zu wohnen und für geringes Entgeld arbeiten zu können, gern an. Als Gegenleistung mußten sie als Studienobjekt für die Medizinstudenten zur Verfügung stehen. Gegen Ende des 18. Jahrhunderts allerdings wurde wegen der in die Höhe schnellenden Ausgaben der Armenkasse eine rigorose Ausweisungspolitik verfolgt, die ledigen Müttern auferlegte, die Stadt bereits kurz nach der Geburt zu verlassen, wenn sie nicht aus Göttingen stammten. Manche konnten einer solchen Ausweisung und damit dem endgültigen Verlust ihrer Arbeitsmöglichkeiten in der Stadt entgehen, sofern sie genug verdienten, um ihr Kind auf dem Land "in Kost" zu geben; für andere Kinder übernahmen wohlhabendere Bürger eine Art

5 Universitätsarchiv Göttingen (UnivA Gött.), Gerichtsakten Af XXXV.
6 KirchenkreisA Gött., Kirchenbuch der Gemeinde Roringen, Taufen 1715.

Bürgschaft, die sicherstellen sollte, daß das Kind nie der Armenkasse zur Last fallen würde. So versprach beispielsweise der Corporal Johann Heinrich Hengst vor Zeugen am 15. Juni 1797, das Kind der Dienstmagd Marie Reuter bei Verpfändung seines Hab- und Gutes bis zum 14. Lebensjahr zu versorgen. Marie Reuter war von einem Bedienten schwanger geworden, und kurz nach der Geburt ihres Kindes wollte man ihre Aufenthaltserlaubnis nicht verlängern; ihr drohte die Ausweisung. Im seltensten Fall ist jedoch verzeichnet, daß der tatsächliche Vater für sein Kind aufkam. Oft waren auch die Männer so arm, daß sie die Kosten von einigen Talern pro Monat gar nicht aufbringen konnten.[7]

Um weiterarbeiten zu können, auch wenn sie das Kind nicht weggeben konnten, fanden Göttingerinnen auch noch andere Lösungen. So lebten in einigen Fällen mehrere ledige Mütter zusammen in einem Haus und konnten sich bei der Kinderbetreuung beistehen.[8]

Im 19. Jahrhundert erfuhr die Nichtehelichkeit gewissermaßen einen Bedeutungswandel. Die Heiratsverbote durch die Obrigkeit, die zu zahlenden Gebühren und die oftmals fehlende Mitgift, die eine Eheschließung verhinderten, führten zu zahlreichen Partnerschaften ohne kirchlichen und obrigkeitlichen Segen, wobei die Kinder nicht ausblieben. Oft wurde erst nach der Geburt des dritten oder vierten gemeinsamen Kindes geheiratet; die illegitimen Kinder wurden bei der Eheschließung durch gemeinsame Willenserklärung der Eltern legitimiert. Doch die Zahl der allein lebenden, für sich und oftmals für nichteheliche Kinder sorgenden, arbeitenden Frauen war sowohl im 18. als auch im 19. Jahrhundert sehr hoch.[9]

---

7 Jürgen Schlumbohm, Ledige Mütter als "lebendige Phantome" - oder: Wie die Geburtshilfe aus einer Weibersache zur Wissenschaft wurde, in: Göttingen ohne Gänseliesel, hrsg. von Kornelia Duwe u.a., Göttingen 1988, S.150-163; J.-L. Brockmann, Das Ärgernis - ein Lehrstück zur Sozialgeschichte der "armen Weibspersonen" in der zweiten Hälfte des 18. Jahrhunderts, in: A. Kniel (Hrsg.), Sozialpädagogik im Wandel, Kassel 1984, S.13-37; KirchenkreisA Gött., Pfarr. Marien 343.

8 Stadtarchiv Göttingen, Altes Aktenarchiv (AA) Zählungen, Volkszählung 1763 und 1795.

9 KirchenkreisA Gött., Kirchenbücher der Göttinger Gemeinden aus dem 19. Jahrhundert.

Silke Lesemann

"Frauenzimmer wie die Borchers ..." Hebammen in Hildesheim [1]

Der Beruf der Hebamme ist einer der ältesten traditionellen Frauenberufe.[2] Er ist auf das engste mit dem Leben und der Gesundheit von Frauen verbunden. Deshalb mögen wesentliche Veränderungen auf diesem Gebiet für Frauen ungleich wichtigere historische Zäsuren bedeuten, als manch eine politische Entscheidung, Entwicklung und Veränderung, die gemeinhin in der Weise interpretiert wird, daß sie für die Geschichte "der Menschen" - also für Mann und Frau gleichermaßen - zentrale Gültigkeit beansprucht.
Die Betreuung schwangerer Frauen, die Geburtshilfe und die Pflege von Neugeborenen verlangen ein hohes Maß an Verantwortlichkeit und Umsicht sowie ein enormes Wissen über die Vorgänge im weiblichen Körper. Dieses Wissen wurde jahrhundertelang gewissermaßen als "Traditionsgut" und Teil der Volksmedizin von erfahreneren Frauen weitergegeben. Eine Entwicklung zur Institutionalisierung der Geburtshilfe gab es erst im ausgehenden Mittelalter.

Eine neue Zeit bricht an

Im Spätmittelalter begannen sich die Stadtverwaltungen des Hebammenwesens anzunehmen. Man behandelte Hebammen quasi als städtische Angestellte. Ebenso wie alle anderen Personen, die in Hildesheim in städtischen Diensten standen, mußten sie einen Eid schwören.[3] Die Hebammeneide regelten Ausbildung und Verantwortlichkeiten der Hebammen. Der älteste Hebammeneid stammt aus Koblenz vom Beginn des 14. Jahrhunderts.[4] Der älteste Hildesheimer Hebammeneid ist um 1460 entstanden.[5] Ausdrücklich wurde eine gewisse Ausgeglichenheit der Hebamme verlangt. Der Eid betonte ihre Sorgfaltspflicht für alle Frauen, egal aus welcher gesellschaftlichen Schicht sie stammten. Damit nicht nur sozial besser gestellte Frauen sich eine Geburtshelferin leisten konnten, wurde der Hebammensalär je nach Besitzstand der Hilfesuchenden abgestuft.
Bis etwa 1600 war es üblich, die Geburt eines Kindes mit einem sogenannten "Kindbetthof" oder "Wochenfest" zu feiern, das ausschließlich von Frauen besucht wurde. Kindbettfeiern stellten somit ein wichtiges Element einer eigenständigen

---

1 Dieser Text ist die leicht veränderte und gekürzte Fassung meines Aufsatzes "... von denen Zufällen der Weiber". Zur Geschichte des Hebammenwesens in Hildesheim vom 15. bis zum 19. Jahrhundert, in: Alt-Hildesheim, Jahrbuch für Stadt und Stift Hildesheim, Band 62/1991, S.115-126.

2 Beruflich tätige Hebammen gab es in Deutschland etwa seit dem frühen Mittelalter. Vgl. Elseluise Haberling, Beiträge zur Geschichte des Hebammenstandes. 1. Der Hebammenstand in Deutschland von den Anfängen bis zum 30jährigen Krieg, Berlin 1940, S.12.

3 Sogar die in städtischen Diensten tätigen Schweinehirten mußten einen Eid schwören. Vgl. Johannes Gebauer, Geschichte der Stadt Hildesheim. 2 Bde., Hildesheim und Leipzig 1924. Nachdruck Hildesheim 1977, Bd. 1, S.188.

4 Haberling, a.a.O., S.31.

5 Urkundenbuch der Stadt Hildesheim. Hrsg v. Richard Doebener, Bd. 7, S.614, Nr. 946.

weiblichen Kultur dar. Anwesend waren dabei außer der Wöchnerin die Hebamme, Patinnen, Freundinnen und weibliche Verwandte. Diese Feste waren recht ausgelassen und üppig. Es wurde gegessen und getrunken, gefeiert und gelacht. Der Hildesheimer Bürgermeister Joachim Brandis d.J. berichtete über die Anwesenheit von zehn Frauen noch in der gleichen Nacht, als seine "Hausfraw" Anna Kleineberges 1583 eine Tochter zur Welt gebracht hatte. Zu Essen gab es Äpfel, Beeren, Honigkuchen, Hamburger und Hildesheimer Bier. Zur Tauffeier hatten die Brandis Gäste für zwei Tische geladen. Ihnen wurde aufgetragen: Braten von Reh, Hasen, Kalb, Rind, Lamm und Geflügel, Hirschfleisch, Mandeln, Kuchen, Nüsse, Äpfel und Beeren.[6] Übrigens bekamen die Hebammen nach der Geburt etwas Geld zugesteckt.[7]
Nachdem seine erste Frau 1585 verstorben war, heiratete Joachim Brandis d.J. ungefähr ein Jahr später erneut. Diese Frau gebar 1590 einen Sohn. Am Kindbett wachten bei der Wöchnerin zwölf Frauen. Die Frauen wurden bewirtet mit:
"... win von Candia, ipenkras <Gewürzwein>, reinschen win und hildensheimsch bier. Den morgen umme 3 slegen gingen de fruwen weg."[8]
Bei der ersten Feier hatte man für drei Tische Gäste geladen. Man reichte drei Gänge: 1. Hasenbraten und gebratene "boitlings" Keule, frische grüne Forellen und Rindfleisch; 2. Schweinebraten, "heckede drogen af" gesottenes Kalbfleisch; 3. Kälberbraten, Hasenwildbret und "boitlings"-Fleisch. Als Beilagen wurde "Krevede", Käse, Butter, Zucker, Kuchen serviert. Dazu tranken die Gäste Wein, Einbecker Bier und "goslarschen Kroich".
Ein weiterer Tisch, an dem ausschließlich Frauen saßen, befand sich in dem Schlafzimmer bei der Wöchnerin und dem Neugeborenen.[9]
Der Obrigkeit waren diese ausgelassenen, kostenintensiven Feiern ein Dorn im Auge, da sie einem "demütigen" und christlichen Lebenswandel, auf den man nach der Reformation in Hildesheim besonderen Wert legte, widersprachen.[10] Um 1600 wurden aller Orten Verordnungen erlassen, die die Teilnehmerzahlen, die Dauer des Vergnügens und die gereichten Speisen bei Taufen, Hochzeiten und auch Begräbnissen reglementierten.[11] Der Hildesheimer Dechant Johan Oldecop schrieb über das Verbot ausgelassener Festlichkeiten im Jahr 1571:
"Dar wart ok vorboden, wen de kleinen kindere gedoft werden, so scholde des kindes vadder de fruwen to hus gan laten und de kindelbedeschen und ore man mit wine und unkost nicht besweren."[12]
Das Beispiel der Familie Brandis zeigt allerdings, daß die Liebe zu üppigen Festen größer war als die Treue zu den Gesetzen. In weniger aufwendiger Form feiert man ja noch heute Geburt und Taufe.

---

6 Joachim Brandis' des Jüngeren Diarium. Ergänzt aus Tilo Brandis' Annalen. 1528-1609, hrsg. v. Max Buhlers, Hildesheim 1902, S.195.

7 Ebd. S.61.

8 Ebd. S.276.

9 Ebd. S.277.

10 Siehe Polizeiordnung vom 13.5.1651, in: Jacob Phillip Hillebrandt (Hrsg.), Sammlung Stadt-Hildesheimscher Verordnungen, Hildesheim 1791.

11 Zahlreiche Beispiele für derartige Verordnungen im Stadtarchiv Hildesheim (StAHi), Best. 100, Nr. 173/11, I und II. Überregionale Beispiele bei Haberling, a.a.O., S.72.

12 Chronik des Johan Oldecop, hrsg. v. Karl Euling, Tübingen 1891, S.665.

Abb. 5: Ein Kindbettschmaus. Holzschnitt aus dem zweiten Viertel des 16. Jahrhunderts

Die Städte hatten in einer Zeit, als Männer - auch Ärzte - üblicherweise den Geburten fernblieben, und somit die Geburtshilfe und ein Gutteil der Verantwortung, daß die Nachkommenschaft gesund zur Welt kam, fast ausschließlich in den Händen der Hebammen lag, ein besonderes Interesse, sich deren Loyalität zu versichern. Die frauenheilkundliche Kompetenz lag ganz bei den Frauen. Deshalb gelang es den Städten nur mittels der Hebammenordnungen, eine Kontrolle über das Verhalten und das Wissen der Geburtshelferinnen zu erlangen. Häufig wurden die Hebammen als Komplizinnen der Schwangeren, insbesondere der Abtreibungswilligen gesehen. Die Hebammen waren daher verpflichtet, Frauen anzuzeigen, die sie einer Abtreibung verdächtigten. Meldepflichtig waren darüberhinaus uneheliche Geburten. Die Mütter mußten unverzüglich nach dem Namen des Kindsvaters gefragt werden, denn da die Armenfürsorge in den Händen der Stadtverwaltung lag, hatte diese kein Interesse, für verarmte Frauen und deren uneheliche Kinder aufzukommen. Diese Entwicklung mag zur Folge gehabt haben, daß die Hebammen auf lange Sicht einen Vertrauensverlust hinnehmen mußten. Die Hebammenordnungen zerstörten tendenziell das Vertrauensverhältnis zwischen der Schwangeren und der Hebamme, insbesondere dann, wenn es sich um eine Schwangerschaft handelte, die auf ein verbotenes Liebesverhältnis zurückging. Und dazu zählten lange Zeit uneheliche Beziehungen, die mit schweren Strafen geahndet wurden.
Es wäre verfehlt, wenn man die Hebammen in ihrer Funktion als Stadtangestellte lediglich als verlängerten Hebel der ratsherrlichen Disziplinargewalt sehen würde. Da sie verpflichtet waren, jeder Frau - ob arm oder reich - zu helfen und diese Hilfe unter allen Umständen zwingend war, war die Wirkung der Vereidigung, wie oben ausgeführt, ambivalent.[13]
Neben den weltlichen bemühten sich auch die geistigen Instanzen um die Hebammen. So war den Hebammen in Hildesheim seit 1544 die Durchführung von Nottaufen gestattet. Die Ausübung dieser symbolträchtigen Handlung setzte allerdings seitens der Hebammen einen gottesfürchtigen Lebenswandel voraus. Analog dazu war die Kirche der Ansicht, daß die Befähigung zur Geburtshilfe eine göttliche Gnade sei.[14]

Ärzte und Hebammen - ein schwieriges Verhältnis

In Hildesheim mußten Hebammen erstmals 1684 eine Prüfung ablegen, um für den Beruf zugelassen zu werden.[15] Die Prüfung fand unter der Aufsicht eines Arztes statt, der auch über die Tauglichkeit der Probandin entschied. Obligatorisch war die Kenntnis der weiblichen Fortpflanzungsorgane vor, während und nach der Geburt. Die Anzeichen einer Schwangerschaft sollten den künftigen Hebammen geläufig sein und *"von denen Zufällen der Weiber, in und während der Schwangerschaft"* mußten sie Kenntnis haben. Es versteht sich von selbst, daß Fragen nach Methoden

---

13 Durch ihr reichhaltiges Wissen hatten die Hebammen außerdem eine wichtige Stellung bei der Prävention und Bekämpfung von Geschlechtskrankheiten und Seuchen, vgl. Haberling, a.a.O., S.64.

14 Christlicke Kerckenordeninge der Löflicken Stadt Hildenssem, in: Hillebrandt, a.a.O., S.49f.

15 Die folgenden Ausführungen beziehen sich auf die Akte im Stadtarchiv Hildesheim (StAHi), Bestand 100, Nr. 17/38.

der Geburtshilfe sowie über die Pflege der Neugeborenen gestellt wurden. Gab es Unregelmäßigkeiten beim Geburtsverlauf, so mußten sie dem Stadtphysikus angezeigt werden. Eine Anleitung für Hebammen von 1756 beschreibt ihre Tätigkeit während des Geburtsvorganges:

"1) Die Frauen auf Knien ... zur Arbeit anzustrengen, bevor sie aber gewiße Kennzeichen nicht erwecken, daß die Natur zur Geburth sich würklich anschicke.

2) Vor allen Dingen sich fleißig zu erkundigen, ob das Kind eine natürliche Lage habe; wenigstens eine solche, in welcher es vermittelst gehöriger Handgriffe kann zur Welt gebracht werden. Findet sich

3) daß das Kind wiedernatürlich liege, selbiges zuförderst, und eyn durch vergebliches arbeiten die Kräffte der Kindbetterin vertreuen, zu wenden bemüht seyn, weil sie wiedrigenfalls nach platter Dings unmöglichen Dingen sterben. Sollten sie aber,

4) nicht im Stande seyn, die Wendung zu verrichten, die Kindbetterin einsweilen ruhen zu laßen, und einen erfahrenen Chirugum zur Hülfe zu nehmen. Es können auch

5) obschon das Kind ordentlich lieget, demnach andere Hinderniße im Wege stehen, warum selbiges nicht könne gebohren werden. Selbige wegzuräumen wenn sie sich darzu außer Stande befinden, sollen sie eben sowohl gehalten seyn, einen Chirurgum zu zu ziehen und auf keinerley Weise auf eine ohngefähr oder gerathe Wohl handeln, also

6) der Gebuhrts-Hülfe gar zu lange Zeit als 2 oder 3 tage sich allein, durch aus nicht unterziehen; sondern, und weil eine gar zu verzögerte Entbindung nicht ohne Bedenklichkeit ist, den Nothstand

7) ... früh, indem das Kind noch lebet und eyn die Mutter durch übertriebenes Handanlegen an ihren Geburtsgliedern zu sehr beschädiget, von sich ziehen: damit niemand durch eitle Bestrebungen erleitet, sondern Mutter und Kind zu rechter Zeit beygesprungen werde."[16]

Nicht jede Hebamme war in der Lage, diese Anleitung selbständig zu lesen. Auf einen gewissen Analphabetismus deutet z.B. der Umstand hin, daß die Hebamme Groten mit drei Kreuzen zu unterschreiben pflegte.[17]

Verbindlich war für jede angehende Hebamme - wie schon gesagt - der Schwur eines Eides. Der aus dem Mittelalter stammende Hebammeneid galt in Hildesheim mindestens bis 1751. Da er den Eid für nicht mehr zeitgemäß hielt, schlug der Stadtphysikus F.J. Ulrich 1751 eine neue Formel mit dem folgenden Wortlaut vor:

"Da ihr als Hebammen in der Stadt Hildesheim angesetzet zu seyn begehret, so sollet ihr schwören einen Eid zu Gott, und auf seyen Heiliges Wort, daß ihr euch für allen Dinges eines Christlichen nüchternen und mäßigen Lebens-Wandels befleißigen wollet. Dabey Armen und Reichen, Verehelichten und Unverehelichten mit gutem Rath und wie euch das gelehret ist, auch mit der That und bey gleichem Fleiße und Behutsamkeit beystehen, Euch auch wo man bey tage oder Nacht Euere Hülfe begehren wird, unverzüglich hinbegeben, und euch nicht mehrern Gewinstes willen von da entfernen wollen, bis diese Geburt geendigt, und die Gebährende außer Gefahr ist. Auch solltet Ihr außer Hildesheim, in Städten, Flecken oder Dörfern

16 Ebd.

17 StAHi, Best. 101, Nr. 1296/1 "Emolumente der Hebammen. 1806".

weder zu Tage, oder zu Nacht, keine Geburths-Hülfe, ohne Vorbewußt und Genehmigung des Regierenden Herrn Bürgermeisters, verrichten.
Jede Hast, unmäßige Gefühlsäußerungen sollen unterbleiben. Denen Armen sollet ihr mit eurer Kunst umsonst dienen, bey Leuten von geringem Vermögen sollet ihr in gewöhnlichen Fällen nicht mehr als 24 Mgr. nehmen. Von Begüterten aber ohne Zudringlichkeit erwarten, wenn sie eure Mühe etwas reichlicher belohnen wollen.[18]
Eure Pflicht erfordert ferner, daß ihr für die Beförderung der ungebohrenen Kinder zur Heil. Taufe möglichst sorget, Euch auch von Eurem Beicht-Vater unterrichten laßet, auf was Art Ihr in dringenden Fällen die Nothtaufe verrichten könnt. Die Mütter unehelicher Kinder solltet ihr bestmöglichst anhalten, und zu reden, daß sie auch den Nahmen des Vaters ihres Kindes sagten. Kam unglücklicherweise eine Mißgeburt zur Welt, so sollet ihr davon kein Gespräch machen, auch solche der Mutter nicht vorzeigen, sondern nur dem zeitigen Stadtphysikus solches in der Stille melden. Sollte euch von Gerichtswegen aufgetragen werden, den Leib einer Person zu untersuchen, ob sie entweder schwanger sey; oder kürzlich ein Kind zur Welt gebohren haben, so sollet ihr das mit aller Aufmerksamkeit thun, und euch möglichst bestreben, der Obrigkeit von der näheren Beschaffenheit der Sache zuverläßigen Bericht abstatten zu können."[19]
Bei komplizierten Geburtsverläufen sollte so schnell wie möglich ein männlicher Geburtshelfer herbeigeholt werden. Falls es erforderlich sei, sollte die Kindbetterin bis zur vollständigen Genesung von einer Hebamme betreut werden.
Im Vergleich zu der spätmittelalterlichen Hebammenordnung wird der wachsende Einfluß studierter Ärzte deutlich. Ihnen gegenüber waren die Hebammen letztlich verantwortlich. Das obligatorische Hinzuziehen von Ärzten in schwierigen Fällen bedeutete einen schleichenden Kompetenzverlust und die allmähliche Entwertung von Qualifikationen für die Hebammen. Ebenso fand aber auch eine Instrumentalisierung des Hebammenwissens statt. Verdächtigte man eine Frau, ihr eigenes Kind umgebracht zu haben, so waren Untersuchungen notwendig, die zumindest bis Mitte des 18. Jahrhunderts in Hildesheim nie durch einen Arzt vorgenommen wurden. Das Abtasten der Fortpflanzungsorgane auf Anzeichen einer kürzlich stattgefundenen Geburt sowie die Brustuntersuchung auf das Vorhandensein von Milch wurden immer von einer vereidigten Hebamme vorgenommen. Ihr war es außerdem verboten, sei es einer Schwangeren bzw. einer Nicht-Schwangeren, Mittel mit empfängnisverhütender bzw. abtreibender Wirkung zu verabreichen. *"Verdächtige Personen"*, die Rat von einer Hebamme erbaten, sollten der Obrigkeit gemeldet werden, *"damit dem besondern Unheil vorgebeugt werden kann"*.[20] Hier machte sich die Obrigkeit die traditionelle Vertrauensstellung, die Hebammen trotz allem im Vergleich

18 In den Akten findet sich nur einmal der Hinweis auf die konkrete Höhe der Einnahmen einer Hebamme. Laut Ratsbeschluß vom 24.4.1786 wurde der Hebamme Groten ein jährliches Gehalt von vier Talern und zwei Maltern Korn zugestanden. Zum Vergleich: Ein Schweinehirt vor dem Oster- und Dammtor erhielt drei Malter Roggen und vier Himten Gerste. Erst 1812 wurde für Hebammen der Naturallohn völlig in Geldlohn umgewandelt. Eine Hebamme wurde von nun an mit dem marktgängigen Durchschnittspreis für zwei Malter Roggen entlohnt, was in jenem Jahr 12 Reichstalern und 20 Gutengroschen entsprach, StAHi, Best. 101, Nr. 1296/1 "Emolumente der Hebammen. 1806".
19 StAHi, Best. 100, Nr. 17/38 "Die Annahme von Hebammen (Bademüttern) und andere das Hebammenwesen betreffende Schriftstücke. 1641-1805".
20 StAHi, Best. 100, Nr. 108/15 "Das Hebammen-Wesen 1804-1889".

zu den Ärzten bei Frauen genossen, und ihr Wissen um die Vorgänge im weiblichen Körper verfügbar.

"Frauenzimmer wie die Borchers ..."

Die Tendenz zur Ausgrenzung weiblicher Kompetenz bei der Geburtshilfe wurde gegen Ende des 18. Jahrhunderts noch verstärkt, als in zahlreichen Städten Hebammenlehr- und Entbindungsanstalten gegründet wurden.[21] Seit 1803 gab es auch eine "Accouchieranstalt für werdende Mütter" für sechs bis acht Schwangere in Hildesheim, wo die städtischen Hebammen ausgebildet wurden.[22] Verantwortlich für die Ausbildung war der jeweilige Stadtphysikus. Die Accouchieranstalt war für die Hebammen eine gute Möglichkeit, ihr "Handwerk" - welches mit der Erfindung der Geburtszange ein neues und umstrittenes Werkzeug bekommen hatte - gleichermaßen am "lebenden Objekt" zu erlernen. Den überwiegend ledigen Frauen, die hier aufgenommen wurden, wurde eine weitgehend sichere Entbindung gewährleistet, die zudem kostenlos war.

Wollte sich eine Frau zur Hebamme ausbilden lassen, so mußte sie ein Gesuch an den Magistrat richten. Die meisten ausbildungswilligen Frauen waren ca. 30 Jahre alt, und ihnen war gemeinsam, daß sie aus unvermögenden Kreisen stammten - entweder waren sie Witwen, oder ihre Männer waren nicht in der Lage, den Lebensunterhalt zu garantieren. Frauen, die das 35. Lebensjahr überschritten hatten, galten als zu alt für den Beruf. Aussagen wie die folgenden können als typisch für die Biographien der Interessentinnen gelten. Die vierunddreißigjährige Ehefrau eines Schneidermeisters richtete 1843 ein Aufnahmegesuch an den Magistrat:

"Unterzeichnete ist mit ihrer Familie durch den gänzlichen Mangel an Arbeit in der Profession ihres Mannes, durch Krankheiten und große Kinderlast in die drückensten Verhältnisse gerathen und glaubt, da sie selbst acht Kinder geboren hat, sich fähig, späterhin den Dienst einer Hebamme versehen zu können, und auf diese Weise die Ihriegen der großen Noth zu entreißen; ... ."[23]

Manchmal leiteten die Bewerberinnen aus ihrer eigenen, oft von vielerlei Schicksalsschlägen geprägten Lebensgeschichte eine Eignung für den Hebammenberuf ab:

"Bei meine bereits erreichten Jahre darf ich nicht fürchten, durch eigene Wochenbette oder Wartung von Kindern in meinem Berufs Geschäfte verhindert zu werden, und ist das letzte gehabte Kind bereits der Wartung entgangen und schon im 8ten Jahre, auch bin ich Mutter von 5 lebenden Kindern geworden, habe außer diesen 2 todtgebohrene Kinder und 3 mahl einen Umschlag gehabt, mithin hiebei Gelegenheit gehabt Erfahrungen bei mir selbst zu machen, so wie ich auch bei Entbindungen anderer Frauen mehrmals Hülfe geleistet, ..."[24]

---

21 Ute Frevert, Frauen und Ärzte im späten 18. und frühen 19. Jahrhundert. Zur Sozialgeschichte eines Gewaltverhältnisses, in: Annette Kuhn/ Jörn Rüsen (Hrsg.), Frauen in der Geschichte, Bd. 2, Düsseldorf 1982, S. 177-210, S.201.

22 frz. accoucher = entbinden.

23 StAHi, Best. 101, Nr. 1295/1 "Gesuche um Aufnahme in das Hebammen-Lehrinstitut. 1835".

24 StAHi, Best. 100, Nr. 108/15 "Das Hebammen-Wesen 1804-1889".

Eine approbierte Hebamme mußte sich *"vorzüglich eines ehrbaren und christlichen Lebens, insonderheit der Nüchternheit befleißigen"*.[25] Sie sollte gesund, gelenkig und kräftig sein, nicht zu alt sein und vor allem gerade Finger und schmale Hände haben, um den körperlichen Anforderungen der Geburtshilfe gewachsen zu sein.[26]
Am folgenden Beispiel wird deutlich, nach welchen Kriterien Hebammen eingestellt wurden. Es war eben nicht ausschließlich die Qualifikation, die ausschlaggebend war, sondern mindestens gleiches Gewicht hatte der Ruf, der einer Frau vorauseilte. So war es für eine ledige Frau, noch dazu einer, die mehrere Kinder von unterschiedlichen Männern hatte, fast ausgeschlossen, in Hildesheim dem Beruf der Hebamme nachzugehen, egal wie gut ihre Zeugnisse waren.
Dorothea Borchers war vierunddreißig Jahre alt, hatte bereits in der hannoverschen Accouchieranstalt und dem renommierten Göttinger Entbindungsinstitut als Oberhebamme gearbeitet. Da sie Heiratspläne hatte, kündigte sie die gute Stellung in Göttingen. Doch aus der Hochzeit wurde nichts und nun war sie auf der Suche nach einer neuen Stelle als Hebamme. Stadtphysikus Präel äußert sich über Dorothea Borchers in einem Schreiben an den Magistrat am 18. November 1853:
"Von Hannover ist ihr ein sehr gutes, von Göttingen ein ausgezeichnetes Zeugnis ausgestellt worden und ist in letzterem als Frau bezeichnet. ...
In hiesiger Stadt indessen sind bislang nie mehr als 5 Hebammen angestellt gewesen, ..., und hat diese Zahl auch immer auf das Vollkommenste den Bedürfnissen genügt, weshalb denn auch nie Klagen über Mangel an Hülfe bekannt geworden sind.
Es hat sich sogar herausgestellt, daß sich die Thätigkeit dieser 5 Hebammen in der Regel sehr ungleich verteilte, so daß 2-3 derselben sehr viel, die andern aber kaum genügende Beschäftigung zu finden pflegten. ...
Was jedoch die Anstellung der unvereheligten Dorothea Borchers selbst als Hebamme hierselbst betrifft, so kann ich mich, trotz der guten von ihr beigebrachten Zeugnisse, keines Falls mit einverstanden erklären, denn
1. ist sie unvereheligt, eine Eigenschaft, welche ihr bey dem größten Theile des Hülfe suchenden Publicums gar sehr entgegen stehen würde,
2. ist sie aus einer Familie, deren sittlicher Ruf nicht eben sehr sauber genannt werden kann, da mehrere ihrer Schwestern bereits mehrere Kinder in hiesigen Entbindungs-Institut unehelig geboren haben und
3. endlich, was die Hauptsache ist, hat die Dorothea Borchers selbst, wenigstens 2 Kinder, das eine am 6ten December 1844 in hiesigen Entbindungs-Institute unehelig geboren.
Nach solchen persönlichen und Familien-Verhältnissen glaube ich, ..., da Leichtsinn und Unsittlichkeit bey aller sonstigen Geschicklichkeit, mit der Ausübung der Hebammenkunst durchaus unverträglich sind."
"Leichtsinn" und "Unsittlichkeit" - also die außerehelichen Schwangerschaften der Borchers - waren die zentralen Argumente für ihre Ablehnung, denn Unehelichkeit widersprach dem Ideal einer christlichen Lebensführung zutiefst und wurde sozial diskriminiert. Von einem im Sinne der Obrigkeit idealen Lebensentwurf sollte also eine gewisse Vorbildfunktion auf die Schwangeren ausgehen. Es wäre einem

25 Ebd. Auch die folgenden Ausführungen beruhen auf dieser Akte.

26 Kurzer Unterricht für die Hebammen auf dem platten Lande, Berlin 1805. Intus in vorgenannter Akte.

Affront gleichgekommen, eine Frau in einer begehrten Stellung zu beschäftigen, die durch ihr Beispiel jene Normen ad absurdum führte. Ein sozialer Aufstieg für ledige Mütter schien weder denkbar noch erwünscht.
Dorothea Borchers gegenüber erwähnte der Magistrat als Begründung für die Ablehnung ihres Gesuchs nicht diese Gründe. Man schrieb ihr, daß es in Hildesheim eine ausreichende Versorgung mit Hebammen gäbe. Sie arbeitete daraufhin einige Zeit in ihrem Beruf in Bremen und erhielt von dort das Zeugnis *"einer gewissenhaften und geschickten Dienstführung und eines in moralischer Hinsicht tadellosen Lebenswandels"*. 1855 bewarb sie sich erneut in Hildesheim. Der Magistrat war mit ihrer Anstellung einverstanden, nicht jedoch Dr. Präel. Er verwies wiederholt auf den seiner Meinung nach unmoralischen Lebenswandel der Borchers:
"Welche anständige und rechtliche Bürgersfrau, würde sich aber noch zur Erbauung und Ausübung der Hebammenkunst mit Lust und Liebe verstehen, wenn sie sehen muß, daß Frauenzimmer wie die Borchers als Hebammen angestellt werden?"
Im "Allgemeininteresse" lehnte er sie ab. Die bisherigen Arbeitgeber von Dorothea Borchers wurden über deren Lebenswandel befragt. Von der Bremer Polizeidirektion wurde ihr ein unauffälliger Lebenswandel attestiert. Der Leiter der Göttinger Entbindungsanstalt schrieb über sie:
"... sie hat stets eingezogen im Hause gelebt, sich jeglichen Umgange mit Männer fein enthalten, und ich habe sie nie weder bei Tage noch bei Nacht im Hause vermißt, was sie nur sehr selten und nie ohne meine specielle Erlaubnis verlassen hat."[27]
Zwar erfolgte die Vereidigung der Dorothea Borchers als Hebamme, doch war in ihrem Fall das letzte Wort noch nicht gesprochen. Die Landdrostei Hildesheim ließ 1856 den ganzen Vorgang erneut überprüfen. Nach Ansicht der Behörde bewies der Umstand, *"daß die Borchers zweimal unehlich geboren, dieselbe als unsittliche, leichtsinnige und damit als zur Ausübung der Hebammenkunst ungeeignete Person erscheinen läßt"*. Daher wurde der Magistrat am 27. Februar 1856 aufgefordert, das Dienstverhältnis zu kündigen, was auch geschah. Doch Dorothea Borchers überließ sich nicht kampflos ihrem Schicksal. Sie veröffentlichte in der Gerstenbergschen Zeitung im Mai 1856 ihre Zeugnisse, wohl um damit der Öffentlichkeit die Absurdität und Engstirnigkeit ihrer Kündigung zu zeigen. Im Juni des Jahres unternahm sie dann den endgültigen Schritt, um ihren Ruf wiederherzustellen und um in ihrem Beruf arbeiten zu können. Sie heiratete einen vierundsechzigjährigen Witwer. Nach all den Vorfällen drängt sich die Vermutung auf, daß es sich bei dieser Heirat vor allem um ein Zweckbündnis handelte.
"Ich habe mich inzwischen, ..., an den Witwer, Schuhmachermeister Schmidt verheiratet, dessen erste Ehefrau gleichfalls Hebamme war. Wenn nun durch meine Verheiratung auch das letzte Hindernis aus dem Wege geräumt sein dürfte, welches meiner definitiven Anstellung bislang entgegen stand ... ."
Ende Juli 1856 erfolgte die Wiedereinstellung von Dorothea Borchers, denn der Schein der Wohlanständigkeit war nun gewahrt.

27 StAHi, Best. 101, Nr. 1296/3. Hier: Schreiben des Hofrates von Siebold vom 21.12.1855.

Die Schwangeren

Die Frauen, die in der Hebammenlehranstalt entbanden, waren in der Regel ledig und unvermögend. Es gab allerdings auch eine Abteilung für "bemittelte Wöchnerinnen". Vermutlich handelte es sich bei ihnen um Bürgerstöchter, die unehelich schwanger geworden waren bzw. die Folgen einer nicht-standesgemäßen Liebesbeziehung vertuschen wollten oder mußten. In solchen Fällen war das Personal zu besonderer Verschwiegenheit verpflichtet. Unter bestimmten Umständen, die allerdings nicht näher beschrieben werden, wurde jedoch der Polizeidirektor informiert.[28]

Die hilfesuchenden Frauen waren meist Dienstmädchen. Zu Hause bei den Eltern konnten sie nicht entbinden, da diese oft selbst in größter Armut lebten. Der Direktor der Anstalt war laut Dienstanweisung ausdrücklich aufgefordert, die persönlichen Verhältnisse der aufgenommenen "Frauenspersonen" zu überprüfen. Manchmal wurde ein Gesuch abgelehnt, vor allem dann, wenn die Anmeldungsfristen von vier Wochen vor der Niederkunft nicht eingehalten worden waren. Die Dienstmagd Minna Albrecht bat 1849 um Aufnahme in die Anstalt:

"Seit mehreren Jahren habe ich bei einigen Herrschaften treu und redlich gedient, was diese mir auch alle bezeugen, kann aber jetzt, weil ich durch ein übeles Geschick in andere Umstände gekommen bin, im Dienste nicht mehr bleiben. Da ich nun bis zu meiner Niederkunft, welche vielleicht noch 8 Wochen hin ist, keinen Aufenthaltsort habe, so bitte ich Wohllöblichen Magistrat sehr dringend, mir doch einen Schein auszustellen, vermöge welches ich in die hiesige Entbindungsanstalt aufgenommen werde."[29]

Auf ärmliche Lebensumstände weisen die folgenden Gesuche hin:

"Meine hilflose Lage zwingt mich zu der dringenden Bitte bei eurem hochlöblichen Magistrat um Aufnahme in das hiesige Entbindungshaus bei meiner noch bevorstehenden Niederkunft."

"..., und lebe in größter Armuth. Dazu hat mir noch das Schicksal heimgesucht,[30] *schwanger zu sein. Es ist dieses für mich gewiß sehr hart, aber leider, da es nicht zu ändern ist, so muß ich mein Schicksal geduldig erledigen, nur mangelt es mir an Mitteln, die Kosten der Entbindung bestreiten zu können."*

"... ich habe mit dem Schneidergesellen Mundschenk, gebürtig aus Amt Lauenstein, Umgang gehabt, und fühle mich jetzt schwanger ... . Ich habe keine Eltern und Angehörigen, wobei ich Aufnahme finden könnte, und wenn auch mein Bräutigam, die redtlichen Absichten hat, mich zu heirathen, so ist doch dieses jetzt noch nicht möglich."

Die bis weit in das 19. Jahrhundert bestehende Regelung, daß nur jemand, der ausreichend "Nahrung" besaß (Besitz, Einkommen), eine Ehe eingehen konnte, kam ei-

28 Hauptstaatsarchiv Hannover (HStAH), Hild. 80 I M, Nr. 746.

29 StAHi, Best. 101, Nr. 1295/2. Auch die folgenden Zitate stammen aus dieser Akte.

30 Diese Formulierung "es hat mir das große Schicksal betroffen" o.ä. war bei etlichen Gesuchen mit derselben Handschrift geschrieben. Man kann deshalb davon ausgehen, daß viele Frauen Analphabetinnen waren, denn sonst hätten sie nicht eines bezahlten Schreibers bedurft.

nem Heiratsverbot für breite Bevölkerungsschichten gleich.[31] Deshalb konnte es passieren, wie im letzten Fall erwähnt, daß selbst heiratswilligen Personen eine Ehe verwehrt wurde. Die Folgen für die ledige Mutter und ihr uneheliches Kind spielten anscheinend keine Rolle.

Die Formulierungen der Hilfesuchenden wirken oft ungelenk und naiv. Schwangerschaft wurde als "ein übeles Geschick" angesehen, daß einer Naturkatastrophe gleich über einen hereinbrechen konnte. Man kann davon ausgehen, daß die Zusammenhänge von Sexualität und Fortpflanzung nicht jeder Frau geläufig waren.

Der für die Königliche Provinzial-Regierung zu Hannover gefertigte Jahresbericht von 1821 gibt Auskunft über die Anzahl der Hilfesuchenden. In jenem Jahr wurden 96 Schwangere von 98 Kindern entbunden. Zwei Kinder kamen tot zur Welt, fünf verstarben kurz nach der Geburt. Die jungen Mütter kamen aus der Umgebung Hildesheims, z.B. aus Sarstedt, Wirringen oder auch aus Goslar. Die Konfessionszugehörigkeit verteilte sich folgendermaßen: 61 der Frauen waren evangelisch, 32 katholisch, zwei jüdisch, eine Frau reformiert.[32] Die prozentuale Verteilung der evangelischen und katholischen Frauen entsprach ungefähr dem quantitativen Verhältnis dieser Konfessionen in der Stadt Hildesheim zueinander. Etliche Frauen kamen jedoch aus dem Umland der Stadt, wo die Katholiken in der Überzahl waren. Hieraus läßt sich mit aller Vorsicht und unter Berücksichtigung der ungenauen statistischen Angaben folgern, daß die Illegitimitätsquote bei den Protestantinnen höher war als bei den Katholikinnen.

Die Hildesheimer Entbindungsanstalt schloß 1877 ihre Pforten. Für Frauen, die auf eine kostenlose Entbindung angewiesen waren, bedeutete dies, daß sie sich auf den Weg nach Hannover oder Celle machen mußten, wo sich die nächstgelegenen Anstalten befanden.

Die Geschichte des Hebammenwesens ist die Geschichte einer erfolgreichen Verdrängung. Zwar hat die Geburtshilfe erst in den letzten 200 Jahren - eben durch Professionalisierung und allmähliche Technisierung - sichtbare Fortschritte gemacht, die sich nicht zuletzt in einer gesunkenen Mütter- und Neugeborenensterblichkeit bemerkbar machten. Doch die Wirkungen von Professionalisierung und Technisierung bleiben ambivalent. Hebammen verloren tendenziell Kompetenzen, wie überhaupt der Ausschluß von Frauen vom Medizinstudium es ihnen auf lange Zeit unmöglich machte, anerkannte, einflußreiche Positionen innerhalb der Geburtshilfe zu erlangen (noch heute gibt es unverhältnismäßig mehr Gynäkologen als Gynäkologinnen). Die fortschreitende Verwendung von Instrumenten, wie z.B. Geburtszangen, forderte insbesondere in der Anfangsphase zahlreiche Opfer, die in keiner Statistik auftauchen. Ein von vielen Frauen beklagter zu häufiger Einsatz von Technik, verwiesen sei nur auf die "programmierbare" Geburt, führte zu einem starken Interesse an Hausgeburten und "sanfter" Geburt.

---

31 Der Sinn dieser Beschränkungen lag darin, den Kreis eventueller Hilfsbedürftiger für die Gemeinden und Städte möglichst klein zu halten. "Erst 1868 gelang es, durch Reichsgesetz für den Norddeutschen Bund die polizeilichen Beschränkungen der Eheschließung aufzuheben." Ute Gerhard, Verhältnisse und Verhinderungen. Frauenarbeit, Familie und Rechte der Frauen im 19. Jahrhundert. Mit Dokumenten, Frankfurt/ M. 1981, S.116.

32 HStAH, Hann. 80 Hild. I M, Nr. 743.

Friederike Wetzorke

Dienstmädchen in Braunschweig um 1900 [1]

Dienstmädchen als handelnde Subjekte in der Geschichte aufzuspüren ist gar nicht so einfach, denn sie haben kaum eigene bleibende Spuren hinterlassen. Demgegenüber finden wir eine Menge darüber, welche Eigenschaften ein Dienstmädchen haben sollte: Herrschaften, Behörden, Pfarrer, bürgerliche Sozialreformer, Vertreter und Vertreterinnen der Arbeiter- und Frauenbewegung - sie alle unterschieden sich wohl in ihren Motiven und Zielen, wenn sie sich mit der "Dienstmädchenfrage" beschäftigten, nicht aber darin, daß die Mädchen für sie Objekte waren, die es zu erziehen und zu bilden galt.

Auch die historische Forschung hat die Dienstmädchen spät (um 1970) entdeckt, und erst in den letzten Jahren - im Zusammenhang mit Forschungen zur Frauen- und Alltagsgeschichte - wurde einerseits die sozialisatorische Bedeutung der Dienstmädchentätigkeit für ganze Generationen von jungen Frauen erkannt, andererseits versucht, an die Stelle der Fremdperspektive die Perspektive der Betroffenen zu setzen, indem ehemalige Dienstmädchen nach ihren Erinnerungen an ihre Dienstmädchenzeit gefragt wurden.

Der Beruf des "Dienstboten" war gegen Ende des 19. Jahrhunderts fast zu 100% ein Frauenberuf. Im ehemaligen Herzogtum Braunschweig waren 1895 98,5% des Dienstpersonals weiblich. 1871 waren 49,9% der weiblichen Erwerbstätigen in der Stadt Braunschweig Dienstmädchen, 23,8% Arbeiterinnen. 1895 betrugen die jeweiligen Anteile 35,3% und 41,5%, 1907 entsprechend 26,8% und 50,2% und 1925 18,6% und 36,7%.[2]

In der zweiten Hälfte des 19. Jahrhunderts war die Annahme einer Stelle als Dienstmädchen der Hauptweg der Integration junger Frauen vom Land in das städtische Erwerbsleben. Die Töchter der städtischen Unterschichten zogen - mit der Zunahme industrieller Arbeitsplätze für Frauen - das "freie" Leben der Fabrikarbeiterin vor. Verband sich für die Mädchen vom Lande mit dem Dienst im städtischen Haushalt die Hoffnung auf sozialen Aufstieg, so war umgekehrt für die Städterinnen die persönliche Abhängigkeit des Dienstverhältnisses nicht mehr akzeptabel.

Erst in den zwanziger Jahren dieses Jahrhunderts schnellten die Zahlen der weiblichen Angestellten empor, deren Anteil an den weiblichen Erwerbstätigen 1895 nur 3,8% betragen hatte, 1907 dann 10,5% und 1925 schließlich 25,8%.[3] Veränderte Arbeitsmarktverhältnisse, der endgültige Rückgang der Wanderungsbewegung vom Land in die Stadt sowie der Wandel der Hausarbeit und die Verarmung des bürgerlichen Mittelstandes, der es sich nun nicht mehr leisten konnte, als Beweis seiner Zugehörigkeit zum Bürgertum ein Dienstmädchen zu beschäftigen, führten zur kontinuierlichen Abnahme der Dienstmädchenzahlen.

---

1 Dieser Beitrag basiert auf meiner Studie über die Geschichte von Braunschweiger Dienstmädchen um 1900, zu der Interviews ausgewertet wurden: Friederike Wetzorke, "... aber ein eigener Haushalt wär' schöner." Dienstmädchen in Braunschweig um die Jahrhundertwende, Frankfurt/ M. 1988.

2 Weibliche Erwerbstätigkeit in der Stadt Braunschweig, in: Wetzorke, a.a.O., S.12.

3 Ebd.

Der Weg in den Dienst

Man stelle sich vor: Ein junges Mädchen, konfirmiert und gerade aus der Schule entlassen, kommt von ihrem Heimatdorf in die Stadt Braunschweig. Vielleicht hat es schon ein Jahr beim Gemeindepastor im Haushalt geholfen oder daheim der Mutter, indem es die kleineren Geschwister beaufsichtigte. Die Eltern schicken ihre Tochter in die Stadt, weil sie dort mehr verdienen und von dem Ersparten etwas zu Hause abgeben bzw. für die eigene Heirat zurücklegen kann, aber auch, damit sie einmal etwas "Besseres" wird.

Welche Hoffnungen oder auch Ängste mag das Mädchen gehabt haben, wenn es im dunklen Sonntags- oder Konfirmationskleid und mit dem kleinen Reisekorb auf dem Ankunftsbahnhof stand? Hat die Mutter es nicht begleitet oder wird es nicht von einer schon in der Stadt lebenden Verwandten abgeholt, so wird es wahrscheinlich von einem Agenten eines Stellenvermittlers empfangen (denen es allerdings seit 1904 verboten war, außerhalb ihrer Geschäftsräume nach Aufträgen zu suchen). Neben der Vermittlung durch persönliche Kontakte hatten nämlich die gewerblichen Stellenvermittler und -vermittlerinnen den größten Anteil am Zustandekommen von neuen Dienstverhältnissen. Da diese aber in dem Ruf standen, auf die jungen Mädchen einen schlechten Einfluß zu haben, gründeten christlich-caritativ eingestellte Büger und Bürgerinnen gemeinnützige Einrichtungen wie das Braunschweiger Mägdeheim (1888 gegründet), das sowohl Herberge war als auch Stellen vermittelte. Als im Jahr 1900 das Braunschweiger Arbeitsamt mit einem öffentlichen Arbeitsnachweis begann, waren die Dienstboten zunächst von der Vermittlung ausgeschlossen, aber schon 1901 wurde das weibliche Hauspersonal ebenfalls vermittelt. Erst nach der Jahrhundertwende nahmen sich die freien Gewerkschaften der Dienstmädchen an. Die Braunschweiger Ortsgruppe des Zentralverbandes der Hausangestellten betrieb vorübergehend eine nicht gewerbsmäßige Stellenvermittlung, deren Arbeit durch die polizeiliche Überwachung stark beeinträchtigt wurde.

Bevor es nun mit der Stellensuche begann, mußte ein Mädchen, das sich das erste Mal in den Dienst einer Herrschaft begeben wollte, den Weg zur örtlichen Polizeidienststelle einschlagen, um sich dort ein Dienstbuch ausstellen zu lassen. Diese Dienstbücher waren mit der braunschweigischen Gesindeordnung von 1832 eingeführt worden (davor hatte es lose Zeugnisse gegeben) und wurden erst 1918/19 abgeschafft. Sie enthielten Zeugnisvordrucke, wobei nach dem Namen der Herrschaft, nach der Dauer und Art der Beschäftigung gefragt wurde sowie die Treue und Redlichkeit, die Wahrheitsliebe, der Fleiß, die Ordnungsliebe und das sittliche Verhalten wahrheitsgemäß von der Herrschaft begutachtet werden sollte. Bei Minderjährigen mußte die Ermächtigung des gesetzlichen Vertreters, ein Dienstverhältnis eingehen zu dürfen, in das Dienstbuch eingetragen werden.[4]

Die Herrschaft war verpflichtet, sich bei Abschluß eines Dienstvertrages das Dienstbuch vorlegen zu lassen, um bei Minderjährigen diese Eintragungen zu überprüfen sowie feststellen zu können, ob die einzustellende Person nicht irgendwo kontraktbrüchig geworden war, ob sie überhaupt den an sie gestellten Anforderun-

4 H. v. Frankenberg, Das Braunschweiger Gesinderecht, Braunschweig 1900, S.11.

Abb. 6: Dienstmädchen auf den Ölschlägern, Ende des 19. Jahrhunderts

gen genügte. Das braunschweigische Polizei-Strafgesetzbuch drohte im Unterlassungsfall der Herrschaft eine Geldstrafe von 60 Mark oder Haft bis zu 14 Tagen an.[5] Die Dienstbücher waren also Mittel, das Wohlverhalten der Dienstmädchen zu erzwingen: Bei Kontraktbruch, d.h. vorzeitigem "unbegründeten" Verlassen des Dienstes, gab es keine Zeugniseintragung. Und ohne Dienstbuch bzw. ohne Tätigkeitsnachweis für einen bestimmten Zeitraum konnte ein Mädchen keine neue Stelle finden. Behauptete es, das Dienstbuch verloren zu haben, so wurde von behördlicher Seite schnell eine absichtliche Vernichtung unterstellt - und diese stand in Braunschweig unter Strafe (§ 4 der Gesindeordnung). Zeigte die Herrschaft den Kontraktbruch bei der Polizei an, so konnte diese das "entlaufene" Dienstmädchen zwangsweise wieder zurückführen. Auch konnte die Herrschaft der Polizei das Zeugnis der Kontraktbrüchigen übergeben, damit diese wenn möglich die Eintragung im Dienstbuch ausführte.[6]

Alltag bei der Herrschaft

Arbeiten, Wohnen, Essen, Freizeit - all diese Lebensbereiche waren für Dienstmädchen nicht deutlich voneinander getrennt. Der Arbeitstag begann in der Regel morgens um 6 Uhr und endete um 21 Uhr; er sollte (schenkt man den zahlreichen zeitgenössischen Haushaltsratgebern Glauben) gut durchorganisiert und genauestens geplant verlaufen. Die scheinbar vorhandene Vielfältigkeit der zu erledigenden Arbeiten kann aber nicht darüber hinwegtäuschen, daß es Tag für Tag darum ging, den Zustand wiederherzustellen, der zuvor dagewesen war. Die körperlich anstrengenden Arbeiten wie Feueranmachen, Teppicheklopfen oder die Erledigung der Wäsche ließen die Träume, im städtischen Haushalt etwas "Besseres" zu werden und von der bürgerlichen Hausfrau das Kochen oder feinere Handarbeiten zu lernen, platzen. Die meisten Mädchen dienten ja als Alleinmädchen, als "Mädchen für alles", was man ihnen allerdings nicht ansehen sollte, wenn sie - die Bürgerlichkeit ihrer Herrschaft unter Beweis stellend - ausnahmsweise einmal den Tee servieren durften.
Die bis 1918 geltenden Bestimmungen der braunschweigischen Gesindeordnung von 1832 (1900 in einigen Punkten dem Bürgerlichen Gesetzbuch angepaßt) regelten genauestens die "Pflichten des Gesindes" (besonders zu Gehorsam und Treue), enthielten aber keine Aussagen über die Arbeitszeit, Freizeit, Entlohnung und über die Rechte der Dienstboten. Faktisch beschränkte sich die Freizeit eines Dienstmädchens auf den freien Sonntagnachmittag alle 14 Tage. Der Lohn setzte sich aus Bar- und Sachleistungen (Kost, Logis, eventuell ein Weihnachtsgeschenk) zusammen. Ein "Mädchen für alles" bekam um 1900 monatlich ca. 15 Mark Lohn (eine Spinnereiarbeiterin verdiente ca. 45 Mark, mußte aber selbst für Essen und Wohnung sorgen), und nicht wenige sparten davon noch etwas für ihre Aussteuer. Durch die Sachleistungen wurde die Abhängigkeit von der Herrschaft noch verstärkt - die Qualität des Essens und der Unterbringung (in Braunschweig meist in Dachkam-

---

5 Nr. 27 vom 23. März 1899.
6 Frankenberg, a.a.O., S.76.

mern), die Höhe des Weihnachtsgeschenkes waren allein vom Wohlverhalten des Mädchens und vom guten Willen der Hausfrau abhängig.
Im Rahmen des alten, patriarchalischen Dienstverhältnisses gehörte es zu den Pflichten der Herrschaft, ihr Gesinde im Sinne christlicher Nächstenliebe zu behandeln und im Krankheitsfalle zu versorgen. Allerdings galt diese Fürsorgepflicht zum einen nur für eine begrenzte Zeit (maximal vier Wochen), zum anderen war sie an die Vermögenslage der Herrschaft gebunden; nach § 22 der Braunschweiger Gesindeordnung von 1832 war die Polizei angehalten, für die Genesung der Erkrankten zu sorgen, wenn die Herrschaft dazu nicht in der Lage war. Das bedeutete, daß dann entweder das Vermögen der Erkrankten selbst (bzw. der Angehörigen) herangezogen wurde oder aber die "Cur" auf Kosten der städtischen Armeneinrichtungen ging.
Die gesetzliche Krankenversicherung für Dienstboten wurde reichsweit erst 1914 eingeführt - in Braunschweig allerdings schon 1896, so daß das Herzogtum hier den meisten deutschen Bundesstaaten vorausgegangen war; die ersten Ansätze zu einer obligatorischen Ortskrankenkasse für Dienstboten und gewerbliche Arbeiter und Arbeiterinnen gab es sogar schon 1841.
An der Bismarckschen Sozialgesetzgebung der achtziger Jahre des 19. Jahrhunderts wurden die Dienstboten durch die 1889 eingeführte Invaliditäts- und Altersversicherung beteiligt.

Erziehung zum "guten Dienstmädchen"

Der vielbeklagte Mangel an "guten" Dienstmädchen (und das offensichtliche Versagen der Herrschaften, solche heranzubilden) hatte 1845 in Braunschweig zur Gründung der "Löbbeckeschen Erziehungsanstalt für weibliche Dienstboten" geführt. "Gute" Dienstmädchen sollten ihrer Herrschaft mit "Liebe, Anhänglichkeit, Ehrerbietung, Dank und Sittlichkeit" begegnen. Bürgerliche Tugenden wie Fleiß, Ordnung und Reinlichkeit waren den aus den Unterschichten kommenden Mädchen beizubringen, wenn es schon nicht gelang, "ehrbare" städtische Mädchen (z.B. aus dem Handwerkermilieu) von der Nützlichkeit und Achtbarkeit des Dienstmädchenberufes zu überzeugen. Durchschnittlich 50-60 Mädchen wurden jährlich von der "Bildungsanstalt" aufgenommen, wo sie die Fähigkeiten und Gesinnungen erlangen sollten, die sie in den Stand setzten, den Ansprüchen einer "ordentlichen" Herrschaft zu genügen. Letztlich beschränkten sich die Möglichkeiten der Bildungsanstalt darauf, besonders bedürftige und hilflose Mädchen aufzunehmen; eine tatsächliche Ausbildung einer relevanten Zahl von Dienstmädchen fand nicht statt.[7]

Arbeiterbewegung, Frauenbewegung und Dienstmädchen

Dienstmädchen waren in der Regel weder die treue Perle noch leichtlebig und "unsittlich". Verweigerung und Widerstand gegen die herrschaftliche Verfügungsgewalt spielten sich nicht öffentlich und organisiert ab. Individuell - aber massenhaft

7 Wetzorke, a.a.O., S.65ff.

- praktizierte Strategien wie häufiger Stellenwechsel, das von den Herrschaften gefürchtete "Klatschen" und "Tratschen" als Möglichkeit der Distanzierung und Symbol für die Ablehnung der Treuepflicht oder die von den Mädchen durch gute Arbeit erreichte Unentbehrlichkeit liefen auf eine Abschwächung des Dienstcharakters hinaus, ohne diesen grundsätzlich in Frage zu stellen.
Die kollektiven Formen der Selbstbehauptung und die Verbesserung der sozialen Lage der Dienstmädchen um 1900 gingen selten auf deren eigene Initiative zurück. Der Organisierbarkeit der Mädchen standen mehrere Hindernisse entgegen: die isolierte Situation im bürgerlichen Haushalt, das persönliche Abhängigkeitsverhältnis, das eher konservativ-ländliche Herkunftsmilieu und die fehlende gewerkschaftliche Tradition der Herkunftsfamilien sowie die Tatsache, daß es sich um einen Frauen- und um einen Übergangsberuf handelte. Hinzu kamen die Bestimmungen der Vereinsgesetzgebung, die Frauen bis 1908 Kindern und Unmündigen gleichstellte, sowie die Ausnahmegesetzgebung der Gesindeordnungen.
Dennoch brachte das Jahr 1899 - zumindest in Berlin - eine Dienstbotenbewegung hervor, die die Erfahrungen, Proteste und Forderungen des Hauspersonals ins Licht der Öffentlichkeit rückte - in den Augen des Bürgertums eine Ungeheuerlichkeit.[8]
Dienstmädchen gehören eindeutig zu den Besitzlosen und Unterdrückten - dennoch beschäftigten sich Gewerkschaften und Sozialdemokratie erst nach der Jahrhundertwende mit der Dienstmädchenfrage. Dienstmädchen symbolisierten in den Augen der sozialdemokratischen Arbeiterbewegung einen fortschrittsfeindlichen Rest feudaler Abhängigkeitsverhältnisse, die von ihnen verrichtete Hausarbeit galt als unproduktiv und spielte sich zudem im Bereich der Familie, des Privaten ab. Die klassenbewußten Männer fürchteten nun, Dienstmädchen könnten als spätere Ehefrauen und Mütter bürgerliches Gedankengut in die proletarischen Familien tragen. Die Zuständigkeit der Frauen für Hausarbeit und Kindererziehung wurde nie in Frage gestellt.
Es waren dann zuerst sozialdemokratische Frauen, die sich um die Dienstmädchen kümmerten. Der 1909 reichsweit gegründete "Zentralverband der Hausangestellten" wollte aus der unfreien "Haussklavin" eine freie Lohnarbeiterin machen. Zur Durchsetzung tarifvertraglicher Regelungen war der Verband jedoch zu schwach.[9] Vorschläge, wie z.B. von Lily Braun, durch die Einrichtung von zentralen Versorgungsangeboten und die gemeinschaftliche Beschäftigung von Hausangestellten sowohl die Bedürfnisse der Dienstmädchen als auch die der Hausfrauen (und dabei dachte sie auch an Arbeiterinnen) zu befriedigen, fanden keine Resonanz. So änderte sich für die Dienstmädchen trotz der Abschaffung des Gesinderechts im Zuge der Novemberrevolution von 1918 wenig. Die bürgerlichen Hausfrauenvereine waren mächtiger, sie konnten sogar die Verabschiedung eines für Dienstmädchen günstigeren Hausangestelltengesetzes verhindern.
Wollten die Sozialdemokratinnen das Klassenbewußtsein der "Haussklavinnen" wecken, so ging es der bürgerlichen Frauenbewegung um eine verbesserte Ausbildung der Dienstmädchen, wodurch diese einerseits auf ihr eigenes späteres Hausfrauendasein vorbereitet werden sollten, andererseits schien dies für die Aufrechter-

8 Ebd., S.93.
9 Er stagnierte bei ca. 6.000 Mitgliedern in ca. 20 Ortsgruppen. Der Verband Katholischer Dienstmädchen hatte demgegenüber 1916 30.000 Mitglieder zu verzeichnen.

haltung der Behaglichkeit des bürgerlichen Hauses nötig zu sein. Nur wenige Vertreterinnen des radikalen Flügels der bürgerlichen Frauenbewegung erkannten, daß es sich bei der Dienstmädchenfrage um eine Frauenfrage handelte, von der sie selbst ganz persönlich betroffen waren, denn: welche engagierte Frauenrechtlerin wollte schon auf ihr Dienstmädchen verzichten?
Zusammenfassend kann festgestellt werden, daß die grundsätzliche Zuständigkeit für die Hausarbeit bei den Frauen belassen wurde. Die geschlechtsspezifische Arbeitsteilung als solche wurde erst von der neuen Frauenbewegung der siebziger Jahre dieses Jahrhunderts in Frage gestellt.
Es ist aber auch von allen, die sich mit der Dienstmädchenfrage beschäftigten, an den tatsächlichen Bedürfnissen der meisten Dienstmädchen vorbeigeredet worden. Vielleicht wollten sie ja weder ein im Sinne der Herrschaften "gutes" Dienstmädchen noch eine klassenbewußte Proletarierin werden, sondern "nur" menschenwürdig behandelt und rechtlich und sozial abgesichert sein.

Abb. 7: Dienstbotenrufapparat

Bettina Korff

"Es mußte sich ja auch vieles nach den Knöpfen richten." Zur Arbeits- und Lebenssituation von Heimarbeiterinnen im Hannover der zwanziger Jahre

Wie im Kaiserreich war die Heimarbeit auch noch in der Weimarer Republik als Erwerbsmöglichkeit von Frauen von Bedeutung. Nach wie vor stellten Frauen, vornehmlich Ehefrauen und Mütter von kleineren bzw. schulpflichtigen Kindern, das größte Kontingent der Beschäftigten.[1] Die statistische Erfassung der Heimarbeiterschaft ist aufgrund der großen Dunkelziffer, die sich aus der Unübersichtlichkeit der dezentralen Arbeitsverhältnisse ergibt, kaum möglich; zudem ist der Anteil der mitarbeitenden Familienangehörigen nur schwer zu ermitteln.[2]

Die Berufszählung von 1925 bezifferte die Beschäftigten in der Hausindustrie mit 275.250 Personen, davon allein 190.104 Frauen.[3] Federführend auf dem Sektor der Heimarbeit blieben, wie zuvor im 19. Jahrhundert, die Konfektionsbranche und die ihr verwandten Industriezweige. Mehr als die Hälfte der gesamten Heimarbeiterschaft war in der Herren-, Damen- und Wäscheschneiderei, der Mützen-, Handschuh- und Schirmherstellung sowie der Pelznäherei etc. beschäftigt. An zweiter Stelle folgte die Textilverarbeitung, welche u.a. die Weberei, Stickerei und Strickerei umfaßte. Etwa ein Viertel der HeimarbeiterInnen fertigte für die Textilindustrie; der Frauenanteil lag hier zwischen 85 und 90%.[4] Einmal mehr verdeutlicht der hohe Frauenanteil in der Heimarbeiterschaft, wie eng weibliche Erwerbstätigkeit mit der jeweiligen Familiensituation verknüpft war. Bestand aufgrund akuter Existenzsicherungsprobleme, hervorgerufen durch nicht ausreichenden Verdienst des Mannes sowie seiner saisonalen und konjunkturellen Beschäftigungslosigkeit, der Zwang, eine Erwerbstätigkeit anzunehmen und mußte gleichzeitig der Versorgung kleinerer Kinder Rechnung getragen werden, so schien die Heimarbeit den Frauen die Möglichkeit zu bieten, beides miteinander zu vereinbaren.[5]

Mit Hilfe von Interviews werden am Beispiel Hannover die Lebens- und Arbeitsbedingungen von Heimarbeiterinnen nachgezeichnet. Die Motive, Heimarbeit anzunehmen, die Arbeitsbedingungen, die Bedeutung der Heimarbeit für das Familienbudget, die Haushaltsorganisation und die gesundheitlichen Folgen illustrieren den Alltag der heimarbeitenden Frauen. Besondere Beachtung findet die Einbindung der Kinder in die Haus- und Heimarbeit; die Interviews wurden mit den Töchtern von

---

1 Stefan Bajohr, Die Hälfte der Fabrik. Frauenarbeit in Deutschland 1914-1945, Marburg 1979, S.213; Ute Frevert, Frauen-Geschichte. Zwischen bürgerlicher Verbesserung und neuer Weiblichkeit, Frankfurt/ M. 1986, S.88; Paul Arndt, Heimarbeit, in: Fritz Giese (Hrsg.), Handwörterbuch der Arbeitswissenschaft, Bd.1, Halle 1930, S.2368-2371, S.2370.

2 Karin Hausen, Technischer Fortschritt und Frauenarbeit im 19. Jahrhundert. Zur Sozialgeschichte der Nähmaschine, in: Geschichte und Gesellschaft. Zeitschrift für Historische Sozialwissenschaft, Jg.4/ 1978, H.2, S.148-169, S.167.

3 Jürgen Kuczynski, Studien zur Geschichte der Lage des arbeitenden Kindes von 1700 bis zu Gegenwart, Berlin 1968, S.252.

4 Paul Arndt, Heimarbeiterelend in Deutschland, Jena 1927, S.44f.

5 Rosmarie Beier, Frauenalltag und Frauenarbeit im Deutschen Kaiserreich. Heimarbeiterinnen in der Berliner Bekleidungsindustrie 1880-1914, Frankfurt/ M./ New York 1983, S.167.

Heimarbeiterinnen durchgeführt. Die mehr als sechzig Jahre zurückliegenden Ereignisse ließen eine Befragung der Betroffenen selbst nicht mehr zu.[6]

Frau K. beschreibt die Motive ihrer Mutter, Heimarbeit anzunehmen, wie folgt:

"... mein Vater war ja arbeitslos und deswegen mußte meine Mutter das ja auch machen ... . <Der Vater> war auch viel unterwegs, versuchte, Arbeit zu bekommen. Hatte auch hier und da mal 'ne kleine Aushilfsarbeit, aber es langte eben nicht hin."

Die Versorgung des Sechs-Personen-Haushalts, bestehend aus den Eltern, zwei Söhnen, der Tochter und einem Kleinkind, nahm die Ehefrau derart in Anspruch, daß nur eine häusliche Erwerbstätigkeit in Frage kam. Für die Dauer der Arbeitslosigkeit ihres Mannes, der - abgesehen von kurzfristigen Aushilfstätigkeiten - von 1929 bis 1933 beschäftigungslos war, sicherte Frau K.'s Mutter mit der Heimarbeit den Lebensunterhalt ihrer Familie. Die Frage, ob die Mutter auch danach noch Heimarbeit angenommen habe, verneint Frau K.:

"Nein, oh von da an kein Stück mehr. Nein, als mein Vater wieder Arbeit bekam, wurde es besser."

In einer ähnlichen Situation befand sich die Familie der beiden Schwestern Frau L. und Frau I. Ihr Stiefvater verlor Anfang der zwanziger Jahre seine Arbeit, und die vierköpfige Familie war dringend auf zusätzliche Einnahmen angewiesen. Verschärfend kam in diesem Fall noch hinzu, daß die Töchter nicht adoptiert waren und somit in der Arbeitslosenunterstützung auch keine Berücksichtigung fanden.

Bis weit in die 1960er Jahre hinein behauptete sich die an- bzw. ungelernte Heimarbeit als vorherrschende Produktionsform in der Bekleidungsindustrie.[7] Die Organisationsform hatte sich seit dem Kaiserreich kaum verändert. Entweder vergab die Fabrik die Arbeit direkt an die Heimarbeiterinnen, oder die Verteilung erfolgte über sogenannte Zwischenmeister, die sowohl Werkstatt- als auch Heimarbeiterinnen beschäftigten.[8]

Die hannoversche Knopffabrik[9] etwa ließ den letzten Arbeitsgang, der das Aufnähen der fertigen Knöpfe auf Pappkarten umfaßte, ausschließlich von Heimarbeite-

---

6 Die geführten Interviews (Interview mit Frau K. am 7. November 1990; Interview mit Frau L. und Frau I. am 9. November 1990) können sicher kein repräsentatives Bild der Lebens- und Arbeitssituation von Heimarbeiterinnen in der Weimarer Republik vermitteln. Dennoch lassen sich einige durchaus typische Auswirkungen der Heimarbeit auf Frauen und ihre Familien herausarbeiten. Da schriftliche Quellen darüber wenig aussagen, stehen bei den folgenden Ausführungen die subjektiven Erinnerungen der drei Gesprächspartnerinnen im Vordergrund. Um die Frauen selbst zu Wort kommen zu lassen, werden prägnante Passagen der Gespräche wiedergegeben. Da keine quantitative Auswertung angestrebt wird, können diese Aussagen natürlich nur beispielhaften Charakter besitzen, was aber bei der Betonung der individuellen Erlebnisse nicht als Mangel empfunden werden muß.

7 Rosmarie Beier, "Mechanisch greifen die Hände...". Arbeit und Erfahrung von Frauen in der Industrie, in: Wolfgang Ruppert (Hrsg.), Die Arbeiter. Lebensformen, Alltag und Kultur von der Frühindustrialisierung bis zum "Wirtschaftswunder", München 1986, S.215-223, S.217.

8 Hausen, a.a.0., S.160.

9 Die hannoversche Knopffabrik, 1876 von Leopold Gompertz gegründet, produzierte zunächst aus einer Kunstmasse bestehende Knöpfe für die Herrenkonfektion. 1877 machte Gompertz seinen Schwager Albert Meinrath zum Teilhaber, und das Unternehmen firmierte fortan unter dem Namen Gompertz & Meinrath. Um 1900 wurde das Programm auf Perlmuttknöpfe erweitert, und mit dem wenig später verwendeten Galalith (ein harter, hornähnlicher, nicht brennbarer Kunststoff) erzielte der Betrieb große Erfolge. Das Unternehmen mit seinen 100 Mitarbeitern verlegte 1913 seinen Sitz nach Langenhagen, wo die Zahl

rinnen ausführen. In der Ausgabe- und Annahmestelle der Firma wurden die Knöpfe mit den passenden Karten zu zwei bis drei Gros (1 Gros = 144 Stück) verpackt, welche täglich von den Frauen abgeholt wurden. Jedem Karton war ein Laufzettel beigefügt, der über die Stückzahl der Materialien und über die Arbeitsleistung der Frauen Auskunft gab. Da das Nachzählen bei der Abgabe und Annahme zu zeitaufwendig war, erfolgte die Kontrolle, abgesehen von vereinzelten Stichproben, durch das Abwiegen der Knöpfe. Frau I. beschreibt den Kontrollvorgang:

"... die losen Knöpfe wurden abgewogen. Die Karten kamen dazu, und wenn das am nächsten Morgen zurückgebracht wurde, dann hat Zechel das wieder gewogen. Am Ende des großen Tisches stand der alte Zechel mit seiner Waage, und dann mußte man antreten."

Trotzdem versuchten die Frauen gelegentlich, einige überschüssige Knöpfe zu behalten. Frau L. erinnert sich:

"Oh, da waren sie scharf hinterher. Die <Knöpfe> hätten sie ja verkaufen können ... Aber die waren ja auch vorher schon alle gezählt. Da gab's nicht 'n Haufen über. Wenn drei Gros gebraucht wurden, denn war'n da mal zwei, drei Knöpfe mehr drin."

Bei besonders wertvollen oder aufwendig verarbeiteten Knöpfen erstreckte sich die Überwachung sogar bis in die Haushalte, und die Heimarbeiterinnen mußten jederzeit mit einem unangemeldeten Besuch rechnen, berichtet Frau I.:

"... wenn sie ganz besondere Knöpfe gehabt haben, dann haben sie manchmal Kontrolle gemacht in den Haushalten ... da hieß es denn, da ist irgendwas im Busch ... und dann hatte man furchtbare Angst, daß jetzt eine Kontrolle kommt."

Für die Arbeitsproduktivität der Frauen, die ja nach Stückzahl entlohnt wurden,[10] spielte die Länge des Transportweges eine entscheidende Rolle. Erfolgte, wie im Falle der Knopffabrik, die Abholung des Materials sogar täglich, war ein kurzer Lieferweg von großem Vorteil. Die Heimarbeiterinnen des Unternehmens wohnten dann auch überwiegend in der unmittelbaren Umgebung:

---

der Beschäftigten bald auf 600 anstieg (H. Lauenroth (Hrsg.), Hannover. Gesicht einer Stadt, Hannover/ Berlin 1955, S.160; Hannoversche Allgemeine Zeitung v. 3. Januar 1952, und vgl. Ewald Brix, Heimatchronik der Hauptstadt Hannover, Köln 1956, S.377).

10 Über die Löhne in der Heimarbeitsindustrie lassen sich kaum gesicherte Angaben machen. Die Höhe des Verdienstes war von ganz unterschiedlichen Faktoren abhängig; dies konnte auch das 1923 in Kraft getretene Heimarbeiterlohngesetz nicht ändern (Bajohr, a.a.O., S.216ff.). Regionale Unterschiede spielten ebenso eine Rolle wie die Branchenzugehörigkeit der Heimarbeit. Auffallend ist, daß die qualifizierteren Arbeitsplätze, und damit auch die besser entlohnten, mehrheitlich von Männern besetzt waren. Die Stundenlöhne gelernter Schneider und Schuhmacher erreichten z.B. in Berlin 1,20 RM, während die Näherinnen in der Pelzindustrie, immerhin auch ein Bereich mit relativ hohen Qualifikationsansprüchen, nur 0,75 RM verdienten. Auch bei un- und angelernten Tätigkeiten erzielten Männer höhere Stundenlöhne als Frauen. In der Spielwaren- und Korbindustrie schwankte der Verdienst zwischen 0,51 und 0,55 RM, doch die Löhne der sogenannten Frauenindustrien (z.B. Häkelei und Strickerei) stiegen nicht über 0,40 RM. Konnten sich auch Lohnfestschreibungen in den Jahren 1927/28 teilweise durchsetzen (der amtliche Mindestlohn sollte 0,45 RM nicht unterschreiten), hatte die Weltwirtschaftskrise erneut drastische Lohnsenkungen zur Folge. Die Unternehmer nutzten die angespannte Situation, um das ohnehin geringe Lohnniveau erneut zu drücken. Insbesondere Heimarbeiterinnen, die allein den Lebensunterhalt ihrer Familien sicherten, waren immer öfter gezwungen, unterbezahlte Beschäftigungsverhältnisse einzugehen (Bajohr, a.a.O., S.218).

"Das war die einzige Möglichkeit, in der Ecke noch so'n bißchen Heimarbeit zu machen. Und da könnte man ja sagen, es hat bald jeder da genäht ... ."
Doch nicht nur für die Arbeitsproduktivität war ein möglichst kurzer Transportweg wichtig. Die meisten Frauen, ohnehin durch die Mehrbelastung von Haushalts- und Kinderversorgung in ihrer Mobilität stark eingeschränkt, legten die Wege in der Regel zu Fuß zurück. Fahrräder oder die Benutzung der Straßenbahn waren für diese Familien zu teuer. Schließlich erlaubte auch das hohe Arbeitspensum keine zeitaufwendigen Lieferwege; durchschnittlich verarbeiteten die Heimarbeiterinnen täglich zwischen zehn und fünfzehn Gros Knöpfe. Routinierte Näherinnen benötigten für 144 Stück (1 Gros) etwa eine halbe Stunde, so daß mindestens 7,5 bis zu 9,5 Stunden pro Tag für die Arbeit einkalkuliert werden mußten.
Aufgrund der engen Verknüpfung von Heimarbeit und Versand im Produktionsprozeß des Unternehmens waren die Frauen genötigt, ihr Tagespensum optimal einzuschätzen, da andernfalls Engpässe bei der Auslieferung entstanden wären. Auf den Frauen lastete ein immenser Arbeitsdruck. Einerseits verlangte der Arbeitgeber ein gewisses Arbeitspensum, andererseits hätten verringerte Stückzahlen unweigerlich zu Verdiensteinbußen der Beschäftigten geführt. Die angespannte ökonomische Situation ließ den Frauen keine andere Wahl, als sich dieser enormen Arbeitsintensität auszusetzen. Frau L. schildert die Doppelbelastung der Frauen:
"... ungefähr kannte jede Frau schon so, was sie schaffen konnte. Und denn sagten sie schon, 'na, 15 Gros ist genug'. Es hatte ja keinen Zweck, daß sie irgendwie soundsoviel mitnahmen und am anderen Tag wurden die Knöpfe gebraucht zum Versand ... und die lagen da rum, das ging nicht. Also denn sagten die Frauen schon, 'also mehr schaff ich nicht'. 10 Gros, das sind 7,5 Stunden, da müssen Sie schon Opfer bringen am Tag. Aber es war für die, die da wohnten und noch 'n bißchen zuverdienen wollten, es war wie so 'n Strohhalm, wo man sich festhalten konnte."
Auf die Frage, ob bei der hohen Stückzahl auch abends gearbeitet wurde, erklärt Frau L.:
"Abends war da nicht viel zu machen. Die Knöpfe, die brauchten Licht, wissen Sie. Dieser Glanz von den Knöpfen, da war mit Licht nicht viel zu machen ... . Es gab ja auch noch nicht mal elektrisch Licht. Es waren ja alles Gaslampen noch."
Leistungsdruck und Lichtverhältnisse zwangen die Heimarbeiterinnen, tagsüber der Arbeit gegenüber ihren häuslichen und familiären Aufgaben Vorrang einzuräumen. Unterbrochen wurde die Tätigkeit nur, um für die aus der Schule kommenden Kinder das Mittagessen vorzubereiten. Als Arbeitsplatz diente den Frauen, die außer Nadel und Faden kein spezielles Werkzeug benötigten, der Küchentisch. Während der Mittagszeit mußte dieser allerdings für die Familie zur Verfügung stehen.

Anders gestaltete sich die Situation in der Familie von Frau K., deren Mutter für einen kleineren Verleger in der Georgstraße Filzhüte nähte. Um diese Heimarbeit annehmen zu können, war der Besitz einer Nähmaschine Voraussetzung. Glücklicherweise verfügte die Familie, ansässig in der Knochenhauerstraße, über eine ausreichend große Küche, in der die Nähmaschine aufgestellt werden konnte.
Die zunehmende Verbreitung der Nähmaschine seit der zweiten Hälfte des letzten Jahrhunderts führte dazu, daß sich die fabrikexterne Produktion im Bekleidungswe-

sen immer mehr durchsetzte und sich bis weit in die 1960er Jahre halten konnte. Der massive Aufschwung der Konfektionsbranche und ihre Hinwendung zur Massenproduktion in den siebziger Jahren des 19. Jahrhunderts verdrängte allmählich die ausgebildeten Schneider vom Arbeitsmarkt. An ihre Stelle traten mehr und mehr an- und ungelernte Näherinnen, die bald den größten Teil des Produktionsprozesses in Heimarbeit übernahmen. Abgesehen von speziellen Arbeitsschritten, hierzu gehörte u.a. das Zuschneiden der Materialien, war die Fertigung größtenteils dezentral organisiert. Selbst die Finanzierung der Produktionsmittel oblag den Zwischenmeistern und Heimarbeiterinnen. Sie mußten die Nähmaschinen auf eigene Rechnung anschaffen.

Mit Ausnahme einiger zentral installierter Spezialmaschinen, so z.B. die Knopflochmaschine, war fast die gesamte Fertigung der Bekleidungsindustrie familienwirtschaftlich eingebunden, und gerade dieses System bewirkte nicht zuletzt die ungeheure Prosperität der Branche.[11] Neben den geringen Produktionsmittelkosten boten vor allem auch die niedrigen Löhne weitere Vorteile für die Unternehmer.

Die Arbeit an der Nähmaschine war von Beginn an fast ausschließlich Frauenarbeit. Weibliche Erwerbsarbeit wiederum wurde als Neben- und Gelegenheitsarbeit definiert, die sich auf dequalifizierte Tätigkeiten beschränken mußte. So gehörten die un- und angelernten Näherinnen der Konfektionsbranche zu den am schlechtesten entlohnten Heimarbeiterinnen überhaupt.[12]

Wenngleich sich der weibliche Arbeitsmarkt zu Beginn des 20. Jahrhunderts sukzessive auch auf andere Bereiche ausdehnte, wobei die Fabrikarbeit quantitativ allerdings weiterhin überwog, blieben viele verheiratete Frauen und Mütter nach wie vor auf Heimarbeit angewiesen. Erschwerend hinzu kam, daß die Heimarbeitsindustrie meist nur ungesicherte Beschäftigungsverhältnisse bieten konnte. Am deutlichsten spürten dies wiederum die Heimarbeiterinnen der Konfektionsindustrie. Hier wurde die Produktion zur Sommer- bzw. Wintersaison besonders angekurbelt, während sie in den Zwischenzeiten stark gedrosselt wurde.

Auch die Heimarbeiterinnen der hannoverschen Knopffabrik waren von der saisonalen Beschäftigungslosigkeit betroffen:

"Es hat Zeiten gegeben, wo sie wenig Verdienst hatten, daß sie die Leute auch entlassen haben, und wenn wieder die nächste Saison anfing, und sie brauchten welche, dann haben sie die Leute wieder geholt ... . Na ja, man tröstete sie damit, wenn mehr Aufträge kommen, wird wieder mehr getan, und das kam ja denn."

Sofern die Frauen nicht entlassen wurden, verringerte sich bei schlechter Auftragslage die zu verarbeitende Stückzahl der Knöpfe. Damit war einerseits zunächst eine Arbeitsentlastung für die Frauen verbunden, andererseits mußten dafür jedoch erhebliche Verdiensteinbußen in Kauf genommen werden.

An der gesellschaftlichen Bewertung der weiblichen Heimarbeit hatte sich im Vergleich zu den vorangegangenen Jahrzehnten nichts geändert. Immer noch galt die Heimarbeit als *"Zuschußverdienst zum Einkommen des Mannes"*, und *"was sie in den Stunden, die sie für die gewerbliche Arbeit erübrigen, verdienen, trägt zur Er-*

11 Hausen, a.a.O., S.163ff.

12 Ebd., S.161ff.; Beier, Frauenarbeit..., a.a.O., S.21.

höhung der Lebenshaltung der Familie bei. Ihre Männer, die eigentlichen 'Ernährer', sind meistens Fabrik- oder auch Landarbeiter, niedere Beamte, manchmal auch Kleinbauern".[13]

Weibliche Lohnarbeit, gleichgültig, ob es sich dabei um eine außerhäusliche Beschäftigung handelte oder um Heimarbeit, erfuhr insgesamt eine niedrigere Bewertung als männliche Erwerbsarbeit. Begründet wurde die schlechtere Entlohnung von Frauen mit ihrer fehlenden Qualifikation, geringerer Leistungsfähigkeit und schließlich mit ihrer Familienbindung, die sie nur phasenweise für den Arbeitsmarkt verfügbar machte. Diese Minderbewertung weiblicher Arbeitsleistung ließ die Erwerbsarbeit von Frauen häufig als Zuschußverdienst zum Familieneinkommen erscheinen.[14]

Daß die Frauen nur während ihrer überschüssigen Zeit der Heimarbeit nachgingen, wie es die oben zitierte zeitgenössische Schilderung von 1930 glauben machen will, blieb für die Mehrheit der Heimarbeiterinnen wohl nur eine Wunschvorstellung. Die Beschäftigten der Knopffabrik Gompertz & Meinrath waren im günstigsten Fall 7,5 Stunden täglich von der Heimarbeit in Anspruch genommen. Hinzu kamen umfangreiche häusliche Verpflichtungen wie die Betreuung und Pflege der Kleinkinder, die Sorge für Kleidung und Nahrung, das Einkaufen und die Zubereitung der Mahlzeiten. Im Arbeitsalltag dieser Frauen konnte also keine überschüssige Zeit entstehen, vielmehr führte die Doppelbelastung von Erwerbs- und Hausarbeit zu nahezu unbegrenzten Arbeitszeiten.

Die Mutter von Frau K. war sogar dazu gezwungen, ihre Arbeitszeit an der Nähmaschine bis in den Abend oder in die Nacht auszudehnen. Nach den Schilderungen ihrer Tochter war das eher die Regel als die Ausnahme:

"Meistens hat sie ja die halbe Nacht durchgenäht, das muß ich ehrlich sagen. Tagsüber auch, aber wir waren eben vier Kinder und dann ging das nicht immer ... . Oder sie hat sich abends todmüde hingelegt und <ist> nachts um zwei, drei wieder aufgestanden. ... Wenn ich dann mal raus mußte, habe ich das gesehen; jetzt sitzt sie schon wieder und ist am Arbeiten ... <dann> habe ich hinterher gedacht: 'Wann hat sie bloß mal geschlafen'?"

Um eine möglichst hohe Stückzahl zu erreichen, denn nur so konnten die niedrigen Löhne kompensiert werden, blieben auch die Wochenenden der Heimarbeit vorbehalten. Freie Sonntage konnte sich Frau K.'s Mutter nur selten erlauben:

"Ganz, ganz selten. Mindestens anderthalb Jahre hat sie es nicht gemacht, wo es wirklich ganz bitter war. Jeden Tag genäht. Ich kann mich kaum erinnern. Wir sind ganz selten mal in der Eilenriede spazieren gegangen."

Die gesundheitlichen Folgen dieser hohen Arbeitsbelastung, meist über mehrere Jahre andauernd, traten bald in Erscheinung. Die überwiegend im Sitzen und bei schlechter Körperhaltung verrichtete Beschäftigung führte zu Berufskrankheiten wie Durchblutungsstörungen, Augenleiden, Kopfschmerzen und Nervenerkrankungen.[15]

Frau K.'s Mutter litt besonders unter Nervenentzündungen im Arm, die zeitweise sogar zur Arbeitsunfähigkeit führten:

---

13 Arndt, Heimarbeit, a.a.O., S.2370.

14 Frevert, a.a.O., S.89.

15 Beier, Frauenarbeit..., a.a.O., S.122.

Abb. 8: Heimarbeit, Schürzenkonfektion, Berlin 1910

Abb. 9: Bilder vom Elend: Heimarbeit. Käthe Kollwitz, 1909

"Also wirklich, so von dieser ewigen Näherei hatte sie ja richtig Nervenentzündungen im Arm. Ich seh' sie noch manchmal im Bett sitzen, daß sie eine Zeit nicht arbeiten konnte. Und sie konnte nicht mehr liegen vor Schmerzen und dann immer dies gebeugte Sitzen."

Auch die Heimarbeiterinnen der Knopffabrik trugen infolge ihrer Arbeit gesundheitliche Schäden davon. Hierfür waren ebenfalls die über Stunden andauernde sitzende Tätigkeit, die monotonen Bewegungsabläufe und nicht zuletzt die Überbeanspruchung der Augen verantwortlich. Auf diese Weise entpuppt sich die "Idylle", mit der Heimarbeit auch in Verbindung gebracht wurde, als äußerst trügerisch. Neben der hohen Arbeitsdichte, den niedrigen Löhnen, den Zeitverlusten durch Lieferwege und damit verbunden Lohneinbußen, mußten die Frauen zusätzlich mit der Beeinträchtigung ihres Gesundheitszustandes rechnen. Daß Heimarbeit keineswegs eine leichte Erwerbstätigkeit war, die "gemütlich" im Kreis der Familie verrichtet werden konnte, bestätigt auch Frau L., deren Mutter von 1922 bis 1930 bei der hannoverschen Knopffabrik beschäftigt war:

"Also diese Heimarbeit war auch anstrengend. Nicht, daß man da nun zu Hause schön sitzt im Warmen ... . Aber jeder schaffte das nicht. Da gab's auch genug Frauen, die wieder schnell aufhörten, trotzdem sie es gebrauchen konnten. Aber unsere Mutter hat acht Jahre genäht. Ich hab dann nachher bei der Firma gearbeitet, und meine Mutter war dann oft krank, und dann mußte ich oft sagen, sie kann das nicht machen, und denn habe ich das endlich fertig gekriegt, daß ich gesagt habe: 'Jetzt hör endlich mal auf!' War ich glücklich, wie die aufgehört hat mit diesem Knöpfe nähen."

Angesichts der physischen und psychischen Belastung der Frauen drängt sich die Frage auf, inwieweit die übrigen Familienmitglieder mithelfen konnten, diese Situation zu entschärfen. Obwohl die Väter der Interviewpartnerinnen arbeitslos waren, zeigten sie keine oder nur geringe Bereitschaft, ihre Ehefrauen zu unterstützen. Frau K. schränkt allerdings ein: Ihren Vater habe es schon "bedrückt", daß seine Frau für die Dauer seiner Erwerbslosigkeit den größten Teil des Lebensunterhalts sichern mußte. Abgesehen davon, daß er die zugeschnittenen Filzhüte gelegentlich abholte, kann sich Frau K. aber nicht daran erinnern, ihren *"Vater einmal mit dem Abtrokkentuch gesehen zu haben"*.

In der Familie von Frau L. und Frau I. stellte sich die Situation ganz ähnlich dar. Das Aufnähen der Knöpfe sei eben *"keine Männerarbeit"* gewesen, und außerdem habe sich ihr Vater als *"nicht so talentiert"* für diese Tätigkeit erwiesen. Im Bekanntenkreis der Familie hat es dagegen auch Ausnahmen gegeben. Der Vater einer Freundin, erinnert sich Frau L.:

"... hat dann immer die Löcher gemacht, wo die Knöpfe hinkamen. Da gab's besondere Karten, da waren kleine Punkte drauf. Da kriegten die Frauen schon so eine Karte fertig mit, und da war ein Loch drin, und wo dieses Loch war, das mußte auf die anderen Karten übertragen werden. So, und das hat er denn gemacht und hat die Karten vorgedruckt."

Die geringe Bereitschaft der Ehemänner, ihre Frauen bei der Hausarbeit zu unterstützen, bestätigen auch andere Untersuchungen.[16]
Während in der traditionellen Hausindustrie noch die Möglichkeit bestand, alle anfallenden Arbeiten gemeinsam zu bewältigen, wurden Frauen im Zuge der Industrialisierung uneingeschränkter die Bereiche Hausarbeit und Kindererziehung zugewiesen. Männliche Arbeiter fanden ihre Identität nunmehr überwiegend in der Berufsarbeit und zeigten, selbst bei Arbeitslosigkeit, wenig Bereitschaft, ihre Ehefrauen zu entlasten. Auch die Frauen akzeptierten diese Rollenverteilung und verlangten nur selten Unterstützung von ihren Partnern.[17] Die Aussagen der Interviewpartnerinnen deuten darauf hin, daß diese strenge Arbeitsteilung in ihren Familien ebenfalls üblich war.
Hauptsächlich trugen die Kinder der Heimarbeiterinnen den größten Teil zur Entlastung bei. Entweder halfen sie ihren Müttern bei der Heimarbeit oder es wurden ihnen häusliche Arbeiten übertragen. In beiden Fällen bewirkte die Mitarbeit der Kinder eine Steigerung der Arbeitsproduktivität der Frauen.[18]
Wenn Frau L. und ihre jüngere Schwester aus der Schule kamen, hatte ihre Mutter bereits das Mittagessen vorbereitet, morgens die neue Ware abgeholt, den Haushalt versorgt und einige Stunden mit der Näharbeit zugebracht. Nachdem sie zusammen gegessen und ihre Schularbeiten erledigt hatten, halfen die Geschwister bei der Heimarbeit:
"Na ja, es war ja auch so, wenn wir aus der Schule kamen, wir Kinder mußten ja auch mitnähen. Wir kriegten also ein bestimmtes Pensum. Sagen wir mal zwei oder vier Gros, und die mußten wir nähen."
Und Frau L. dazu:
"Ja, da stand ein schöner Tisch in der Küche und der war schön voll mit Knöpfen. Eine saß hier, eine da. Mutter in der Mitte und denn mußten wir fleißig was tun. ... Und wer raus gehen wollte und wollte spielen, der mußte erstmal seinen Teil dazu beitragen."
So erzielten die Heimarbeiterinnen durch die Mitarbeit der Kinder ein höheres Tagespensum oder gewannen Freiraum für anderweitige Aufgaben. Wie hoch die tägliche Arbeitsleistung jeweils ausfiel, war nicht zuletzt von der Anzahl der Kinder abhängig, erklärt Frau L.:
"Wer nun viel Kinder hatte, die schon so'n bißchen größer waren, die konnten ja schon mithelfen. Die konnten sich ja sagen, so, du machst soviel, vielleicht zwei Gros, und der machte auch zwei Gros. ... Wir waren zwei. Meine Schwester und ich. Ich hatte eine Freundin, die waren vier oder fünf. Die haben natürlich noch mehr geschafft. Aber da waren ja natürlich wieder mehr, die was zu essen haben wollten

---

16 Eine Studie der Wiener Arbeiterkammer von 1932 kommt zu dem Ergebnis, daß 61% der insgesamt 1320 befragten Industriearbeiterinnen ihren Haushalt ohne jegliche Hilfe versorgten. Bei den Frauen, die über Mithilfe verfügten, sprangen hauptsächlich die Mütter oder Schwiegermütter ein. Nur 14% erfuhren Unterstützung von ihren Ehemännern. Noch deutlicher wird diese strenge Arbeitsteilung bei den verheirateten Arbeiterinnen, deren Männer arbeitslos waren. In 212 Fällen beteiligten sich nur 81 Männer an der häuslichen Arbeit (Josef Ehmer, Frauenarbeit und Arbeiterfamilie in Wien. Vom Vormärz bis 1934, in: Geschichte und Gesellschaft. Zeitschrift für Historische Sozialwissenschaft, Jg.7/ 1981, S.438-469, S.465).

17 Ehmer, a.a.O., S.465f.; Frevert, a.a.O., S.89.

18 Beier, Frauenarbeit..., a.a.O., S.133.

... . Und wenn's nur zwei Gros waren. Es war für die Mutter schon eine Stunde, die sie für sich gebrauchen und verwenden konnte."

Obwohl Frau L. und Frau I. von ihrer Mutter für die tägliche Näharbeit fest eingeplant waren, verbinden beide auch durchaus positive Erinnerungen damit. Während der Arbeit wurden Erlebnisse des Tages ausgetauscht und Gespräche geführt, für die im übrigen Tagesablauf nur wenig Zeit blieb. Im Laufe des Interviews hoben sie außerdem mehrmals hervor, daß die ständige Anwesenheit der Mutter sehr wichtig gewesen sei, selbst wenn sie ihnen nicht ihre ungeteilte Aufmerksamkeit schenken konnte. Natürlich versuchten die Schwestern auch, ihre Pflichten zu umgehen oder zumindest ein wenig hinauszuschieben:

"Wir gingen ja als Kinder zu Fuß zur Schule, und dann machten wir auch noch Umwege über Wiesen und Apfelchausseen."

Frau L. erwidert darauf:

"Damit der Tag hinging. Du wußtest ja Bescheid, wenn du nach Hause kamst, mußt du erst mal Knöpfe nähen."

Frau I., der die einige Geschicklichkeit erfordernde Näharbeit oft schwer fiel, fügt hinzu:

"... ich war denn auch ein bißchen bockbeinig, das muß ich ehrlich zugeben. Ich hatte dann keine Lust und dann hab' ich langsam gearbeitet. Dann hat meine Mutter manchmal zu mir gesagt: 'Mädchen, nun mach doch ein bißchen schneller, du kannst es doch. Um so eher kannst du doch runter gehen'."

Nur allzu deutlich tritt hier das Dilemma der Frauen zutage, sobald sie der Heimarbeit gegenüber der Fabrikarbeit den Vorzug gaben. Entgegen der ursprünglichen Motivation, die Betreuung der Kinder mit der Erwerbsarbeit zu vereinbaren, mußten sie gerade diese wegen der Heimarbeit vernachlässigen. Darüber hinaus ergab sich sogar noch die Notwendigkeit, die Kinder zur Mitarbeit heranzuziehen und ihre Freiräume zu beschneiden.[19] Trotz des Verständnisses, das Frau I.'s Mutter für das Spielbedürfnis ihrer Tochter aufbrachte, konnte sie aufgrund des hohen Arbeitsdrucks nicht auf die Mithilfe ihrer Kinder verzichten.

Einerseits ermöglichte die familienwirtschaftliche Einbindung der Produktion die Arbeitsteilung von Mutter und Kindern, andererseits wurde diese gerade durch die Doppelbelastung der Frauen zwingend notwendig.[20]

Neben der unmittelbaren Beteiligung an der Arbeit gehörte die Übernahme von Lieferwegen zu den häufigsten Aufgaben der Kinder. Während es sich bei der Heimarbeit der Knopffabrik um einfachere manuelle Tätigkeiten handelte, waren für die Handhabung einer Nähmaschine sowohl körperliche Kraft als auch Geschicklichkeit und Schnelligkeit erforderlich, also Fähigkeiten, die bei Kindern noch nicht ausreichend entwickelt sind.[21] Damit die Mutter ihre Arbeit an der Nähmaschine nicht zu häufig unterbrechen mußte, übertrug sie die Abholung der Materialien oft Frau K. und ihren Geschwistern:

"Die mußten wir regelmäßig abholen und oft wurden wir Kinder geschickt, um das zu machen, weil die Mutter eben die ganze Zeit durcharbeiten wollte. ... Ach, das waren immer ziemliche Berge. Also, wir sind immer mindestens zu zweit gegangen.

19 Ebd., S.103.
20 Ebd., S.133.
21 Ebd., S.138.

... Die haben das da in Kartons gepackt. Also ein Bindfaden drum mit einem Holzgriff, und dann haben wir das so nach Hause getragen."
An feste Liefertermine waren die Heimarbeiterinnen bei dem kleineren Zwischenmeister nicht gebunden, so daß sich die Häufigkeit der Lieferwege nach ihrer Arbeitsleistung richtete. Frau K. erinnert sich jedoch, den zugeschnittenen Stoff mehrmals in der Woche abgeholt zu haben.
Die Ablieferung der fertiggestellten Filzhüte übernahm ihre Mutter allerdings selbst, denn bei dieser Gelegenheit erfolgte die Lohnauszahlung und die Kontrolle. Hierbei wurden die Hüte nachgezählt, die Genauigkeit der Nähte überprüft, und es wurde streng darauf geachtet, daß auch die Stoffverschnitte wieder abgeliefert wurden.
Obwohl die Arbeit ihrer Mutter nie eine Beanstandung erfuhr, konnte nicht immer mit sofortiger Entlohnung seitens des Arbeitgebers gerechnet werden:
"... und die Bezahlung war sehr minimal, und sie kam auch nicht so ganz regelmäßig. Wir mußten manchmal ein paar Mal hingehen. Es wurde abgeliefert und heute wollen wir Geld, wollen einkaufen und dann: 'Ja, kommen Sie morgen wieder'."
Während ihre Brüder von weiteren Pflichten entbunden blieben, schloß Frau K.'s Aufgabenbereich die Übernahme von Hausarbeit und die Betreuung des Kleinkindes mit ein. Ihre Mutter war somit ganz oder teilweise für die Erwerbsarbeit freigesetzt:
"Der Jüngste war noch zu Hause, der ging noch nicht zur Schule. Ich war das Dritte. Und wenn ich von der Schule kam, das weiß ich noch wie heute, daß ich auf einem Fußbänkchen gestanden habe. Meine Mutter sagte: 'Ich hab' das und das schon angesetzt, nun mach das mal fertig.' Eintopf, Essen oder so. Mit acht und neun Jahren war ich schon feste dran. Da konnte ich schon Essen für die Familie kochen. ... Ich mußte noch auf meinen kleinen Bruder mit aufpassen."
Trotz der Überzeugung, solidarisch mit der Mutter gehandelt zu haben, fühlte sich Frau K. gegenüber ihren Brüdern, die über wesentlich mehr Freizeit verfügten, oft benachteiligt:
"Damals war das Pflicht und dann hat man's gemacht, ging gar nicht anders. Aber im nachhinein, dann war's manchmal bitter, muß ich schon sagen. Irgendwie hat man ja draußen was versäumt. Mit dem Spielen und dem drumherum. ... <Die Brüder> waren ja auch gar nicht so belastet. Höchstens, daß die Mutter keine Zeit hatte."
Frau K.'s Aufgabenbereich umfaßte, abgesehen von der Zubereitung der Mahlzeiten und der Versorgung des kleinen Bruders, auch Tätigkeiten wie Abwaschen, Putzen und Einkaufen. Diese Arbeiten zählten zu den typischen Verpflichtungen älterer schulpflichtiger Töcher in den Heimarbeitshaushalten.[22]

Die geschilderten Erinnerungen der Töchter veranschaulichen, in welchem Ausmaß das gesamte Familienleben von der Heimarbeit beeinflußt wurde. Frau L. resümiert ihre Kindheitserlebnisse im Zusammenhang mit der Erwerbsarbeit ihrer Mutter:
"Also, das war mit der Heimarbeit wirklich so ..., wo wir als Kinder so richtig mit dringesessen haben, mit groß geworden sind. Es mußte sich ja auch vieles nach den Knöpfen richten."

---

22 Ebd., S.143.

Die miserablen Arbeitsbedingungen, gekennzeichnet durch überlange Arbeitszeiten, geringe Löhne, die Belastung der Familienmitglieder und des Wohnraumes sowie die gesundheitlichen Folgeerscheinungen, galten auch in der Weimarer Republik als charakteristisches Merkmal der Heimarbeit. Gerade in Krisenzeiten, bei Arbeitslosigkeit, Krankheit und Streiks, waren die Ehefrauen und Mütter immer wieder gezwungen, auf diese Form der Existenzsicherung zurückzugreifen; die Bindung an unselbständige Kinder erlaubte oft keine außerhäusliche Tätigkeit.
Allerdings entschieden sich Frauen nicht nur in solchen Extremsituationen für die Heimarbeit. In dieser Phase des Familienzyklus' konnten viele nicht auf weitere Einnahmen verzichten, denn die Pflege und Versorgung von Säuglingen und Kleinkindern bedeutete eine hohe Belastung für das Familienbudget.[23]
Durch die vielzitierte Trennung von Wohn- und Arbeitsplatz als Folge der Industrialisierung wird oft die Tatsache übersehen, daß nicht selten verheiratete Frauen mit Kindern, wie schon zur Zeit der traditionellen Hausindustrie, den Wohnbereich zur Erwerbsarbeit nutzen mußten.[24]
Auch in den zwanziger Jahren konnte der weibliche Arbeitsmarkt den verheirateten Frauen mit kleineren Kindern kaum eine Alternative zur Heimarbeit bieten. Eine Veränderung erfuhr diese Situation erst in der jüngsten Vergangenheit mit der Einrichtung von Teilzeitarbeitsplätzen, die es auch Ehefrauen und Müttern erlaubte, außerhäuslich berufstätig zu sein. Doch auch bei Teilzeitarbeitsplätzen müssen Frauen mit Benachteiligungen rechnen. Mit der kürzeren Arbeitszeit ist eine Intensivierung der Arbeit verbunden, die Löhne können relativ niedrig gehalten werden, und oft handelt es sich um unqualifizierte Tätigkeiten. Schließlich kann Teilzeitarbeit den Verzicht auf die Renten- und Arbeitslosenversicherung bedeuten.[25]
Trotz einiger Errungenschaften, wie das Heimarbeiterlohngesetz und die Versuche, Lohnfestschreibungen durchzusetzen, bestand das aus dem 19. Jahrhundert überkommene System der Heimarbeit in der Weimarer Zeit, und weit darüber hinaus, ungehindert fort.

---

23 Heidi Rosenbaum, Formen der Familie. Untersuchungen zum Zusammenhang von Familienverhältnissen, Sozialstruktur und sozialem Wandel in der deutschen Gesellschaft des 19. Jahrhunderts, Frankfurt/ M. 1982, S.404.

24 Silvia Kontos, Zur Geschichte der Hausarbeit, in: Hannes Heer/ Volker Ullrich (Hrsg.), Geschichte entdecken. Erfahrungen und Projekte der neuen Geschichtsbewegung, Reinbek bei Hamburg 1985, S.174-181, S.176f.

25 Gisela Brandt/ Johanna Kootz/ Gisela Steppke, Zur Frauenfrage im Kapitalismus, Frankfurt/ M. 1975, S.62f.

Helma Meier-Kaienburg

"Ich hab' nur noch Erbsen gesehen" - Fabrikarbeiterinnen auf dem Land in den zwanziger und dreißiger Jahren

Eigentlich wollten sie Friseuse, Schneiderin oder Lehrerin werden. Den Beruf der Fabrikarbeiterin hatte keine der Frauen, die in Erinnerungsgesprächen über ihre Lebens- und Arbeitsbedingungen in der Zeit zwischen den Weltkriegen berichteten, ursprünglich angestrebt.[1] Und trotzdem erschien er ihnen immer noch besser als die beiden anderen Arbeitsmöglichkeiten, die sich ihnen in jener Zeit boten: eine Tätigkeit im Haushalt oder in der Landwirtschaft.

Auf diese drei möglichen Erwerbstätigkeiten war die Berufswahl von Mädchen auf dem Land, die nicht der großbäuerlichen oder bürgerlichen Schicht angehörten, im wesentlichen reduziert, denn die finanzielle Situation der Familien war oft so angespannt, daß die Mädchen gleich nach dem Schulabschluß mit 14 Jahren Geld verdienen mußten. Meist war man bereit, für die Ausbildung von Söhnen gewisse Opfer zu bringen, bei den Töchtern hingegen hielten insbesondere die Familienväter dies nicht für nötig. Mädchen heirateten ja doch, sie sollten lieber etwas "Praktisches" lernen.

Da Hausarbeit wegen der starken Abhängigkeit vom Arbeitgeber und Landarbeit wegen der geringen Bezahlung den jungen Frauen vom Land nicht sehr attraktiv erschien, war die Alternative zumindest in ländlich-industrialisierten Regionen oft die Erwerbstätigkeit in der bodenständigen Industrie. Fabrikarbeit galt als moderner, leichter und besser bezahlt als Land- oder Hausarbeit. Nur wenige Frauen fuhren allerdings zur Arbeit in die nahegelegenen Großstädte. Begehrt war die Arbeit am Wohnort in der Nahrungsmittelindustrie, der Möbelfabrikation oder der Textil- und Bekleidungsindustrie.

Besonders typisch für derartige Arbeitsplätze war die Konservenindustrie im Raum Hannover - Braunschweig.

Der Grund für die Konzentration der Konservenindustrie im Osten von Hannover ist in der schlechten Bodenqualität dieser Region zu suchen. Auf den Geestböden lohnte sich der Getreideanbau durch das Sinken der Getreidepreise in den achtziger und neunziger Jahren des 19. Jahrhunderts kaum noch, so daß die Landwirte dieser Gegend nach ertragreicheren Anbaumöglichkeiten suchten. Auf den leichten Geestböden wuchsen die Gemüsesorten gut, die sich am besten für die Konservierung eigneten: Spargel, Erbsen, Bohnen und Karotten.

Diese Kombination sorgte für eine starke Ausbreitung des Feldgemüseanbaus und der Konservenindustrie in den neunziger Jahren des vergangenen Jahrhunderts. Bis zum Ersten Weltkrieg gab es in der Provinz Hannover und im Herzogtum Braunschweig schon 82 Konservenfabriken. Die Konservenindustrie hatte sich zu einer typisch ländlichen Industrie entwickelt, die vielen Frauen, die früher in der Landwirtschaft gearbeitet hatten, in der Zwischenkriegszeit einen Arbeitsplatz bot.[2]

---

1 Die Erinnerungsgespräche wurden in den Jahren 1986-1988 mit Frauen der Jahrgänge 1900-1925 durchgeführt. Zur Entstehung und Auswertung der Interviews siehe: Helma Meier-Kaienburg, Frauenarbeit auf dem Land. Zur Situation abhängig beschäftigter Frauen im Raum Hannover 1919-1939, Diss., Hannover 1989, S.34ff. Die Gesprächsprotokolle befinden sich im Archiv des Landkreises Hannover.

2 Friedrich Broistedt, Die Entwicklung des feldmäßigen Gemüsebaus und sein Einfluß auf die Verhältnisse der Landwirtschaft im Braunschweiger Bezirk, Diss., Göttingen 1925, S.6-8.

Etwa 80-90% der während der Gemüsekampagne in den Konservenfabriken Beschäftigten waren Frauen. Sie arbeiteten als Saisonarbeiterinnen von April bis November und schälten Spargel, wuschen, sortierten und putzten andere Gemüsesorten oder kochten Obst und Marmelade ein.
Als Beispiel für diese Tätigkeit soll die Arbeit von Frauen in der Burgdorfer Konservenfabrik beschrieben werden:
Die Frauen, die Spargel schälten, saßen auf langen Holzbänken vor kleinen Tischen in einem großen Saal, in dem sich etwa 100 Frauen befanden. Jede Frau hatte ihren festen Arbeitsplatz. Die Spargelschälerinnen waren mit großen Gummischürzen und Gummistiefeln, die sie gegen die Feuchtigkeit schützen sollten, bekleidet. Die Arbeitskleidung und ihr Spargelmesser mußte jede Frau selbst mitbringen.
Die schon vorsortierten Spargelstangen wurden ihnen von Männern zugeteilt, die darauf zu achten hatten, daß dicke und dünne Spargelstangen möglichst gleichmäßig verteilt wurden. Hier war es für die Frauen wichtig, zum "Meister" ein möglichst gutes Verhältnis zu haben, damit man nicht zu häufig den sehr dünnen Spargel, die sogenannten "Strippen" bekam, denn gezahlt wurde nach Gewicht, und wer viel dünnen Spargel schälte, verdiente weniger. Sowohl der geschälte Spargel als auch die Schalen wurden gewogen, damit nicht zu viel Abfall produziert wurde. Die normale Leistung einer Spargelschälerin lag bei 1,5 - 3 Zentnern pro Tag.
Obwohl die "Spargelkrätze", die durch den Säuregehalt im Spargelwasser hervorgerufen wurde, von den Frauen sehr gefürchtet wurde, und obwohl bei dieser Arbeit die Gefahr von Verletzungen relativ groß war, waren die Arbeitsplätze im Schälsaal sehr begehrt.
Der Hauptgrund hierfür waren die Akkordlöhne. Die Spargelschälerinnen verdienten oft mehr als das Doppelte der Löhne, die die Frauen in den übrigen Bereichen der Konservenfabrik bekamen.[3]
Die Frauen hatten zudem die Möglichkeit, ihre Arbeitszeiten weitgehend individuell einzuteilen. Sie konnten sehr früh, ab vier Uhr morgens, anfangen zu arbeiten, und sie konnten spät abends oder nachts, in Ausnahmefällen erst um ein Uhr nachts, aufhören zu arbeiten. Es war auch möglich, die Fabrik einmal zwischendurch zu verlassen.
Außerdem galten die Arbeitsplätze als relativ bequem, weil die Arbeit im Sitzen getan wurde und man keine schweren Lasten zu tragen brauchte.
Beim Spargelschälen kam es außerordentlich stark auf schnelles und sorgfältiges Arbeiten an. Aus diesem Grund wurden für das Spargelschälen ausschließlich Frauen beschäftigt. Man ging davon aus, daß eine Frau für diese Arbeit "in weitestem Maße geeigneter ist als der Mann".[4]
In der Gemüseküche bestanden alle Arbeiten nur aus wenigen Handgriffen. Hier war die Arbeit nach dem sogenannten Taylorsystem organisiert.[5] Die Frauen arbeiteten überwiegend in festen Gruppen und hatten über längere Zeit denselben Arbeitsplatz.

---

3 Einer Arbeiterin in der Konservenfabrik im Raum Hannover wurden in der Zwischenkriegszeit etwa 25-27 Rpf. pro Stunde gezahlt. Die Spargelschälerinnen konnten im Akkord ca. 50-60 Rpf. pro Stunde verdienen.

4 Margarete Raapke, Der Gemüsebau in der Provinz Hannover, Diss., Rostock 1927, S.82.

5 Aufgrund von Arbeits- und Zeitstudien, die der Amerikaner Frederic Winslow Taylor in amerikanischen Betrieben durchgeführt hatte, wurden alle Arbeitsläufe in kleinste Abschnitte zergliedert, so daß alle Tätigkeiten aus wenigen Handgriffen bestanden, die sich, da gleichzeitig die Fließbandarbeit eingeführt wurde, ständig wiederholten.

Bei allen Tätigkeiten kam es auf Geschicklichkeit und Schnelligkeit an. Vorarbeiterin und Küchenchefin wachten darüber, daß keine Frau zu langsam arbeitete und den Arbeitsablauf störte. Frauen, die nicht schnell genug arbeiteten, wurden ermahnt, sie wurden "rasch gemacht", wie eine Vorarbeiterin erklärte.
Einige Arbeiterinnen berichteten, daß sie anfangs Probleme gehabt hätten, sich auf das schnelle Tempo einzustellen. Eine ehemalige Arbeiterin aus der Gemüseküche sagte:
"Ich war gewöhnt, alles ordentlich zu machen. Da hat die Chefin zu mir gesagt: 'Schlafen Sie bei der Arbeit'?"

Am begehrtesten war offensichtlich die Arbeit an der Dosenverschlußmaschine. Sie war nicht übermäßig anstrengend, weil man im Sitzen arbeitete. Die Arbeit an der Maschine verlieh einem ein gewisses Prestige, und sie wurde mit einem Zuschlag von drei bis fünf Pfennigen pro Stunde bezahlt.
Weit weniger beliebt war der Vorgang des Gemüsewaschens. Die Frauen, die diese Tätigkeit ausübten, hatten ständig naßkalte Hände und Füße.
Auch die Arbeit am Band, wo Gemüse von Unrat befreit, sortiert und in Dosen gefüllt wurde, galt nach übereinstimmenden Aussagen als nicht besonders angenehm. Sie war sehr einförmig, und man mußte viele Stunden an derselben Stelle stehen.
Ähnliche Tätigkeiten wie in der Gemüseküche wurden in der Obst- und in der Marmeladenküche verrichtet. Diese Arbeitsplätze galten aber als weitaus attraktiver als die entsprechenden in der Gemüseküche. "Hier konnte man schon mal naschen", sagten einige Frauen als Begründung für den größeren Beliebtheitsgrad der Obstverarbeitung.
Insgesamt war die Arbeit in den Küchen ausgesprochen anstrengend: Hektik, Lärm, Feuchtigkeit, Hitze, das Tragen schwerer Lasten und extrem lange Arbeitszeiten[6] machten die Tätigkeit des Gemüse- und Obstverarbeitens während der Sommermonate zu einer schwierigen Aufgabe für die Frauen.
Ein Problem bei dieser Art von Arbeitsorganisation war auch, daß die Arbeit monoton und sehr ermüdend war und daß sie für die Arbeiterinnen nur wenige Identifikationsmöglichkeiten bot.
Die Gefahr einer niedrigen Arbeitsmotivation durch Monotonie und geringe Identifikationsmöglichkeiten war in der ländlichen Fabrikarbeit allerdings weniger gegeben als in städtischen Industriebetrieben. Hierfür waren zwei Gründe besonders ausschlaggebend:
Erstens: Die Vertrautheit mit der Materie. Anders als beispielsweise in der Metall- oder Elektroindustrie, wo die Arbeiterinnen den Sinn ihrer Tätigkeit kaum erkennen konnten, weil sie das fertige Produkt weder kannten, noch über seine Verwendung informiert waren, war den ländlichen Fabrikarbeiterinnen der gesamte Arbeitsablauf von der Entstehung bis zur Fertigstellung und auch die Verwendung des fertigen

---

6 Obwohl 1918 der Achtstundentag für Industriearbeit eingeführt worden war, ließ die Arbeitszeitverordnung von 1923 so viele Ausnahmen zu, daß in vielen Industriezweigen weitaus länger gearbeitet wurde. Die Arbeiterinnen der Konservenfabriken arbeiteten im allgemeinen zehn Stunden täglich, die Gewerbeaufsichtsämter erteilten ohne weiteres auch Genehmigungen für eine zwölfstündige Arbeitszeit. Die Arbeiterinnen der Konservenindustrie berichteten allerdings von erheblich längeren Arbeitszeiten, die ohne Genehmigung durchgeführt wurden. Für die Zeit der Spargel-, Erbsen- und Bohnenernte wurden Arbeitszeiten von über 16 Stunden am Tag genannt. In der Erbsenzeit, die etwa drei Wochen dauerte, wurde gelegentlich bis zu 20 Stunden am Tag gearbeitet.

Abb. 10: Arbeit in der Burgdorfer Konservenfabrik in den dreißiger Jahren

Produkts vertraut. Durch die eigene Hausarbeit waren ihnen die Vorgänge des Transportierens, Putzens, Waschens, Kochens von Obst und Gemüse geläufig, und selbst das fertige Produkt, die Konserve, verwendeten gerade berufstätige Frauen sehr häufig. Sie kannten den Sinn ihrer Tätigkeit, auch wenn sie nur aus einigen eintönigen Handgriffen bestand und auch, wenn sie kaum jemals einen anderen Arbeitsplatz innerhalb der Produktion kennenlernten.

Zweitens: Der soziale Bezug, in dem die Arbeit getan wurde. Trotz der Vertrautheit mit der Materie blieb der Arbeitsvorgang eintönig und wenig interessant. Aus diesem Grund war das vertraute Umfeld für die Arbeiterinnen von besonderer Bedeutung. Die Frauen arbeiteten in einer Gruppe oder Clique, die sich sehr gut kannte. Insbesondere unter den einheimischen Frauen bestand ein enger Zusammenhalt, man war "keine Nummer", man half sich gegenseitig "wenn eine sich nicht fühlte".

Tratschen, Erzählen, Singen wurden als wichtigste Nebenbeschäftigungen bei der Arbeit genannt: Der Arbeitsplatz wurde zum Umschlagplatz für Neuigkeiten aus dem Dorf oder der Kleinstadt! Bei den geringen Freizeitmöglichkeiten auf dem Land wurden alle Erlebnisse der Frauen auf diese Weise "vervielfältigt": der Inhalt von Filmen wurde erzählt, die Ereignisse der Tanzveranstaltungen vom Wochenende diskutiert und die Lieder aus dem Wunschkonzert des Radios nachgesungen.

Die Arbeit in den ländlichen Fabriken war nach der Einführung des Taylorsystems und der Fließbandarbeit in den zwanziger Jahren genauso kleinteilig und eintönig wie in städtischen Industriebetrieben. Sie wurde aber von den ländlichen Fabrikarbeiterinnen wegen der Vertrautheit der Materie und der Personen am Arbeitsplatz als weniger negativ empfunden. Man könnte auch von einer größeren Monotonieresistenz bei ländlichen Fabrikarbeiterinnen als bei städtischen Arbeiterinnen sprechen.

Diese größere Monotonieresistenz hatte für die Fabrikarbeiterinnen auf dem Land eine positive und eine negative Komponente. Sie bedeutete für die Frauen auf dem Land einen höheren Grad an Arbeitszufriedenheit als bei ungelernten Arbeiterinnen in der Stadt, die eine weniger bekannte Materie und ein weniger "angenehmes" Betriebsklima hatten. Sie bedeutete aber auch eine gewisse Resignation: ein Sichabfinden mit Bedingungen, die der Betrieb festsetzte, weil es für die Frauen kaum einen Antrieb zu Veränderungen gab.[7]

Die Frauen akzeptierten klaglos ihre untergeordnete Stellung. Ihr geringes Selbstwertgefühl, das durch einfache Herkunft und fehlende Berufsausbildung bedingt war und der hohe Bekanntheitsgrad jeder Frau auf dem Dorf oder in der Kleinstadt ließen allerdings auch keine wirkliche Aufmüpfigkeit zu. Es gab keine Anonymität, in der man hätte untertauchen können, keine Solidarität einer großen Arbeiterschaft, auf die man sich hätte verlassen können, wenn es Konflikte gab.

Jede Frau war individuell auf ihren guten Ruf bedacht, sowohl in der Nachbarschaft als auch beim Arbeitgeber. Die Abhängigkeit vom jeweiligen Arbeitsplatz in der Fabrik war groß, da es auf dem Land kaum andere, geschweige denn bessere Arbeitsmöglichkeiten gab. Aus diesem Grund paßte sich jede Arbeiterin an, so gut sie konnte. Daß sie damit zu "pflegeleichten" Arbeitskräften wurden, deren Wert nicht sehr hoch eingeschätzt wurde, obwohl man ihre spezielle Arbeitsleistung, ihre Ge-

---

7 Vgl. hierzu auch Elisabeth Beck-Gernsheim, Der geschlechtsspezifische Arbeitsmarkt. Zur Ideologie und Realität von Frauenberufen, Frankfurt/ M. 1976, S.96.

schicklichkeit, Sensibilität und Schnelligkeit besonders brauchte, konnte ihnen aufgrund ihrer Situation kaum bewußt sein.
Die Zugehörigkeit zur Gewerkschaft, die in den zwanziger Jahren noch möglich gewesen wäre, und die die Abhängigkeit der Frauen vermindert hätte, wurde kaum in Betracht gezogen. Die jungen Mädchen hielten eine Gewerkschaftszugehörigkeit nicht für nötig, da sie in der Fabrikarbeit ohnehin keine lebenslange Berufsperspektive sahen.
Renate Bridenthals Aussage: *"Filled with Cinderella fantasies encouraged by the media they dreamed of marrying the boss rather than uniting against his exploitation of their labour and sex"*[8] gilt für die jungen Fabrikarbeiterinnen auf dem Lande in besonderem Maße. Sie hatten wenig Möglichkeiten, ihr Leben zu gestalten oder zu genießen und setzten sehr stark auf zukünftige Ehemänner, die sie aus ihrem "Aschenputteldasein" erlösen sollten.
Die verheirateten Frauen arbeiteten meist nur einige Monate im Jahr. Die Arbeit in der Produktion hatte für sie nur vorübergehenden Charakter. Sie sahen sich in erster Linie als Hausfrauen, die etwas dazu verdienten. Sie hielten schon aus diesem Grund eine gewerkschaftliche Organisation nicht für nötig, insbesondere wenn ihre Ehemänner in der Gewerkschaft waren. Gewerkschaftsmitgliedschaft und -arbeit galt unter den Fabrikarbeiterinnen auf dem Land ohnehin als Männerangelegenheit. Das Verbot von Gewerkschaften im "Dritten Reich" wurde insofern von den Frauen kaum wahrgenommen.
Auch in Betriebsräten, die in der Zeit der Weimarer Republik in größeren Betrieben eingerichtet werden mußten, waren die Frauen in ländlichen Fabriken kaum vertreten. Saisonarbeiterinnen fürchteten oft, daß sie wegen einer Betriebsratstätigkeit im nächsten Jahr nicht wieder eingestellt werden würden. Akkordarbeiterinnen befürchteten eine Minderung ihres Akkordlohns, wenn sie sich im Betriebsrat engagierten.
Traditionelle Wertvorstellungen, patriarchalische Erziehung, mangelnde Ausbildung und Abhängigkeit vom Verdienst machten die erwerbstätigen Frauen auf dem Land zu billigen, fügsamen und überall einsetzbaren Arbeitskräften, und dies obwohl in der ländlichen Industrie immer wieder über Arbeitskräftemangel geklagt wurde.

Die subjektiven Äußerungen von Frauen, die über ihre Berufstätigkeit als Fabrikarbeiterinnen in ländlichen Betrieben berichteten, stehen in starkem Kontrast zu den objektiven Gegebenheiten: monotone Arbeitsabläufe, starke Abhängigkeit vom Arbeitgeber, niedrige Löhne, extrem lange Arbeitszeiten, geringer Arbeitsschutz und kaum vorhandene Aufstiegsmöglichkeiten:
"Ich habe viel lieber in Burgdorf als in Hannover gearbeitet."
"Man hing an der Firma, wir haben immer gut zusammengehalten."
"Ich hatte nie einen anderen Arbeitsplatz."
"Die Arbeit war nicht schlecht. Ich bin immer gern hingegangen."
"Die Zeit war schön. Ich hätte dort gerne weitergearbeitet."
"Wir hatten viel Spaß in unserer Gruppe."
"Wir hatten viel Freude bei der Arbeit."

8 Renate Bridenthal, Beyond Kinder, Küche, Kirche: Weimar Women at Work, in: Central European History, 6/1973, Nr. 2, S.162.

Diese positive Bewertung trotz negativer Arbeitsbedingungen läßt sich hauptsächlich durch die starke Identifikation der Frauen mit den Betrieben, in denen sie arbeiteten, erklären. Die Arbeit außerhalb des eigenen Haushaltes wurde als Anteilhaben an etwas Größerem oder Höherwertigem gesehen.
Die "Aschenputtelphantasien", von denen Renate Bridenthal spricht, hatten sich bei vielen jungen Frauen auf dem Land, die nur auf Familie und Haushalt vorbereitet worden waren, nicht erfüllt. Im Gegenteil: ihr Leben war nach der Heirat oft weiter von einem Prinzessinnendasein entfernt als je zuvor. Arbeitslosigkeit oder geringer Verdienst des Ehemannes, die Geburt mehrerer Kinder in kurzen Abständen hintereinander und schlechte Wohnverhältnisse bedeuteten für viele jungverheiratete Frauen in den zwanziger und dreißiger Jahren außerordentliche Belastungen.
Die hohen Erwartungen an Liebe, Ehe und Kinder, die in diesem Bereich oft enttäuscht wurden, konnten mit einer Aufwertung von außen weitgehend kompensiert werden.
Die starke Identifikation mit dem jeweiligen Betrieb drückte sich in den Erinnerungsgesprächen folgendermaßen aus: Arbeiterinnen kleinerer Fabriken präsentierten Urkunden für langjährige Betriebszugehörigkeit, Gedichte und Zeitungsausschnitte zu Jubiläen und Geburtstagen oder Geschenke, die ihnen bei Familienfesten überreicht worden waren.
Der Stolz der Arbeiterinnen in größeren Fabriken bezog sich stärker auf das hergestellte Produkt. Insbesondere bei den Arbeiterinnen der Burgdorfer Konservenfabrik äußerte sich dies in Kommentaren wie:
"Burgdorfer Konserven hatten Weltruf."
"Mein Mann wurde im Krieg mit Burgdorfer Konserven verpflegt."
"Freunde von uns haben eine Burgdorfer Konserve aus Norwegen mitgebracht."

Fast allen Frauen ist gemeinsam, daß sie ihren Arbeitsplatz als mehr oder weniger große Erweiterung ihres Haushaltes ansahen. Die Tätigkeiten glichen den gewohnten Hausfrauenarbeiten: die Bearbeitung von Nahrungsmitteln oder die Herstellung von Kleidungsstücken waren die überwiegenden Arbeiten der ländlichen Fabrikarbeiterinnen. Neben den vertrauten Tätigkeiten hatte man auch mit vertrauten Personen zu tun, und so wurden Betriebsinhaber, Meister, Kolonnenführer und Küchenchefinnen trotz starker Abhängigkeit eher wie Familienmitglieder oder Nachbarn und weniger als Arbeitgeber gesehen.
Diese Vertrautheit mit der ausgeübten Tätigkeit und dem Personenkreis, in dem man arbeitete, führte bei den meisten Frauen zum Fehlen jeglicher Distanz zu ihrer Arbeit. Erfahrungen aus Familie und Haushalt wurden direkt auf den Arbeitsplatz übertragen. Wenn man im Haushalt das Essen anbrennen ließ, hatte der Ehemann schlechte Laune, wenn man die Löcher in den Hosen der kleinen Kinder nicht flickte, wurden sie in der Schule für asozial gehalten - also ließ man das Essen möglichst nicht anbrennen und stopfte die Löcher in den Hosen der Kinder, weil man die Auswirkungen am eigenen Leib zu spüren bekam. Wenn die angelieferten Erbsen im Fabrikhof "sauer" wurden, wenn die Maschinen nicht funktionierten und stillstanden, war das eine Katastrophe für die Firma, also nahm man extrem lange Arbeitszeiten in Kauf, damit die Erbsen nicht verdarben, also tat man Männerarbeit, ohne dafür bezahlt zu werden, damit die Maschinen weiterlaufen konnten.

Die Einordnung unter tatsächliche oder vermeintliche Zwänge war für die meisten Frauen selbstverständlich. Eigene Bedürfnisse, Wünsche und Träume hatten wie in der Familie hinter solchen Zwängen ganz von selbst zurückzustehen.
Diese starke Identifikation mit dem Betrieb, in dem man arbeitete, scheint der Hauptgrund für die Nichtwahrnehmung von Arbeitsplätzen in der Großstadt gewesen zu sein. Diese Nichtwahrnehmung geschah im doppelten Sinn. Die Arbeitsplätze wurden praktisch nicht gesehen, und sie wurden nicht angenommen. Die Arbeiterinnen vom Land suchten Arbeitsplätze, die sie als ihre eigenen auffassen konnten: vertraute Tätigkeiten in vertrauten Personenkreisen, obwohl eine Metallarbeiterin in Hannover etwa doppelt so viel in der Stunde verdiente und darum für den gleichen Lohn nur etwa die Hälfte der Zeit arbeiten mußte.
Mit einer sechzehnstündigen Arbeitszeit am Tag konnte man auf dem Land so viel verdienen wie mit einer achtstündigen in der Stadt. Dafür war man "keine Nummer", bewegte sich in einem vertrauten Raum, konnte während der Mittagspause Mann und Kinder mit Essen versorgen und war "vor Ort", wenn man in der Familie plötzlich gebraucht wurde.
Diese Fixierung auf den vertrauten Raum und die Distanzlosigkeit zur Arbeit waren in der aktuellen Situation für die Frauen auf dem Land vermutlich durchaus positiv, weil sie das Gefühl hatten, gebraucht zu werden. Langfristig hatten sie aber sehr negative Auswirkungen:
Fast alle Frauen berichteten von bestimmten Berufskrankheiten, die sich im Alter besonders stark bemerkbar machten. Sie hätten sich bei einem rechtzeitigen Wechsel des Arbeitsplatzes, bei kürzerer Arbeitszeit und bei insgesamt niedrigerer Belastung möglicherweise vermeiden lassen.
Alle Frauen bekommen heute gar keine oder extrem niedrige Renten. Durch die Saisonarbeit über viele Jahre hinweg und durch die niedrigen Löhne konnten sie meist nur geringe Rentenansprüche erwerben.
Die jahrelange monotone Arbeit, das ständige Zurückstellen eigener Bedürfnisse, die Fixierung auf Ehemann und Kinder, die nicht mehr leben oder außer Reichweite sind, verursachen heute bei den meisten Frauen ein Gefühl der Leere und des Unausgefülltseins. Im Alter von siebzig oder achtzig Jahren können eigene Wünsche kaum noch wahrgenommen werden, wenn man darin nicht geübt ist.

Angela Dinghaus

Erziehung, Emanzipation und bürgerliche Sozialarbeit

Der Gedanke der Frauenemanzipation entstand im Zeitalter der Französischen Revolution; schien es doch nur konsequent, die Menschenrechte auch für das weibliche Geschlecht einzufordern. Frauen empfanden zunehmend die Widersprüche zwischen den neuen politischen und sozialen Forderungen und der ungleichen Position von Mann und Frau und beriefen sich dabei auf die bürgerlichen Gleichheitspostulate.[1]
In Deutschland wurzelten die frühen Emanzipationsideale bürgerlicher Frauen im liberalen Gedankengut des freiheitlich gesinnten Bürgertums, das sich 1848/49 als Träger liberaler Forderungen politisch und wirtschaftlich von den feudalen Schranken lösen wollte: Individuelles Recht auf Freiheit (besonders in wirtschaftlicher Hinsicht), politische Partizipation (Versammlungsfreiheit, Parlamentarisierung und eine Verfassung), die Freiheit des Glaubens und der Meinungsäußerung und die nationalstaatliche Einigung gehörten zu den wesentlichsten Postulaten.
Das liberale Bürgertum als die bereits maßgebende Kraft in Wirtschaft und Kultur opponierte gegen Ständegesellschaft, Obrigkeitsstaat und Zensur. Gleichzeitig drängten die sozialen Unterschichten nach einer Befreiung aus ihrer politischen Unmündigkeit und desolaten sozialen Situation.
Auch Frauen nahmen teil an der 1848er Revolution. Sie erhofften sich von einer Demokratisierung der Gesellschaft die Einbindung von Frauen in das Staatsleben. Schon im Vormärz hatten bürgerliche Frauen vereinzelt publizistisch auf die untergeordnete Stellung des weiblichen Geschlechts aufmerksam gemacht. Sie traten ein für bessere Bildungschancen und - wie Louise Otto-Peters - für politische Partizipation.[2] Auf dem Hintergrund der Revolution forderten diese Frauen zum einen soziale Reformen, und sie machten besonders auf die Mißstände aufmerksam, unter denen Arbeiterinnen zu leiden hatten. Darüber hinaus setzten sie sich ein für eine verbesserte Stellung aller Frauen in der Gesellschaft, für das Recht auf Mündigkeit, Selbstbestimmung und Selbständigkeit. Die frühe Frauenbewegung, die sich bald in Frauenvereinen zu organisieren begann, war eine soziale Bewegung mit demokratischen und nationalen Vorzeichen.[3]
Der Gedanke an eine Beteiligung von Frauen am öffentlichen Leben blieb jedoch auf eine kleine Gruppe von Frauen, vereinzelt auch Männer, beschränkt.[4] Ihre Hoffnungen auf rechtliche und politische Gleichberechtigung waren eng verknüpft mit

---

1 Einen guten Überblick über die Geschichte der Frauenbewegung in Deutschland und eine Einführung in "Frauen-Geschichte" geben Ute Gerhard, Unerhört. Die Geschichte der deutschen Frauenbewegung, Reinbek bei Hamburg 1990 (hier S.15); Ute Frevert, Frauen-Geschichte. Zwischen bürgerlicher Verbesserung und neuer Weiblichkeit, Frankfurt/ M. 1986 (hier S.11).

2 Frevert, Frauen-Geschichte, a.a.O., S.72f. Vgl. zu Frauen in der 1848er Revolution: Ute Gerhard, Über die Anfänge der deutschen Frauenbewegung um 1848. Frauenpresse, Frauenpolitik, Frauenvereine, in: Karin Hausen (Hrsg.), Frauen suchen ihre Geschichte. Historische Studien zum 19. und 20. Jahrhundert, München 1987, S.200-224, S.206ff.; Carola Lipp (Hrsg.), Schimpfende Weiber und patriotische Jungfrauen. Frauen im Vormärz und in der Revolution 1848/49, Baden-Baden 1986.

3 Ute Gerhard, Über die Anfänge der deutschen Frauenbewegung, Bremen 1980, S.6f.; dies., Über die Anfänge der deutschen Frauenbewegung um 1848, a.a.O., S.215-221.

4 Herrad-Ulrike Bussemer, Frauenemanzipation und Bildungsbürgertum. Sozialgeschichte der Frauenbewegung in der Reichsgründungszeit, Weinheim und Basel 1985, S.16.

den demokratischen Ideen. Unterstützt wurden in erster Linie die Ideale des Vormärz.[5]
Eine zentrale Quelle für diese erste Phase weiblicher Emanzipationsvorstellungen ist die seit 1849 von Louise Otto herausgegebene "Frauen-Zeitung"[6], die nach Erscheinen ihres vierten Jahrganges der Reaktion zum Opfer fiel.
Louise Ottos[7] Einfluß auf die frühe Frauenbewegung ist nicht zu unterschätzen. Sie begründete ihre Gedanken von der politischen Mitverantwortung der Frauen aus einem spezifisch "weiblichen Charakter". Louise Otto kritisierte weniger die gesellschaftliche Auffassung von der "natürlichen weiblichen Bestimmung" als die Auswirkungen dieses Rollenideals auf die Mädchenbildung und die enge Begrenzung der Frauen auf den familiären, häuslichen Bereich. Gerade als Gattin und Mutter dürfe die Frau nicht isoliert von der Gesellschaft leben, als Erzieherin der späteren Bürger trage sie eine ganz besondere Verantwortung.[8]
Gefordert wurde zwar die Gleichberechtigung der Geschlechter, doch die Aufgaben der Frau in der Familie wurden dabei nicht in Frage gestellt. Eine "Ausdehnung der Familie auf die gesamte Gesellschaft"[9] sollte vielmehr den Frauen dazu verhelfen, ihre Pflicht auch dem Staat gegenüber erfüllen zu können. Um diesen erweiterten Anforderungen in Familie und Gesellschaft gerecht werden zu können, kämpften die bürgerlichen Frauen zunächst um verbesserte Bildungs- und Berufsmöglichkeiten.[10]
Hauptkritikpunkt war die damalige Mädchenbildung für "höhere Töchter", deren schöngeistige Bildungsinhalte sich in Literatur, Handarbeit und künstlerischen Ansätzen erschöpften und allenfalls dazu dienen konnten, auf das künftige Dasein als Hausfrau und Mutter vorzubereiten oder die Chance auf einen Ehemann aufzubessern:

"Jeder Anflug eigenständiger Interessen war verdächtig, weil für die Heiratserwartungen schädlich: Mädchenbildung hörte auf, wo die selbständige Erfassung eines Gebietes begann."[11]

Louise Otto bezeichnete die Mehrheit der bürgerlichen Frauen als "Kinder"[12], die in ihrer Unmündigkeit und anerzogenen intellektuellen Unfähigkeit der Familie, der Gesellschaft und dem Staat wenig zu nutzen schienen.
Die Ansprüche auf verbesserte Bildungs- und Erwerbschancen begriffen die Frauen aus der Frauenbewegung nicht als einen Selbstzweck. Ein erweiterter Handlungsspielraum sollte Frauen vielmehr in die Lage versetzen, am Aufbau und an der Reformierung der Gesellschaft, für die Allgemeinheit, mitzuwirken.[13] Die Forderun-

---

5 Bärbel Clemens, "Menschenrechte haben kein Geschlecht!" Zum Politikverständnis der bürgerlichen Frauenbewegung, Pfaffenweiler 1988, S.13f., und Gerhard, Über die Anfänge der deutschen Frauenbewegung um 1848, a.a.0., S.210f.

6 Vgl. die Auswertung ebd., S.203ff.

7 Vgl. zur Person: Norgard Kohlhagen, Louise Otto-Peters (1819-1895), in: Frauen. Portraits aus 2 Jahrhunderten, hrsg. v. Hans-Jürgen Schultz, Stuttgart 1981, S.102-113.

8 Clemens, "Menschenrechte...", a.a.0., S.10-14.

9 Gerhard, Über die Anfänge, a.a.O., S.23f.

10 Frevert, Frauen-Geschichte, a.a.0., S.74f.

11 Elisabeth Beck-Gernsheim, Vom "Dasein für andere" zum Anspruch auf ein Stück "eigenes Leben": Individualisierungsprozesse im weiblichen Lebenszusammenhang, in: Soziale Welt, Jg. XXXIV, Nr.34/ 1983, S.307-340, S.311.

12 Zit. nach Margrit Twellmann, Die Deutsche Frauenbewegung. Ihre Anfänge und erste Entwicklung, Bd.2: Quellen 1843-1889, Meisenheim 1972, S.14.

13 Gerhard, Über die Anfänge, a.a.0., S.7. Verglichen mit der angloamerikanischen Frauenbewegung jener Jahre, die sehr viel bestimmter politische Partizipationsforderungen formuliert hatte ("Declaration of

gen nach verbesserten Bildungschancen für Frauen waren verbunden mit einer sozialreformerischen Gesellschaftskritik.
Ausbildungs- und Berufsmöglichkeiten erlangten auch eine wesentliche Bedeutung für die alleinstehenden, die unverheirateten Frauen der bürgerlichen Gesellschaft. Wollten sie nicht der eigenen Familie zur Last fallen, noch sich zwecks Versorgung "einem Manne verkaufen",[14] benötigten sie "standesgemäße" Erwerbsmöglichkeiten. Gab es für die ledige Frau nicht die Möglichkeit, im elterlichen Hause oder bei Verwandten unterzukommen, blieb nur noch die Arbeit in fremden Haushalten als Gouvernante, Gesellschafterin oder Erzieherin. Die Gehälter waren miserabel; die "armen Mädchen aus guter Familie" konnten zumeist keine Ausbildung nachweisen und Lohnforderungen "geziemten" sich nicht für eine Dame von Stand.[15] Weiter ist das angestiegene Heiratsalter der Frauen zu berücksichtigen, die in der Zeit zwischen Schule und Heirat nach Arbeitsfeldern Ausschau hielten, um diesen Zeitraum zu überbrücken. Hinzu kam die Witwenschaft zahlreicher Frauen. Nicht immer konnten Ehefrauen damit rechnen, bis zu ihrem Ableben durch den Verdienst des Ehemannes abgesichert zu sein; der Tod des Gatten zog häufig eine Reduzierung des Einkommens nach sich und bedeutete dann den sozialen Abstieg.[16] Es handelte sich jedoch nicht ausschließlich um ein Versorgungsproblem. Viele Frauen aus dem Bürgertum waren unzufrieden über ihre Aussichten, als "Haustochter" oder Ehefrau ein sinnentleertes Dasein führen zu müssen.

Louise Otto erwartete eine Verbesserung der gesellschaftlichen Zustände durch den Einfluß von Frauen, die bisher weitgehend von öffentlichen Entscheidungsprozessen ausgeschlossen waren. Hierzu mußte den Frauen ein erweiterter Handlungsspielraum gewährt werden. Unter der Vormundschaft des Vaters oder des Ehemannes waren die Rechte aller Frauen stark eingeschränkt.
Im 19. Jahrhundert der bürgerlichen Ideale von der Freiheit, Rechtsgleichheit und Rechtsstaatlichkeit setzte sich die Idee von den zwei unterschiedlichen Wirkungsbereichen von Mann und Frau durch, die Vorstellung von einem "natürlichen" Ge-

---

sentiments" 1848), wirken die Postulate der deutschen Frauen recht harmlos. Ihre Emanzipationsvorstellungen waren geprägt von gesellschaftlichen Normen und Erwartungen, die das weibliche Dasein stark begrenzten. Solange sie das bürgerliche Frauenideal nicht in Frage stellten, konnten sie zumindest mit der Unterstützung seitens der fortschrittlicheren, liberalen Kräfte rechnen (Clemens, "Menschenrechte...", a.a.O., S.15f., und vgl. Richard J. Evans, The feminist movement in Germany 1894-1933, London and Beverly Hills 1976). Die ideologischen Besonderheiten der deutschen bürgerlichen Frauenbewegung, die starke Betonung des "spezifisch weiblichen Wesens", die sich schon früh abzuzeichnen begannen, korrespondieren mit einer konservativ-autoritären Gesellschaftsstruktur und den entsprechenden Wertvorstellungen (Barbara Greven-Aschoff, Die bürgerliche Frauenbewegung in Deutschland 1894-1933, Göttingen 1981, S.37f.; Evans, a.a.O., S.265ff.). Nach dem gescheiterten Versuch, die politischen Machtverhältnisse 1848 zu ändern, traten in den Jahren der Reaktion die bürgerlichen Männer und auch die Frauen den Rückzug an. Vgl. zu den politischen Bedingungen des organisierten Handelns von Frauen: Barbara Greven-Aschoff, Sozialer Wandel und Frauenbewegungen, in: Geschichte und Gesellschaft. Zeitschrift für Historische Sozialwissenschaft, Jg. 7/ 1981, H.3/4, S.328-346.

14 Frevert, Frauen-Geschichte, a.a.O., S.75.

15 Bussemer, Frauenemanzipation, a.a.O., S.51 u. S.48ff.

16 Ebd., S.24ff. Die zunehmende individuelle Entscheidungsfreiheit trug dazu bei, die "Zwangsläufigkeit" von Eheschließungen aufzuweichen. Wurden unverheiratete Frauen in der traditionellen Gesellschaft noch eher von der Familie aufgefangen, wo sie auch familiäre Pflichten übernehmen konnten, verringerten sich diese Möglichkeiten in der bürgerlichen Gesellschaft zusehends: Platzmangel und weniger Mithilfemöglichkeiten, aber auch finanzielle Engpässe, die eine standesgemäße Aussteuer oft nicht ermöglichten, waren die wesentlichsten Gründe (ebd., S.24f.; S.28f.; S.47 u. S.38ff.).

schlechterdualismus, mit der nicht zuletzt die Rechtlosigkeit der Frauen und ihre juristische Entmündigung gerechtfertigt wurde.[17]
Bei der Eheschließung hörte die bürgerliche Gleichheit für die Frau auf. Im Privatrecht besaß die verheiratete Frau weder die Prozeß- noch Geschäftsfähigkeit, ferner keine Entscheidungsbefugnis über das eigene Vermögen. Ohne die Erlaubnis des Ehemannes durfte sie nicht arbeiten, ein Geschäft oder Bankkonto eröffnen - sie war also ökonomisch völlig abhängig. Und noch das Bürgerliche Gesetzbuch von 1900 unterstellte die Prozeß- und Geschäftsfähigkeit der Frau - wenn auch eingeschränkt - dem Ehemann, der nun jedoch nicht mehr die alleinige Verfügungsgewalt über den Arbeitsverdienst seiner Frau besaß. Doch bei einer Scheidung behielt der Mann weiter Rechte und Gewalt über die Kinder.
Aus dem politischen Entscheidungsprozeß waren die Frauen ausgeschlossen. Sie besaßen weder das aktive noch das passive Wahlrecht, nicht einmal, nachdem 1866 - außer in Preußen - das allgemeine, direkte und geheime Wahlrecht eingeführt worden war. Darüber hinaus unterlagen Frauen noch dem Vereinsgesetz, das ihnen in dem Zeitraum von 1850 bis 1908 die Zugehörigkeit zu politischen Organisationen und die Teilnahme an politischen Versammlungen untersagte.[18]
Die Verweigerung der staatsbürgerlichen Rechte für die Frauen wurde aus der "Natur" heraus begründet und legitimiert. Aus der Anatomie der Frau, besonders aus ihrer Fähigkeit zum Gebären, schloß man auf eine "geistig-moralische Verschiedenheit der Geschlechter" und leitete davon die "natürliche" Aufgabenverteilung zwischen Männern und Frauen ab.[19]
Den Grundstein zur Rechtfertigung des Ausschlusses der Frauen aus der bürgerlichen Öffentlichkeit, identisch mit dem politischen Raum, und der Verweigerung von bürgerlichen Rechten hatten bereits die Philosophen der Aufklärung gelegt.[20] Rousseau, Kant und später einer der Hauptvertreter der Romantik, Fichte, definierten die verschiedenen wesenseigenen Aufgaben der Geschlechter und betonten dabei die unterschiedlichen psychischen Eigenschaften von Mann und Frau. Zum zentralen Begriff wurde der "Geschlechtscharakter", mit dem "naturgegebene", aber noch durch Erziehung und Bildung zu vervollständigende Merkmale der Geschlechter umschrieben wurden. Der Mann sei von "Natur" aus für den öffentlichen Raum, die Frau für die häusliche Sphäre geschaffen worden. Zu den wesentlichen Attributen des Mannes zählten danach Aktivität und Rationalität, die Eigenschaften der Frau wurden mit Passivität und Emotionalität umschrieben.[21]

---

17 Ute Frevert (Hrsg.), Bürgerinnen und Bürger. Geschlechterverhältnisse im 19. Jahrhundert, Göttingen 1988, Einleitung, S.11f.

18 Greven-Aschoff, Bürgerliche Frauenbewegung, a.a.0., S.22ff.; vgl. die ausführliche Darstellung bei Ute Gerhard, Verhältnisse und Verhinderungen. Frauenarbeit, Familie und Rechte der Frauen im 19. Jahrhundert. Mit Dokumenten, Frankfurt/ M. 1978.

19 Frevert, Bürgerinnen und Bürger, a.a.0., S.12.

20 Michelle Perrot, Die Frauen, die Macht und die Geschichte, in: Dies. (Hrsg.), Geschlecht und Geschichte. Ist eine weibliche Geschichtsschreibung möglich? Frankfurt/ M. 1989, S.225-248, S.236f.

21 Karin Hausen, Die Polarisierung der "Geschlechtscharaktere" - Eine Spiegelung der Dissoziation von Erwerbs- und Familienleben, in: Werner Conze (Hrsg.), Sozialgeschichte der Familie in der Neuzeit Europas, Stuttgart 1976, S.363-393, S.367. Ähnliche Kataloge der Geschlechtereigenschaften sind auch für frühere Jahrhunderte nachzuweisen. Allerdings scheint es noch im 17. Jahrhundert eine tolerantere Haltung gegenüber "gelehrten" Frauen gegeben zu haben als im 18. Jahrhundert, dem Zeitalter der Aufklärung, vgl. Elisabeth Gössmann, Die Diskussion um Frau und Wissenschaft im 17./ 18. Jahrhundert, in: Dorothea Frandsen/ Ursula Huffmann/ Annette Kuhn (Hrsg.), Frauen in Wissenschaft und Politik, Düsseldorf 1987, S.141-160, S.144ff. u. S.149. Eine neue Dimension liegt wohl in der psychischen Veranke-

Kant deutete die Unmündigkeit der Frauen als ein natürliches Erscheinungsbild. Gleichzeitig idealisierte er die Frau zum "schönen Geschlecht". Statt Bildung, die der "Schönheit" der Frau schaden würde, legte er Wert auf die Ausbildung von Empfindsamkeit.[22]

War die Position des Staatsbürgers u.a. gekoppelt an das männliche Geschlecht, stand das "schöne Geschlecht" grundsätzlich außerhalb des politischen und rechtlichen Raumes der bürgerlichen Gesellschaft.[23]

Auch die Denker der Romantik setzten den Akzent auf die Verschiedenartigkeit der Geschlechter. Trotz einiger Abweichungen in ihrem Bild über die Frau stimmten sie doch mit den bürgerlichen Aufklärern dahingehend überein, daß die Frau ein "andersartiges" Wesen sei. Friedrich Schlegel, der diese "Wesensverschiedenheit" würdigte, betonte zugleich die Selbständigkeit und Gleichwertigkeit der Frau. Er verwarf jegliche Form ihrer Unterdrückung. Doch die Idealisierung des weiblichen Geschlechts, deren Ausgangspunkt die Wesensverschiedenheit der Geschlechter war, führte dazu, daß die Stellung der Frauen auch bei den Romantikern auf die persönliche Sphäre begrenzt wurde.[24]

Das romantische Frauenideal hatte jedoch wenig mit dem Bild von der "selbstlosen", "mütterlichen" Frau des Bürgertums aus der Zeit des 19. Jahrhunderts gemein. Anstelle der "züchtigen Hausfrau" war das "erotische" und "schöne" Geschlecht gefragt,[25] die "geistreiche" und "mutige" Gefährtin.[26] Als Vorbild hatten die romantischen Denker die wenigen Frauen aus dem gehobenen Bürgertum vor Augen, die gegen Ende des 18. Jahrhunderts den Mittelpunkt literarischer Salons bildeten: Henriette Herz, Rahel Varnhagen oder Caroline Schlegel.

"In diesem Zwischenreich des Nicht-mehr-Privaten und Noch-nicht-Öffentlichen erarbeiteten sie sich ein Höchstmaß individueller Autonomie, Bewegungsfreiheit und Unabhängigkeit ..., das in normalen weiblichen Daseinsformen und -zwecken unbekannt war. Zwar sollten 'Weiber in den höheren Ständen', wie es 1798 in einem vielgelesenen weiblichen Erziehungsroman hieß, 'Welt-, Menschen- und Sachkenntnisse besitzen', doch durften sie Bildung und Gelehrsamkeit nie zum Selbstzweck erheben und ihre eigentlichen Pflichten als 'Wirtschafterin, Gattin, Mutter, Erzieherin und Freundin' nicht darüber vernachlässigen. Weit davon entfernt, die zweigeteilte Geschlechterordnung gänzlich außer Kraft setzen zu wollen ..., kreierten die Frauen der klassischen und romantischen Salons statt dessen ein neues bürgerliches Weiblichkeits-Modell, das Bildung, Kunst und Kultur prämierte und den häuslichen Pflichtkanon eher an den Rand drängte."[27]

---

rung und Durchsetzung dieser Rollenvorstellungen seit dem 19. Jahrhundert in breiten Schichten der Gesellschaft.

22 Hanna-Barbara Gerl, Frauenbilder in der Geschichte, in: Aus Politik und Zeitgeschichte. Beilage zur Wochenzeitung Das Parlament, 14. Oktober 1988, S.3-19, S.12f.

23 Ute Frevert, Bürgerliche Meisterdenker und das Geschlechterverhältnis. Konzepte, Erfahrungen, Visionen an der Wende vom 18. zum 19. Jahrhundert, in: Dies. (Hrsg.), Bürgerinnen und Bürger. Geschlechterverhältnisse im 19. Jahrhundert, Göttingen 1988, S.17-48, S.21ff.

24 Barbara Becker-Cantarino, Priesterin und Lichtbringerin. Zur Ideologie des weiblichen Charakters in der Frühromantik, in: Wolfgang Paulsen (Hrsg.), Die Frau als Heldin und Autorin. Neue kritische Ansätze zur deutschen Literatur, Bern und München 1979, S.111-124, S.111-115; S.122.

25 Dietlinde Peters, Frauenleben und Frauenbild. Zur theoretischen und praktischen Überwindung gedachter und gelebter "Weiblichkeit", Diss. phil., Berlin 1982, S.111.

26 Frevert, Bürgerliche Meisterdenker, a.a.O., S.38.

27 Ebd., S.40.

Der Lebensweg von Caroline Schlegel, geboren in Göttingen, kann als ein Versuch interpretiert werden, als Frau ein selbständiges Dasein zu führen. Carolines Bemühen um eine eigene Identität drückte sich auch in ihrem literarischen Schaffen aus.[28] Caroline Schlegel verstand sich sicherlich nicht als eine "Vorkämpferin weiblicher Emanzipation".[29] Ihr Portrait betont die Chancen und Grenzen einer Frau aus dem gehobenen Bürgertum um die Wende vom 18. zum 19. Jahrhundert und zeigt am Ende eine Frau, die sich den gesellschaftlichen Konventionen fügen mußte. War das Ideal im Kreis um Friedrich Schlegel noch die Annäherung beider Geschlechter, durch die ein jedes von den Eigenschaften des anderen lernen könnte und waren die "natürlichen" Attribute von Mann und Frau nach Schlegel sogar bis zu einem gewissen Grade austauschbar, so vertrat Fichte eine andere Position. Er interpretierte die Geschlechter als zwei entgegengesetzte Pole, die sich nur als solche harmonisch ergänzen würden.[30]

Fichte begründete die faktische Unterprivilegierung und Rechtlosigkeit der Frauen aus ihrer Fähigkeit zu lieben. Fichtes "Liebesargument" sollte die gesellschaftliche Realität und das bürgerliche Eherecht, in welchem der Familie und den Frauen eine gesonderte Stellung zukam, bis weit in das 20. Jahrhundert prägen. Er war der Ansicht, daß die Frau keine sexuellen Bedürfnisse habe. Allein aus Liebe zum Manne würde sie diesem zur Befriedigung und der Menschheit zur Fortpflanzung zu Diensten sein.[31] Als Gegenleistung für ihre Unterwerfung unter den Mann müsse die Frau durch "männliche Großmut" belohnt werden. Fichte hatte, angelehnt an Rousseau, die Idee von der "weiblichen Natur" entworfen. Die Unterlegenheit der Frau war zur natürlichen und somit auch unabänderlichen Bestimmung des weiblichen Geschlechts geworden.

Kant und Fichte, und mit ihnen die meisten der bürgerlichen Denker waren sich einig, daß die öffentlich-politische Sphäre Männersache sei.[32]

Die Verweigerung von demokratischen Rechten und der Ausschluß der Frauen aus dem öffentlichen Raum war trotz der bürgerlichen Gleichheitspostulate erfolgreich vollzogen worden,[33] um so mehr, als der Anschein von Natürlichkeit und Freiwilligkeit - die Frau unterwerfe sich ja aus Liebe - dieser Auffassung noch einen besonderen Nachdruck verliehen hatte.

---

28 Vgl. Elke Frederiksen, Die Frau als Autorin zur Zeit der Romantik: Anfänge einer weiblichen literarischen Tradition, in: Marianne Burkhard (Hrsg.), Gestaltet und Gestaltend. Frauen in der Deutschen Literatur, Amsterdam 1980, S.83-108.

29 Frevert, Frauen-Geschichte, a.a.O., S.53.

30 Dies., Bürgerliche Meisterdenker, a.a.O., S.26f.

31 Barbara Schaeffer-Hegel, Vater Staat und seine Frauen. Über den Beitrag der politischen Philosophie zum Ausschluß der Frauen aus der Politik, in: Aus Politik und Zeitgeschichte. Beilage zur Wochenzeitung Das Parlament, 14. Oktober 1988, S.20-29, S.27.

32 Frevert, Bürgerliche Meisterdenker, a.a.O., S.23ff.; vgl. ausführlich zur Geschlechtertheorie, Ehe- und Familienauffassung der bürgerlichen Aufklärer: Heidemarie Bennent, Galanterie und Verachtung. Eine philosophiegeschichtliche Untersuchung zur Stellung der Frau in Gesellschaft und Kultur, Frankfurt/ New York 1985, S.81ff.

33 Bis in die Weimarer Republik und auch bis in die neuere Geschichte der Bundesrepublik existierte trotz gesetzlich verbriefter formaler Gleichheit der Geschlechter gleichzeitig ein konservatives Familienrecht, das für die verheiratete Frau diese Grundsätze einschränkte, vgl. Hannelore Schröder, Die Rechtlosigkeit der Frau im Rechtsstaat. Dargestellt am Allgemeinen Preußischen Landrecht, am Bürgerlichen Gesetzbuch und an J.G. Fichtes Grundlage des Naturrechts, Frankfurt/ New York 1979, S.45ff.

Aus dem politischen Raum der bürgerlichen Gesellschaft blieben zunächst zwei Gruppen der Bevölkerung ausgeschlossen: die Frauen und die Proletarier. Hinsichtlich der Frauen wurde mit der Verschiedenartigkeit der Geschlechter argumentiert. Zwei verschiedene Arten von Menschen mit jeweils besonderen Fähigkeiten[34] müßten, um sich gegenseitig ergänzen zu können, in unterschiedlichen gesellschaftlichen Räumen leben und handeln. Bei der "Frauenfrage" wurde die Ungleichheit - im Gegensatz zur Arbeiterfrage - biologisch begründet.[35]
Der aus der Natur heraus legitimierte Unterschied der Geschlechter war schon bei den bürgerlichen Aufklärern so angelegt, daß er sowohl "wesenseigen" als auch besonders bei den Frauen noch zu vervollkommnen sei. So blieben die theoretischen Vorstellungen von der "natürlichen" Wesensverschiedenheit nicht beschränkt auf die philosophischen Entwürfe. Medizin, Anthropologie, Psychologie und insbesondere die Pädagogik popularisierten diese Ideale erfolgreich bis weit in das 20. Jahrhundert.[36]
Die Pädagogen versuchten, die philosophischen Ideen in die Praxis umzusetzen. In ihren Erziehungstheorien stellten sie den besonderen Verantwortungsbereich der Mutter in den Mittelpunkt. Selbst die Rolle der Mutter könne noch weiter ausgebildet werden und sei sogar zu erlernen.[37]
Auch in der traditionellen Gesellschaft war die Frau auf bestimmte Funktionen und Lebensbereiche festgelegt, und sie besaß im Verhältnis zum Mann kaum Rechte. Die philosophische und später auch pädagogische, psychologische Begründung dieses Herrschaftsverhältnisses aus angenommenen psychischen Eigenschaften der Geschlechter untermauerte jedoch den Charakter von Unabänderlichkeit: Gegen die "Natur" ist man schließlich machtlos.[38]
Für die sich gegen Ende des 18. Jahrhunderts herausbildende Privatsphäre der bürgerlichen Familie sollte allein die Frau zuständig sein.[39] Damit einher rückte die

---

34 Perrot, a.a.O., S.236f.

35 Michael Opielka, Die Idee der "Partnerschaft zwischen den Geschlechtern". Aspekte einer ganzheitlichen Anthropologie, in: Aus Politik und Zeitgeschichte. Beilage zur Wochenzeitung Das Parlament, 14. Oktober 1988, S.43-54, S.44ff.

36 Hausen, a.a.O., S.369.

37 Yvonne Schütze, Mutterliebe - Vaterliebe. Elternrollen in der bürgerlichen Familie des 19. Jahrhunderts, in: Ute Frevert (Hrsg.), Bürgerinnen und Bürger. Geschlechterverhältnisse im 19. Jahrhundert, Göttingen 1988, S.118-133, S.123f.; vgl. Ilka Riemann/ Monika Simmel, Bildung zur Weiblichkeit durch soziale Arbeit, in: Ilse Brehmer/ Juliane Jacobi-Dittrich/ Elke Kleinau/ Annette Kuhn (Hrsg.), Frauen in der Geschichte, Bd.4: "Wissen heißt leben...". Beiträge zur Bildungsgeschichte von Frauen im 18. und 19. Jahrhundert, Düsseldorf 1983, S.133-144.

38 Pia Schmid, Hausfrau, Gattin und Mutter. Zur bürgerlichen Definition von Weiblichkeit um 1800 im Spiegel einiger deutschsprachiger Zeitschriften, in: Die ungeschriebene Geschichte. Historische Frauenforschung. Dokumentation des 5. Historikerinnentreffens in Wien, 16. bis 19. April 1984. Herausgeberinnen: Wiener Historikerinnen..., Himberg bei Wien 1985, S.169-186, S.169. Daß die "natürliche Bestimmung" Frauen oft erst mühsam beigebracht werden mußte, ist von Pia Schmid (a.a.O.) anhand von Frauenzeitschriften um 1800 anschaulich herausgearbeitet worden.

39 In der neueren Forschung werden die beiden gesellschaftlichen Räume "öffentlich" und "privat" nicht mehr nur als gegensätzliche Pole wahrgenommen. Unter der Berücksichtigung der "Verschachtelungen" von öffentlicher und privater Sphäre waren Frauen auch im 18. und 19. Jahrhundert im öffentlichen Raum präsent, vgl. Brigitte Studer, Das Geschlechterverhältnis in der Geschichtsschreibung und in der Geschichte des 19. und 20. Jahrhunderts. Überlegungen zur Entwicklung der historischen Frauenforschung und zu ihrem Beitrag zur geschichtlichen Erkenntnis, in: Feministische Studien Jg.7/ 1989/1, S.97-121, S.104ff.

große Verantwortung der Frau für die Erziehung der Kinder ins Blickfeld, eine Erkenntnis, die bald für die Pädagogik eine zentrale Bedeutung erlangen würde.
Obwohl in keiner anderen Gesellschaftsschicht, weder in der traditionellen noch in der bürgerlichen Gesellschaft des 19. Jahrhunderts, die Frauen ausschließlich auf Kinderaufzucht, Kinderpflege und Hausarbeit spezialisiert gewesen waren,[40] konnte das Bild von der Hausfrau und Mutter als Ideal auch in den unteren Schichten der Gesellschaft Fuß fassen.[41] Gesellschaftlicher Druck und Erziehung trugen dazu bei, daß sich die Auffassung von der "natürlichen Wesensbestimmung der Frau" auch in den Köpfen vieler Frauen festsetzen konnte.
Obwohl die überwiegende Mehrzahl der bürgerlichen Frauen, die sich öffentlich in Vereinen engagierten und der Frauenbewegung zugehörig fühlten, das bürgerliche Familienideal nicht antastete und ebenfalls die Ansicht von der Polarität der Geschlechter teilte, begegnete diesen Frauen ein Sturm der Entrüstung. Zahlreiche Männer des Bürgertums meinten, durch ein Engagement der Frauen in Staat und Gesellschaft sei die Familie in Gefahr. Sie attackierten selbst Emanzipationsbestrebungen aufs heftigste, die sich auf den Bildungsbereich oder erweiterte Berufsaussichten beschränkten.[42] Stimmen aus dem konservativen Lager bezeichneten den Wunsch nach Emanzipation als ein "Leiden", als eine "Erkrankung des Gehirns"; die unverheiratet gebliebenen Frauen seien selber Schuld an ihrer Misere, sie hätten eben den Sinn und Zweck ihres Daseins verfehlt. Auch zahlreiche Frauen, die sich durch die Rufe nach gleichberechtigten Lebensformen außerhalb der Ehe in ihrer Existenz bedroht fühlten, verteidigten ihre eigene Abhängigkeit und beharrten auf dem status quo der weiblichen Rolle in der Gesellschaft.[43]
Das Bündel der Vorwürfe gipfelte in der Behauptung, daß die Frauenrechtlerinnen "Mannweiber" seien, die gegen die "natürliche und angeborene" Differenz der Geschlechter ins Feld ziehen würden.[44] Einzig aus dem Umfeld der Liberalen kam es zur wohlwollenden Unterstützung der bürgerlichen Frauenbewegung.[45]

Ein Teil der Frauen aus den Reihen der bürgerlichen Frauenbewegung und viele Frauen, die eher außerhalb dieser Bewegung standen, aber vergleichbare Ziele und Forderungen vertraten, wollten sich für das Recht auf weibliche Selbstentfaltung, für verbesserte Bildungs- und Berufschancen sozial engagieren, über den eigenen Familienhorizont hinaus für die Schichten der Gesellschaft, die im Elend lebten. Hier berührten sich schon frühzeitig die Frauenbewegung und die bürgerliche Sozialreform.
Mehr und mehr wurde jedoch nicht nur die massenhaft auftretende Armut verurteilt, sondern das Bürgertum begann, die pauperisierten Arbeiter in den Fabriken und die

---

40 Frevert, Bürgerinnen und Bürger, a.a.O., S.12.

41 Hausen, a.a.O., S.383; vgl. zu den Versuchen von Frauen des Bürgertums, bürgerliche Werte und Verhaltensweisen in den sozialen Unterschichten durchzusetzen: Ute Frevert, "Fürsorgliche Belagerung": Hygienebewegung und Arbeiterfrauen im 19. und frühen 20. Jahrhundert, in: Geschichte und Gesellschaft. Zeitschrift für Historische Sozialwissenschaft, Jg. 11/ 1985, H.4, S.420-446.

42 Herrad-Ulrike Bussemer, Bürgerliche Frauenbewegung und männliches Bildungsbürgertum 1860-1880, in: Ute Frevert (Hrsg.), Bürgerinnen und Bürger. Geschlechterverhältnisse im 19. Jahrhundert, Göttingen 1988, S.190-205, S.195.

43 Bussemer, Frauenemanzipation und Bildungsbürgertum, a.a.O., S.54-59.

44 Frevert, Frauen-Geschichte, a.a.O., S.77.

45 Bussemer, Frauenemanzipation und Bildungsbürgertum, a.a.O., S.62ff.

Not auf dem Lande auch als eine Bedrohung der Gesellschaftsordnung aufzufassen.[46]

Im Zuge der Auflösung der alten Feudalordnung und dem beginnenden Prozeß der Industrialisierung waren in Deutschland Mitte des 19. Jahrhunderts große Teile der Bevölkerung und insbesondere eine anwachsende Fabrikarbeiterschaft aufgrund der ökonomischen Umwälzungen verelendet.[47] Mit der wirtschaftlichen und persönlichen Unabhängigkeit des Einzelnen korrespondierte der Verlust alter sozialer Bindungen und Sicherheiten. Die neue Klasse des Industrieproletariats - aufgrund seiner sozialen Umstände immer auch Anlaß zur sozialen Revolution - entstand zwar erst nach der Jahrhundertmitte, doch schon in den Jahrzehnten zuvor gab es im deutschen Bürgertum eine breite Diskussion über die Lösung der "Sozialen Frage" und über die Ursachen der Verarmung. Es entstand ein wachsendes Bewußtsein, daß zur Linderung dieser Not gesellschaftliche Organisation und bürgerliche Verantwortung gefragt seien.[48]
Da der "liberale" Staat sich für die Notstände nicht zuständig fühlte, blieb die öffentliche Hilfe völlig unzureichend. Bereits in den dreißiger und vierziger Jahren des 19. Jahrhunderts entstanden zahlreiche private Armenpflegevereine, die einen wohlfahrtspolitischen Ausgleich schaffen wollten.[49]
Für bürgerliche Frauen boten sich hier erste Ansätze eines öffentlichen sozialpolitischen Engagements. In den Vereinen für Armenpflege gab es für sie die Möglichkeit, gesellschaftlich akzeptierte Tätigkeiten auszuüben - wenn auch zumeist ehrenamtlich. Ida Arenhold aus Hannover gehörte zu der wachsenden Zahl lediger bürgerlicher Frauen, die neue Betätigungsfelder für sich beanspruchten. Sie engagierte sich in der diakonischen Armen- und Krankenpflege.[50]
Auch in Hannover wurden die Begleiterscheinungen der kapitalistischen Wirtschaftsordnung, Massenarmut und Verelendung, größtenteils von der privaten Wohlfahrtspflege in Angriff genommen. "Arbeit als Mittel gegen Armut"[51] lautete die Losung zur Bewältigung des Elends. Bürgerliche Frauen in der Armenpflege waren ebenso wie die sozial engagierten Männer ihrer Gesellschaftsklasse davon überzeugt, die "Soziale Frage" durch die Übertragung bürgerlicher Wertvorstellun-

---

46 Frevert, Frauen-Geschichte, a.a.O., S.78.

47 Wolfram Fischer/ Georg Bajor (Hrsg.), Die soziale Frage. Neuere Studien zur Lage der Fabrikarbeiter in den Frühphasen der Industrialisierung, Stuttgart 1967, S.5.

48 Werner Conze, Vom "Pöbel" zum "Proletariat". Sozialgeschichtliche Voraussetzungen für den Sozialismus in Deutschland, in: Hans-Ulrich Wehler (Hrsg.), Moderne deutsche Sozialgeschichte, Köln/ Berlin 1966, S.111-136, S.115 u. S.134.

49 Zur Geschichte der deutschen Armenfürsorge vgl. Christoph Sachße/ Florian Tennstedt, Geschichte der Armenfürsorge in Deutschland. Vom Spätmittelalter bis zum Ersten Weltkrieg, Stuttgart 1980.

50 Vgl. zu bürgerlichen Frauen in der diakonischen Armen- und Krankenpflege: Catherine M. Prelinger, Die deutsche Frauendiakonie im 19. Jahrhundert: Die Anziehungskraft des Familienmodells, in: Ruth-Ellen B. Joeres/ Annette Kuhn (Hrsg.), Frauen in der Geschichte, Bd.6: Frauenbilder und Frauenwirklichkeiten. Interdisziplinäre Studien zur Frauengeschichte in Deutschland im 18. und 19. Jahrhundert, Düsseldorf 1985, S.268-285, S.268ff.

51 Georg Vrobuda, Arbeiten und Essen. Die Logik im Wandel des Verhältnisses von gesellschaftlicher Arbeit und existentieller Sicherheit im Kapitalismus, in: Stephan Leibfried/ Florian Tennstedt (Hrsg.), Politik der Armut und die Spaltung des Sozialstaates, Frankfurt/ M. 1985, S.41-63, S.45.

gen lösen zu können. Zur anderen Seite der Armenpflege gehörte auch die Kontrolle über Arme und soziale Disziplinierung.[52]
Gegen Ende des 19. Jahrhunderts erlangten neben karitativen Bestrebungen die bürgerlichen Sozialreformer eine größere Bedeutung. Eine Weiterentwicklung der bestehenden, prinzipiell nicht in Frage gestellten Wirtschafts- und Gesellschaftsordnung hielten sie nur auf dem Wege über Reformen für möglich.[53]
Die Diskussionen um eine Veränderung der Gesellschaft verlagerten sich zusehends in Auseinandersetzungen um die Reformierung des Erziehungswesens - die Ideen von Pestalozzi und Fröbel hatten sich in der zweiten Hälfte des 19. Jahrhunderts allmählich durchgesetzt[54] -, und Erziehung und Bildung sowie die Übertragung des bürgerlichen Familienmodells sollten dazu beitragen, der Armut entgegenzusteuern, ja Armut überhaupt vorbeugend zu verhindern.
Die bürgerlichen Sozialreformer und die bürgerliche Frauenbewegung hatten einen gemeinsamen Nenner in der Erziehung. Die Sozialreformer und -reformerinnen wollten Armut und Not über den Weg der Erziehung bekämpfen. Vermitteln wollten sie den unteren Schichten bürgerliche Tugenden und Normen wie Arbeitsamkeit, Ordnung, Sauberkeit und Hygiene. Frauen schien die Fähigkeit zur Erziehung auf den Leib geschnitten zu sein. Den bürgerlichen Frauen wiederum, auf der Suche nach standesgemäßen Tätigkeiten, bot sich die Chance, unter Berücksichtigung ihrer "weiblichen Eigenart" der Gesellschaft über den engen Kreis der Familie hinaus zu "Diensten" zu sein. Die soziale Arbeit tastete ihren Status nicht an und bedeutete zugleich eine Alternative zur Ehe.
Aus der Verbindung der bürgerlichen Reformbestrebungen mit der Frauenbewegung ist in Deutschland die berufliche Sozialarbeit hervorgegangen.[55] Bürgerliche Frauen fanden in der sozialen Arbeit ein neues Tätigkeitsfeld. Sozialarbeit, die "bürgerliche Verantwortung" gegenüber den gesellschaftlichen Unterschichten,[56] schien prädestiniert zu sein, weibliche Emanzipationsbedürfnisse und berufliche Ambitionen als "Dienst" an der Allgemeinheit zu rechtfertigen.[57] Es kann beobachtet werden, daß ein Teil der bürgerlichen Frauen ihr Interesse an Bildung und Berufsmöglichkeiten mit sozialfürsorgerischen Inhalten verbanden, und das eine mit dem anderen legitimierten[58]: Um an der Gestaltung der Gesellschaft teilhaben zu können, benötigten die Mädchen und Frauen aus dem Bürgertum eben auch eine verbesserte Erziehung und Ausbildung.

---

52 Vgl. Christoph Sachße/ Florian Tennstedt (Hrsg.), Soziale Sicherung und soziale Disziplinierung. Beiträge zu einer historischen Theorie der Sozialpolitik, Frankfurt/ M. 1986.

53 Rüdiger v. Bruch, Bürgerliche Sozialreform im deutschen Kaiserreich, in: Ders. (Hrsg.), Weder Kommunismus noch Kapitalismus. Bürgerliche Sozialreform in Deutschland vom Vormärz bis zur Ära Adenauer, München 1985, S.61-179, S.62f.

54 Elisabeth Meyer-Renschhausen, Radikal, weil sie konservativ sind? Überlegungen zum "Konservatismus" und zur "Radikalität" der deutschen Frauenbewegung vor 1933 als Frage nach der Methode der Frauengeschichtsforschung, in: Die ungeschriebene Geschichte. Historische Frauenforschung. Dokumentation des 5. Historikerinnentreffens in Wien, 16.-19. April 1984. Herausgeberinnen: Wiener Historikerinnen..., Himberg bei Wien 1985, S.20-36, S.27.

55 Christoph Sachße, Mütterlichkeit als Beruf. Sozialarbeit, Sozialreform und Frauenbewegung 1871-1929, Frankfurt/ M. 1986, S.9.

56 Ebd., S.10.

57 Ebd., S.116.

58 Frevert, Frauen-Geschichte, a.a.O., S.114.

Im ausgehenden 19. Jahrhundert war die Auffassung von den wesensverschiedenen Geschlechtscharakteren zum Konzept der "Geistigen Mütterlichkeit" entwickelt worden, ein Begriff, der während der zweiten Phase der bürgerlichen Frauenbewegung zum Zentrum ihrer Forderungen und Zielvorstellungen gehören sollte. Es wurde nicht nur besonderer Wert auf die erzieherisch-pflegerischen Potentiale der Frau gelegt, auf Emotionalität und Wärme, sondern darüber hinaus die Bildung des mütterlichen Wesens betont. Mütterliche Eigenschaften bei Frauen seien nicht identisch mit der biologischen Mutterschaft. Jede Frau sei von Natur aus mütterlich und verfüge über Wesenseigenschaften, die, anstatt brach zu liegen, der Allgemeinheit nicht vorenthalten werden dürften.[59]

Den Kern dieser Sichtweise bildete das bürgerliche Familien- und Frauenideal, das einherging mit der Aufweichung der traditionellen Hauswirtschaften und der Entwicklung zu getrennten Bereichen von Erwerbs- und Familienleben. Der häusliche Ort der Familie wurde zunehmend emotionalisiert, zunächst beim Bürgertum, später auch in den Arbeiterschichten. Die Funktion der Ehe als Wirtschaftsgemeinschaft wandelte sich zu einer "Liebesgemeinschaft". Der familiäre Raum war zu einem Hort der Ruhe und Beschaulichkeit geworden, einer Stätte der Erholung von der Arbeit, von der Außenwelt, vom Konkurrenzkampf.

Einher mit der Neubewertung der Familie gingen die "Entdeckung der Kindheit" als besondere Entwicklungsphase des Menschen und die Betonung der Einheit zwischen Mutter und Kind. Im privaten Bereich der Familie schienen sie untrennbar miteinander verbunden zu sein. Hatte der "pädagogische Ort der Familie" für die Entwicklung des Kindes eine immer größere Bedeutung erlangt, fiel der pädagogische Blick fast zwangsläufig auf die "hohe Verantwortung" der Mutter, die ihr bei der Erziehung zukam. Da eine derartige Verantwortlichkeit nur schlecht mit der rechtlichen Entmündigung in Einklang zu bringen war, wurde die Frau als "Hüterin der Familie" idealistisch überhöht.[60] So konnte der Widerspruch von Verantwortlichkeit einerseits und von Rechtlosigkeit andererseits aufgehoben und letztere sogar legitimiert werden.

Die Pädagogen hatten nicht allein die erzieherischen Potentiale der Frau erkannt, sondern versuchten, diese mittels ihrer "Mütterlichkeitspädagogik" (Pestalozzi/ Fröbel) zu systematisieren und zu verallgemeinern. Frauen könnten auch ohne leibliche Mutterschaft mütterlich auf die Gesellschaft einwirken, indem sie soziale Verantwortung übernahmen. Als Erzieherin oder Kindergärtnerin benötigten sie jedoch einen gewissen Grad an Ausbildung.

Das Pestalozzi-Fröbel-Haus (gegr. von Henriette Schrader-Breymann) im Berlin der Gründerjahre war eine Institution, in der Frauen "Mütterlichkeit" als einen Beruf erlernen konnten. Fröbels Lehre und seine Rezeption durch die Frauenbewegung ermöglichte es den auszubildenden Frauen, ihre "weibliche Eigenart" zu behalten

59 Sachße, Mütterlichkeit, a.a.O., S.109f.; vgl. Dietlinde Peters, Mütterlichkeit im Kaiserreich. Die bürgerliche Frauenbewegung und der soziale Beruf der Frau, Bielefeld 1984, S.74ff; Ilse Brehmer, Von geistigen Müttern und anderen Bildern der Mütterlichkeit in Helene Langes Autobiographie, in: Ilse Brehmer/ Juliane Jacobi-Dittrich/ Elke Kleinau/ Annette Kuhn (Hrsg.), Frauen in der Geschichte, Bd.4: "Wissen heißt leben...". Beiträge zur Bildungsgeschichte von Frauen im 18. und 19. Jahrhundert, Düsseldorf 1983, S.88-98; Barbara Brick, Die Mütter der Nation - Zu Helene Langes Begründung einer "weiblichen Kultur", in: Ilse Brehmer/ Juliane Jacobi-Dittrich/ Elke Kleinau/ Annette Kuhn (Hrsg.), Frauen in der Geschichte, Bd.4: "Wissen heißt leben...". Beiträge zur Bildungsgeschichte von Frauen im 18. und 19. Jahrhundert, Düsseldorf 1983, S.99-132.

60 Sachße, Mütterlichkeit, a.a.O., S.110ff.

und ihre familiare Rolle auch außerhalb der Familie nutzbringend einzusetzen.[61] Die berufliche Arbeit in einem Kindergarten erhielt sogar den Nimbus einer "pädagogischen Überlegenheit". Als Familienersatz sollte sie Arbeiterkindern die Geborgenheit der Familie vermitteln, die ihnen ihre Eltern anscheinend nicht entgegenbringen konnten.[62]
Henriette Schrader-Breymann, geboren in Mahlum bei Wolfenbüttel, hat entscheidend dazu beigetragen, Fröbels Mütterlichkeitspädagogik praktisch auszubauen und in den Reihen der bürgerlichen Frauenbewegung Gehör zu verschaffen. Schon seit ihrer Jugend bedrückten Henriette Schrader-Breymann die Aussichten, die ihr als Frau von der Gesellschaft zugestanden wurden. Henriette Schrader-Breymann ist zu ihrer Zeit mit ihren Wünschen nach Eigenständigkeit auf große Hindernisse gestoßen. Der Bruch mit den gängigen Normen kostete sie auch zahlreiche innere Kämpfe. Die bürgerlichen Frauenleitbilder wurden von Henriette prinzipiell nicht in Frage gestellt. Doch die Ideen Friedrich Fröbels eröffneten ihr eine Möglichkeit, das bürgerliche Frauenideal mit sozialer Berufstätigkeit zu verknüpfen.
Die Arbeit von Henriette Schrader-Breymann ist ein Beispiel für die "besondere Kulturaufgabe" bürgerlicher Frauen: "Geistige Mütterlichkeit" sollte der Gesellschaft zugute kommen. Das gesellschaftliche weibliche Rollenideal wurde positiv besetzt, erweitert und praktisch in die Tat umgesetzt.

Die ersten Ansätze zu dieser Entwicklung werden schon in der Zeit des organisatorischen Neubeginns der bürgerlichen Frauenbewegung seit den sechziger Jahren des 19. Jahrhunderts sichtbar. Nachdem die ersten Emanzipationsbestrebungen in den Jahren der Reaktion scharfen Repressionen ausgesetzt waren (Pressegesetze schlossen Frauen aus der Öffentlichkeit aus, Vereinsgesetze untersagten ihnen jegliche politische Betätigung und die Frauenorganisationen, die sich um 1848 gebildet hatten, waren aufgelöst worden), wurde 1865 der Allgemeine-Deutsche-Frauenverein (ADF) gegründet. Eine Verbindung zur frühen Frauenbewegung ist nicht zu übersehen - gehörte doch Louise Otto-Peters zu den Gründungsmitgliedern des ADF.
In den folgenden Jahren begann eine Periode der "sanften Waffen". Waren die Forderungen der "48er-Frauen" noch eng verwoben mit der demokratisch-sozialen Bewegung, so hielt die Frauenbewegung jetzt eine vorsichtige Distanz zu politischen Vereinen und Verbänden; sicherlich haben die Vereinsgesetze hierbei eine zentrale Rolle gespielt.[63] Die Vorstellungen von der politischen Beteiligung der Frauen am Staatsleben traten hinter den Forderungen nach einer verbesserten Mädchenbildung und Berufsmöglichkeiten für bürgerliche Frauen zurück. Und waren in der frühen Frauenbewegung noch Positionen laut geworden, die das "Rein-Menschliche" der Frau zum Ausgangspunkt ihrer Überlegungen hatten, also angelehnt an die Menschenrechte die Egalität zwischen Mann und Frau betonten, setzte sich nun die Sichtweise vom "spezifischen Wesen" des weiblichen Geschlechts durch,[64] ein Weiblichkeitsbild, das sicherlich auch in der Frühphase der Frauenbewegung seine Vorläufer hatte.[65]

---

61 Bussemer, Bürgerliche Frauenbewegung, a.a.O., S.199f.
62 Sachße, Mütterlichkeit, a.a.O., S.113.
63 Frevert, Frauen-Geschichte, a.a.O., S.113.
64 Clemens, "Menschenrechte...", a.a.O., S.31ff.
65 Ebd., S.20.

Nach der Gründung des ADF folgten weitere Vereinsgründungen, die sich sozialen Inhalten verpflichtet fühlten, Fortbildungs- und Kulturveranstaltungen anboten oder sich Frauenerwerbsfragen widmeten. Seit den 1880er Jahren entstanden Frauenberufsorganisationen wie die Lehrerinnenvereine, deren Hauptanliegen es war, sich standesgemäße Berufsfelder zu sichern.
Als ein Beispiel sei der Lette-Verein herausgegriffen. Sein Programm war die "Förderung der Erwerbstätigkeit des weiblichen Geschlechts", und die Zielgruppen waren hauptsächlich "höhere Töchter", die sich zur Erzieherin, Kindergärtnerin, Buchhalterin oder in künstlerischen Berufen ausbilden lassen wollten. Politische Partizipation von Frauen wurde hier anfangs strikt abgelehnt. So eindeutig war dies beim ADF nicht der Fall; doch politische Partizipationsforderungen wurden als ein Fernziel vertagt.[66] An erster Stelle rangierte die Pflichterfüllung im Staatsleben durch soziale Arbeit, gewissermaßen als eine Art Vorschußleistung, welche die Gesellschaft den Frauen in ferner Zukunft mit der politischen Beteiligung vergelten würde.
1894 wurden die zahlreichen karitativen Vereine und Lehrerinnenvereine, die seit den sechziger Jahren entstanden waren, im Bund Deutscher Frauenvereine (BDF) zusammengefaßt. Einzig die sozialistischen Frauen wurden nicht aufgenommen. Aufgrund der Vereinsgesetzgebung und dem Wunsch nach parteipolitischer Neutralität (die bürgerliche Frauenbewegung wollte es auf eine Zersplitterung nicht ankommen lassen) hatte der BDF eine klare Trennung zwischen bürgerlichen und sozialistischen Frauen vollzogen. So lautete die offizielle Begründung. Doch auch die Sozialistinnen grenzten sich deutlich von der bürgerlichen Frauenbewegung ab; waren sie doch der sozialdemokratischen Arbeiterbewegung verbunden und ordneten die Frauenfrage in diese Bewegung ein.[67]
Sicher bot das Vereinsgesetz dem BDF auch einen willkommenen Vorwand, die Berührungsängste der bürgerlichen Frauen nicht näher begründen zu müssen.[68] Die offene Konfrontation mit den Zielen der Sozialdemokratie stand auf einem ganz anderen Blatt als die "fürsorgliche" Erziehung von Arbeiterinnen, die immer auch auf eine Abwehr sozialistischer Positionen abzielte. Es ging eben nicht mehr um die Solidarität mit den "ärmeren Schwestern", wie noch in den Anfangsjahren des ADF, nicht mehr allein um den Einsatz gegen Elend und Armut, sondern die sozialen Bestrebungen richteten sich in erster Linie gegen die politischen Folgen der Verarmung.[69]
Weshalb konnten Gedanken an eine staatsbürgerliche Beteiligung und Gleichstellung von Frauen so erfolgreich in den Hintergrund gedrängt werden? Blieb der Frauenbewegung in ihrer zweiten Phase gegen Ende des 19. Jahrhunderts keine andere Wahl, als gemäßigte oder konservative Positionen zu vertreten? Konnten sie sich nur über den Umweg des "Dienstes" an der Gesellschaft Gehör verschaffen und war es eine Taktik, den konservativen Emanzipationsgegnern den Wind aus den Segeln zu nehmen, indem gerade die "besonderen" Fähigkeiten der Frau aufgegriffen und gestärkt worden waren?[70]

---

66 Frevert, Frauen-Geschichte, a.a.O., S.114ff.

67 Greven-Aschoff, Bürgerliche Frauenbewegung, a.a.O., S.96.

68 Sachße, Mütterlichkeit, a.a.O., S.107.

69 Bussemer, Frauenemanzipation und Bildungsbürgertum, a.a.O., S.247.

70 Diese Fragen gibt Meyer-Renschhausen, a.a.O., S.20ff. u. S.30ff., zu bedenken.

Als eine wohldurchdachte Strategie kann die Position der "Gemäßigten" wohl nicht bezeichnet werden. Viele Frauen waren selbst völlig von der "Eigenart" des weiblichen Geschlechts überzeugt.[71] Dies kann anhand zahlreicher persönlicher Aufzeichnungen nachvollzogen werden. Auch müssen dabei stets die Möglichkeiten und Grenzen bürgerlicher Frauenpolitik bedacht werden.[72] Hinzu kam, daß der Gedanke an eine bloße Gleichstellung der Geschlechter für viele eine Sackgasse bedeutete. Die Diskussionen kreisten um die daraus resultierende Doppelbelastung der Frauen. Waren die "gemäßigten" Frauen aber "notwendig unpolitisch", um so die "kapitalistische Männerwelt" erfolgreicher kritisieren zu können?[73]

Deutlich wird zunächst eine eher diffuse Kapitalismuskritik, die sich gegen Bürokratisierung, Versachlichung und die Unpersönlichkeit des Maschinenzeitalters richtete, gegen Konkurrenz und Eigennutz im Wirtschaftsleben. Mit dem Schicksal der Arbeiterinnen vor Augen argumentierten die bürgerlichen Frauen, daß gleiche Rechte auch "Sklaverei" (mangelnder Arbeiterinnenschutz, Doppelbelastung durch Familie und Arbeit) zur Folge haben könnten.[74] Gegen die zersetzenden Auswirkungen der Industrialisierung wollten die Frauen einen Ausgleich schaffen. Mütterliche Politik, Wärme und Emotionalität sollten die Verhältnisse lindern und gleichzeitig die Frauen aus ihrem beschränkten Kreis der Familie lösen.[75]

Indem die Frauenbewegung die Weiblichkeitsideologie zu ihrer Grundlage gemacht hatte, konnten kritische Stimmen zum Schweigen gebracht werden (natürlich nicht alle...). Die sozialen Berufe ließen eine Konkurrenzsituation zu Männern nicht aufkommen, und die Inhalte der sozialen Arbeit bildeten für Staat und Gesellschaft einen zusätzlichen Stabilitätsfaktor. Das Problem der weiblichen Erwerbsarbeit schien gelöst, und die Ideologie von der "Geistigen Mütterlichkeit" konnte von vielen Frauen leicht akzeptiert werden - die Mutterrolle erhielt ja eine enorme Aufwertung.[76] Der Verzicht auf formale Gleichheit wurde kompensiert durch die These von der Andersartigkeit aber Gleichwertigkeit des weiblichen Geschlechts,[77] d.h. die Stellung der Frau sei in Bezug auf den Mann wohl gleichwertig, aber eben nicht gleichberechtigt.

Obwohl diese eingängigen Positionen von der Mehrheit der Frauenbewegung getragen wurden, gab es noch eine andere Möglichkeit für Frauen aus dem bürgerlichen Umfeld, mit dem gesellschaftlich vorgegebenen Frauenbild umzugehen; Opposition und offene Forderungen nach freieren Entfaltungsmöglichkeiten für die "andere" Hälfte der Menschheit.[78]

---

71 Frevert, Frauen-Geschichte, a.a.O., S.124.

72 Problematisiert werden diese Chancen am Beispiel der Frauenbildungspolitik Helene Langes von Annette Kuhn, Die Frauenbildungspolitik der bürgerlichen Frauenbewegung. Ein Rückblick auf das Lebenswerk von Helene Lange, in: Dorothea Frandsen/ Ursula Huffmann/ Annette Kuhn (Hrsg.), Frauen in Wissenschaft und Politik, Düsseldorf 1987, S.179-191.

73 So die These von Meyer-Renschhausen, a.a.O., S.34.

74 Frevert, Frauen-Geschichte, a.a.O., S.125.

75 Sachße, Mütterlichkeit, a.a.O., S.114, und Frevert, Frauen-Geschichte, a.a.O., S.126f.

76 Bussemer, Frauenemanzipation und Bildungsbürgertum, a.a.O., S.247f.

77 Greven-Aschoff, Bürgerliche Frauenbewegung, a.a.O., S.62.

78 Bärbel Clemens, "Der Staat als Familie" - oder - "Menschenrechte haben kein Geschlecht": zwei politische Konzeptionen der deutschen bürgerlichen Frauenbewegung vor der Jahrhundertwende, in: Die ungeschriebene Geschichte. Historische Frauenforschung. Dokumentation des 5. Historikerinnentreffens in Wien, 16. bis 19. April 1984. Herausgeberinnen: Wiener Historikerinnen..., Himberg bei Wien 1985, S.53-61, S.53.

In den Reihen des BDF gewann seit den neunziger Jahren des 19. Jahrhunderts ein "radikaler" Flügel an Bedeutung, der sich inhaltlich und strategisch von der "gemäßigten" Mehrheit distanzierte: Stimmrecht und ein kompromißloser Einsatz für das Frauenstudium, die Reformierung des Strafrechtsparagraphen 218 und der Einsatz für ledige Mütter und uneheliche Kinder gehörten zu den Hauptforderungen, die von den "Gemäßigten" wie Helene Lange oder Gertrud Bäumer als "Gleichmacherei" abgetan wurden.[79]

Frauen wie Hedwig Dohm, Minna Cauer und Anita Augspurg hielten fest an dem egalitären Menschenbild: Politische Partizipation bedeutete ihnen ein selbstverständliches Menschenrecht, das sie - im Gegensatz zu den "Gemäßigten" - nicht erst in einer unbestimmten Zukunft erlangen wollten. Die neue Strömung innerhalb der bürgerlichen Frauenbewegung legte besonderen Wert auf die Gesetzgebung. Die "Radikalen" waren davon überzeugt, daß durch eine rechtliche Gleichstellung, z.B. das Wahlrecht, auch weitere "Frauenfragen" zu lösen seien.[80] Auch die Idee von den polarisierten Geschlechtscharakteren ist bereits gegen Ende des 19. Jahrhunderts kritisch hinterfragt worden. Hedwig Dohm vertrat den Standpunkt: "Menschenrechte haben kein Geschlecht".[81]

Die linken Kräfte sammelten sich 1899 im "Verband fortschrittlicher Frauenvereine". Sie blieben aber weiterhin Mitglieder des BDF. Neu waren die offensiveren Postulate nach Gleichberechtigung. Das Stimmrecht, eine der wesentlichsten Forderungen, wurde eingeklagt als ein Grundrecht und nicht vorsichtig gerechtfertigt mit gemeinnützigen Tätigkeiten. Das Wahlrecht war zu einem Nahziel geworden. Die Mittel zur Durchsetzung ihrer Zielvorstellungen hatten bei den "Radikalen" eine neue Form angenommen. Nicht mehr leise und bescheiden traten die Frauen in der Öffentlichkeit auf, sondern gefragt war der offene Protest.[82]

Anita Augspurg, geboren in Verden, gehörte zu den Frauen des radikalen Flügels, die ihren Protest kompromißlos in Wort und Tat bekundeten. Bei den Auseinandersetzungen um Bildungsreformen, die Rechte der Frauen im Bürgerlichen Gesetzbuch und um das Wahlrecht hat sie eine zentrale Rolle gespielt. Anita Augspurg begegnet uns weiter als konsequente Pazifistin, die vor, während des Ersten Weltkrieges und auch danach gegen Aufrüstung und Krieg eingetreten ist.

Als Frau war sie zeit ihres Lebens um Unabhängigkeit bemüht und vertrat ihre Lebensführung ebenso selbstbewußt wie ihre frauenpolitischen Standpunkte. Dafür stand sie von Anfang an in der Schußlinie männlichen Antifeminismus'. Aber auch weite Teile der bürgerlichen Frauenbewegung lehnten Anita Augspurgs Ansichten vehement ab.

Die Differenzen innerhalb der Frauenbewegung traten nicht zuletzt über die Inhalte zutage: Die Reform des Strafrechtsparagraphen 218 und eine Mutterschutzbewegung, die ledige Mütter nicht moralisch verurteilte, für Geburtenverhütung eintrat oder die bürgerliche Sexualdoppelmoral nicht nur ablehnte, sondern "freie Liebe" (ohne Trauschein) für Frauen propagierte (Helene Stöcker), waren Vorstellungen, die von den "gemäßigten" Frauen keinesfalls geteilt wurden. Unterschiedliche Standpunkte gab es auch bei der Frage der Erwerbstätigkeit von Frauen. Frauen aus dem "radikalen" Flügel befürworteten eine Verbindung zwischen Familie und Beruf.

---

79 Sachße, Mütterlichkeit, a.a.O., S.109.

80 Clemens, "Menschenrechte...", a.a.O., S.51; S.79ff. u. S.40f.

81 Dohm zit. nach ebd., S.39 u. vgl. S.36ff.

82 Greven-Aschoff, Bürgerliche Frauenbewegung, a.a.O., S.90-94.

Das Problem der Doppelbelastung der verheirateten, berufstätigen Frau stand bei den "Radikalen" jedoch nicht im Zentrum ihrer Überlegungen. An die Mitarbeit von Ehemännern, an Arbeitsteilung im Haushalt, ist zu dieser Zeit noch nicht gedacht worden - vielleicht setzten die bürgerlichen Frauen des linken Flügels stillschweigend Hauspersonal voraus.[83] Die Mehrheit der bürgerlichen Frauenbewegung war gegen eine Verbindung von Ehe und Beruf. Berufstätigkeit wurde nur den ledigen Frauen zugestanden. Es deutete sich hier schon die Frage des "Entweder/ Oder" an.[84]
Nach der Aufhebung der Vereinsgesetze 1908 wurde die Frauenbewegung mit parteipolitischen Differenzen konfrontiert. Insbesondere auf die Stimmrechtsbewegung wirkte sich die politische Zersplitterung negativ aus; der radikale Flügel begann, an Bedeutung zu verlieren.[85] Gleichzeitig hatte der BDF auf dem rechten Spektrum Verstärkung erlangt (der Deutsch-Evangelische-Frauenbund wurde als neues Mitglied aufgenommen). Der linke Flügel erhielt durch diesen Rechtsruck noch vermehrt den Charakter einer Minderheitsbewegung.[86]
Der BDF folgte während des Ersten Weltkrieges und bis in die Zeit des Nationalsozialismus verstärkt nationalistischen Gesichtspunkten; die "Geistige Mütterlichkeit" wurde später von den Nationalsozialisten aufgegriffen und erfuhr seit 1933 eine Renaissance.[87]

Das erste Jahrzehnt des 20. Jahrhunderts brachte den Frauen, abgesehen von der zögernden Öffnung der Parteien, endlich eine verbesserte Mädchenbildung. Die höhere Töchterschule mit ihrem "bunten Gemisch von Lehrplänen und unterschiedlicher Schuldauer ..."[88] gehörte der Vergangenheit an. Frauen wurden seit 1908 an den deutschen Universitäten zugelassen. Vorausgegangen waren lange Kämpfe und unzählige Petitionen der Frauenbewegung.
Helene Lange vertrat in ihrer berühmten "Gelben Broschüre" (1887)[89] die bürgerliche Weiblichkeitsideologie. Lehrerinnen sollten an den höheren Mädchenschulen "weibliche" Fächer unterrichten. Sie forderte für Frauen spezifisch "weibliche" Berufe und betonte die "Andersartigkeit" weiblicher Interessen.[90]
Eine andere Richtung vertrat Hedwig Kettler, die Gründerin des "Deutschen Frauenvereins Reform". Ihr lag an der Zulassung von Frauen zu den Universitäten ohne Einschränkungen. In Hannover gründete Hedwig Kettler gymnasiale Mädchenkurse, deren Abschluß zum Studium berechtigte. Wie viele Frauen, die sich für die Verbesserung der Mädchenbildung engagierten, handelte Hedwig Kettler aufgrund eigener, negativer Erfahrungen. Innerhalb der Frauenbewegung ist sie weder dem radikalen

83 Bussemer, Bürgerliche Frauenbewegung, a.a.0., S.194.
84 Zu den Diskussionen um Ehe oder Beruf vgl. Peters, Mütterlichkeit, a.a.0., S.62ff.
85 Greven-Aschoff, Bürgerliche Frauenbewegung, a.a.0., S.101ff.
86 Ebd., S.105f. Vgl. zum rechten Spektrum der bürgerlichen Frauenbewegung: Peters, Mütterlichkeit, a.a.O., S.43ff., und zum Deutsch-Evangelischen-Frauenbund: Doris Kaufmann, Frauen zwischen Aufbruch und Reaktion. Protestantische Frauenbewegung in der ersten Hälfte des 20. Jahrhunderts, München 1988.
87 Vgl. Christine Wittrock, Weiblichkeitsmythen. Das Frauenbild im Faschismus und seine Vorläufer in der Frauenbewegung der 20er Jahre, Frankfurt/ M. 1983.
88 Greven-Aschoff, Bürgerliche Frauenbewegung, a.a.0., S.51.
89 Es handelte sich um die Begleitschrift zu einer Petition an das Preußische Abgeordnetenhaus, die eng im Umfeld des Schrader-Breymannschen Kreises entstanden ist.
90 Greven-Aschoff, Bürgerliche Frauenbewegung, a.a.0., S.54-59.

Flügel noch der gemäßigten Mehrheit eindeutig zuzuordnen. Hedwig Kettler geriet in Vergessenheit und hat bis heute keinen größeren Bekanntheitsgrad erlangt.

Die meisten Frauenbildungs- und Berufsvereine und besonders die wohlfahrtsorientierten Frauenorganisationen setzten sich für Berufe ein, in denen das "spezifische Wesen" der Frau zur Geltung kommen sollte.
Neue Berufsfelder für Frauen waren in der Tat erschlossen worden. Soziale Frauenschulen bildeten Sozialarbeiterinnen aus. Die verschiedenen Zweige der Fürsorge gehörten zu den "wesenseigenen" Bereichen, in denen bürgerliche Frauen nun auch professionell tätig werden konnten. Im Unterschied zu den traditionellen Armen- oder Krankenpflegevereinen, in denen Frauen noch ehrenamtlich gearbeitet hatten, waren im Zuge der Verstaatlichung und Kommunalisierung der Wohlfahrtspflege Frauenberufe entstanden. Dazu gehörte auch der weite Bereich der Jugendfürsorge und des Jugendrechts.
Frieda Duensing aus Diepholz hat die Entwicklung der öffentlichen Jugendfürsorge, die seit der Jahrhundertwende als ein Aspekt vorbeugender Sozialfürsorge eine große Bedeutung erlangen sollte, maßgeblich geprägt. Sie setzte sich ein für den verstärkten Einfluß der öffentlichen Fürsorgeerziehung auf soziale Probleme.
Der ökonomische und soziale Wandel infolge der Industrialisierung hatte zu Versuchen geführt, die Jugend der Arbeiterklasse pädagogisch zu beeinflussen und zu disziplinieren. Durch die Übernahme von bürgerlichen Wertvorstellungen sollten die Kinder und Jugendlichen in das Industriesystem eingepaßt werden. Waren es anfänglich noch karitative und bürgerlich-sozialreformerische Vereine, die soziale Hilfe - verbunden mit sozialer Kontrolle der Arbeiter, Arbeiterinnen und Arbeiterkinder - ausübten, übernahm nach 1918 zunehmend der Staat die Verantwortung für soziale Mißstände.[91]
Die öffentliche Fürsorge lieferte Frauen aus dem Bürgertum neue Praxisfelder; größeren Einfluß nehmen konnten allerdings die wenigsten. Frieda Duensing war eine Ausnahme. Die bürgerlichen Frauen blieben weitgehend von der Rolle der Frau in der Familie bestimmt. Besonders augenfällig erscheint das in den sozialen Frauenberufen. Karriere konnten sie in den seltensten Fällen machen, weder als Erzieherinnen, Lehrerinnen, Kindergärtnerinnen noch als Wohlfahrtspflegerinnen.[92]

---

91 Frank Zadach-Buchmeier, Staatliche Jugendpflege in der kommunalen Praxis. Das Beispiel Hannover, in: Adelheid v. Saldern (Hrsg.), Stadt und Moderne. Hannover in der Weimarer Republik, Hamburg 1989, S.155-188, S.155f.; vgl. Detlev J.K. Peukert, Grenzen der Sozialdisziplinierung. Aufstieg und Krise der deutschen Jugendfürsorge von 1878 bis 1932, Köln 1986, S.310f.

92 Ilka Riemann, Zur Diskrepanz zwischen der Realität sozialer Arbeit als Frauenberuf und dem Mythos dieser Arbeit als Karriereberuf von Mittelschichtsfrauen, in: Frauengeschichte. Beiträge zur feministischen Theorie und Praxis, Dokumentation des 3. Historikerinnentreffens in Bielefeld, April 1981, hrsg. von Sozialwissenschaftliche Forschung und Praxis für Frauen e.V., München 1981, S.69-77; Susanne Zeller, Frauen und Beruf (ung?). Zur sozialen und beruflichen Lage der Wohlfahrtspflegerinnen in der Weimarer Republik, in: Die ungeschriebene Geschichte. Historische Frauenforschung. Dokumentation des 5. Historikerinnentreffens in Wien, 16. bis 19. April 1984. Herausgeberinnen: Wiener Historikerinnen..., Himberg bei Wien 1985, S.268-277.

Marianne Koerner

Das bewegte Leben der Caroline Michaelis-Böhmer-Schlegel-Schelling (1763-1809)

Caroline Michaelis ist keine Unbekannte. In der Literaturgeschichte der Romantik wird sie nicht nur als Ehefrau namhafter Schriftsteller und Philosophen wie August Wilhelm Schlegel und Josef Schelling erwähnt, sondern auch als Mittelpunkt und Muse der Jenaer Frühromantik genannt.

Carolines Briefe, die sie an berühmte Persönlichkeiten der Zeit wie Schiller, Goethe, Tieck und Novalis schrieb, blieben der Nachwelt erhalten. Sie bilden die Grundlage, ihren Lebensweg zu rekonstruieren. Aber es bleiben Lücken, vor allem in ihrer Mainzer Zeit (1792/93), die zu Spekulationen Anlaß geben, so daß Caroline, die eine kluge und faszinierende Frau war, oft zur Heldin verschiedener Romane stilisiert[1] und "romantisiert" wurde.

In diesem biographischen Aufsatz soll versucht werden, Carolines Leben von einer anderen, bisher vernachlässigten Seite zu zeigen. Ihr Alltagsleben in Freuden und Sorgen soll erhellt und fern ab aller Heroisierung ein realistisches Bild gezeichnet werden. Besonderes Augenmerk wird auf die Chancen und Grenzen gerichtet, auf die Handlungsspielräume und gesellschaftlichen Normen, auf die Caroline in der damaligen Gesellschaft stieß.

Dieser Versuch läßt sich nicht ohne Schwierigkeiten realisieren, da die überlieferten Quellen größtenteils Briefe sind. Abhängig von den jeweiligen Verfassern und Adressaten geben sie überwiegend subjektive und spontane Stimmungsbilder der aktuellen Situation wieder. Carolines Korrespondenz mit Geschwistern, Freunden, Nachbarn und Gelehrten der Zeit beinhaltet eine reichhaltige Themenpalette. Diese reicht von persönlichen Befindlichkeiten, Krankheiten, Haushaltsangelegenheiten, Kochen, Mode und Geldsorgen über Gäste, Besucher und Besucherinnen sowie deren Charakterbeschreibungen, Klatsch über Beziehungen, Ehen, Freund- und Feindschaften, Berichte über Theateraufführungen, Fragen zu aktuellen literarischen und philosophischen Texten bis hin zu gesellschaftlichen und politischen Ereignissen. Allein diese Themenfülle hebt ihre Briefe von anderen ab und macht sie zu literarisch wertvollen Zeitzeugnissen.[2]

Dennoch fehlen wichtige Informationen, die eine Rekonstruktion ihres Lebens ermöglichen. Handlungsmotivationen, Gefühle und (Ehe-) Probleme bleiben im dunkeln. Ebenso sind Brüche und Widersprüche in ihrem Lebensweg nicht erklärbar.

Da Briefe oft subjektive Bewertungen enthalten, die zu einseitigen Urteilen führen, ist es offensichtlich, daß Briefe allein nicht ausreichen, um Carolines Leben zu er-

---

1 Vgl. diverse Romane verzeichnet bei Eckhart Kleßmann, Caroline. Das Leben der Caroline Michaelis-Böhmer-Schlegel-Schelling 1763-1809, München 1975, S.296f.

2 Seit dem 18. Jahrhundert schrieben viele Frauen und Männer des gebildeten Bürgertums Briefe; es entwickelte sich eine wahre Briefkultur. Der Brief wurde als Prosaform akzeptiert und auch einer breiteren Öffentlichkeit zugänglich gemacht. Als Beispiel kann hier der Briefroman der Bettina von Arnim: "Die Günderode" von 1847 gelten.

Abb. 11: Caroline

hellen. Außerdem kann eine Person nicht aus sich selbst heraus erklärt, sondern muß als Spiegel ihrer Zeit gesehen werden.
Die politischen Ereignisse bilden den Rahmen, in welchem soziale und philosophische Hintergründe und Entwicklungen um 1800 aufgeblättert werden sollen.
Caroline Michaelis wird am Ende des für Preußen siegreichen Siebenjährigen Krieges geboren. Deutschland besteht aus Hunderten von Fürstentümern, die vom Adel absolutistisch regiert werden. Es ist eine Ständegesellschaft. Erst um die Jahrhundertwende werden die demokratischen Ideale der Französischen Revolution (Freiheit, Gleichheit, Brüderlichkeit) durch die Kriege und die Herrschaft Napoleons auf deutsches Gebiet übertragen. Die Beendigung der Besatzung erlebt Caroline nicht mehr.
Dafür hat Caroline Anteil an der Entwicklung des Bildungsbürgertums zu einer Wissenschaftselite und zu einer neuen Gesellschaftsschicht. Sie erlebt die Hochzeiten der deutschen Kultur, die Epochen des Sturm und Drang, der Klassik und der Romantik. Gleichzeitig wirken auf Caroline die politischen und sozialen Gegebenheiten, die Werte und Normen ihrer Gesellschaftsschicht ein. Die politische und juristische Rechtlosigkeit der Frau zu ihrer Zeit setzt ihren Handlungsmöglichkeiten enge Grenzen. Auf diese wird im Verlauf der Ausführungen noch differenzierter einzugehen sein.

Kindheit und Jugend

Caroline Michaelis wurde am 2. September 1763 als erstes Kind der zweiten Ehe des bekannten Theologen und Orientalisten Johann David Michaelis in Göttingen geboren. Dort war 1734/37 die Universität des Landes Hannover gegründet worden. Innerhalb von 30 Jahren hatten sich die Stadt und die Universität einen guten Ruf erworben. Unter 8.000 Einwohnern gab es ca. 800 Studenten und ca. 50 Lehrende, die in ihren Häusern wissenschaftlichen Austausch und Geselligkeit pflegten. Bei der Familie Michaelis verkehrten geistige Größen der Zeit, wie z.B. Gotthold Ephraim Lessing, Benjamin Franklin und Johann Wolfgang Goethe. Das große Haus am Leinekanal beherbergte neben den illustren Gästen auch Studenten, die im Seitenflügel Zimmer gemietet hatten. Caroline wuchs also als Tochter eines Professors in geistig anregender Atmosphäre auf. Sie erhielt Privatunterricht in Lesen, Schreiben und Rechnen. Was aber sollte ein Mädchen darüber hinaus lernen?

Gerade zu dieser Zeit machten sich Philosophen wie Jean-Jacques Rousseau (u.a.) darüber Gedanken, was Erziehung sei, wozu Menschen, d.h. Männer und Frauen "wesensbestimmt" seien. Die Philosophen sahen die biologischen Geschlechtsmerkmale, die gekoppelt mit anerzogenen Eigenschaften auftraten, als eines an und erklärten sie für naturhaft, d.h. unveränderbar. So hätten Frauen den Bestimmungszweck zur Ehe und Fortpflanzung, Männer zur Berufsarbeit und als Träger der Kultur. Diese gesellschaftliche Arbeitsteilung sei also qua Natur festgelegt: Frauen gehörten ins Haus, Männer in die Welt. Dementsprechend wurden auch Eigenschaften festgelegt: Männer haben demnach Verstand und Frauen handeln nach Gefühl; das Gegenteil galt als nicht möglich. Aus diesen Vorstellungen wurde ein Erziehungskonzept entwickelt, das die "naturhafte" Bestimmung in (erlernbare) geschlechtsspezifische Fähigkeiten einteilte: Jungen lernen sich durchzusetzen, Verantwortung zu übernehmen, stark und klug zu sein, Mädchen sollten sensibel, schön, nachgiebig, opferbereit und gehorsam sein. Dieses Frauen- und Männerbild wurde zum Ideal vor allem bürgerlicher Erziehung.

Und dem Ideal entsprach die gesellschaftliche Realität: Frauen waren keine Rechtspersonen, sie standen in der Regel unter männlicher Vormundschaft des Vaters oder Ehemannes, sie konnten - bis auf wenige Ausnahmen - weder Verträge abschließen noch ein Gewerbe ausüben. Eigenständige Lebensentwürfe von Frauen, etwa sich wirtschaftlich unabhängig zu machen und eine eigene Identität zu entwickeln, stießen schnell auf Grenzen. Eine Teilhabe an Bildung und Macht war nur über den Vater oder Ehemann möglich. Familie und Ehe bildeten die einzig akzeptierten Lebensmuster für Frauen. Diese Muster besaßen vor allem im Bürgertum Relevanz. In den unteren Gesellschaftsschichten hatten Frauen ihren Teil zum Lebensunterhalt der Familie beizutragen.

Wenn nun aber Frauen Selbstbestimmung anstrebten, so waren sie gut beraten, dies innerhalb der Normen zu tun, sonst drohte ihnen ihr Scheitern und gesellschaftliche Stigmatisierung.

Nun zurück zu Carolines Erziehung. Sie lernte auf vielen Wissensgebieten, z.B. der Sprachen (Italienisch, Englisch und Französisch) mehr als andere Mädchen. Im Alter von 12 Jahren wurde Caroline in ein Internat nach Gotha geschickt. Dort lernte sie ihre lebenslange Freundin Luise Stieler kennen und korrespondierte mit ihr, nachdem sie im Frühjahr 1778 nach Göttingen zurückgekehrt war. Am 7. Oktober 1778 schrieb sie Luise Stieler aus Göttingen:

"Könnt ich Dir doch, beste teuerste Freundin, die Empfindungen meines Herzens ausdrücken! Aber ich kann's nicht und warum sollt ich etwas unternehmen, wovon ich schon voraus sehe, daß ich nie werde Worte genug finden, die Dir ganz das sagten, was mein dankbares Herz für Dich fühlt! Mit welcher Schonung tröstest Du mich. Nein, Luise, ich kann nie ganz unglücklich sein, da Du meine Freundin bist. Glaub es nur, ich bin keine Schwärmerin, keine Enthusiastin, meine Gedanken sind das Resultat, von meiner, wenns möglich ist, bei kaltem Blut angestellten Überlegung. Ich bin gar nicht mit mir zufrieden, mein Herz ist sich keinen Augenblick selbst gleich, es ist so unbeständig. Du mußt das selbst wissen, da Dir meine Briefe immer meine ganze Seele schildern ... ."[3]

Caroline fand nun Eingang in die Gesellschaft der Professorenhäuser und schloß Bekanntschaften. Sie wurde zum Mittelpunkt des Kreises von Töchtern der Göttinger Professoren, genannt die "Universitätsmamsellen". Eine etwas konkurrenzhafte Freundschaft verband sie mit Therese Heyne. Caroline lernte nicht nur Studenten, sondern auch junge Wissenschaftler kennen, wie den Begleiter des Weltumseglers James Cook, Georg Forster, den sie bewunderte.

Caroline wußte genau, was von einer jungen Frau, die bald heiraten sollte, erwartet wurde: keine "Überbildung" (wie Dorothea Schlözer), sondern "Herzensbildung".

---

3 Zit. nach Sigrid Damm (Hrsg.), "Lieber Freund, ich komme weit her schon an diesem frühen Morgen". Caroline Schlegel-Schelling in ihren Briefen. Mit einem Essay eingeleitet von Sigrid Damm, Darmstadt 1980, S.71. Aus Gründen der Lesbarkeit wurden die zeitgenössischen Zitate dem heutigen Sprachgebrauch leicht angepaßt (Anm. d.V.).

Über das Erziehungsexperiment Professor August Schlözers mit seiner Tochter Dorothea schrieb Caroline Ende Oktober 1781 an Luise, die inzwischen den Dichter Gotter geheiratet hatte:
"Du hast Schlözer und seine Tochter kennen gelernt. Was sagst Du zu dieser Reise, und zu dieser sonderbaren Erziehung? Ich wundre mich, daß ein Mann mit so viel feinem, durchdringenden, umfassenden Verstand, zuweilen mit sowenig Vernunft handelt. Es ist wahr, Dortchen <Dorothea Schlözer> hat unendlich viel Talent und Geist, aber zu ihrem Unglück, denn mit diesen Anlagen und den bizarren Projekten des Vaters, die sie zu der höchsten Eitelkeit reizen werden, kann sie weder wahres Glück noch Achtung erwarten. Man schätzt ein Frauenzimmer nur nach dem, was sie als Frauenzimmer ist."[4]
Folgerichtig willigte Caroline in die Ehe mit einem Nachbarssohn und Freund ihres Stiefbruders Fritz, Johann Franz Wilhelm Böhmer, ein. Ihr Bräutigam war zehn Jahre älter als sie und hatte gerade eine Anstellung als Arzt im Harzstädtchen Clausthal bekommen. Im Juni 1784 siedelte sie dorthin um und ihr neuer Lebensabschnitt begann.

Ehefrau und Witwe in Clausthal und Göttingen

Caroline, nun als Arztgattin Böhmer, sah sich in ihrer neuen Heimat um und war enttäuscht. Die ländliche Umgebung, die hohen Harzberge, die im Winter voller Schnee lagen, bereiteten ihr das Gefühl des Eingeschlossenseins. Die Menschen, mit denen sie Umgang hatte, ließen sie die geistigen Anregungen der Universitätsstadt vermissen. In Clausthal herrschte der Kleingeist. Der Ehemann war mit seiner beruflichen Tätigkeit vollauf beschäftigt. Caroline hatte es gewußt: sie schätzte und ehrte Böhmer, liebte ihn aber nicht. Als sie am 28. April 1785 ihre erste Tochter, Auguste, gebar, lebte sie in einer neuen Rolle, sie war Mutter geworden. Doch dies füllte sie auf Dauer nicht aus; Dienstmädchen nahmen ihr viel Arbeit ab. Caroline fühlte sich innerlich leer und langweilte sich. An ihre Schwester Lotte schrieb sie am 20. März 1786:
"Der Winter darf nun einmal rauh sein, und die Natur im Winter arm und kalt. ... Der Frühling macht mir Heimweh; es ist immer die Jahreszeit süßer Schwermut; but, as there is no occasion for a sweet one, so wird dann eine bittre draus. Doch wer weiß, was das für tausend kleine Ursachen sind, die mich diesen Abend unzufrieden machen und mit denen die wärmere Sonne nichts zu schaffen hat. Ich weiß es selbst nicht. Meine eigne Last drückt mich."[5]
Caroline fand einen Ausweg; sie korrespondierte mit ihren Geschwistern und ließ sich Bücher aller Art schicken: Romane, Theaterstücke, philosophische Werke und die neuesten Erkenntnisse der Wissenschaften las sie mit Leidenschaft.
Am 23. April 1787 gebar sie ihre zweite Tochter, Therese (Röschen). Die Organisation des Haushaltes und die Versorgung von zwei kleinen Mädchen gerieten etwas in den Vordergrund. Als dann am 4. Februar 1788 ihr Ehemann an einer Infektion

---

4 Zit. nach ebd., S.75.
5 Zit. nach ebd., S.90.

starb, war Caroline plötzlich mit einer unerwarteten Situation konfrontiert: Sie hatte als 25jährige Witwe allein für zwei Kinder zu sorgen; ein drittes war unterwegs. Den Sommer über blieb sie noch in Clausthal, um die Ansprüche der Witwenrente zu regeln und den Haushalt aufzulösen. Für sie lag die Entscheidung auf der Hand. Im Herbst 1788 kehrte sie zurück in ihr Elternhaus nach Göttingen und gebar einen Sohn, der aber nach kurzer Zeit starb.
Caroline sah sich nach Lebensperspektiven um. Ihr Witwenstatus gab ihr neue Freiheiten. Sie konnte ihren Wohnort, ihren Haushalt und ihr Leben nach eigenem Gutdünken bestimmen. Über ihre Empfindungen zu diesem Zeitpunkt schrieb sie an ihren langjährigen Freund Friedrich Ludwig Wilhelm Meyer:
"Ich weiß nicht, ob ich je ganz glücklich sein kann, aber das weiß ich, daß ich nie ganz unglücklich sein werde; Sie haben mich in einer Lage gekannt, wo ich, von allen Seiten eingeschränkt, durch den Druck meines eigenen Gewichts niedersank - grausam bin ich herausgerissen, doch fühle ich, daß ich es bin, denn es ist so hell um mich geworden, als wenn ich zum erstenmal lebte, wie der Kranke, der ins Leben zurückkehrt und eine Kraft nach der anderen wieder erlangt und neue, reine Frühlingslust atmet und in nie empfundenem Bewußtsein schwelgt."[6]
Carolines Leben in Göttingen verlief nicht durchweg positiv; es hatte zwei Seiten. Zum einen verkehrte sie in der Göttinger Gesellschaft, lernte Alexander von Humboldt, Gottfried August Bürger und August Wilhelm Schlegel kennen und sprach mit ihnen über die neuesten literarischen und politischen Veröffentlichungen. Bei Festlichkeiten und Bällen wurde die junge Witwe u.a. von August Wilhelm Schlegel umworben. Aber ihr Herz gehörte Georg Tatter, einem Legationssekretär aus kleinen Verhältnissen, was eine Verbindung unmöglich machte. Zum anderen lebte sie im Haushalt ihrer Eltern, wo es unter anderem Auseinandersetzungen um die Erziehung ihrer Töchter gab.[7]
Caroline war bestrebt, ihr Leben selbst in die Hand zu nehmen und den Wohnort zu wechseln. Das Angebot ihrer Freundin Luise Gotter, nach Gotha zu ziehen, lehnte sie dankend ab. Sie entschloß sich, zu ihrem Bruder Fritz, der in Marburg als Medizinprofessor tätig war, überzusiedeln und ihm die Wirtschaft zu führen.

Marburg und Göttingen

Nach Ostern 1789 fuhr Caroline mit ihren beiden Töchtern nach Marburg, um sich dort länger niederzulassen. Aber die Verhältnisse, die sie im Haus ihres Bruders vorfand, enttäuschten ihre Erwartungen. Ihr Bruder hatte sich verändert; sie fand in ihm keinen Gesprächspartner. Anregende Gesellschaft war in Marburg auch nicht in großem Maße zu finden. So schrieb sie an Meyer:
"Marburg hat wenig - aber doch nicht die tötende Einförmigkeit und den reichsstädtischen Dünkel. Die Menschen nicht so kultiviert und geschwätziger, allein doch toleranter. Man liebt mich sehr, weil mein Herz ein Gewand über die Vorzüge des Kopfs wirft, daß mir beides Äußerungen als Verdienst anrechnen läßt. Daß ich gehn

6 Zit. nach Kleßmann, a.a.O., S.70.

7 Vgl. Elisabeth Mangold, Caroline. Ihr Leben, ihre Zeit, ihre Briefe, Kassel 1973, S.22.

kann, wann ich will, macht, daß ich alles Ungemachs zum Trotze bleibe - das ist die Art von Trägheit, welche der hat, der den Tod nicht fürchtet."[8]
Das "Schicksal" ließ nicht lange auf sich warten; ihre kleine Tochter Therese starb am 16. Dezember 1789 an Lungenentzündung, was Caroline das Herz schwer machte. Caroline erwog, Marburg zu verlassen und besuchte im Frühjahr 1790 ihre Freundin Therese Heyne, die - inzwischen mit Georg Forster verheiratet - in Mainz lebte. An Meyer schrieb Caroline am 11. Juli 1791:
"Und dann und wann begeistert mich ein Projekt für die Zukunft, ... - und wenn gleich nicht stark genug, stets die Fesseln eines widersprechenden Einflusses zu brechen, fand ich doch mir selbst überlassen den Weg bald, den ich nach einmal erlangter Freiheit unverrückt gehen werde. ... Jetzt arbeiten Ideen in meinem Kopfe, ... ich denke ernstlich an eine Veränderung meines Aufenthalts, ... Meine Menschenkenntnis reicht nur hin, mich über nichts erstaunen zu lassen, und in alles mich zu finden, nicht um vorherzusehen. Meine Menschenkenntnis betrügt mich noch oft, ... ich bin allein - ohne schützende forthelfende Verbindungen, meine Freunde fordern Rat von mir - es fällt ihnen nicht ein, mir welchen zu geben - dem sich selbst überlaßnen Weibe. Sie haben insofern recht, daß ich mich von jeher gewöhnt habe, nicht auf Hilfsmittel zu bauen, die ich nicht in mir selbst fand. An einen völlig unbekannten Ort kann ich mich nicht wagen - ich habe etwa zwischen Gotha, Weimar und Mainz zu wählen. ... Mainz hätte zwei große Anlockungen, die Gegend und Forsters, ... und weil ich fühle, daß es so am besten für mich ist - meinen eignen Weg gehen muß."[9]
Noch blieb Caroline in Marburg und lehnte ein Heiratsangebot, das durch Luise Gotter vermittelt worden war, ab; sie wollte frei und unabhängig bleiben. So schrieb sie im Herbst 1791 dazu an Meyer:
"Es löste sich zuletzt in die Frage auf: willst Du gebunden sein und gemächlich leben und in weltlichem Ansehn stehn bis ans Ende Deiner Tage - oder frei, müßtest Du es auch mit Sorgen erkaufen. ... aber verblenden konnt ich mich nicht über den wahren Wert des Lebens. Wer sicher ist, die Folge nie zu bejammern, darf tun, was ihm gutdünkt."[10]
Als Ende August 1791 ihr Vater starb, war ihr dies Anlaß, wieder nach Göttingen zu übersiedeln. Den Winter über lebte Caroline hier, um bei der Regelung des Haushalts zu helfen und ihren Schwestern Lotte und Luise zur Hand zu gehen. Zukunftspläne wurden geschmiedet: das Haus sollte verkauft werden und die Mutter mit den Töchtern nach Braunschweig ziehen. Caroline hatte ihrerseits beschlossen, mit ihrer Tochter Auguste nach Mainz zu den Forsters umzusiedeln, was sie auch im Februar 1792 in die Tat umsetzte. Dies war ein mutiger, ungewöhnlicher und selbständiger Schritt für eine alleinstehende Frau mit Kind; bewundert und verachtet zugleich!

---

8 Zit. nach Kleßmann, a.a.O., S.71f.
9 Zit. nach Damm, a.a.O., S.106ff.
10 Zit. nach Kleßmann, a.a.O., S.80.

Das unruhige Mainz

Aus diesem Jahr in Mainz (1792/93) gibt es wenig überlieferte Briefe, so daß sich gerade über diese Zeit Vermutungen und Spekulationen häuften, die zu Fehl- und Überinterpretationen führten.
Es herrscht Unklarheit über Carolines Stellungnahme zu den politischen Ereignissen der Französischen Revolution und der Mainzer Republik; war sie nur Mitläuferin oder eine aktive Befürworterin der Republik? Je nach Einschätzung dieser Frage oder politischer Ausrichtung der Kommentatoren ist Caroline gelobt oder getadelt worden. Ich enthalte mich der Bewertungen. Dieses eine Jahr war jedoch von großer Bedeutung für Carolines persönlichen Erlebnisse und hat ihr weiteres Leben entscheidend geprägt.
Caroline besuchte zunächst die Forsters. Als sie aber deren Eheprobleme gewahr wurde, bezog sie in der Nähe eine eigene Wohnung. Da die Witwenrente nicht ausreichte, bemühte sie sich, durch Annahme von Näh- und Übersetzungsarbeiten etwas dazu zu verdienen. Darüber berichtete sie Meyer am 29. Juli 1792 aus Mainz:
"Mir täte es auch not zu übersetzen ums tägliche Brot - aber es ist noch nicht so weit gediehn, trotz einiger Versuche. Sie glauben nicht, mit welcher Geduld ich alle solche fehlgeschlagene Pläne ertrage, und fest auf die göttliche Vorsehung traue. - Alles schlägt mir fehl. ... Nichts verzeih ich mir weniger als nicht froh zu sein. - ... Ich habe mich nun einmal so fest überzeugt, daß aller Mangel, alle Unruhe aus uns selbst entspringen - wenn Du nicht haben kannst, was Du wünschst, so schaff Dir etwas anders - und wenn Du das nicht kannst, so klage nicht - nicht aus Demut, aus Stolz ersticke alle Klage. Die Moral habe ich mir nicht der Strenge wegen erfunden, ich konnte aber nie mit einer andern fertig werden."[11]
Oft besuchte Caroline Georg Forster, um mit ihm über die neuesten Veröffentlichungen, über Philosophie und vor allem über die politische Lage zu diskutieren. Mit den Idealen von Freiheit, Gleichheit und Brüderlichkeit, mit der Abschaffung der Adelsherrschaft und der Einführung der Demokratie beschäftigten sich zu dieser Zeit viele junge Intellektuelle in Deutschland; so auch Caroline und Forster. Die Situation in Deutschland mit den bestehenden absolutistischen Fürstentümern, also die ungebrochene Herrschaft des Adels und ökonomische Ausbeutung der Bevölkerungsmehrheit sowie deren politische Rechtlosigkeit gaben Anlaß zu Kritik. Diese Verhältnisse wollte Georg Forster geändert wissen und stellte sich eindeutig auf die Seite der Französischen Revolution.
Frankreich erklärte Österreich am 20. April 1792 den Krieg. Ende Oktober 1792 wurde Mainz von den französischen Truppen eingenommen. Die Reaktionen waren geteilt: der Adel und die Verwaltungsbeamten flohen, die Bauern und Handwerker hegten Hoffnungen auf Veränderung ihrer Unterdrückungssituation. Wie sich Caroline dazu stellte, ist aus einem Brief vom 27. Oktober 1792 an Meyer zu ersehen:
"Welch ein Wechsel seit 8 Tagen - General Custine wohnt im Schloß des Kurfürsten von Mainz - in seinem Prachtsaal versammelt sich der Deutsche Jakobiner-Klub - die National-Kokarden wimmeln auf den Gassen. - Die fremden Töne, die der Frei-

11 Zit. nach Damm, a.a.O., S.120.

heit fluchten, stimmten vivre libre ou mourir an. Hätt ich nur Geduld zu schreiben und Sie zu lesen, so könnt ich viel erzählen. - Wir haben über 10 000 Mann in der Stadt, und es herrscht Stille und Ordnung. Die Adligen sind alle geflohn - der Bürger wird aufs äußerste geschont - das ist Politik. ... Der Mittelstand wünscht freilich das Joch abzuschütteln - dem Bürger ist nicht wohl, wenn ers nicht auf dem Nacken fühlt, ... Der Erwerb stockt eine Weile, und das ist ihm alles - er regrettiert die sogenannten Herrschaften, so viel darunter sind, die in Konkurs stehen und die Handwerker unbezahlt ließen ... ."[12]

Georg Forster trat in den "Club" ein, der die französische Besatzungsmacht in Mainz unterstützte und sie bei politischen Erneuerungen, vor allem der Stadtverwaltung, beriet. Forster wurde sogar in den Club-Vorstand gewählt. In der Zwischenzeit - in der besetzten Stadt herrschten Versorgungsmängel und unüberschaubare Verhältnisse - flohen weiterhin viele Menschen, darunter auch Bekannte von Caroline, ins "freie" Deutschland. Freunde aus Göttingen appellierten an Caroline, es ihnen gleich zu tun und sich von der Revolutionsregierung loszusagen. Das tat sie nicht.

So wurden Gerüchte in Umlauf gebracht, Caroline sei die Mätresse des Generals Custine, was sie sowohl politisch zur Kollaborateurin machte als auch moralisch zur Hure abstempelte; in beiden Fällen bedeutete dies den Ausschluß aus der bürgerlichen Gesellschaft. Außerdem war es offensichtlich geworden, daß die Ehe der Forsters nicht mehr aufrecht zu erhalten war; Therese ergriff die Möglichkeit, mit ihrem Geliebten Ferdinand Huber und mit ihren Kindern Mitte Dezember 1792 aus Mainz zu fliehen. Als nun Caroline in Forsters Haus zog, um ihm die Wirtschaft zu führen, wurde von allen Seiten gemutmaßt, Caroline sei der Anlaß für die Ehetrennung und sie sei nun die Geliebte Forsters. Diese beiden Gerüchte waren falsch; ein drittes stimmte. Caroline, die mit vielen jungen französischen Offizieren Umgang hatte, verliebte sich in Jean Baptiste Dubois-Crancé.

Doch die Tage der Mainzer Republik waren gezählt. Preußische Truppen rüsteten zum Gegenangriff und gewannen einige Kämpfe. Die Lage in Mainz wurde brenzlig. Wieder flohen Tausende. Caroline wartete noch. Georg Forster war als Deputierter nach Paris beordert worden und verließ die Stadt am 25. März 1793. Zu diesem Zeitpunkt, ehe sich der preußische Belagerungsring um Mainz vollständig schloß, entschloß sich Caroline mit ihrer Tochter Auguste, in Begleitung einiger anderer Frauen die Stadt in Richtung Frankfurt zu verlassen. Sie wollte nach Gotha zu ihrer Freundin Luise Gotter. Dort kam sie aber nicht an.

Flucht und Zuflucht

Denn schon wenige Stunden später, am 30. März 1793, wurden die Frauen von preußischen Truppen festgenommen und zunächst nach Frankfurt, dann auf die Festung Königstein gebracht. Man hielt sie ohne Angaben von Gründen gefangen. Eine Anklage wurde nicht erhoben, es kam zu keiner Gerichtsverhandlung. Es war deutlich, daß die Preußen Caroline für die Ehefrau ihres Schwagers Böhmer hielten, der als Republikaner bekannt war. Carolines Pochen auf ihre Identität half nichts;

---

12 Zit. nach ebd., S.125f.

sie blieb im Gefängnis. Die preußischen Truppen gingen mit aller Härte gegen die oft nur vermeintlichen Befürworter der Republik vor. Sie schonten nichts und niemand. Caroline, die mit ihrer Tochter und anderen Frauen in einen Raum gesperrt war, bemühte sich, Ruhe zu bewahren, doch ihre Furcht war groß und sie erkrankte.
In diesen Gefängniswochen machte Caroline wohl ihre größte Lebenskrise durch. Sie schrieb an alle erdenklichen Freunde, sie mögen bei der preußischen Regierung für ihre Freilassung intervenieren. Caroline saß ja unschuldig in Königstein. Erschreckend war, daß keiner ihr glaubte. Die Gerüchte um ihr moralisches und politisches Fehlverhalten hatten eine Entsolidarisierung bewirkt. Sie schien schon verurteilt und schuldig gesprochen ohne das Gegenteil beweisen zu dürfen. Caroline war entmutigt, zumal auch ihr langjähriger Freund Meyer Hilfe verweigerte.
Als Gipfel ihrer Sorgen entdeckte Caroline, daß ihr Verhältnis mit dem französischen Offizier Dubois-Crancé nicht ohne Folgen geblieben war. Caroline geriet in große Verzweiflung, denn ein uneheliches Kind, zudem von einem französischen Besatzungsoffizier, kompromittierte sie vollends. Damit war sie aus der bürgerlichen Gesellschaft ausgestoßen. Der Ehrverlust zog den Verlust ihrer Rechte nach sich: ihr würde die Witwenrente gestrichen und das Sorgerecht für die Tochter entzogen werden. Da ihre Schwangerschaft offiziell noch nicht bekannt war, hatte sie noch ein wenig Hoffnung. Für den Fall des Bekanntwerdens hatte sie sich - aus Verzweiflung - Gift besorgen lassen. Um dem "gesellschaftlichen Tod" zu entgehen, wollte sie sich lieber selbst das Leben nehmen.
Welche Gefühlsstürme in Caroline zwischen Hoffnung und Verzweiflung gewütet haben mögen, ist kaum zu ermessen. Erstaunlich, wie ruhig ihre erhaltenen Briefe aus dieser Zeit sind. Vielleicht schrieb sie, um sich selbst Mut zu machen.
Tatsächlich gelang es durch die Eingabe ihres jüngeren Bruders Philipp und mit Hilfe der Brüder August Wilhelm und Friedrich Schlegel, Caroline und ihre Tochter Auguste am 13. Juli 1793 frei zu bekommen. Friedrich Schlegel, der 21jährige Student aus Leipzig, brachte sie beide unter falschem Namen in einem Dorf, Lucka bei Leipzig, unter. Caroline nahm hier für die nächsten Monate Zuflucht. Etwas Ruhe kehrte ein; sie akzeptierte ihre Schwangerschaft und freute sich auf das Kind. Oft kam Friedrich Schlegel zu Besuch; sie diskutierten neben den aktuellen politischen Ereignissen auch literarische und philosophische Fragen. Friedrich war erstaunt über Carolines selbständiges Denken, ihr treffsicheres Urteil und ihre (jetzt wieder gewonnene) Selbstsicherheit; dies bewunderte der Student an der 30jährigen faszinierenden Frau.
Friedrich, der sich gerade mit Naturrecht beschäftigte, entwickelte eine Theorie, nach der Männer und Frauen von Natur aus mit gleichen Rechten ausgestattet seien und gleichberechtigt leben sollten. Seiner Ansicht nach waren die Geschlechterrollen auch austauschbar, d.h. Männer konnten schwach und Frauen stark sein. Doch nur in der beidseitigen Ergänzung der Geschlechter könnten die Menschen zur Vollkommenheit gelangen. Diese Vorstellungen veröffentlichte er später in seinem Roman "Lucinde". Es war offensichtlich, daß Caroline ihm als Vorbild gedient hatte.
Auf Friedrichs Schwärmereien ging Caroline im Herbst 1793 jedoch nicht ein. Sie wurde auch von seinem Bruder August Wilhelm geliebt, wie zahlreiche Briefe belegen. Caroline erwiderte diese Neigung aber nicht.

Am 2. September 1793 bekam Caroline einen Sohn, der auf den Namen Julius Krantz getauft wurde. Sie verbrachten einen ruhigen Winter und Caroline überlegte sich, wo sie nun leben sollte. Das Angebot der Gotters, nach Gotha zu kommen, bestand noch. Sie gab ihren kleinen Sohn in Pflege und reiste mit Auguste im Februar 1794 nach Gotha, wo sie ein Jahr lang blieb. Es gelang ihr jedoch nicht, eine neue Heimat zu finden.
In der kleinen Stadt Gotha, in der die Familie Gotter gut angesehen war, herrschten Klatsch und Intrigen. Es war bekannt, daß Caroline in Mainz geblieben war und man sagte ihr die schlimmsten Verfehlungen nach. Die Konsequenz daraus war die Ächtung der Familie Gotter, die sich von der "republikanischen Mätresse" nicht distanzierte und sie auch weiterhin beherbergte. Caroline ärgerte der Kleingeist, sie freute sich aber über die Solidarität der Gotters, und sie bemühte sich trotzdem um Alternativen. An Meyer schrieb sie am 20. Februar 1794:
"Die Verschuldungen meiner ehemaligen Freunde, die Fehltritte, zu denen ich hingerissen wurde, ja meine Tugenden selbst, haben sich gegen mich verschworen - der wunderbare Zufall so gut wie die natürliche Folge meiner Handlungen drückt mich nieder - und ich kann nicht verlangen, daß es anders sein soll. Wer kennt mich, wie ich bin - wer kann mich kennen! Man hält mich für ein verworfenes Geschöpf, und meint, es sei verdienstlich, mich vollends zu Boden zu treten. ... Wissen Sie keine Hütte für mich? Ich bin ja ausgestoßen und muß wenigstens ins Freie blicken können - in einen Spiegel, der mich nicht entstellt zurückwirft. Ich fürchte, der Schritt war falsch, unter bekannte Menschen zu gehen."[13]
Caroline hatte erwogen, nach Göttingen zurückzukehren. Dies aber war unmöglich geworden, weil die Hannoversche Regierung zum Schutz des Rufes aller Göttinger Bürger am 16. August 1794 ein Aufenthaltsverbot für Caroline - wegen ihrer angeblichen moralischen und politischen Verfehlungen - in ihrer Geburtsstadt erließ.
Im Mai 1795 war ihr Sohn Julius Krantz bei seinen Pflegeeltern in Lucka gestorben. Caroline trauerte um ihn. Im Frühjahr 1795 entschloß sich Caroline, zu ihrer Mutter und den Schwestern nach Braunschweig zu ziehen. Dort hielt sie sich bis Juni 1796 auf.
In Braunschweig kam Caroline etwas zur Ruhe, machte viele Pläne, aber eines war klar: Sie war des heimatlosen Umherziehens müde geworden und suchte nach Beständigkeit. Sie erkannte, daß die "Freiheit" ihres Witwenstandes ein Unbehaustsein bedeutete. Ihre Versuche, sich selbständig und unabhängig von Männern und des Ehestandes eine Existenz aufzubauen, waren mißglückt. Caroline, die in den acht Jahren seit dem Tode Böhmers nicht recht zur Ruhe gekommen war, gab dem Drängen und unablässigen Werben August Wilhelm Schlegels nach. Sie heiratete ihn am 1. Juli 1796.

Romantische Geselligkeit in Jena

Für die Mehrheit der Biographen und Biographinnen Carolines ist die Zeitspanne von 1796 bis 1800 die bedeutendste in ihrem Leben, da sie ihren Ruf als Muse und

---

13 Zit. nach ebd., S.149f.

Mittelpunkt der Jenaer Romantik begründete. M.E. waren diese vier Jahre für Caroline eine ruhige Station, die sie in die Kreise zurückführte, aus denen sie kam, und in denen sie zeigen konnte, wo ihre Fähigkeiten lagen.
Der Heirat mit Schlegel, der ein penibler und pedantischer, aber emotionaler Mensch war, hatte Caroline in einem Vertrag zugestimmt, der beiden eine offene Partnerschaft und völlige Freiheit gewährte. Bei Bedarf konnte dieser Ehevertrag wieder aufgelöst werden.[14]
Das Ehepaar Schlegel siedelte nach Jena über, wo August Wilhelm eine Professur erhalten hatte. Caroline richtete den Hausstand ein, führte die Wirtschaft und begann sich einzuleben. Darüber berichtete sie in einem Brief an Luise Gotter am 4. September 1796:
"Es geht mir noch immer über alle Maßen wohl hier und ich habe mich recht angesiedelt, mit dem Gefühl, als wenn meines Bleibens hier sein könnte."[15]
Caroline und August Wilhelm wurden in den Kreis der Professorenfamilien aufgenommen. Als Gäste kamen nicht nur Jenaer Professoren, sondern auch Friedrich Schiller und Johann Wolfgang Goethe.
Friedrich Schlegel lebte vom Herbst 1796 bis zum Sommer 1797 mit seinem Bruder und seiner Schwägerin unter einem Dach. Bei Gesellschaften diskutierte Caroline mit den Gästen über die neuesten literarischen und philosophischen Schriften.
Über ihre Gesellschaften schrieb sie Luise Gotter:
"... Wer mich entzückt und fast verliebt gemacht hat, das ist Herder. Wir hatten einen Tee dort, zu welchem Wieland beschieden worden war, den ich in einer außerordentlich guten Laune gesehn haben soll, und es ist wahr, er sagte lustige Sachen, ... - dann über die Xenien - und über Fr. von Berlepsch, Genlis, Staal usw. Aber von mir hat er nachher gutes gesagt. ... Den Mittag drauf waren wir bei Goethe, und Herder auch, wo ich bei ihm und Knebeln saß, allein ich hatte den Kopf immer nur nach einer Seite. Goethe gab ein allerliebstes Diner, sehr nett, ohne Überladung, legte alles selbst vor, und so gewandt, daß er immer dazwischen noch Zeit fand, uns irgendein schönes Bild mit Worten hinzustellen (er beschrieb z.B. ein Bild von Füßli aus dem Sommernachtstraum, wo die Elfenkönigin Zetteln mit dem Eselskopf liebkoset) oder sonst hübsche Sachen zu sagen. Beim süßen Wein zum Dessert sagte ihm Schlegel grade sein Epigramm vor, das Klopstock kürzlich auf ihn gemacht, weil Goethe die deutsche Sprache verachtet hat, und darauf stießen wir alle an, jedoch nicht Klopstock zum Hohn; im Gegenteil, Goethe sprach so brav, wies geziemt, von ihm."[16]
Als sich August Wilhelm Schlegel an die Übersetzung einiger Shakespeare-Werke machte, unterstützte Caroline ihn tatkräftig. Dieser englische Klassiker hatte gerade Konjunktur, eine Vielzahl seiner Stücke wurden auf deutschen Bühnen aufgeführt; so auch "Romeo und Julia", wovon Caroline in einem Brief an ihren Ehemann berichtete:
"Die Hufland hat vorgestern fast die ganze Rolle der Julie aus Gotters Oper gesungen; die Musik ist sehr edel nach meinem Gefühl. In die Oper selbst ist nichts vom Geist des Originals übertragen. Die Liebenden kommen mir immer wie Julie und St.

---

14 Vgl. Mangold, a.a.O., S.70.
15 Zit. nach ebd., S.77.
16 Zit. nach Damm, a.a.O., S.162f.

Preux darin vor - die sich - Mad. de Stael mag es anders sagen - ein wenig nach Grundsätzen liebten. Shakespeares Julia ist so jung, so aufrichtig glühend. Dort haben wir eine moralische, hier eine romantische Leidenschaft. Darin gleicht Romeo dem St. Preux, daß er seinen Schmerz nicht verhehlen und nicht bemeistern kann. Wer aber würde dieses auch von dem Jüngling fordern?"[17]

Mit einigen jungen Kollegen wie Ludwig Tieck und Novalis begannen die Brüder Schlegel eine neue Philosophie- und Literaturschule zu entwickeln: die Romantik, die als Gegenströmung zur Klassik wirkte.[18] In der Zeitschrift "Athenäum" (Berlin 1798-1800) fanden ihre Gedanken Ausdruck und Öffentlichkeit.
In einem Brief an Friedrich Schlegel vom 14. Oktober 1798 äußerte Caroline sich zum "Athenäum":
"Ich kann Ihnen heut allerlei sagen, was Sie gern wissen wollen. Wilhelm blieb in Weimar zurück, um mit Goethen zu sprechen, und der ist wohl zu sprechen gewesen, in der besten Laune über das Athenäum, und ganz in der gehörigen über Ihren Wilhelm Meister, denn er hat nicht bloß den Ernst, er hat auch die belobte Ironie darin gefaßt und ist doch sehr damit zufrieden und sieht der Fortsetzung freundlichst entgegen. ... In Weimar ist das Athenäum sehr viel gelesen. Ein gewisser Friedrich von Oertel hat sich Jean Pauls gegen Sie angenommen, es steht im Merkur (W. Schl.: im Oktoberstück), noch sahn wir es nicht. Böttiger hat Wilhelm davon gesagt, er hätte es nicht wollen einrücken, aber Wieland hätte gesagt, weil es bescheiden geschrieben wäre, hätten sie keine Ursach es zu versagen."[19]
Jena und das Haus der Schlegels avancierten zum Mittelpunkt der Gespräche um die neue Romantik. Neben einer vielfältigen Korrespondenz gelang es Caroline, die Haushaltsführung, oft mit mehr als 15 Gästen, zu bewerkstelligen. Ihre eigenen Kritiken und Urteile zu romantischen Schriften brachte sie in den Kreis der "Dichter und Denker" in einer Weise ein, daß andere fasziniert waren von ihr, der "klugen Frau". Caroline bildete den Mittelpunkt und war anregende Muse.
Im Sommer 1798 wurde der 23jährige Philosoph Friedrich Wilhelm Josef Schelling an die Universität nach Jena berufen. Auch er verkehrte bald im Hause der Schlegels. Dieser junge, eigenständige Mann gefiel Caroline, die sich bald in ihn verliebte. An Novalis schrieb sie am 4. Februar 1799 über ihre Eindrücke von Schelling:
"Was Schelling betrifft, so hat es nie eine sprödere Hülle gegeben. Aber ungeachtet ich nicht sechs Minuten mit ihm zusammen bin ohne Zank, ist er doch weit und breit das Interessanteste was ich kenne, und ich wollte, wir sähn ihn öfter und vertraulicher. Dann würde sich auch der Zank geben. Er ist beständig auf der Wache gegen mich und die Ironie in der Schlegelschen Familie; weil es ihm an aller Fröhlichkeit mangelt, gewinnt er ihr auch so leicht die fröhliche Seite nicht ab. Sein angestrengtes Arbeiten verhindert ihn oft auszugehn; ... Kann er nicht nur so unbedeutend

---

17 Zit. nach ebd., S.167.
18 In diesem Rahmen würde es zu weit führen, die Grundgedanken der Romantik darzulegen. Vgl. dazu: Ricarda Huch, Die Romantik, Bd.1, Blütezeit, Ausbreitung, Verfall, Tübingen 1951.
19 Zit. nach Damm, a.a.0., S.175f.

schwatzen oder sich wissenschaftlich mitteilen, so ist er in einer Art von Spannung, die ich noch nicht das Geheimnis gefunden habe zu lösen."[20]
August Wilhelm Schlegel, dessen zahlreiche außereheliche Amouren ein offenes Geheimnis waren, freundete sich mit Schelling an ohne eifersüchtig zu sein. Caroline, die von einer heftigen Leidenschaft ergriffen war, geriet in innere Konflikte und moralische Bedenken. Einmal soll sie die intime Verbindung mit Schelling gewagt haben.
Vom Sommer 1799 bis zum Winter 1800 war das Schlegelsche Haus überfüllt mit Gästen. Friedrich brachte seine Geliebte, Dorothea Veit, aus Berlin mit. Diese Zeit entwickelte sich zum Höhepunkt der "romantischen Geselligkeit". In einer Art Wohn- und Lebensgemeinschaft sollten die Ideale der Romantik ausgelebt werden. Für Caroline bedeutete dies eine intensivere Führung der Hauswirtschaft und auch eine große Prüfung ihrer Leidenschaft, denn sie verzichtete auf Intimität mit Schelling.
Im Frühjahr 1800 erkrankte Caroline schwer.

Zerfall

In der Zwischenzeit hatte es Auseinandersetzungen um literarische Fragen mit Schiller gegeben. Auch im Hause Schlegel herrschte Streit. Caroline war persönlich davon betroffen. Dorothea Veit stellte sich hinter Friedrich Schlegel, der sich über den "Hausfreund" Schelling ärgerte. Dabei vergaß Friedrich die diversen Liebesverhältnisse seines Bruders und mahnte Caroline Treue an. In dieser Atmosphäre wurde die männliche Doppelmoral offensichtlich.
Caroline genas erst allmählich von ihrer Krankheit; ihre mittlerweile 15jährige Tochter Auguste pflegte sie. Im Sommer 1800 brachen sie zu einer Genesungskur ins süddeutsche Bad Bocklet auf. August Wilhelm Schlegel begleitete sie nur kurz und reiste weiter nach Berlin, wo er eine Gastprofessur erhalten hatte. Josef Schelling blieb bei Mutter und Tochter.
Auguste, deren Gesundheit ebenfalls angegriffen war, infizierte sich mit der Ruhr. Kein Gegenmittel half; Auguste starb am 12. Juli 1800. Caroline, voller Trauer und Schmerz, schien gebrochen. Mit ihrer Tochter verlor sie auch eine Freundin, die mit ihr bis dahin durch alle Freuden und Leiden gegangen war, mit der sie sich kameradschaftlich verstand und die sie sehr liebte.
Caroline wollte und konnte zunächst nicht nach Jena zurückkehren. So reiste sie im Oktober 1800 nach Braunschweig zu ihrer Mutter und blieb dort ein halbes Jahr. Caroline trauerte und machte sich Vorwürfe. Moralische Bedenken wegen ihres Verhältnisses zu Schelling hatte sie schon vorher gefühlt, jetzt schien es offenbar: Ihre Verbindung mit Schelling war Sünde und Caroline wurde bestraft, indem Auguste als "Sühneopfer" von ihr genommen wurde. Caroline litt und distanzierte sich von Schelling; er sollte nur noch ihr "Bruder" sein, nicht mehr der Geliebte. Schelling aber konnte dies schwer ertragen, oft war er depressiv und dem Selbstmord nahe.

20 Zit. nach ebd., S.181.

Friedrich Schlegel, der von Anfang an gegen Schelling gewesen war, und Dorothea Veit korrespondierten und diskutierten mit Freunden und Bekannten über den Tod Augustes und über die Liaison Carolines mit Schelling. Hieraus entstanden die bösesten Gerüchte und Verleumdungen.
Im April 1801 kehrte Caroline etwas gestärkt nach Jena zurück. Dort aber erwartete sie der Zerfall: Das Haus war leer und ungepflegt, August Wilhelm in Berlin mit neuen Freunden und Geliebten beschäftigt, das Wohlwollen der Jenaer Professorenkreise durch üble Nachreden zerstört.
Caroline, nun verwaist, besann sich, und es kam wieder zu einer Annäherung an Josef Schelling. Doch die sorglosen Zeiten waren vorbei; ihr Ansehen war stark gesunken und Caroline wurde von Geldsorgen geplagt. Davon berichtete sie ihrem Ehemann am 14. Januar 1802 nach Berlin:
"*... Höre Freund, und merke auf, obgleich von Geldsachen die Rede sein wird, welches Dir höchst fatal ist, wie mir wohl bewußt, ... Lauter Rechnungen ins Blaue hinein! Meine tausend rh sind nicht die unendliche Welt mehr, sondern eine übersehliche kleine Erdkugel. Sie reichen kaum, wie beiliegende Übersichten besagen, für das Bedürfnis des Augenblicks hin und das hat mich allerdings heiß und angst gemacht, bis ich mich mit Hülfe der Anschauung des Ewigen wieder gefaßt habe. Das große Defizit liegt, dünkt mich, mehr im Mangel von Einnahmen, die seit Jahr und Tag zufällig geschmälert worden, als selbst in der zerstreut und getrennt geführten Wirtschaft.*"[21]
Diese Finanzprobleme waren nur ein Ausdruck einer auf die Dauer unhaltbaren Situation: Schlegel lebte schon längst sein eigenes Leben in Berlin, mit wechselnden Geliebten, während Caroline in Jena, nahe bei Schelling, wohnte. Seit 1802 bemühte sich August Wilhelm mit Hilfe von Goethe um die Bewilligung der Ehescheidung. Am 17. Mai 1803 wurde diese ausgesprochen.

Ehe mit Josef Schelling und früher Tod

Schon bald darauf, am 26. Juni 1803, heirateten Caroline und Josef Schelling. Caroline hoffte auf Ruhe und Erfüllung ihrer Sehnsüchte. Es traf sich gut, daß Schelling eine Professur an der neuen Universität in Würzburg erhalten hatte und so die Stadt Jena verlassen werden konnte. Auf eine Hochzeitsreise nach Italien mußte wegen politischer Unsicherheiten verzichtet werden.
Caroline bemühte sich, in Würzburg eine neue Heimat zu finden und dort ein wohnliches Zuhause einzurichten. Dies stieß jedoch auf Schwierigkeiten, waren doch im selben Hause und in der Nachbarschaft noch etliche neue Professorenfamilien angesiedelt. Einige stammten aus Jena, andere aus dem weiteren Bekanntenkreis. Allen war die Lebensgeschichte Carolines bekannt und deshalb war Caroline unbeliebt. Klatsch, Intrigen und Ächtung begegneten ihr auch hier wieder. Enttäuscht zog sie sich von der Gesellschaft zurück. Sie bezog sich zunehmend auf den Haushalt und die Studien ihres Mannes, die sie kritisch begleitete.

---

21 Zit. nach Katja Behrens (Hrsg.), Frauenbriefe der Romantik, Frankfurt/ M. 1981, S.316.

Als im Jahre 1806 der Napoleonische Krieg Grenzen und Gebietszugehörigkeiten veränderte, war für das Ehepaar Schelling die Gelegenheit gekommen, Würzburg und die unfreundlichen Verhältnisse zu verlassen. Schelling nahm einen Ruf nach München an. Wieder zog Caroline mit ihrem Hausstand um. Luise Gotter teilte sie am 28. November 1806 aus München mit:
"Mehr wie ich ausdrücken kann und wiederholen mag, hat mich in dieser letzten Zeit das Schicksal jener friedlichen Gegenden bekümmert, wo auch Du, liebe Freundin, mit den Deinigen lebst, wo ich selber so lange gelebt habe, ... Mitten in der scheinbaren Ruhe, die wir hier genießen, hat uns jenes Los der Welt wirklich keinen Augenblick Ruhe gelassen. Es war so und mußte so sein, und was nicht mehr bestehn kann, muß untergehn - aber die vielen unglücklichen zerrütteten Menschen, die zum Teil nie wieder erlangen, was sie hierbei einbüßen! - ... Unser Geschick hat uns allen kriegerischen Szenen bis jetzt entzogen - wir haben weder den Sieger noch Besiegte zu sehn bekommen. Besiegte sind wir zwar sämtlich. - Ich lebe hier in der Hauptstadt, als wenn ich auf dem Land lebte, nach meiner gewöhnlichen stillen Weise. Wir haben ein Logis, wo die Face der Häuser auf einen freien Platz vor der Stadt hinausgeht, und ich seh die Tirolergebirge aus dem Fenster. Mein Mann ist sehr heiter, sehr gesund, so plaziert, wie er es nur wünschen konnte. Er hat als Mitglied der Akademie der Wissenschaften seine ganze Zeit für sich und ein Gehalt, das ihn vor Sorge schützt. Eingerichtet habe ich mich nur ganz nothdürftig, mich dünkt, ich möchte mich nirgends mehr ansiedeln und es ganz buchstäblich nehmen, daß wir Pilger sind."[22]
Ein letztes Mal gewann Caroline ein Zuhause. Sie ging im Leben für und durch Schelling auf. Sie unterstützte ihn bei seinen philosophischen Forschungen und "sonnte" sich in den Ehrungen, die Schelling als Mitglied der Akademie der Wissenschaften erhielt.
Im Sommer 1809 reiste das Ehepaar zur Erholung zu den Schwiegereltern nach Maulbronn. Nach einer dreitägigen Wanderung erkrankte Caroline an der Ruhr und starb, erst 46jährig, am 17. September 1809.

Schluß und Würdigung

Carolines Leben in politisch unruhigen Zeiten konnte bisher nicht ganz geklärt werden; es bleiben Fragen offen. Briefe allein helfen nicht, ihre Handlungen zu begründen. Charakterisierungen, die Zeitgenossen und Zeitgenossinnen gaben, sind subjektiv; aber es steht außer Frage, daß Caroline eine faszinierende Persönlichkeit gewesen ist. Ihr Leben war ein eher frauenuntypisches. Die Hälfte ihres Lebens verbrachte sie auf der Wanderschaft, selten wohnte sie an einem Ort länger als ein Jahr. Carolines Bemühungen um Selbständigkeit brachten viele Schwierigkeiten mit sich. Auch als Witwe stieß eine Frau schnell auf die Grenzen ihrer "Freiheit". Begann sie nämlich eine intime Beziehung, wurde die Witwe gesellschaftlich sanktioniert (ein Witwer bei derselben nicht). Hier wird die bürgerlich-patriarchalische Doppelmoral offensichtlich. Während für Männer sexuelle Freiheiten bestanden, waren diese für

22 Zit. nach Damm, a.a.O., S.260f.

Frauen tabuisiert. Es wurde mit zweierlei Maß gemessen. Auch die finanzielle Unabhängigkeit büßte eine Witwe - im Gegensatz zum Witwer - bei moralischen Verfehlungen ein. Daraus ist zu schließen, daß eine finanzielle und emotionale Unabhängigkeit von Frauen, wie wir sie heute kennen, nicht existiert hat, auch nicht im Witwenstand. Eine gesellschaftlich akzeptierte Identität fanden Frauen nur innerhalb der Ehe. Hier bestand die Möglichkeit, entweder als Mutter oder Muse des Ehemannes zu wirken.
Carolines Versuch, ein selbstbestimmtes Leben außerhalb der Ehe zu führen, scheiterte an den Gegebenheiten der bürgerlichen Werte. Caroline mußte einsehen, daß der Preis für die Selbständigkeit zu hoch war; sie fügte sich letztendlich den Konventionen.
Heute - 200 Jahre später - sehen die gesellschaftlichen Möglichkeiten für Frauen besser aus. Die patriarchalen und kapitalistischen Machtverhältnisse haben sich grundsätzlich jedoch nicht geändert, nur die Normvorstellungen haben sich ein wenig gewandelt. Frauen, die sich unabhängig von Männern eine Identität, Selbständigkeit oder eine Karriere aufbauen wollen, stoßen auch heute noch auf Restriktionen. Klugen Frauen werden auch weiterhin Steine in den Weg gelegt, für eine freies Leben haben sie ständig zu kämpfen.

Zusätzlich benutzte Literatur

Bäumer, Gertrud: Caroline, in: Dies., Gestalt und Wandel, Berlin 1939, S.65-94.
Dischner, Gisela: Caroline und der Jenaer Kreis. Ein Leben zwischen bürgerlicher Vereinzelung und romantischer Geselligkeit, Berlin 1979.
Huch, Ricarda: Die Romantik, Bd.1: Blütezeit, Ausbreitung, Verfall, Tübingen 1951, darin enthalten: Karoline, S.32-46.

Klaus Fesche

"Der Meister gehört in seine Werkstatt." Ida Arenhold (1798-1864)

Im Jahre 1840 hält man wenig von selbstbewußten und selbständigen Frauen - von Frauenemanzipation gar überhaupt nichts. In einem Artikel berichtet das "Hannoversche Volksblatt", eine populäre, dreimal wöchentlich erscheinende Zeitung "für Leser aller Stände", wie es einem ergehen kann, wenn man an eine emanzipierte Frau gerät. Unter dem Titel "Über Frauen-Emancipation" wird am 19. August 1840 ein Fall geschildert, der sich zwar in Nordamerika zugetragen haben soll, der aber offenbar den Charakter eines Gleichnisses hat: Ein Einwanderer heiratet eine reiche Farmbesitzerin, die sich jedoch in der Folgezeit seinen stetigen Versuchen widersetzt, die Rolle als Herr im Hause einzunehmen. Schließlich läßt sie ihn von ihren Sklaven auspeitschen und verläßt ihn. Der Artikel schließt mit folgender Mahnung:

"Diejenigen jungen Deutschen, welche der Frauenemancipation so eifrig das Wort reden, sollten sich eine solche Nordamerikanerin zum Weibe nehmen, vielleicht kämen sie dann zur bessern Erkenntnis der Verkehrtheit ihrer Ideen."

Auch anderen Volksblatt-Artikeln dieser Zeit ist zu entnehmen, daß es besser sei, Frauen "im Zaume" zu halten. Am 19. April 1840 wird z.B. argwöhnisch ein Damen-Casino in Budapest gemeldet, *"woraus jede Nähnadel und jeder Strickstrumpf streng verbannt sein soll"*, dagegen aber *"politische und wissenschaftliche Journale"* zu finden seien.

Im gleichen Jahr gründet Ida Arenhold, eine unverheiratete Beamtentochter von 42 Jahren, in Hannover den "Frauenverein für Armen- und Krankenpflege". Dieses Unternehmen, an dem zunächst sieben weitere Damen aus gutbürgerlichen Kreisen beteiligt sind, wird von der gleichen Zeitung sehr gelobt:

"Um dem Schaden einer verarmten Familie gründlich auf die Spur zu kommen, werden keine Besuche, Erkundigungen etc. gescheuet, und die Vorsteherin, eine hochherzige Dame, die in diesem beschwerlichen Geschäfte ihre schönste Lebensaufgabe findet, sieht und hört, ordnet und lenket allenthalben selbst an Ort und Stelle."

Mit Frauenemanzipation werden Motive und Charakter des Frauenvereins offenbar nicht in Verbindung gebracht. Dennoch begannen damals Frauen, erste kleine Schritte zu unternehmen, im öffentlichen Leben eine selbständige, sogar gestaltende Funktion auszuüben, wenn auch in einem stark begrenzten Bereich.

In den ersten Jahrzehnten des 19. Jahrhunderts hatte die Frau des Bürgertums keine eigenständige und eigenverantwortliche Position in der Gesellschaft; ihre Rolle definierte sich immer in Beziehung zu ihrem Mann. Sie hatte im wesentlichen die Aufgabe, den Haushalt zu organisieren, für ein "heiles" Familienleben zu sorgen und so ihrem in der Außenwelt (der Arbeits- bzw. Geschäftswelt, der Politik) tätigen Mann den Rücken zu stärken. Frauen, die sich in diese Rolle nicht fügen wollten, galten den Interessen des Mannes und dem Wohle der Gesellschaft als schädlich. Solche Frauen, die keinen Mann gefunden hatten und als "alte Jungfer" ihr Leben fristen mußten, erschienen als kaum nützlich und als kostspielige Last. Sie lebten zumeist im Haushalt ihrer Brüder oder Schwestern und mußten durch Verrichtung häuslicher Aufgaben (Näh- und Flickarbeiten, Kinderhüten etc.) ihre Duldung erringen bzw. den Beweis ihrer Nützlichkeit erbringen.

Abb. 12: Ida Arenhold, 1851

Im Zuge der Industrialisierung und der sie begleitenden sozialen Probleme eröffneten sich solchen alleinstehenden Frauen neue Betätigungsfelder: Die als spezifisch weiblich geltenden Fähigkeiten und Tätigkeiten, die zuvor auf ihre Anwendung und Ausübung in Haushalt und Familie beschränkt waren, konnten nun auch in der gesellschaftlichen Sphäre angewendet und ausgeübt werden. Vor allem die Armen- und Krankenpflege war ein dankbares Gebiet, in dem Frauen aus dem Bürgertum fürsorgende und helfende Aufgaben übernehmen konnten - so auch in Hannover.

Bereits vor der Industrialisierung wies die Unterstützung der Armen in Hannover erhebliche Lücken und Mängel auf. Nachdem die allgemeine Armenkasse, insbesondere während der Napoleonischen Kriege, in starke Verschuldung geraten war, wurde das Armenwesen zwar im Jahre 1824 - gleichzeitig mit der Verschmelzung von Alt- und Neustadt - neu geordnet. Die verschiedenen, bis dahin getrennten Armeneinrichtungen wurden unter einer einheitlichen Leitung und Verwaltung zusammengefaßt, dem umgebildeten Armenkollegium, das beträchtlich erweitert und mit zusätzlichen Befugnissen ausgestattet wurde. Zudem wurde die Stadt in acht Distrikte mit jeweils sechs Quartieren aufgeteilt, denen wiederum zwei Armenpfleger zugeordnet waren (insgesamt also 96 Armenpfleger). Zwischen Armenkollegium und Armenpflegern standen Armenvorsteher, welche die acht Distrikte beaufsichtigten. In der Mittelausstattung hatte sich aber nicht viel geändert. Nach wie vor fehlte eine allgemeine Armensteuer; die Einnahmen bestanden lediglich aus öffentlichen Zuschüssen und freiwilligen privaten Beiträgen und Spenden. Die jahrhundertelange eigenständige kirchliche Armenpflege wurde seit Ende des 18. Jahrhunderts immer mehr in die bürgerliche (= öffentliche) Armenpflege integriert, kirchliche Mittel mehr und mehr durch die öffentliche Armenverwaltung verteilt. Zu einer gewissen Entlastung der Armenkassen trug bei, daß die Besoldung des Armenkollegiums abgeschafft worden war.
War jemand unterstützungsbedürftig geworden, so mußte er/sie sich an den zuständigen Armenvorsteher wenden. Daraufhin wurde der Fall geprüft und eine Unterstützung gewährt oder abgeschlagen. Diese konnte bestehen aus der Zuweisung von Arbeit, Rumfordscher Suppe[1] oder anderer Verpflegung, Feuermaterial, Kleidung, Bargeld (z.B. für Miete), der Empfehlung zur Aufnahme in das Armen- oder Waisenhaus oder in eines der Hospitäler und der Behandlung durch den Armenarzt.
Sowohl die weitgehend erforderliche Eigeninitiative der Bedürftigen als auch das Fehlen einer Armensteuer, ohne die eine bedürfnisgerechte Armenpflege eigentlich unmöglich war,[2] bedingten jedoch weiterhin die Lückenhaftigkeit der hannoverschen Armenpflege. Durch die infolge der Industrialisierung aufkommende "Soziale Frage" wurde dieser Mißstand noch verstärkt.[3]

---

1 Rumfordsche Suppe, nach dem anglo-amerikanischen Physiker und Chemiker Benjamin Thomson Graf von Rumford (1753-1814), der u.a. in Bayern die Kartoffel einführte, Schulen für Soldatenkinder und Manufakturen für Arme gründete. Er erfand die aus billigen Zutaten bestehende, angeblich nahrhafte Suppe, die nach ihm benannt worden ist. In verschiedenen deutschen Städten wurden Rumfordsche Suppen- bzw. Speiseanstalten gegründet, so auch 1803 in Hannover, vgl. Ursula Brügmann, Die öffentliche Armenpflege der Stadt Hannover in den Jahren 1700 bis 1824, in: Hannoversche Geschichtsblätter, NF Bd.24/ 1970, S.89-146, S.122f.; Meyers Konversationslexikon, 1869.
2 So Brügmann, a.a.O., S.138.
3 Vgl. zu diesem Komplex Brügmann, a.a.O., S.134-138.

Für den in dieser Situation gegründeten Frauenverein, der sich ausdrücklich zum Ziel gesetzt hatte, das Armenkollegium zu unterstützen, gab es Vorbilder: erstens lokale in den Verbindungen "edler Frauen" (seit 1813 zur Unterstützung der Soldaten des Befreiungskrieges und ihrer Hinterlassenen)[4] und im "Frauenverein zur Unterstützung hilfsbedürftiger rechtlicher Wöchnerinnen" von 1817 (das Attribut "rechtlich" schloß unverheiratete Mütter von der Hilfe aus).[5] Zweitens gab es aber vor allem das direkte Vorbild des 1832 von Amalie Sieveking in Hamburg gegründeten "Frauenvereins für Armen- und Krankenpflege".
Zum Hamburger Verein stellten die Hannoveranerinnen schon kurz nach ihrem Zusammenschluß engen Kontakt her; unter anderem übernahmen sie dessen Statuten. Bemerkenswert bei der Gründung des Hamburger Vereins ist, daß Amalie Sieveking die Idee vorschwebte, *"durch die Gründung dieses Vereins die Stiftung einer eigentlichen barmherzigen Schwesternschaft anzubauen, das heisst, einer Genossenschaft, welche Armen- und Krankenpflege nicht neben anderen Berufsgeschäften treibt, sondern dieselbe zu ihrem alleinigen Berufe, zur Aufgabe ihres ganzen Lebens gemacht hat"*. Dazu sei es freilich nicht gekommen, fügt sie noch an.[6]
Es ging ihr jedoch nicht nur um die Armen und Kranken, wie sie weiter schreibt: *"Die höheren Interessen meines Geschlechts lagen mir am Herzen, und früh schon hatte der Gedanke mich beschäftigt, ob der vor der Welt so verrufene Stand der alten Jungfer sich nicht adeln lasse durch würdige Bestimmung. Ich meine, es liegt in den sozialen Verhältnissen unserer Zeit, dass so viele Mädchen jetzt die gewöhnliche Bestimmung des Weibes nicht erreichen; es darf wenigstens in sehr vielen Fällen nicht ihnen als Schuld beigemessen werden, und sollte es da nicht billig sein auf eine Schadloshaltung zu denken für sie?"*[7]
Wendungen wie "die gewöhnliche Bestimmung des Weibes" belegen allerdings, daß auch Amalie Sieveking nichts im heutigen Sinne Emanzipatorisches beabsichtigte und die herkömmliche Frauenrolle für normal und angemessen hielt. Ob Ida Arenhold bei der Gründung des hannoverschen Frauenvereins gleichfalls von solchen Überlegungen geleitet worden war, ist nicht bekannt. Tatsache ist aber, daß sie selbst unverheiratet war und hausfrauliche Funktionen lediglich im Haushalt ihres Vaters ausübte. Amalie Sieveking, mit der Ida Arenhold ein freundschaftliches Verhältnis hatte, bezeugt, daß ihre hannoversche Kollegin unter ihrer Situation als berufslose "alte Jungfer" gelitten hat.[8] Als Mitbegründerin und Vorsteherin des Frauenvereins und später des Friederikenstifts gab sie ihrem Leben einen neuen Sinn, der nicht mehr fremdbestimmt war.
Die Ida Arenholds Zeit und Kraft stark beanspruchende Arbeit als Organisatorin von Armen- und Krankenpflege bestand aus vielfältigen Tätigkeiten. Der Verein hatte sich vorgenommen, *"kränkliche und heruntergekommene Arme"*, *"hülflose und*

---

4 B.C. v. Spilcker, Historisch-topographisch-statistische Beschreibung der kgl. Residenzstadt Hannover, Hannover 1819 (Neudruck Darmstadt 1979), S.419.

5 Ebd., S.420.

6 Amalie Sieveking, Zehnter Bericht über die Leistungen des weiblichen Vereins für Armen- und Krankenpflege, Hamburg 1842, abgedruckt in: Quellenbuch zur Geschichte der Inneren Mission, hrsg. v. M. Henning, Hamburg 1912, S.215.

7 Ebd., S.216.

8 Vgl. Hiltrud Schroeder, in: Nur ein Pflästerchen? Evangelisch-soziales Handeln im Industriezeitalter Hannover 1834-1989, Begleitheft zur Ausstellung, Hannover 1989.

schwächliche junge Mädchen", "kranke und kränkliche Kinder" und *"erwachsene Kranke"*[9] zu unterstützen:
"Persönliches, möglichst individuelles Sichbekümmern um die leibliche und geistliche Noth der Armen, Unterstützung derselben nicht durch einzelne Geldgaben, sondern durch Darreichung der Bedürfnisse selbst, Verschaffung von Erwerb und Arbeit für die dazu Fähigen, thätige Pflege der Kranken - dies alles machte viele Herzen und Hände, die sich sogleich bereit fanden, und eine geregelte Vertheilung der verschiedenen Thätigkeiten nöthig", heißt es in einem Bericht Ida Arenholds aus dem Jahre 1840.[10] Dabei war das Prinzip, Hilfe nicht in Form von Bargeld zu gewähren, ein wichtiges:
"Unsere Unterstützung geben wir nicht in barem Gelde, sondern in Naturalien. Almosen ohne Arbeit geben, heisst in sehr vielen Fällen: den Leib nähren und die Seele töten, vermehrt die Armuth und vervielfältigt die Ansprüche. Darum liegt uns die Sorge um die Beschäftigung unserer Armen ganz besonders am Herzen. Es ist vorzüglich für die Schwachen und Kränklichen nicht leicht, die für sie passende zu finden und noch schwerer, die verfertigten Arbeiten zu verkaufen."[11]
Den Verkauf der Erzeugnisse wie auch den Ankauf der benötigten Materialien übernahmen daher die Vereinsfrauen. Arbeiten, die von vom Verein in Obhut genommenen Armen verrichtet wurden, waren z.B. Stricken, Spinnen und das Flechten von Strohmatten. Ziel der Arbeitsverrichtung durch die Armen war neben der aktuellen Selbsternährung vor allem, sie wieder zu eigenständiger Erwerbstätigkeit zu befähigen - "Hilfe zur Selbsthilfe" würde man heute sagen. Gleichzeitig enthielt die Bargeldverweigerung aber auch ein erzieherisches Moment und ermöglichte zusätzliche Kontrolle - die Freiheit, mit Geld selbständig umzugehen, wurde nicht gewährt.
Im Jahre 1843 schenkte der König Ernst August den sogenannten "Weisshaarschen Hof" in der Bäckerstraße dem Frauenverein als Vereinshaus - *"eigentlich der Arenhold"*, wie Johann Heinrich Wichern, der Gründer des "Rauhen Hauses" in Hamburg, in einem Brief an seine Frau schrieb.[12] Der "Hof", ein aus mehreren Gebäuden bestehender Komplex, erhielt den Namen "Friederikenstift" nach der verstorbenen Königin Friederike.
Nun war es auch möglich, Arme und Kranke häuslich aufzunehmen und rund um die Uhr zu betreuen und zu beaufsichtigen. Ein Fall aus dem Hungerjahr 1847 soll hier, stellvertretend für viele, wiedergegeben werden:
"... Ein anderes kleines Mädchen kam in einem noch viel jämmerlicheren Zustande in unser Asyl. Wir fanden dies in einem durch Trunk schrecklich verwüsteten Hause. Eine arme Mutter von vier Kindern lag allda unter den traurigsten Umständen, mit der Schwindsucht, dem Resultat und Ende ihrer ehelichen Leiden, kämpfend. Auf Ansuchen ihres Arztes und einer achtbaren früheren Herrschaft derselben verpflegten wir die schwer Leidende. Bei einem Besuche bei ihr entdeckte Berichterstatterin in einem dunklen Winkel des Zimmers einen Korb mit einem Kinde von anderthalb Jahren, einem furchtbaren Jammerbilde, auf nassem, faulem Strohlager ein Klümpchen Knochen und Haut mit bösem Ausschlag und Schmutz bedeckt! Es schien fast

---

9 Archiv des Friederikenstifts (AdF), Siebenter Bericht des Frauenvereins für Armen- und Krankenpflege, Hannover 1848, S.10.
10 Abgedruckt in: Walter Ködderitz/ Friedrich Quantz (Hrsg.), 125 Jahre Friederikenstift Hannover 1840-1965, Hannover 1965, S.30f.
11 Ebd., S.31.
12 Abgedruckt ebd., S.43f.

vergessen von der todkranken Mutter und dem entarteten Vater. Als ich letzteren fragte, ob denn niemand sich um das elende Kind bekümmere und ob er es nicht dem Arzte gezeigt? war seine rohe Antwort: 'wozu das nötig? das Kind würde nicht eher genesen, bis es in der Kuhle läge!' O du armes verlassenes Kindlein, zwischen Vater und Mutter! - Aber ob sie desselbigen vergässen, will ich doch dein nicht vergessen! Es bedarf weiter keiner Erklärung über die Aufnahme des Kindes in das Stift, es gehörte in ein Haus der Barmherzigkeit und konnte nur in einem solchen genesen. Gottes Vatersegen ruhte auf seiner unsäglich schweren Pflege. Es ist unter derselben zum Lobe Gottes nicht nur hergestellt, sondern es blühet gar lieblich auf; ist freilich noch von zarter reizbarer Natur und muss darum noch gehütet werden wie ein Augapfel. Auch mit ihm machten wir schon einmal einen Versuch, ob es der Pflege des Krankenzimmers entnommen werden dürfte, indem wir es einer Familie in Kost gaben; doch mussten wir es bald zurücknehmen, da es die rechte Schonung, die regelmässige einfache und kräftige Diät und die wachsame Aufsicht der Anstalt noch nicht entbehren konnte. Es besucht nun, wie mehrere unserer Pfleglinge, die Warteschule, und sobald es irgend thunlich, müssen wir es wohl Privathänden anvertrauen, wiewohl wir viel lieber solche Stiftspfleglinge daselbst behielten, wenn nur die Mittel es gestatteten. Möchte Gott durch milde Herzen hierzu Rath schaffen!"[13]

Wie aus diesem Bericht Ida Arenholds ersichtlich ist, gab es im Stift (neben den Krankenzimmern, den Wohnungen für Arme, einer Strickschule, einer Kochanstalt, die auch für nicht im Stift untergebrachte Arme Essen zubereitete, und den Werkstätten) auch eine Warteschule für kleine Kinder. Bereits hier setzte auch die Erziehung von Schützlingen durch die "wohltätigen Frauen" ein, die sich aber nicht auf kleine Kinder beschränkte. Eine besondere Gruppe, derer sich das Stift annahm, waren "hülflose und schwächliche junge Mädchen", also solche aus armen Familien, für die nach ihrer Konfirmation *"ausser Betteln nichts übrig bleibt als die Verdingung in Fabriken, die junge Mädchen fast ohne Ausnahme an Leib und Leben gründlich verderben"*, wie es in einem Jahresbericht des Vereins heißt.[14] Diese Mädchen *"durch die gehörige Gesundheitspflege, Erziehung und Anlernung zu irgend einem Beruf fähig zu machen, namentlich zum Dienen vorzubereiten"*,[15] war eine der erklärten Aufgaben, die sich die Vereinsfrauen vorgenommen hatten. Vorerst wurden die Mädchen zu den vielfältigen Arbeiten im Stift herangezogen.

Letztlich erstreckte sich das Erziehungsbestreben jedoch auf alle Unterstützten, also auch auf die erwachsenen Armen, was Eintragungen im "Protocollenbuch" des Vereins wie die folgenden belegen:

"18. Januar 1841: Die Witwe Feldmann wird aus der Pflege des Vereins entlassen, da sie sich den ihr mehrfach gegebenen Vorschriften unfolgsam gezeiget.

6. Mai 1841: Es wurde beschlossen, das der Krebs vors Erste alle Unterstützung genommen werden solle, da sie immer unzufrieden ist und sie zur Confirmation ihrer Tochter Sachen weit über ihre Lage gekauft hatte."[16]

Nicht nur zu Bescheidenheit und zu sparsamem Wirtschaften, sondern auch zur alkoholischen Enthaltsamkeit, also zu "sittlichem" Lebenswandel, sollten die Hilfeempfänger erzogen werden:

---

13 Abgedruckt ebd., S.37f.

14 AdF, Siebenter Bericht..., a.a.O., S.12.

15 Ebd., S.10.

16 Abgedruckt in: Ködderitz/ Quantz, a.a.O., S.16f.

"Es wurde ferner beschlossen, dass künftig bey Familien, die im Verein aufgenommen werden, die Bedingung gemacht wird, dass die Männer sich im Mässigkeitsverein aufnehmen lassen", lautet ein Eintrag vom 20. Juni 1842.[17]
Es läßt sich nicht bestreiten, daß die im Frauenverein assoziierten Damen ihre im öffentlichen Leben eingenommene Funktion recht selbstbewußt, energisch und zuweilen offensiv wahrnahmen. Dies nicht nur gegenüber der von ihnen abhängigen Klientel, denn ihre Intentionen und Bemühungen liefen durchaus den Interessen anderer, z.B. Fabrikanten oder Wirtshausbesitzern, zuwider. Gegen ausbeuterische Arbeitgeber, deren lohndrückende Praxis sie 1846, in der Situation allgemeiner Not, als "Tyrannei"[18] beschimpfte, sprach Ida Arenhold denn auch klare Worte:
"Wenn man sich nun vom Geiz oder vom Argwohn gegen den Arbeiter oder dem Beispiele Anderer verführen lässt, den wohlverdienten Lohn, den der Arbeiter zu fordern berechtigt ist, zu verkürzen, weil er im Drange der Noth die Arbeit dennoch annehmen muss, um etwas zu haben: so ist das ein trauriger Handel für die Gewissen, der auch den Arbeiter sittlich verdirbt, denn er wird die Arbeit betrüglich liefern."[19]
Wie diese Attacken und das wenige, was über ihre Persönlichkeit überliefert ist, zu zeigen scheinen, waren Selbstbewußtsein und Energie auch kennzeichnende Charakterzüge von Ida Arenhold selbst. Dies spricht aus einem ihrer Briefe an Wichern aus dem Jahre 1850 (inzwischen war sie nach dem Tode ihres Vaters 1847 in das Friederikenstift umgezogen):
"Wie lieb es mir ist, dass ich durch Gottes Fügung jetzt hier im Stifte wohne, können sie sich gewiss denken. Es musste auch so kommen - der Meister gehört in seine Werkstatt. Wolle mir der treue Herr dieser theuren Werkstatt immer neuen Segen schenken - damit sein Wille immer völliger durch mich erfüllt werde!"[20]
Ein nicht gerade "typisch" weiblicher Herr-im-Hause-Stolz spricht aus diesen Briefzeilen. Eher unweibliche Charakterisierungen finden sich auch - neben konventionell Frauen zugesprochenen Attributen - in dem Nachruf, der in der hannoverschen Landeszeitung nach ihrem Tode am 24. September 1864 abgedruckt wurde. Dort heißt es (u.a.):
"Ida Arenhold war für ihre Aufgabe trefflich begabt: in wie hohem Maße sie es war, das wird jetzt ihr Verlust beweisen, - dass sie nicht vollkommen war, noch weniger es Jedermann zu Danke machte, bedarf freilich weiter keiner Erwähnung. Ein warmes weibliches Herz, ein guter Verstand, fester Wille, unverdrossene Lust des Schaffens, und vor allem ein nie wankender Glaube, waren die innern Quellen ihrer unermüdeten Thätigkeit."[21]
Verstand, fester Wille und Schaffenslust - angesichts der damals typischen Rollenzuweisungen und Geschlechtscharakterbilder ist Ida Arenhold eine für Frauen ungewöhnliche Anerkennung zuteil geworden.
Ida Arenhold hat gewiß nicht Frauen-Emanzipation errungen. Zwar gelangen ihr und den übrigen Mitgliedern des Frauenvereins der Schritt aus der häuslichen Bindung in die Gesellschaft, wo sie halfen, allgemeine Probleme wie die soziale Not zumindest ein stückweit zu lindern und umfangreiche erzieherische Funktionen er-

---

17 Abgedruckt ebd., S.19.
18 Aus einem Bericht, abgedruckt ebd., S.36.
19 Ebd., S.35.
20 AdF, maschinenschriftliche Abschrift des Briefes, dat. 11. Februar 1850.
21 Zit. nach Ködderitz/ Quantz, a.a.O., S.113.

füllten. Andererseits stellten sie sich in den Dienst einer von Männern dominierten, sich herausbildenden bürgerlichen Industriegesellschaft, deren Etablierungsprozeß die soziale Not selbst hervorgebracht hatte und deren neue Tugenden: Sparsamkeit, rationales Wirtschaften, Fleiß und mäßiger Lebenswandel erzieherisch vermittelt werden mußten. Die Kehrseite solcherart Armenpflege war also die systemgemäße Disziplinierung der Bedürftigen. Die (auch selbstgewollte) Integration solcher weiblichen Initiativen wie Frauenverein und Friederikenstift war deshalb einfach, besonders in Anbindung an die Kirche, die seit den vierziger Jahren des 19. Jahrhunderts die "Innere Mission" betrieb und hierfür "christliche Vereine" für die "Arbeit an den Elenden"[22] benötigte.
Das Beispiel Ida Arenholds zeigt jedoch, welche Voraussetzungen auch für eine weibliche Emanzipation fundamental sind: selbstbestimmte, sinnvolle und respektierte Arbeit und sich auf diese gründendes Selbstbewußtsein.

Zusätzlich benutzte Literatur

Frevert, Ute (Hrsg.): Bürgerinnen und Bürger. Geschlechterverhältnisse im 19. Jahrhundert, Göttingen 1988.

Sachße, Christoph/ Tennstedt, Florian: Geschichte der Armenfürsorge in Deutschland. Vom Spätmittelalter bis zum Ersten Weltkrieg, Stuttgart 1980.

22 Vgl. die Forderung Theodor Lohmanns in seiner Schrift "Über bürgerliche und kirchliche Armenpflege mit Rücksicht auf hannoversche Verhältnisse", Abdruck eines Vortrages, gehalten im evangelischen Verein zu Hannover, Hannover 1865, sowie Wilhelm Rothert, Die innere Mission in Hannover, Hamburg 1878, S.126-134, insb. S.133f.: Frauenverein und Friederikenstift und S.192: Kurzbiographie Ida Arenhold.

Angela Dinghaus

Mütterlichkeit als Beruf? Henriette Schrader-Breymann (1827-1899)

Bekannt geworden ist Henriette Schrader-Breymann als Initiatorin und Exponentin des Prinzips von der "Geistigen Mütterlichkeit", der zentralen Sichtweise bürgerlich-konservativer Frauenrechtlerinnen, die in den Bereichen Sozialreform und soziale Arbeit, der Gleichberechtigung zwischen Mann und Frau und besonders bei den Anschauungen über die Stellung, Funktion und das "Wesen" der Frau bis in die heutige Zeit zum Tragen gekommen ist.
Henriette Schrader-Breymann lieferte der bürgerlichen Frauenbewegung das Stichwort von der "Geistigen Mütterlichkeit". An dieser Stelle soll jedoch nicht ihre Rolle in der damaligen Frauenbewegung untersucht werden, wird Henriette nicht als "Wegbereiterin der Frauenemanzipation"[1] im Mittelpunkt stehen, eine Charakterisierung, die so pauschal gehalten nicht unproblematisch ist.
Ohne den Hintergrund der Frauenbewegung aus den Augen zu verlieren, das gesellschaftliche Umfeld von Frauen bürgerlicher Herkunft, werden in diesem Beitrag vor allem folgende Fragen im Zentrum stehen: Welche Bedingungen und Motive mögen die junge Henriette, die aus einer traditionellen evangelisch-lutherischen Pastorenfamilie aus dem Braunschweigischen stammte, dazu veranlaßt haben, einen für ihre Zeit recht eigenwilligen und eigenständigen Lebensweg einzuschlagen? Wie kam ein jugendliches Mädchen in der Mitte des 19. Jahrhunderts auf den Gedanken, von einem Berufsleben zu träumen und seine Ideale von einer bestimmten Lebensform der üblichen Heirat vorzuziehen? Welche Widerstände gab es zu überwinden, welche Widersprüche und inneren Zwiespalte kamen dabei zum Vorschein und wie bewertete eine Frau dieser Epoche ihre gesellschaftlichen Möglichkeiten und die vorgegebenen Frauenleitbilder?
Henriette Breymann lebte zu einer Zeit, in der Frauen die von der Gesellschaft festgesetzte Rolle ihres Geschlechts zu hinterfragen begannen und nach Auswegen aus ihrem begrenzten Frauendasein suchten. Eine wohl wesentliche Ursache lag darin, daß ein nicht geringer Anteil von Frauen bürgerlicher Herkunft seine gesellschaftliche Position nicht mehr ausschließlich über eine Heirat erhalten konnte. In der neuen, kapitalistischen Gesellschaftsordnung waren auch Familien aus dem Bürgertum nicht immer dazu in der Lage, ihren Töchtern eine angemessene Versorgung zu gewährleisten. Mit dem "Ledigenproblem" tauchte das Schreckgespenst von der "Alten Jungfer" auf - kolportiert in Karikaturen und zahlreichen Romanen:
"Obgleich Klothilde Buddenbrook nicht viel älter war als ihre verheiratete Cousine, also erst einundzwanzig Jahre zählte, begann ihr langes Gesicht bereits scharfe Linien zu zeigen, und ihr glatt gescheiteltes Haar, ... trug dazu bei, daß das Bild der alten Jungfer schon fertig war. Sie war zufrieden damit, sie tat nichts, um dem abzuhelfen. Vielleicht war es ihr Bedürfnis, schnell alt zu werden, um schnell über alle Zweifel und Hoffnungen hinauszugelangen. Da sie keinen Silbergroschen besaß, so wußte sie, daß niemand in der weiten Welt sich finden würde, sie zu heiraten, und

1 Reinmar Fürst/ Wolfgang Kelsch, Wolfenbüttel. Bürger einer fürstlichen Residenz. Fünfzig biographische Porträts, Wolfenbüttel 1982, S.69f.

mit Demut sah sie ihrer Zukunft entgegen, die darin bestand, in irgendeiner kleinen Stube eine kleine Rente zu verzehren, ..."[2]

Hinzu kam, daß die weibliche Jugend sich in dem Zeitraum zwischen Schule und Hochzeit häufig in einer Art von Vakuum befand. Diese Jahre wurden in der Regel zur Vorbereitung auf die Hausfrauenrolle genutzt.[3] Doch die Stiftung von Ehen war mit dem Zerfall der alten Gesellschaftsordnung nicht mehr ausschließlich die Angelegenheit der Eltern:

"Ob die höhere Tochter heiratete oder nicht, hing zunehmend von ihrer eigenen Entscheidung ab. Angesichts der ungewisser werdenden Heiratschance ergab sich die Notwendigkeit, der jungen Frau eine Existenz außerhalb der Herkunftsfamilie zu ermöglichen."[4]

Gegen Ende des 19. Jahrhunderts gehörte ein Beruf - für den Zeitraum vor der Ehe - zu einem Bestandteil bürgerlichen Frauenlebens. Es mußte sich allerdings um "standesgemäße" Arbeit handeln.[5] Fabrikarbeit etwa, der Alltag zahlreicher Frauen aus den unteren Gesellschaftsschichten, kam nicht in Frage.

Zum einen konnte durch das selbstverdiente Geld die eigene Familie ökonomisch entlastet werden; zum anderen bezog die bürgerliche Tochter ihr Selbstwertgefühl zunehmend aus der Identifikation mit den bürgerlichen Leistungs- und Arbeitswerten. Ein "untätiges" Leben, das der gesamten Gesellschaft wenig zu nutzen schien, wurde mehr und mehr in Frage gestellt. Viele der jungen Frauen schreckten vor der Vorstellung zurück, als "Haustochter" ein "nutzloses" Dasein führen zu müssen[6]:

"Das bedeutete: ein wenig Haus- und Handarbeit, etwas Klavierspielen, einen Spaziergang ... und 'Kaffeevisiten', bei denen häufig der rote kalte Pudding mit weißer oder der weiße mit roter Sauce das wesentlichste Unterscheidungsmerkmal bildete. Der geistige Bedarf wurde durch eine gründliche Erörterung bevorstehender oder schon erledigter Bälle oder sonstiger gesellschaftlicher Veranstaltungen, Verlobungen oder Verlobungsmöglichkeiten gedeckt. Manchmal wurde dabei eine überflüssige Stickerei mehr oder weniger gefördert. Wenn man bedenkt, daß so oder ähnlich das Dasein ungezählter junger weiblicher Wesen in der "Wartezeit" ausgefüllt wurde, kann einen noch nachträglich ein Grauen ergreifen bei dem Gedanken an die Unsumme vergeudeter Energien und Wirkensmöglichkeiten."[7]

Im folgenden wird also Henriette Breymanns Jugend im Vordergrund stehen. Henriettes Arbeit im Pestalozzi-Fröbel-Haus in Berlin gegen Ende des 19. Jahrhunderts sowie ihre vorangegangenen praktischen Erziehungstätigkeiten werden insofern berücksichtigt, als diese Zeit für die Umsetzung ihrer Ideale und Theorien über das "besondere" Wesen der Frau, der "Geistigen Mütterlichkeit" in die Praxis von Bedeutung gewesen ist.

Henriette Breymann kam am 14. September 1827 als erstes von insgesamt neun Kindern der Pastorenfamilie Breymann zur Welt. Es handelte sich um einen großen Haushalt in ländlicher Umgebung, in Mahlum bei Wolfenbüttel.

---

2 Thomas Mann, Buddenbrooks, Frankfurt/ M. 1989 (1901), S.177.

3 Barbara Greven-Aschoff, Die bürgerliche Frauenbewegung in Deutschland 1894-1933, Göttingen 1981, S.45ff.

4 Ebd., S.47.

5 Ebd., S.47f.

6 Ebd.

7 Helene Lange, Lebenserinnerungen, Berlin 1925, S.87f.

Abb. 13: Henriette Breymann, 1868

Henriette war von Geburt an ein schwächliches, kränkelndes Kind. Obwohl die damaligen Erziehungsideale, die Anleitung von Kindern zu "Ordnung", "Sauberkeit", "Zucht" und "Arbeit", auch in der Familie Breymann selbstverständlich waren, hatte man die älteste Tochter aufgrund ihrer Krankheiten wohl etwas verwöhnt.
Das schulische Elementarwissen mußte Henriette zeitweise zu Hause, vom Vater, vermittelt werden. Während ihrer Krankheiten hatte die bettlägrige Henriette damit begonnen, sich die Zeit mit Büchern zu vertreiben, Spaß am Lesen zu gewinnen.
So wie es in bürgerlichen Kreisen zum guten Ton gehörte, wurde Henriette als Elfjährige in "Pension" gegeben. Drei Jahre besuchte sie eine Wolfenbütteler Mädchenschule - für Henriette Breymann im nachhinein "unnütz vertane Zeit".[8] Ein bißchen Literatur und Geschichte, sehr viel Handarbeit und Religion, doch keinerlei Anregungen zu schöpferischem, eigenständigem Denken - nicht gerade Inhalte, die ein phantasievolles und wissenshungriges Kind tiefer beeindruckt haben können. Henriette hat sich scheinbar auch überhaupt keine Mühe gegeben, nicht einmal dem Anschein nach, Interesse für diesen Lehrstoff zu bekunden. Ihre Zeugnisse sind dementsprechend schlecht ausgefallen.
Die Eltern, in Sorge darüber, daß die Erziehung bei ihrer eigensinnigen Tochter nicht fruchten wollte, nahmen Henriette mit vierzehn Jahren von der Schule. Zurück im elterlichen Pfarrhause bahnten sich die ersten Auseinandersetzungen mit dem streng konservativen Vater an. Das Mädchen ließ Tendenzen zu einer freieren religiösen Anschauung erkennen, die in der orthodox-christlichen Atmosphäre des Elternhauses nicht gern gehört wurde. Die Tochter begann auch, an den Regeln und Grundsätzen zu zweifeln, die für das "weibliche Dasein" allgemeingültig zu sein schienen.
Helene Lange charakterisierte diese (bürgerlichen) Prinzipien in ihren Erinnerungen:
"Es gilt für weiblich, mit einem sehr zweifelhaften Kunstkultus, mit überflüssigen Nadelarbeiten, mit Gesellschaftgehen und Toilettemachen seine Tage zu verbringen; für unweiblich, nach ernster Geistesarbeit zu verlangen. Man glaubt dadurch das Haus, die Familie gefährdet ... ."[9]
Die häuslichen Spannungen berührten nicht Henriettes Familiensinn. Sie hing an ihrer Familie, besonders an der Mutter. Auf ihre gelegentlichen Wutausbrüche folgte schnell die Reue, wenn sie sich der Mutter gegenüber nicht beherrschen konnte. Sie war jedoch nachdenklich geworden, sobald es um die Stellung der Frauen ging, und es begegneten Henriette Unverständnis und Ablehnung bei ihren zaghaften Versuchen, für sich einen anderen, eigenen Weg zu finden.
Die Tage im Elternhaus waren angefüllt mit gesellschaftlichen Veranstaltungen oder Übungen wie Singkränzchen, Theateraufführungen, Tanzstunden, Klubbällen, Französischunterricht, Spaziergängen und Picknicken. Als älteste Tochter mußte Henriette Breymann ihrer Mutter im Haushalt zur Hand gehen, eine Tätigkeit, die sie aus tiefstem Herzen verabscheute. Auch die Bemühungen des Vaters, seine Tochter auf diesem Gebiet kundig zu machen und sie auf ihre späteren Pflichten und Aufgaben als Hausfrau vorzubereiten (1843/44 wurde Henriette Breymann für ein "Hauswirtschaftsjahr" zu einem Onkel geschickt), scheinen nicht viel bewirkt zu haben:

---

8 Mary J. Lyschinska, Henriette Schrader-Breymann. Ihr Leben aus Briefen und Tagebüchern zusammengestellt und erläutert, Bd.1, Berlin und Leipzig 1927, S.26.
9 Lange, Lebenserinnerungen, a.a.O., S.178.

"Freilich kamen die fürchterlichen Szenen nicht mehr vor, wenn Henriette in die Küche gehen sollte. Nach ihrer eigenen Aussage machte ihr Kochen jetzt viel Freude, weil sie besser als die anderen dem Essen Wohlgeschmack zu geben verstand, und dies ihre Eitelkeit nährte. Sollte sie aber Feuer anzünden, Kartoffeln schälen, einen Topf reinigen ..., dann hatte ihre Umgebung den Genuß einer Komödie, ...
Dagegen erzeugten des Vaters Ermunterungen auf diesem Gebiete kein wohltuendes Gefühl; ein Lob von ihm über eine saubere Stube weckte einen inneren Grimm, der sich in der Einsamkeit durch lautes Aufschreien oder durch einen Biß in den eigenen Arm Luft machte."[10]
Die traditionellen Anschauungen ihrer Umgebung, die jungen Mädchen abgesehen von der Heirat und Hausarbeit wenig zu bieten hatten, bedrückten Henriette Breymann. Sie empfand diese Aussichten als ein "Labyrinth weiblichen Daseins",[11] und sie erhoffte sich eine "neue Stellung des Weibes im Hause und in der menschlichen Gesellschaft".[12] Für die häuslichen Arbeiten hatte sie überhaupt kein Verständnis, da die "natürlichen Pflichten des Weibes" sich in ihren Augen ständig wiederholten, ohne ein verständliches Ziel, ohne jeden "höheren Zweck".[13]
Viel lieber schrieb die Pastorentochter heimlich in der Nacht "Romane", in denen sie auch die Probleme mit dem Vater verarbeiten konnte.
Es ist die Zeit, in der ein junges Mädchen Ausschau nach dem passenden Ehemann halten sollte. Rings um Henriette herum verlobten und verheirateten sich die Freundinnen. Auch Henriette Breymann wünschte sich den "erlösenden" Mann. Gemeint war wohl eine Erlösung vom Elternhaus und dem strengen Vater. Im Alter von zwanzig Jahren stellte Henriette fest, daß der "für sie passende Mann wohl gestorben sei".[14] Keiner der heiratsfähigen Männer konnte sie beeindrucken.
Da es ihr nicht ausreichte, zu heiraten, bloß um versorgt zu sein, suchte Henriette, hin und hergerissen zwischen Tradition, Anpassung und einem immer stärker werdenden Unbehagen, nach einem Kompromiß, der es zuließ, das vorherrschende Bild von der Frau mit einer "sinnvollen" Tätigkeit zu verknüpfen. Doch daß Frauen, abgesehen von ihrer "Bestimmung" zur Gattin, Hausfrau und Mutter, noch andere Fähigkeiten haben können, mußte erst einmal gedacht und begründet werden:
"Daß ich doch ein Mann wäre und gelernt hätte, wie ein Mann, und reden dürfen von allem, was mein Herz bewegt. Doch ist es besser für mich, ein Weib zu sein. Die Schranken, die einmal unserem Geschlecht gezogen sind, dämpfen die Leidenschaftlichkeit meiner Seele, sie führen mich zu Demut, sie beugen unvermerkt den stolzen Sinn. Ist es auch weniger schön, still zu halten, still zu wirken und zu dulden, als stark zu ringen und zu streiten? Ein Weib zu sein in stiller Würde ist wohl etwas Hohes - wurde nicht Jesus von einem Weibe geboren? Hat diese Tatsache nicht eine hohe Bedeutung? ... Ja, auch wir Frauen sind nicht ausgeschlossen von dem Höchsten, dem Herrlichsten auf Erden - das ist mein Trost,"[15]
schrieb Henriette im Mai 1848 in ihr Tagebuch. In diesem Jahr, in dem sie ihren Großonkel Friedrich Fröbel kennenlernte, bekam auch Henriette Breymann den 48er

---

10 Lyschinska (1), a.a.O., S.39f.
11 Ebd., S.39.
12 Ebd., S.32.
13 Ebd., S.40.
14 Ebd., S.43.
15 Zit. nach ebd., S.59.

"Wind" zu spüren. Die politischen Diskussionen im Hause des Großonkels, bei dem sie sich länger zu Besuch aufhielt, interessierten Henriette weniger. Sie war jedoch beeindruckt von den Ansichten, die in "48er-Kreisen" über die Frauen vertreten wurden: Die Frau wurde als "Mensch" gesehen. Frauen wurde hier eine weitergehende Bildung zugestanden, als die übliche, unzulängliche Mädchenbildung des 19. Jahrhunderts.

Friedrich Fröbel hatte in seinen pädagogischen Theorien und Konzepten die besondere Bedeutung der Frau und Mutter in der Erziehung herausgestellt. Er konnte mit seinen Ideen besonders bürgerliche Frauen ansprechen: In der praktischen Verwirklichung dieser neuen Pädagogik sahen sie eine Chance für sich, die bürgerlichen Ideale von der Hausfrau und Mutter über den Kreis der Familie hinaus mit Erziehungstätigkeiten zu verbinden, die ihnen selbst und der Gesellschaft zugute kommen sollten.[16] Eine dieser Frauen, Henriette Schrader-Breymann, urteilte im nachhinein: *"Fröbel zeigte der Frau den Boden, auf dem sie des Mannes Gehülfin würde bei der Arbeit der Menschheit, er wollte ihr das Feld* ***ihrer*** *Wissenschaft,* ***ihrer*** *Kunst eröffnen, wollte ihre wahre Emancipation begründen helfen, indem er sie zur geistigen Mütterlichkeit erzog, um echt weiblich wirken zu können auf den verschiedenen Gebieten des Lebens, wo es sich um die Person des Anderen handelte; vor Allem, ... wollte er ihr einen würdigen Platz bereiten, an der Wiege, in der Kinderstube, aber auch darüber hinaus in Schulen und allen Anstalten, die sich mit der Pflege und der Bildung des Menschen beschäftigten; ... ."*[17]
Deutlich wird, daß an der "weiblichen Bestimmung" nicht gerüttelt wurde; Ausgangspunkt blieb weiter der Unterschied zwischen den Geschlechtern. Es erfolgte allerdings eine andere Bewertung der weiblichen Rolle. Das "Wesen" der Frau wurde aufgewertet, indem die Erziehungspotentiale der "echt weiblichen Frau" positiv besetzt wurden.
Die Betonung der Mutterrolle spiegelt die philosophischen Positionen der Romantik im Hinblick auf das als "natürlich" verstandene verschiedenartige Wesen von Mann und Frau wider.[18] Schon seit Rousseau wurden die Unterschiede zwischen den Ge-

---

16 Zur Kindergartenpädagogik Friedrich Fröbels vgl. Martha Gebert, Die Idee der Mütter- und Kindergärtnerinnenbildung bei Friedrich Fröbel, Diss. phil., Jena 1945; Monika Simmel, Erziehung zum Weibe. Mädchenbildung im 19. Jahrhundert, Frankfurt/ New York 1980. Zur "Anziehungskraft" Friedrich Fröbels auf Frauen vgl. Maria Müller, Frauen im Dienste Fröbels. (Wilhelmine Hoffmeister, Bertha von Marenholtz-Bülow, Henriette Schrader-Breymann, Henriette Goldschmidt), Leipzig 1928 (= Artur Schneider/ Wilhelm Kahl (Hrsg.), Forschungen zur Geschichte der Philosophie und der Pädagogik, Bd.2/ H.3).
17 Henriette Schrader-Breymann, Werke. Kleine pädagogische Texte, H.5, Berlin/ Langensalza/ Leipzig 1930, S.25.
18 Zur "Geschlechterphilosophie" der Aufklärung und Romantik in Deutschland und ihren Auswirkungen auf die geschlechtsspezifische Aufgabenverteilung vgl. Karin Hausen, Die Polarisierung der "Geschlechtscharaktere" - Eine Spiegelung der Dissoziation von Erwerbs- und Familienleben, in: Werner Conze (Hrsg.), Sozialgeschichte der Familie in der Neuzeit Europas, Stuttgart 1976, S.363-393; Hannelore Schröder, Die Rechtlosigkeit der Frau im Rechtsstaat. Dargestellt am Allgemeinen Preußischen Landrecht, am Bürgerlichen Gesetzbuch und an J.G. Fichtes Grundlage des Naturrechts, Frankfurt/ New York 1979; Simmel, a.a.O.; Dietlinde Peters, Frauenleben und Frauenbild. Zur theoretischen und praktischen Überwindung gedachter und gelebter "Weiblichkeit", Diss. phil., Berlin 1982; Ilka Riemann/ Monika Simmel, Bildung zur Weiblichkeit durch soziale Arbeit, in: Ilse Brehmer/ Juliane Jacobi-Dittrich/ Elke Kleinau/ Annette Kuhn (Hrsg.), Frauen in der Geschichte, Bd.4: "Wissen heißt leben...". Beiträge zur Bildungsgeschichte von Frauen im 18. und 19. Jahrhundert, Düsseldorf 1983, S.133-144; Bärbel Clemens, "Menschenrechte haben kein Geschlecht!" Zum Politikverständnis der bürgerlichen Frauenbewe-

schlechtern nicht mehr nur allein als ein Problem von relativer intellektueller, physischer oder moralischer Stärke bzw. Schwäche betrachtet,[19] sondern die Gegensätze insofern fest und unabänderlich verankert, als der Frau von "Natur" aus Passivität zugeschrieben wurde. Das weibliche Wesen sei sogar dazu geschaffen worden, sich dem Manne zu unterwerfen. Auch Fichte begründete die schwächere Position der Frau aus ihrer "Natur": Ihr Wesen sei die Liebe, die ihren Mangel an Vernunft ausgleiche. In der Ehe konnte so ein Wechselspiel von Zuneigung (Frau) und Herrschaft (Mann) zementiert werden,[20] in welchem die Frau, als der schwächere Part, ausschließlich für das Familienleben zuständig sein sollte.

Die besondere Bedeutung der Mutterrolle, die Betonung der physischen, geistigen und seelischen Einheit zwischen Mutter und Kind, ist in Zusammenhang mit der zunehmenden Emotionalisierung des bürgerlichen Familienlebens um die Wende vom 18. zum 19. Jahrhundert zu sehen.[21]

Da allein die Mutter für die Kindererziehung zuständig war, machte man sie auch verantwortlich für die Tugenden oder Untugenden der erwachsen gewordenen. Die Pädagogen, allen voran Pestalozzi und Fröbel, entdeckten nicht nur den erzieherischen Einfluß der Frauen, sondern ihre besondere Befähigung zur Erzieherin überhaupt. Nun war der Rahmen der Familie bereits überschritten, und das, was ehemals als ein natürlicher Vorgang verstanden worden war, wurde in der Pädagogik zum "Ergebnis einer bewußten und vernunftgemäßen Erziehung".[22]

"Von dem 'natürlich' vorgegebenen Verhaltensschema der Mutter gegenüber ihrem Kind, wurde ein umfassendes 'weibliches Prinzip' abgeleitet",[23] das zum Leitmotiv der "Geistigen Mütterlichkeit" führen sollte und später von der konservativen bürgerlichen Frauenbewegung aufgegriffen wurde.

"Mütterlichkeit" war zum pädagogischen Prinzip geworden, zu einem erlernbaren Beruf auch für diejenigen Frauen, die physisch keine Mütter waren. Doch zu diesem Zweck mußten die Mädchen und Frauen selbst erst erzogen werden, gebildet sein bis zu einem bestimmten Grad, d.h. ausgebildet in "Mütterlichkeit".[24]

Fröbel, ein Schüler Pestalozzis, setzte diese Ideale in die Praxis um, indem er die Kindergartenpädagogik entwickelte, ein Berufsfeld, das speziell auf Frauen zugeschnitten war. Als national-revolutionärer Demokrat stellte er seine Erziehungskonzepte in einen allgemeinen gesellschaftlichen Zusammenhang: Die Vermittlung von bürgerlichen Tugenden durch Erziehung sollte dazu beitragen, die Gesellschaft zu verbessern.[25] Zum einen waren die reformpädagogischen Ansätze also zur Bildung

---

gung, Pfaffenweiler 1988; Ute Frevert, Bürgerliche Meisterdenker und das Geschlechterverhältnis. Konzepte, Erfahrungen, Visionen an der Wende vom 18. zum 19. Jahrhundert, in: Dies. (Hrsg.), Bürgerinnen und Bürger. Geschlechterverhältnisse im 19. Jahrhundert, Göttingen 1988, S.17-48; Barbara Schaeffer-Hegel, Vater Staat und seine Frauen. Über den Beitrag der politischen Philosophie zum Ausschluß der Frauen aus der Politik, in: Aus Politik und Zeitgeschichte. Beilage zur Wochenzeitung Das Parlament, 14. Okt. 1988, S.20-29. Vgl. auch die Einführung "Erziehung, Emanzipation und bürgerliche Sozialarbeit".

19 Greven-Aschoff, a.a.0., S.33.

20 Ebd.

21 Zur bürgerlichen Familie vgl. u.a. Heidi Rosenbaum, Formen der Familie. Untersuchungen zum Zusammenhang von Familienverhältnissen, Sozialstruktur und sozialem Wandel in der deutschen Gesellschaft des 19. Jahrhunderts, Frankfurt/ M. 1982; Ingeborg Weber-Kellermann, Die deutsche Familie. Versuch einer Sozialgeschichte, Frankfurt/ M. 1981 (6).

22 Greven-Aschoff, a.a.0., S.35f.

23 Ebd., S.40.

24 Simmel, a.a.0., S.90 u. S.95ff.

25 Ebd., S.82-88.

und Erziehung der verelendeten unteren Schichten der Bevölkerung entwickelt worden (das Problem der Armut hatte im Zuge der Industrialisierung bedrohliche Ausmaße angenommen), zum anderen stellten sie erste berufliche Perspektiven für bürgerliche Frauen dar, und dies völlig im Einklang mit der traditionellen weiblichen Rolle.[26]

Die praktische Umsetzung der Fröbelschen Kindergartenpädagogik war nur möglich geworden durch die Mitarbeit von Frauen, und Fröbel traf auf hoch motivierte Frauen, die für sich "sinnvolle" Beschäftigung oder standesgemäßen Erwerb suchten.[27]

Die Fröbelschen Ideale beeinflußten Henriette Breymann in einer Phase ihres Lebens, in der sie über vage Unmutsäußerungen hinsichtlich ihrer Zukunft noch nicht hinausgekommen war. Unzufrieden mit ihren Perspektiven gestand sie Fröbel, daß sie "etwas Gutes tun" wolle, aber nichts "vollbringe", daß sie aber keinen Sinn habe für die "täglich wiederkehrenden Geschäfte des häuslichen Lebens".[28]

Friedrich Fröbel benötigte für die Durchführung seiner Erziehungspläne gebildete und vor allem ausgebildete Frauen. Er unterstützte seine Nichte darin, sich zur Erzieherin und Kindergärtnerin ausbilden zu lassen. Henriette Breymann konnte es kaum erwarten, die Ausbildung zu beginnen, von der sie sich nicht zuletzt auch geistige Anregungen versprach. Unter der Anleitung des Onkels schien Henriette einen Ausweg gefunden zu haben. Eröffneten sich doch plötzlich neue Aussichten, Kompromisse, die es ihr erlauben würden, auch außerhalb der Ehe respektiert zu werden, eine "ehrenvolle" Stellung zu erlangen. Als "Frau" wollte Henriette zu einer Einheit von geistiger und häuslicher Arbeit gelangen.

Die Eltern standen den Anschauungen Friedrich Fröbels und mehr noch dem Einfluß, den er auf die Tochter auszuüben schien, sehr skeptisch gegenüber. Sie waren sich nicht sicher, ob denn diese Ansichten mit dem christlichen Glauben in Einklang zu bringen seien. Henriette mußte sich also zunächst gegen die elterliche Autorität durchsetzen. Begeistert, endlich eine Lebensaufgabe gefunden zu haben, teilte sie den Breymanns ihre Absichten mit:

"Mein Plan ist nun, mich ganz des Oheims Lehren zu widmen, dann dabei noch Französisch und Englisch usw. zu treiben. Mit welcher Seligkeit erfüllt mich der Gedanke an ein bestimmtes Lebensziel."[29]

Dieses Vorhaben unternahm Henriette noch völlig im Einklang mit der konventionellen Bestimmung der Frau - zunächst als Tochter:

"... Endlich, endlich würde ich mich dann befreit fühlen, ich würde dann einen bestimmten Beruf haben, der mir das Recht gibt, zu denken, meinen Geist auszubilden, dessen Ausübung mich nicht von meinen Geliebten in der Heimat zu trennen braucht, der mich im Gegenteil erst recht befähigen wird, eine gute Tochter und Schwester zu sein."[30]

Ob die "gute Tochter" eher ein Vorwand war, der den Eltern die Pläne schmackhaft machen sollte, ist schwer nachzuvollziehen. Es ist aber offensichtlich, daß Henriette Breymann, die unter ihren schulischen Erfahrungen sehr gelitten hatte, einen großen

---

26 Ebd., S.94f.

27 Ebd., S.115ff., und vgl. Müller, a.a.O.

28 Lyschinska (1), a.a.O., S.63.

29 Zit. nach ebd., S.64.

30 Zit. nach ebd.

Nachholbedarf an intellektueller Entwicklung hatte und auch gewillt war, sich hier gegenüber den Eltern zu behaupten.
Welche Möglichkeiten standen Henriette Breymann - in ihrer Zeit - offen, die es ihr erlaubt hätten, dem vorgezeichneten "Los" der Frau zu entgehen? Allein nur der Wunsch nach einer berufsorientierten Weiterbildung kostete viele innere und "äußere" Kämpfe, erforderte Beharrlichkeit und Durchsetzungsvermögen.
Friedrich Fröbel ist zu seinen Lebzeiten mit seinen Vorstellungen auf heftigen Widerstand gestoßen. Den Männern seiner Umgebung graute es vor "philosophischen Weibern"[31] (damit waren auch Kindergärtnerinnen samt Ausbildung gemeint), und Fröbel hatte doch nichts weiter im Sinn, als die "ursprüngliche Wesensbestimmung" der Frauen, das "weibliche Prinzip", zu verallgemeinern und der gesamten Gesellschaft zugute kommen zu lassen.
Für Henriette Breymann waren diese Ideen, welche die spezifischen Aufgaben der Frau nicht antasteten und auch das Familienleben nicht in Frage stellten - gerade das Gegenteil ist der Fall gewesen -, eine Alternative zu der häuslichen Enge, die sie so oft beklagte. Doch zunächst mußten die Widerstände innerhalb der eigenen Familie überwunden werden, an der Henriette sehr hing. Über ein eigenes Einkommen verfügte sie ja nicht, und an andere Tätigkeiten als etwa die gerade noch tolerierte Erziehungsarbeit war nicht zu denken.
Priorität hatte auch für Henriette Breymann immer ein "glückliches Familienleben" - allerdings nicht um jeden Preis. Die Ehe sollte in ihren Augen in "geistiger Freiheit"[32] geschlossen werden und nicht, wie so oft, eine Versorgungsanstalt sein. Eine Frau müsse auch ohne Ehemann eine Stellung in der Gesellschaft erreichen können, zu Ansehen gelangen durch eine "sinnvolle" Arbeit. Noch Jahre später, mit Mitte Dreißig, empörte sich Henriette:
"Es ist in meinen Augen eine Unsittlichkeit, wenn man als einzig wahres Ziel für die Frau die Ehe aufstellt; sie ist einziger Lebenszweck sowenig für die Frau wie für den Mann. Ihr Lebensziel ist die Entfaltung der von Gott verliehenen Kräfte durch ernste Arbeit; aber die wahre Ehe ist der schönste Durchgangspunkt zu diesem Ziele, ..."[33]
Und der jüngsten Schwester gab sie den guten Rat:
"Du mußt ein in Dir freies Weib werden; tüchtig lernen, tüchtig arbeiten, damit Du nicht heiratest aus Sorge vor Alleinstehen, oder weil Du nicht Dein Brot erwerben kannst oder zu schwach bist, Dir selbst zu helfen."[34]
Ebensowenig, wie sie die Institution der Ehe in Frage stellte, nahm die junge Henriette auch keinen Anstoß an der untergeordneten Stellung der Frau in dieser. Sie war gern dazu bereit, sich einem Mann anzupassen, aber nicht jedem:
"Mein Herz klopfte fast hörbar, ich hätte meine Empörung aussprechen mögen über die Männer, die, ... uns als untergeordnete Wesen betrachten. Wir sollen in erster Linie den Männern dienen, sie wollen über uns herrschen, uns unsern Lebensweg vorschreiben, wir sollen ohne sie nichts sein? Wohl gibt es nichts Höheres und Schöneres in der Welt, wie ich denke, als wie einem Manne zu dienen, den man liebt und verehrt, aber wie könnte es mir einfallen, vor dem Manne Respekt zu haben, mich ihm gegenüber als untergeordnetes Wesen zu fühlen, nur weil er ein Mann ist

---

31 Ebd., S.79f. Die Pädagogik Fröbels konnte sich erst um die Jahrhundertwende durchsetzen.
32 Lyschinska (1), a.a.O., S.103.
33 Zit. nach ebd., S.251.
34 Zit. nach ebd., S.228.

und ich eine Frau bin, wenn ich ihn dumm, albern oder unmoralisch finde, und leider kenne ich eine ganze Anzahl dummer und alberner Männer."[35]

Im 19. Jahrhundert waren viele bürgerliche Frauen, die Kritik an dem festgefügten Frauenbild übten, davon überzeugt, daß die beiden Geschlechter zwar wesensverschieden, in ihrer Verschiedenartigkeit aber "gleichwertig" seien.[36] Eine formale Gleichberechtigung forderten diese Frauen nur - wenn überhaupt -, um die "Andersartigkeit" der Frau in den "Dienst" der Gesellschaft stellen zu können. Und noch Ende des 19. Jahrhunderts lehnte die Mehrheit der bürgerlichen Frauenbewegung die sogenannte "Frauenrechtlerei" (politische Partizipation) ab. Sie glaubte an die besonderen, aber gleichwertigen Eigenschaften der Geschlechter: Die Frau symbolisierte die Gefühlswelt, der Mann den Verstand.
Selbst die geringsten Emanzipationsbestrebungen stellten in einer Gesellschaft, in der die familiäre Rolle der (bürgerlichen) Frau fest verankert war, eine Herausforderung dar und mußten gerechtfertigt werden. Ein selbstloses Auftreten also mit dem "Ethos des Dienens" (an der Gesellschaft) mag die gesellschaftliche Anerkennung von dem Gedanken der Gleichwertigkeit der Geschlechter erst ermöglicht, zumindest aber vereinfacht haben.[37]
Auch Friedrich Fröbel sah in den Frauen, die er "befreien" wollte, nichts weiter als "Dienerinnen an der Entwicklung männlicher Vervollkommnung",[38] er wollte den Frauen einen Weg zum "Dienst" an der Gesellschaft weisen, und doch mußte Henriette Breymann ihren Großonkel von dem Verdacht freisprechen, daß er die Frauen zu Männern umfunktionieren wolle. Gerade das Gegenteil habe er mit seiner Erziehung der Frau zur "echten Frau und Mutter" im Sinn, betonte Henriette.[39]

Im Jahre 1849 beendete Henriette Breymann ihre Ausbildung zur Kindergärtnerin und Erzieherin. In den folgenden Jahren hielt sie auch eine kritischere Distanz zu ihrem Onkel, den sie anfangs wohl regelrecht "vergöttert" hat. Doch an Fröbels Ideal von der Frau als "Trägerin einer erziehlichen Mission"[40] hielt sie bis an ihr Lebensende fest, und sie hat diese Vorstellungen eigenständig weiter ausgebaut.
Im gleichen Jahr (1849) verlobte sie sich mit einem Anhänger und Mitstreiter Friedrich Fröbels, Marius Bendsen. Die Verlobung änderte nichts an Henriettes beruflichen Zielen und Plänen. Zunächst einmal erprobte sie das, was sie in ihrer Erzieherinnenausbildung gelernt hatte, systematisch an den jüngeren Geschwistern im Elternhaus. Es wurden Erziehungspläne aufgestellt, und Henriette fertigte professionell Aufzeichnungen über jedes einzelne Kind an.
Ihr persönliches Leben wollte Henriette Breymann ebenfalls ganz nach der Lehre Fröbels führen: Mann und Frau sollten sich als gegensätzliche Pole ergänzen. Henriettes Ideal war die Verschmelzung des männlichen und weiblichen Elements in der Ehe zu einer produktiven Zusammenarbeit.[41] An der Seite ihres Mannes wollte Hen-

35 Zit. nach ebd., S.79f.
36 Auf der Grundlage der philosophischen Auffassung von den polarisierten Geschlechtscharakteren seit der Aufklärung und Romantik, s.o. Anm. 18.
37 Greven-Aschoff, a.a.O., S.39 u. S.43.
38 Simmel, a.a.O., S.87.
39 Lyschinska (1), a.a.O., S.107.
40 Ebd., S.122f.
41 Müller, a.a.O., S.111.

riette Breymann den "Mittelpunkt einer erweiterten erziehlichen Wirksamkeit"[42] bilden. Vermutlich konnte der Verlobte dabei nicht mithalten. Henriette löste ihre Verlobung, allerdings erst, nachdem die Entlobung von den Eltern abgesegnet worden war.
Dies war der Auftakt zu einigen Rückschlägen. Zwei Anläufe, Erziehungsanstalten in Schweinfurt und Baden Baden aufzubauen, an deren Konzeptionen Henriette Breymann zu Beginn der 1850er Jahre beteiligt war, schlugen fehl. Henriette spielte eine Zeitlang mit dem Gedanken, nach Frankreich auszuwandern.
Sicher auch aus Anhänglichkeit an ihre Familie entschloß sie sich dazu, Berufsleben und Familie miteinander zu verbinden. 1854 setzte sie ihre Idee von einem "Erziehungsunternehmen im elterlichen Hause", im Watzumer Pfarrhaus, in die Tat um.[43]
Die Erziehungsanstalt in Watzum, der ein Dorfkindergarten angeschlossen war, entwickelte sich bald zu einer angesehenen Ausbildungsstätte für junge Mädchen aus gutbürgerlichem Hause, die hier theoretisch und praktisch auf den Beruf der Erzieherin oder Kindergärtnerin vorbereitet wurden. Im Schnitt hielten sich etwa dreißig Mädchen oder junge Frauen dort auf.[44] Viele Anmeldungen mußten aus Platzmangel abgewiesen werden.
Henriette Breymann war für die Ausbildung zuständig, unterstützt von ihrer Familie, die schließlich doch noch von den ungewöhnlichen Ideen der ältesten Tochter überzeugt werden konnte.
Die Arbeit ermöglichte Henriette die finanzielle Unabhängigkeit, die ihr immer so wichtig erschien, doch das Unternehmen deckte gerade so die Unkosten. Reichtümer konnten damit nicht erworben werden. Henriette, die sich sehr wohl darüber im klaren gewesen ist, daß mit den herkömmlichen Erziehungsmethoden für junge Mädchen wie "Englisch und Französisch plappern", "Schwänzeln", "Charmieren"[45] usw. wesentlich mehr Geld zu verdienen war, hielt an ihren eigenen Ansichten fest. Sie wollte die Fröbelschen Erziehungskonzepte in die Praxis umsetzen. Die Intention ihrer Arbeit schilderte Henriette folgendermaßen:
"Unser ganzes Zusammenleben hat den Zweck im Auge, die Mädchen zu befähigen und zu vervollkommnen für ihren, von der Natur angewiesenen Beruf: Pflegerin des Häuslichen, die leitende oder helfende Hand in der Sorge für der anderen leibliches und gemütliches Wohl, Erzieherin der Kleinen in der eigenen Familie oder der ihnen sonst anvertrauten Kinder zu sein."[46]
Die Richtung ist klar. Frauen bleiben auch im Berufsleben in den ihnen von der "Natur" zugewiesenen Schranken. Dennoch stehen ihnen nun zwei Wege offen:
"Wenn wir Euch anhalten, zu beobachten, zu denken, die Ordnung zu pflegen, praktisch im Kleinen wie im Großen zu helfen, so ist das eine Stufe der Vorbereitung zu Eurem einstigen Beruf als Erzieherin; denn, wenn Ihr Euch verheiratet und Gott Euch Kinder schenkt, so habt Ihr nichts Wichtigeres und Heiligeres zu tun, als sie zu guten, christlichen Menschen zu erziehen.

---

42 Lyschinska (1), a.a.O., S.149.
43 Ebd., S.163.
44 U.a. gehörte auch Hedwig Heyl, die später sozialreformerisch tätig gewesen ist, zu den Schülerinnen. Vgl. zur Person: Gertrud Bäumer, Gestalt und Wandel, Berlin 1939; Hedwig Heyl, Aus meinem Leben, Berlin 1925. Auch Mary Lyschinska, die Herausgeberin der umfangreichen Briefe- und Tagebuchsammlung von Henriette Schrader-Breymann, war eine Schülerin aus Watzum.
45 Lyschinska (1), a.a.O., S.287.
46 Zit. nach ebd., S.167.

Abb. 14: Haus Neu-Watzum, Turnhalle, 1865

Und wenn Ihr Euch nicht verheiratet, so werdet Ihr auch glücklich sein und Euch nützlich machen und könnt mit Frieden von der Erde scheiden, wenn Ihr im kleineren oder im größeren Kreise erziehlich beglückend gewirkt habt",[47] schrieb Henriette Breymann 1864 an ihre Schülerinnen in Watzum.

In den Jahren ihrer Tätigkeit als Erzieherin und Lehrerin begann Henriette Breymann, gemeinsam mit einer weiteren Fröbel-Anhängerin, Bertha von Marenholtz-Bülow[48], Vortragsreisen zu unternehmen. Diese führten sie auch in die Schweiz, nach Belgien und England. Henriette hat entschieden dazu beigetragen, eine regelrechte "Fröbelpropaganda" in die Wege zu leiten.
Sie begann, einige Aufsätze und Artikel über Erziehungsfragen zu verfassen und Kindergeschichten zu schreiben. Es ist charakteristisch für Henriette Breymann, daß die meisten Beiträge ohne die Zeichnung ihres Namens erschienen sind. Wie viele Frauen scheute auch Henriette die Profilierung in der Öffentlichkeit. Mary Lyschinska urteilte später:
"Sich an öffentlichen Debatten zu beteiligen, widerstrebte ihrem innersten Wesen, obgleich es ihr an Schlagfertigkeit der Rede durchaus nicht fehlte, und in einem geschlossenen Kreise konnte sie eine hinreißende Beredsamkeit entwickeln."[49]
Henriettes Entsetzen über die eigenen Unzulänglichkeiten und Bildungslücken kann über Jahre verfolgt werden:
"Ich bin oft ganz verzweifelt, daß ich nichts ordentlich kann, nichts eigentlich in meiner Gewalt habe beim Unterrichten, nicht einmal meine eigene Sprache."[50]
Henriette Breymann sah sich als ein Opfer der damaligen Mädchenbildung. Die Ferien nutzte sie regelmäßig dafür, sich weiterzubilden.

In ihren umfangreichen Tagebuchaufzeichnungen und Briefsammlungen kann es wie ein roter Faden verfolgt werden, daß Henriette "durchdrungen" war von der Idee der "Geistigen Mütterlichkeit", von dem Gedanken, Fröbels Ideale auszuformen und praktisch nutzbar zu machen. Doch immer wieder kreisen ihre Gedanken um die eigene Ehe- und Kinderlosigkeit, und es ist ihr offenbar nicht leicht gefallen, ihre Lebensform auch vor sich selbst zu rechtfertigen und ohne innere Kämpfe durchzusetzen. Da es hierzu sehr anschauliche Passagen gibt, soll im folgenden Henriette zu Wort kommen, eine Frau mit Zwiespältigkeiten und Widersprüchen.
Über die Situation zahlreicher Frauen aus bürgerlichem Hause machte sie sich keine Illusionen:
"Man nährt uns Frauen in Deutschland zu viel mit Gefühlen oder mit Eitelkeit, ... Wir bedürfen zu sehr der Anschließung, wir heiraten im Manne mehr den Vater unserer Kinder, als den Gefährten unseres ganzen Wesens, und eine gute Familienmutter schließt sich ab in den Grenzen ihrer Häuslichkeit; die Kinder bilden den Mittelpunkt ihres Lebens. Der Mann verfolgt seine geschäftlichen Interessen und kehrt heim, um zu ruhen. So bleibt die Entwicklung des Geistes dahinten, und tut die Frau einmal eine Frage, die über das Gebiet des häuslichen Lebens hinausgeht, so schließt der Gatte ihr den Mund mit einem Kusse und den Worten: 'Mein Kind, das

47 Zit. nach ebd., S.234.
48 Vgl. zur Person: Müller, a.a.0.
49 Lyschinska (1), a.a.0., S.326.
50 Zit. nach ebd., S.205.

verstehst du nicht; bekümmere dich nicht darum, du hast genug zu tun mit deiner Küche und deinen Kindern' ... ."[51]

Auch Henriette Breymann war nicht frei von Wünschen, zu heiraten und ein ganz "normales" Leben als Ehefrau und Mutter zu führen:

"Oft habe ich gedacht, ich wolle auf diesen Weg gehen; aber nein, nur der Reiz der Neuheit würde mich einige Zeit unterhalten; einmal dieser verflogen, und ich wäre das elendste Geschöpf auf der Welt. Denn es lebt in mir eine Kraft, die kann eine Zeitlang eingeschläfert, aber nie unterdrückt werden, und ich glaube, diese Kraft ist etwas Gutes in mir, ich kann das größere Ganze schauen und für die Menschen leben und arbeiten."[52]

Ihr Wunsch nach Selbständigkeit blieb jedoch stärker als der nach einer vermeintlichen Sicherheit in der Ehe:

"... Es ist schlechterdings nicht möglich, ungebundene Verhältnisse herzustellen, solange bei der Frau ihr ganzes äußeres und inneres Geschick von ihrer Liebe abhängt. Wir sind auch Menschen und möchten menschlich leben, d.h. schaffen, tüchtig sein, eine Stellung in der Gesellschaft haben und wissen, daß wir nützliche Mitglieder der menschlichen Gesellschaft sind. Bis jetzt gibt uns dies im allgemeinen nur der Mann. Er ist die Brücke, über welche wir auf den sicheren Boden gelangen, und daher sollten die Männer es nicht immer ihrer Person zuschreiben, wenn Frauen sie zu heiraten wünschen."[53]

Da Henriette Breymann den "passenden" Ehemann noch nicht gefunden hatte, einen Mann, der sie an der Verwirklichung ihrer Pläne nicht gehindert hätte, verzichtete sie lieber ganz auf eine eigene Familie. Und dieser Entschluß ist ihr nicht leicht gefallen:

"...; ich für mein Teil ziehe eine Leben, wie ich es führe, der Heirat vor, da es mir nicht einen Mann gegeben, der mich fördert in meinen Bestrebungen, an der Bildung des weiblichen Geschlechts zu arbeiten. ... Ich gestehe es ganz offen, daß es Stunden gab, in denen ich zweifelte, ob ich recht getan, mich nicht zu verheiraten, da ich es wohl in meiner Hand hatte; aber ich danke so von Herzen Gott, daß es so kam und nicht anders; denn, ... so wäre ich unglücklich geworden, wenn die Ehe mich gehindert hätte, einer erzieherischen Wirksamkeit mich zu widmen, ..."[54]

"O, mein Gott, du weißt, wie stark das Bedürfnis nach Liebe in mir ist; Liebe zu geben, zu nehmen, wie es mich bis zur Schwäche treibt; wie ich geweint habe, daß ich nie ein Kind haben würde, das mich liebt, wie ich meine Mutter liebe; wie ich auch die Schwachheiten meines Geschlechtes besitze, um auch unangenehm berührt zu werden von dem Gedanken, eine 'alte Jungfer' zu heißen; ... ."[55]

"... wohl sage ich mir, ich habe teil an manchem Kinde, aber ich habe kein Kind, ... und ich habe nicht nur das tiefste Verständnis, sondern das lebendigste Bedürfnis nach stillem Familienleben. ... ich erkenne es dennoch dankbar an, daß ich nicht in die Ehe trat mit einem der Menschen, die mein begehrten, es wäre ein schreckliches Unheil daraus geworden. Nie hätte einer dieser Menschen mich ganz verstanden, noch bezwungen, noch mir ein Verständnis eröffnet, wie es jetzt das Leben getan,

---

51 Zit. nach ebd., S.184.
52 Zit. nach ebd., S.184f.
53 Zit. nach ebd., S.214.
54 Zit. nach ebd., S.251f.
55 Zit. nach ebd., S.185.

und nach einer kurzen Befriedigung des Herzens wären die Ansprüche der Intelligenz und der Vernunft erwacht, ..."[56]

Henriette Breymann, die trotz aller aufgebotenen Selbständigkeit die Hoffnung auf ihr "männliches Gegengewicht" niemals aufgegeben hatte, fand - nach ihren eigenen Aussagen - mit 45 Jahren in Karl Schrader zu guter Letzt doch noch den "ergänzenden Pol". Zusammen mit Schrader zog sie in das Berlin der Gründerjahre. Gemeinsam arbeiteten die beiden dort auf dem Feld der bürgerlichen Sozialarbeit: Karl Schrader in erster Linie im Wohnungs- und Gesundheitswesen, Henriette Schrader-Breymann im Pestalozzi-Fröbel-Haus, ihrer eigenen Gründung, wo sie Fröbels Kindergartenpädagogik anwendete und weiter entwickelte.[57]

Henriette Schrader-Breymann und Karl Schrader, ein engagierter Vertreter bürgerlicher Sozialreform, trafen sich auf der Ebene der "Volkserziehung". Unter der Betonung von bürgerlichen Wertvorstellungen sollten die Armen, die Arbeiterklasse, durch "Erziehung" aus ihrem Elend befreit werden. Henriette, die sich bis dahin mit dieser Problematik kaum befaßt hatte, ließ sich gern von ihrem Ehemann Schrader belehren:

"Vielleicht bin ich nicht frei davon zu sprechen, aber ich habe so viel geistiges Elend unter der sogenannten gebildeten Klasse der Frauen gefunden, daß es wirklich all mein Fühlen und Denken und Handeln in Anspruch genommen hat. Nichtsdestoweniger interessiere ich mich für die Fragen, die das Volk betreffen und bin Ihnen sehr dankbar, wenn Sie mich tiefer in die Sachlage, die Arbeiter betreffend, einführen."[58]

In Berlin begegnete Henriette Schrader-Breymann u.a. auch Helene Lange und nahm Fühlung zur bürgerlichen Frauenbewegung auf. Dort ist sie eher im Hintergrund geblieben. Doch ihre Anschauungen haben einen bleibenden Eindruck hinterlassen. Helene Lange schrieb 1899 in ihrem Nachruf auf Henriette:

"Ihre feste Überzeugung war, daß die Frau nur durch die völlige Entwicklung ihrer Eigenart durch Erziehung und Arbeit eine ganz sichere Anwartschaft auf die Erfüllung ihrer Kulturaufgabe erhalten werde. ... So wandte sich dann auch das Gespräch in den zahlreichen kleinen und großen Zirkeln, die sie in ihren Räumen versammelte und die von den Vertreterinnen der Frauenbewegung mit Vorliebe aufgesucht wurden, immer wieder den Bildungsfragen zu; so war Henriette Schrader lange Jahre hindurch die bewegende Kraft eines pädagogischen Kränzchens, in dem in lebhafter, oft bis in die Nacht dauernder Diskussion pädagogische, soziale und ethische Fragen zur Erwägung kamen."[59]

Helene Lange bezeichnete die Schraders als die "führenden Geister des politischen Liberalismus".[60] Hedwig Heyl, eine ehemalige Schülerin Henriettes,[61] erinnerte sich:

---

56 Zit. nach ebd., S.275f.

57 Zur Geschichte des Pestalozzi-Fröbel-Hauses vgl. Selma Althaus, Henriette Schrader und das Pestalozzi-Fröbel-Haus. Zum 25jährigen Bestehen des Vereins für Volkserziehung, Berlin 1898; Lyschinska, a.a.0., Bd.2; Müller, a.a.0.

58 Zit. nach Lyschinska (1), a.a.0., S.343.

59 Helene Lange, Henriette Schrader, in: Die Nation. Wochenschrift für Politik, Volkswirtschaft und Literatur, Sept. 1899, Nr. 49, S.689f., S.690.

60 Lange, Lebenserinnerungen, a.a.0., S.136ff.

61 S.o. Anm. 44.

"In dem Schraderschen Kreis verkehrten viele sozial interessierte Menschen, denn das Pestalozzi-Fröbelhaus hatte unter Frau Schraders und ihrer Schülerinnen Leitung eine große Bedeutung erlangt ... ."[62]

Henriette Schrader-Breymann gehörte zu den Frauen, die zwar die von der Gesellschaft gesteckten Grenzen für das weibliche Geschlecht nicht akzeptierten, sich aber noch durchaus im Rahmen der gesellschaftlichen Schranken bewegen wollten. Sie war davon überzeugt, die Lage der Frauen durch verbesserte Bildung und Berufsmöglichkeiten ändern zu können. Die Rolle der Frau in Familie und Gesellschaft wurde durch das Prinzip der "Geistigen Mütterlichkeit" nicht in Frage gestellt. Die Anschauungen vom "besonderen Wesen" der Frau haben in Deutschland für die Frauen und für die Frauenbewegung weitreichende Folgen gehabt.[63] Die Festschreibung eines spezifischen Charakters der Frau aus ihrer "Natur" (Aufopferung, Hingabe...) hat die Emanzipation der Frauen nicht gerade gefördert.
Henriette Breymann, und mit ihr viele Mädchen und Frauen aus dem bürgerlichen Umfeld um die Mitte des 19. Jahrhunderts, hatte jedoch selbst mit ihren "konservativen", zaghaften Forderungen zahlreiche äußere und innere Hürden zu überwinden:
"... Ich habe die ganze Emanzipationsgeschichte in mir durchgemacht. Erzogen als Weib der alten Zeit, angelegt für die Frau der Zukunft, habe ich mich aufgebäumt gegen Herkommen und Natur, bis ich endlich in mir selbst die Lösung der Frage gefunden."[64]

62 Heyl, a.a.O., S.61.
63 Zu den ideologischen Besonderheiten der deutschen bürgerlichen Frauenbewegung vgl. Richard J. Evans, The feminist movement in Germany 1894-1933, London and Beverly Hills 1976; Greven-Aschoff, a.a.O.; Christoph Sachße, Mütterlichkeit als Beruf. Sozialarbeit, Sozialreform und Frauenbewegung 1871-1929, Frankfurt/ M. 1986; Clemens, a.a.O.
64 Zit. nach Lyschinska (1), a.a.O., S.380.

Angela Dinghaus

Anita Augspurg (1857-1943)
Das andere Denken

Über das persönliche Leben der Anita Augspurg erfahren wir hauptsächlich aus "zweiter Hand". 1933 auf einer Mittelmeerreise zusammen mit ihrer Freundin Lida Gustava Heymann vom Nationalsozialismus überrascht, kehrten die beiden nicht mehr nach Deutschland zurück, und die neuen Machthaber konfiszierten, abgesehen vom gesamten Besitz, die gemeinsame Bibliothek, ein umfangreiches Archiv über die Frauenbewegung und persönliche Unterlagen. Beide starben 1943 im Exil in der Schweiz, ohne ihre Heimat wiedergesehen zu haben.
Der Lebensweg Anita Augspurgs, ihre Veröffentlichungen und Schriften in den Jahren vor und nach dem Ersten Weltkrieg, illustrieren, daß es in einer zunehmend konservativen und nationalistischen Frauenbewegung des deutschen Bürgertums ein anderes Denken gegeben hat, Gegenstimmen, die eine Minderheit geblieben sind, in vielerlei Hinsicht aber eine erstaunliche Aktualität aufweisen. Anita Augspurg gehörte zur Opposition, die, gerade weil sie ihre unpopulären Gedanken gegenüber einer Mehrheit zu behaupten hatte und zahlreichen Anfeindungen ausgesetzt war, von den "Gemäßigten" innerhalb der deutschen Frauenbewegung nur zu bald in den Hintergrund gedrängt werden sollte. Die "radikalen" Anschauungen, die den Frauen einen gleichberechtigten Platz in Staat und Gesellschaft sichern wollten, gerieten in Vergessenheit, ebenso wie das Engagement von Frauen wie Anita Augspurg in der Friedensbewegung vor und nach dem Ersten Weltkrieg. Waren Friedensinitiativen im wilhelminischen Deutschland ohnehin abfällig registrierte Ausnahmeerscheinungen, die spätestens 1914 im nationalchauvinistischen Zeitgeist völlig untergingen, so kommt Pazifistinnen in der Geschichte allenfalls noch der Rang einer Fußnote zu. Über "Frauen gegen den Krieg"[1] ist - abgesehen vielleicht von Bertha v. Suttner - wenig bekannt.

Anita Augspurg kam 1857 als jüngstes von insgesamt fünf Kindern der Familie Augspurg in Verden an der Aller zur Welt. Der familiäre Hintergrund war bürgerlich-liberal - seit Generationen hatte die Familie Gelehrte (Mediziner und Juristen) hervorgebracht. Ein Vorfahre der Augspurgs hinterließ eine Stiftung für Familienmitglieder, die zur Unterstützung der "studierenden Jugend" gedacht war. Anita erhielt jedoch nichts davon,[2] da die Stipendienverwalter den Begriff "Jugend" nur auf die männlichen studierwilligen Mitglieder der Familie bezogen. Anita Augspurg war übrigens die erste promovierte Juristin Deutschlands.
Anitas Vater, der Familientradition folgend auch ein Jurist, der 1848 wegen seiner liberalen Ansichten inhaftiert worden war, und die Mutter, eine "gescheite", aber "ganz ungelehrte" Frau, hatten bei der Erziehung aller ihrer Kinder Wert auf freie Entfaltungsmöglichkeiten gelegt und eigenständige Interessen gefördert. Die beiden älteren Schwestern Anita Augspurgs erhielten eine Berufsausbildung. Die eine wurde Lehrerin, die andere war künstlerisch tätig. Eine der Schwestern, die Lehre-

---

1 Vgl. Gisela Brinker-Gabler (Hrsg.), Frauen gegen den Krieg, Frankfurt/ M. 1980.

2 Margrit Twellmann (Hrsg.), Erlebtes-Erschautes. Deutsche Frauen kämpfen für Freiheit, Recht und Frieden 1850-1940. Lida Gustava Heymann in Zusammenarbeit mit Dr. jur. Anita Augspurg, Meisenheim 1977, S.3.

rin, sah in Anita eine Art von Erziehungsobjekt, an welchem sie ihre pädagogischen Theorien ausprobieren konnte. Das Experiment scheint erfolgreich verlaufen zu sein - die Jüngste konnte bereits mit vier Jahren lesen und schreiben. Anita, das Objekt dieser pädagogischen Übungen, war den schwesterlichen Ideen weniger zugeneigt. Sie empfand ihre Schwester als "Peinigerin", die zu allem Übel täglich von Anita Strickübungen verlangte.[3]
Die Schulzeit verbrachte Anita Augspurg an einer höheren Mädchenschule Verdens, die, schenkt man Lida Gustava Heymann Glauben, von den üblichen Mädchenschulen dadurch abstach, daß dort weniger Wert gelegt wurde auf die Verbreitung "dilettantischen Wissens" als auf die Vermittlung von Zusammenhängen und Urteilsfähigkeit. In der Schule fiel Anita auf durch eine hohe Auffassungsgabe.
Als Nachkömmling viel sich selbst überlassen, beschäftigte sie sich gern allein, streifte in der Gegend umher und liebte das Lesen: Märchen, Ritter- und Heldengeschichten, die ihre Phantasie anregten.[4]

Auch Anita Augspurg erhielt eine Berufsausbildung. Ihren Beruf als Lehrerin hatte sie jedoch nur gewählt, da er eine der wenigen Möglichkeiten war, nach dem Abschluß der Schule der "Wartezeit" auf den Ehemann zu entgehen, ja überhaupt eine Alternative zur Ehe bot. Anitas langjährige Freundin Lida Gustava kommentierte diese Entscheidung:
"Für weibliche Wesen mit normalem Instinkt bedeutete das 'Höhere-Töchter-Spielen' ein Drohnen-Dasein ohne sinnvolle Betätigung und Arbeit. In einer Zeit, wo ein junges, gesundes Menschenkind voller Kraft, Hoffnungen, Wünsche, Ideale, aber auch schwerer Zweifel sich sein Leben gestalten will, arbeiten, schaffen und wirken, verbannte es die damals landläufige Norm in die Enge des Hauses, um allen Familienmitgliedern zu dienen, allen Ausbeutungsobjekt für nichtige Dinge zu sein; in Literatur, Künsten und Sprachen zu dilettieren; zu warten, bis der Freier erschien, der es - wie das so schön hieß - ihrem natürlichen Berufe zuführte, d.h. ins Ehejoch spannte."[5]
Hier klingt eine andere Umgehensweise mit dem Frauenideal des 19. Jahrhunderts an. Die Frauen um den "radikalen" Flügel der bürgerlichen Frauenbewegung griffen das überwiegend gesellschaftlich akzeptierte Weiblichkeitsbild als solches an und kritisierten die daraus folgende Einengung: Entfaltungsmöglichkeiten würden den Frauen nur innerhalb der Familie oder allenfalls noch in "typisch weiblichen" Berufen zugestanden werden. Die Ehe, für Frauen wie Helene Lange oder Gertrud Bäumer theoretisch noch immer das erstrebenswerteste Ziel im Leben einer Frau, erhält bei Lida Gustava Heymann einen negativen Beigeschmack. Zwar wollten auch die "Gemäßigten" und mit ihnen ein Großteil der bürgerlichen Frauen die häusliche Enge des Familienkreises lockern, aber eben auf eine "weibliche" Weise: Eine verbesserte, doch weiterhin auf das "weibliche Wesen" zugeschnittene Erziehung und Mädchenbildung, welche die Rolle der Frau keineswegs in Frage stellte, sollte die Frauen zugleich für ihre familiären Aufgaben wappnen und ihnen im Falle der Ehelosigkeit Berufsaussichten eröffnen. Die soziale Arbeit von Frauen in Krippen, Kindergärten und Horten gehörte für Helene Lange als eine der führenden Vertreterin-

---

3 Ebd., S.4f.
4 Ebd. S.5, und vgl. Sophie Pataky, Lexikon deutscher Frauen der Feder, Berlin 1898, S.24.
5 Zit. nach Twellmann, Erlebtes-Erschautes, a.a.O., S.7f.

nen der bürgerlich-gemäßigten Frauenbewegung - in Anlehnung an Henriette Schrader-Breymann - zur natürlichen und wesenseigenen Berufsarbeit der Frau:

"Auch in der Frau sind schöpferische geistige Kräfte vorhanden, eine seelische Produktivität, die nicht dem Gehirn, sondern ihrer Mütterlichkeit entspringt, einer Mütterlichkeit, die, wenn auch aus der Geschlechtsbestimmtheit geboren und sie zugleich adelnd, unabhängig von physischer Liebe und Mutterschaft jede echte Frau durchdringt."[6]

Helene Lange zählte in erster Linie den Beruf der Lehrerin zu den "natürlichen" Aufgaben der Frau. Von "mütterlichen" Lehrerinnen sollten die weiblichen Eigenschaften der Mädchen in den Bildungsanstalten noch besonders gefördert werden.

Anita Augspurg wählte den Beruf der Lehrerin allerdings nicht aus diesen Motiven. Für sie war die Berufsausbildung in erster Linie ein Mittel, selbständig zu werden und der von ihr zunehmend als einschränkend empfundenen häuslichen Atmosphäre, dem Kleinstadtmilieu Verdens, zu entkommen. Abgesehen davon hatte Anita keinerlei Ambitionen, andere Menschen zu "belehren" und ihnen ihre "Ansichten aufzunötigen". So war es ihr von vornherein schon klar, daß sie nach der Ausbildung ihren Beruf nicht ausüben würde. Sie wollte Zeit gewinnen, einen Beruf ihrer Wahl, nach ihren Interessen, zu finden.[7] Es mag sein, daß es ihr auch schwer gefallen ist, sich für eine Richtung zu entscheiden, sich frühzeitig schon festzulegen. Anita interessierte sich für zahlreiche Gebiete, besonders auf dem künstlerischen Sektor: Malerei, Kunst und Theater.

Die Eltern bewilligten der jüngsten Tochter 1877/78 ein Studienjahr in Berlin. In dieser Umgebung begegneten Anita Augspurg Menschen, die ihren Wünschen, das Leben nach eigenen Vorstellungen gestalten zu können, Verständnis entgegenbrachten. Sie befreundete sich mit Künstlern, erweiterte ihre Kenntnisse in Wissenschaft und Kunst. Um die Berliner "Lehrzeit" ausdehnen zu können, erfand sie den Vorwand, zusätzlich das staatliche Turnlehrerinnenexamen ablegen zu wollen. So konnte die Zeit bis zur Volljährigkeit in angenehmer Gesellschaft überbrückt werden. Später würde sie dann - finanziell unabhängiger - vom Erbe der Großmutter leben.[8]

Abgesehen von der Ausbildung zur Lehrerin, die sie erfolgreich absolvierte, nahm Anita in Berlin - heimlich - Schauspielunterricht.[9] Mit ihrem zweiten Beruf als Schauspielerin verdiente sich Anita Augspurg eine Zeitlang ihren Lebensunterhalt. Tourneen führten sie nach Budapest, Riga und Amsterdam. Aus welchen Motiven sie diese Laufbahn nicht weiter verfolgte, ist schwer nachzuvollziehen. Am mangelnden Erfolg oder Talent scheint es jedoch nicht gelegen zu haben. Lida Gustava Heymann charakterisierte die Freundin:

"Wie immer in ihrem langen Leben löste Anita ohne jede Rücksicht auf sonstige Vorteile alle Bedingungen, sobald sie für ihre Ideale und Ziele keine Betätigung mehr fand."[10]

---

6 Helene Lange (1921) zit. nach Margrit Twellmann, Die Deutsche Frauenbewegung. Ihre Anfänge und erste Entwicklung, Bd.2: Quellen 1843-1889, Meisenheim 1972, S.266.

7 Twellmann, Erlebtes-Erschautes, a.a.O., S.8.

8 Ebd., S.11.

9 Pataky, a.a.O., S.24.

10 Zit. nach Twellmann, Erlebtes-Erschautes, a.a.O., S.12.

Anitas Ideale umschreibt Lida Gustava Heymann etwas vage: Sie wollte *"mitwirken am sich vollziehenden Wandel der Dinge in Staat und Gesellschaft"*.[11] Vielleicht war es einfach auch nur der Wunsch, etwas Neues auszuprobieren.
Als Anita Augspurg der Bühne den Rücken kehrte, waren ihre Eltern bereits verstorben und die Geschwister lebten weit verstreut. Bei einem Besuch ihrer Schwester in Dresden, der Künstlerin, die mittlerweile eine private Malschule leitete, befreundete sich Anita mit einer der Schülerinnen, Sophia Goudstikker. Gemeinsam beschlossen Anita und Sophia, ein fotografisches Atelier zu eröffnen.
In dieser Phase ihres Lebens, auf der Suche nach dem geeigneten Beruf - viel Auswahlmöglichkeiten gab es ja nicht -, setzte Anitas Auseinandersetzung mit der Frauenbewegung ein.[12] Doch davon später.

Auch die Wahl ihres dritten Berufes, die Fotografie, deutet auf einen "weiblichen Kompromiß" hin, handelte es sich doch um eine "standesgemäße" Arbeit für bürgerliche Frauen, die künstlerische Fähigkeiten erforderte, ein gesellschaftlich angesehener Frauenberuf mit guten Verdienstmöglichkeiten. Seit den vierziger Jahren des 19. Jahrhunderts verdienten sich vereinzelt auch Frauen mit der Fotografie ihren Lebensunterhalt. Um die Jahrhundertwende hatte sich die fotografische Auftragsarbeit zu einem regelrechten Modeberuf für Frauen entwickelt. Weibliche Fotografinnen waren natürlich noch immer eine Minderheit. Zu den Voraussetzungen, sich selbständig zu machen, gehörten Eigenkapital, Apparaturen und geeignete Räumlichkeiten. Doch viele Frauen wurden in den Fotoateliers als Hilfskräfte beschäftigt, als Retoucheause, Copiererin oder Empfangsdame.[13] Hier deutete sich bereits die Entwicklung zu einem schlecht entlohnten Frauenberuf an - für die gleiche Arbeit erhielten die Frauen erheblich weniger Lohn als Männer. Die Fotografie galt als ein typisch weibliches Arbeitsfeld, in dem "weibliche" Eigenschaften wie Geschick und Genauigkeit gefragt waren.[14]
Die Techniken der Fotografie konnten noch relativ rasch erlernt werden - Anita Augspurg und Sophia Goudstikker benötigten dazu ein paar Monate -, und mit dem Eigenkapital Anitas gab es auch keine Finanzierungsschwierigkeiten. Die beiden Freundinnen waren Unternehmerinnen geworden. Die Wahl des Standortes fiel auf München, der "geistig freiesten", liberalen Stadt im Deutschland der Gründerjahre. Eine Rolle gespielt haben wohl auch Anitas Kontakte zur Münchener Theater- und Künstlerszene,[15] die sich im Berufsleben der beiden künftigen Fotografinnen noch bezahlt machen sollten.
Im Juli 1887 eröffneten Anita und Sophia das Atelier "Elvira" in einem Münchener Neuanbau eines Mietshauses. Dort bezogen sie auch gemeinsam eine Wohnung. Der damalige Modename "Elvira" wurde vermutlich als "klangvoller Frauenname" zur Geschäftsförderung ausgewählt, eine allgemein übliche Maßnahme der Atelierbesit-

---

11 Zit. nach ebd., S.13.
12 Ebd., S.13f.
13 Heike Foth, Fotografie als Frauenberuf (1840-1913), in: Rudolf Herz/ Brigitte Bruns (Hrsg.), Hof-Atelier Elvira 1887-1928. Ästheten, Emanzen, Aristokraten, München 1985, S.153-170, S.153ff.
14 Ebd., S.156-165.
15 Twellmann, Erlebtes-Erschautes, a.a.O., S.13ff.

zerinnen.[16] Das Geschäft florierte, allen Anfeindungen zum Trotz, die in der Öffentlichkeit gegenüber weiblicher Berufstätigkeit noch immer vorgebracht wurden. Anita und Sophia setzten das Aufsehen, das sie als weibliche Fotografen erregten, positiv um, ja konnten es für ihr geschäftliches Fortkommen sogar noch ausnutzen.[17]

Zu ihrem Spezialgebiet zählten Kinderaufnahmen und Frauenbildnisse, Bereiche, in denen weibliche Fotografen ihren männlichen Kollegen voraus zu sein schienen. Man war der Ansicht, daß Fotografinnen sich im Umgang mit Kindern geduldiger verhielten und der weiblichen Kundschaft mehr Verständnis entgegenbringen würden.[18]

Die Kundschaft des Ateliers "Elvira" setzte sich aus der "besseren" Gesellschaft Münchens zusammen: Aristokraten und Offiziere, höhere Beamte, Kaufleute, Wissenschaftler und Künstler ließen hier Fotografien anfertigen. Ein gutes Geschäft versprachen besonders Aufnahmen von bekannten Künstlern, die von den Verehrern und Verehrerinnen begeistert gesammelt wurden. Nun konnte Anita Augspurg ihre Verbindungen spielen lassen - aus ihrer Zeit als Schauspielerin war sie mit vielen Künstlern bekannt.[19]

Sophia Goudstikker und Anita führten das Geschäft unter einer klaren Arbeitsteilung. Für die Repräsentation war Sophia zuständig. Anita, die für den Kundenverkehr wenig übrig hatte, besorgte die technischen Arbeiten im Hintergrund, in der Dunkelkammer und in der Verwaltung. Sie hatte weder eine kaufmännische Ader, noch die Gabe, einen verbindlichen Umgangston mit den Kunden zu pflegen.[20]

Für Anita Augspurg bedeutete die Arbeit im Fotostudio nur - wieder einmal - eine vorübergehende Phase, eine Tätigkeit zur Existenzsicherung, die zunehmend von ihrem Interesse für die Frauenbewegung überlagert wurde. Mitte der neunziger Jahre - es ist die Zeit ihres Studiums in Zürich - zog sie sich allmählich aus dem Unternehmen zurück. Auseinandersetzungen mit ihrer Teilhaberin Sophia Goudstikker mögen ihr Ausscheiden mit veranlaßt haben. Am Neubau des Ateliers "Elvira" war sie aber noch beteiligt.[21]

Es lohnt, kurz einen Blick auf die Architektur des neuen Ateliers[22] zu werfen. Konzipiert von August Endell, eingebettet in die Jugendstilbewegung, wird dieser Bau noch heute als "architektonischer Außenseiter" begriffen.[23] Als Unikum der Münchener Kulturgeschichte erregte die Gestaltung des Ateliers die Gemüter. Spöttisch als "Drachenburg" oder "Chinesische Botschaft" bezeichnet (Anspielungen auf die

---

16 Rudolf Herz, Das Fotoatelier Elvira (1887-1928). Seine Fotografinnen, seine Kundschaft, seine Bilder, in: Rudolf Herz/ Brigitte Bruns (Hrsg.), Hof-Atelier Elvira 1887-1928. Ästheten, Emanzen, Aristokraten, München 1985, S.63-128, S.65.

17 Ebd., S.65f.

18 Ebd., S.66.

19 Ebd., S.67.

20 Twellmann, Erlebtes-Erschautes, a.a.O., S.15.

21 Herz, a.a.O., S.75f.

22 Im April 1897 erwarben Anita Augspurg und Sophia Goudstikker gemeinsam das Anwesen Von-der-Tann-Straße 15, vgl. Herz, a.a.O., S.76.

23 Nikolaus Schaffer, Architektur als Bild. Das Atelier Elvira - ein Unikum der Architekturgeschichte, in: Rudolf Herz/ Brigitte Bruns (Hrsg.), Hof-Atelier Elvira 1887-1928. Ästheten, Emanzen, Aristokraten, München 1985, S.5-24, S.5ff.

Fassade), verurteilte die öffentliche Meinung das Werk Endells.[24] Der Skandal konnte dem florierenden Unternehmen aber nichts anhaben - eher das Gegenteil ist der Fall gewesen, und wieder einmal wurde das öffentliche Aufsehen werbewirksam umgesetzt. Das neue Fotoatelier, das sich von allen anderen durch seine Architektur und Innenausstattung unterschied, war beliebt wie nie zuvor.[25] Eine gewisse Anrüchigkeit scheint dem Atelierbesuch erst die Würze gegeben zu haben; ein Ausflug in die "Drachenburg" mag in manchen Kreisen auch "en vogue" gewesen sein. Blickfang des Studios war die Fassade des Gebäudes:

"Bei der Elvira-Fassade drängen sich Vergleiche mit marinen und submarinen Welten geradezu auf: das Grün der Wand, das Cyclamviolett der Ornamente und ihre Formen lassen Assoziationen von Meerestiefen, schillernde Wasseroberflächen, Algen und Tang entstehen. Ähnelt das Haus nicht einem Aquarium, in ihm ein merkwürdiges exotisches Getier: eine Kombination von Seepferdchen und Nixe mit wehendem Haar, ein Gebilde, das stumm hinter der Glaswand vor den Augen der staunenden Passanten vorbeizieht? War dies nicht ein versteckter Hinweis auf die Auftraggeberinnen? Waren sie nicht auch 'Exoten' in ihrer spießbürgerlichen Umgebung und wurden sie nicht auch als etwas Absonderliches, den Gewohnheiten vollkommen Zuwiderlaufendes wahrgenommen?"[26]

Politisch stand die Jugendstilbewegung dem Linksliberalismus nahe. Die anvisierten gesellschaftlichen Reformen sollten über die Kunst hinaus alle Bereiche bürgerlicher Kultur umfassen.[27] In Opposition zur bürgerlichen Kultur des Kaiserreichs entstand in den achtziger Jahren des 19. Jahrhunderts Schwabings Kunstszene, in der neben künstlerischen Experimenten alternative Lebensformen ausprobiert wurden. Auch die Rollen der Geschlechter wurden thematisiert und neu definiert.[28]

Diese moderne Kunst- und Literaturrichtung war eng verknüpft mit der neuen Strömung innerhalb der bürgerlichen Frauenbewegung, den "Radikalen" der 1890er Jahre. Das Atelier "Elvira" symbolisierte ein Stück weiblicher Selbständigkeit und beruflicher Emanzipation bürgerlicher Frauen um die Jahrhundertwende. Von den meisten Zeitgenossen wurde das Fotostudio jedoch als ein "Ausdruck überspannten Feminismus' " abgetan.[29]

Leider ist von dem Gebäude heute nichts mehr übrig. Es wurde während des Zweiten Weltkrieges zerbombt. Die Nationalsozialisten hatten dazu bereits vor dem Krieg die "Vorarbeit" geleistet, indem sie die Ornamente zerstören ließen.[30]

Das neue Selbstverständnis der Frauen aus dem Umfeld der Frauenbewegung spiegelt sich auch in den fotografischen Arbeiten aus dem Atelier "Elvira". Abgesehen von Auftragsarbeiten entstanden Aufnahmen von Schriftstellerinnen (u.a. Lou Andreas-Salome und Ricarda Huch) und Frauenrechtlerinnen (u.a. Hedwig Dohm und Anita Augspurg), die sich von den damals üblichen Frauenporträts, vom Zeitideal der "liebreizenden", "melancholischen" Frau deutlich absetzten. Die Fotografinnen

---

24 Rudolf Herz/ Brigitte Bruns (Hrsg.), Hof-Atelier Elvira 1887-1928. Ästheten, Emanzen, Aristokraten, München 1985, Einleitung, S.IX.

25 Herz, a.a.O., S.81f.

26 Herz/ Bruns, a.a.O., S.XIII.

27 Ebd., S.XIf.

28 Ebd., S.XI.

29 Ebd., S.XIIIf.

30 Ebd., S. IX.

Abb. 15: Empfangsraum im Atelier Elvira, 1925

Abb. 16: Anita Augspurg in ihrem Arbeitszimmer, 1899

zeigten einen neuen Frauentypus: Frauen am Schreibtisch, Frauen, die nachdenken, Frauen, die den Kopf aufstützen.[31]

Die Diskussionen und Auseinandersetzungen um das Verhältnis der Geschlechter blieben nicht auf die kleine Gruppe von Frauen aus der Frauenbewegung beschränkt. Wie die Gedanken der "radikalen" Frauen und der verunsicherten Männer literarisch verarbeitet worden sind, hat Brigitte Bruns u.a. anhand des satirischen Gesellschaftsromans "Das dritte Geschlecht" von Ernst von Wolzogen (1899) herausgearbeitet. Von den Zeitgenossen selbst schon als ein "Schlüsselroman" verstanden, schilderte Wolzogen die Münchener Kulturszene sowie Vertreterinnen der Frauenbewegung. Er persiflierte ihre Versuche, alternative Lebensformen zu erproben, er spielte an auf Lesbierinnen. Arbeitende und studierende Frauen, die an ihrer Arbeit Freude hatten - von Wolzogen spöttisch als Neutren bezeichnet -, scheinen die Normalität zu sein. Anspielungen zeichneten ein Bild vom Ideal der freien Liebe und frei gewählten, ledigen Mutterschaft, das von einigen dieser Frauen propagiert und auch gelebt worden ist. Es fehlen auch nicht die Reaktionen und Ängste der Männer, die mit einer scheinbar wachsenden Überlegenheit von Frauen konfrontiert wurden. Wolzogen hat eine Reihe von real existierenden Personen satirisch verschlüsselt zu Erkennen gegeben.[32] Als ein Mitglied des "Vereins zur Evolution der femininen Psyche" begegnet uns Anita Augspurg, alias "Fräulein Doktor Babette Girl (Dr. juris)"[33]:

"Zuletzt erschien Fräulein Claire de Fries in Begleitung von Fräulein Doktor juris Babette Girl, einer schlanken, festgefügten Erscheinung, in einem glatten schwarzen Sammetkleide, das zu ihrem feinen, geistvollen Kopfe mit der kühnen Adlernase vortrefflich harmonierte. Das Fräulein Doktor hatte sich bereits einen bedeutenden Ruf erworben, als eine der beredtesten und scharfsinnigsten Verteidigerinnen der modernen Emanzipationsbestrebungen ihres Geschlechts."[34]

Der Humorist Wolzogen hat die Gedankenwelt der "Radikalen" erfolgreich popularisiert und die Münchener Frauenrechtlerinnen teils bissig, teils liebevoll karikiert.[35] Anita Augspurg gehörte für Wolzogen zu den *"starken Intelligenzien ohne Sinnlichkeit, für die der Mann keine Rolle mehr"* spiele: *"Babette Girl, die ein richtiger Mann"* sei.[36]

Kurzes Haar und Männerhosen sind auch die einzigen Erinnerungen, die Anitas Heimatstadt Verden an die "Frauenrechtlerin" bewahrte. Den Verdenern blieb Anita Augspurg als eine "als Mann verkleidete Frau" im Gedächtnis haften.[37]

Um es noch einmal zu wiederholen: über die Gefühlswelt der Anita Augspurg, über ihre persönlichen Beziehungen zu Männern und Frauen, ist wenig bekannt. Anita zog offensichtlich das Zusammenleben mit Frauen vor, zunächst mit Sophia Goud-

---

31 Herz, a.a.O., S.93.

32 Brigitte Bruns, Das dritte Geschlecht von Ernst von Wolzogen, in: Rudolf Herz/ Brigitte Bruns (Hrsg.), Hof-Atelier Elvira 1887-1928. Ästheten, Emanzen, Aristokraten, München 1985, S.171-190, S.171ff.

33 Ebd., S.174f.

34 Ernst v. Wolzogen, Das dritte Geschlecht, Berlin 1899, S.24.

35 Bruns, a.a.O., S.177ff.

36 v. Wolzogen, a.a.O., S.170.

37 Margarete Wolters, Anita Augspurg, in: Robert Kienzle (Hrsg.), Heimatkalender für den Landkreis Verden, Verden 1985, S.203-207, S.203f.; Karl Nerger, Der erste weibliche Dr. jur. in Deutschland - eine führende Frauenrechtlerin aus Verden, in: Stadt Verden/ Aller (Hrsg.), Verdener Lesebuch, Verden 1983, S.180f., S.180f.

stikker und später bis zu ihrem Lebensende mit Lida Gustava Heymann. Die finanzielle Autonomie hat es Anita sicherlich erleichtert, ein Leben unabhängig von Männern führen zu können. Vielleicht kann Lida Gustavas Einschätzung hier stellvertretend für Anitas Denken herangezogen werden:
"Schon als ganz junger Mensch ... empörte mich die Selbstüberschätzung und eitle Überheblichkeit der Männer. Ihre galante ebenso wie mißachtende Art, Frauen - besonders ihren Ehefrauen - zu begegnen, beide widerten mich an. Erwachsen, meiner selbst bewußt, schwor ich, mir meine persönliche Freiheit niemals durch Männer beeinträchtigen zu lassen, d.h. soweit das eben unter den gegebenen Umständen im Männerstaat möglich ist. Den Schwur habe ich gehalten, konnte es ohne Schwierigkeiten, weil ich nach dem Tode meines Vaters wirtschaftlich völlig unabhängig war. Wirtschaftliche Unabhängigkeit aber ist die erste Voraussetzung für die Selbstbehauptung und unbeeinflußte Weiterentwicklung nicht nur der Frau, sondern überhaupt jedes Menschen ... ."[38]
Auch die Persönlichkeit Anitas ist schwer zu fassen. Der Eindruck, daß sie immer etwas "über den Dingen" zu stehen schien, sich um die Meinung anderer wenig kümmerte, mag auf die subjektive Schilderung Lida Gustava Heymanns zurückzuführen sein. Lida Gustava, der Anita Augspurg 1896 in Berlin zum ersten Mal begegnete, schrieb - allerdings 45 Jahre später -, beide hätten sich ein "behagliches Junggesellendasein" eingerichtet, "emanzipiert" vom "hemmenden Familienanhang".[39] Der Ehe standen sowohl Anita als auch Lida Gustava kritisch gegenüber. Auf die Ehe als "Versorgungsanstalt" waren sie nicht angewiesen. Eine Heirat hätte die beiden angesichts des geltenden Eherechts in ihrer Lebensführung womöglich behindert.

Anita Augspurg wandte sich in den 1890er Jahren der Frauenbewegung zu. Von Anfang an distanzierte sie sich von der gemäßigten Mehrheit. Sie bezeichnete diese wegen ihres zaghaften und bescheidenen Auftretens in der Öffentlichkeit als "Opportunitätsbewegung". Für Anita waren Frauenforderungen und Politik untrennbar miteinander verbunden. Ihre öffentlichen Auftritte und die Art, wie sie Positionen vertrat und formulierte, zeichneten sich durch einen kompromißlosen Stil aus. So ist es nicht weiter verwunderlich, daß sie zu Beginn ihrer Aktivitäten in der Frauenbewegung die Bildungsfragen nicht in einer "gemäßigten Form" im Sinne Helene Langes gelöst haben wollte, sondern die Ansichten des "Frauenvereins Reform" (Hedwig Kettler) teilte. Sie forderte nicht eingeschränkte, sondern gleichberechtigte Zulassungsmöglichkeiten für Frauen an den deutschen Universitäten. Vom Verein "Frauenbildungs-Reform", dem Münchener Zweig des "Frauenvereins Reform", wurde Anita Augspurg 1893 zur Eröffnung des ersten deutschen Mädchengymnasiums nach Karlsruhe gesandt. Sie hielt dort die Einweihungsrede.[40]
Mitte der neunziger Jahre, anläßlich der Reformierung des Bürgerlichen Gesetzbuches (BGB), begann sich ein anderer Ton innerhalb der bürgerlichen Frauenbewegung durchzusetzen. Im neuen Familienrecht sollten weitere Rechte der Frauen übergangen werden. Die Entwürfe zum BGB lieferten den Anstoß für eine kleine, aber sich offen und laut Gehör verschaffende Gruppe von Frauen, die aktiv in den

38 Heymann zit. nach Twellmann, Erlebtes-Erschautes, a.a.O., S.36.
39 Ebd., S.62f.
40 Ebd., S.15f.

politischen Entscheidungsprozeß einzugreifen versuchte und protestierend Stellung bezog. Diese Phase, in der Frauen unliebsame Forderungen nach Gleichberechtigung im zivilen Recht stellten, bezeichnete Lida Gustava Heymann als die "Geburtsstunde" des "radikalen" Flügels der deutschen Frauenbewegung.[41]

Auf dem Hintergrund der Auseinandersetzungen um das BGB traf Anita Augspurg eine pragmatische Entscheidung:

"Bei diesem Anlaß überzeugte sich Anita, daß ohne gründliche Fachkunde im Zivil- und Staatsrecht alles, was sich Frauenbewegung nannte, dilettantisch und problematisch bleiben müsse, solange es nicht auf solidem Boden der Zivil- und Staatsgesetzgebung aufgebaut werde."[42]

Anita Augspurg hatte sich zur Selbsthilfe entschlossen. Um ihre Interessen wahrnehmen zu können, müßten die Frauen über juristische Kenntnisse verfügen. Sie war offensichtlich dazu bereit, sich auch selbst beim Wort zu nehmen. Dieser Entschluß erinnert an Anitas Umgehensweise mit ihrer Ausbildung zur Lehrerin. Beide Berufe waren für sie nicht mehr als ein Mittel zu einem ganz bestimmten Zweck (auch ihre Arbeit als Fotografin weist hier Parallelen auf), und ebensowenig, wie sie den Lehrerinnenberuf praktisch auszuüben gedachte, ja davor zurückschreckte, als Lehrerin über andere zu urteilen, strebte sie eine juristische Laufbahn an. Sie verabscheute es, *"wie ein Mensch sich erdreisten könne, über andere zu richten ..."*.[43]

Da ein Studium für Frauen in Deutschland noch nicht möglich war, immatrikulierte sich Anita Augspurg in Zürich und promovierte bereits nach acht Semestern im Jahre 1897/98. "Über die Entstehung und Praxis der Volksvertretung in England" lautete das Thema ihrer Dissertation.[44] Die Eile schien geboten, da das neue BGB bereits um die Jahrhundertwende in Kraft treten sollte, der zeitliche Spielraum für eine Gegenbewegung also knapp wurde.[45] Für Anita Augspurg folgten Jahre der Agitation und des Protestes. In Zeitschriften, Flugblättern und Broschüren plädierten sie und weitere Frauen aus dem Umfeld der "Radikalen" für mehr Rechte der Frau im BGB:

"... wo für die Frauen innerhalb der Gesetzeslinien noch besondere Kreise und Kurven gezogen sind, da kann vom Rechte der Frau nur in sehr bedingter Form gesprochen werden."[46]

Menschenrechte für die Frauen, das Recht auf freie Persönlichkeitsentwicklung und das Recht, am Staatsleben teilzunehmen, waren Forderungen, die Anita selbstverständlich schienen.[47] Das Familienrecht schränkte die Gleichberechtigung der Frauen empfindlich ein:

---

41 Ebd., S.16.

42 Heymann zit. nach ebd., S.16f.

43 Heymann zit. nach ebd., S.17. Anita Augspurg hätte als Frau während der wilhelminischen Zeit auch keine Zulassung als Richterin erhalten.

44 Elisabeth Boedeker, 25 Jahre Frauenstudium in Deutschland. Verzeichnis der Doktorarbeiten von Frauen 1908-1933, Hannover 1939, S.LV.

45 Twellmann, Erlebtes-Erschautes, a.a.0., S.17f.

46 Anita Augspurg, Das Recht der Frau, in: Rosalie Schoenflies/ Lina Morgenstern/ Minna Cauer/ Jeannette Schwerin/ Marie Raschke (Hrsg.), Der Internationale Kongreß für Frauenwerke und Frauenbestrebungen in Berlin, 19.- 26. September 1896 (Eine Sammlung der auf dem Kongreß gehaltenen Vorträge und Ansprachen), Berlin 1897, S.327-331, S.328.

47 Ebd.

"... durch das Eherecht ist aber für die Frau Preisgabe ihres Eigentums dekretiert. Die Wirkung der Ehe ist für den Mann in der Hauptsache Auflage gewisser Leistungen, - für die Frau ausserdem Verlust einer Anzahl der wichtigsten Rechte. Man frage einen Mann, ob er sich einem Gesetz unterwerfen würde, welches ihm vorschreibt, mit Eingehung der Ehe seinen Namen aufzugeben, sein Eigentum aus der Hand zu geben, seine Handlungen von der Autorität eines anderen abhängig gemacht zu sehen!
Die Elternschaft bringt für den Vater ausser der Verpflichtung zu gewissen Lasten die Rechte der Vertretung und Verfügung: für die Mutter nur die Lasten, nicht aber die entsprechenden Rechte."[48]
Die Widersprüche innerhalb der geltenden Rechtspraxis waren nicht zu übersehen. Anita Augspurg schilderte die merkwürdige Situation von Frauen im Straf- und Zivilrecht. Hier wurde mit zweierlei Maß geurteilt:
"Das Strafrecht kennt merkwürdigerweise schon seit Jahrhunderten keinen Unterschied zwischen den Rechten von Mann und Frau. Von Alters gilt für die Frau dieselbe Rechtsschranke wie für den Mann. Man traut ihr nicht nur die gleiche Unterscheidung von Verbotenem und Erlaubten zu, man hält sie sogar für vollkommen zurechnungsfähig und verantwortlich für ihre Handlungen. Sie ist imstande unter Rechtskonsequenzen Diebstahl, Betrug, Mord zu begehen und die lukrativen Erwerbungen aus diesen Delikten: Gefängnis, Zuchthaus, Schaffot, fallen merkwürdigerweise auch bei den Verheirateten nicht an den Mann, sondern verbleiben ihr selbst zu Fruchtgenuss und Nutzniessung."[49]
Die Proteste, Kundgebungen und Abänderungsvorschläge der Frauen nützten wenig. Das BGB trat 1900 mit geringfügigen Verbesserungen des Ehe- und Familienrechtes in Kraft. Die Arbeit der "Radikalen" verlagerte sich daraufhin in den Bereich der praktischen Lebenshilfe. Anita veranstaltete Kurse über Familienrecht und Vormundschaft. In Rechtsberatungsstellen klärte sie Frauen über ihre Rechte und Pflichten im neuen BGB auf.[50]
Anitas Auftreten in der Öffentlichkeit war fordernd, selbstbewußt und nicht selten voller Ironie. Damit wurde sie zur Zielscheibe erbitterter Männer, die mit Kritik und abfälligen Bemerkungen nicht sparten.
"Ende des 19. und Anfang des 20. Jahrhunderts war Anita Augspurg eine der populärsten Persönlichkeiten in Berlin. Witzblätter brachten sie als Athene oder als gestrenge Lehrerin, wie sie den Herrn Ministern unter Drohung mit der Rute Vernunft und Anstand beibringt."[51]
Lida Gustava Heymann weiß eine Anekdote darüber zu erzählen, wie Anita die aufgebrachten Stimmen zum Schweigen brachte. Sobald ihr nahegelegt wurde, sich doch besser um ihr Hauswesen zu kümmern anstatt auf unweibliche Art und Weise öffentlich gegen die rechtliche Benachteiligung von Frauen zu agitieren, verwies Anita Augspurg auf ein Kochbuch, das sie 1892 geschrieben hatte: "Gesegnete Mahlzeit, praktische und billige Kochanleitung". Augenzwinkernd konnte sie so die

48 Ebd., S.329.
49 Ebd., S.328f.
50 Zur "streitbaren Juristin" Anita Augspurg vgl. auch Ute Gerhard, Anita Augspurg (1857-1943). Juristin, Feministin, Pazifistin, in: Kritische Justiz (Hrsg.), Streitbare Juristen. Eine andere Tradition, Baden Baden 1988, S.92-103.
51 Heymann zit. nach Twellmann, Erlebtes-Erschautes, a.a.O., S.62f.

Gegner, die ihre hausfraulichen Qualitäten anzweifelten, in ihre Schranken weisen.[52]
Die Jahre nach ihrem Studium verlebte Anita Augspurg vorwiegend in Berlin. Im Berliner Reichstag waren Minna Cauer, eine der Wortführerinnen der "Radikalen", und Anita Augspurg Dauergäste. Ausgestattet mit einer Sondergenehmigung wollten sie mit ihren Reichstagsbesuchen demonstrativ unter Beweis stellen, daß Frauen sehr wohl politisches Interesse aufbringen könnten. Als Geste gegenüber der Öffentlichkeit, aber auch zur eigenen Wissenserweiterung, lernten sie die politischen Spielregeln.[53] Auch Anitas Entschluß, das Studium in Zürich für ein Semester zu unterbrechen um sich in Berlin als Gasthörerin einzuschreiben - Frauen waren mittlerweile als "Gäste" zugelassen - , war ein Akt der Demonstration. Jede Möglichkeit sollte ausgenutzt werden auf dem Weg zur Chancengleichheit.
Politische Themen sollten für Frauen zu einer Selbstverständlichkeit werden. Die neue Richtung innerhalb der bürgerlichen Frauenbewegung, vertreten im Verein "Frauenwohl" (Minna Cauer), legte großen Wert auf Aufklärungsarbeit. Ihr Organ war "Die Frauenbewegung", herausgegeben von Minna Cauer. Anita Augspurg redigierte die Beilage "Parlamentarische Angelegenheiten und Gesetzgebung", die den Leserinnen die Angelegenheiten des öffentlichen Lebens und der Politik vertraut machen sollte.[54]
Anita Augspurg hatte für einen langen Zeitraum zu ihrem "Beruf" gefunden: im Einsatz für die Frauenbewegung, wo sie Position gegen die gemäßigte Mehrheit bezog. Priorität hatten für sie weniger die bildungs- und berufsorientierten Zielvorstellungen der "Gemäßigten", sondern die Aufhebung der gesetzlichen Benachteiligungen von Frauen. Zum wesentlichsten Postulat zählte für Anita das fehlende Frauenwahlrecht.
Als eine der ersten hatte bereits Hedwig Dohm 1873 auf die Bedeutung des Frauenstimmrechts hingewiesen. Die bürgerliche Frauenstimmrechtsbewegung, identisch mit dem "radikalen" Flügel der Frauenbewegung, entwickelte ihre Stoßkraft um 1900. In dieser Zeit stand der "Bund Deutscher Frauenvereine" (BDF) den Forderungen nach dem Wahlrecht für Frauen noch abwartend gegenüber.[55]
"Die Radikalen sehen das Frauenstimmrecht als die Wurzel der Frauenbewegung an, die Gemäßigten betrachten es als ein fernes Ziel, als eine Krone am Baum der Frauenbewegung, die sich die Frauen durch ihre gemeinnützige Arbeit, durch kommunale Tätigkeit, durch bessere Erziehung und Ausbildung erst verdienen müßten, vorläufig seien die Frauen noch nicht reif dazu."[56]
Nachdem es nicht mehr zu verhindern gewesen war, daß die Frauen im Familienrecht des BGB ihren Sonderstatus behielten, erhofften sich die "Radikalen" vom

52 Ebd., S.19.
53 Bärbel Clemens, "Menschenrechte haben kein Geschlecht!" Zum Politikverständnis der bürgerlichen Frauenbewegung, Pfaffenweiler 1988, S.69.
54 Ebd., S.65ff.
55 Daniela Weiland, Geschichte der Frauenemanzipation in Deutschland und Österreich. Biographien - Programme - Organisationen, Düsseldorf 1983, S.93f. Die einzige politische Partei, die gegen Ende des 19. Jahrhunderts ohne wenn und aber das Frauenwahlrecht befürwortete, war die Sozialdemokratie.
56 Else Lüders, Der "linke Flügel". Ein Blatt aus der Geschichte der deutschen Frauenbewegung, Berlin 1904, S.50f.

Stimmrecht einen Machtzuwachs.[57] Als Wählerinnen und in der parlamentarischen Arbeit würden Frauen erfolgreicher für die Belange der Frauen kämpfen können.[58]
Doch die Stimmrechtsbewegung litt unter einem Dilemma, das nach Aufhebung der Vereinsgesetze 1908[59] offen zutage treten sollte. Sollte sie sich politisch neutral verhalten, um Fraueninteressen durchsetzen zu können, oder sollten sich die Frauen Parteien anschließen und dabei die Gefahr der Zersplitterung in Kauf nehmen? Der Prozeß der Differenzierung setzte schon ein, als seit 1907 auch die konservative Mehrheit im BDF das Frauenwahlrecht befürwortete. Es begann die Debatte um die Form des Wahlrechts. Frauen wie Minna Cauer, Lida Gustava Heymann und Anita Augspurg vertraten im "Deutschen Verband für Frauenstimmrecht" die Forderung nach einem demokratischen Wahlrecht. Die Konservativen dagegen beharrten auf den bestehenden Wahlrechten, also auch auf dem undemokratischen, nach Besitz gestaffelten Dreiklassenwahlrecht Preußens.[60]
Der "Deutsche Verband für Frauenstimmrecht" erhielt nach Aufhebung der Vereinsgesetze Konkurrenz aus dem konservativen Lager der Frauenbewegung. Diese Entwicklung entbehrte nicht einer gewissen Ironie. Gerade die Abschaffung der Vereinsgesetzgebung, für die der "Verband für Frauenstimmrecht" sich stark gemacht hatte, führte zur politischen Zersplitterung der Frauenbewegung.
Der Verband war noch unter der Vereinsgesetzgebung gegründet worden, unter erschwerten Bedingungen, welche den Frauen in Deutschland die Teilnahme an politischen Versammlungen und Vereinen untersagten. Anita Augspurg hatte trickreich eine Gesetzeslücke der Hamburger Vereinsgesetzgebung genutzt und 1902 den ersten Stimmrechtsverband ins Leben gerufen, der in Preußen und anderen Bundesstaaten vermutlich umgehend wieder aufgelöst worden wäre:
"Dr. Augspurg hat in genialer Weise die Arbeit für die Stimmrechtsidee in die Wege geleitet, indem sie einen Stimmrechtsverein gegründet hat mit dem Sitz in Hamburg. Natürlich werden alle Gemäßigten wieder schreien, daß wir der Sache schaden. Andere werden innerlich wüten, daß man ihnen das weggenommen, ... Die Sozialdemokratie wird die Gründung aus taktischen Motiven nicht gutheißen, denn nur der Anschluß an ihre Partei kann ihrer Meinung nach helfen. Und so sind wir wiederum die Breschemachenden, also die Verfehmten. So war es immer",[61] schrieb Minna Cauer 1902 in ihr Tagebuch.
1908 war das Jahr der Wende. Die erste, radikal-demokratische Phase der Stimmrechtsbewegung wurde abgelöst von der gemäßigten Opposition, die das Dreiklassenwahlrecht befürwortete oder es vorzog, sich nicht auf eine bestimmte Form des Wahlrechts festzulegen. Auch innerhalb des "Deutschen Verbandes für Frauenstimmrecht" gewannen die Konservativen Oberwasser. Anita Augspurg und weitere Mitglieder verließen daraufhin den Verband und gründeten 1913 den "Deutschen Frauenstimmrechtsbund".[62]

---

57 Clemens, a.a.O., S.52.

58 Ebd., S.53.

59 Vgl. Einführung "Erziehung, Emanzipation und bürgerliche Sozialarbeit".

60 Clemens, a.a.O., S.59f.

61 Minna Cauer, Leben und Werk. Dargestellt an Hand ihrer Tagebücher und nachgelassenen Schriften von Else Lüders, Gotha 1925, S.125f.

62 Barbara Greven-Aschoff, Die bürgerliche Frauenbewegung in Deutschland 1894-1933, Göttingen 1981, S.140f.

Die parteipolitischen Differenzen innerhalb der Frauenbewegung mögen Anita Augspurg darin bestärkt haben, den Standpunkt der parteipolitischen Neutralität einzunehmen. Hinzu kamen negative Erfahrungen, die sie nach 1908 als Mitglied der "Freisinnigen Volkspartei" gesammelt hatte.[63] Anita Augspurg und Lida Gustava Heymann waren der Ansicht, daß Frauen in politischen Parteien weder das Frauenstimmrecht noch andere Fraueninteressen durchsetzen könnten. Würden doch die Frauen von den Parteien nur ausgenutzt und müßten sich dort zunächst der Parteidisziplin unterwerfen. Statt "Schlepperdienste" für eine Partei zu übernehmen, seien Frauen in speziellen Stimmrechtsvereinen besser aufgehoben.[64] Auf der Generalversammlung des "Deutschen Verbandes für Frauenstimmrecht" 1909 reichte Anita folgende Resolution ein:

"Die III. Generalversammlung des Deutschen Verbandes für Frauenstimmrecht empfiehlt zwar den Frauen das lebhafteste Interesse am politischen Leben zu unterhalten, zu betätigen und zu vertreten, sie empfiehlt aber die Mitarbeit in den politischen Parteien der Männer nur als individuelles Durchgangsstadium zur Gewinnung von Einsicht und Orientierung über die Details des politischen Parteilebens. Die Förderung ihres eigenen Anspruches auf politische Gleichberechtigung erwartet sie jedoch von der Beteiligung am Parteileben der Männer nicht."[65]

Die Resolution konnte sich nicht durchsetzen. Nur die wenigsten Frauen lehnten - wie Anita Augspurg - eine Mitarbeit in den "Männerparteien" grundsätzlich ab. Anita und Lida Gustava Heymann stießen sich besonders an dem dort vorherrschenden "männlichen Stil": "Egoismus" und "Charakterlosigkeit" dominierten ihrer Ansicht nach die Politik.[66]

Anita Augspurgs Persönlichkeit steht nicht allein nur für ein Denken "gegen den Strom"[67] in der wilhelminischen Gesellschaft und innerhalb der Frauenbewegung. Ihre Standpunkte spiegeln die Problematik, mit der die Stimmrechtsbewegung der bürgerlichen Frauenbewegung konfrontiert war. Wie waren politische Partizipationsforderungen und der Einsatz für Fraueninteressen miteinander zu vereinbaren? Waren nicht alle Frauen, ob arm oder reich, ob konservativ, liberal oder sozialistisch, von den Einschränkungen ihres Geschlechts betroffen? Doch die verschiedenen politischen Positionen innerhalb der Frauenbewegung waren nicht mehr zu übersehen. Anita löste das Problem für ihre Person am radikalsten. Nach ihrem kurzen Intermezzo in einer "Männerpartei" war sie in ihrer Position gestärkt worden, daß die parteipolitische Arbeit von Frauen die Gleichberechtigung kaum voran bringen würde, ja diese eher blockierte.[68]

Die "radikale" Richtung innerhalb der Frauenbewegung versprach sich von der politischen Gleichstellung eine Lösung aller weiteren Frauenbelange. Ihre Konzentration auf die rechtlichen Aspekte mag ein Grund dafür gewesen sein, daß weitere Einschränkungen, denen Frauen unterlagen, etwa die verinnerlichte Ideologie von

---

63 Ebd., S.138-145.

64 Lida Gustava Heymann, Wird die Mitarbeit der Frauen in den politischen Männerparteien das Frauenstimmrecht fördern? Gautsch bei Leipzig 1911, S.2ff. u. S.6.

65 Zit. nach ebd., S.10.

66 Clemens, a.a.O., S.70f.

67 Herrad Schenk, Anita Augspurg, in: Hans-Jürgen Schultz (Hrsg.), Frauen. Portraits aus zwei Jahrhunderten, Stuttgart 1981, S.172-184, S.184.

68 Auch den kirchlichen und sozialdemokratischen Frauen warf Anita Augspurg vor, sich den "Männerorganisationen" Kirche oder Sozialdemokratie zu unterwerfen, vgl. Twellmann, Erlebtes-Erschautes, a.a.O., S.90.

den wesensverschiedenen Geschlechtscharakteren und Sozialisation, von den "Radikalen" eher vernachlässigt wurden.[69] Die Frage nach der Vereinbarkeit von Familie und Beruf wurde nur am Rande gestellt. Manche Konzepte entwarfen Haushalte, in denen die Hausarbeit zeitsparend geregelt werden sollte (Einküchenhaus), und Frauen wie Anita Augspurg und Lida Gustava Heymann verfügten ohnehin über Dienstpersonal, das ihnen die leidige Hausarbeit abnahm. Anita Augspurg hat die Vorteile ihrer wirtschaftlichen Unabhängigkeit durchaus genossen. Daß ein solches Leben nur von einer Minderheit geführt werden konnte, war ihr schon klar und etwas naiv plädierte sie dafür, auch die restliche Menschheit in diese Lage zu versetzen. Ob jedoch in einer *"nicht männlich kapitalistisch, imperialistischen Staatsverwaltung"*, bei *"gleichmäßiger Arbeitsleistung aller menschlichen Arbeitskräfte"*[70] die Haus- bzw. Dienstbotenarbeit ebenfalls geteilt würde, bleibt im dunkeln.

Hinsichtlich der Frauenemanzipation vertraten Anita Augspurg und die "Radikalen" ein egalitäres Menschenbild. Frauen seien nicht von "Natur" aus schwach.[71] Die politische Teilhabe der Frauen gehöre zum wesentlichsten Menschenrecht:

"Voran trotz Spott und Widerstand,
Wir kämpfen kühn, wir kämpfen heiß.
Tochterrecht im Vaterland,
Bürgerrecht ist unser Preis!
...
Wir lassen von Macht uns nicht zwingen,
Wir sind nicht von minderer Art.
Das Recht - ist unser Hort,
Zu Recht steht unser Wort,
Im freien Staat die Frau befreit,
So siegt die Gerechtigkeit."[72]

Vorherrschend war ein reformistisches Politikverständnis. Um eine positive Entwicklung der Gesellschaft zu erreichen, bedürfe es der freien Entfaltung einer jeden Persönlichkeit. Niemand solle daran gehindert werden, seine Pflicht gegenüber der Gemeinschaft zu erfüllen, auch die Frauen nicht.[73]

"..., denn die Menschheit wird nicht vom Manne allein repräsentirt. Sie besteht aus zwei Factoren, Mann und Weib, und sie muss zu Grunde gehen, sobald der eine Factor fehlt: also muss sie auch zurückgehen, beziehungsweise von ihrer vollen Entwicklung zurückgehalten werden, insofern als und in demselben Masse wie einer dieser beiden vollkommen gleichwerthigen Factoren verkümmert. Folglich hat keiner der beiden Theile das Recht, auf Kosten des anderen seine Existenz in den Vordergrund zu stellen oder durch Vorrechte und Privilegien die Leistungsconcurrenz auszuschliessen."[74]

---

69 Clemens, a.a.O., S.71ff.

70 Zit. nach Twellmann, Erlebtes-Erschautes, a.a.O., S.15.

71 Anita Augspurg, Die ethische Seite der Frauenbewegung, Minden und Leipzig 1894, S.12.

72 Anita Augspurg, "Weckruf zum Frauenstimmrecht", in: Frauenstimmrecht! Monatshefte des deutschen Verbandes für Frauenstimmrecht, hrsg. v. Dr. Anita Augspurg, Jg.1/ April u. Mai 1912, H.1/2.

73 Clemens, a.a.O., S.50f.

74 Augspurg, Die ethische Seite, a.a.O., S.8f.

Die "Radikalen" waren geprägt vom Fortschrittsglauben ihrer Zeit. Ein jeder trage zur Weiterentwicklung der Gesellschaft bei, sofern seine persönlichen Anlagen voll ausgebildet und gefördert würden.[75]
Der "radikale" Flügel innerhalb der bürgerlichen Frauenbewegung hat - obwohl von den "Gemäßigten" immer wieder gebremst - der deutschen Frauenbewegung zahlreiche Anstöße gegeben.[76] Anita Augspurg verdankte die Frauenbewegung viele Anregungen auf sozialen, politischen und wirtschaftlichen Gebieten.
Anita Augspurg war bis an ihr Lebensende politisch und schriftstellerisch aktiv. Ihre Interessen blieben breit gefächert: Kunst, Musik, Theater und Naturwissenschaften, Technik, Urgeschichte und Landwirtschaft gehörten zu ihren Steckenpferden.[77] Neben ihrer politischen Arbeit hat Anita in Berlin einige Semester an der Landwirtschaftlichen Hochschule absolviert. Mit ihrer Freundin Lida Gustava bewirtschaftete sie in den Sommermonaten einen Hof in Bayern. Beide hielten sich gern auf dem Lande auf.[78]

Nach dem Ausbruch des Ersten Weltkrieges, im nationalen Taumel, waren Forderungen nach der Gleichberechtigung der Geschlechter in Deutschland nicht mehr opportun. Anita Augspurg ließ sich nicht davon abhalten, weiterhin für das Stimmrecht einzutreten. Zudem gehörte sie nun zu einer verschwindenden Minderheit, die den Krieg strikt ablehnte. Mit dem Etikett "Pazifistin" versehen, mußte auch Anita mit Ressentiments rechnen.
"Die ersten Augusttage bedeuteten für alle, die glaubten, daß Krieg unter den sogenannten Kulturvölkern eine überwundene Sache sei, einen völligen Zusammenbruch all dessen, was Menschlichkeit, Vernunft, Güte und Schönheit umschlossen. Verglichen mit England gab es in Deutschland 1914 wenig innerlich gefestigte Pazifisten, aber diese wenigen litten unmenschliche Qualen. Abgeschnitten von der übrigen Welt, durch nichts verbunden mit der eigenen, der Kriegsfurie verfallenen Nation, dem Hohn und Spott ihrer Umgebung preisgegeben, verlassen von Freunden, Bekannten und Verwandten, waren sie einsam, einzeln zerstreut ... . Es gab nicht eine Partei, nicht eine Körperschaft, nicht eine Männer- noch Frauenorganisation, die in ihrer Gesamtheit von echter pazifistischer Gesinnung durchdrungen war und als solche öffentlich gegen das Verbrechen des Krieges protestiert hätte. ... Es war ein Jubel, ein Taumel, ... Alle Unterschiede schienen ausgeglichen; in den Armen lagen sich Junker, Bauer und Jude, Pfaff und Freigeist, Kapitalist und Proletarier. Wer es gewagt hätte, gegen diese Einheit aufzustehen, der wäre überrannt, erdrückt, gelyncht worden ... ."[79]
Die deutschen Pazifistinnen kamen aus dem sozialistischen und radikal-liberalen Umfeld. Die Frauen aus dem Kreis der bürgerlichen Frauenbewegung, die sich für die politische Partizipation von Frauen einsetzten, versprachen sich davon auch einen Beitrag zur Friedenssicherung. Sie glaubten an einen weiblichen Pazifismus,

75 Clemens, a.a.O., S.73ff.
76 Weiland, a.a.O., S.220. Im "Verband fortschrittlicher Frauenvereine" sammelten sich die "radikalen" Vereine, um auf den BDF Einfluß ausüben zu können, vgl. ebd., S.221ff.
77 Twellmann, Erlebtes-Erschautes, a.a.O., S.20f.
78 Ebd., S.63ff.
79 Heymann zit. nach ebd., S.123f.

der von einer besonderen Fähigkeit der Frauen zum Frieden ausging und Nationalismus und Militarismus aus der Herrschaft der Männer ableitete.[80]
Auch Anita Augspurg teilte den Glauben an die Friedfertigkeit von Frauen. Das Verhalten des BDF sollte sie bald eines besseren belehren. Die konservative Mehrheit des BDF schloß sich der nationalistischen, chauvinistischen Politik des Kaiserreichs an, und auch die "Radikalen", die seit der Jahrhundertwende für Pazifismus eintraten, verhielten sich in der ersten Kriegseuphorie nicht alle konsequent.[81]
Der BDF hatte schon kurz vor Ausbruch des Krieges beflissen einen "Nationalen Frauendienst" eingerichtet, der während der Kriegsjahre soziale Probleme in Angriff nehmen sollte. Auch zahlreiche sozialdemokratische Frauen organisierten im Verlauf der Krieges soziale Hilfsdienste.[82]
Gertrud Bäumers Anschauungen über den Krieg mögen von vielen BDF-Mitgliedern geteilt worden sein:
"Der Tod auf dem Schlachtfeld ist eingefügt in die große Kette menschlichen Strebens und Ringens. Mit ihm erkauft ein Geschlecht Segen und Entfaltung für alle Kommenden. Aus dem Gefühl, daß es ihm einzig von Millionen anderen beschieden ist, selbst seinem Tode noch den Adel eines Zweckes zu geben, hat zu allen Zeiten der Soldat es süß und erhaben gefunden, für das Vaterland zu sterben.
Und das können die Frauen in tiefster Seele nachfühlen. Es ist ein mütterliches Grunderlebnis, daß Leben und Kraft hingeopfert werden muß, damit neues Leben um so schöner erblühen kann."[83]
Anita Augspurg und Lida Gustava Heymann ließen sich in ihrer pazifistischen Haltung nicht beirren. 1915 wurden beide aus dem BDF ausgeschlossen, weil sie am ersten Internationalen Friedenskongreß von Frauen in Den Haag teilgenommen hatten. Der Ausschluß wurde damit begründet, daß Anita und Lida Gustava gegen nationale Verpflichtungen verstoßen hätten. Auf die Proteste gegen den Krieg reagierten die deutschen Behörden mit Zensur, Redeverboten und Verhören.[84] Lida Gustava Heymann wurde 1917 wegen ihrer pazifistischen Aktivitäten aus Bayern ausgewiesen, lebte aber illegal weiter in Bayern.[85]
Anita und Lida Gustava versuchten in diesen Jahren, eine Verbindung zu Frauen aus neutralen oder gegnerischen Ländern aufrechtzuhalten. Es waren pazifistische Einzelaktionen, die von den Frauenorganisationen nicht gedeckt wurden.[86] Anita Augspurg war davon überzeugt, ein Zeichen der politischen Vernunft und Menschlichkeit setzen zu können.[87]

---

80 Brinker-Gabler, a.a.O., S.13f.; Weiland, a.a.O., S.202f. Die Sozialistinnen lehnten die Form der bürgerlich-pazifistischen Bestrebungen ab. Clara Zetkin und Rosa Luxemburg engagierten sich in der Internationalen Sozialistischen Frauenkonferenz gegen Krieg und Militarismus, vgl. Brinker-Gabler, a.a.O., S.22ff.

81 Brinker-Gabler, a.a.O., S.20ff.

82 Ebd., S.24ff.

83 Gertrud Bäumer, Der Krieg und die Frauen, Stuttgart und Berlin 1914, S.10. Gertrud Bäumer ließ es sich nicht nehmen, auch im Jahre 1916, als die erste Kriegsbegeisterung sich bereits gelegt hatte, vom "Genius des Krieges" und von der "Würde des Hasses" zu sprechen, vgl. Gertrud Bäumer, Weit hinter den Schützengräben, Jena 1916.

84 Brinker-Gabler, a.a.O., S.30ff.

85 Twellmann, Erlebtes-Erschautes, a.a.O., S.142f.

86 Ebd., S.127f.

87 Ebd., S.133.

In der Weimarer Republik nahmen Anita Augspurg und Lida Gustava Heymann einen erneuten Anlauf, sich politisch zu engagieren. Noch immer in Bayern zu Hause, suchten sie gemeinsam Kurt Eisner auf. Sie hofften, in Bayerns Räterepublik die Einrichtung von Frauenräten durchsetzen zu können. Ihr Antrag wurde vom Rätekongreß abgelehnt. Auch die Kandidatur Anita Augspurgs für den Bayrischen Landtag im Dezember 1918 blieb erfolglos.[88]
Anitas Begeisterung für die junge Republik hatte sich schnell gelegt. Dem neuen Wahlrecht für Frauen stand sie nun kritisch gegenüber. Das Frauenstimmrecht habe ohne weiterreichende gesellschaftliche Reformen nur mehr eine Alibifunktion. Es hatte sich gezeigt, daß auch das Wahlrecht nicht automatisch Chancengleichheit für Frauen brachte. Seit 1920 plädierten Anita und Lida Gustava in ihrer Zeitschrift "Die Frau im Staat" (1919-1933) für besondere Frauenlisten.[89]
Nach dem Scheitern der Rätebewegung widmete sich Anita Augspurg der "Internationalen Frauenliga für Frieden und Freiheit". Die Zeitschrift "Die Frau im Staat" thematisierte Völkerverständigung und das Prinzip der Gewaltlosigkeit. Politische Nachrichten, Währungs- und Wirtschaftsfragen wurden unter einem feministischen Standpunkt abgehandelt. Politische Bildung für Frauen war für Anita und Lida Gustava nach wie vor das A und O ihrer Aufklärungsarbeit.[90]
In den zwanziger Jahren entfalteten Anita und Lida Gustava eine erstaunliche Reiselust. In Zusammenhang mit ihrer politischen Arbeit und auch privat unternahmen die beiden Freundinnen zahlreiche Fahrten in das In- und Ausland.[91]
In den Jahren ihrer Emigration waren beide schon hochbetagt. Für den aktiven Widerstand gegen die Nationalsozialisten fühlten sie sich zu alt, und so teilten sie das traurige Emigrantenschicksal zahlreicher Flüchtlinge. Die Emigration wurde ihnen allerdings erleichtert durch Freunde, die sie unterstützten und ihnen Geld zukommen ließen. Darüber hinaus lebten Anita Augspurg und Lida Gustava Heymann von schriftstellerischen Einnahmen.[92] Sie versuchten, Aufklärungsarbeit über die politische Situation in Deutschland zu leisten, sie hielten Kontakt zu Freunden im Nazideutschland. Das isolierte Dasein als Emigrantinnen belastete die beiden stark.[93] Aber mit dem Leben immerhin davongekommen, waren sie sich darüber im klaren, daß Zurückgebliebene und viele andere unter der Herrschaft der Nazis noch ganz anderes auszustehen hatten.
Nach langwierigen Krankheiten starben Anita Augspurg und Lida Gustava Heymann im gleichen Jahr (1943) im Exil.

---

88 Ebd., S.162-165f. u. S.175ff. Vgl. auch Gertrud Pinkus, Gertrud Baer. Frauenbewegung bis 1920, in: Frauenoffensive, Journal Nr.10, April 1978, S.30-46.

89 Twellmann, Erlebtes-Erschautes, a.a.0., S.173ff. u. S.189.

90 Ebd., S.198ff. u. S.222f.

91 Ebd., S.258ff.

92 Ebd., S.292f. u. S.296f.

93 Ebd., S.299f.

"Und gewiß wird die Frauenemanzipation siegen, so gewiß, wie der gesunde Menschenverstand siegt über die Thorheit."[1]

Marion Bock

Hedwig Kettler (1851-1937) Gründerin des ersten deutschen Mädchengymnasiums

Die Frau, die sich vor 100 Jahren so optimistisch äußerte, ist selbst - trotz ihrer beachtlichen Verdienste um die Gleichberechtigung von Frauen im Bildungsbereich - in Vergessenheit geraten.
Die Gegenüberstellung von Vernunft und Unverstand sowie eine betont logische Argumentation prägten zeitlebens das Denken Hedwig Kettlers, galt es doch, den männlichen Vorwurf von der "geistigen Inferiorität" der Frau zu widerlegen. Als Schlüssel dazu betrachtete sie vorrangig eine Verbesserung der weiblichen Bildung durch die Einrichtung von Mädchengymnasien, wobei ihre Vorstellungen vom Gleichheitspostulat geleitet waren. Sie forderte nicht, wie etwa Helene Lange, eine "spezifisch weibliche" Erziehung. Bei ihren Aktivitäten auf diesem Gebiet hatte Hedwig Kettler erhebliche Widerstände zu überwinden - ohne ein gewisses Maß an Optimismus sicherlich kaum realisierbar.
1986 entdeckte ich den Nachlaß Hedwig Kettlers - mehrere große Transportkisten - im Stadtarchiv Hannover. Mit Hilfe der darin enthaltenen Manuskripte, Drucksachen, Fotos und Korrespondenz gelang es, Schritt für Schritt das Leben einer überaus engagierten Frau zu rekonstruieren. Abgesehen von einem mehr als 30 Jahre alten Aufsatz[2] lag bis dahin keinerlei spezielle Literatur über diese Vertreterin der Frauenbewegung vor. Wer war Hedwig Kettler? Sie soll hier vorgestellt werden.
Hedwig Friederike Karoline Auguste Reder wurde am 19. September 1851 in Harburg an der Elbe als Tochter von Elise und Gustav Reder geboren. Bereits kurze Zeit später erhielt der Vater seine Beförderung zum Eisenbahnbetriebsdirektor und wurde nach Osnabrück versetzt, wo Hedwig und ihre beiden jüngeren Schwestern Kindheit und erste Schuljahre verbrachten. Die Mutter Elise war als eines von acht Kindern des Hittfelder Landphysikus Dr. Ludwig Brüning in Winsen an der Luhe aufgewachsen.
Vielfältige gesellschaftliche Kontakte prägten den Alltag im Hause Reder. Während der Vater berufsbedingt häufig auf Reisen war, regelte die Ehefrau in seiner Abwesenheit die Familienangelegenheiten. Das Verhältnis der beiden zueinander wirkt nach heutigen Begriffen durchaus partnerschaftlich. Dieses Vorbild hat die junge Hedwig sicherlich beeinflußt.

---

1 Hedwig Kettler in ihrem Aufsatz: "Was ist Frauen-Emanzipation?", in: Frauenberuf, Jg.4/ 1890, S.15, sowie in: Bibliothek der Frauenfrage, 1891/ H.6.

2 Hugo Willich, Hedwig Kettler 1851-1937, in: Niedersächsische Lebensbilder, Bd.4, Hildesheim 1960. Der vorliegende Aufsatz basiert inhaltlich auf den Ergebnissen meiner Magisterarbeit: "Gleiche Bildung für Mann und Frau!" Hedwig Kettler - eine vergessene Wegbereiterin der Frauenemanzipation, Historisches Seminar der Universität Hannover, August 1989.

Abb. 17: Hedwig Reder (spätere Kettler), 1876

Schon früh entwickelte sich bei ihr die Vorstellung, Malerin zu werden. Sie erhielt privaten Zeichenunterricht. Nach einem jeweils einjährigen Aufenthalt in Bremervörde und Stuttgart ließen sich die Reders in Berlin nieder. Dort setzte Hedwig im Atelier des Aquarellisten Prof. Karl Eduard Biermann ihre Malstudien fort. Erneut traf sie mit dem ein Jahr jüngeren Geographiestudenten Julius Kettler, ihrem Vetter und späteren Ehemann, zusammen; kennengelernt hatten sie sich bereits in Osnabrück. Der Kontakt intensivierte sich; am 24. November 1880 heirateten die beiden in Berlin.
Als Julius Kettler eine Schriftleiterstelle bei der "Lahrer Zeitung" annahm, ging Hedwig mit ihm nach Baden. Hier wurde 1881 die erste Tochter, Mine, geboren. Der Korrespondenz nach zu urteilen, war die Ehe der Kettlers sehr harmonisch. Und Hedwig wurde - nicht unbedingt selbstverständlich für damalige Verhältnisse - von ihrem Mann als eigenständig handelnde Persönlichkeit akzeptiert. Er hat sie später auch bei ihrer Vereinstätigkeit unterstützt.
Es folgte ein Zwischenaufenthalt in Karlsruhe, wo Julius als Assistent des Statistischen Büros arbeitete. Von 1884 bis 1893 lebte die Familie in Weimar. Dort leitete Julius Kettler das "Bertuchsche Geographische Institut". 1885 bekam Hedwig ihr zweites Kind, Elise.
In Weimar beginnt ein neuer Lebensabschnitt für die nun 35jährige Hedwig Kettler: die künstlerischen Ambitionen erreichen noch einen Höhepunkt, bevor sie endgültig dem neuen Engagement für die Mädchenbildung weichen müssen. Täglich von fünf Uhr morgens bis zum Frühstück malt die "Frau Professor". Die Leitung der "Permanenten Kunstausstellung" in Weimar teilt ihr mit, *"sie möchte niemals fragen, ob man Bilder von ihr ausstellen wolle, sondern die Arbeiten immer gleich schicken".*
Es existieren widersprüchliche Angaben darüber, wie die doch recht erfolgreiche Künstlerin zur Beschäftigung mit der "Frauenfrage" kam. Wurde sie vielleicht durch das eigene Erlebnis der Benachteiligung von Mädchen in Schule und Ausbildung - auch sie besuchte "nur" die höhere Töchterschule - motiviert? Mine Kettler erklärt das Engagement ihrer Mutter hingegen so:
"Gerade weil sie selber das Glück gehabt hatte, ihre Begabung ausbilden zu dürfen, war es ihr ein unerträglicher Gedanke, daß andere Frauen und Mädchen von gleicher Begabung zu Kunst oder Wissenschaft nicht in gleichem Maße zu ihren Zielen kommen sollten. Ihnen zu helfen, hielt sie für ihre Pflicht. ... Sie war von ihrem eigenen künstlerischen Bildungserlebnis zur Sache gekommen."[3]
Eine Äußerung Hedwig Kettlers in einem Interview mit dem Londoner "Woman's Herald" vom 9. Januar 1892, in dem sie rückblickend ihre Beweggründe schildert, bestätigt eher die erste Vermutung. Schon in ihrer Jugend habe sie die Tatsache irritiert, heißt es dort, daß Mädchen daran gehindert würden, eine Ausbildung zu erhalten, die jedem Jungen - und sei er noch so dumm - ermöglicht werde.[4]

---

3 Mine Kettler im Entwurf für einen Zeitungsartikel mit dem Titel: "Die Lebensarbeit einer Harburgerin. Zu Hedwig Kettlers 85. Geburtstag", Stadtarchiv Hannover (StAH), NL Kett. 46.

4 Das Originalzitat lautet: "Most certainly, making an artificial line of demarcation between men's and women's capacities, is more than a mistake; I hold it illogical. When quite a girl, long before I knew anything of a Women's Question, I was puzzled to think why girls should be debarred from studying subjects which any boy, be he ever so stupid, is allowed to take up."

Hedwig Kettler betätigt sich zunächst publizistisch. 1887 gründet sie den "Frauenberuf. Zeitschrift für die Interessen der gebildeten Frauenwelt". 1892 erfolgt eine Fortsetzung dieser Publikation durch die "Bibliothek der Frauenfrage", die unregelmäßig erscheint und längere Aufsätze in Heftform bringt. Bereits ein Jahr zuvor war der Sammelband "Für Frauenglück. Eine Gabe für denkende Frauen" erschienen. Er enthält eine Zusammenstellung ihrer wichtigsten, im "Frauenberuf" abgedruckten Beiträge. Deutlich beeinflußt von den Schriften Fanny Lewalds und vor allem Hedwig Dohms beschreibt sie die Nöte der "unversorgten Frauen des gebildeten Mittelstandes", kämpft gegen das Vorurteil von der "geistigen Inferiorität des weiblichen Geschlechts", mit der die Gegner der Frauenemanzipation gerne zu argumentieren pflegten, und fordert gleiche Bildungsmöglichkeiten für Mädchen und Jungen. In der Konsequenz bedeutet das für sie die Notwendigkeit, Gymnasien für die weibliche Jugend zu schaffen, die Zulassung von Frauen zum Universitätsstudium durchzusetzen sowie die staatliche Berufserlaubnis für die fertig ausgebildeten Frauen zu erhalten. Den "Frauenberuf" versteht Frau J. Kettler - wie sie sich nun als Herausgeberin nach dem Anfangsbuchstaben des Vornamens ihres Ehemannes nennt - als Sammelbecken für eine Solidarisierung gleichgesinnter Frauen. Aus ihm sollte schließlich eine festere Organisation in Form eines Vereins hervorgehen.

An dieser Stelle sei ein kurzer Exkurs eingefügt, um die Problematik der "höheren Töchterschule" zu verdeutlichen.

Die öffentliche Wertschätzung der schulischen Mädchenbildung - *"eine jahrhundertelang vernachlässigte Erziehung"*[5] - war noch Ende des 19. Jahrhunderts gering. Mädchenschulen erhielten bis dahin kaum staatliche Unterstützung. Dem mäßigen Interesse entspricht die Tatsache, daß diese Einrichtungen über einen langen Zeitraum hinweg nur relativ schwacher Reglementierung ausgesetzt waren. Als "höhere Töchterschule" durfte sich jede Bildungsanstalt bezeichnen, deren Initiator oder Initiatorin diesen Titel für angemessen hielt! Ein Schulinspektor der Stadt Magdeburg meinte dazu schon 1825:

"Das unschuldige Wörtchen 'höhere' in der Benennung dieser Schule ... soll aber keineswegs eine Hochschule oder Universität für Mädchen bezeichnen, sondern nur andeuten, daß in dieser Schule eine Bildung gegeben wird, wie sie nur die höheren Stände gebrauchen."[6]

Auch knapp 50 Jahre später, 1874, findet sich am Schluß der vergleichenden Zusammenstellung einer größeren Zahl höherer Mädchenschulen der Provinz Preußen die Feststellung:

"Vorläufig ist die höhere Mädchenschule ein Ding, unter dem der Pillauer und Wehlauer etwas ganz anderes versteht als Elbing, Thorn und Tilsit. Neunklassige und dreiklassige Schulen, Schulen mit einem Lehrerkolleg von 13 und einem solchen von 4 Personen, gehobene Volksschule und in jeder Beziehung höhere Lehranstalten, das wird alles in einen Topf geworfen."[7]

---

5 Aus einem Bericht Hedwig Kettlers über die erste Generalversammlung des "Deutschen Frauenvereins Reform", in: Frauenberuf, Jg.2/ 1888.

6 Zit. nach Monika Simmel, Erziehung zum Weibe. Mädchenbildung im 19. Jahrhundert, Frankfurt/ M. 1980, S.100.

7 Zit. nach Jakob Wychgram (Hrsg.), Handbuch des Höheren Mädchenschulwesens, Leipzig 1897, S.49.

Und noch Anfang des 20. Jahrhunderts schrieb der Frankfurter Stadtschulrat Dr. Wilhelm Lüngen:

"Die Mädchenschule ist eben bei uns nicht Fisch noch Fleisch, sie gilt nicht als Volks-, nicht als höhere Schule im Sinne des Gesetzes, sie paßt nirgends in die gewohnten Rubriken und bildet daher für die Räte in den höheren Behörden vielfach ein recht unbequemes Anhängsel."[8]

Besonders an geeignetem Lehrpersonal herrschte Mangel. Examinierte Oberlehrer waren für den Unterricht an Mädchenschulen aufgrund der niedrigen Besoldung und des geringeren Ansehens in der Öffentlichkeit kaum zu gewinnen. Häufig nahmen daher Theologen, Philologen, Mediziner und Juristen, die an der Staatsprüfung gescheitert waren, die Stellung des Oberlehrers ein. Es gab sogar "höhere Töchterschulen", an denen Theologen die einzigen akademisch gebildeten Lehrer stellten. Erschwerend hinzu kamen die Nachteile, die mit häufigem Stellenwechsel und nebenamtlicher Beschäftigung verbunden waren. Daß die Einrichtung bei all diesen Mängeln nicht die Anerkennung als höhere Lehranstalt besitzen konnte, verwundert somit nicht. Zudem stand eine einseitige inhaltliche Ausrichtung im Vordergrund. 1872 hatte die "Hauptversammlung von Dirigenten und Lehrenden der Höheren Mädchenschulen" folgendes - häufig zitierte - androzentristische Bildungsziel formuliert:

"Es gilt, dem Weibe eine der Geistesbildung des Mannes in der Allgemeinheit der Art und der Interessen ebenbürtige Bildung zu ermöglichen, damit der deutsche Mann nicht durch die geistige Kurzsichtigkeit und Engherzigkeit seiner Frau an dem häuslichen Herde gelangweilt und in seiner Hingabe an höhere Interessen gelähmt werde, daß ihm vielmehr das Weib mit Verständnis dieser Interessen und der Wärme des Gefühls für dieselben zur Seite stehe."[9]

Eine symptomatische Äußerung - die Verbesserung weiblicher Bildung sollte vorrangig dem Mann zugute kommen.

Im August 1873 fand dann erstmalig eine Konferenz des preußischen Kultusministeriums über das höhere Mädchenschulwesen, Mädchenmittelschulen und Lehrerinnenbildung statt. Sie befaßte sich mit der Festsetzung der Lehrgegenstände, der Aufsichtsfrage, Lehrerqualifizierung und mit den Fortbildungsanstalten, brachte insgesamt gesehen jedoch keine entscheidenden Neuerungen.

Der eigentliche Kampf um bessere Mädchenbildung und Hochschulzulassung für Frauen begann in Deutschland erst Ende der achtziger Jahre des 19. Jahrhunderts; bedeutende Impulse gingen dabei von Hedwig Kettler und dem von ihr zusammen mit einigen Mitstreiterinnen am 30. März 1888 in Weimar gegründeten "Deutschen Frauenverein Reform" aus. Er zählte im ersten Jahr seines Bestehens rund 100 weibliche Mitglieder und hieß ab 1891 "Verein Frauenbildungs-Reform".

Öffentlichkeitsarbeit und Mitgliederwerbung haben in der Anfangszeit Priorität, aber noch im Gründungsjahr setzt eine rege Petitionstätigkeit ein. Bis zu einem ersten kleinen Erfolg 1892 werden zahlreiche Eingaben an die Kultusministerien der Länder, den Reichstag und die Landtage der Einzelstaaten gesandt. In ihnen wird

---

8 Wilhelm Lüngen, Fragen zur Frauenbildung, Leipzig/ Berlin 1904, S.16.

9 Zit. nach Herrad Schenk, Die feministische Herausforderung. 150 Jahre Frauenbewegung in Deutschland, München 1983, S.27f.

eine Reform der Mädchenbildung, die Öffnung der Universitäten - vorerst nur für Studentinnen der Medizin - sowie die Zulassung von Frauen zum Arztberuf gefordert. Sie werden allesamt abgelehnt. Charakteristisch für die Reaktion der Abgeordneten sind die Befürchtungen des Vizepräsidenten des Weimarer Landtages, Appelius:

"Uns reizt an den Frauen gerade die Gefühlswärme, die Naivität und Frische ..., und der Reiz, den sie durch diese Eigenschaften auf die Männer üben, würde unwiederbringlich verloren gehen, wenn dieses Anmutendste an ihnen durch die Erziehung vernichtet werden würde. Ich meine, die Folge dessen, was die Frauen erstreben, würde nur eine Zunahme der Heiratsunlust der Männer sein."[10]

Als Julius Kettler 1893 zum Direktor des neugegründeten Statistischen Amtes in Hannover berufen wird, verlegt Hedwig Kettler den Sitz ihres Vereins dorthin. Im selben Jahr wird die Gründung eines Mädchengymnasiums beschlossen. Bereits am 16. September 1893 kann der "Verein Frauenbildungs-Reform" in Karlsruhe das "Erste deutsche Mädchengymnasium" eröffnen. Diese Selbsthilfemaßnahme war notwendig geworden, nachdem sämtliche Landtage - mit Ausnahme des Großherzogtums Baden - sich nicht kompromißbereit gezeigt hatten. Der Karlsruher Stadtrat stellt immerhin kostenlos Räumlichkeiten für das "Unternehmen" zur Verfügung.

Zunächst besteht die Schule nur aus einer Klasse mit zehn Schülerinnen. Jährlich sollte eine weitere Klasse hinzukommen, so daß für 1899 die ersten Abiturientinnen zu erwarten waren. Der Verein betreibt für seine Einrichtung eine intensive Pressepropaganda, sieht sich jedoch zugleich massiven Angriffen der Gegner eines so ungewöhnlichen Projektes ausgesetzt. Bald treten Finanzierungsprobleme auf, die aber anfangs noch durch die Vereinsbeiträge, ein eigens ins Leben gerufenes "Hilfskomitee zur Erhaltung der Schule" und Förderveranstaltungen abgefangen werden können. Trotzdem ist vorläufig nur die Anstellung nebenamtlicher Lehrkräfte möglich.

1897 gerät der Verein in eine ernsthafte Krise. Auf der Generalversammlung in Berlin werden heftige Vorwürfe gegen die Vorsitzende Hedwig Kettler laut. Sie soll angeblich das Gymnasium vernachlässigt haben. Ein Karlsruher "Kuratorium", dem Vereinsmitglieder angehören, die sich die Beobachtung der Schule zur Aufgabe gemacht haben, spricht gar von "unhaltbaren Zuständen". Da Intrigen bei diesen Streitigkeiten eine erhebliche Rolle spielen, ist ein Zerwürfnis unausweichlich. Diejenigen Mitglieder, die zuvor die Angriffe gegenüber der Vorsitzenden erhoben hatten, bilden einen neuen Verein "Frauenbildung".

Das Karlsruher Mädchengymnasium geht 1900 in städtischen Besitz über. Es besteht, mittlerweile koedukativ, noch heute - bezeichnenderweise unter dem Namen "Lessing-Gymnasium".

Das "Thema Karlsruhe" ist damit für Hedwig Kettler abgeschlossen. Fortan widmet sie sich dem Plan einer Schulgründung an ihrem neuen Wohnort. Zunächst wird ein "Ausschuß zur Erledigung der Vorarbeiten zur Errichtung des Hannoverschen Mäd-

---

10 1891 vor dem Petitionsausschuß anläßlich einer Eingabe des "Deutschen Frauenvereins Reform", nach Protokollen abgedruckt in: Frauenberuf, Jg.5 u.6/ 1891/92.

chengymnasiums" gebildet. Ihm obliegt neben den organisatorischen Aufgaben insbesondere die Beschaffung von Geldmitteln. Die Initiatorin favorisiert von Anfang an den Schultyp eines "Vollgymnasiums", das, beginnend mit etwa zehnjährigen Schülerinnen, in neun Jahren zur Hochschulreife führt. Dieser Weg soll unabhängig von den bestehenden Einrichtungen höherer Töchterschulen beschritten werden. Ein Antrag des Vereins an den hannoverschen Magistrat, er möge ein solches Mädchengymnasium einrichten, wird 1899 abgelehnt. Wenig später genehmigt dann aber das preußische Kultusministerium einen zweiten Antrag insoweit, als "gymnasiale Kurse" erlaubt werden. Das bedeutete, daß die Absolvierung der neunklassigen höheren Töchterschule Vorbedingung für den fünfjährigen Besuch der neuen Anstalt war und widersprach so natürlich dem Kettlerschen Konzept. Dennoch galt es, diesen "Strohhalm" zu ergreifen.

Um die Finanzierung gewährleisten zu können, wird ein "Patronat für die Errichtung des hannoverschen Mädchengymnasiums" gegründet, dessen Mitglieder das Projekt durch freiwillige Beiträge stützen sollen. Ostern 1899 endlich werden die "gymnasialen Kurse" eröffnet. Lediglich elf Schülerinnen zählt die Obertertia. Vorgesehen sind insgesamt fünf Schuljahre. Die Sprachlehrerin A. Voigt berichtet über die Anfangsphase:

"Mit großem Wohlwollen und einer gewissen Neugier sahen wir Prüfenden den jungen Mädchen entgegen, die es wagen wollten, damals noch ganz neue Bahnen einzuschlagen. Die Prüfung war wohl nicht sehr scharf; denn wir mußten damit rechnen, daß die Vorbildung der Aufzunehmenden sehr verschieden war. ... Im ganzen waren es etwa acht bis zehn durchschnittlich fünfzehnjährige Mädchen, die aufgenommen wurden. Nun war es in den ersten Schultagen belustigend zu sehen, wie unsere neuen Gymnasiastinnen auftraten, und wie sie sich einander anpaßten. Einige erschienen mit langen Kleidern und hohen Frisuren, andere mit fliegenden Haaren und weißen Kittelschürzen. Nach etwa acht Tagen waren einige Kleider länger, andere kürzer geworden und die Kittelschürzen endgültig verschwunden. Das gemeinsame Lernen und Streben vereinte sie bald, und sie hielten fest zusammen. Es wurde im Unterricht außerordentlich viel verlangt; die Schülerinnen mußten ja auch dermaleinst ihr Abiturientenexamen an fremden Knabenschulen ablegen."

Für die Folgezeit heißt es:

"Das Alter der Schülerinnen war sehr verschieden, da nach und nach manche die neu gebotene Gelegenheit der Ausbildung noch benutzen wollten, nachdem sie schon den Ernst des Lebens kennen gelernt hatten. Einmal schwankte das Alter der Schülerinnen einer Klasse zwischen 14 und 33 Jahren."[11]

Da sich, wie zuvor in Karlsruhe, auch in Hannover bald Finanzierungsprobleme einstellen, wird ein "Hilfskomitee für das hannoversche Mädchengymnasium" ins Leben gerufen. Als dennoch Vereinsmittel, Schulgelder und Sondereinnahmen aus künstlerischen Bildungsabenden, öffentlichen Aufführungen und Bazaren nicht ausreichen, um die jährlichen Ausgaben von 12.000 Mark zu decken, und die Stadt zudem jeglichen Zuschuß ablehnt, entschließt sich Hedwig Kettler zu einem erneuten Bittgang. Es gelingt ihr schließlich doch noch, die Stadt zur Mitfinanzierung zu bewegen. Auf der Sitzung der städtischen Kollegien vom 20. Dezember 1901 wird

---

11 A. Voigt, Es ist schon lange her. Erinnerungen aus dem Mädchengymnasium, o.O./ o.J. (um 1925).

eine Jahresbeihilfe in Höhe von 4.000 Mark für die mittlerweile drei Klassen umfassende Einrichtung mit zusammen 30 Schülerinnen bewilligt. Auch werden Klassenräume im Neubau der Sophienschule zur Verfügung gestellt - der Umzug in die neuen Räumlichkeiten kann noch im selben Jahr erfolgen.
Die Initiatorin ist dennoch nicht zufrieden. Sie hält an ihrer ursprünglichen Idee eines "Vollgymnasiums" für Mädchen fest, sieht allerdings keine Realisierungsmöglichkeiten dafür. Auf der 11. Generalversammlung des "Vereins Frauenbildungs-Reform", dessen Mehrheit sich vorläufig mit "gymnasialen Kursen" begnügen möchte, stellt sie überraschend den Antrag auf Auflösung des Vereins und seiner Nebenorganisationen zugunsten eines neu zu gründenden "Vereins zur Erhaltung des Hannoverschen Mädchengymnasiums". Dieser Antrag wird - wie zu erwarten - abgelehnt. Hedwig Kettler zieht daraus die Konsequenzen und legt am 26. April 1901, nach zwölf Jahren Vereinsvorsitz, unter Protest der übrigen Mitglieder ihren Posten nieder.
Als der preußische Kultusminister der hannoverschen Einrichtung definitiv die Bezeichnung "Mädchengymnasium" untersagt, gründet sie 1902 unabhängig vom "Verein Frauenbildungs-Reform" das "Komitee für vollständige Mädchengymnasien", für das sie etwa 70 prominente Persönlichkeiten aus Wissenschaft, Politik und Publizistik - unter ihnen Ricarda Huch, Friedrich Naumann und Georg Simmel - gewinnen kann. Von 1902 bis 1908 werden jährlich Eingaben an den preußischen Kultusminister sowie den Landtag ausgearbeitet und eine intensive Pressekampagne durchgeführt. Trotz positiver Gutachten der genannten Persönlichkeiten werden die Petitionen jedoch entweder abgelehnt oder nicht einmal beantwortet. Die Gründung dieses Komitees hat Hedwig Kettler selber einmal als letzte Etappe ihres Wirkens für eine Verbesserung der weiblichen Bildung bezeichnet. Der erwünschte Durchbruch gelingt ihr damit nicht.
1902 werden die hannoverschen Kurse in Realgymnasialkurse umgewandelt, die nun unter der Aufsicht des Provinzialschulkollegiums stehen. 1907 erfolgt die Übernahme in städtische Verwaltung. Erst 1908, mit der offiziellen Neuordnung des höheren Mädchenschulwesens, wird ein Übergang zur sechsklassigen sogenannten Studienanstalt erreicht.

Neben ihrer Vereinstätigkeit ist Hedwig Kettler auch Mitglied des "Allgemeinen Schriftstellervereins" und Mitarbeiterin verschiedener Zeitungen und Zeitschriften. Nach den enttäuschenden Erfahrungen im Zusammenhang mit dem hannoverschen Mädchengymnasium scheint sie sich auf das literarische Gebiet zurückgezogen zu haben. Zwischen 1905 und 1914 ist sie hier besonders aktiv. Ihre Skizzen und Erzählungen - häufig mit sozial-kritischem Unterton - erscheinen z.B. in "Westermanns Monatsheften", "Über Land und Meer" und im "Bazar". Für die Veröffentlichung literarischer Arbeiten benutzt Hedwig Kettler das Pseudonym "Gotthard Kurland" - ein entfernter Vorfahre ihres Gatten. 1902 erscheint in Bremen der Sammelband "Alltagsgeschichten. Skizzen von Gotthard Kurland" mit eigenen Erzählungen. Außerdem gibt sie 1910 "Lieder aus Niedersachsen", eine Auswahl von Gedichten verschiedener Autoren - darunter auch ihre Tochter Mine - heraus. Zwischen 1919 und 1922 zeichnet sie als Lektorin und Redakteurin für die Jugendschriften des Berliner Flemming-Verlages, wie Gumperts "Töchteralbum" und "Herzblättchens Zeitvertreib", verantwortlich.

Schon vor dem Ersten Weltkrieg hatte die Familie ihren Wohnsitz nach Berlin-Friedenau verlegt. Nach dem Tod ihres Mannes zog Hedwig Kettler sich vollständig aus der Öffentlichkeit zurück. Über ihre letzten 15 Lebensjahre, die sie zusammen mit den beiden Töchtern verbrachte, ist leider kaum etwas bekannt. Sie starb am 5. Januar 1937 im Alter von 85 Jahren und wurde neben ihrem Mann auf dem Zwölf-Apostel-Friedhof in Berlin-Schöneberg beigesetzt.

Der Überblick über Leben und Werk Hedwig Kettlers soll durch einige zeitgenössische Zitate vervollständigt werden, die m.E. geeignet sind, sich der Persönlichkeit dieser bemerkenswerten Frau zu nähern und ihr erstaunlich ausdauerndes Engagement für eine Verbesserung der Mädchenbildung zu erklären.
Die Tocher Mine charakterisiert ihre Mutter wie folgt:
"Es war Hedwig Kettlers Wesen, nichts halb zu tun. Sie mochte eine Broschüre schreiben oder ein Wäschestück flicken, was angefangen war, wurde ... gründlich durchgeführt. Es steckte doch bei allem die Künstlerin in ihr, die im kleinsten nach Vollendung strebte und unter oberflächlicher Behandlung einer noch so einfachen Arbeit geradezu litt. Im Gegensatz zu anderen Führerinnen der Frauenbewegung kam sie ja auch nicht von der Pädagogik her, ebensowenig von der Politik. Sie entschloß sich langsam, nur nach sorgfältiger Erwägung von Für und Wider, blieb dann aber bei dem als richtig Erkannten mit seltener Stetigkeit und kannte kein Zurückweichen."
Und weiter heißt es:
"Jede Heftigkeit im persönlichen Auftreten lag ihr fern. Durch diese maßvolle Art gewann sie Sympathien, wo lautes Vordringen schwerlich zum Ziele geführt haben würde."
Aber - *"für Kompromisse war sie nicht zu haben."*[12]
Der niedersächsische Heimatdichter Moritz Jahn schreibt über seine Zeitgenossin:
"In meiner Erinnerung bewahre ich ihr Bild als das einer sehr klugen, zugleich gütigen wie willensstarken Frau. Wenn ich das 'klug' hier voranstelle, dann deshalb, weil sie die erste Frau war, die mir mit dem selbstverständlichen Besitz einer hohen geistigen Kultur begegnete. ... Daß diese Frau für die Frauenbildungsreform eintreten mußte und eintrat, war für mich das Selbstverständlichste von der Welt."[13]
Exemplarisch für die Reaktion der Presse, etwa auch auf ihre zahlreichen Vortragsreisen, sind folgende Zeilen, die der "Wiesbadener Generalanzeiger" anläßlich des dort 1893 vom "Verein Frauenbildungs-Reform" veranstalteten Frauentages abdruckte:
"Man würde es dieser anmutigen, eleganten Erscheinung nicht ansehen, mit welcher unerbittlichen Schärfe sie ihren Gegnern zu Leibe gehen kann."[14]

---

12 Mine Kettler, a.a.O.

13 Zit. nach Willich, a.a.O., S.171.

14 Zit. nach ebd.

Nicht überall wurde ihr allerdings soviel Wohlwollen entgegengebracht. Eine vielgelesene süddeutsche Zeitung veröffentlichte an exponierter Stelle folgenden Appell:

"Verehrte Frau Kettler, gehen Sie in ihr Haus und erziehen Sie ihre Kinder, wenn Sie welche haben. Das hat Sinn. Aber verschonen Sie die Welt mit Ihren Reformen, Sie blamieren sich fürchterlich damit."[15]

Es bleibt noch die Frage nach möglichen Ursachen für den Rückzug Hedwig Kettlers auf das Gebiet der Schriftstellerei. Sie läßt sich nicht abschließend beantworten. Unzufriedenheit mit der Entwicklung ihrer Projekte werden hier ebenso eine Rolle gespielt haben wie persönliche Differenzen, die sich aus ihrer dominanten, kompromißlosen Art ergaben und die die "Einzelgängerin" mit zunehmendem Alter als zermürbend empfunden haben muß. Neben der Tatsache, daß sie relativ wenig veröffentlicht hat, liegt hier eventuell ein weiterer Grund für die geringe Aufmerksamkeit, die ihrer Person bisher entgegengebracht worden ist.

Einer eindeutigen Zuordnung zu einer bestimmten Richtung innerhalb der deutschen Frauenbewegung entzieht sich Hedwig Kettler vielleicht noch stärker als andere ihrer Vertreterinnen. So kann ihr Vorhaben einer grundlegenden Veränderung der höheren Mädchenbildung vor dem Zeithintergrund durchaus als "radikal" bezeichnet werden. In den Statuten des "Vereins Frauenbildungs-Reform" wird ausdrücklich der Zugang "zum Studium a l l e r Wissenschaften" gefordert - für die frühen neunziger Jahre des 19. Jahrhunderts jedenfalls in Deutschland noch ein unerhörtes Ansinnen.

Äußerungen zu anderen Themenbereichen der Frauenbewegung, etwa der "Dienstbotenfrage", wirken dagegen recht konservativ. Hedwig Kettler vertritt in ihren Schriften sogar ein relativ statisches Gesellschaftsmodell; die von ihr propagierte Mädchenbildung sollte dementsprechend in erster Linie Bürgertöchtern zugute kommen.

Ganz erheblich weicht sie von den Vorstellungen des "radikalen" Flügels der bürgerlichen Frauenbewegung ab, wenn sie behauptet, die deutschen Frauen seien noch nicht reif für das Stimmrecht. Hier stellt sie sich mit den "Gemäßigten" in eine Reihe, die eine Zulassung der Frauen zu den Wahlen ebenfalls als "Krönung" der Emanzipation zunächst in eine fernere Zukunft vertagt hatten. Selbst innerhalb ihrer eigenen Argumentation finden sich Brüche. Sie enthält sowohl "gemäßigte" als auch "radikale" Elemente. Einerseits verneint Kettler ausdrücklich die angebliche "weibliche Inferiorität" und betont die Legitimität einer Konkurrenz zwischen Frau und Mann. Die Ableitung der Frauenemanzipation erfolgt in diesem Fall aus dem Naturrecht: Bildung ist folglich ein Gebot der Gerechtigkeit. Andererseits definiert Kettler die "Frauenfrage" als "Not- und Brotfrage"[16] - d.h. Bildung wird als Notwendigkeit verstanden, um den "unversorgten Frauen" eine Möglichkeit zur Existenzsicherung zu verschaffen. Da beide Argumentationsstränge bei Hedwig Kettler eng miteinander verwoben sind, läßt sich nicht leicht erkennen, wo die Prioritäten liegen. Deut-

---

15 Aus dem Artikel einer "vielgelesenen süddeutschen Zeitung", zit. nach Hedwig Kettler, Von Frauen - für Frauen, sonst und jetzt. Einiges zur Frauenfrage, in: 2. Abendblatt, Nr.239 der Allgemeinen Zeitung, München, 29. August 1903.

16 Nach Helene Lange/ Gertrud Bäumer (Hrsg.), Handbuch der Frauenbewegung, Bd.1, Berlin 1901, S.89.

lich wird jedoch die Zweckgebundenheit ihrer Beweisführung: radikale Forderungen finden sich überwiegend in den Schriften und Aufrufen, der Ton der Petitionen ist moderater. Einer der Eckpfeiler der gemäßigten Position, die Entfaltung des "weiblichen Kultureinflusses" in der Gesellschaft, findet bei Kettler keine Berücksichtigung.

Es sollte allerdings nicht außer Acht gelassen werden, daß Hedwig Kettler sich und "ihrem" Verein eine strikte Beschränkung auf e i n Arbeitsgebiet der "Frauenfrage" auferlegt hatte, jedoch darüber hinaus alle Bestrebungen zur Verbesserung der Situation der Frauen begrüßte.

Immerhin trägt der Verein nach zeitgenössischer Beurteilung *"als erster der bürgerlichen Frauenbewegung die 'Nuance', die das Publikum mit dem Ausdruck 'radikal' bezeichnet"*.[17] Dabei sind sich Initiatorin und Verein ihrer vermeintlichen Radikalität gar nicht bewußt:

"Wir streben nicht dahin, etwas Neues, Fremdes, noch nicht Dagewesenes zu schaffen, sondern wir suchen nur dafür zu wirken, daß Deutschland endlich dem Beispiele folge, welches zahlreiche andere Völker uns geben."[18]

Ihrem eigenen Verständnis nach fühlte Hedwig Kettler sich offenbar keiner der beiden Richtungen zugehörig:

"Der gemäßigten Richtung gehören alle an, die nach rechts und nach links Konzessionen machen, die ... überhaupt bemüht sind, Vorwürfe ... welche etwa gegen sie erhoben werden könnten, schon im voraus abzuwehren, kurz gesagt, die sich bemühen, mit aller Welt 'in Frieden zu leben'. All' diesen gegenüber steht die radikale Richtung; die keine Rücksicht kennt und keine nimmt ... die weite Strecken des in Kultur zu nehmenden Geistes absteckt, aber nur einen sehr kleinen Teil selber gründlich bearbeitet, mitunter hierauf auch ganz verzichtet und nur anderen Leuten Arbeit empfiehlt. Dieser radikalen Richtung der Frauenbewegung sagt man u.a. nach, daß sie die politische Gleichberechtigung der Frau erstrebe."[19]

Bei einer Einschätzung muß allerdings auch der Tatsache Rechnung getragen werden, daß Hedwig Kettler - aus heutiger Sicht - zu einem Zeitpunkt radikale Forderungen stellte, als sich die "radikale Richtung" eben erst zu formieren begann. Vor diesem Hintergrund wird auch verständlich, warum das die "Radikalen" kennzeichnende bewußte politische Engagement bei ihr nicht vorhanden ist. In den Satzungen des "Vereins Frauenbildungs-Reform" heißt es: *"Der Verein als solcher vertritt keinerlei politischen oder kirchlichen Standpunkt"*. Ebenso wie auf anderen Gebieten ist die Vorsitzende um Wahrung absoluter Unabhängigkeit bemüht. Ihre wenigen Äußerungen mit direktem politischen Bezug sind nicht eindeutig.

Die entscheidende Bedeutung Hedwig Kettlers und des "Frauenvereins-Reform" besteht sicher in dem Verdienst, die öffentliche Diskussion über eine Verbesserung der Mädchenbildung und den Zugang von Frauen zu den Universitäten in Gang gebracht zu haben. Auf diese Weise konnte es gelingen, die anfangs noch von vielen als "radikal" empfundenen Forderungen schrittweise zu etablieren.

---

17 Zit. nach Christiane Pudenz, Entstehung, Struktur und Geschichte der ersten deutschen Frauenbewegung, Diss., München 1977, S.349.

18 Frauenberuf, Jg.4/ 1890, S.316.

19 Hedwig Kettler in ihrem unveröffentlichten Manuskript "Politische Gleichberechtigung der Frau", undat. (um 1904), StAH, NL Kett. 56/5.

Nach diesem schwierigen Beginn, zögernder Entwicklung und weiterem Aufschwung während der zwanziger Jahre machten die Nationalsozialisten alles gerade Erreichte wieder zunichte. Von diesem Rückschlag erholte sich die Mädchenbildung nach dem Zweiten Weltkrieg nur langsam; erst Ende der sechziger Jahre deutete sich mit der Einführung der Koedukation ein Wandel an.
Anfang der achtziger Jahre lag der Anteil der Abiturientinnen in der Bundesrepublik bei ungefähr 50%.[20] Unter den Studierenden sind Frauen mit knapp 40% vertreten, wobei die Tendenz leicht rückläufig ist. Auffällig ist nach wie vor die geschlechtsspezifische Fächerwahl: Mehr als 70% der Studentinnen bevorzugen geistes-, sprach- und erziehungswissenschaftliche Studiengänge. Wenig erfreulich sieht es bei den Dozenten- und Professorenstellen aus. Der Anteil von Hochschullehrerinnen im Fach Geschichte beispielsweise beträgt gegenwärtig magere 4%![21]
Kein Anlaß also mehr zu dem im Eingangszitat geäußerten Optimismus? Hedwig Kettler hat keine darüber hinaus gehende Prognose für die Entwicklung bis zum Jahr 2000 gewagt. Aber daß es langsam vorangehen würde mit der Emanzipation der Frau - sei es nun auf dem Bildungssektor oder auf anderen Gebieten -, das war sicherlich auch ihr klar.

---

20 Diese und folgende Prozentangaben stammen aus: Sabine Liedtke/ Brunhilde Wagner, "80 Jahre Frauenstudium - 80 Jahre Ausbildung für soziale Berufe". Begleitheft zur Fotodokumentation des Fachbereiches Sozialpädagogik der Fachhochschule Hildesheim/ Holzminden, Hildesheim 1989.

21 Angabe nach Gisela Bock, Geschichte, Frauengeschichte, Geschlechtergeschichte, in: Geschichte und Gesellschaft. Zeitschrift für Historische Sozialwissenschaft, Jg.14/ 1988, H.3, S.364-391, S.389.

"... gebt mir Arbeit! Nehmt mir Lust, Freude, Liebe, alles, alles, nur ein hohes Ziel gebt mir und zeigt mir den Weg dahin."[1]

Susanne Zeller

Frieda Duensing (1864-1921)
Leiterin der "Deutschen Zentrale für Jugendfürsorge" in Berlin[2]

Die Entwicklung des modernen Jugendfürsorgewesens in Deutschland ist ohne das soziale und juristische Engagement von Dr. Frieda Duensing kaum denkbar.
Die Betreuung "gefährdeter" und "verwahrloster" Kinder und Jugendlicher verlagerte sich gegen Ende des 19. Jahrhunderts von einer karitativen Aufgabe kirchlicher und bürgerlich-privater Vereine mehr und mehr auf öffentliche Fürsorgeeinrichtungen. Das unbeschreibliche Elend besonders von Kindern und Jugendlichen infolge der industriellen Verhältnisse führte im letzten Drittel 19. Jahrhunderts zu den ersten Jugendfürsorgeerziehungsgesetzen, welche letztlich 1922/24 durch das Reichsjugendwohlfahrtsgesetz reformiert wurden und ihren vorläufigen Abschluß in unserer heutigen Jugendschutzgesetzgebung gefunden haben.[3]
Im Zusammenhang mit der Entwicklung der Frauenbewegung war seit der Jahrhundertwende der Fürsorgeberuf als vorwiegend weibliches Tätigkeitsfeld entstanden. 1893 wurden durch Jeanette Schwerin (1852-1899) die ersten "Mädchen- und Frauengruppen für soziale Hilfsarbeit" in Berlin gegründet. Aus diesen Kursen ging 1899 der erste Jahreskursus für die Ausbildung von Armenpflegerinnen und Fürsorgerinnen hervor, bis Alice Salomon (1872-1948) schließlich 1908 die erste zweijährige, überkonfessionelle "Soziale Frauenschule" im Deutschen Reich gründete.
Frieda Duensing war zwar nicht unmittelbar in der deutschen Frauenbewegung engagiert, sie stand ihren Zielen aber nahe und gehört, wie viele andere 'rausragende Frauen der damaligen Zeit, in die Geschichte der Sozialpädagogik.
Frieda Duensing wurde am 26. Juni 1864 in der Familie eines Ökonomierats in Diepholz geboren. Über ihre Mutter und die Kindheit Friedas ist nichts Näheres überliefert. Den allgemeinen gesellschaftlichen Beschränkungen für Frauen des 19. Jahrhunderts entsprechend, besuchte sie nach der höheren Töchterschule in Hannover das Lehrerinnenseminar und gab nach dieser Ausbildung Volksschulunterricht. Sie fühlte sich in diesem Beruf auf Dauer aber unausgelastet und kämpfte jahrelang mit dem inneren Zwiespalt, ob sie ihren stark ausgeprägten musischen Neigungen nachgeben oder ihrem sozialen Verantwortungsbewußtsein folgen sollte. In ihrem

---

1 Frieda Duensing, Tagebucheintragung vom 3. Oktober 1887, in: Frieda Duensing. Ein Buch der Erinnerungen, herausgegeben von ihren Freunden, Berlin 1922.

2 Dieser Beitrag ist die abgeänderte Fassung eines Aufsatzes über Frieda Duensing, abgedruckt in: Ilse Brehmer (Hrsg.), Mütterlichkeit als Profession? Lebensläufe deutscher Pädagoginnen in der ersten Hälfte dieses Jahrhunderts, Bd.1, Pfaffenweiler 1990.

3 Zu den gesetzlichen Regelungen vgl. Detlev J.K. Peukert, Grenzen der Sozialdisziplinierung. Aufstieg und Krise der deutschen Jugendfürsorge von 1878 bis 1932, Köln 1986.

Tagebuch beschreibt sie am 3. Oktober 1887 ihre inneren Kämpfe um eine sinnvolle Lebensperspektive, die für Frauen damals schwer errungen werden mußte:

"Immer wieder schleicht sich in meine Bewunderung für geistig Hochstehende der Neid. Wie oft sage ich mir beim Lesen eines guten Buches: hättest du das machen können? Ja, so groß ist dieser Wunsch, daß ich der Befriedigung desselben jedes Opfer zu bringen bereit wäre. Mein Ehrgeiz zielt aber nicht auf Anerkennung der öffentlichen Meinung. Dieses Forum verachte ich. Ich möchte nur gerne etwas schaffen was mir selbst, den Forderungen meines hochstrebenden Geistes genügt, das ich nur einmal mit mir selbst zufrieden sein könnte. Es wohnen zwei Triebe in meiner Brust: die <der> eine ist die <der> fordernde, gesetzgebende, die <der> andere, ... ausübende, empfängt Befehle. Nun läßt die <der> fordernde den Diener zu keinem Atem kommen, überhäuft sie <ihn> mit Aufträgen und mit Vorwürfen bei schwachen Leistungen, ... So kommt es nie zur Ruhe in mir. Der fordernde Trieb ist der Ehrgeiz. Kann nun derselbe wohl absolut schlecht sein, wenn er mich auffordert, vortreibt und befähigt zur Arbeit? Das Schlechte ist nur negativ und kann nie etwas hervorbringen. Da aber der Ehrgeiz in mir der Beweggrund des Tuns ist, so kann er nicht schlecht sein. ...

Wenn ich nur erkennen könnte, was eigentlich meine Lebensaufgabe ist. Ich fühle Kraft und vor allen Dingen Lust und Opferfreudigkeit zu wirken und zu schaffen. Und all diese Kraft, da ich sie ohne Ziel nicht konzentrieren kann, zersplittert in hunderten Beschäftigungen, deren jede mich nicht zu befriedigen vermag. Gebt mir mein Werk, das in wahrem Sinn 'mein' ist und ihr werdet sehen, ich werde es verrichten. ...

Kann ich eine Schriftstellerin werden? Nein, ich kann wohl sehen, konzipieren, aber nicht gestalten.

Kann ich Krankenpflegerin werden? Nein, denn ich bin viel zu ästhetisch, viel zu wenig fromm.

Kann ich eine Hausfrau werden? Nein, ich kann mich einem Manne nicht unterordnen. Auch nicht aus Liebe?

Kann ich eine Schulvorsteherin werden? Nein und ja. Ich bin sehr aufgeregt, nervös, aufbrausend, unstetig, aber ich habe wieder ohne Frage Talent zum Disponieren, lebhaften Sinn und, wenn auch nicht Liebe, so doch Interesse an Kindern. Die letztere Frage will ich noch nicht entscheiden."[4]

Um sich über ihre Lebensperspektive klarer werden zu können, unternahm Frieda Duensing 1894/95 zunächst Reisen nach Frankreich, England und Schottland, gab dort gelegentlich Deutschunterricht und informierte sich über die sozialen Einrichtungen dieser Länder. Ihr Konflikt zwischen perspektivlosem Müßiggang, Bildungshunger, Wirkungen der Emanzipationsideen und altruistischen Empfindungen war kennzeichnend für die bürgerliche Töchtergeneration der Jahrhundertwende. Alice Salomon hatte genau bei diesen Konflikten begüterter Frauen angesetzt und zum sozialen Engagement aufgerufen. Frieda Duensing entschloß sich nach ihren Reisen endgültig zur Aufgabe des Lehrerinnenberufes, um noch jene von der Frauenbewegung so schwer erkämpften Weiterbildungsmöglichkeiten für ein berufliches Fortkommen zu nutzen. Sie ging nach München und legte dort 1897 ihre Matura ab.

4 Duensing, a.a.O., S.35f.

Abb. 18: Frieda Duensing (undatiert)

Danach entschloß sie sich zum Jurastudium. Frieda schrieb später über diesen Entschluß, erst mit Gesetzeskenntnissen werde es Frauen möglich, nicht nur Humanität zu fordern, sondern Rechte auch konkret durchsetzen zu können.
Da Frauen in Deutschland damals noch nicht zur Advokatur zugelassen wurden, schrieb sich Duensing Ende 1897 in Zürich zum Jurastudium ein. Dort promovierte sie im Wintersemester 1902/03 als eine der ersten deutschen Frauen mit einer Arbeit über die "Verletzung der Fürsorgepflicht gegenüber Minderjährigen. Ein Versuch zu ihrer strafrechtlichen Behandlung". Sie hatte sich Einblick in das unvorstellbare Elend von Kindern und Jugendlichen in den industriellen Ballungszentren der Großstädte mit hoher Säuglingssterblichkeit, Kinderarbeit, Kindesmißhandlungen, Jugendkriminalität und allgemeiner physischer wie psychischer "Verwahrlosung" verschafft. Die Ursachen dieser elenden Verhältnisse lagen für sie ohne Zweifel in der herrschenden kapitalistischen Wirtschaftsweise begründet. Diese problematisierte sie allerdings nicht konsequent politisch weiter, sondern prangerte die katastrophalen Auswirkungen - vor allem die Erwerbsarbeit von Müttern - auf das proletarische Familienleben an. Diese Wirtschaftsordnung zerstöre alle Bedingungen familiärer (bürgerlicher) Erziehungsprinzipien. Deshalb könne die moderne Arbeiterfamilie keine Gewähr mehr dafür bieten, eine geistig und körperlich gesunde Nachkommenschaft heranzubilden. Die Eltern - vorwiegend die "prügelnden" und "trunksüchtigen" Väter der Arbeiterklasse - wurden damit zur hauptsächlichen Zielscheibe ihrer Analyse und Kritik und nicht mehr die verursachenden ökonomischen Verhältnisse als solche. Im Verlauf ihrer Dissertation zeigte Duensing dann die großen Mängel auf, die das geltende Familienrecht in bezug auf die uneingeschränkte elterliche, beziehungsweise "Schutzgewalt" aufwies. Proletarische Kinder und Jugendliche bräuchten angesichts ihrer unbeschreiblichen familiären Zustände einen wirksameren codifizierten Schutz vor dem elterlichen "Machtmißbrauch". Frieda Duensing plädierte aus diesem Grund für die Ausweitung staatlicher Kompetenzen zum Wohle der Minderjährigen. Nach § 1666 des Bürgerlichen Gesetzbuches (BGB) konnte das elterliche Sorgerecht dann auf gesetzlich bestellte Personen übertragen werden, wenn Eltern ihren Erziehungsverpflichtungen nicht nachkamen. Im Rahmen der Konstituierung eines weiblichen Vormundschafts- und Pflegeschaftswesens sollte Frieda Duensing künftig ihren beruflichen Schwerpunkt und eine Lebensaufgabe finden.

Der Vorsitzende des Vereins zum "Schutz der Kinder vor Ausnutzung und Mißhandlung", Professor von Soden, beauftragte Frieda Duensing 1904 mit der Geschäftsführung der ersten - bereits seit 1901 bestehenden - Berliner "Zentralstelle für Jugendfürsorge" (ZSJ). Diese neue Einrichtung nahm in sehr bescheidenem Rahmen ihren Anfang, da noch nicht einmal Räumlichkeiten dafür zu Verfügung standen. Auch die finanziellen Mittel mußten erst noch beschafft und freiwillige Mitarbeiterinnen geworben werden.
Duensing kritisierte scharf die gängige Praxis von männlichen Vormündern, die sich in der Regel um ihre Mündel kaum kümmerten und ihre Berichte mit stereotypen, lieblosen Phrasen versahen. Da es ab 1900 endlich auch Frauen gesetzlich möglich geworden war, Vormundschaften anzunehmen, galt Duensings ganzes Engagement zunächst der Gewinnung freiwilliger Mitarbeiterinnen. Auf den Gebieten des Vor-

mundschafts- und Pflegeschaftswesens sollten "brachliegende mütterliche Kräfte" begüterter Frauen zur Entfaltung kommen.
Innerhalb weniger Monate gelang es Frieda Duensing zusammen mit Anna Pappritz, der Vorsitzenden des Berliner Zweigvereins der abolitionistischen Föderation, den ersten eigenständigen "Verband für weibliche Vormundschaft" (später "Verein für Einzelvormundschaft") mit etwa 80 Berliner Frauen zu konstituieren. Der Verband beriet die im Verkehr mit Behörden, Vormundschaftsgerichten und Gemeindewaisenräten noch ungeübten Frauen in allen juristischen Fragen.

Die Aufgaben der neuen sozialen Einrichtung in Berlin - insbesondere die Förderung der Kooperation zwischen öffentlicher und traditioneller kirchlicher (Jugend) Fürsorge - umriss Frieda Duensing folgendermaßen:
"Die Aufgabe, die sich die Zentralstelle für Jugendfürsorge ... gestellt hat, gehört in <den> Bereich der sogenannten öffentlichen Jugendfürsorge. Dies heißt Ersatz der privaten Fürsorge und muß da eintreten, wo die private mangelt oder nicht ausreicht; also 1. wo die privatrechtlich verpflichteten Personen nicht dazu angetan sind, die gehörige Entwicklung des Kindes sicher zu stellen, sondern sie geradezu gefährden durch Vernachlässigung, schlechte Behandlung usw. 2. wo das privatrechtlich verpflichtete Kapital zu jenem Zweck nicht ausreicht, Kinder z.B. nicht vor Hunger und sonstigen materiellen Entbehrungen zu schützen, oder, wenn sie krank sind, nicht Heilung zu verschaffen vermag; wo dieser pekuniäre Mangel zur Überlastung mit gewerblicher Arbeit zwingt usw. 3. wo das Kind durch die Strafgewalt des Staates den privaten Verhältnissen entrissen, Verbrecher, Angeklagter, Sträfling wird.
Träger der öffentlichen Jugendfürsorge im juristischen Sinne ist der Staat; ... .
Aber nur zum Teil! zu einem geringen Teil! Der Staat ist ein Neuling auf diesem Gebiet. Er hat Vorgänger ruhmreichsten Angedenkens: Die Kirche, die konfessionelle Liebestätigkeit überhaupt und die humanitäre; ... .
Wenn man in der Geschichte der Armenpflege blättert und findet, was diese Kräfte auf dem Gebiet der Jugendfürsorge leisten, ... was sie jetzt noch leisten, wenn man erwägt, daß diese Kräfte, besonders die Kirche, ihrer immanenten Eigenschaften wegen in der Verschaffung von Mitteln, in dem Heranziehen geeigneter Persönlichkeiten und in der Begeisterung derselben für die Arbeit dem Staate in der Durchführung der Jugendpflege stets superior sein wird: so kommt man zu dem Schluß, daß eine Einengung dieser Tätigkeit, eine Unterbindung zum größten Schaden für den Erfolg der Jugendfürsorge wäre. ...
Beide müssen zusammenwirken, Staat und Caritas, als Macht und Liebe sich ergänzend und unterstützend, ... - so wird viel geleistet werden können. Die ganze weitere Entwicklung wird sich darum drehn, daß die staatlich-kommunale Jugendfürsorge und die von der freien Liebestätigkeit gepflegte ... immer mehr zu einer klaren Sonderung ihrer Aufgaben, und auf Grund derselben zu gemeinsamer Arbeit sich durchdringen.

Das Zusammenwirken beider Faktoren verständnisvoll zu fördern, das wird bei jeder Arbeit stets unser besonderes Augenmerk sein müssen. ..."[5]

1905 konnte Frieda Duensing mit ihrer Geschäftsstelle einen eigenen Raum beziehen und ein dichtes Kontaktnetz zwischen der ZSJ, den über 60 Berliner Fürsorgevereinen und den Vormundschaftsgerichten aufbauen. Sie organisierte große Fachkonferenzen, erarbeitete Gesetzesvorlagen, z.B. zur Alimentenprozeß-Praxis und zum Jugendstrafrecht, führte Beratungsstunden durch, hielt Vorträge, machte Eingaben bei Behörden (wie beispielsweise beim Berliner Polizeipräsidenten wegen der Beschäftigung von Mädchen in Varietévorstellungen) und setzte sich dafür ein, auch die seelische Mißhandlung unter Strafe zu stellen. Neben dieser umfangreichen Arbeit hatte sie noch zwei eigene Vormundschaften übernommen.
Wenn es um ihr anvertraute Mündel ging, bewegte sie sich manchmal hart an der Grenze der Legalität, um die Herausnahme von gefährdeten Kindern aus ihren Familien zu ermöglichen. Ihrer Ansicht nach tendierten Vormundschaftsrichter dazu, das Sorgerecht zu schnell wieder den Eltern zu übertragen und damit die Minderjährigen erneuten Mißhandlungen schutzlos auszuliefern. Duensing setzte sich auch für die Übernahme von Pflegekindern in Familien auf dem Lande ein. Hieraus entstand der Verein "Landaufenthalt für Kinder". Ein weiterer Schwerpunkt war das Engagement für psychisch erkrankte Kinder und Jugendliche, die nicht in die "Irrenanstalten", sondern in besondere therapeutische Einrichtungen gehörten.
1907 wurde Frieda Duensing noch die Geschäftsführung des "Deutschen Zentralvereins für Jugendfürsorge" übertragen, dessen Aufgaben bis dahin lediglich in der Sammlung von Materialien, Statistiken und in der Organisation von Fachkonferenzen bestanden hatten. Im April 1907 wurden dieser Zentralverein und die ZSJ in die "Deutsche Zentrale für Jugendfürsorge" (DZfJ) unter Duensings Leitung zusammengefaßt. Dem Vorstand und dem Präsidium gehörten Frauen wie Gertrud Bäumer und Marie Baum an. Die DZfJ gab auch ein eigenes Organ, "Jugendwohlfahrt", unter der Schriftleitung Frieda Duensings heraus. Zu den erweiterten Aufgaben der DZfJ gehörten jetzt noch die Entwicklung des Adoptivwesens, die Forcierung einer geregelten Jugendgerichtshilfe und die Anregung von Schulspeisungen und Kinderhorten für aufsichtslose Schulkinder.
Frieda Duensing hatte in nur sieben Jahren dieses umfangreiche Lebenswerk aufgebaut. Die damit verbundenen enormen Anstrengungen machten sich zunehmend in ihrem immer schon etwas labilen Gesundheitszustand bemerkbar.
1911 legte sie die anstrengende Geschäftsführung der DZfJ nieder und unterrichtete das Fach Rechtskunde an der "Sozialen Frauenschule" in Berlin. Daneben unternahm sie zahlreiche Vortragsreisen ins In- und Ausland. Die angeschlagene Gesundheit zwang sie nach Kriegsbeginn 1914 aber zur Aufgabe auch dieser Aktivitäten und zu langen Sanatoriumsaufenthalten bei München. Obwohl sie sich nicht wieder vollständig erholt hatte, übernahm sie noch ab 1919 bis zu ihrem Tode 1921 die Leitung der "Sozialen Frauenschule" in München.

---

5 "Dringende Aufgaben auf dem Gebiet der Jugendfürsorge", Auszug aus dem Antrittsreferat der Geschäftsführerin Dr. jur. F. Duensing, gehalten am 5. Oktober 1904 in Berlin, zit. nach Duensing, a.a.O., S.244f.

Bei dem Lebenswerk von Frieda Duensing sind sozialpädagogische konzeptionelle Vorstellungen und Praxis kaum voneinander zu trennen, da für sozial tätige bürgerliche Frauen der Jahrhundertwende zwischen Theorie und Praxis noch kein artifizieller Gegensatz bestand. Ihrer sozialpädagogischen Konzeption nach hieß "Volkserziehung" vor allem nicht mehr Drill, Zwang, Prügel oder pädagogische Gängelei. Erzieherinnen und Erzieher hatten demgegenüber durch entwicklungsfördernde Erziehungsmittel lediglich den *"guten Anlagen des Kindes gegen die schlechten zum Durchbruch"* zu verhelfen.[6]
Sie hatte bei ihren pädagogischen Vorträgen in erster Linie die Arbeiterjugend im Auge. Diese sollte durch günstige Entwicklungsbedingungen zur größtmöglichen körperlichen, "charakterlichen" und geistigen Leistungsfähigkeit und inneren Harmonie gebracht werden, um später als erwachsene Arbeiter und Arbeiterinnen den Erfordernissen der industriellen Produktionsweise entsprechen zu können. Ausreichender Schlaf, gesunde Ernährung, vor allem kein Alkoholgenuß, trockene und helle Räume und viel körperliche Bewegung waren ihrer Ansicht nach unverzichtbare äußere Mindestvoraussetzungen für einen günstigen Entwicklungsverlauf von Heranwachsenden. Duensing lag natürlich insgesamt nicht die Herausbildung eines "revolutionären Subjektes" am Herzen. Zur Charakterbildung eines "tüchtigen Arbeiters" gehörte ihrer Auffassung nach die Anpassung an die allgemeingültigen Normen der bürgerlichen Industriegesellschaft. Das bedeutete die Schulung von Konzentration, Selbstbeherrschung, Sorgfalt, Pünktlichkeit, Sauberkeit, Ordnung, Ausdauer, Sparsamkeit, Sittlichkeit und auch Gerechtigkeitsliebe. Erzieherinnen und Erzieher verglich Duensing - in Anlehnung an die Fröbelsche Pädagogik - mit Gärtnern, die die hohe Kunst des Pflegens und Hegens beherrschen mußten, wenn sie erfolgreich sein wollten.
In ihren Vorträgen äußerte sie sich auch zu konkreteren pädagogischen Fragen wie zum Beispiel über die "besondere" weibliche Erziehung im Hinblick auf häusliche Pflichten, zu den Auswirkungen von Kinovorstellungen und Lektüre auf Kinder, zur Organisation der Landjugend, der Heimerziehung und zur Fortbildungsfrage der erwerbstätigen Großstadtjugend.
Sozialpolitisch kritisierte Frieda Duensing die riesigen Summen, die der preußische Staat für das Militär und die Bürokratie ausgab und forderte die Bereitstellung größerer finanzieller Mittel zur Eindämmung des Massenelends. Von der Erneuerung allgemeiner ethischer Prinzipien - insbesondere bei Unternehmern und Politikern - und durch freiwillige Mitarbeit begüterter Frauen im Rahmen sozialer Hilfstätigkeit versprach sie sich aber insgesamt größere Wirkungen als durch gesamtgesellschaftliche Umwälzungen der Verhältnisse.
Die programmatische Gesamtleistung von Frieda Duensing innerhalb der historischen Entwicklung sozialer Arbeit lag vor allem in ihrem Engagement als wohlfahrtspflegerisch tätige Juristin. In dieser Eigenschaft verfaßte sie zahlreiche Fachartikel in der von ihr redigierten "Jugendwohlfahrt". Dabei ließ sie sich ganz unmittelbar von ihren Beobachtungen und Erfahrungen leiten und versuchte, von der Praxis aus grundsätzliche juristische, verwaltungstechnische, organisatorische und

---

6 Frieda Duensing, Einige Gedanken über Erziehung von Kindern. Aus dem Arbeiterjahrbuch 1908, in: Duensing, a.a.O., S.312.

sozialpädagogische Richtlinien und Prinzipien zu entwickeln. Sie besaß noch ein weitgehend ungebrochenes und instrumentelles Verhältnis zum Gesetz. Ihre Fürsorgeschülerinnen ließ sie akribisch Paragraphen aus dem Familienrecht auswendig lernen. Genaue Gesetzeskenntnisse waren für zukünftige Jugendfürsorgerinnen unverzichtbare Mittel, später konkret im Interesse von Schutzbefohlenen handeln zu können. Frieda Duensing schätzte das geltende Rechtssystem zwar noch als vollständig unvollkommene, aber insgesamt unentbehrliche, die Gesellschaft regelnde und "zügelnde Macht" ein. Sie erwartete vor allem vom Familienrecht einen konkreten "erzieherischen Einfluß" für die "Bewahrung sittlicher Werte" in Ehe und Familie.[7]

Es ging Frieda Duensing bei ihrem gesamten Lebenswerk immer um das unmittelbare funktionale Ineinandergreifen der gesellschaftlichen Faktoren Staat, Gesetzgebung und Caritas auf dem Gebiet der Jugendfürsorge und des Jugendstrafrechts. Sie selbst begrüßte - im Gegensatz zu anderen führenden sozial tätigen Zeitgenossinnen, wie zum Beispiel Alice Salomon - ohne Einschränkungen die forcierte Verstaatlichung des Jugendfürsorgewesens zum Wohle der heranwachsenden Jugend. Bereits 1910 war sie für die Errichtung kommunaler Jugendämter eingetreten und hatte sich noch bis kurz vor ihrem Tode am 5. Januar 1921 mit sozialpädagogischem Erfahrungsfundus und juristischem Sachverstand an der Entwicklung des Reichsjugendwohlfahrtsgesetzes beteiligt.

Zusätzlich benutzte Literatur und Quellen

Bäumer, Gertrud: Gestalt und Wandel. Frauenbildnisse (u.a. Frieda Duensing), Berlin 1939.

Briefe von Frieda Duensing, in: Die Frau, Jg.28/ 1921, H.6.

Duensing, Frieda: Die Verletzung der Fürsorgepflicht gegenüber Minderjährigen. Ein Versuch zu ihrer strafrechtlichen Behandlung, Diss., Zürich 1903.

Dies.: Dringende Aufgaben auf dem Gebiete der Jugendfürsorge. Centralstelle für Jugendfürsorge, Berlin 1904.

Dies.: Vormündernot und weibliche Vormundschaft, in: Die Frau, Jg.12/ 1905, H.5.

Dies.: Organisation der Jugendfürsorge. Referat auf der Jahresversammlung des Deutschen Vereins für Armenpflege und Wohltätigkeit in Königsberg am 16. September 1910.

Dies.: Schutz der Familie gegen den trunksüchtigen Familienvater. Tagung der Deutschen Zentrale für Jugendfürsorge am 29./30. September 1913, Berlin 1914.

Dies.: Die Jugendpflege an der weiblichen Jugend, Vortrag 1913, in: Frieda Duensing. Ein Buch der Erinnerungen, herausgegeben von ihren Freunden, Berlin 1922.

Dies.: Waisenpflege, Vormundschaft, in: Jahrbuch des Bundes Deutscher Frauenvereine 1919.

Endres, Fritz: Frieda Duensing. Gedächtnisrede in der Sozialen Frauenschule München, in: Die Frau, Jg.28/ 1921, H.5.

7 Ebd., S.235.

Frieda Duensing als Lehrerin und Führerin, in: Neue Deutsche Frauenzeitschrift, Jg.2/ 1927, H.11.
Koepp, Lina: Soziale Persönlichkeitsarbeit, in: Die Frau, Jg.29/ 1922, H.5.
Dies.: Frieda Duensing als Lehrerin und Führerin. 12 Jahre Berliner Jugendfürsorge, Berlin 1927.
Major, Herbert: Dr. jur. Frieda Duensing, Diepholz 1985.
Zeller, Susanne: Volksmütter. Frauen im Wohlfahrtswesen der zwanziger Jahre, Düsseldorf 1987.
Dies.: Maria v. Graimberg. 40 Jahre Sozialarbeiterinnenausbildung in Heidelberg, Freiburg 1989.
Zum zehnjährigen Todestag von Frieda Duensing, in: Die Frau, Jg.38/ 1931, H.5.

Angela Dinghaus

Wissenschaft und Politik - Frauen in Männerdomänen

Zu Beginn des 20. Jahrhunderts zeichneten sich die ersten Erfolge der deutschen Frauenbewegung ab. Die Bildungschancen für Mädchen verbesserten sich allmählich, die Universitäten öffneten - zögernd - auch den Frauen ihre Pforten, und nach landläufiger Vorstellung "eroberten" Frauen neue Arbeitsplätze in Industrie und Handel, Verwaltung und sozialen Berufen. 1908 wurde das Vereinsgesetz abgeschafft, das Frauen politisch entmündigt hatte, und im November 1918 erhielten Frauen das aktive und passive Wahlrecht.
Den meisten Frauen blieb auch in der Weimarer Zeit der Aufstieg in qualifizierte Berufe versperrt,[1] nur einer verschwindend kleinen Minderheit gelang es, in die traditionellen Männerdomänen Wirtschaft, Wissenschaft und Politik vorzudringen. Führungspositionen verschlossen sich auch ihnen nach wie vor.
Bis in die jüngste Geschichte der Bundesrepublik sind Frauen auf Führungsebenen eine Ausnahmeerscheinung und nicht selten erfüllen sie Alibifunktionen.[2] Frauen auf dem Weg in Wissenschaft und Politik hatten und haben große Hürden zu überwinden; sie müssen auch heute über mehr Durchsetzungskraft und Stehvermögen verfügen als Männer, die eine wissenschaftliche oder politische Karriere anstreben.[3]
Mit der Einführung des Frauenwahlrechts, also der Einlösung von politischen Partizipationsforderungen eines Teils der bürgerlichen, besonders aber der sozialdemokratischen Frauenbewegung, erhielten die Frauen eine grundlegende Voraussetzung, gesellschaftspolitisch aktiv zu werden. In der politischen Arbeit sind Frauen lange Zeit "Exotinnen" geblieben.[4] Rar sind auch Untersuchungen, die sich mit den Ursachen der parlamentarischen Unterrepräsentation von Frauen befassen.[5]

---

1 1925 waren von 32 Millionen Erwerbstätigen ca. 11,5 Millionen Frauen. Von 100 Frauen waren ca. 35,6% berufstätig. Sie verteilten sich auf folgende Berufsgruppen:

Land- und Forstwirtschaft:	4.969.279
Industrie und Handwerk:	2.908.880
Handel und Verkehr:	1.575.255
Verwaltung/ freie Berufe:	290.647
Gesundheitswesen:	295.480
Häusliche Dienste:	1.438.471

(Angabe nach Gertrud Bäumer, Die Frau im Deutschen Staat, Berlin 1932, S.58 u. S.59.)

2 Ende der 1980er Jahre hatten deutsche Universitäten nicht einmal fünf Prozent Professorinnen aufzuweisen und auch die Anzahl weiblicher Abgeordneter betrug wenig mehr als im Jahre 1919, vgl. Hildegart Hamm-Brücher, Kann jeder zweite Politiker eine Frau sein? in: Dorothea Frandsen/ Ursula Huffmann/ Annette Kuhn (Hrsg.), Frauen in Wissenschaft und Politik, Düsseldorf 1987, S.239-241, S.240. Anfang der neunziger Jahre ist der Anteil der Parlamentarierinnen jedoch angestiegen auf über 20 Prozent, vgl. Birgit Meyer, Die 'unpolitische Frau' oder: Haben Frauen ein anderes Verständnis von Politik, in: Frankfurter Rundschau v. 22. August 1992.

3 Ebd., und vgl. zur heutigen Situation von Frauen und berufliche Karrieren: Margaret Hennig/ Anne Jardim, Frau und Karriere. Erwartungen, Vorstellungen, Verhaltensweisen, Reinbek bei Hamburg 1987.

4 Christl Wickert, Unsere Erwählten. Sozialdemokratische Frauen im Deutschen Reichstag und im Preußischen Landtag 1919 bis 1933, Göttingen 1986, S.13.

5 Mechthild Fülles, Frauen in Partei und Parlament, Köln 1969, untersuchte unter diesen Aspekten die politische Karriere von Parlamentarierinnen. Gabriele Bremme, Die politische Rolle der Frau in Deutschland. Eine Untersuchung über den Einfluß der Frauen bei Wahlen und ihre Teilnahme in Partei und Parlament, Göttingen 1956, gibt vereinzelt Hinweise zur Problematik Frauen und Politik. Christl Wickert, Unsere Erwählten, a.a.O., hat über 70 Lebensläufe von SPD-Parlamentarierinnen (1919-1933) herangezo-

Für Frauen aller politischen Couleur ergaben sich in der politischen Arbeit Konflikte durch tradierte Rollenmuster.[6] Zu den äußeren Widerständen, die Frauen in klassischen Männerberufen zu überwinden hatten, gab es noch weitere Barrieren. Gemeint ist vor allem die von Frauen verinnerlichte eigene soziale Abwertung und Abhängigkeit. Denn auch die allmähliche Verbesserung von Bildungs- und Berufschancen und das Wahlrecht führten nicht automatisch zu einem veränderten Selbstbild und Selbstbewußtsein der Frauen. Die untergeordnete gesellschaftliche Position von Frauen aufgrund des niedrigen Stellenwertes ihrer Leistungen (Hausarbeit und sogenannte typisch weibliche Berufe) förderte ein "Bewußtsein von der eigenen Minderwertigkeit" sowie eine verstärkte Bereitschaft, sich mit den bestehenden Verhältnissen zu arrangieren.[7]

Die formalrechtliche Gleichberechtigung der Geschlechter in der Weimarer Verfassung kann nicht kaschieren, daß das Leitbild von der "modernen" Frau der zwanziger Jahre, Symbol für die Emanzipation der Frauen und ihren erweiterten Handlungsspielraum in einer demokratischen Gesellschaft, in weiten Gesellschaftskreisen und im Leben der meisten Frauen noch keine Bedeutung hatte.[8]

Ein gleichberechtigter Zugang zu Bildung und Beruf, besonders die Wahl von akademischen Berufen und politischen Laufbahnen wurden durch verinnerlichte Rollenerwartungen zusätzlich erschwert.

"Je weniger der Frau zugetraut wird, um so unsicherer wird sie. Ihre Initiative erlahmt, sie verhält sich reaktiv. Vor allem aber unterliegt sie dem Gefühl, nichts ändern zu können. Sie resigniert, und indem sie sich nach der überkommenen Rollennorm richtet, vermeidet sie Konflikte und schafft sich einen Raum der Sicherheit und Geborgenheit. Durch dieses Verhalten aber bestätigt und erfüllt sie gerade die alten Vorurteile."[9]

An den Vorstellungen von den "natürlichen" Aufgaben des weiblichen Geschlechts, dem "Familienberuf" der Frau, hatte sich auch in den Weimarer Jahren nichts geändert. Dazu meinte eine Zeitgenossin:

"Kann man gegen eine Frau auch in keiner Hinsicht etwas einwenden, so kann man doch einwenden, daß sie eine Frau ist. Die Geschlechtszugehörigkeit haftet an der Frau als soziale Minderwertigkeit. Praktisch und ideologisch bekommt sie diese Minderwertigkeit zu spüren. Und die ideologische Einschätzung, die sich in Familie und Erziehung kundgibt, in Redensarten, Sprichwörtern, öffentlichen Meinungen und in der ganzen gesellschaftlichen Atmosphäre, sie spielt für das geschlechtliche Minderwertigkeitsgefühl aller Frauen eine ebenso wichtige Rolle wie der soziale

---

gen, um Aussagen über die Ursachen der mangelnden Repräsentation von Frauen in den Parlamenten zu erhalten. Für die neuere Geschichte der Bundesrepublik vgl. Hannelore Mabry, Unkraut ins Parlament, Giessen/ Lollar 1974.

6 Wickert, Unsere Erwählten, a.a.O., S.13f.

7 Anna-Elisabeth Freier, Dimensionen weiblichen Erlebens und Handelns innerhalb der proletarischen Frauenbewegung, in: Annette Kuhn/ Jörn Rüsen (Hrsg.), Frauen in der Geschichte, Bd.3: Fachwissenschaftliche und fachdidaktische Beiträge zur Geschichte der Weiblichkeit vom frühen Mittelalter bis zur Gegenwart, Düsseldorf 1983, S.195-218, S.199f. Freier bezieht sich auf Frauen aus der sozialdemokratischen Frauenbewegung; diese Positionen sind aber durchaus übertragbar.

8 Hildegart Kramer, Veränderungen in der Frauenrolle in der Weimarer Republik, in: Frauengeschichte. Beiträge zur feministischen Theorie und Praxis, Dokumentation des 3. Historikerinnentreffens in Bielefeld, April 1981, hrsg. v. Sozialwissenschaftliche Forschung und Praxis für Frauen e.V., München 1981, S.17-25, S.20.

9 Fülles, a.a.O., S.18.

Tatbestand der Mindergeltung. Selbst die Ausnahme, die nach dem Oben 'zugelassene' Frau, bekommt auf Schritt und Tritt die Verdächtigungen, den Spott, das Mitleid, die herablassende Ehrfurcht, die Konkurrenzangst und den Geschlechtshaß - kurz den ganzen sozialpsychologischen Aberglauben der herrschenden Gesellschaft zu spüren."[10]

Die Psychologin Alice Rühle-Gerstel stellte gegen Ende der Weimarer Zeit fest, daß die Auffassung von den verschiedenen Geschlechtscharakteren und das Leitbild von der "Mütterlichkeit"[11] über einen breiten Konsens verfügten. Sie schienen sich besonders hartnäckig zu halten, sobald einige wenige Frauen versuchten, in die traditionellen Bereiche von Männern vorzudringen:

"... In der Tat, es ist eine Frage von Sein oder Nichtsein der alten Geschlechtslegende. Sind doch diese höheren Berufe allgemeiner Ansicht zufolge nicht durchführbar ohne jenes bekannte Bündel von Charakter- und Geisteseigenschaften, welche schlechthin als männlich gelten: Initiative, Unternehmungsgeist, Produktivität, Selbständigkeit, Unerschrockenheit, Sachlichkeit, hohe Intelligenz usw. Würden Frauen in Scharen in die höheren Berufe einströmen und sich dort auch bewähren, so würde diese Geschlechtslegende zerstört und damit die Grundmauer der Männerherrschaft. ...

Dies können sie freilich nur, wenn sie überhaupt bis in den Beruf gelangen. Aber schon bei der Berufswahl und der Berufsvorbildung erweist sich die Geschlechtslegende als wirksam. Die Eltern setzen die Mädchen im Bildungsgang hinter den Knaben zurück, oder die Mädchen selbst erlahmen früh im Wettstreit mit den Knaben."[12]

Gesellschaftliche Bedingungen und Machtstrukturen, traditionelle Erziehungsmuster und Sozialisation gehörten und gehören zu den wesentlichen Faktoren, die Frauen bei der Realisierung von Gleichberechtigung im Wege stehen. Auch der "Eigenanteil des Subjekts" an der Unterdrückung - und mag dieser selbst gesellschaftlich bedingt sein - ist zu bedenken. Abgesehen von "äußeren Zwängen" können auch "psychische Barrieren" Ursache dafür sein, daß Handlungsspielräume von Frauen häufig nicht genutzt und Zwänge als "naturgegeben" hingenommen werden.[13] In die Familie verwiesen, so Alice Rühle-Gerstel, habe die Frau aus der "Not eine Tugend" und sich selbst zur "Anwältin ihres Gettos, ihrer Reservation" gemacht: Beschränkt auf die häuslichen Angelegenheiten, abgekapselt in ihrer Familie, ignoriere sie alles, was nicht den engeren Kreis der Familie betrifft.[14] Die Selbstbeschränkung der Frauen wurde von der Umgebung tatkräftig unterstützt:

"Und die Familienhaftigkeit der Frau wird immer wieder gestützt durch die herrschende Ideologie, welche sie ihr als Naturmerkmal vindiziert und als sozialen Charakter anempfiehlt. Wilhelms II. berühmte 'Drei K' (Kirche, Küche, Kinder), für welche allein die Frau in Betracht komme, spuken in zivilerer Form noch durch sehr

---

10 Alice Rühle-Gerstel, Das Frauenproblem der Gegenwart. Eine psychologische Bilanz, Leipzig 1932, S.27f.

11 S.o. Einführung "Erziehung, Emanzipation und bürgerliche Sozialarbeit".

12 Rühle-Gerstel, a.a.0., S.304.

13 Freier, a.a.0., S.199ff.

14 Rühle-Gerstel, a.a.0., S.359; S.363 u. S.366f. Alice Rühle-Gerstel erhebt mit ihren Untersuchungsergebnissen keinen Anspruch auf Repräsentativität. Ihre Studien über Frauen in der Familie, Frauen im politischen Leben (u.a.) sollen "nur" ein kleines Stimmungsbild der Weimarer Jahre wiedergeben.

viele Köpfe! Und die Frau zieht gewissermaßen aus eigener Freiwilligkeit den Kreis nach, den man um sie gezogen hat."[15]

Die gesellschaftliche Position der Frauen, ihre Zuständigkeit für die Familie, wirkte sich auf den Umgang von Frauen mit Macht und Politik aus.[16] Abgesehen von den ungleichen Chancen der Frauen waren es die Konflikte aus dem Nebeneinander alter und neuer Rollenerwartungen, die seit der Aufhebung der Vereinsgesetze erheblich zur Unterrepräsentation von Frauen im politischen Leben beitrugen. Politisches Engagement, geschlechtsspezifische Verhaltensweisen und Familienarbeit waren schwer miteinander zu verbinden. Die geringe Beteiligung von Frauen in der Politik erschwerte es wiederum, sich im politischen Alltag zu bewähren, Routine und Souveränität zu erlangen.[17] Geschlechtsspezifische Erziehung und die Begrenzung auf die Familie löste bei vielen Frauen eine "Scheu vor politischer Aktivität"[18] aus. Gerade bei Frauen, die nicht in irgend einer Form schon politische Erfahrungen gesammelt hatten, sei es in der bürgerlichen oder sozialdemokratischen Frauenbewegung,[19] fehlte es an rednerischer Übung und sicherem Auftreten.[20] Erschwerend hinzu kam, daß die Frauen in der Politik ohne "Vorbilder" arbeiteten, also selbst erst "Pionierinnen der Praxis"[21] waren, die mit einer politischen Ordnung konfrontiert wurden, deren Organisationsstrukturen bereits ausgebildet waren. Den Frauen - sehr spät erst zu politischen Rechten gekommen - standen kaum eigene Gestaltungsmöglichkeiten offen.[22]

Die Beseitigung von rechtlichen Schranken hat den politischen Aktivitäten von Frauen sicherlich einen wesentlichen Anstoß gegeben. Doch so wichtig die formalrechtliche Gleichstellung von Frauen in Bildung, Beruf und Politik für die Realisierung der postulierten Gleichberechtigung auch ist, bleibt doch hinsichtlich der Verankerung von Gleichstellung im gesellschaftlichen und politischen Leben eine Leerstelle, so lange nicht auch die Möglichkeiten vorhanden sind, gleiche Rechte wahrnehmen zu können.[23]

"Die Gesetze sorgen für Chancengleichheit. Sie sorgen jedoch nicht dafür, daß diese Chancen gleich genutzt werden können und können es auch nicht. Vor allem können sie nicht dafür sorgen, daß Menschen, die von jeher diskriminiert wurden, unverzüglich und automatisch die Fähigkeit besitzen, die eventuell bestehenden gleichen Chancen zu ergreifen."[24]

Sogar die gesetzliche Gleichstellung birgt ihre Gefahren. Sie wird leicht zu einem Alibi, indem man sich auf sie berufen kann, um die wirtschaftliche, soziale und politische Ungleichheit der Frauen nicht mehr wahrnehmen zu müssen: Mit dem steten

---

15 Ebd., S.362.

16 Barbara Schaeffer-Hegel, Vater Staat und seine Frauen. Über den Beitrag der politischen Philosophie zum Ausschluß der Frauen aus der Politik, in: Aus Politik und Zeitgeschichte. Beilage zur Wochenzeitung Das Parlament, 14. Oktober 1988, S.20-29, S.28.

17 Fülles, a.a.O., S.19 u. S.137.

18 Bremme, a.a.O., S.220.

19 Die meisten weiblichen Reichstagsabgeordneten in der Weimarer Republik kamen aus diesem Spektrum.

20 Marie-Elisabeth Lüders, Fürchte Dich nicht. Persönliches und Politisches aus mehr als 80 Jahren. 1878-1962, Köln und Opladen 1963, S.98f.

21 Wickert, Unsere Erwählten, a.a.O., S.13.

22 Bremme, a.a.O., S.219.

23 Fülles, a.a.O., S.18.

24 Hennig/ Jardim, a.a.O., S.11.

Verweis auf die rechtlichen Gegebenheiten herrschte seit 1918 in weiten Kreisen der Gesellschaft die Ansicht, nun "gebe es keine Frauenfrage mehr".[25]
Die gesetzliche Gleichstellung von Frauen in der Weimarer Republik hatte jedoch mehrere Haken. In der Weimarer Reichsverfassung konnte durch Sonderregelungen die "grundsätzliche" Gleichrangigkeit der Frau eingeschränkt werden,[26] und im konservativen Ehe- und Familienrecht blieb die Abhängigkeit der Frau auch weiterhin festgeschrieben. Die verheiratete Frau war nicht gleichberechtigt, auch in der Familie nicht. Als Haushaltsvorstand verfügte der Ehemann über Besitz und Einkommen.[27] Die Gleichheit der Frau in der Weimarer Verfassung bezog sich ausschließlich auf staatsbürgerliche Rechte und Pflichten, nicht auf das Ehe- und Familienrecht im Bürgerlichen Gesetzbuch (BGB).[28]
Auch arbeitsrechtlich waren die Frauen in der Weimarer Republik Bürgerinnen zweiter Klasse: Die Entlassungen von Frauen nach dem Ersten Weltkrieg, Doppelverdienerkampagnen, überwiegend schlecht qualifizierte und bezahlte Berufe, fehlende Lohnangleichungen und die Doppelbelastung durch Familie und Beruf[29] sprechen für sich. Offiziell war die Zölibatsregelung, also das "Eheverbot" für Lehrerinnen und Beamtinnen, zwar zunächst beseitigt worden, doch in Krisenzeiten hielten die Länder die Zölibatsklausel aufrecht.[30]
Selbst das Wahlrecht für Frauen erfreute sich noch kurz vor seiner Verkündung am 12. November 1918 durch den Rat der Volksbeauftragten keiner breiten gesellschaftlichen und parteipolitischen Zustimmung - sämtliche Parteien, außer der Sozialdemokratie und der USPD, waren dagegen.[31]

Das Frauenstimmrecht kam für viele Frauen überraschend. Die Wahlbeteiligung der Frauen in der Wahl zur Nationalversammlung 1919 war aber so hoch wie in den

---

25 Rühle-Gerstel, a.a.O., S.16.

26 Daniela Weiland, Geschichte der Frauenemanzipation in Deutschland und Österreich. Biographien - Programme - Organisationen, Düsseldorf 1983, S.202.

27 Ute Gerhard, Verhältnisse und Verhinderungen. Frauenarbeit, Familie und Rechte der Frauen im 19. Jahrhundert. Mit Dokumenten, Frankfurt/ M. 1978, S.165ff., und vgl. Helen L. Boak, Women in Weimar Germany: The "Frauenfrage" and the Female Vote, in: Richard Bessel/ E.J. Feuchtwanger, Social Change and Political Development in Weimar Germany, New Jersey 1981, S.155-173, S.161.

28 Barbara Greven-Aschoff, Die bürgerliche Frauenbewegung in Deutschland 1894-1933, Göttingen 1981, S.169.

29 S.o. Einführung "Arbeit und Alltag".

30 Mechthild Joest/ Martina Nieswandt, Das Lehrerinnen-Zölibat im Deutschen Kaiserreich. Die rechtliche Situation der unverheirateten Lehrerinnen in Preußen und die Stellungnahmen der Frauenbewegung zur Zölibatsklausel, in: Die ungeschriebene Geschichte. Historische Frauenforschung. Dokumentation des 5. Historikerinnentreffens in Wien, 16. bis 19. April 1984, Herausgeberinnen: Wiener Historikerinnen, Himberg bei Wien 1985, S.251-258, S.256. Die Personalabbauverordnung von 1923 (bis 1929) verfügte, daß Beamtinnen und weibliche Angestellte im öffentlichen Dienst bei einer Heirat entlassen werden konnten. Hierbei gingen auch Rentenansprüche verloren. Mit dem "Gesetz über die Rechtsstellung der weiblichen Beamten" vom 30. Mai 1932 führte Brüning diese Regelung offiziell wieder ein, vgl. Stephanie Habeth, Die Freiberuflerin und die Beamtin (Ende 19. Jahrhundert bis 1945), in: Hans Pohl (Hrsg.), Die Frau in der deutschen Wirtschaft. Referate und Diskussionsbeiträge des 8. Wissenschaftlichen Symposiums der Gesellschaft für Unternehmensgeschichte e.V. am 8. und 9. Dezember 1983 in Essen, Wiesbaden 1985, S.155-170, S.165, und vgl. Susanne Zeller, Der Dank der Republik. Zur Entlassung von Frauen unter der Personalabbauverordnung, in: Kristine v. Soden/ Maruta Schmidt (Hrsg.), Neue Frauen. Die zwanziger Jahre, Berlin (West) 1988, S.48f.

31 Richard J. Evans, Sozialdemokratie und Frauenemanzipation im deutschen Kaiserreich, Berlin/ Bonn 1979, S.303ff.

folgenden Jahren nicht mehr. Mit annähernd 90% der weiblichen Wahlberechtigten[32] lag sie teilweise höher als bei den Männern.[33]

Obwohl seit 1919 sämtliche Parteien Kandidatinnen aufstellten, um die weibliche Wählerschaft anzusprechen, richteten sich die Wählerinnen nicht nach der Anzahl von Kandidatinnen. Sie wählten überwiegend konservativ-christlich. Das Entscheidungskriterium der Frauen war das Verhältnis einer Partei zu Christentum und Familie.[34] Tendentiell wurden Parteien gewählt, die großen Wert auf die Familienrolle der Frau zu legen schienen.[35]

Da die traditionelle Rolle der Frau weiterhin gültig blieb, kamen alternative Lebenswege für die Mehrheit der Frauen noch nicht in Betracht. Sie fühlten sich von der "Emanzipation" eher bedroht. Eine "Befreiung", die an ihrer vorgefundenen Lebens- und Arbeitssituation nichts zu ändern schien, rief Ängste vor Unsicherheit und Leere hervor. Das Verharren in Konservatismus und Traditionen vermochte den Verunsicherten zumindest die Geborgenheit der häuslichen Nische zu bieten,[36] als eine Art Bollwerk, das - nur über die Ehe zu erreichen - Status und Sicherheit versprach.[37]

"... the conservatism of Weimar women must be seen in the context of the fraudulence of their supposed emancipation. Dispite the rhetoric about women's emancipation, patriarchal ideology continued to dominate all institutions of German economic and political life."[38]

So profitierten insbesondere christlich-konservative Parteien vom Frauenwahlrecht[39] und hier verstärkt das katholische Zentrum, eine Partei, die, berühmt für ihre Doppelverdienerkampagnen, mit der Emanzipation von Frauen nichts im Sinn hatte. Die konservativen Leitbilder wie "Mütterlichkeit" und das Bild von der Familie als

---

32 Ute Frevert, Frauen-Geschichte. Zwischen bürgerlicher Verbesserung und neuer Weiblichkeit, Frankfurt/ M. 1986, S.164f.

33 Hier ist jedoch zu berücksichtigen, daß vermutlich viele Männer noch nicht aus dem Krieg zurückgekehrt und somit von der Wahl ausgeschlossen waren, vgl. Hans Beyer, Die Frau in der politischen Entscheidung. Eine Untersuchung über das Frauenwahlrecht in Deutschland, Stuttgart 1933, S.8. Im Verlauf der Weimarer Republik lag die Wahlbeteiligung der Frauen zumeist um etwa 10% niedriger als die der Männer, vgl. Bremme, a.a.O., S.28f.

34 Bremme, a.a.O., S.101f. Das konservative Wahlverhalten von Frauen gilt besonders für die ländlichen Gebiete. Die religiöse Bindung der Frauen war hier sehr stark (Frevert, a.a.O., S.167f.). In den ländlichen Gegenden sank in den zwanziger Jahren auch die weibliche Wahlbeteiligung auffallend (Bäumer, a.a.O., S.43).

35 Renate Bridenthal/ Claudia Koonz, Beyond Kinder, Küche, Kirche: Weimar women in politics and work, in: Berenice A. Caroll, Liberating woman's history. Theoretical and critical essays, Urbana/ Chicago/ London 1976, S.301-329, S.310.

36 Ebd., S.320.

37 Boak, a.a.O., S.166.

38 Bridenthal/ Koonz, a.a.O., S.302.

39 Die Tendenz zum konservativen Wahlverhalten von Frauen in der Weimarer Zeit (und auch später in den ersten Jahrzehnten der Bundesrepublik) bedeutet nicht, daß in erster Linie Frauen der NSDAP ihre Stimmen gaben. Die Verantwortung von Frauen auch im NS-Staat sollte jedoch nicht verdrängt werden. In diesem Zusammenhang muß auf die Forschungskontroverse um den "Opferstatus" von Frauen im Nationalsozialismus hingewiesen werden, vgl. dazu Karin Windaus-Walser, Gnade der weiblichen Geburt? Zum Umgang der Frauenforschung mit Nationalsozialismus und Antisemitismus, in: Feministische Studien, Jg.6/ 1988, Nr.1, S.102-115, S.102ff. Die NSDAP scheint 1930 von Frauenstimmen profitiert zu haben - jedenfalls mehr als in den Jahren davor. Die Faschisten lagen völlig im Trend der Zeit, wenn sie die traditionellen Sichtweisen zur Rolle der Frau aufgriffen und in ihr Programm übernahmen (Boak, a.a.O., S.166ff. u. S.157ff.).

Schutzwall gegen "Materialismus" und "Individualismus"[40] haben das Wahlverhalten zahlreicher Frauen, besonders in den ländlichen Gebieten, erfolgreicher beeinflussen können als etwa die Aufstellung und Anzahl von Kandidatinnen oder die Haltung der Parteien zur "Frauenfrage". Angesichts miserabler Berufsaussichten und Arbeitslosigkeit der Ehemänner wünschten sich viele Frauen, ausschließlich ihre Familie versorgen zu können anstatt arbeiten zu müssen. Die ökonomischen Krisen in den Weimarer Jahren, Inflation und die Wirtschaftskrise gegen Ende der Republik trugen noch dazu bei, diese Vorstellungen realistisch erscheinen zu lassen.[41]

In der Weimarer Nationalversammlung lag der Frauenanteil mit 9,6% - verglichen mit den Ergebnissen der kommenden Wahlen - relativ hoch.[42] Doch die Anzahl der Kandidatinnen im Parlament und die der Wählerinnen standen in keinem Verhältnis zueinander.
Die Kandidatinnen der Rechtsparteien im Reichstag kamen überwiegend aus den Reihen der bürgerlichen Frauenbewegung. Sie waren bereits politisch geschult und hatten Erfahrungen in der Öffentlichkeitsarbeit gesammelt (z.B. Gertrud Bäumer und Marie Elisabeth Lüders, beide Mitglieder der DDP).[43] Doch selbst diese vorgeschulten Frauen hatten anfangs noch erhebliche Schwierigkeiten, sich im politischen Alltag zurecht zu finden. Marie Elisabeth Lüders erinnerte sich:
"... In der parlamentarischen Technik und Routine waren sie den Männern natürlich zunächst unterlegen. Daß sie sich nach erstaunlich kurzer Zeit in sie einarbeiteten und nicht nur 'Mitläufer' in den Fraktionen und Ausschüssen blieben, war ihrer mehrjährigen Praxis in der viel verspotteten Frauenbewegung zu verdanken.

---

40 Doris Kaufmann, Vom Vaterland zum Mutterland. Frauen im katholischen Milieu der Weimarer Republik, in: Karin Hausen (Hrsg.), Frauen suchen ihre Geschichte. Historische Studien zum 19. und 20. Jahrhundert, München 1987, S.254-279, S.254 u. S.256ff. Bei den Wahlanalysen ist die Qualität des statistischen Materials zu berücksichtigen. Für die erste Wahl zur Nationalversammlung wurden die Auszählungen nur an wenigen Orten nach Geschlechtern getrennt vorgenommen (Beyer, a.a.0., S.61). Auch in den Jahren von 1919 bis 1933 gab es auf Reichsebene keine nach Geschlechtern differenzierte Wahlstatistik (Frevert, a.a.0., S.169). Tendentiell kann aber aus dem vorhandenen Material darauf geschlossen werden, daß etwa die KPD, eine Partei mit den radikalsten Emanzipationsforderungen, am wenigsten vom Frauenstimmrecht profitiert hatte (Boak, a.a.0., S.159). Bei den Wahlen 1928 konnten das Zentrum, die Deutschnationalen und die Deutsche Volkspartei Gewinne durch das Frauenstimmrecht verbuchen. Verluste hatten die Sozialdemokraten, Kommunisten und Nationalsozialisten zu verzeichnen (Bäumer, a.a.0., S.45).

41 Boak, a.a.0., S.166.

42 Bis Ende der Weimarer Republik sank der Frauenanteil in der Politik beständig. Der Verlust weiblicher Mandate 1924 ist auf die Stimmenverluste der SPD mit ihrem relativ hohen Frauenanteil zurückzuführen. Die absteigende Tendenz der Frauenvertretungen ist aber sicher auch symptomatisch für die gesamtgesellschaftliche Situation (z.B. Personalabbauverordnung), vgl. Bremme, a.a.0., S.122f. Parlamentarierinnen im Deutschen Reichstag:

1919:	9,6 %
1920:	8,0 %
Mai 1924:	5,7 %
Dez.1924:	6,6 %
1928:	7,3 %
1930:	6,97%

(Angabe nach Bäumer, a.a.0., S.42.)

43 Greven-Aschoff, Bürgerliche Frauenbewegung, a.a.0., S.161f.

Die sozialdemokratischen Frauen ... waren in der Gewerkschaft einigermaßen vorbereitet worden, sowohl in allgemein-politischer wie auch zum Teil in rednerischer Hinsicht."[44]
Frauenkandidaturen wurden in den konservativen Parteien erschwert. Wenig einflußreich und von den eigenen Kollegen benachteiligt, mußten weibliche Parteimitglieder immer stärker mit Vertretern von Interessenverbänden konkurrieren, die für die Parteien maßgeblicher waren als Organisationen von Frauen. Höhere Positionen in einer Partei erhielten Frauen selten.[45]
Die Parteien warben zwar um die Gunst weiblicher Wahlstimmen und akzeptierten auch weibliche Mandatsträger. Dies galt jedoch nicht für die "hohe" Politik. In den Reichstags-, Landtags- und Gemeindewahlen wurden im Verlauf der Weimarer Republik von den bürgerlichen Parteien immer weniger Kandidatinnen aufgestellt.[46]
Besonders die konservativen Parteien, die noch im Oktober 1918 einstimmig die Einführung des Frauenstimmrechts abgelehnt hatten, stellten ihre weiblichen Kandidaten aus rein wahltaktischem Kalkül auf:
"Unser Weg in das Parlament entbehrte nicht der Komik. Je näher die Möglichkeit rückte, durch die Aufstellung von Kandidatinnen Stimmen für die Wahl und damit den Männern Mandate zu gewinnen, um so werbekräftiger wurden Reden, Zeitungsartikel, Aufrufe usw. an die Frauen - genauso wie heute! Es war äußerst belustigend, die unverfrorenen Tiraden zur Kenntnis zu nehmen, mit denen man nun versicherte, 'schon lange die hohe Bedeutung der Frau für das politische Leben erkannt' zu haben ... ."[47]
Die bürgerlichen Parlamentarierinnen wollten nun daran gehen, ihr Ideal von der "Mütterlichkeit" im Staat in die Praxis umzusetzen.[48] Sie engagierten sich für die Belange der Familie, zu ihrem Feld wurden Aufgaben der Erziehung, Sozial- und Gesundheitspolitik. Wirtschafts- und Finanzfragen hingegen, Bereiche, in denen auch die Rahmenbedingungen sozialpolitischer Aktivitäten gesetzt werden, blieben den Männern vorbehalten.[49] Sie wurden auch (mit Ausnahme der Kommunistinnen) von den meisten Politikerinnen aller Parteien als ein "über den Zaun schauen" angesehen.[50] Die männlichen Kollegen der Parlamentarierinnen werteten hingegen die Sozialpolitik als "Weiberkram" und "Bagatelle"[51] ab.
Die fachliche Arbeitsteilung in politischen Parteien und in den Parlamenten, die Konzentration der Politikerinnen auf die sozialen Aspekte - so wichtig diese für die Gesellschaft und die Interessen von Frauen auch sein mögen - haben ihre politischen Einflußmöglichkeiten nicht gefördert. Zudem arbeiteten die Parlamentarierinnen meist im Hintergrund, in den Ausschüssen, wo sie dem Blick der Öffentlichkeit entzogen waren.[52]

---

44 Lüders, a.a.O., S.96f.
45 Greven-Aschoff, Bürgerliche Frauenbewegung, a.a.O., S.164-167.
46 Frevert, a.a.O., S.167f.
47 Lüders, a.a.O., S.95. Lüders spielte auf die "Werbekampagnen" um die Frauen um die Jahreswende 1918/19 an.
48 Bärbel Clemens, "Menschenrechte haben kein Geschlecht!" Zum Politikverständnis der bürgerlichen Frauenbewegung, Pfaffenweiler 1988, S.116f.
49 Frevert, a.a.O., S.165f.
50 Beyer, a.a.O., S.23f.
51 Lüders, a.a.O., S.96f.
52 Bremme, a.a.O., S.221f. u. S.225.

Die gesellschaftlichen Leitbilder von der Rolle der Frau wurden von den Politikerinnen aus den Reihen der bürgerlichen Frauenbewegung nicht in Frage gestellt: Als "Frau" verfüge die Politikerin über einen "wesenseigenen Zugang zu allen Gebieten" des politischen Lebens.[53] Als "Frauen" haben die Politikerinnen in den Parlamenten keine Autorität erlangen können. Mit ihrer "mütterlichen" Strategie beeinflußten sie die "hohe" Politik nicht und selbst bei Themen, die als "frauenspezifisch" bezeichnet werden, konnten sie sich selten durchsetzen und mußten mit dem Widerstand der eigenen Parteikollegen rechnen. In einzelnen Fällen stellten sich die Parlamentarierinnen wohl auch quer zu allen Fraktionen, doch eine grundsätzliche Übereinstimmung der weiblichen Reichstagsabgeordneten in diesen Fragen gab es nicht.[54] So beantragte etwa die Sozialdemokratin Marie Juchacz eine Änderung des für Frauen eingeschränkten Gleichberechtigungsgrundsatzes in der Reichsverfassung. Die bürgerlichen Politikerinnen verhielten sich, ebenso wie ihre Fraktionen, in der Mehrzahl ablehnend gegenüber diesem Ansinnen.[55] Einig waren sich Parlamentarierinnen - unabhängig von ihrer Parteizugehörigkeit - beim Jugendwohlfahrtsgesetz, bei Fragen des Arbeiterinnenschutzes und der Befürwortung einer Zulassung von Frauen zu juristischen Prüfungen und zum Schöffenamt. Keine Einigkeit herrschte hingegen darüber, Frauen im Bürgerlichen Gesetzbuch den Männern gleichzustellen, und umstritten war bei den Politikerinnen die Diskussion um den Strafrechtsparagraphen 218.[56]

Eines jedoch hatten Politikerinnen aller Fraktionen - bis auf wenige Ausnahmen - miteinander gemeinsam: die Konzentration ihrer Arbeit auf die Sozialpolitik, insbesondere die Wohlfahrtspflege. Auch die sozialdemokratischen Frauen machten hier keine Ausnahme.

Die Sozialdemokraten konnten im Reichstag mit den meisten weiblichen Abgeordneten aufwarten. In der Nationalversammlung waren mehr als die Hälfte der Parlamentarierinnen Sozialdemokratinnen. Auch in den folgenden Reichstagen lag der Frauenanteil bei den Sozialdemokraten deutlich höher als der Gesamtanteil von Frauen im Parlament.[57]

Als einzige Partei hatte die Sozialdemokratie schon gegen Ende des 19. Jahrhunderts das Frauenstimmrecht in ihre Programmatik aufgenommen und 1918 auch durchgesetzt. Ausschlaggebend gewesen sind hier die Einflüsse der proletarischen Frauenbewegung.[58]

Auf die spezifischen Anliegen von Frauen reagierte die Arbeiterbewegung zwiespältig. Ihr eigener Emanzipationsanspruch durfte theoretisch andere unterdrückte

---

53 Ebd., S.227f. u. S.126f.

54 Greven-Aschoff, Bürgerliche Frauenbewegung, a.a.O., S.168ff. u. S.171f.

55 Weiland, a.a.O., S.201f.

56 Beyer, a.a.O., S.23f.

57 Frevert, a.a.O., S.165.

Gesamtzahl der weiblichen Abgeordneten im Reichstag:		Frauenanteil der Sozialdemokratie:
1924 (Dez.):	6,69%	12,21%
1928:	7,3 %	13,6 %
1930:	6,97%	11,19%

Die KPD stellte 1930 17,11% Frauen! (Angaben nach Bäumer, a.a.O., S.48.)

58 Evans, Sozialdemokratie und Frauenemanzipation, a.a.O., S.309f.

Gesellschaftsgruppen nicht ausklammern. Konsequent unterstützte die Sozialdemokratie die politische, ökonomische und soziale Gleichberechtigung der Frauen.[59]
Die ökonomische Tatsache und Notwendigkeit von Frauenarbeit hingegen wurde lange Zeit falsch eingeschätzt. Bei der männlichen Arbeiterschaft und den Gewerkschaften überwogen die Ängste vor der lohndrückenden Konkurrenz der Frauenarbeit - weibliche Erwerbsarbeit wurde schlichtweg abgelehnt.[60] Und auch die Arbeiter waren empfänglich für die gesellschaftlichen Leitbilder. Das Ideal vom "heilen" Familienleben wollten sie sich durch die Arbeit ihrer Frauen nicht zerstören lassen.[61]
Die wenigen Ansätze, die in der sozialistischen Theorie zur Emanzipation der Frau Stellung bezogen, waren überdies vielen Arbeitern schwer verständlich zu machen. Die Marxsche Position, daß Frauenarbeit trotz all ihrer negativen Begleiterscheinungen auch ein positives Veränderungspotential[62] und für Frauen einen emanzipatorischen Kern beinhalte, blieb angesichts des harten Alltags von Arbeiterfamilien miß- oder unverständlich.[63] Aus ökonomischem Zwang arbeiteten die Frauen zu den geringsten Löhnen, unter schlechten Arbeitsbedingungen und überlangen Arbeitszeiten.
August Bebel konnte mit seinem 1879 erstmals erschienen Buch "Die Frau und der Sozialismus" die Arbeiterbewegung allmählich für die spezifischen Frauenprobleme sensibilisieren. Die Kernaussage dieser wohl populärsten Schrift der Sozialdemokratie besagte, daß die Frauenfrage als eine Seite der allgemeinen Sozialen Frage einzuordnen sei.[64] Von nun an war es die offizielle Haltung der sozialdemokratischen Partei, Sozialismus und Frauenfrage miteinander zu verknüpfen.[65] Auf der Grundlage von Marx, Engels und Bebel hat Clara Zetkin die sozialistische Frauenemanzipationstheorie weiter entwickelt. Sie leitete den Anspruch auf politische Rechte der Frauen aus ihren Pflichten (Frauenerwerbsarbeit) ab. Hauptwidersacher sei nicht der Mann, sondern die kapitalistische Wirtschafts- und Gesellschaftsordnung, ein System, innerhalb dessen das Problem der Geschlechterungleichheit nicht zu lösen sei. Vorrangig blieb somit der Klassenkampf m i t frauenpolitischen Aspekten. Nur in einer sozialistischen Gesellschaft könne die Emanzipation der Frau endgültig erreicht werden. Hinzu kam noch eine klare Abgrenzung von der bürgerlichen Frauenbewegung, deren Konzepte von Clara Zetkin als "bürgerliche Frauenrechtlerei"[66] kritisiert wurden. Partiell kam es jedoch zu Kontakten und zur

---

59 Herrad-Ulrike Bussemer, Frauenemanzipation und Bildungsbürgertum. Sozialgeschichte der Frauenbewegung in der Reichsgründungszeit, Weinheim und Basel 1985, S.194. Auf dem Erfurter Parteitag 1891 proklamierte die Sozialdemokratie das Wahlrecht für Frauen und forderte die Abschaffung sämtlicher Gesetze, die Frauen diskriminierten, vgl. Herrad-Ulrike Bussemer, Bürgerliche und proletarische Frauenbewegung (1865-1914), in: Annette Kuhn/ Gerhard Schneider (Hrsg.), Frauen in der Geschichte, Bd.1: Frauenrechte und die gesellschaftliche Arbeit der Frauen im Wandel. Fachwissenschaftliche und fachdidaktische Studien zur Geschichte der Frauen, Düsseldorf 1979, S.34-55, S.38f.

60 Gisela Losseff-Tillmanns, Frauenemanzipation und Gewerkschaften, Wuppertal 1978, S.31ff. u. S.36ff.

61 Bussemer, Frauenemanzipation und Bildungsbürgertum, a.a.0., S.194.

62 Evans, Sozialdemokratie und Frauenemanzipation, a.a.0., S.35-38.

63 Heinz Niggemann, Emanzipation zwischen Sozialismus und Feminismus. Die sozialdemokratische Frauenbewegung im Kaiserreich, Wuppertal 1981, S.283.

64 Evans, Sozialdemokratie und Frauenemanzipation, a.a.0., S.40ff.

65 Niggemann, Emanzipation zwischen..., a.a.0., S.283f.

66 Evans, Sozialdemokratie und Frauenemanzipation, a.a.0., S.95ff.

Zusammenarbeit zwischen Vertreterinnen der bürgerlichen (radikalen) und proletarischen Frauenbewegung.[67]

Die proletarische Frauenbewegung orientierte sich gegen Ende des 19. Jahrhunderts an gewerkschaftlichen und politischen Organisationen. Der offizielle Bruch zwischen der bürgerlichen und proletarischen Frauenbewegung erfolgte 1894: Der Bund Deutscher Frauenvereine weigerte sich, sozialistische Frauen aufzunehmen, und Clara Zetkin an der Spitze der Arbeiterinnenbewegung legte auf eine Zusammenarbeit mit ihren bürgerlichen Geschlechtsgenossinnen keinen Wert. Gemeinsam mit den Arbeitern sollte die Emanzipation der Frau erstritten werden, im Rahmen des gemeinsamen Kampfes gegen die kapitalistische Gesellschaftsordnung.[68]

Clara Zetkin, die "linke Theoretikerin, die sich schwerpunktmäßig mit der Frauenfrage beschäftigte"[69], dominierte die proletarische Frauenbewegung seit 1889.[70]

Gegen Ende des 19. Jahrhunderts wurden die Arbeiterinnen in die Arbeiterorganisationen integriert. Politische Rechtlosigkeit und Verfolgung durch die Behörden während der Zeit der Sozialistengesetze (1878-1890) politisierten besonders die betroffenen Arbeiterinnen und Arbeiterfrauen,[71] die sich mit ihrer illegalen politischen Arbeit in der Arbeiterbewegung bewährten.[72] Nach der Aufhebung der Sozialistengesetze konnten Frauen offiziell Gewerkschaftsmitglieder werden. Doch die Vereinsgesetzgebung untersagte ihnen nach wie vor eine Mitgliedschaft in politischen Parteien.[73]

Mit eher lockeren Organisationen, besonderen Frauenagitationskommissionen, Frauenversammlungen und dem System der weiblichen Vertrauensperson (das Vereinsgesetz richtete sich nicht gegen einzelne Personen) konnten die Interessen von Frauen in der sozialdemokratischen Partei, auf Parteitagen, vertreten und das Vereinsgesetz unterwandert werden. 1899 wurde Ottilie Baader Zentralvertrauensperson. Im Jahr darauf wurde für sie ein Frauensekretariat eingerichtet. 1900 fand auch die erste sozialdemokratische Frauenkonferenz statt. Vorgeblich "unpolitische" Frauenbildungsvereine, weibliche Vertrauenspersonen, öffentliche Versammlungen und eine engagierte Presse, die Zeitung "Gleichheit", politisierten und warben um

---

67 Bussemer, Bürgerliche und proletarische Frauenbewegung, a.a.O., S.42.

68 Bussemer, Frauenemanzipation und Bildungsbürgertum, a.a.O., S.196f., und vgl. Evans, Sozialdemokratie und Frauenemanzipation, a.a.O., S.26ff.

69 Wickert, Unsere Erwählten, a.a.O., S.57.

70 Clara Zetkin hielt 1889 auf der II. sozialistischen Internationale in Paris ein Grundsatzreferat zur Emanzipation der Frau (Evans, Sozialdemokratie und Frauenemanzipation, a.a.O., S.83ff.). Bis ca. 1908 dominierte sie die sozialdemokratische Frauenbewegung - zunehmend auf Kollisionskurs mit der revisionistischen Partei. Zetkins linke Positionen spiegeln nicht die der Mehrheit der Frauenbewegung wider, mitunter wußten scheinbar weibliche Mitglieder mit den theoretischen politischen Abhandlungen in der "Gleichheit" wenig anzufangen (Niggemann, Emanzipation zwischen..., a.a.O., S.288f.). Zu Beginn des 20. Jahrhunderts war Clara Zetkin zu Konzessionen gezwungen. Die "Gleichheit" wurde popularisiert, d.h. man wollte das Interesse der Leserinnen - oft Hausfrauen - nun weniger mit politischem Material, sondern mit "Hausfrauen-Beilagen" ansprechen (Evans, Sozialdemokratie und Frauenemanzipation, a.a.O., S.185ff.).

71 Bussemer, Bürgerliche und proletarische Frauenbewegung, a.a.O., S.42f.

72 Sabine Richebächer, Uns fehlt nur eine Kleinigkeit. Deutsche proletarische Frauenbewegung 1890-1914, Frankfurt/M. 1982, S.175f.

73 Frevert, a.a.O., S.135.

Arbeiterinnen und Arbeiterfrauen.[74] Im Zentrum der politischen Arbeit stand der Arbeiterinnenschutz - nicht die Abschaffung von Frauenarbeit und nicht die "Befreiung der Frau durch Arbeit". Die emanzipatorischen Momente der Frauenerwerbsarbeit wurden von der Sozialdemokratie nicht in Abrede gestellt,[75] doch um sie wirksam werden zu lassen, war ein elementarer Arbeiterinnenschutz unumgänglich. Weiter wurde die Verbesserung der wirtschaftlichen Lage der Arbeiterinnen sowie ihre rechtliche und politische Gleichstellung (Stimmrecht) angestrebt.

Obwohl die Sozialdemokratie die Gleichberechtigung der Frauen auf ihre Fahnen geschrieben hatte, konnten fortschrittlichere Männer wie August Bebel mit ihren Ansichten nur schwer Fuß fassen.[76] Clara Zetkins emanzipatorischen Grundsätze[77] wurden zwar richtungsweisend für die offizielle Linie der Partei zur "Frauenfrage", doch die eher feindselige Haltung der Arbeiterschaft gegen Frauenerwerbstätigkeit, gegen die Werbung weiblicher Mitglieder und gegen weibliche Delegationen auf Parteitagen war auch um 1900 noch weit verbreitet. Sicherlich haben die offiziellen Standpunkte der Partei unter den Mitgliedern auch ein Umdenken in Gang setzen können, aber es gab noch immer Arbeiter, die ihren eigenen Ehefrauen und Töchtern die Teilnahme an Versammlungen untersagten. Besonders stark war die Ablehnung von Frauen, die in höhere Parteipositionen vordringen wollten.[78] Noch 1905 lehnte der Sozialdemokrat Edmund Fischer öffentlich die Erwerbsarbeit von Frauen ab und forderte die Rückkehr der Frau zu ihren "natürlichen" Aufgaben in Heim und Familie.[79] Damit konnte er sich nicht durchsetzen in seiner Partei - gerade auch Frauen leisteten starken Widerstand -;[80] die Parteibasis jedoch scheint die Ansichten Fischers zu einem Großteil geteilt zu haben.

Die schon traditionelle Ablehnung von Frauenarbeit[81] bot in ihrer Konsequenz eine unrealistische Alternative. Selbst wenn die Frauen ihren Arbeitsplatz gern aufgegeben hätten, um ausschließlich für die Familie sorgen zu können oder den unzumutbaren Arbeitsbedingungen zu entgehen, hatten sie doch zumeist keine andere Wahl. Sie mußten Geld verdienen, das für das Überleben ihrer Familien dringend gebraucht wurde. Nebenbei waren sie noch für die gesamte Hausarbeit zuständig. Die Widerstände gegen Frauenarbeit gründeten, abgesehen von Konkurrenzfurcht und schlechten Arbeitsbedingungen, in der Übernahme des bürgerlichen Familienideals, nach welchem die Frau ausschließlich die Familienpflichten übernehmen sollte.

---

74 Richebächer, a.a.0., S.177-183; S.199; S.190 u. S.191ff. Die Frauenagitationskommissionen und viele Bildungsvereine wurden von den Behörden schnell wieder verboten. Mitte der 90er Jahre verlagerte sich die Organisation der Frauenbewegung auf die Vertrauensperson (Richebächer, a.a.0., S.186ff.).

75 Barbara Greven-Aschoff, Sozialer Wandel und Frauenbewegungen, in: Geschichte und Gesellschaft. Zeitschrift für Historische Sozialwissenschaft, Jg.7/ 1981, H.3/4, S.328-346, S.344.

76 Richebächer, a.a.0., S.171.

77 Auf dem Gothaer Parteitag 1896 forderte Clara Zetkin eine Ausdehnung des gesetzlichen Arbeiterinnenschutzes, das aktive und passive Wahlrecht für Arbeiterinnen zu den Gewerbegerichten, den 8-Stunden Tag zunächst für die Frauen, die Anstellung weiblicher Fabrikinspektoren, gleichen Lohn für gleiche Arbeit, politische Gleichstellung, gleiche Bildung und freie Berufstätigkeit für beide Geschlechter, die privatrechtliche Gleichberechtigung der Frau sowie die Abschaffung der Gesindeordnung (Richebächer, a.a.0., S.195f.).

78 Evans, Sozialdemokratie und Frauenemanzipation, a.a.0., S.87-90.

79 Gisela Brinker-Gabler (Hrsg.), Frauenarbeit und Beruf. Die Frau in der Gesellschaft. Frühe Texte, Frankfurt/ M. 1979, S.23.

80 Heinz Niggemann (Hrsg.), Frauenemanzipation und Sozialdemokratie, Frankfurt/ M. 1981, S.16.

81 Werner Thönnessen, Frauenemanzipation. Politik und Literatur der deutschen Sozialdemokratie zur Frauenbewegung 1863-1933, Frankfurt/ M. 1976.

Dazu gehörte auch die Vorstellung von einem "spezifisch weiblichen Wesen", welche selbst die progressive Clara Zetkin teilte.[82] Clara Zetkin hatte zwar Kritik an der traditionellen Rollenverteilung innerhalb der Familie geübt, die für die Arbeiterinnen doppelte Belastung zur Folge hatte, doch auch sie war beeinflußt vom bürgerlichen Familienideal.[83]
Die Schwerpunkte der sozialdemokratischen Frauenbewegung lagen von Anfang an auf dem politischen und ökonomischen Bereich. Fehlende Gleichberechtigung der Geschlechter, verinnerlichte Rollenmuster und die Doppelbelastung der Frau waren Probleme, die wohl erkannt, deren Lösung aber auf eine ferne sozialistische Zukunft verschoben worden war. Die geschlechtsspezifische Aufgabenverteilung in Familie und Partei blieb unangetastet.[84] Innerhalb der Sozialdemokratie und bei der Mehrheit der Arbeiter war die Familienarbeit Aufgabe der Frau, auch wenn sie erwerbstätig sein mußte.
Immerhin verfügten die Frauen über die sozialistische Theorie als "Waffe",[85] mit der sie sich auf die Gleichberechtigungspostulate der Sozialdemokratie berufen konnten. Doch wie wirksam konnte diese "Waffe" der Theorie sein, die eine Lösung von "privaten" Problemen kaum berücksichtigte? Daß die "Befreiung der Frauen von doppelter Ausbeutung" durch Erwerbs- und Hausarbeit vertagt werden konnte, zeigt, daß diese Problematik - obwohl erkannt - kein politisches Gewicht hatte. Das hat auch in der eigenen Partei Konsequenzen gehabt und wurde deutlich, wenn sich Frauen - besonders in höheren Parteiämtern - politisch engagieren wollten. In einer männlich dominierten Sozialdemokratie war es den Frauen nahezu unmöglich, den ohnehin schon vorhandenen Vorsprung der Männer in der Partei einzuholen.
Frauen hatten jedoch ihren eigenen Kompetenzbereich, Aufgaben, die der weiblichen Rolle zu entsprechen schienen wie die soziale Fürsorge, Erziehungsfragen und Arbeiterinnenschutz. Typisch "weiblich" waren im übrigen auch die Hilfs- und Zulieferarbeiten der Frauen für die Partei - z.B. das Verteilen von Flugblättern.[86]
Nach der Abschaffung der Vereinsgesetzgebung (1908) währte die organisatorische Autonomie der Frauenbewegung nicht mehr lange.[87] Formal gesonderte Organisationen schienen nicht mehr notwendig, da die Frauen nun direkt Parteimitglieder werden konnten. Die Furcht der sozialdemokratischen Frauen, durch den Verlust ihrer Sonderorganisationen in der Partei nicht mehr ausreichend vertreten zu sein, war nicht unbegründet. Auch die Parteiführung hatte erkannt, daß es mit schematischer Gleichstellung allein nicht getan war und genehmigte weiterhin Frauendelegationen auf Parteitagen und Frauenvertretungen in den Vorständen. Faktisch nicht gleichberechtigt, benötigten die Frauen dieses Zugeständnis, um nicht völlig ausgeschaltet zu werden. Sie wollten nicht zum "Genossen zweiter Klasse" degradiert werden. Die

82 Elke Kleinau, Über den Einfluß bürgerlicher Vorstellungen von Beruf, Ehe und Familie auf die sozialistische Frauenbewegung, in: Ilse Brehmer/ Juliane Jacobi-Dittrich/ Elke Kleinau/ Annette Kuhn (Hrsg.), Frauen in der Geschichte, Bd.4: "Wissen heißt leben...". Beiträge zur Bildungsgeschichte von Frauen im 18. und 19. Jahrhundert, Düsseldorf 1983, S.145-168, S.164.
83 Ebd., S.149.
84 Freier, a.a.O., S.196ff.
85 Niggemann, Emanzipation zwischen..., a.a.O., S.285.
86 Freier, a.a.O., S.210ff.
87 In den Jahren von 1908 bis 1914 wurde nur noch eine Frauenkonferenz abgehalten (1911). Das Frauenbüro wurde 1912 geschlossen. Es blieben die alljährlichen Internationalen Frauentage und die Stimmrechtsdemonstrationen der Frauen (Evans, Sozialdemokratie und Frauenemanzipation, a.a.O., S.320f.).

Kritik ihrer männlichen Kollegen ließ nicht lange auf sich warten: mit ihren "Extrawürsten" würden die Frauen die Einheit der Partei gefährden.[88]

Seit der Jahrhundertwende hatte sich die Frauenbewegung zu einer Massenbewegung entwickelt und ab 1908 (das Jahr, in dem die Vereinsgesetze abgeschafft wurden) waren die weiblichen Mitgliedszahlen der Sozialdemokratie sprunghaft angestiegen.[89] In der Mehrzahl handelte es sich um die Ehefrauen von Sozialdemokraten, die zum größten Teil nicht berufstätig waren.[90] Die männlichen Parteimitglieder wurden dazu ermutigt, ihre Ehefrauen zu mobilisieren. Man wollte die Frauen einbinden, um die Partei zu unterstützen; geklagt wurde jedoch auch über "rückständige" Frauen, die ihre Ehemänner von politischen Aktivitäten abhielten.[91]

Sofern überhaupt eine Einbindung von Frauen in die Partei befürwortet wurde, spielten wohl weniger die Interessen der Frauen, sondern in erster Linie die eigenen Vorteile eine Rolle. Folgende Ansichten von Hamburger Arbeitern, die zu Beginn des 20. Jahrhunderts aufgezeichnet wurden, mögen von vielen Sozialdemokraten an der Basis geteilt worden sein:

"In der Zeit von 9.40 bis 10.25 Uhr besuchte ich die Gastwirtschaft von Kelling, gelegen Süderstraße Nr.5. Daselbst befanden sich elf Arbeiter, welche an Tischen verteilt saßen, und sagte einer folgendes: 'Es wird immer darauf hingewirkt, daß die Frauen den Männern im öffentlichen sowie politischen Leben gleichgestellt werden sollen. Meiner Ansicht nach ist dieses nicht richtig, da eine Frau niemals das richtige Verständnis für dieserlei Sachen hat, vielmehr stets von dem Manne muß geleitet werden, kann sie auch niemals demselben gleichgestellt werden. Es gibt zwar auch Frauen, die Energie und Einsicht besitzen, jedoch sind dies nur so wenige, daß sie nicht in Betracht kommen. Besser wäre es, wenn mehr darauf hingewirkt würde, daß die Frauen dem öffentlichen Leben ganz und gar entzogen und in häuslichen Arbeiten beschäftigt würden.'

Ein anderer Arbeiter sagte: 'Es gibt eine Menge Frauen, die sich sehr gut für das öffentliche Leben eignen. Dieses sieht man am besten daran, daß sie sich beinahe in alle Berufe eingedrängt haben ... .'

Ein anderer sagte: 'Wir müssen alle hier für die Gleichstellung der Frau mit dem Manne eintreten. Der Vorteil der uns daraus erwächst, ist bedeutend größer als der Nachteil, den wir davon haben. Werden die Frauen auch im politischen Leben dem Manne gleichgestellt, so vergrößert sich unsere Partei mindestens um das Doppelte' ... ."[92]

Wie die "gleichgestellten" Frauen politische Aktivitäten zusätzlich zu Arbeit, Haushalt und Kinderbetreuung organisieren konnten, wurde nicht thematisiert. Auch waren die Organisationsformen der Arbeiterbewegung den männlichen Arbeits-

---

88 Niggemann, Emanzipation zwischen..., a.a.O., S.287; S.223-226ff.

89 Evans, Sozialdemokratie und Frauenemanzipation, a.a.O., S.190ff.

90 Niggemann, Emanzipation zwischen..., a.a.O., S.219. 1905 - noch existierte das Vereinsgesetz - waren die Mehrheit der weiblichen Vertrauenspersonen Hausfrauen, deren Ehemänner zu den "besser" verdienenden Arbeitern gehörten (Evans, Sozialdemokratie und Frauenemanzipation, a.a.O., S.206f.).

91 Ebd., S.203ff.; S.323ff., und vgl. Freier, a.a.O., S.211.

92 Zit. nach Richard J. Evans (Hrsg.), Kneipengespräche im Kaiserreich. Die Stimmungsberichte der Hamburger Politischen Polizei 1892-1914, Reinbek bei Hamburg 1989, S.164f. Das zitierte Gespräch der Arbeiter wurde 1902 in Hamburg "aufgezeichnet". Es handelt sich nur um einen kleinen "Meinungsausschnitt" zur Illustration. Evans "Kneipengespräche im Kaiserreich" wurden von Hamburger Polizeispitzeln notiert und dokumentieren heute verschiedenste Aspekte der Alltagsgeschichte.

bzw. Freizeiten angepaßt.[93] Die Hausfrauen stellten nicht nur die Mehrheit der weiblichen Mitglieder in der Sozialdemokratie, weil sie von ihren Ehemännern dazu ermutigt worden waren, sondern wohl auch, da sie am ehesten die Zeit für ein politisches Engagement aufbringen konnten. Fabrikarbeiterinnen organisierten sich, wenn überhaupt, in Gewerkschaften.[94] Dort waren die Vorurteile gegenüber Frauenarbeit und organisierten Frauen noch zählebiger, als in den Reihen der Sozialdemokraten.

Offiziell hatten die Gewerkschaften Frauenarbeit erst 1892 anerkannt, und Gewerkschafterinnen mußten sich fortwährend gegenüber ihren männlichen Kollegen behaupten, die von Arbeiterinnenorganisationen wenig hielten.[95] Und den Sozialdemokratinnen wurde der Balanceakt abgefordert, ihre frauenspezifischen Interessen und ihre besonderen Frauenveranstaltungen nicht in einen Gegensatz zu ihrer Parteiloyalität geraten zu lassen.[96]

Dennoch muß die Sozialdemokratie hinsichtlich der Frauenemanzipation als fortschrittlichste Partei des Kaiserreiches bezeichnet werden. In der Parteiarbeit dagegen war die "sich unterordnende", "helfende" Frau gefragt. Diese "Abdrängungstaktik" wurde schon damals von den betroffenen Frauen thematisiert.[97] Geklagt wurde darüber, daß Männer in den Ortsvereinen Frauen lieber im Haushalt als in der Politik sehen würden. Die führenden Parteiämter blieben eine Domäne der Männer.[98] Sozialistische Theorie und sozialdemokratische Praxis waren offensichtlich zweierlei Dinge. Freilich hatten Clara Zetkin, Luise Zietz und Rosa Luxemburg (die sich nicht in der Frauenbewegung engagierte) es geschafft, an exponierter Stelle zu wirken.

Während der Weimarer Zeit rückte die Wohlfahrtspflege ins Zentrum sozialdemokratischer Frauenarbeit. Die proletarische Frauenbewegung hatte durch Krieg, Parteispaltung und den Verlust ihrer führenden Kräfte an USPD und KPD (Luise Zietz und Clara Zetkin) an Stärke verloren und war nun direkt der Partei unterstellt. Die frauenpolitischen Aspekte verebbten angesichts des erlangten Frauenwahlrechts und formaler Gleichberechtigung.[99]

1917 übernahm Marie Juchacz, die Gegenspielerin Clara Zetkins, die Führung der sozialdemokratischen Frauen[100] und begründete 1919 die Arbeiterwohlfahrt (AWO).[101] Abgesehen von sozialer Arbeiterselbsthilfe, einer wichtigen Alternative zur bürgerlichen Wohlfahrt,[102] war die AWO eine "Vorfeldorganisation" der sozial-

---

93 Bussemer, Frauenemanzipation und Bildungsbürgertum, a.a.0., S.217f.

94 Evans, Sozialdemokratie und Frauenemanzipation, a.a.0., S.209.

95 Richebächer, a.a.0., S.268ff.; Losseff-Tillmanns, a.a.0., S. 300ff.

96 Bussemer, Bürgerliche und proletarische Frauenbewegung, a.a.0., S.39f.

97 Weiland, a.a.0., S.216f.

98 Niggemann, Emanzipation zwischen..., a.a.0., S.220ff.; S.229-232.

99 Ders., Frauenemanzipation und Sozialdemokratie, a.a.0., S.33f.; ders., Emanzipation zwischen..., a.a.0., S.286 u. S.290.

100 Evans, Sozialdemokratie und Frauenemanzipation, a.a.0., S.302ff.

101 Die Reformistinnen innerhalb der sozialdemokratischen Frauenbewegung, die - ebenso wie die Mehrheit der Sozialdemokratie - den Krieg mitgetragen hatten, leisteten schon während der Kriegsjahre Wohlfahrtsarbeit. Die konsequenten Kriegsgegnerinnen Clara Zetkin, Luise Zietz und auch Rosa Luxemburg lehnten die sozialdemokratische Wohlfahrtspflege als gesellschaftliche Beiträge ab, die weder Frieden noch eine sozialistische Gesellschaftsordnung schaffen könnten (Richebächer, a.a.0., S.284).

102 Anneliese Monat, Sozialdemokratie und Wohlfahrtspflege. Ein Beitrag zur Entstehungsgeschichte der Arbeiterwohlfahrt, Stuttgart 1961, S.52f.

demokratischen Partei. Mit sozialpolitischen Themen sollten Frauen angesprochen und politisiert werden, die sonst (besonders in den ländlichen Gebieten) mit der Sozialdemokratie nichts zu tun haben wollten.[103]
Die geschlechtliche Aufgabenverteilung innerhalb der Partei kam nun klar zum Vorschein: Auf sozialpolitischem Sektor hatten die Frauen einen "Freiraum", sie konnten in der AWO ohne männliche Konkurrenz wirken, doch im politischen und parteipolitischen Leben blieben sie außen vor. 1919 lag der Mitgliederanteil von Frauen in der Sozialdemokratie um 30,5%. In der Nationalversammlung stellten die Frauen "nur" 11,5% der sozialdemokratischen Fraktion.[104] Natürlich war dieser Frauenanteil, gemessen an den anderen Parteien, sehr hoch. Hinter ihre eigenen Ansprüche fiel die Sozialdemokratie in den Weimarer Jahren jedoch zurück. Laut Parteistatut (1925) sollten Frauen bei der Vergabe von Parteiämtern im Verhältnis zu ihrer Mitgliederzahl berücksichtigt werden. Es ist bei dieser Absichtserklärung geblieben.[105]
Die sozialdemokratischen Frauen im Reichstag engagierten sich u.a. für die Reformierung des Ehe- und Familienrechts, des Unehelichenrechts und des § 218, Arbeitsfelder, in denen sich die Frauen kompetent fühlten. Hier entwickelten sie große publizistische Aktivitäten.[106]
Sie alle standen vor der Frage, wie sie Beruf, Familie und Politik miteinander verbinden sollten. Der Politik kam in ihrem Leben entweder von Anfang an eine vorrangige Stellung zu, das hieß Verzicht auf eine Familie, oder sie waren auf die Unterstützung des Ehemannes angewiesen. Nicht selten wurden Ehen durch das politische Engagement der Frauen verhindert oder geschieden. Mit einer Frau, die in der Öffentlichkeit stand, hatten viele Männer ihre Probleme. Die Frauen konnten sich von der Verantwortlichkeit für ihre Familie meist nicht lösen. So blieben viele Politikerinnen ledig und Familienfrauen wurden erst politisch aktiv, nachdem die Kinder größer geworden waren.[107]
Die sozialdemokratischen Frauen, von denen viele aus der Arbeiterbewegung kamen,[108] kannten geschlechtliche Benachteiligungen und Diskriminierungen am Arbeitsplatz, aber auch die gesellschaftliche Ablehnung sozialdemokratischer Positionen aus eigener Erfahrung. Sie hatten ihre Konsequenz gezogen, indem sie politisch zu arbeiten begannen.[109] Und für viele nahm die Arbeit in der Frauenbewegung einen wichtigen Stellenwert ein.[110]

Über das Leben von Frauen an der Basis der sozialdemokratischen Frauenbewegung ist kaum etwas bekannt. Im Mittelpunkt der Aufmerksamkeit standen nur wenige, wie etwa Clara Zetkin oder Marie Juchacz. Auch Hinweise darüber, wie die Frauen ihre Rolle in der Partei empfunden haben oder mit ihrer Doppelbelastung fertig wurden, sind selten zu finden.[111]

---

103 Wickert, Unsere Erwählten, a.a.O., S.299f. u. S.125.
104 Ebd., S.126-129.
105 Ebd., S.226.
106 Ebd., S.227f.; S.299f.; S.229f. u. S.300f.
107 Ebd., S.54; S.124 u. S.227.
108 Niggemann, Emanzipation zwischen..., a.a.O., S.219.
109 Wickert, Unsere Erwählten, a.a.O., S.298f.
110 Niggemann, Emanzipation zwischen..., a.a.O., S.276.
111 Ebd., S.281.

In Hannoversch-Münden hatte Sophie Werzeiko den Ortsausschuß der AWO gegründet, und sie gehörte auch zu den Gründungsmitgliedern der ortsansässigen Frauengruppe der Sozialdemokratie.[112] Sophie Werzeiko stammte aus einer traditionsbewußten Mündener Arbeiterfamilie. Die Arbeitsbedingungen von Frauen kannte sie aus Erfahrung.
Zu Beginn der zwanziger Jahre saß sie als einzige sozialdemokratische Frau im Mündener Bürgervorsteherkollegium. Ihr Arbeitsgebiet war die Neustrukturierung der städtischen Wohlfahrtspflege. Als Bürgervorsteherin, als Leiterin des AWO-Ortsausschusses und der Frauengruppe sowie als freiwillige Helferin der AWO (Kinderausflüge und Freizeiten etc.) mußte sie zusätzlich einen Haushalt mit vier Kindern versorgen, ein enormes Arbeitspensum, das ohne die Unterstützung der Familie nicht zu bewältigen gewesen wäre.[113] Es ist wohl nicht erstaunlich, daß Sophie Werzeiko neben ihrer politischen Arbeit nicht erwerbstätig war.
Sophie Werzeiko kann über ihr damaliges Politikverständnis keine Auskunft mehr geben. Vermutlich hat sie, wie viele Frauen zu ihrer Zeit, die sozialen Aufgaben weniger als "Politik zweiter Wahl" angesehen, sondern war von der Notwendigkeit dieser Arbeit überzeugt.

Der Vorwurf, daß Frauen zumeist unpolitisch und nicht zu organisieren seien, kam seit langem schon aus der Ecke der Gewerkschaften. Auch in den zwanziger Jahren hielten die Gewerkschaften an diesen Vorurteilen fest.[114] Die Hintergründe aber wurden übersehen. Waren doch die meisten Frauen ungelernte Arbeitskräfte, denen es in der Regel am berufsständischen Interesse für organisatorische Vertretung fehlte. Zudem arbeiteten Frauen noch zu Beginn des 20. Jahrhunderts in der überwiegenden Mehrzahl isoliert in der Landwirtschaft oder in häuslichen Diensten. Der provisorische Charakter von Frauenerwerbstätigkeit trug dazu bei, die Organisationsmöglichkeiten der Frauen zu vermindern, ganz abgesehen von den geringen Löhnen, die Beitragszahlungen oft unmöglich machten.[115] Die Gewerkschaften erhoben zwar die stete Klage, daß die geringe Organisation der Frauen eine wirksame Vertretung von Fraueninteressen verhindere,[116] sie selbst jedoch waren nicht sonderlich daran interessiert, Frauen in ihren Organisationen eine Chance zu geben. Dies galt wieder einmal besonders für die Arbeit auf höherer Ebene.[117]
Anna Zammert als erste Frauensekretärin einer Einzelgewerkschaft gehörte zu den Ausnahmen. Noch in den zwanziger Jahren mußte Anna Zammert als Frauenvertreterin sehr vorsichtig argumentieren, um die männlichen Gewerkschaftsmitglieder von der Notwendigkeit gewerkschaftlicher Frauenarbeit zu überzeugen. So appellierte sie an die Mitglieder, eine verbesserte gewerkschaftliche Organisation von Frauen auch in deren eigenem Interesse, zu deren eigenem Vorteil zu befürworten:

112 Der Vorsitz der SPD-Frauengruppen und der AWO waren Ämter, die häufig in Personalunion besetzt wurden (Wickert, Unsere Erwählten, a.a.O., S.126). Marie Juchacz hatte die Gründung von Frauengruppen in den Kleinstädten und auf dem Lande angeregt, um hier die Frauen, mit denen es die Sozialdemokratie traditionell schwer hatte, zu mobilisieren, politisch zu aktivieren und zu organisieren (Christl Wickert, Zwischen Familie und Parlament. Sozialdemokratische Frauenarbeit in Südniedersachsen 1919-1950 am Beispiel von Hann. Münden und Einbeck, Kassel 1983, S.3f.; S.7f. u. S.43ff.).

113 Wickert, Zwischen Familie und Parlament, a.a.O., S.25f. u. S.60f.

114 Losseff-Tillmanns, a.a.O., S.165f.

115 Ebd., S.61f.

116 Ebd., S.317.

117 Ebd., S.304ff.

Es *"sollte sich die Erkenntnis bei der Arbeiterschaft allenthalben, besonders in der modernen Arbeiterbewegung, freie Bahn verschaffen, daß ohne eine umfassende gewerkschaftliche Frauenagitation und -schulung auch das Lohnniveau, überhaupt der Lebensstandard der Gesamtarbeiterschaft nicht zu heben ist."*[118]
Auch Anna Zammert waren "weibliche Arbeitsverhältnisse" und die Probleme der Vereinbarkeit von Familie und Politik vertraut. Neben der Schule mußte sie für ihre kleineren Geschwister sorgen, als Jugendliche arbeitete sie als Dienstmädchen und später in einer Fabrik. Das politische Engagement der späteren sozialdemokratischen Reichstagsabgeordneten Anna Zammert war von der Unterstützung des Ehemannes und besonders der Mutter abhängig. Um als Frauensekretärin des Fabrikarbeiterverbandes in Hannover arbeiten zu können, übernahm ihre Mutter die Betreuung ihres Kindes.

Frauen in der Parteipolitik sind die Ausnahme geblieben. Die erste Frauengeneration der Sozialdemokratie im Reichstag - viele, besonders Jüdinnen, wurden später von den Nationalsozialisten verfolgt - geriet in Vergessenheit.[119] Es gab durchaus positive Erinnerungen an die Zeit ihrer politischen Aktivitäten. Die Frauen verstanden sich als Teil einer Bewegung, Politik hatte ihr Leben bestimmt. Das Kunststück, Familie, Beruf und Politik miteinander zu verbinden, gelang jedoch den wenigsten.[120]
Männerdomänen haben sie sich nicht erobern können und in der politischen Arbeit besaßen sie wenig Einflußmöglichkeiten. Die ersten Anstöße zu Veränderungen, die die Weimarer Politikerinnen gegeben haben, sollen damit nicht gering geschätzt werden. Zu unterschätzen ist jedoch auch nicht, daß tradierte Rollenzuweisungen Frauen bis heute den Weg in die Politik schwer machen.
Immerhin setzte sich im Weimarer Reichstag die Anredepraxis "Frau Abgeordnete" durch - unabhängig vom Familienstand. In der preußischen Landesversammlung lautete die Anrede zu Beginn der Weimarer Republik noch "Fräulein Abgeordnete".[121] ...

In Preußen sträubte man sich auch lange, Frauen den Zugang zu den Universitäten und zum akademischen Lehramt zu gestatten.
Die bürgerliche Frauenbewegung[122] hatte mit einer wahren Petitionsflut all ihre Energien darangesetzt, den Frauen qualifizierte Ausbildungsmöglichkeiten und Berufe zu erstreiten. Besonders der "Frauenverein Reform" engagierte sich für das Hochschulstudium von Frauen.[123] Der Reichstag reagierte auf die Petitionen mit "Papierkorbpolitik".[124] 1891 wurden Fragen der Frauenbildung im Deutschen

---

118 Anna Zammert (1933) zit. nach Losseff-Tillmanns, a.a.O., S.318.

119 Wickert, Unsere Erwählten, a.a.O., S.302.

120 Ebd., S.303f.

121 Kurt Nemitz, 70 Jahre Frauen in deutschen Parlamenten. Eine Betrachtung an Hand von drei Beispielen, in: Das Parlament, Nr. 49, 1. Dezember 1989.

122 Vgl. Einführung "Erziehung, Emanzipation und bürgerliche Sozialarbeit".

123 Ingrid Schmidt-Harzbach, Kampf ums Frauenstudium - Studentinnen und Dozentinnen an deutschen Hochschulen, in: Frauen und Wissenschaft. Beiträge zur Berliner Sommeruniversität für Frauen, Juli 1976, hrsg. v. der Gruppe Berliner Dozentinnen, Berlin 1977, S.33-73, S.39f. Zu den verschiedenen Positionen innerhalb der bürgerlichen Frauenbewegung hinsichtlich der Frauenbildung vgl. Greven-Aschoff, Bürgerliche Frauenbewegung, a.a.O., S.51ff.

124 Schmidt-Harzbach, a.a.O., S.43.

Reichstag zum ersten Mal diskutiert. Einzig die Sozialdemokratie befürwortete eine uneingeschränkte Öffnung der Universitäten für Frauen.[125]
Zu Beginn des 20. Jahrhunderts konnte sich das Frauenstudium auch in Deutschland durchsetzen. Die positiven Erfahrungen in anderen europäischen Ländern waren nicht mehr zu ignorieren.[126] Als "Gasthörerinnen" wurden Frauen mit entsprechenden Schulabschlüssen laut einer Umfrage von 1899 an fast allen deutschen Universitäten zugelassen, allerdings ohne die Gewähr, daß ihnen die Studienjahre auch angerechnet würden.[127] Zur Voraussetzung, als Gasthörerin zugelassen zu werden, gehörte das jeweilige Einverständnis des Dozenten und des Ministers. Die Hörerinnen, eher geduldet als akzeptiert, mußten sich häufig Ressentiments und diskriminierende Behandlungen seitens der Professoren und Kommilitonen gefallen lassen.[128]
Den Auftakt hatte 1900 das liberale Baden gesetzt, indem es (probeweise!) die Immatrikulation von Frauen zuließ. In den folgenden Jahren zogen auch die anderen Länder nach.[129]
1908 erfolgte die längst fällige Mädchenschulreform, die auch Mädchen zum Abitur berechtigte. Seit dieser Zeit durften sich die Hochschulen den Frauen zwar nicht mehr verschließen, doch gleichberechtigt waren die Studentinnen noch lange nicht. Bis 1918 konnten Frauen in Preußen noch auf Antrag des Professors vom Studium ausgeschlossen werden. Die Habilitation war Frauen nicht gestattet, und selbst ein erfolgreich absolviertes Studium blieb meist ohne Konsequenzen für die praktische Berufsausübung.[130]
Besonders schwierig gestaltete sich die juristische Laufbahn, die sich Frauen gegenüber schon traditionell verschloß.[131] In den Jahren nach 1908 konnten Frauen zwar promovieren, nicht aber als Richterin, Staats- oder Rechtsanwältin ihren Beruf ausüben. Diese Zulassungsbeschränkungen wurden erst 1922 aufgehoben, in der Praxis jedoch auch in den zwanziger Jahren weiter fortgeführt.[132] Die juristische Laufbahn war eine Männerdomäne par excellence.
Beliebter, weil weniger perspektivlos für Frauen, war das Medizinstudium (Frauen- und Kinderheilkunde). Daran scheint auch die fast schon an Hysterie grenzende Abwehrhaltung der Mediziner gegen Studentinnen[133] wenig geändert zu haben.

---

125 Kristine v. Soden, Zur Geschichte des Frauenstudiums, in: Kristine v. Soden/ Gaby Zipfel (Hrsg.), 70 Jahre Frauenstudium. Frauen in der Wissenschaft, Köln 1979, S.9-42, S.13.

126 Ebd., S.12f., und dies., Frauen in der Wissenschaft, in: Kristine v. Soden/ Maruta Schmidt (Hrsg.), Neue Frauen. Die zwanziger Jahre, Berlin (West) 1988, S.124-130, S.124.

127 Käthe Schirmacher, Das Frauenstudium in Deutschland, in: Die Frauenbewegung, Jg.6, Nr.2, 15. Januar 1900, S.10f.; Nr.3, 1. Februar 1900, S.19f.; Nr.5, 1. März 1900, S.35.

128 Irmgard Weyrather, "Die Frau im Lebensraum des Mannes" - Studentinnen in der Weimarer Republik, in: Frauengeschichte. Beiträge zur feministischen Theorie und Praxis, Dokumentation des 3. Historikerinnentreffens in Bielefeld, April 1981, hrsg. v. Sozialwissenschaftliche Forschung und Praxis für Frauen e.V., München 1981, S.25-39, S.26.

129 v. Soden, Zur Geschichte..., a.a.0., S.17f.

130 Weyrather, a.a.0., S.27, und vgl. Schmidt-Harzbach, a.a.0., S.43.

131 James C. Albisetti, Frauen und die akademischen Berufe im Kaiserlichen Deutschland, in: Ruth-Ellen B. Joeres/ Annette Kuhn (Hrsg.), Frauen in der Geschichte, Bd.6: Frauenbilder und Frauenwirklichkeiten. Interdisziplinäre Studien zur Frauengeschichte in Deutschland im 18. und 19. Jahrhundert, Düsseldorf 1985, S.286-303, S.287f.

132 Habeth, a.a.0., S.159.

133 Vgl. Margrit Twellmann, Die Deutsche Frauenbewegung. Ihre Anfänge und erste Entwicklung, Bd.2: Quellen 1843-1889, Meisenheim 1972, S.389ff.

Die Öffnung der Universitäten für Frauen änderte wenig an der vorherrschenden Meinung deutscher Akademiker, daß Frauen prinzipiell "unfähig zu wissenschaftlicher Arbeit" seien.[134]

"... Das Ansehen der Wissenschaft wird leiden, wenn auch Frauen auf diesem Gebiet mitzureden berechtigt sind; Männer und Frauen in ein und demselben Hörsaal verderben die Sitten und verletzen das Schamgefühl; das Universitätsstudium schwächt die Gesundheit der Frauen, sie sitzen krumm und bekommen Schäden an der Wirbelsäule; Frauen an den Universitäten verleiten ihre männlichen Kommilitonen zu wilden Ehen; Amazonen sind auch auf geistigem Gebiet naturwidrig; der Frauen höchstes Ziel muß der häusliche Herd bleiben, soll anders die Weltordnung nicht verschoben werden; mit der Zulassung der Frauen zum Universitätsstudium betritt man die abschüssige Bahn, auf der es keinen Halt gibt, bis die Austilgung der Unterschiede der Geschlechter im öffentlichen Recht erreicht ist."[135]

Ein immer wiederkehrendes Argument, das bis heute die "Karrierefrau" als abschreckendes Beispiel zeichnet,[136] war die Warnung vor dem Verlust der "Weiblichkeit":

"... hier die sanften Schönen - dort die gelehrten Xanthippen. Hier die Begehrenswerten, Anschmiegsamen, Lenkbaren - dort die bebrillten Jungfern mit runzliger Stirn, geknotetem Haar, die denkenden und daher vermännlichten Wesen. Zu kurz gekommen, rechthaberisch, spröde, unsinnlich."[137]

Die Anzahl der weiblichen Studenten war zwar seit der Jahrhundertwende angestiegen, doch verglichen mit der Anzahl männlicher Studenten ließ der Frauenanteil zu wünschen übrig. Das änderte sich auch in der Weimarer Republik nicht.[138]

1925 arbeiteten von den rd. 10.000 berufstätigen Akademikerinnen die meisten als Lehrerinnen, gefolgt von Ärztinnen, Apothekerinnen und Chemikerinnen. Hochschullehrerinnen waren es fünfundzwanzig an der Zahl.[139] Der Frauenanteil am Lehrkörper der Universitäten war verschwindend gering und eine ordentliche Professur die Ausnahme.[140]

---

134 Schmidt-Harzbach, a.a.0., S.37ff., und vgl. Twellmann, a.a.0.

135 Renate Feyl, Der lautlose Aufbruch. Frauen in der Wissenschaft, Darmstadt und Neuwied 1983, S.15.

136 Marianne Schuller, Erfolg ohne Glück? Über den Widerspruch von Weiblichkeitsrolle und Karriere, in: ASTA-Frauengruppe und Demokratische Fraueninitiative (Hrsg.), Ringvorlesung "Frau und Wissenschaft", Marburg 1980, S.19-36, S.24f.

137 Feyl, a.a.0., S.17.

138 Studenten- und Studentinnenstatistik 1902 - 1933/34:

	Männer	Frauen
1902:	36.082	70
1907:	44.769	312
1908/09:	46.632	1.132
1913/14:	60.095	3.686
1918/19:	67.044	7.108
1931:	115.926	22.084
1933/34:	91.263	15.501

(Angaben nach Elisabeth Boedeker, 25 Jahre Frauenstudium in Deutschland. Verzeichnis der Doktorarbeiten von Frauen 1908-1933, Hannover 1939, S.L.)

139 Ebd., S.LI. In den Jahren von 1908 bis 1933 promovierten 10.595 Frauen in Deutschland (ebd., S.LXXIII).

140 Vgl. die genauere Statistik bei Habeth, a.a.0., S.170. Bis 1933 habilitierten sich in Deutschland 71 Frauen (ebd., S.168).

Die Mathematikerin Emmy Noether gehörte zu den ersten Frauen, die sich nach dem Krieg in Deutschland habilitierten,[141] und sie war die erste Frau, die an der Universität Göttingen habilitiert wurde.
Akademisch ausgebildete Frauen kamen in der Regel aus gutbürgerlichen Elternhäusern, in denen Wissenschaften und Künste gefördert wurden.[142] Emmy Noether war in einer Mathematikerfamilie aufgewachsen und das mag für ihre Wahl des Mathematikstudiums einen Ausschlag gegeben haben. 1907 promovierte sie und stellte 1915 einen Antrag auf Habilitation, dem nicht stattgegeben wurde. Im Mittelpunkt des Beitrages über Emmy Noether stehen das Habilitationsverfahren und die nicht erfolgte akademische Karriere einer Mathematikerin von internationalem Ruf. Emmy Noether hat in Deutschland keinen Lehrstuhl erhalten und mußte nach ihrer Habilitation (1919) von Lehraufträgen leben. Die schlechten wissenschaftlichen Karriereaussichten und ihre geringen finanziellen Mittel hielten sie nicht davon ab, wissenschaftlich zu arbeiten. Wie viele Wissenschaftlerinnen nahm auch Emmy Noether ungesicherte Positionen in Kauf, um in der Forschung tätig bleiben zu können.[143]
In Preußen wurden Frauen offiziell 1920 zur Habilitation zugelassen. Den letzten Anstoß dazu hat Edith Stein gegeben[144]:
"Der in Ihrer Eingabe vom 12. Dezember 1919 vertretenen Auffassung, daß in der Zugehörigkeit zum weiblichen Geschlecht kein Hindernis gegen die Habilitierung erblickt werden darf, trete ich bei ...",[145] antwortete der Preußische Minister für Wissenschaft, Kunst und Volksbildung Edith Stein. Sein Erlaß vom 21. Februar 1920,[146] der Frauen das Habilitationsrecht zusprach, hat sich für Edith Stein nicht mehr positiv auswirken können. Ihre Zulassung zur Habilitation war abgelehnt worden.
Edith Stein studierte im ersten Jahrzehnt nach der Durchsetzung des Frauenstudiums in Breslau und Göttingen und promovierte 1916 in Philosophie. Ihre Biographie hinterläßt den Eindruck eines selbstbewußten Studentinnenlebens. Von Diskriminierungen der Studentinnen war wenig zu merken. Zunächst wollte Edith Stein Lehrerin werden, doch ihr Interesse verlagerte sich zunehmend auf die Wissenschaft.[147] Edith Stein ging selbstbewußt ihren wissenschaftlichen Weg. Bei dem Versuch, sich zu habilitieren, ist auch sie an die gesellschaftlichen Grenzen gestoßen. Ihr zweiter Anlauf zu Beginn der dreißiger Jahre scheiterte dann nicht mehr vorrangig an ihrem Geschlecht, sondern weil sie Jüdin war.

---

141 Elisabeth Boedeker/ Maria Meyer-Plath, 50 Jahre Habilitation von Frauen in Deutschland. Eine Dokumentation über den Zeitraum von 1920-1970, Göttingen 1974, S.3.

142 Anne Schlüter, Wissenschaft für die Frauen? - Frauen für die Wissenschaft! Zur Geschichte der ersten Generationen von Frauen in der Wissenschaft, in: Ilse Brehmer/ Juliane Jacobi-Dittrich/ Elke Kleinau/ Annette Kuhn (Hrsg.), Frauen in der Geschichte, Bd.4: "Wissen heißt leben...". Beiträge zur Bildungsgeschichte von Frauen im 18. und 19. Jahrhundert, Düsseldorf 1983, S.244-261, S.256.

143 Ebd., S.250.

144 Boedeker/ Meyer-Plath, a.a.0., S.XI u. S.3.

145 Zit. nach ebd., S.5.

146 Ebd.

147 Zu Edith Steins Bildungskonzepten für Mädchen und ihren Positionen über Frauen in Beruf und Politik vgl. Hanna-Barbara Gerl, Frauenbilder in der Geschichte, in: Aus Politik und Zeitgeschichte. Beilage zur Wochenzeitung Das Parlament, 14. Oktober 1988, S.3-19, S.16ff.

Das ungezwungene Studentendasein der Edith Stein war nicht die Norm, weder in der wilhelminischen Zeit noch in der Weimarer Republik. Studentinnen wurden beargwöhnt und die Vorurteile ihnen gegenüber hielten sich lange.[148]
Ein Studium wurde den Mädchen von Haus aus schon erschwert: es lohne ja nicht, da sie "doch heirateten". Auch die höhere Mädchenbildung zeigte noch gravierende Unterschiede im Vergleich zu der Erziehung an den Knabengymnasien. Schwerpunkte bei den Mädchen bildeten in den Weimarer Jahren die musischen Fächer, Sprachen und Handarbeit.[149] Die Schulbildung wirkte sich wiederum auf die Fächerwahl aus. Auf der Beliebtheitsskala der Studentinnen standen Lehramt und Medizin an erster Stelle. Diese Fächer versprachen noch die sichersten Berufsaussichten. Technik dagegen, Theologie und die Rechts- und Staatswissenschaften zählten zu den typisch "männlichen" Fächern.[150]
Die Berufsmöglichkeiten von Akademikerinnen sahen im Vergleich zu denen der Männer trübe aus. Wirtschaftskrisen und Arbeitslosigkeit in der Weimarer Republik trafen zuerst die Frauen.[151] Der Deutsche Akademikerinnenbund (gegr. 1926) mußte sich im Rahmen seiner beruflichen Interessenvertretung wieder und wieder mit Doppelverdienerkampagnen gegen Frauen auseinandersetzen.[152]
Die Feindseligkeit gegenüber studierenden Frauen war besonders stark unter den Studenten ausgeprägt. Konservative Korporationen und Verbindungen lehnten das Frauenstudium ab. In der Mehrheit nationalistisch, antisemitisch, autoritätshörig und in Angst um ihre soziale Position, machten die Studentengruppen die Studentinnen (ähnlich erging es den Juden) zum Sündenbock. Juden und Studentinnen nahmen den Studenten angeblich die Stellen weg, Studentinnen engten den "Lebensraum des Mannes" ein.[153] Die nationalistischen Studenten standen mit ihrer Abwehrhaltung nicht allein, war es doch gesellschaftsfähig, Positionen zu vertreten, welche die ökonomische Unsicherheit und die Akademikerarbeitslosigkeit durch die Verdrängung von Frauen mildern wollten.[154] Die realen miserablen Berufsaussichten der Frauen wurden bei diesen Argumentationen nicht berücksichtigt. Die ärztlichen Fachverbände hatten schon intern die Stellen für Frauen begrenzt,[155] und die Juristenlaufbahn blieb den Frauen weitgehend verschlossen, ebenso wie die Professorenlaufbahn. Lehrerinnen gab es verhältnismäßig viele, nicht aber genügend Planstellen für Studienrätinnen. Auch mußten sich Lehrerinnen im Gegensatz zu Lehrern mit der traditionell schlechteren Bezahlung zufrieden geben.[156]
Der Numerus Clausus der Nationalsozialisten (nur 10% durfte der Anteil von studierenden Frauen an den Universitäten betragen) dürfte für viele nicht überraschend gekommen sein und wurde von den Universitäten, Schulen und akademischen Standesverbänden begrüßt.[157]

---

148 v. Soden, Frauen in der Wissenschaft, a.a.O., S.128.

149 Frevert, a.a.O., S.174ff.

150 v. Soden, Zur Geschichte..., a.a.O., S.20f.

151 Ebd., S.22.

152 Ella Barowsky, Sechzig Jahre Deutscher Akademikerinnenbund, in: Dorothea Frandsen/ Ursula Huffmann/ Annette Kuhn (Hrsg.), Frauen in Wissenschaft und Politik, Düsseldorf 1987, S.15-22, S.15ff.

153 Weyrather, a.a.O., S.27ff.

154 Ebd., S.30f.

155 v. Soden, Zur Geschichte..., a.a.O., S.22f.

156 Weyrather, a.a.O., S.32; Habeth, a.a.O., S.163-167.

157 Weyrather, a.a.O., S.25.

Die "emanzipierte" Frau der zwanziger Jahre, die selbstbewußt und wie selbstverständlich auch die höheren gesellschaftlichen Positionen für sich einforderte, stellte - ob gepriesen oder diffamiert - nur eine winzige Gruppe von Frauen in der Weimarer Gesellschaft. Ihre "Gleichberechtigung" und ihr "Selbstbewußtsein" müssen zudem differenziert gesehen werden, denn auch sie waren längst nicht frei von den gesellschaftlichen Rollenleitbildern und Traditionen. Auch lebten sie nicht wie die Mehrheit der Frauen.

"Von den Frauen an prominenter Stelle geht ... die Legende aus, daß die Frauen 'es ja nun geschafft' hätten. Ihre Erfolge verdunkeln die Erfolglosigkeit ihrer Millionen Mitschwestern. Durch ihre hochwertige Arbeit beweisen sie, daß Frauen 'auch das können', im Sinne von persönlich vermögen - und verschleiern gleichzeitig, daß Frauen (und zwar die große Überzahl) das eben nicht auch können, im Sinne von sozial vermögen ... ."[158]

"Die neue Frau entsteht. Diese neue Frau, der so viele Lobeshymnen und so viele Pamphlete der neuen Frauenliteratur gelten; diese neue Frau, von der manchmal so gesprochen wird, als wäre sie schlechthin die Frau von heute, während sie doch nur eine seltene Vorbotin des Morgen ist!"[159]

---

158 Rühle-Gerstel, a.a.O., S.318.

159 Ebd., S.408.

"Ihre Geduld beim Durchsetzen partieller Verbesserungen, bei der Reform von Wohltätigkeitseinrichtungen, beim Erlangen von Hilfe aus öffentlichen Institutionen, ihre Ausdauer, mit der sie an die Türen der Reichen klopfte, um ein kleines Almosen zu erhalten, diese Eigenschaften bildeten einen merkwürdigen Gegensatz zu ihrem Glauben an die letzte Notwendigkeit, die unterdrückten Massen mit Feuer und Schwert von den Institutionen zu befreien, die die höheren Klassen geschaffen hatten."[1]

Cordula Tollmien

"Frauen dieser Art möchte ich nicht missen ..." Sophie Charlotte Werzeiko (1891-1975)

Sophie Charlotte Werzeiko, verwitwete Kellner, geborene Kaldauke, wurde am 23. Dezember 1891 in Münden geboren. Sie besuchte die Volksschule und arbeitete danach als Verkäuferin in einer Verkaufsstelle des Mündener Konsumvereins.[2] Diese Arbeit gab sie 1911 nach ihrer ersten Heirat auf. Sie bekam drei Kinder, die sie, nachdem ihr Mann 1917 vor Verdun gefallen war, mit Heimarbeit durchbringen mußte. Nach dem Kriege heiratete sie zum zweiten Mal, den Montagearbeiter Otto Werzeiko, und bekam von ihm noch ein viertes Kind. Erwerbstätig war sie danach nicht mehr.[3]

Soweit ein ganz normales Frauenleben: Heirat, Kinder, frühe Witwenschaft (auch dies nichts Ungewöhnliches in dieser Zeit) und zweite Heirat. Der jüngste Sohn fällt im Zweiten Weltkrieg, eine Tochter verunglückt früh, der älteste Sohn macht Karriere, und der Stadtdirektor der Stadt Münden beginnt 1987 seine Begründung für eine posthume Ehrung von Sophie Werzeiko mit dem Satz: *"Frau Werzeiko ist die Mutter des ehemaligen Regierungspräsidenten in Hildesheim Dr. Hans Kellner."*[4]

Aber auch wenn Frauenlebensläufe noch immer und überall mit Mann oder Kindern beginnen, so hat doch der Stadtdirektor sicherlich nicht gemeint, daß Sophie Wer-

---

1 Sibilla Aleramo, Una donna, Geschichte einer Frau, Autobiographischer Roman (1906 erstmals erschienen), Frankfurt 1978, S.163.

2 Der Konsumverein war 1908 in Münden als Selbsthilfeorganisation der Arbeiter von 77 Arbeitern gegründet worden. Er betrieb eine eigene Bäckerei, eine Arbeitersterbekasse und eine eigene Sparkasse. 1923 hatte er in Münden bereits 13 Verkaufsstellen und 1928 15 Verteilungsstellen, 1 Million Mark Umsatz und 4000 Mitglieder. Angaben aus dem Göttinger Volksblatt, die sozialdemokratische Tageszeitung im Unterbezirk Göttingen, vom 4.12.1925, 3.12.1927, 15.7.1928. Zum Vergleich: 1927 gab es in Münden etwa 2000 organisierte Arbeiter (Göttinger Volksblatt vom 13.7.1927).

3 Otto Werzeiko war nach 1945 der Leiter der Mündener Stadtwerke. Angaben zur Person aus: Gespräch der Verfasserin mit Marie Kaldauke, geb. Schröder, Hann. Münden (einer angeheirateten Nichte Sophie Werzeikos) vom 3.3.1983 und Christl Wickert, Zwischen Familie und Parlament, Sozialdemokratische Frauenarbeit in Südniedersachsen 1919-1950, Kassel 1983, S.25f.

4 Der Stadtdirektor, Einige Angaben zur Ehrenbürgerin Sophie Werzeiko, 12.1.1987, zusammengestellt anläßlich der geplanten Umbenennung der Seniorenbegegnungsstätte in Münden in Sophie-Werzeiko-Haus. Arbeiterwohlfahrt Hann. Münden.

zeiko für diese Mutterschaft geehrt werden sollte. Er hatte vielmehr ihre *"jahrzehntelange ehrenamtliche Tätigkeit im kommunal- und sozialpolitischen Leben der Stadt Münden"* im Sinn.[5]
Was sich hinter dieser Formel verbirgt, soll hier durch einen Lebensbericht konkretisiert und veranschaulicht werden, der sich nicht nur auf das individuelle Leben der Sophie Werzeiko beschränkt, sondern auch das soziale und politische Umfeld mit in den Blick nimmt, in dem ihr lebenslanges politisches Engagement entstanden ist und verankert war.
Bereits 1911 trat Sophie Kaldauke in die SPD ein, und nach der Bürgervorsteherwahl vom 25. Februar 1919, bei der erstmals auch Frauen als Bürgervorsteherinnen gewählt werden konnten und die der SPD in Münden die absolute Mehrheit brachte, zog Sophie Kellner (später Werzeiko) dann für die SPD in das Mündener Stadtparlament, das Bürgervorsteherkollegium, ein. Sophie Werzeiko war im Bürgervorsteherkollegium zunächst die einzige Frau in der SPD-Fraktion. Erst 1924 rückte nach dem Ausscheiden eines Genossen eine zweite Frau für die SPD nach.[6] Sophie Werzeiko blieb Mitglied des Bürgervorsteherkollegiums bis zu dem Tag, als die SPD sich nach der Kommunalwahl vom 12. März 1933 weigerte, zur Sitzung des Bürgervorsteherkollegiums durch ein Spalier von SA-Leuten in das Rathaus einzuziehen, und von den Nationalsozialisten von aller weiteren kommunalpolitischen Tätigkeit ausgeschlossen wurde.[7]
Während der gesamten Zeit der Weimarer Republik hatte sich das Bürgervorsteherkollegium mit sozialen Fragen zu beschäftigen, und so wurde der Bereich der städtischen Fürsorge auch eines der Hauptarbeitsgebiete von Sophie Werzeiko. Sie gestaltete das neu aufzubauende Mündener Wohlfahrtswesen an herausragender Stelle mit und profilierte sich im Laufe der Jahre im Bürgervorsteherkollegium als führende Vertreterin in allen Fragen der Wohlfahrtspflege. Denn die Weimarer Republik brachte neben vielfältigen sozialen Problemen auch eine Reihe von sozialen Verbesserungen, die auch die von den Städten getragenen Fürsorgeeinrichtungen betrafen. Die Gesamtheit der in den zwanziger Jahren geschaffenen Sozialgesetze, die unter anderem erstmals den Vorbeugegedanken etwa in der sog. Krüppelfürsorge oder beim Mütter- und Säuglingsschutz formulierten, ein modernes Jugendwohlfahrtsgesetz und eine eigenständige Jugendgerichtsbarkeit schufen und die Erwerbslosenfürsorge einführten,[8] bildet bis heute die Grundlage unseres modernen

---

5 Anlage zum Schreiben des Stadtdirektors an die Arbeiterwohlfahrt Münden vom 6.10.1987, Lebenslauf der Ehrenbürgerin Sophie Werzeiko. Arbeiterwohlfahrt Hann. Münden.

6 Bei der Wahl am 25.2.1919 errangen die SPD 16 Sitze, die Demokraten (DDP) 6 und die "Vereinigten Rechtsparteien" (vornehmlich DVP) 8 Sitze. Auch die DDP und die DVP entsandten 1919 jeweils eine Frau ins Bürgervorsteherkollegium. Vgl. dazu Bernd Utermöhlen, Mittelschichten und Nationalsozialismus in Hann. Münden, Die Radikalisierung der Mittelschichten in einer Kleinstadt am Ende der Weimarer Republik, Examensarbeit Göttingen 1977 (als Manuskript im Archiv der Stadt Münden), S.51; S.109 u. S.124f.

7 Die SPD hatte bei der Märzwahl 1933 noch 9 Mandate errungen, die NSDAP 10, die KPD 1 und das "Nationale Bürgertum" 2 Mandate. Die 1. Sitzung nach der Wahl fand am 28.3.1933 statt. Vgl. dazu Cordula Tollmien, Die Geschichte der Arbeiterwohlfahrt in Hann. Münden, Hann. Münden 1983, S.128f., und Mündensche Nachrichten vom 29.3.1933.

8 Die Erwerbslosenfürsorge wurde schon kurz nach dem Kriege eingeführt, das Gesetz über die Arbeitslosenversicherung kam dann allerdings erst 1927. 1923 trennte man im Jugendgerichtsgesetz die Jugendgerichte, die dem Erziehungs- und nicht dem Strafgedanken verpflichtet wurden, von den Strafgerichten für Erwachsene. 1924 trat das Reichsjugendwohlfahrtsgesetz in Kraft, das erstmals in der deutschen Ge-

Sozialstaates. Zu einem einheitlichen zusammenfassenden Wohlfahrtsgesetz kam es allerdings während der Zeit der Weimarer Republik nicht, obwohl daran gearbeitet wurde. Es gab als allgemeine Grundlage lediglich die Verordnung über die Fürsorgepflicht vom 13. Februar 1924, die die Gemeinden verpflichtete, die alten Fürsorgeämter in Wohlfahrtsämter umzuwandeln. Dies hatte Münden aber, wie viele andere Städte auch, schon lange vor 1924, nämlich im November 1919, getan.[9]

Dem Wohlfahrtsamt zur Seite stand die Wohlfahrtskommission, die in einzelne Unterausschüsse untergliedert war. Diesen Ausschüssen gehörten neben Vertretern des Magistrats und des Bürgervorsteherkollegiums u.a. Vertreter der Schulen und Kirchen und der privaten Wohlfahrtsorganisationen an. Sophie Werzeiko gehörte einer Vielzahl von Ausschüssen des Wohlfahrtsamtes an: In der ersten Nachkriegszeit, als die Lebensmittel noch rationiert waren, arbeitete sie im Ausschuß für Lebensmittelmarken mit. Sie gehörte seit 1919 der Armenkommission an und war Mitglied im Ausschuß für Kinderspeisung, der die in Münden im August 1920 aus privaten Spenden und Zuschüssen der Stadt finanzierte Schulspeisung organisierte und leitete. Die Fortführung dieser Speisung stand allerdings aus finanziellen Gründen immer wieder in Frage, bis Münden im Mai 1921 endlich die Beteiligung an der offiziellen Quäkerspeisung durchsetzen konnte, für die schon nach dem Ersten Weltkrieg amerikanische Quäker Geld spendeten, das zentral verwaltet wurde. Um die vielfältige Sammeltätigkeit in Deutschland zusammenzufassen, mit der man der Not der ersten Nachkriegsjahre allerorten zu begegnen suchte, gründete Ende Oktober 1922 das Reichsarbeitsministerium die sog. Deutsche Notgemeinschaft. An der Bildung der Mündener Notgemeinschaft im Dezember 1922, die unter der Leitung des Wohlfahrtsamtes stand, war Sophie Werzeiko wieder beteiligt. Als 1923 die 1846 gegründete und bis dahin durch einen eigenen Verein betriebene Kinderbewahranstalt in Münden von der Stadt übernommen wurde, weil ihr Fortbestehen wegen der Inflation sonst nicht zu sichern gewesen wäre, wurde Sophie Werzeiko auch Mitglied der Kinderbewahranstaltskommission. Nachdem dann ebenfalls 1923 auch in Münden die jugendpflegerischen Aktivitäten der Stadt in einem Jugendamt zusammengefaßt wurden, lag eines ihrer Hauptarbeitsgebiete dort, und sie war natürlich auch in der Jugendgerichtshilfe tätig. Als in Münden 1922 erstmals Frauen als Schöffen gewählt wurden, war eine von ihnen Sophie Werzeiko. Seit 1924 war Sophie Werzeiko auch Mitglied der den einzelnen genannten Ausschüssen übergeordneten Wohlfahrtskommission.[10]

Obwohl die SPD die Auffassung vertrat, daß der privaten Wohlfahrtspflege immer der Geruch von Almosen und Wohltätigkeit anhafte und daß die Fürsorge eine Aufgabe des Staates und nicht privater Vereine sei, hatte sie Anfang 1919 auf Initiative von Marie Juchacz[11] eine eigene sozialdemokratische Wohlfahrtsorganisation gegründet, die den Namen Arbeiterwohlfahrt erhielt. Die SPD reagierte damit auf die

---

schichte das Recht eines jeden Kindes auf "Erziehung zur leiblichen, seelischen und gesellschaftlichen Tüchtigkeit" feststellte.

9 Vgl. dazu Tollmien, a.a.O., S.32ff.

10 Vgl. dazu ebd., S.35f.; S.39f.; S.42; S.45f. u. S.85.

11 Marie Juchacz, geb. Gohlke (1879-1956), hatte schon vor und während des Krieges in der Partei Erfahrungen in der Wohlfahrtsarbeit gesammelt. 1916 war sie nach Berlin gekommen, zur zentralen Frauensekretärin der Partei bestellt und in den Vorstand gewählt worden. Sie wurde 1919 Mitglied der verfassungsgebenden Nationalversammlung, danach dann Mitglied des neu konstituierten Reichstages und blieb dies bis 1933. 1933 floh sie zunächst ins Saarland und emigrierte dann über Frankreich in die USA, wo sie nach dem Kriege Hilfsaktionen für Deutschland organisierte. Sie starb 1956 in Bonn.

Notwendigkeit, die nach dem Kriege überall wildwüchsig entstehenden Hilfsaktionen auch innerhalb der organisierten Arbeiterschaft zentral zu koordinieren und griff dabei auf ihre während des Krieges gewonnenen Erfahrungen zurück, in dem auch sozialdemokratische Frauen in der Kriegswohlfahrt tätig gewesen waren. Die Arbeiterwohlfahrt war eine Gründung von oben: Am 13. Januar 1919 wurde der Hauptausschuß in Berlin gebildet, danach erst entstanden Bezirks-, Kreis- und Ortsausschüsse. Doch Idee und Ziele einer eigenen sozialdemokratischen Wohlfahrtsorganisation fielen bei den Unterorganisationen der Partei offenbar auf fruchtbaren Boden. Im Mai 1921, also eineinhalb Jahre nach ihrer Gründung, hatte die Arbeiterwohlfahrt bereits 200 Ortsausschüsse.[12]
In Münden gründete Sophie Werzeiko Ende 1922 oder Anfang 1923 (ein genaues Gründungsdatum läßt sich nicht mehr ermitteln) den Mündener Ortsausschuß der Arbeiterwohlfahrt. Sie wurde deren Vorsitzende und blieb dies bis 1965. Durch ihre Mitarbeit im Bürgervorsteherkollegium und dessen Ausschüssen hatte sie täglich erfahren können, daß die Sozialdemokraten nur durch eine eigene Wohlfahrtsorganisation ein einklagbares Mitspracherecht bei der praktischen und gesetzlichen Lösung der sozialen Probleme haben würden. Und genau dies war auch der Grund gewesen, weshalb Marie Juchacz und die SPD gegen die Bedenken in der Partei die Arbeiterwohlfahrt ins Leben gerufen hatten. Die kirchlichen und die sog. bürgerlichen Wohlfahrtsorganisationen hatten Sitz und Stimme in den Gremien der öffentlichen Wohlfahrtspflege, und sie erhielten für bestimmte von ihnen übernommene Aufgaben kommunale und staatliche Gelder. Davon waren die Sozialdemokraten ohne eigene Wohlfahrtsorganisation ausgeschlossen. So hatte die SPD mit der Arbeiterwohlfahrt zwar eine der von ihr eigentlich abgelehnten privaten Wohlfahrtsorganisationen geschaffen, doch sollte diese in erster Linie der öffentlichen Wohlfahrtspflege zur Seite stehen und ergänzen und nicht ein Wohltätigkeitsverein werden, der Geschenke und Almosen an Arme verteilte.
Dennoch blieb es angesichts der herrschenden Not vor allem in den ersten und den letzten Jahren der Republik nicht bei der Mitwirkung an der kommunalen Wohlfahrtspflege. Die Frauen der Arbeiterwohlfahrt, in der in Münden - wie in den anderen Ortsvereinen auch - fast alle weiblichen Mitglieder der SPD und darüberhinaus auch der SPD nur nahestehende Frauen mitarbeiteten, halfen auf vielfältige erfinderische Weise auch Einzelnen sehr direkt und praktisch. So organisierten die Mündener Frauen Ferienausflüge oder auch einwöchige Erholungsfahrten in die Mündener Umgebung für Kinder, die vorher noch nie verreist waren. Sie bereiteten Weihnachtsbescherungen für Kinder vor, auf denen diese Schuhe, Hemden, Unterzeug und Kleider geschenkt bekamen und die sich ab 1926 immer mehr zu einer allgemeinen Winterhilfe für die Familien ausweiteten. Durch diese Winterhilfsaktionen erhielten die Familien um die Weihnachtszeit Lebensmittelpakete und Hausbrand. Ebenso wie um die Kinder kümmerte sich die Arbeiterwohlfahrt auch um die Alten, denen man auf Altenabenden zu Kaffee und Kuchen und zu ein wenig Abwechslung verhalf. Grundsätzlich wurden, so weit es ging, alle in Not geratenen Familien von Arbeitern unterstützt, etwa auch durch sog. Suppenzettel: War in einer Familie die Mutter erkrankt, wurde auf einem Zettel eingetragen, wer von den Frauen der Arbeiterwohlfahrt bereit war, an einem bestimmten Tag der Woche für die Familie

12 Marie Juchacz, Der Hauptausschuß für Arbeiterwohlfahrt, in: Soziale Praxis und Archiv für Volkswohlfahrt, 1921, XXX, Nr. 21 vom 25.5.1921. Vgl. auch Tollmien, a.a.O., S.13-20.

mitzukochen. Auch Wöchnerinnen oder Arbeitslose wurden unterstützt. Eine doppelt wirkende Hilfe waren die Nähabende der Arbeiterwohlfahrt, an denen gleichzeitig Kleidungsstücke hergestellt und kostenloser Nähunterricht für junge Mädchen erteilt wurde, die auf andere Weise keine Arbeit oder Ausbildung erhalten hätten.[13]
Sophie Werzeiko war, abgesehen von ihrem Engagement für die Arbeiterwohlfahrt in Münden, die sie auch im 1920 gegründeten Bezirksverband der Arbeiterwohlfahrt in Hannover vertrat - auch eine der aktivsten Organisatorinnen der sozialdemokratischen Frauenbewegung in Münden. An der Spitze der sozialdemokratischen Frauenorganisation stand das zentrale Frauenbüro in Berlin, das seit 1917 Marie Juchacz leitete. Auf Bezirksebene gab es Frauensekretariate. In Hannover wurde dieses allerdings erst 1928 eingerichtet, vorher besorgte der Bezirkssekretär der Partei in Hannover die Koordinierung der Aktivitäten auch für die Frauenarbeit der Partei. Auf Ortsvereinsebene waren alle in der SPD organisierten Frauen in Frauengruppen zusammengefaßt. Ziel und Aufgabe dieser Frauenbewegung war dabei nicht, den Frauen in abgeschlossenen Gruppen die Beschäftigung mit sich selbst und ihren Problemen zu ermöglichen, sondern sie durch Schulung und Agitation für die allgemeinen Parteiveranstaltungen zu interessieren.[14]
In Münden wurde die Frauengruppe der SPD, die sich "Sozialistische Frauengruppe" nannte, am 15. November 1922 gegründet. Ihre enge Beziehung zur Arbeiterwohlfahrt wird schon in ihrer von ihr selbst formulierten Zielsetzung deutlich, *"durch Aufklärung in der Politik, durch Abhaltung von literarischen Vorträgen und Ausübung der sozialen Wohlfahrtspflege für die weitere Ausbildung der Mitglieder zu sorgen"*.[15] Die Treffen fanden vierzehntägig im Wechsel mit den Besprechungen der Arbeiterwohlfahrt statt, wobei man trotz einer weitgehenden personellen Identität darauf Wert legte, daß beide Organisationen voneinander unabhängig seien. Die Arbeiterwohlfahrt beschäftigte sich mit sozialen Problemen, die Frauengruppe beschäftigte sich mit politischen Themen und Fragen. Man hörte Vorträge oder las gemeinsam politische Texte und Zeitungen.[16]
Sophie Werzeiko gehörte zu den Gründungsmitgliedern der Sozialistischen Frauengruppe. Sie war zumindest zeitweise auch deren zweite Vorsitzende, und sie leitete vor allem fünf Jahre hintereinander (von 1927 bis 1931) die Frauentage des Unterbezirks Göttingen.[17] Auch an den Frauenkonferenzen des Unterbezirks nahm Sophie Werzeiko teil, und sie vertrat den Unterbezirk Göttingen auf den Bezirksfrauentreffen in Hannover, die sich vor allem mit der inhaltlichen Vorbereitung der Frauentage beschäftigten.[18]
Die praktische Vorbereitung wie das Anmieten und Ausschmücken eines Saales, Vorbereitung von Mittagessen, Kaffeetrinken und eines Spaziergangs und die Organisation der Demonstration oder Kundgebung, mit der die Frauentage traditionell

---

13 Vgl. dazu Tollmien, a.a.O., S.65-77 u. S.100-117.

14 Vgl. ebd., S.91, und Wickert, a.a.O., S.41.

15 Göttinger Volksblatt vom 11.11.1923 (Zum Jahrestag der Gründung).

16 Wickert, a.a.O., S.42, und Tollmien, a.a.O., S.91f.

17 Die Frauentage des Unterbezirks, die seit 1922 - mit Ausnahme des Inflationsjahres 1923 - alljährlich stattfanden, wurden von einem Frauenbüro geleitet, das aus 4 bis 5 Frauen bestand und dessen Vorsitzende von 1927-1931 Sophie Werzeiko war. Die Frauentage fanden 1922 in Northeim, 1924 in Göttingen, 1925 in Einbeck, 1926 in Northeim, 1927 in Münden, 1928 in Uslar, 1929 in Osterode, 1930 in Duderstadt, 1931 in Lauterberg und 1932 in Göttingen statt. Vgl. dazu Tollmien, a.a.O., S.93ff., und Wickert, a.a.O., S.33-40.

18 Siehe dazu Wickert, a.a.O., S.30; S.32; S.41 u. S.68 (Anm.100).

Abb. 19: Helferinnen der Arbeiterwohlfahrt bei einer Kinderfreizeit 1932. Sophie Werzeiko 2. v. links

endeten, übernahm die örtliche Frauengruppe. Die Frauentage fanden (bis auf den ersten) immer im Sommer und immer an einem Wochenende statt. Monate vorher wurde in den einzelnen Frauengruppen Geld in sog. "Reisekassen" gesammelt, um auch ärmeren Genossinnen das Kommen zu ermöglichen. Für die Anreise wurden oft beschwerliche und lange Wege - mit dem Zug, Bus, LKW oder Leiterwagen, auch mit dem Fahrrad oder zu Fuß - in Kauf genommen. Im Prinzip sollte jede Frauengruppe für zehn Mitglieder eine Delegierte schicken, faktisch jedoch nahmen alle Genossinnen, denen dies zeitlich und finanziell möglich war, an den Frauentagen teil. Von Jahr zu Jahr waren dies mehr Frauen. Hatte sich auf dem ersten Frauentag 1922 in Northeim noch ein Häuflein von 27 Frauen unter 90 Männern verloren,[19] so waren schließlich 1932 auf dem Frauentag in Göttingen, der bereits von einem Klima der Angst gezeichnet und von tätlichen Angriffen der Nationalsozialisten überschattet war, mit über 600 Teilnehmerinnen mehr als die Hälfte aller organisierten Frauen des Unterbezirks anwesend.[20]

Die Frauentage, die zumeist unter dem Motto August Bebels: *"Dem Sozialismus gehört die Zukunft, das heißt dem Arbeiter und der Frau"* standen, sollten die Einheit von Frauenbewegung und Arbeiterbewegung demonstrieren. Dies kam auch in den Themen der Vorträge zum Ausdruck, die jeweils von einer prominenten SPD-Genossin gehalten wurden und die den Höhepunkt der Veranstaltung darstellten. So sprach beispielsweise 1926 in Northeim Marie Juchacz über "Das Heidelberger Programm und die Frauen" oder 1927 in Hann. Münden die Leiterin des Arbeiterinnensekretariats des Allgemeinen Deutschen Gewerkschaftsbundes, Gertrud Hanna, über "Die geschichtliche Bedeutung des Kampfes der Frau um politische und wirtschaftliche Gleichberechtigung" oder 1930 in Duderstadt die Reichstagsabgeordnete und Frauensekretärin des Bezirks Magdeburg, Marie Arning, über die Abhandlung Bebels "Die Frau und der Sozialismus", aus der das oben zitierte Motto stammt und die die meistverbreitetste Schrift der Sozialdemokratie war. *"Genossin Werzeiko"*, so berichtete das Göttinger Volksblatt über den letztgenannten Frauentag, *"bezeichnete den Vortrag mit Recht als eine Feierstunde, die gezeigt habe, wie heilig der Sozialismus sei"*.[21]

Die Tatsache, daß regelmäßig prominente Vertreterinnen der sozialdemokratischen Frauenbewegung als Rednerinnen auf den Frauentagen des Unterbezirks auftraten - Marie Juchacz kam sogar zweimal, sie sprach noch einmal 1932 in Göttingen über "Die Gefahren der politischen Krise für die Frauen" -, zeigt, welche Bedeutung man in der Parteizentrale diesen Frauentagen beimaß. Diese fanden in Göttingen offenbar auch größeren Zuspruch als in anderen Unterbezirken und hatten sicherlich einen nicht geringen Anteil an der im Unterbezirk Göttingen zu verzeichnenden kontinuierlichen Zunahme der weiblichen Parteimitglieder.[22]

Auf allen Frauentagen war auch die Wohlfahrtspflege und speziell die Arbeiterwohlfahrt Gegenstand der Diskussion. Denn auch in der Partei, die 1891 in Erfurt

---

19 Siehe Göttinger Volksblatt 27.1.1922 (Ankündigung), 2.8.1922 und 1.7.1928. In einem späteren Bericht des Göttinger Volksblattes (28.6.1930) ist sogar nur von 12 Frauen die Rede. Auch an den folgenden Frauentagen nahmen immer auch Männer teil.

20 Vgl. Wickert, a.a.O., S.33f.; 39f. u. S.121, und Tollmien, a.a.O., S.94f.

21 Göttinger Volksblatt vom 1.7.1930, zu den Biographien der genannten Frauen vgl. Wickert, a.a.O., S.105-108.

22 Die Mitgliederzahlen stiegen von 578 = 17,21% der Gesamtmitglieder (1925) auf 1068 = 20,8% (1932). Vgl. Graphik und Zahlenangaben bei Wickert, a.a.O., S.50 u. S.121f.

als erste deutsche Partei die Forderung nach dem Frauenwahlrecht in ihr Programm aufgenommen hatte, galten Fürsorge und Wohlfahrt als das Gebiet, das in besonderer Weise dem "ureigensten Interesse" der Frau entspreche und deshalb ihr natürliches Betätigungsfeld sei. *"Parteiarbeit und Wohlfahrtsarbeit, das ist eins für die Frau"*, so formulierte dies die preußische Landtagsabgeordnete und Schwester von Marie Juchacz, Elisabeth Kirschmann-Röhl, in ihrem Vortrag auf dem Frauentag in Osterode 1929.[23] So war die Arbeiterwohlfahrt selbstverständlich Frauensache, und nicht selten war die Arbeit von Frauen in der Partei auch auf diesen Bereich beschränkt. Diese Tendenz verstärkte sich im Laufe der Jahre der Weimarer Republik sogar noch. Hatte man an der Gründung der Arbeiterwohlfahrt 1919 noch deshalb Kritik geübt, weil man befürchtete, daß durch die Wohlfahrtsarbeit Frauen der Parteiarbeit entzogen werden könnten, so argumentierte 1929 der Unterbezirksparteisekretär auf einer Unterbezirkskonferenz genau umgekehrt, indem er sagte: *"Um die Frauenbewegung müssen wir uns schon deshalb so intensiv kümmern, weil die Frauen die Arbeiterwohlfahrtspflege ausüben."*[24] Man wies darauf hin, daß die Frauen durch die soziale Arbeit öffentliche Anerkennung gewinnen könnten, die sie sonst nicht bekämen, oder daß man Frauen, die sonst für die politische Arbeit nicht zu gewinnen seien, durch die Arbeit für die Arbeiterwohlfahrt in den Dienst der Arbeiterbewegung stellen könne.[25]

Die Wohlfahrtsarbeit als Agitationsmittel für die Partei und als Sprungbrett für Frauen in die Politik - Argumente, die sicherlich nicht ganz falsch waren, auch wenn sie nicht nur, aber doch in erster Linie von Männern vorgebracht wurden. Einerseits ist nicht von der Hand zu weisen, daß die Genossen, wie die Männer anderer Parteien auch, keinen großen Wert auf die Beteiligung der Frauen an der Politik legten. Das zeigt schon der geringe Frauenanteil in den Parteiämtern.[26] Doch andererseits ist die faktische Festlegung der Frauen auf die Hausfrauenrolle, ebenso wie ihre Arbeit in der Arbeiterwohlfahrt auch als das Ergebnis des Alltagselends zu sehen, und insbesondere die Frauen der Arbeiterwohlfahrt haben die Notwendigkeit ihrer Arbeit immer wieder hervorgehoben.[27] Dabei darf auch nicht übersehen wer-

---

23 Sie sprach über "Die Frau in der Politik und in der Arbeiterwohlfahrt" (Bericht im Göttinger Volksblatt vom 11.6.1929). Elisabeth Kirschmann-Röhl, geb. Gohlke (1888-1930), war wie Marie Juchacz, mit der sie eng zusammenarbeitete, Mitglied der Nationalversammlung und dann von 1919 bis zu ihrem Tode 1930 Mitglied des Preußischen Landtages. Vgl. zur Person Wickert, a.a.O., S.108.

24 Göttinger Volksblatt vom 15.1.1929. Zum Anfang der 20er Jahre diskutierten Problem, daß Frauen durch die Wohlfahrtsarbeit der Parteiarbeit entzogen werden könnten, siehe Marie Juchacz und Johanna Heymann, Die Arbeiterwohlfahrt, Voraussetzungen und Entwicklung, Berlin 1924, S.40ff. Auch Elisabeth Kirschmann-Röhl hatte 1923 in einem Artikel über "Die Tätigkeit sozialdemokratischer Frauen in der Gemeinde" noch geschrieben, daß sich die Frauen ihre Arbeit n i c h t nach dem Grundsatz zuweisen lassen sollten: "Alle Fragen der Fürsorge in Reich, Staat und Gemeinde sind Frauensache, alle anderen Dinge sind Männersache." (Die Gleichheit, Nr. 1, vom 1.1.1923.)

25 Berichte aus Ortsvereinen und Bezirken, in: Juchacz/ Heymann, a.a.O., S.43ff. Vgl. auch Tollmien, a.a.O., S.97.

26 Vgl. dazu Wickert, a.a.O., S.8-11; S.32; S.60 u. S.67. Im Ortsverein Münden war zwar (anders als Wickert angibt) zumindest zeitweise eine Frau als Schriftführerin im Vorstand und eine Vertreterin der Frauengruppe sollte zur Beisitzerin gewählt werden (Göttinger Volksblatt 3.2.1923), doch in der Regel waren die Parteiämter im Ortsverein und im Unterbezirk von Männern besetzt.

27 Vgl. dazu den Abschnitt "Die Not hat uns am Theoretisieren gehindert", in: Tollmien, a.a.O., S.59-64, oder auch die Aussage von Marie Kaldauke, die mit Sophie Werzeiko von Anfang an in der Arbeiterwohlfahrt und auch in der Frauengruppe zusammengearbeitet hat: "Ich persönlich habe mich ja immer mehr für die Zusammenhänge der großen Politik interessiert, aber wir wußten alle, daß die Arbeit der

den, daß die Frauen ihrem Selbstverständnis nach den in Not geratenen Arbeitern Hilfe boten, die sich von den Hilfsangeboten bürgerlicher Damen der Frauenverbände und Kirchen dadurch unterschied, daß sie von Arbeitern für Arbeiter geleistet wurde. *"Die Arbeiterwohlfahrt ist die soziale Selbsthilfe der Arbeiter"* lautete der Werbespruch der Arbeiterwohlfahrt in den zwanziger Jahren.[28] Das Bewußtsein, durch die Arbeiterwohlfahrt endlich vom Objekt zum Subjekt der Wohlfahrtspflege geworden zu sein, wie es Marie Juchacz formulierte,[29] machte für die Frauen die politische Bedeutung ihrer karitativen Arbeit aus.

Dennoch ist unstrittig wahr, daß die Frauen durch die soziale Arbeit schon allein deswegen von der allgemeinen politischen Arbeit ferngehalten wurden, weil sie einfach nicht unbegrenzt Zeit und Kräfte zur Verfügung hatten. Wer wochenlang Kleider näht, Ferienausflüge und Altennachmittage organisiert, ständig und immer Spenden eintreiben,[30] Pakete für Weihnachtsbescherungen packen und die Pakete dann auch noch zu Fuß austragen muß, hat keine Kraft mehr für politische Veranstaltungen gleich welcher Art, zumal alle diese Frauen auch noch Mann und Kinder zu versorgen hatten, die ihre Arbeit außer Haus in den seltensten Fälle ohne Murren akzeptierten. So weiß man etwa auch von Sophie Werzeiko, daß es wegen ihrer vielfältigen politischen Verpflichtungen zu Auseinandersetzungen mit ihrem Mann gekommen ist, wenn dieser einmal nicht unterwegs auf Montage, sondern zu Hause war. Ihre Kinder wurden zwangsläufig zu relativ großer Selbständigkeit erzogen. Sie blieben, wenn Sophie Werzeiko außer Haus war, zumeist ohne Aufsicht Erwachsener und halfen ihr - nach eigenen Erinnerungen - auch im Haushalt.[31] Dennoch mußten sie natürlich versorgt werden, und dies bei einer außerhäuslichen Belastung, die mehr als hoch war: Sitzungen des Bürgervorsteherkollegiums fanden mindestens einmal im Monat statt (manchmal häufiger), Ausschußsitzungen auch einmal im Monat (Sophie Werzeiko war durchschnittlich Mitglied mindestens zweier Ausschüsse). Arbeiterwohlfahrt und Frauengruppe tagten vierzehntägig im Wechsel. Dies bedeutete also ein Treffen wöchentlich. Der Bezirksausschuß der Arbeiterwohlfahrt tagte etwa alle zwei Monate. Dazu kamen die Vorbereitungen der Frauentage, oft mit Reisen verbunden, und die regelmäßige praktische Arbeit in der Arbeiterwohlfahrt. Außerdem besuchte Sophie Werzeiko eine Vielzahl von Tagungen und Konferenzen, fuhr als Delegierte zu Unterbezirks-Parteitagen, nahm an Kreiskonferenzen der SPD teil, arbeitete als Schöffin usw. usw.[32] Ein Arbeitsprogramm, das fast zu groß für eine einzelne Person zu sein scheint. Dennoch hat sie es offenbar irgendwie geschafft, und es stellt sich daher die Frage: Warum gerade sie? Wo lagen die Wurzeln für ihre politische Aktivität?

Um diese Fragen beantworten zu können, ist zunächst wichtig herauszustellen, was durch ihre Lebensbeschreibung schon deutlich geworden ist, daß Sophie Werzeiko nämlich nicht zu den Frauen gehörte, die durch die soziale Arbeit zur Partei und zur Politik kamen, sondern daß es bei ihr gerade umgekehrt war: Als Parteimitglied und

---

Arbeiterwohlfahrt notwendig war und getan werden mußte." (Geäußert in einem Gespräch mit der Verfasserin am 3.3.1983, wiedergegeben in: ebd., S.98.)

28 Ebd., Abb. S.82.

29 Juchacz, a.a.O.

30 Zur Finanzierung der Arbeit der Arbeiterwohlfahrt siehe Tollmien, a.a.O., S.77-83.

31 Erinnerungen ihres Sohnes Dr. Hans Kellner, Göttingen, und Marie Kaldaukes, nach Wickert, a.a.O., S.60f.; S.65 (Anm. 46) u. S.75 (Anm. 241).

32 Vgl. dazu Tollmien, a.a.O., S.97, und Wickert, a.a.O., S.60.

Bürgervorsteherin organisierte sie die soziale Arbeit, rief sie die Arbeiterwohlfahrt in Münden ins Leben, und der Schwerpunkt ihrer Arbeit hat offenbar auch nicht bei der praktischen Sozialarbeit gelegen. Um zu erklären, warum sie so früh und offenbar zielstrebig zur Politik kam, muß man auf ihren familiären Hintergrund verweisen. Auch für Sophie Werzeiko traf zu, was von vielen in der Arbeiterbewegung tätigen Frauen gesagt werden kann, daß sie nämlich aus einer Familie stammten (oder in eine solche einheirateten), die traditionsgemäß der Sozialdemokratie verbunden war. Ihr Geburtsname Kaldauke war in Münden gleichbedeutend mit Zugehörigkeit zur Sozialdemokratie: Ihr Vater Karl Kaldauke hatte 1875/76 die SPD in Münden mitgegründet. Ihr fast zwanzig Jahre älterer Bruder Eduard war neben vielem anderen Mitbegründer und Geschäftsführer des Konsumvereins. Er war über zwei Legislaturperioden (von 1919-1924 und von 1929-1933) Sprecher des Rates der Stadt Münden, außerdem zeitweise Vorsitzender der Kreistagsfraktion und der Pressekommission des Göttinger Volksblattes. Ihr Bruder Ferdinand war ebenfalls Bürgervorsteher und zeitweise auch Senator. Ihr Bruder Adolf war Mitglied des Kreistages, Geschäftsführer des Gemeinnützigen Bauvereins und im Vorstand des Gewerkschaftskartells. Ihr Bruder Jean war zunächst Leiter der Ortsstelle des Tabakarbeiterverbandes und ab 1928 hauptamtlicher Sekretär der Gewerkschaft in Hannover. Außerdem waren die Brüder in den verschiedenen sozialdemokratischen Kulturvereinen, wie im Gesangverein Libertas (Ferdinand) und in der Freien Turnerschaft (Adolf) engagiert. Über die politische Tätigkeit ihrer beiden Schwestern, von denen eine allerdings früh verstarb, ist nichts Genaues bekannt.[33]

Eingebettet war die Arbeit der Familie Kaldauke in Münden in den Zusammenhang einer starken Arbeiterbewegung, deren Ursache in der umfassenden und relativ frühen industriellen Entwicklung Mündens während des 19. Jahrhunderts und dem damit verbundenen hohen Arbeiteranteil lag. Die SPD und die mit ihr verbundenen Vereine bildeten zusammen mit den Gewerkschaften ein lebendiges und aktives sozialdemokratisches Milieu, das ein Gefühl von Gemeinschaft und Solidarität vermittelte, in dem auch die Tätigkeit von Sophie Werzeiko aufgehoben war. Dennoch war ihre politische Arbeit natürlich längst nicht so selbstverständlich wie etwa die ihrer Brüder, und auch sie begegnete Vorurteilen in einer SPD, die auch in Münden in erster Linie von Männern geprägt war.[34]

Die politische Arbeit Sophie Werzeikos endete - zumindest für zwölf Jahre - wie die aller Sozialdemokraten im März 1933. Die letzte Unterbezirkskonferenz der SPD fand im Februar 1933 statt, die Arbeiterwohlfahrt wurde im Mai aufgelöst. Es gelang in Münden, Material und Unterlagen der Arbeiterwohlfahrt, bevor die Nationalsozialisten diese beschlagnahmen konnten, zu vernichten bzw. in Sicherheit zu bringen. Das noch vorhandene Geld kam den Familien zugute, aus denen ein Mitglied verhaftet worden war. Nachdem zunächst vor allem die Kommunisten Opfer der Nationalsozialisten geworden waren, wurden nach dem Verbot der SPD Ende Juni 1933 auch in Münden fast alle führenden Funktionäre von SPD und Gewerk-

---

33 Lebensdaten der Brüder: Eduard (1873-1934), Ferdinand (1876-1958), Adolf (1888-1968, 1946-1952 Landrat), Jean (1890-1960); ihre Schwester Marie, später verheiratete Müller, deren Sohn Ferdinand der Mann von Marie Kaldauke, geb. Schröder, war (vgl. Anm. 3), war wahrscheinlich auch SPD-Mitglied; Minna starb früh. Vgl. die Kurzbiographien in: Jürgen Thom, Die Geschichte der SPD in Münden, Examensarbeit Göttingen 1974 (als Manuskript im Archiv der Stadt Münden), S.53f. (Anm. 18) und im Anhang.

34 Erinnerungen Marie Kaldaukes nach Wickert, a.a.0., S.24 und S.60.

schaften verhaftet. Das erste Todesopfer in Münden war der Bruder von Sophie Werzeiko, Eduard Kaldauke. Schon vor 1933 war er einer Hetzkampagne der den Nationalsozialisten nahestehenden Mündener Zeitung, den Mündenschen Nachrichten, ausgesetzt gewesen, die ihn sehr mitgenommen und auch körperlich geschwächt hatte. 1933 wurde er zweimal verhaftet und tagelang von der Gestapo verhört. Wegen seiner angegriffenen Gesundheit wurde er dann zwar schießlich wieder entlassen, aber mit der Auflage, sich täglich bei der Polizei zu melden. Dies alles verschlimmerte seinen gesundheitlichen Zustand so, daß er am 24. Januar 1934 im Alter von 61 Jahren starb. Seine Beerdigung wurde die letzte große Demonstration der sozialdemokratischen Arbeiterschaft in Münden.

Unter den ersten Verhafteten im Sommer 1933 war auch Sophie Werzeikos Mann, Otto Werzeiko, der gar keinen bedeutenden Posten in der Partei bekleidet hatte. Über die Gründe für seine Verhaftung läßt sich nur spekulieren. Möglich ist, daß diese auf seine Mitgliedschaft in der Kampforganisation der SPD, dem Reichsbanner, zurückging. Denkbar ist aber auch, daß er stellvertretend für seine Frau festgenommen wurde. Er wurde nach ein paar Tagen wieder entlassen. Doch im Oktober 1935 gab es eine zweite große Verhaftungsaktion in Münden. Otto Werzeiko wurde wieder verhaftet. Obwohl er im Februar 1936 freigesprochen wurde, kam er erst Monate später schwer mißhandelt wieder nach Hause. Sophie Werzeiko selbst blieb zunächst von Verhaftungen verschont, vielleicht weil sie "nur Soziales gemacht" hatte. Doch als nach dem Attentatsversuch auf Hitler am 20. Juli 1944 Himmler bestimmt hatte, daß unter den Verhafteten auch ein gewisser Anteil von Frauen zu sein hatte, wurde auch sie verhaftet und zunächst nach Göttingen, dann nach Hannover gebracht. Aufgrund der Fürsprache ihrer Kinder, die geltend machen konnten, daß einer ihrer Söhne in der Rüstungsindustrie arbeite, einer an der Front sei und ihre Tochter als Krankenschwester Verwundete pflegte, wurde sie ohne Verfahren nach ein paar Wochen wieder entlassen.[35]

Nach dem Kriege nahm Sophie Werzeiko wie viele Sozialdemokraten ihre Arbeit sofort wieder auf. In der Arbeiterwohlfahrt, die als der SPD zwar noch nahestehende, aber selbständige Organisation 1946 von Hannover aus wieder gegründet worden war, organisierte sie in erster Linie die Betreuung von Flüchtlingen und Kindererholungsfreizeiten und es gelang ihr, Mitte 1947 einen eigenen Kindergarten einzurichten. Vorsitzende der Arbeiterwohlfahrt blieb sie bis 1965.[36]

Sowohl in der Arbeiterwohlfahrt als auch bei der Wiedergründung der Frauengruppe, deren Vorsitzende Sophie Werzeiko wurde, orientierte man sich an den Organisationsformen und den politischen Inhalten der Weimarer Republik. Doch entsprach dies im Laufe der Jahre immer weniger den politischen Realitäten. Wahl- und Parteiveranstaltungen der SPD waren nicht mehr wie in den zwanziger Jahren Massenveranstaltungen und Traditionen der Arbeiterbewegung und Perspektiven des Sozialismus spielten in den politischen Diskussionen eine immer geringere Rolle. Auch die Diskussion um die Gleichstellung der Frau und ihrer Beteiligung am politischen Leben war in den fünfziger Jahren kein Thema. So ist es nicht verwunderlich, daß der Schwerpunkt der Arbeit Sophie Werzeikos nach dem Kriege noch stärker als vor 1933 bei der kommunalpolitischen Arbeit und nicht bei der

35 Erinnerungen ihres Sohnes Dr. Hans Kellner und Marie Kaldaukes, nach Tollmien, a.a.O., S.131f. Siehe auch Wilhelm Schumann, Ihr seid den dunklen Weg für uns gegangen..., Skizzen aus dem Widerstand in Hann. Münden 1933-1939, Frankfurt 1973, S.78, und zu Eduard Kaldauke S.106ff.

36 Vgl. Tollmien, a.a.O., S.160-167.

Parteiarbeit lag. Seit der ersten Gemeindewahl in Münden im September 1946, aus der die SPD als hoher Wahlsieger hervorging, war sie fünf Legislaturperioden lang bis 1964 Mitglied des Rates der Stadt Münden. Sie arbeitete im Wohlfahrtsausschuß (1946-1964), im Schulausschuß (1946-1952), im Jugendwohlfahrtsausschuß (1952-1964), im Flüchtlingsrat (1952-1956 und 1961-1964), im Wohnungsausschuß (1956-1960) und war zeitweise auch Mitglied des Verwaltungsausschusses (1952-1956).[37]

Als sie im September 1964 nach insgesamt 22 Jahren kommunalpolitischer Tätigkeit aus dem Rat ausschied, verlieh ihr die Stadt Münden für ihre Verdienste die Ehrenbürgerwürde der Stadt. Nach einem Bericht der Göttinger Presse erklärte der damalige Bürgermeister von Münden, Dr. Strack, anläßlich dieser Verleihung: *"Frauen dieser Art möchte ich nicht missen"*, und fuhr dann fort: *"denn während die Männer oft stundenlang diskutierten, finden sie mit ihrem mütterlichen Herzen sofort die einfachste und beste Lösung"*. Alle Zeitungsartikel zu diesem Ereignis hoben in der einen oder anderen Weise ihre uneigennützige, selbstlose, mütterliche und bescheidene Art hervor.[38] Auch wenn Sophie Werzeiko selbst den zweifelhaften Charakter dieses Lobes vielleicht nicht empfunden hat, so tut man ihr mit der einseitigen Zuschreibung von Mütterlichkeit und Bescheidenheit zweifellos unrecht. Sophie Werzeiko war eine zutiefst politisch denkende und handelnde Frau. Durch die allgemeine gesellschaftliche Situation der Weimarer und Bonner Republik, genauer gesagt durch die in der Politik handelnden Männer, wurde sie zwar auf einen in erster Linie sozial geprägten Wirkungsbereich festgelegt, auf ihr Politikverständnis und Wesen als Person kann aber dadurch nicht einfach zurückgeschlossen werden.

"Frauen dieser Art möchte ich nicht missen" - Frauen, die politisch so aktiv und engagiert sind wie Sophie Werzeiko und die bereit sind, so viel Kraft und Energie in ihre politische Tätigkeit zu investieren wie sie. So verstanden kann mit diesem Satz tatsächlich eine Frau geehrt werden, die zusammen mit vielen anderen Frauen, die ähnlich gearbeitet und gelebt haben, ihren Teil zu dem mühsamen, immer noch nicht beendeten Kampf um die gleichberechtigte Stellung von Frauen in der Politik beigetragen hat.

Sophie Werzeiko starb am 19. November 1975 in Münden.

37 Siehe Wickert, a.a.O., S.119f.

38 Göttinger Presse, Mündensche Nachrichten, Mündener Allgemeine, Göttinger Tageblatt, alle vom 28.9.1964.

Birgit Hormann-Reckeweg

Anna Zammert (1898-1982)
Die erste Frauensekretärin des Fabrikarbeiterverbandes

Als der Vorstand des Fabrikarbeiterverbandes im Sommer 1927 beschloß, zur Verbesserung der Mitgliederwerbung unter den Arbeiterinnen eine Frauensekretärin einzustellen, fiel die Wahl auf Anna Zammert, die damals noch Rabe hieß.

Anna Rabe wurde als zweites Kind einer Zigarrenmacherfamilie am 12. Juli 1898 in Delitzsch in Sachsen geboren. Ihr Vater gehörte zu den Gründern der Konsumgenossenschaft der Stadt. Er las regelmäßig die sozialdemokratischen Zeitungen "Der wahre Jacob" und das "Hallische Volksblatt". Annas älterer Bruder war im Arbeiterturnverein. Anna selbst fand jedoch erst 1918 zur Arbeiterbewegung.

Schon früh half sie der Mutter bis spät in die Nacht beim Zigarrenwickeln. Wie viele Kinder der Zigarrenmacher legte sie das Umblatt, das Deckblatt der Zigarre. Das Geld war knapp und Kinderarbeit in der Heimindustrie gang und gäbe. Anna Rabe besuchte die Volksschule und sorgte nachmittags für ihre drei jüngeren Geschwister. Während der letzten zwei Schuljahre arbeitete sie täglich drei bis vier Stunden für vier Mark im Monat als Putzfrau.

Anna Rabes Traum war es, Dienstmädchen zu werden. Begeistert ging sie nach Beendigung der Schulzeit "in Stellung" zu ihrem ehemaligen Lehrer. Doch schon bald merkte sie, daß eine bis zu sechzehnstündige Arbeitszeit für ein vierzehnjähriges Mädchen nicht durchzuhalten war. Der Lohn betrug sechs Mark im Monat - eine Arbeiterin in der Fabrik verdiente dies in einer Woche. Sie wechselte die Stelle, aber auch hier änderte sich nichts an dem schweren Arbeitsalltag. Anna kündigte und fand Arbeit in einer Lederfabrik. Doch Fabrikarbeit, obwohl besser bezahlt, lehnte Anna ab. Als sie die Chance erhielt, in Leipzig erneut eine Stelle als Dienstmädchen zu bekommen, griff sie zu. Leipzig, das war die große weite Welt für Anna. Im Vergleich zu ihren vorherigen Stellungen ging es ihr recht gut. Sie hatte sich an den langen und harten Arbeitstag gewöhnt; die Außenwelt nahm sie kaum wahr.

Den Ausbruch des Ersten Weltkrieges erlebte sie im allgemeinen Freudentaumel eines großen Teils der Bevölkerung. Schon in den ersten Kriegsjahren erkannte sie, daß die Realität eine andere war: trauernde Kriegswitwen, zu Krüppeln geschossene Soldaten und eine hungernde Bevölkerung.

Anna Rabe verlor aufgrund der allgemeinen Not ihre Stellung und kehrte nach Hause zurück. Arbeiterinnen wurden in der Rüstungsindustrie gesucht, aber Anna wollte nichts mit dem Krieg zu tun haben. Sie wählte die schwere Arbeit in einem Braunkohlebergwerk und später in einer Straßenbaukolonne. Als ihre Freundin von einer Dienstmädchenstelle an der Ostsee schrieb, nahm sie diese umgehend an. Von hieraus ging sie im Oktober 1918 nach Berlin "in Stellung".

Im November 1918 merkte auch die unpolitische Anna, daß die Zeiten sich zu ändern begannen. "Dienstmädchen aus den Häusern" stand in großen Lettern auf einem Plakat an der Litfaßsäule vor dem Haus ihrer "Herrschaft". Sie packte ihre Sachen und fuhr in jener Nacht vom 8. auf den 9. November 1918, in der sich die Revolution über das gesamte Deutsche Reich ausbreitete, zurück nach Delitzsch. Von dem füg- und duldsamen Dienstmädchen war nichts mehr übrig geblieben. Anna

Rabe suchte sich Arbeit in einem großen Bitterfelder Chemiewerk, das Filme produzierte. Selbstbewußt setzte sie sich für ihre Kolleginnen ein, trat dem Fabrikarbeiterverband bei und wurde im Januar 1920 in den Arbeiterrat der Fabrik gewählt. Das Betriebsrätegesetz vom Februar 1920 verwehrte der erst 22jährigen die Möglichkeit der Wahl in den Betriebsrat. Laut Gesetz konnten Betriebsangehörige erst mit Vollendung des 24. Lebensjahres in den Betriebsrat gewählt werden.
Neben dem gewerkschaftspolitischen Engagement stürzte sich Anna auch in die Parteiarbeit. Durch ihren Vater und einen Arbeiterratskollegen überzeugt, schloß sie sich der Unabhängigen Sozialdemokratie (USPD) an. Doch dies allein reichte ihr nicht. Anna Rabe begann in ihrer Freizeit - diese hatte sie bei einem durch die Revolution erkämpften Achtstundentag zum ersten Mal - in der sozialistischen Jugendbewegung mitzuarbeiten, organisierte für die USPD Frauenabende und wirkte aktiv in der Arbeiterwohlfahrt. 1922 trat Anna zur SPD über.
Der Wissens- und Bildungsdrang von Anna Rabe schien unerschöpflich. Sie abonnierte das sozialdemokratische Frauenmagazin "Die Gleichheit" und die "Gewerkschaftliche Frauenzeitung", las in jeder freien Minute, auch am Arbeitsplatz, und besuchte Kurse der neu entstandenen Volkshochschule.
Für den Fabrikarbeiterverband übernahm Anna schon bald das Amt der Unterkassiererin. Sie wurde in den Vorstand der Zahlstelle Bitterfeld gewählt. Die Arbeit als Hauskassiererin gefiel Anna. Sie hatte Kontakt zu den Menschen, sah die Not und das Elend der Arbeiterinnen und Arbeiter, die seit Jahren von der Hand in den Mund lebten, ohne Reserven. Diese oft aufreibende Tätigkeit war für Anna "ihre" Lehre als Gewerkschaftssekretärin.
Während des Kapp-Putsches im März 1920 kämpfte Anna Rabe bei den blutigen Auseinandersetzungen zwischen Arbeitern und Putschisten in Bitterfeld in vorderster Reihe für die Erhaltung der Republik. Durch den Generalstreik der Gewerkschaften konnte die Gefahr eines Rechtsputsches von der jungen Republik abgewendet werden.
Der Arbeitsalltag ging weiter. In der Fabrik wurde Anna die Stelle einer Direktrice angeboten. Sie schlug das Angebot aus. Vorgesetzte und Vertrauensperson in einer Person zu sein, war nicht ihre Sache. Daraufhin mußte sie ihren Arbeitsplatz wechseln. Auch als ihr erneut eine höhere Position angeboten wurde, lehnte sie ab. Als sie sich für einen viermonatigen Frauenkursus in Tinz entschied, konnte sie es immerhin durchsetzen, hierfür freigestellt zu werden.
Die Zeiten verschlechterten sich, Deutschland wurde von einer Wirtschaftskrise erschüttert. Anna Rabe verlor Anfang Mai 1923 mit dem Argument der "Aufwieglerei" ihren Arbeitsplatz. Ohne Perspektive auf einen neuen Arbeitsplatz in den Zeiten der Hyperinflation, streifte Anna Rabe mit zwei Freundinnen und einem Freund aus der sozialistischen Arbeiterjugendbewegung durch Thüringen. Wandern war in den letzten Jahren für sie die Entspannung gewesen und in Zeiten ohne Aussicht auf Arbeit und großer materieller Not bedeutete für Anna das einfache Leben in der freien Natur Ausgleich und Erholung.
Als sie nach einem Monat nach Delitzsch zurückkehrte, arbeitete sie ehrenamtlich für die Zahlstelle weiter. 1924 fand sie endlich bei einem Genossen in dessen Druckerei vorübergehend Beschäftigung, konnte aber schon bald in einer Zigarrenfabrik zuerst in Delitzsch und dann im Hauptwerk in Leipzig als Ungelernte Arbeit finden.

Abb. 20: Anna Zammert (undatiert), vermutlich Ende der zwanziger, Anfang der dreißiger Jahre

Standhaft wehrte sich Anna Rabe, in den Zigarrenarbeiterverband überzutreten, sie blieb ihrem Verband, dem Fabrikarbeiterverband, treu.
Im Verbandsorgan "Der Proletarier" las Anna mehrmals die Aufrufe: "Frauen beteiligt euch am Bildungsangebot des Fabrikarbeiterverbandes und des Allgemeinen Deutschen Gewerkschaftsbundes!" Für Anna war dieses Angebot sehr reizvoll. Sie bewarb sich für ein Studium an der "Akademie der Arbeit" in Frankfurt am Main und bekam eine Zusage. Nachdem ihr eine Arbeitsplatzgarantie gegeben worden war, ging sie am 1. Oktober 1925 für eine Jahr an die Akademie.
Nach dem Studium vertrat sie eine erkrankte Kollegin in der Gauleitung Frankfurt. Louis Bruns, Gauleiter in Frankfurt, setzte sie schon bald speziell in Betrieben mit einem hohen Arbeiterinnenanteil ein. Es zeigte sich, daß viele Arbeiterinnen sich eher durch eine weibliche Verbandsvertreterin als durch männliche Vertretung angesprochen und verstanden fühlten. Anna Rabe leistete mühsame Aufklärungsarbeit. Von ihren Rechten wußten vor allem Arbeiterinnen in kleineren Betrieben kaum etwas. Verletzungen der Arbeitsschutzbestimmungen seitens der Betriebsleitung, besonders des Schwangeren- und Mutterschutzes, waren an der Tagesordnung. Auch in der Weimarer Republik gab es Frauen, die bis zur Niederkunft in der Fabrik blieben, obwohl das Gesetz dies verbot.
Nach den positiven Erfahrungen mit spezieller Aufklärungs- und Werbearbeit für die Arbeiterinnen in Frankfurt entschloß der Vorstand des Fabrikarbeiterverbandes, ein Arbeiterinnensekretariat für den gesamten Verband in Hannover einzurichten. Nichts lag näher, als Anna Rabe mit dieser Aufgabe zu betreuen. Sie nahm gern an. Bevor Anna nach Hannover ging, hatte sie in Frankfurt den Buchdrucker Paul Zammert geheiratet. Bereits schwanger begann sie im August 1927 ihre Arbeit als erste Frauensekretärin einer Einzelgewerkschaft.
Anna Zammert, die sich selbstbewußt Anna Rabe-Zammert nannte, erarbeitete eine Konzeption für die zukünftige Frauenarbeit des Fabrikarbeiterverbandes, dessen Leitmotiv "Frauenarbeit von Frauen für Frauen" hieß. Anna Rabe-Zammert war in erster Linie eine Gewerkschafterin, die ihre Arbeit an den damaligen unmittelbaren Bedingungen und Bedürfnissen der Arbeiterinnen orientierte. Sie wollte die unorganisierten Arbeiterinnen der Organisation zuführen und die schon Organisierten zu mehr gewerkschaftspolitischem Engagement motivieren sowie ehren- und hauptamtliche Funktionärinnen schulen. Neben dem Verbandsorgan "Der Proletarier", in dem es eine extra Spalte "Frauenfragen" gab, sollte die Hausagitation ausgebaut werden. Anna Rabe-Zammert versuchte, Frauenkonferenzen in allen Gauen (heute Bezirke) einzuberufen; hier sollten Frauenkommissionen gebildet werden, die Arbeit vor Ort in den Zahlstellen und in den Betrieben leisteten. Nicht immer gelang es Anna, einzelne Gauleiter von der Notwendigkeit solcher Frauenkonferenzen zu überzeugen; die spezielle Frauenagitationsarbeit wurde im Verband durchaus kontrovers diskutiert.
Anna Rabe-Zammert war viel auf Reisen. Sie scheute keine Mühe, um auf Arbeiterinnenversammlungen zu sprechen, und während der Zugfahrten schrieb sie Artikel zur Arbeiterinnenfrage für die Gewerkschaftspresse. Ihr Leben gehörte der Arbeiterbewegung. Ein Privatleben kannte sie kaum. Ihr Mann Paul unterstützte sie bei ihren gewerkschaftspolitischen Aktivitäten; ihre 1927 geborene Tochter Gerda wuchs bei Annas Mutter in Delitzsch auf.

Auch parteipolitisch war Anna Rabe-Zammert weiterhin sehr rührig. Trotzdem überraschte es sie, als sie 1930 für das Reichstagsmandat der zur KPD übergetretenen Maria Reese im Wahlkreis Südhannover-Braunschweig vorgeschlagen wurde. Obwohl der Bezirksvorstand der SPD lieber eine andere Genossin der erst 32jährigen vorgezogen hätte, wurde Anna mehrheitlich für das Mandat nominiert und bei den folgenden Reichstagswahlen gewählt. Anna betrat den Reichstag voller Elan, doch mußte sie am ersten Tag feststellen, daß sie als "Neue" erst einmal zu den "Hinterbänklern" zählte. Ihr Versuch, Mitglied der sozialpolitischen Kommission zu werden, mißlang. Selbst in die sozialpolitischen Ausschüsse zu kommen war nicht möglich - die sozialdemokratische Reichstagsfraktion bevorzugte hier erfahrenere Abgeordnete. Schließlich gelang es ihr, ordentliches Mitglied des Petitionsausschusses zu werden.
In den Jahren 1930 bis zur Machtübernahme der Nationalsozialisten verschärfte sich die wirtschaftliche und politische Situation zunehmend. Die Zahl der Arbeitslosen überschritt im Winter 1931/32 die sechs Millionen Grenze. Durch Notverordnungen wurden die erkämpften Rechte der Arbeiter massiv beschnitten. Besonders hart waren, wie in jeder Krise, die Frauen betroffen. Anna Rabe-Zammert kämpfte unbeirrt weiter.
Am 1. April 1933 besetzten SS und SA das Verbandsgebäude des Fabrikarbeiterverbandes in Hannover. Mit der Einsetzung eines nationalsozialistischen Gewerkschaftskommissars am 18. April wurde die "Gleichschaltung" de facto vollzogen. Wenige Tage später wurde Anna Zammert in Hannover verhaftet, aber nach kurzer Untersuchungshaft wieder freigelassen. Als ehemalige sozialdemokratische Reichstagsabgeordnete ständigen Repressalien durch die Nationalsozialisten ausgeliefert, entschlossen sich Anna und Paul Zammert 1935, den Kampf gegen das nationalsozialistische Terrorregime von außen zu führen und emigrierten nach Dänemark und weiter nach Norwegen. Als die deutschen Truppen in Norwegen einmarschierten, flohen sie nach Stockholm. In Schweden schlossen sich beide der Landesgruppe deutscher Gewerkschafter in Schweden an, und Anna Rabe-Zammert wurde als Vertreterin der Frauen in die Landesleitung gewählt.
1945, nachdem in Deutschland der Naziherrschaft durch die Alliierten ein Ende gemacht wurde, kehrte Anna bei der ersten sich bietenden Gelegenheit in das durch den Krieg zerstörte Deutschland zurück. In Hannover wollte sie ihren alten Posten als Frauensekretärin wieder einnehmen, doch dieser war schon besetzt. Schwer enttäuscht fuhr sie, durch eine plötzliche Krankheit ihres Mannes zurückgerufen, nach Schweden zurück.
In den folgenden Jahren versuchte Anna Rabe-Zammert immer wieder, in der 1946 in Harburg als Nachfolgeorganisation des Fabrikarbeiterverbandes gegründeten I.G. Chemie-Papier-Keramik eine Anstellung als Frauensekretärin zu bekommen. 1953 nahm sie dann eine Stellung als Bezirksfrauensekretärin der Industriegewerkschaft Nahrung-Genuß-Gaststätten in Hamburg an. Doch entsprachen die Aufgaben dort nicht ihren Vorstellungen. Im Sommer 1953 verließ sie die Bundesrepublik Deutschland und kehrte in ihre zweite Heimat Schweden zurück.

Beim schwedischen Fabrikarbeiterverband arbeitete sie in den folgenden Jahren. Nach dem Tod ihres Mannes zog Anna Rabe-Zammert im April 1975 zu ihrer Tochter nach Delitzsch in die DDR. 84jährig starb sie am 13. Dezember 1982.[1]

[1] Die biographischen Materialien über Anna Rabe-Zammert befinden sich im Privatarchiv ihrer Tochter.

Cordula Tollmien

"Die wissenschaftliche Höhe der deutschen Universitäten würde durch die fortschreitende Verweiblichung zweifellos sinken." [1] Die Mathematikerin Emmy Noether (1882-1935)

Emmy Noether, deren erster Habilitationsantrag im Jahre 1915 Anlaß zu der im Titel zitierten Befürchtung gab, attestierten ihre Göttinger Fachkollegen schon damals, daß ihre Arbeiten weit über dem Niveau dessen lägen, was die bisherigen männlichen Bewerber, die man in Göttingen habilitiert hatte, geleistet hätten. Nur wenige Jahre später waren es die von ihr repräsentierte mathematische Schule und die Ausstrahlung ihrer Persönlichkeit, die Wissenschaftler aus dem In- und Ausland nach Göttingen zogen, und, als sie 1935 im amerikanischen Exil starb, galt sie nicht nur als die Begründerin der modernen axiomatischen Algebra, sondern als die bedeutendste Mathematikerin, die je gelebt hat,[2] und an dieser Einschätzung hat sich bis heute nichts geändert.

"The biography of Emmy Noether is simple", sagte der Moskauer Mathematiker Pavel S. Alexandroff in seiner Gedenkrede, die er im September 1935 vor der Moskauer Mathematischen Gesellschaft auf Emmy Noether hielt.[3] Diese, wenn man Emmy Noethers Leben auch nur in groben Zügen kennt, doch eher überraschende Feststellung trifft wohl insofern tatsächlich zu, als es an ihrem mathematischen Talent (zumindest nachdem sie ihr Studium abgeschlossen hatte) niemals Zweifel gegeben hat - offenbar auch nicht von ihrer eigenen Seite.[4] Im übrigen war Emmy Noethers Leben so "einfach", wie es das Leben einer Frau eben war, die wissenschaftlich arbeiten wollte, aber nicht berechtigt war, eine zum Abitur führende Schule zu besuchen; die sich zunächst nicht regulär an einer Universität immatrikulieren konnte; die sich trotz hervorragender, von den Fachgenossen schon sehr früh, weitgehend vorbehaltlos anerkannter wissenschaftlicher Arbeit nicht habilitieren

---

1 Zitat aus dem Sondervotum vom 19.11.1915 gegen den Habilitationsantrag, den die Mathematisch-naturwissenschaftliche Abteilung der Philosophischen Fakultät für Emmy Noether am 26.11.1915 beim preußischen Minister der geistlichen und Unterrichtsangelegenheiten stellte, Universitätsarchiv Göttingen (UnivA Gött.), Kuratorialakte 4 I/147 "6. Frauenpromotionen pp." Bei dem folgenden Beitrag handelt es sich um den gekürzten und überarbeiteten Teil einer größeren biographischen Arbeit über Emmy Noether, die unter dem Titel "Sind wir doch der Meinung, daß ein weiblicher Kopf nur ganz ausnahmsweise in der Mathematik schöpferisch tätig sein kann ..." im Göttinger Jahrbuch 1990, hrsg. vom Geschichtsverein für Göttingen und Umgebung e.V., S.153-219, erschienen ist.

2 "The greatest woman mathematician who ever lived died at the very height of her creative powers." P.S. Alexandroff, Gedenkrede vor der Moskauer Mathematischen Gesellschaft vom 5.9.1935, zitiert nach der englischen Übersetzung in: Emmy Noether, Gesammelte Abhandlungen, Berlin/ Heidelberg/ New York/ Tokyo 1983, S.1-11, Zitat S.1.

3 Alexandroff, Gedenkrede, a.a.O., S.1. Alexandroff (1886-1982) war seit 1924 Professor an der Universität Moskau. Er war 1923 erstmals in Göttingen und von 1926-1930 hielt er, der sehr gut deutsch sprach, regelmäßig Vorlesungen in Göttingen. Mit Emmy Noether war er eng befreundet. Von 1932-1964 war er Präsident der Moskauer Mathematischen Gesellschaft. Sein mathematisches Arbeitsgebiet war die Topologie. Vgl. Scienzati e tecnologi contemporanei, hrsg. von Roger Adams und Dorothy Hodgins, Mailand 1974, S.20f.

4 Vgl. z.B. den Nachruf von Hermann Weyl auf Emmy Noether, abgedruckt in: Elemente der Mathematik, Beiheft 13, 1970, S.53-72, hier S.71, der sogar von einem Übergewicht des mathematischen Talents bei Emmy Noether sprach und die große Freude und innere Befriedigung hervorhob, die Emmy Noether bei ihrer Arbeit empfunden habe. Weyls Nachruf wurde erstmals gedruckt in: Scripta mathematica, 3, 1935, S.202-222.

Abb. 21: Emmy Noether (undatiert), zwanziger Jahre

konnte, und, als dies endlich möglich wurde, an einer deutschen Universität nie mehr als einen Lehrauftrag erhielt, während die meisten ihrer Schüler inzwischen Lehrstühle besetzten. Ihre berufliche Karriere, sagte Alexandroff an späterer Stelle in seiner Gedenkrede, wird immer ein Beispiel dafür sein, wie unbeweglich, starr und vorurteilsverhaftet die akademischen Gremien und ministerielle Bürokratie dieser Zeit in Preußen waren.[5] Wie berechtigt dieses Urteil ist, wird sich zeigen, wenn man dem wissenschaftlichen und beruflichen Werdegang Emmy Noethers im einzelnen nachgeht.

Emmy Noether wurde am 23. März 1882 als älteste Tochter einer jüdischen Familie in Erlangen geboren. Ihr Vater war der bekannte Mathematiker Max Noether, der seit 1875 in Erlangen lehrte. Ihre Mutter Ida Noether, geb. Kaufmann, stammte aus einer Berliner Familie von Finanz- und Großkaufleuten.[6] Auf Emmy Noether folgten noch drei Brüder. Emmy Noether erhielt zunächst die klassische Ausbildung einer höheren Tochter, die über die städtische höhere Töchterschule in Erlangen bis zum Lehrerinnenexamen (in Französisch und Englisch) führte, das sie Ostern 1900 ablegte.[7] Doch dann entschloß sie sich, an der Universität Erlangen zu studieren, wo sie unter fast 1000 männlichen Studenten als eine von zwei Hörerinnen von 1900 bis 1903 als Hospitantin eingeschrieben war. Sie hörte dort neben Mathematik auch Romanistik und Geschichte und bereitete sich so auf die Reifeprüfung vor, die sie am 14. Juli 1903 am Königlichen Realgymnasium in Nürnberg ablegte.[8]

Nach ihrer Reifeprüfung ging Emmy Noether nach Göttingen, wo sie für das Wintersemester 1903/04 als Hospitantin an der Universität zugelassen wurde. In der Liste der Hospitantinnen hat Emmy Noether damals unter der Rubrik "Zweck" nur die vage Angabe "Weitere Ausbildung" eingetragen.[9] Ein genaueres Studienziel anzugeben, war allerdings wegen der unsicheren Stellung von Frauen als Studentinnen auch kaum möglich. An der Universität Göttingen waren Frauen als Gasthörerinnen überhaupt erst seit 1893 zugelassen.[10] Zwar gab es ab 1895 auch schon vereinzelt Zulassungen zur Promotion, doch wurden sie in aller Regel von Frauen beantragt,

---

5 Alexandroff, Gedenkrede, a.a.O., S.6.

6 Max Noether (1844-1921) trug mit einer Vielzahl bedeutender Arbeiten sowohl zur Entwicklung der Invariantentheorie als auch zum Aufbau der algebraischen Geometrie als selbständiger mathematischer Disziplin bei. Vgl. zur Person Max Noethers den Beitrag über Emmy Noether in: Biographien bedeutender Mathematiker, hrsg. von Hans Wußing und Wolfgang Arnold, Berlin 1983, S.504-513, hier S.504; zur wissenschaftlichen Produktion von Max Noether siehe auch Clark Kimberling, Emmy Noether and Her Influence, in: Emmy Noether, A Tribute to Her Life and Work, hrsg. von James W. Brewer und Martha K. Smith, New York/ Basel 1981, S.3-61, hier S.6. Zu den Vorfahren des Vaters, der wie die Mutter aus einer nicht ganz unvermögenden Familie stammte, und zur Familie der Mutter siehe Auguste Dick, Emmy Noether, 1882-1935, in: Elemente der Mathematik, Beiheft 13, 1970, S.3-45, hier S. 5f.; S.19 u. S.20.

7 Vgl. Dick, a.a.O., S.6f., und die Erinnerungen ihres Neffen Gottfried Noether (Sohn ihres Bruders Fritz Noether) und dessen Frau Emiliana Noether, Emmy Noether in Erlangen and Göttingen, in: Emmy Noether in Bryn Mawr, hrsg. von Bhama Srinivasan und Judith D. Sally, New York/ Berlin/ Heidelberg/ Tokyo 1983, S.133-137, hier S.134.

8 Vgl. dazu Dick, a.a.O., S.7.

9 Hospitantinnenverzeichnis der Universität Göttingen WS 1903/1904, UnivA Gött., Rektoratsakten X A 555a "Das Frauen-Studium 1892 - Ostern 1904".

10 Sie brauchten dafür sowohl eine ministerielle Genehmigung als auch von jedem Professor, bei dem sie hören wollten, eine individuelle Einverständniserklärung; Voraussetzung war das Abitur, bzw. eine Prüfung ihrer Vorbildung durch die Dozenten. Vgl. UnivA Gött., X A 555a, und im Überblick: Ilse Costas, Der Beginn des Frauenstudiums an der Universität Göttingen, in: Göttingen ohne Gänseliesel, hrsg. von Kornelia Duwe u.a., Göttingen 1989, S.185-193, hier S.187ff.

die in ihren Studien schon weiter fortgeschritten waren als Emmy Noether. In Preußen erfolgte die Zulassung von Frauen als reguläre Studentinnen und damit auch die endgültige Regelung des Promotionsrechtes erst 1908. Anders war es in Bayern. Emmy Noether hätte sich bereits im Wintersemester 1903/04 an der Universität ihrer Geburtsstadt als reguläre Studentin immatrikulieren können. Warum sie stattdessen nach Göttingen ging, ist nicht bekannt. Emmy Noether hat sich weder damals noch später darüber geäußert, was sie bewogen hat, ein Mathematikstudium aufzunehmen, noch darüber, warum sie zunächst nach Göttingen ging und dann - nach nur einem Semester - wieder zurück nach Erlangen. Es lassen sich allerdings einige naheliegende Vermutungen anstellen.

Sie war in der Familie eines Mathematikers aufgewachsen und damit von Kindheit an vertraut mit mathematischen Diskussionen. Die beiden ihr nachfolgenden Brüder Alfred und Fritz begannen beide etwa zur gleichen Zeit wie sie ein mathematisches bzw. naturwissenschaftliches Studium in Erlangen.[11] Dennoch war natürlich für Emmy Noether als Mädchen die Aufnahme eines Studiums auch *"in a Jewish family distinguished for the love of learning"*[12] längst nicht so selbstverständlich wie für ihre Brüder. Um so bemerkenswerter ist sowohl die Ausdauer und Zielstrebigkeit, mit der sie ihr Mathematikstudium vom Abitur über die Promotion bis zur Habilitation betrieb, als auch die Unabhängigkeit, die sie schon zu Beginn ihres Studiums bewies, als sie - anders als ihre Brüder - ihr Elternhaus verließ und ihr Studium nicht in Erlangen, sondern in Göttingen begann.

Göttingen war damals schon eine "Hochburg" der Mathematik und sollte dies - nicht zuletzt durch Emmy Noether selbst - bis 1933 bleiben. Insbesondere zwei Wissenschaftler wurden für Emmy Noethers weiteren wissenschaftlichen Werdegang von besonderer Bedeutung: Felix Klein und David Hilbert. Felix Klein, der große Mathematiker und Wissenschaftsorganisator, der sich immer auch für die

---

11 Alfred (geb. 1883) studierte Chemie, promovierte 1909 in Erlangen und starb 1918. Fritz (geb. 1884) studierte Mathematik, promovierte 1909 in München, habilitierte sich 1911 in Karlsruhe, wurde dort 1918 a.o. Professor und schließlich 1921 Ordinarius in Breslau (angewandte Mathematik). Nach seiner Zwangspensionierung durch die Nationalsozialisten emigrierte er 1934 in die UdSSR, wo er als Professor am Forschungsinstitut für Mathematik und Mechanik an der Kubischev-Universität in Tomsk lehrte. 1936 besuchte er noch den Internationalen Mathematikerkongreß in Oslo, Ende des Jahres 1939 befand er sich in einem Moskauer Gefängnis, seitdem galt er lange Jahre als verschollen. Erst 1989 gelang es sein Schicksal aufzuklären. Fritz Noether war am 23.10.1938 zunächst der Spionage für Deutschland schuldig befunden worden und in Novosibirsk zu 15 Jahren Gefängnis verurteilt worden. Nach einem Aufenthalt in verschiedenen Gefängnissen klagte das Militär-Kollegium des Obersten Gerichtshofes der Sowjetunion Fritz Noether der antisowjetischen Agitation an und verurteilte ihn zum Tode. Am 10. September 1941 wurde er in Orel erschossen. Am 22.12.1988 wurde er dann - wie inzwischen viele seiner Leidensgenossen - posthum rehabilitiert und das Urteil gegen ihn für nichtig erklärt. Der jüngste Bruder, Gustav Robert (1889-1928) war geistig behindert und verbrachte den größten Teil seines Lebens in Heil- und Pflegeanstalten. Vgl. dazu Dick, a.a.O., S.8; S.20 u. S.34; Kimberling, Emmy Noether and Her Influence, a.a.O., S.5; Weyl, Nachruf, a.a.O., S.54; Max Pinl, Kollegen in einer dunklen Zeit, Teil I, in: Jahresbericht der Deutschen Mathematiker-Vereinigung (DMV) 71, 1969, S.167-228, hier S.203f.; den Bericht über Fritz Noether in den Erlanger Nachrichten vom 17. August 1989 (S.3) mit dem Titel: "48 Jahre nach Hinrichtung rehabilitiert", und zu Robert Noether die Personalakte von Max Noether (Titel II, Pos. 1, Nr. 6) im Archiv der Universität Erlangen-Nürnberg.

12 Albert Einstein, Nachruf auf Emmy Noether, in: New York Times vom 4.5.1935 (Letters to the editor vom 1.5.1935), auch abgedruckt in: Clark Kimberling, Emmy Noether, in: The American Mathematical Monthly 79, 1972, S.136-149, hier S.137f., Zitat S.137.

Mädchenbildung und das Frauenstudium eingesetzt hat,[13] war ein guter Freund von Max Noether,[14] und so kann man wohl davon ausgehen, daß die Freundschaft zwischen Felix Klein und Max Noether bei der Wahl von Göttingen als Studienort für Emmy Noether eine Rolle gespielt hat. David Hilbert, der 1895 auf Betreiben Kleins von Königsberg nach Göttingen berufen worden war, hat durch seine damals noch als *"revolutionär"* geltenden axiomatischen mathematischen Methoden und seine nicht auf rechnerische Ergebnisse, sondern auf Strukturen ausgerichteten Fragestellungen später die Richtung der mathematischen Arbeiten Emmy Noethers nachhaltig beeinflußt.[15]

Doch nach nur einem Semester in Göttingen kehrte Emmy Noether wieder nach Erlangen zurück. Dies hing nicht oder zumindest nicht nur, wie dies normalerweise ihre Biographen darstellen, damit zusammen, daß sie sich in Göttingen nicht, wohl aber in Erlangen regulär immatrikulieren konnte.[16] Letzteres hätte sie auch schon im Wintersemester 1903/04 gekonnt. Außerdem hätte sie in Göttingen über eine Ausnahmegenehmigung auch ohne Immatrikulation ihre Promotion erwirken können. Briefen ihres Vaters an David Hilbert und Felix Klein aus dem Frühjahr 1904 kann man jedoch entnehmen, daß sie, nachdem sie ihr Elternhaus verlassen hatte, krank geworden war.[17] Über zehn Jahre später, 1915, schrieb Klein in einem Gutachten über Emmy Noethers mathematische Befähigung, er habe damals den (inzwischen von ihm längst revidierten) Eindruck gehabt, daß Emmy Noether etwas *"Übertriebenes, für sie Unerreichbares anstrebe"*.[18] Es ist möglich, daß dieser Eindruck nicht nur durch die auch bei Klein anzutreffende Skepsis gegenüber einer Frau, die Mathematikerin werden wollte, oder auch dadurch zustande gekommen ist, daß sich Emmy Noethers mathematisches Talent erst in späteren Jahren voll entwickelte, sondern daß er ebenso die Spannungen, Schwierigkeiten und den Erwartungsdruck widerspiegelt, denen sie ausgesetzt war, weil sie die schützende Atmosphäre ihres Elternhauses und den vorgezeichneten weiblichen Weg endgültig verlassen hatte. Erst ein halbes Jahr später war Emmy Noether wieder ganz gesund. So erklärt sich auch, warum sie erst nach einer Pause von einem halben Jahr, im Wintersemester 1904/05, ihr Studium in Erlangen wieder aufnahm.

---

13 Felix Klein (1849-1925) war nach einer Privatdozententätigkeit in Göttingen (1871/72) nach Erlangen berufen worden. 1880 nahm er einen Ruf nach Leipzig an, und 1886 kam er nach Göttingen, wo er durch die Begründung der Göttinger Mathematischen Gesellschaft und die Reorganisation der Göttinger Gesellschaft der Wissenschaften (1892), durch die Gründung der Göttinger Vereinigung für angewandte Mathematik und Physik (1898) und durch eine gezielte Berufungspolitik dazu beitrug, daß Göttingen nicht nur ein Zentrum der reinen Mathematik, sondern auch der angewandten Wissenschaften wurde. Siehe dazu Renate Tobies, Felix Klein, Leipzig 1981 (zum Frauenstudium S.62).

14 Davon zeugt der Briefwechsel zwischen Klein und Noether, der sich in der Staats- und Universitätsbibliothek (SUB) Göttingen, Cod. Ms. F. Klein 11/49-137, befindet.

15 David Hilbert (1862-1943) stammte aus Königsberg und studierte dort auch. 1886-1892 war er Privatdozent in Königsberg, wurde 1892 dort a.o. Professor und 1893 bereits Ordinarius. Vgl. zur wissenschaftlichen Würdigung Otto Blumenthal, Lebensgeschichte, in: David Hilbert, Gesammelte Abhandlungen, Band III, Berlin/ Heidelberg/ New York 1970, S.388-429 ("revolutionär" S.406).

16 Dies geht zurück auf Dick, a.a.0., S.8.

17 Max Noether an David Hilbert, 27.4.1904, SUB Göttingen, Cod. Ms. Hilbert 285; Max Noether an Felix Klein, 14.11.1904, SUB Göttingen, Cod. Ms. F. Klein 11/131.

18 Gutachten von Klein zum Habilitationsgesuch Emmy Noethers, 28.7.1915, auf fortlaufenden Blättern im Anschluß an das Rundschreiben des Abteilungsvorstehers der Mathematisch-naturwissenschaftlichen Abteilung vom 20.7.1915, Akte "Prof. Noether", zur Zeit aufbewahrt im Gemeinsamen Prüfungsamt der Mathematisch-naturwissenschaftlichen Fachbereiche, Göttingen (Math.-nat. Prüfungsamt).

In Erlangen war Emmy Noether die einzige Frau unter 47 Mathematikstudenten.[19] Sie studierte dort hauptsächlich bei ihrem Vater und bei Paul Gordan, der sowohl mit Max Noether befreundet war als auch mit Felix Klein.[20] 1907 promovierte Emmy Noether bei Gordan mit einer Arbeit aus dem Gebiet der Invariantentheorie "summa cum laude".[21] Nach ihrer Promotion arbeitete Emmy Noether acht Jahre lang wissenschaftlich und in der Lehre am Mathematischen Institut in Erlangen ohne Anstellung oder Vertrag (das heißt also auch ohne jede Vergütung) und betreute während dieser Zeit auch bereits inoffiziell zwei Doktoranden.[22] Obwohl zu diesem Zeitpunkt außer ihrer Doktorarbeit noch keine weiteren wissenschaftlichen Arbeiten von Emmy Noether vorlagen, wurde sie 1908 zum Mitglied des "Circolo matematico di Palermo" gewählt und 1909 in die 1890 gegründete renommierte "Deutsche Mathematikervereinigung" (DMV) aufgenommen. 1909 hielt sie auf deren Jahresversammlung in Salzburg bereits ihren ersten Vortrag. Insgesamt hat sie dort bis 1932 elfmal vorgetragen, von 1920 bis 1925 sogar jedes Jahr. Sie war auf diesen Versammlungen zumeist die einzige Frau, die nicht als Gattin eines Mathematikers angereist war.[23]

In den Jahren 1913 und 1914 intensivierte Emmy Noether ihren wissenschaftlichen und persönlichen Kontakt zu Klein und Hilbert. Hilbert und Klein waren damals beide intensiv mit der Einsteinschen Relativitätstheorie beschäftigt. In diesem Zusammenhang hofften sie von Emmy Noethers Kenntnissen in der Invariantentheorie profitieren zu können. Daher luden sie Emmy Noether 1915 ein, nach Göttingen zu kommen. Die Zusammenarbeit gestaltete sich für alle Beteiligten so positiv, daß Emmy Noether (nachdem sie nach dem überraschenden Tode ihrer Mutter zwei Wochen nach ihrer Ankunft zunächst vorübergehend nach Erlangen zurückkehren mußte) ganz in Göttingen blieb.[24] Auf Anregung von Klein und Hilbert stellte Emmy Noether dann im Juli 1915 einen Antrag auf Habilitation.

Dieser Habilitationsantrag wurde von allen Mathematikern der Göttinger Universität unterstützt und mehrheitlich auch von der gesamten Mathematisch-naturwissenschaftlichen Abteilung der Philosophischen Fakultät befürwortet. Doch hatte man, obwohl Habilitationsangelegenheiten eigentlich Abteilungssache waren, wegen der prinzipiellen Bedeutung der Angelegenheit auch die Historisch-philologische Abteilung in den Entscheidungsprozeß mit einbezogen, deren Mitglieder bis auf eine oder zwei Ausnahmen der Habilitation von Frauen grundsätzlich ablehnend gegenüberstanden. Insbesondere die Historisch-philologische Abteilung bestand nun auf einer Diskussion des Falles in der Gesamtfakultät, die in der Sitzung am 18. No-

---

19 Dick, a.a.O., S.8.

20 Paul Gordan (1837-1912) war 1874 von Gießen als Ordinarius nach Erlangen gekommen und blieb dort bis zu seinem Tode.

21 Mündliche Prüfung am 13.12.1907, siehe Dick, a.a.O., S.9. Die Arbeit mit dem Titel "Über die Bildung des Formensystems der ternären biquadratischen Form" wurde im Auszug veröffentlicht in: Sitzungsberichte der Physikalisch-medizinischen Sozietät in Erlangen 39, 1907, S.176-179, und vollständig in: Journal für die reine und angewandte Mathematik 134 (1908) S.23-90, beide aufgenommen in: Emmy Noether, Gesammelte Abhandlungen, Collected Papers, hrsg. von Nathan Jacobson, Berlin/ Heidelberg/ New York/ Tokyo 1983, S.27-30 u. S.31-99. Auf S.773f. ist eine Liste der Veröffentlichungen Emmy Noethers abgedruckt.

22 Dick, a.a.O., S.8; S.10f. u. S.12, und Lebenslauf von Emmy Noether, undatiert, Eingangsvermerk 4.6.1919, UnivA Gött., Personalakte Noether.

23 Dick, a.a.O., S.9f.

24 Ebd., S.11f. u. 13f.; Weyl, Nachruf, a.a.O., S.58f.

vember 1915 stattfand. Dort wurde zunächst festgestellt, *"wer unter allen Umständen gegen die Zulassung einer Frau zur Habilitation"* ist. Das Abstimmungsergebnis betrug 17 zu 14 Stimmen (bei einer Enthaltung). Doch wurde immerhin die Mathematisch-naturwissenschaftliche Abteilung nicht gehindert, für Emmy Noether um eine Ausnahmegenehmigung beim Ministerium nachzusuchen, und auch der Antrag, dem Ministerium die Ablehnung dieser Ausnahmegenehmigung zu empfehlen, fand keine Mehrheit. So bat denn am 26. November 1915 die Mathematisch-naturwissenschaftliche Abteilung der Philosophischen Fakultät Göttingen den Minister für geistliche und Unterrichtsangelegenheiten um die Genehmigung, Emmy Noether - trotz eines Ministerialerlasses vom Mai 1908, der die Habilitation von Frauen untersagte - habilitieren zu dürfen. Die Abteilung hob dabei in ihrer Begründung hervor, daß sie nicht um die Aufhebung dieses Erlasses, sondern lediglich *"um Dispens für den vorliegenden einzigartigen Fall"* bitte, da Emmy Noethers Leistungen weit über denen des Durchschnitts der bisher in Göttingen zugelassenen Privatdozenten lägen. Sie wies außerdem darauf hin, daß sie keineswegs beabsichtige, demnächst eine weitere Frau zur Habilitation zuzulassen, da sie der Meinung sei, *"daß ein weiblicher Kopf nur ganz ausnahmsweise in der Mathematik schöpferisch tätig sein könne, geschweige denn Fräulein Noethers Leistungen aufweisen"*. Das Schreiben der Abteilung schloß bezeichnenderweise mit der Versicherung, daß Emmy Noether keinerlei Anzeichen für ein kämpferisch emanzipatorisches Verhalten zeige:

"Sehr wesentlich bei unserer Bitte um Erlaubnis dieses ersten Versuches einer Frauenhabilitation ist auch der persönliche Eindruck. Es scheint uns bei Frl. Noether alles ausgeschlossen, was bei einzelnen Vertreterinnen wissenschaftlicher Tendenzen in unliebsamer Weise hervorgetreten ist. Sie ist in einem Gelehrtenhause aufgewachsen und wird eine eifrige und stille Arbeiterin auf dem Felde ihres Berufes sein."[25]

Dem Antrag der Abteilung war ein Separatvotum der Abteilungsmitglieder beigegeben, die mit dem Argument, daß durch eine Ausnahmegenehmigung für Emmy Noether ein Präzedenzfall geschaffen werde, ungeachtet der von ihnen nicht in Abrede gestellten Leistungen von Emmy Noether gegen ihre Habilitation gestimmt hatten. Dieser Stellungnahme schloß sich auch der Kurator an und letztendlich auch der Minister, indem er in seiner Entscheidung - die bemerkenswerter Weise erst zwei Jahre nach dem Antrag erging - darauf verwies, daß die Frage der Frauenhabilitation nur grundsätzlich entschieden werden könne, und er deshalb, *"selbst wenn im Einzelfall dadurch gewisse Härten unvermeidbar sind"*, die Zulassung von Ausnahmen nicht genehmigen könne.[26] Damit hatte der Minister implizit genau den Punkt bezeichnet, an dem die Argumentation für das Habilitationsgesuch von Emmy Noether krankte. Die Schwierigkeit der Befürworter bestand nämlich darin, einer-

---

25 Schreiben der Mathematisch-naturwissenschaftlichen Abteilung der Philosophischen Fakultät an den Minister, 26.11.1915, UnivA Gött., 4 I/147. Zum Verfahrensgang siehe die Korrespondenz mit der Hist.-phil. Abteilung und die Gutachten zu Emmy Noethers Habilitationsgesuch, Math.-nat.Prüfungsamt, Akte "Prof. Noether"; die Sitzungsprotokolle vom 21.7.1915, 6.11.1915 und vom 18.11.1915, ebd., Protokollbuch der Sitzungen der Mathematisch-naturwissenschaftlichen Abteilung der Philosophischen Fakultät, Göttingen 1910-1918, und das Protokoll der Fakultätssitzung vom 18.11.1915, UnivA Gött., Fakultätsprotokolle, 2. Band, Juli 1905 - 14.11.1921.

26 Sondervotum vom 19.11.1915; Stellungnahme des Kurators am 26.11.1915; Entscheidung des Ministers vom 5.11.1917, alle Schreiben in: UnivA Gött., 4 I/147.

seits prinzipiell gegen eine Habilitation von Frauen und andererseits gleichzeitig für eine Ausnahme im Fall Emmy Noethers argumentieren zu müssen - und dies führte zu unlösbaren Widersprüchen. So schrieb denn etwa auch Klein - obwohl zeitlebens ein dezidierter Verfechter des Frauenstudiums - in seinem Gutachten über Emmy Noether, daß er im allgemeinen ein weitgehendes (!) wissenschaftliches Studium der Damen nicht empfehle, machte also offenbar einen Unterschied zwischen einem bloßer akademischer Bildung dienendem Studium und einer der akademischen Karriere dienenden Habilitation. Sein Kollege Edmund Landau formulierte in dankenswerter Offenheit sogar, daß es ihm viel lieber sei, wenn es sich bei Emmy Noether um einen Mann handeln würde und man so nicht gezwungen sei, eine Frau zu habilitieren. Er halte das weibliche Gehirn für ungeeignet zur mathematischen Produktion und Emmy Noether für eine der seltenen Ausnahmen.[27] Bei diesen Vorbehalten erstaunt es nicht, daß auch die Befürworter einer Ausnahmeregelung für Emmy Noether nicht erkannten, daß eine prinzipiell positive Entscheidung für Frauenhabilitationen nur bedeutet hätte, daß Frausein allein als Ablehnungsgrund nicht mehr ausgereicht hätte und daß damit nicht etwa ein Rechtsanspruch auf Habilitation für jede Frau gegeben gewesen wäre. Auch sie steckten voller Befürchtungen bezüglich der Folgen, die sich aus dem Eintritt einer Frau in den akademischen (männlichen) Lehrkörper ergeben könnten, *"auf dessen harmonisches Zusammenarbeiten doch alles ankommt"*,[28] und zeigten so, daß ihre Denk- und Argumentationsmuster gar nicht so weit von denen ihrer Gegner entfernt waren.
David Hilbert war der einzige, der Emmy Noether nicht zur einzigartigen Ausnahmeerscheinung machte und sie auch nicht, wie es der Physiker Woldemar Voigt in seinem Gutachten tat, zum Testfall erklärte (dessen Ausgang für die Entscheidung der generellen Frage wichtig sei), sondern lediglich ihre mathematischen Fähigkeiten begutachtete.[29] Er war auch bereit, sich wegen Emmy Noether mit einzelnen seiner Fakultätskollegen persönlich anzulegen,[30] und er war es auch, der ihr seit dem Wintersemester 1916/17 die Möglichkeit gab, Vorlesungen und Übungen zu halten und diese unter seinem Namen anzukündigen, wobei im Vorlesungsverzeichnis neben seinem Namen der Zusatz *"mit Unterstützung von Fräulein Dr. Noether"* erschien. Diese Lösung des Habilitationsfalles Noether erfolgte wahrscheinlich sogar mit zumindest impliziter Billigung des Ministeriums, bei dem Hilbert wegen Emmy Noether Ende 1915 oder Anfang 1916 auch noch einmal in einem persönli-

---

27 Gutachten von Klein zum Habilitationsgesuch von Emmy Noether vom 28.7.1915 und Gutachten von Landau vom 1.8.1915, auf fortlaufenden Blättern im Anschluß an das Rundschreiben Landaus vom 20.7.1915, Math.-nat. Prüfungsamt, Akte "Prof. Noether". Der Mathematiker Edmund Landau (1877-1934) war 1909 nach Göttingen berufen worden. 1915 war er Dekan der Philosophischen Fakultät und Abteilungsvorsteher der Math.-nat. Abteilung.

28 Gutachten von Landau, 1.8.1915 (wie Anm.27).

29 Gutachten von Hilbert, o.D., und Gutachten von Voigt vom 8.8.1915, auf fortlaufenden Blättern im Anschluß an das Rundschreiben von Landau vom 20.7.1915, Math.-nat. Prüfungsamt, Akte "Prof. Noether". Der theoretische Physiker Woldemar Voigt (1861-1938) war von 1883 bis 1919 Ordinarius in Göttingen.

30 Siehe das Schreiben Hilberts an die beiden klassischen Philologen Richard Reitzenstein (1861-1931, Ordinarius in Göttingen 1914 bis 1928) und Max Pohlenz (1872-1962, seit 1906 an der Göttinger Universität) vom 21.11.1915, das Hilbert nach Auseinandersetzungen in der Fakultätssitzung vom 18.11.1915 verfaßte und in dem er der Historisch-philologischen Abteilung vorwarf, seit 20 Jahren seine Absichten bei Ausländer- und Frauenzulassungen, Promotionen und Habilitationen systematisch durchkreuzt zu haben. Briefentwurf in: SUB Göttingen, Cod. Ms. D. Hilbert 457.

chen Gespräch vorstellig geworden war.[31] Dies erklärt vielleicht auch, warum zunächst keine offizielle Entscheidung im Fall Noether erging, die dann erst am 5. November 1917 erfolgte, nachdem die Abteilung wegen Emmy Noether noch einmal nachgefragt hatte, da sie befürchtete, die Universität Frankfurt werde Emmy Noether die Gelegenheit zur Habilitation geben und Göttingen würde sie dadurch verlieren. Doch auch Frankfurt war eine preußische Universität und - wie das Ministerium der Abteilung fast süffisant mitteilte - deshalb ebensowenig wie Göttingen befugt, eine Frau zu habilitieren.[32]
Erst *"die veränderten politischen Verhältnisse"* nach dem Ersten Weltkrieg, *"die zu einer umfassenden Erweiterung der Rechte der Frauen geführt haben"*, ermöglichten es dann, Emmy Noether endlich zu habilitieren.[33] Bemerkenswerterweise kam der Anstoß dazu nicht von ihren Göttinger Kollegen, sondern von Albert Einstein, der sie durch ihre Zusammenarbeit mit Hilbert und Klein an Fragen der Gravitations- und Relativitätstheorie kennen- und schätzen gelernt hatte, und deshalb schon am 27. Dezember 1918 an Klein schrieb, daß nun endlich etwas für Emmy Noether beim Ministerium unternommen werden müsse.[34] Auf Initiative von Klein stellte dann die Mathematisch-naturwissenschaftliche Abteilung am 15. Februar 1919 beim Ministerium einen entsprechenden Antrag, bat aber - da Frauen noch nicht offiziell zur Habilitation zugelassen worden waren - erneut lediglich um eine Ausnahmegenehmigung für Emmy Noether. Diese immerhin wurde am 8. Mai 1919 erteilt. Danach wurde das Habilitationsverfahren für Emmy Noether in bemerkenswerter Schnelligkeit abgewickelt, so daß diese - nachdem eine von ihr bereits 1918 vorgelegte Arbeit als Habilitationsarbeit anerkannt worden war - am 4. Juni 1919 endlich als Privatdozentin für Mathematik zugelassen wurde.[35] Emmy Noether war damit die erste Frau, die an der Universität Göttingen habilitiert wurde.[36] Im Herbst-Zwi-

---

31 Hilbert an das Ministerium, 4.12.1915, Abschrift vom 9.2.1919, beigegeben dem erneuten Antrag auf Habilitation im Jahre 1919, UnivA Gött., 4 I/147; Voigt als Abteilungsvorsteher an Ministerialdirektor Naumann, 17.6.1917, Konzept, UnivA Gött., II Ph. Nr. 4 c "Betr. Anfragen über Habilitationen 1908 bis 1919".

32 Voigt an Ministerialdirektor Naumann, 17.6.1917; Naumann an Voigt, 20.6.1917, beide in: UnivA Gött., II Ph. Nr. 4 c.

33 Zitate aus dem erneuten Antrag der Math.-nat. Abteilung auf Habilitation von Emmy Noether vom 15.2.1919, UnivA Gött. 4 I/147.

34 Einstein an Klein, 27.12.1918, SUB Göttingen, Cod. Ms. Klein 22 B, Einstein (Separatmappe).

35 Zum Verfahren siehe: Voranfrage von Klein bei Ministerialdirektor Naumann, 5.1.1919, SUB Göttingen, Cod. Ms. Klein 2 G. Habilitationsantrag von Emmy Noether vom 18.1.1919; Aktennotiz über eine vorläufige Besprechung der Mathematiker am 28.1.1919; Minister an Kurator, 8.5.1919; Abteilungsvorsteher der Math.-nat. Abteilung an den Dekan der Philosophischen Fakultät, 4.6.1919; alle Schreiben in: Math.-nat. Prüfungsamt, Akte "Prof. Noether". Math.-nat. Abteilung an den Minister, 15.2.1919, UnivA Gött., 4 I/147. Protokoll der Abteilungssitzung vom 31.1.1919, 13.2.1919, 28.5.1919 und vom 4.6.1919, Math.-nat. Prüfungsamt, Protokollbuch der Math.-nat. Abteilung, 1919 - Aug. 1927. Als Habilitationsarbeit anerkannt wurde: Emmy Noether, Invariante Variationsprobleme, in: Nachrichten der Gesellschaft der Wissenschaften zu Göttingen, Math.-naturwissenschaftliche Klasse, 1918, S.235-257 (Fertigstellung des Manuskripts September 1918), auch abgedruckt in: Emmy Noether, Gesammelte Abhandlungen, a.a.0., S.248-270.

36 Im gesamten Deutschen Reich wurden in den Jahren 1918/19 abgesehen von Emmy Noether noch vier weitere Frauen habilitiert: Hedwig Kohn in Breslau für Physik, Margarete Bieber in Gießen für klassische Archäologie, Agathe Lasch in Hamburg für Germanistik und Adele Hartmann in München für Anatomie. Erst durch Ministerialerlaß vom 21.2.1920 erhielten Frauen offiziell das Recht zur Habilitation. Abschrift des Erlasses, der auf eine Anfrage der Philosophin Edith Stein (1891-1942, ermordet in Auschwitz) zurückging, findet sich in: UnivA Gött., 4 I/147 und II Ph. 55. In Göttingen wurde während der Weimarer

schensemester 1919, das für die zurückkehrenden Kriegsteilnehmer eingerichtet worden war, konnte Emmy Noether zum ersten Mal eine Lehrveranstaltung unter ihrem eigenen Namen ankündigen.

Bereits im März 1922 beantragte die Mathematisch-naturwissenschaftliche Abteilung dann, Emmy Noether zum "nicht-beamteten außerordentlichen Professor" zu ernennen, obwohl für die Verleihung dieses Titels normalerweise eine vorausgehende Privatdozentenzeit von mindestens sechs Jahren Bedingung war. Doch argumentierte die Abteilung erfolgreich damit, daß diese *"Bewährungsfrist"* lediglich durch *"äußere, nicht in der Macht der Bewerberin liegende Umstände"* nicht voll erfüllt sei, da Emmy Noether bereits 1915 habilitiert worden wäre, wenn sie keine Frau wäre. In ihrer Begründung sprachen die Fachvertreter diesmal sogar davon, daß Emmy Noether nicht nur eine der ersten, sondern wahrscheinlich inzwischen die erste wissenschaftliche Kapazität auf ihren Spezialgebieten, der Invariantentheorie und der abstrakten Körpertheorie, sei.[37] Dazu ist anzumerken, daß Emmy Noether 1921 eine Arbeit über "Idealtheorie in Ringbereichen" veröffentlicht hatte, die international Aufsehen erregt hatte und die der Mathematiker Bartel van der Waerden, der im Herbst 1924 aus Holland nach Göttingen gekommen war und von Emmy Noethers Denk- und Arbeitsweisen stark beeinflußt wurde, in seinem Nachruf auf Emmy Noether aus dem Jahre 1935 bereits als klassisch bezeichnete.[38]

Mit der im April 1922 erfolgten Verleihung dieses Titels war jedoch keinerlei finanzielle Vergütung verbunden, und so lehrte und forschte Emmy Noether an der Universität Göttingen nach wie vor unentgeltlich. Dies änderte sich erst im April 1923, als ihr kleines Vermögen, von dem sie bis dahin gelebt hatte, durch die Inflation verloren ging, und sie, da auch ihr Vater inzwischen gestorben war, ohne jede familiäre Unterstützung dastand. Die inzwischen zur selbständigen Fakultät gewordene Mathematisch-naturwissenschaftliche Abteilung beantragte deshalb für sie einen Lehrauftrag, der ihr im Sommersemester 1923 erstmals erteilt wurde. Dieser Lehrauftrag, der zudem jedes Semester erneuert werden mußte, bezeichnet nun nicht etwa den Anfang, sondern das Ende ihrer universitären Karriere. Die Mathematikerin, die aufgrund ihrer Produktivität, ihres wissenschaftlichen Forschungsprogramms, ihrer schulebildenden Kraft und des Einflusses, den sie auf Mathematiker aller Fachrichtungen ausübte, zweifellos das Zentrum und den Kristallisationspunkt

---

Republik nur noch eine weitere Frau habilitiert: die Physikerin Herta Sponer (1895-1968, Habilitation 1925, nichtbeamtete a.o. Prof. 1932-1933, 1933 Emigration nach Norwegen, 1936 in die USA). Siehe zu den Habilitationen 1918/19 und zu Herta Sponer: Elisabeth Boedeker/ Maria Meyer-Plath, 50 Jahre Habilitation von Frauen in Deutschland, Göttingen 1974, S.15; S.93f.; S.174; S.201f.

37 Antrag der Philosophischen Fakultät beim Ministerium, 10.3.1922, UnivA Gött., Personalakte Noether. Zum Verfahren siehe auch das Protokoll der Fakultätssitzung vom 9.3.1922, UnivA Gött., 3. Band der Fakultätsprotokolle 1921-22, und das Schreiben des Ministeriums an den Dekan der Philosophischen Fakultät, 6.4.1922, UnivA Gött., Personalakte Noether.

38 Bartel L. van der Waerden, Nachruf auf Emmy Noether, in: Mathematische Annalen 111, 1935, S.469-476, zit. nach dem Abdruck in: Elemente der Mathematik, Beiheft 13, 1970, S.47-52, hier S.49. Emmy Noether schuf mit dieser Arbeit die Grundlagen der allgemeinen Idealtheorie, die heute ein unverzichtbarer Bestandteil der modernen Algebra sind. Sie wurde erstmals veröffentlicht in: Mathematische Annalen 83, 1921, S.24-66, und ist auch abgedruckt in: Emmy Noether, Gesammelte Abhandlungen, a.a.O., S.354-396. Bartel L. van der Waerden, geb. 1903, hatte 1919 bis 1924 in Amsterdam studiert, war 1924-1925 in Göttingen und kehrte anschließend für das Jahr 1925/1926 nach Amsterdam zurück, um zu promovieren. Nach verschiedenen Studienaufenthalten (1926 in Hamburg und 1927/1928 wieder in Göttingen) wurde er Professor in Groningen, von 1931 bis 1945 war er Ordinarius in Leipzig und nach einem Aufenthalt in den USA seit 1951 o. Professor in Zürich.

der Göttinger mathematischen Aktivitäten in den zwanziger Jahren bildete, hat nie einen Ruf an eine deutsche Universität erhalten und war gezwungen, von der geringen Vergütung zu leben, die sie für ihren Lehrauftrag erhielt. Erst im Exil, als Gastprofessorin in Bryn Mawr, bekam Emmy Noether erstmals ein Gehalt, das mehr war als nur ein Almosen.[39]

Ihren geringen finanziellen Mitteln entsprechend war Emmy Noethers Lebensweise sehr bescheiden. Alle ihre Zeitgenossen erinnern sich an ihre unförmige, immer gleiche Kleidung, ihre klobigen Schuhe, ihre winzige Mansardenwohnung und das einfache, ebenfalls immer gleiche Essen, mit dem sie sich begnügte. Dies trug ihr zusammen mit ihrem manchmal forschen und lauten Auftreten zudem den Ruf ein, unweiblich zu sein. *"She was not even feminine in her appearance or manner. This is the first thing <Unterstreichung d.V.>, even today, that the men who knew her recall"*, schrieb Constance Reid 1970 in ihrer Hilbert-Biographie.[40] Seit Hermann Weyl - Mathematiker, Freund und Mitarbeiter Emmy Noethers sowohl während ihrer Göttinger Zeit als auch im amerikanischen Exil - 1935 in seinem Nachruf festgestellt hatte, daß niemand behaupten könne, daß die Grazien an Emmy Noethers Wiege Pate gestanden hätten, ist dieser Ausspruch immer wieder wiederholt worden.[41] Niemand der Chronisten scheint auf den Gedanken gekommen zu sein, daß Emmy Noethers so unweibliche Gleichgültigkeit gegenüber Äußerlichkeiten die eigene Person betreffend und ihre oft gerühmte Bescheidenheit nicht nur darauf schließen lassen, daß sie nur und ausschließlich an Mathematik interessiert war, sondern auch eine durch ihre materielle Lage begründete Notwendigkeit war. Sich für mehr als für Mathematik zu interessieren, konnte sie sich gar nicht leisten. Ebenfalls auf Weyl geht die noch heute immer wieder berichtete Anekdote zurück, daß man Emmy Noether in Göttingen (respektvoll) als "der Noether" bezeichnet habe.[42] Die Herabsetzung, die mit der Zuschreibung, unweiblich zu sein verbunden war, wurde also dadurch aufgehoben, daß man Emmy Noether die Ehre erwies, sie zum Mann aufzuwerten.

So sehr ihr Auftreten und ihre Erscheinung bei den Göttinger Bürgern einerseits auf Mißtrauen und Ablehnung stießen und auch ihr Dasein an der Universität nicht gerade erleichtert haben müssen, so viel Zuneigung und Anerkennung brachten ihr an-

---

39 Der Briefwechsel über die Erteilung des Lehrauftrages befindet sich in: UnivA Gött., Personalakte Noether, der man auch die ihr zugesprochene Vergütung entnehmen kann, die durchschnittlich etwa 260 M. monatlich betrug. Vergleiche dazu auch die Gehaltslisten vom 4.11.1924, 4.3.1929 und 3.3.1930 in: UnivA Gött., Kuratorialakte, 4 I/129 "Privatdozenten, Lehraufträge", 1919-1933. Über ihre wirtschaftliche Lage gibt auch Emmy Noethers Schreiben an den Verwaltungsausschuß der Universität Erlangen vom 22.3.1922 Auskunft, in: Archiv der Universität Erlangen-Nürnberg, Personalakte Max Noether (Titel II, Pos. 1, Nr.6). Zum Gehalt in den USA vgl. Dick, a.a.O., S.20.

40 Constance Reid, David Hilbert, New York/ Berlin/ Heidelberg/ Tokyo 1970, S.143.

41 Weyl, Nachruf, a.a.O., S.71. Hermann Weyl (1885-1955) war 1904 als Student nach Göttingen gekommen und promovierte dort 1908 bei David Hilbert. Nach seiner Privatdozentenzeit in Göttingen wurde er 1913 Professor in Zürich und kehrte 1930 als Nachfolger Hilberts nach Göttingen zurück, wo er sich wegen des politischen und provinziellen Klimas allerdings nicht sehr wohl fühlte. Er emigrierte 1933 (u.a. wegen seiner jüdischen Frau) nach Princeton (New Jersey), von wo er schon 1932 einen Ruf erhalten hatte. In Princeton hielt er wie in Göttingen engen Kontakt mit Emmy Noether, die im benachbarten Bryn Mawr lehrte. Vgl. Pinl, Teil II, in: Jahresbericht der DMV 72, 1971, S.165-189, hier S.185-189, und Norbert Schappacher, Das Mathematische Institut der Universität Göttingen 1929-1950, in: Die Universität Göttingen unter dem Nationalsozialismus, hrsg. von Heinrich Becker u.a., München/ London/ New York/ Oxford/ Paris 1987, S.345-373, hier S.346f.

42 Weyl, Nachruf, a.a.O., S.71.

dererseits ihre Schüler entgegen. Mit ihnen befand sie sich in einem ständigen angeregtem Gedankenaustausch, was sowohl den Stil ihrer Vorlesungen prägte und ihnen den Charakter wissenschaftlicher Gespräche gab, als auch ihre privaten Gespräche, die sie vor allem auch auf den von ihr geliebten ausgedehnten Spaziergängen führte, zu Fortsetzungen ihrer Vorlesungen und Seminare werden ließ. Sie lebte in enger Gemeinschaft mit ihren Schülern, die sie bereitwillig an ihren Ideen teilhaben ließ, schrieb Weyl, und Alexandroff sprach im Zusammenhang mit den lebendigen und engagierten Diskussionsabenden in Emmy Noethers Mansardenzimmer sogar von einem *"wissenschaftlichen Salon"*.[43] Ihre Begeisterung für mathematische Abstraktionen und die Methode, ihre Zuhörer in ihren Vorlesungen an der Entwicklung ihrer Ideen teilhaben zu lassen, also nichts Abgeschlossenes bereits zu Ende Gedachtes vorzutragen, stellte allerdings an ihre Schüler nicht gerade geringe Anforderungen, und dementsprechend waren ihre Lehrveranstaltungen auch fast ausschließlich für schon fortgeschrittene Studenten geeignet, und in ihren Vorlesungen saßen oft ebensoviele Dozenten wie Studenten, darunter vor allem seit Ende der zwanziger Jahre Gäste von anderen deutschen Universitäten und aus dem Ausland. Zu Emmy Noether nach Göttingen kamen Mathematiker aus den Vereinigten Staaten und der Sowjetunion, aus Frankreich, den Niederlanden, aus Österreich, aus Palästina, ja sogar aus China und Japan.[44] Wenn heute von der "Noether-Schule" gesprochen wird, so sind damit nicht so sehr die im engeren Sinne Schüler Emmy Noethers gemeint, also insbesondere ihre Doktoranden,[45] sondern die zumeist schon "fertigen" Mathematiker aus dem In- und Ausland, die in engem Gedankenaustausch mit Emmy Noether, aber durchaus auch eigenständig die abstrakte Algebra (weiter-) entwickelten und in ihren Herkunftsländern zu deren Verbreitung beitrugen.

Das mit ihrem Namen verbundene neue mathematische Denken, das Emmy Noether zum Mittelpunkt einer ganzen mathematischen Schule machte, der Algebra ein neues Fundament gab und als "begriffliche Mathematik" bezeichnet werden kann, entwickelte Emmy Noether zwar aus schon im vorigen Jahrhundert gelegten Anfängen, doch erreichte sie in ihren Arbeiten einen bisher unbekannten Grad von Allgemeinheit, der ihren weitreichenden und schwer durch einzelne Namen einzugrenzenden Einfluß auch auf Mathematiker anderer Fachrichtungen erklärt. *"Meine Methoden sind Arbeits- und Auffassungsmethoden und daher anonym überall eingedrungen"*, schrieb sie einmal selbst.[46] Van der Waerden, den Alexandroff als die brillanteste Entdeckung der "Noetherschule" bezeichnete,[47] und der 1936 ein Lehrbuch der "Modernen Algebra" veröffentlichte, das u.a. auch auf Vorlesungen von Emmy Noether aufbaut und - noch heute immer wieder aufgelegt - eine so große Verbreitung fand, wie kein anderes Werk über diesen Gegenstand,[48] beschrieb Emmy Noethers mathematische Methode mit folgenden, auch für Nichtmathematiker verständlichen Worten:

---

43 Alexandroff, Gedenkrede, a.a.O., S.11; Weyl, Nachruf, a.a.O., S.61f. Vgl. auch Dick, a.a.O., S.18 u. S.25, und zum Vorlesungsstil S. 16ff., und van der Waerden, Nachruf, a.a.O., S.52.

44 Siehe dazu Dick, a.a.O., S.24-29, und Kimberling, Emmy Noether and Her Influence, a.a.O., S.39-46.

45 Siehe dazu die Liste ihrer Doktoranden bei Dick, a.a.O., S.42f., die auch die von ihr zwar betreuten, aber nicht offiziell geprüften Doktoranden enthält.

46 Wiedergegeben nach Dick, a.a.O., S.26.

47 Alexandroff, Gedenkrede, a.a.O., S.3.

48 Bartel L. van der Waerden, Moderne Algebra, Unter Benutzung von Vorlesungen von E. Artin und E. Noether, Berlin/ Göttingen/ Heidelberg 1936 (4. Auflage 1955, 7. Auflage 1966).

"Die Maxime, von der sich Emmy Noether immer hat leiten lassen, könnte man folgendermaßen formulieren: Alle Beziehungen zwischen Zahlen, Funktionen und Operationen werden erst dann durchsichtig, verallgemeinerungsfähig und wirklich fruchtbar, wenn sie von ihren besonderen Objekten losgelöst und auf allgemeine begriffliche Zusammenhänge zurückgeführt sind. Dieser Leitsatz war für sie nicht etwa ein Ergebnis ihrer Erfahrung über die Tragweite wissenschaftlicher Methoden, sondern ein apriorisches Grundprinzip ihres Denkens. Sie konnte keinen Satz, keinen Beweis in ihren Geist aufnehmen und verarbeiten, ehe er nicht abstrakt gefaßt und dadurch für ihr Geistesauge durchsichtig gemacht war. Sie konnte nur in Begriffen, nicht in Formeln denken, und darin lag gerade ihre Stärke. Sie wurde so durch ihre eigene Wesensart dazu gezwungen, diejenigen Begriffsbildungen ausfindig zu machen, die geeignet waren, als Träger mathematischer Theorien aufzutreten."[49]

Ihre größte, vor allem auch internationale Anerkennung erfuhr Emmy Noether Ende der zwanziger und Anfang der dreißiger Jahre. So wurde sie auf Vermittlung von Alexandroff für das Studienjahr 1928/29 als Gastprofessorin nach Moskau eingeladen[50] und verbrachte das Sommersemester 1930 "vertretungsweise" an der Universität Frankfurt, während einer ihrer dortigen Kollegen für ein Semester in Göttingen las.[51] 1932 erhielt sie zusammen mit Emil Artin für ihr gesamtes wissenschaftliches Werk den renommierten Ackermann-Teubner Gedächtnis-Preis[52] und erlebte im gleichen Jahre ihren größten Triumph, als sie im September 1932 als einzige und erste Frau überhaupt auf dem Internationalen Mathematiker-Kongreß in Zürich eines der Hauptreferate hielt. Die Reaktionen auf ihren Vortrag auf diesem Kongreß, zu dem etwa 700 Mathematiker angereist waren, zeigten in überzeugender Weise, daß die von ihr vertretene, ursprünglich durchaus nicht allgemein anerkannte Forschungsmethode sich endgültig durchgesetzt hatte.[53]

So wichtig und gut es ist, feststellen zu können, daß sie wenige Monate vor ihrer Vertreibung aus Deutschland diese Anerkennung und die ihr auf diesem Kongreß allseits entgegengebrachte Sympathie noch erleben konnte, so bitter und notwendig ist es, auch an dieser Stelle noch einmal darauf hinweisen zu müssen, welche für männliche Mathematiker ihres Ranges völlig selbstverständliche Anerkennungen man ihr verweigerte. So wurde sie nicht zum Mitglied der "Göttinger Gesellschaft der Wissenschaften" gewählt, obwohl Hermann Weyl nach eigener Aussage, als er 1930 nach Göttingen kam, einen diesbezüglichen Versuch für sie unternahm und obwohl eine große Zahl ihrer Arbeiten in den Nachrichten der Gesellschaft erschienen war. Traditionelles und vorurteilbehaftetes Denken und äußere, nicht-wissenschaftliche Überlegungen hätten gegenüber ihren wissenschaftlichen Verdiensten, die zu diesem Zeitpunkt niemand mehr geleugnet habe, den Ausschlag für die ab-

---

49 Van der Waerden, Nachruf, a.a.O., S.47.

50 Siehe Dick, a.a.O., S.26, und Alexandroff, Gedenkrede, a.a.O., S.9f.

51 Zu Emmy Noethers Frankfurter Semester siehe Weyl, Nachruf, a.a.O., S.62. Weyl vertauschte allerdings die Reihenfolge der Gastsemester in Frankfurt und Moskau. Vgl. die Beurlaubungen für Moskau und Frankfurt, UnivA Gött., Personalakte Noether.

52 Der Preis war 1912 von dem Leipziger Verleger Alfred Ackermann-Teubner gestiftet worden. Emil Artin (1898-1962, seit 1926 Ordinarius in Hamburg, emigrierte 1937 in die USA) war mit Emmy Noether befreundet und wie sie ebenfalls hauptsächlich mit moderner Algebra befaßt, später auch mit Topologie. Zum Verhältnis von Emil Artin und Emmy Noether siehe Kimberling, Emmy Noether and Her Influence, a.a.O., S.34.

53 Vgl. Alexandroff, Gedenkrede, a.a.O., S.6, und Dick, a.a.O., S.31. Zu der anfänglichen Skepsis gegenüber Emmy Noethers neuen mathematischen Methoden siehe van der Waerden, Nachruf, a.a.O., S.52.

lehnende Entscheidung gegeben, schrieb Weyl.[54] Möglicherweise hat dabei nicht nur die Tatsache eine Rolle gespielt, daß Emmy Noether eine Frau war, sondern auch, daß sie aus ihrer Sympathie mit der russischen Revolution nie ein Hehl gemacht hatte, insbesondere als sie aus Moskau zurückgekehrt war, eine überzeugte Pazifistin war und zumindest in den Anfangsjahren der Weimarer Republik auch mit der Sozialdemokratie sympathisierte.[55] Diese Tatsache führte im übrigen dazu, daß Emmy Noether, bevor sie Deutschland ganz verlassen mußte, schon ein Jahr vorher in Göttingen eine Vertreibung im kleinen erlebte. Sie mußte ihre Wohnung im Friedländerweg 57, die damals wie heute einer studentischen Verbindung gehörte, wegen des Protestes eines studentischen Mitbewohners aufgeben, da dieser nicht mit einer *"marxistischen Jüdin"* unter einem Dach leben wollte.[56]
Noch weniger verständlich als die Ablehnung der Gesellschaft der Wissenschaften erscheint, daß sie niemals offizielles Redaktionsmitglied der Mathematischen Annalen wurde, obwohl sie nicht nur einige ihrer wichtigsten Arbeiten in dieser renommierten, schon 1868 gegründeten mathematischen Zeitschrift veröffentlichte, sondern für die Annalen auch eine Vielzahl von Arbeiten anderer redigierte. *"Sie war uns eine treue Freundin und gleichzeitig eine strenge Richterin. Als solche war sie auch für die Mathematischen Annalen von unschätzbarem Wert"*, schrieb van der Waerden in seinem Nachruf, der insofern als eine Art von posthumer Wiedergutmachung für die Zurückweisung zu Lebzeiten angesehen werden kann, als er als der einzige in deutscher Sprache verfaßte und in Deutschland veröffentlichte Nachruf mitten in der NS-Zeit in eben diesen Mathematischen Annalen erschien.[57]
Das erste und einzige Mal, daß man Emmy Noether in Deutschland ohne jede Einschränkung ihren männlichen (beamteten) Kollegen gleichstellte, war, als die Nationalsozialisten sie aufgrund des Gesetzes zur Wiederherstellung des Berufsbeamtentums vom 7. April 1933 am 25. April 1933 von ihrer Tätigkeit an der Universität Göttingen beurlaubten, obwohl sie als nichtbeamtete Professorin zu diesem Zeitpunkt strenggenommen vom Gesetz noch gar nicht betroffen war.[58] Emmy Noether gehörte damit zu den ersten sechs jüdischen Wissenschaftlern, denen durch Telegramm vom 24. April 1933 untersagt wurde, weiter an der Universität Göttingen zu lehren.[59] Obwohl sich in ihrem Fall nicht nur eine Vielzahl ihrer mathematischen

---

54 Weyl, Nachruf, a.a.O., S.60.

55 Vgl. dazu Dick, a.a.O., S.30 u. S. 26; Weyl, Nachruf, a.a.O., S. 59f.; Alexandroff, Gedenkrede, a.a.O., S.8.

56 Alexandroff, Gedenkrede, a.a.O., S.8. Emmy Noether zog daraufhin in den Stegemühlenweg 51, wo heute eine Gedenktafel darauf hinweist, daß sie von 1932 bis 1934 dort gelebt habe, was zumindest mißverständlich ist, da sie Deutschland schon im Oktober 1933 verlassen mußte und lediglich die endgültige Auflösung ihrer Wohnung erst im Sommer 1934 vornahm. In dem Haus Friedländerweg 57, das der Turnerschaft Albertia gehört und in dem Emmy Noether immerhin fast 10 Jahre gelebt hat, erinnert dagegen nichts an sie.

57 Zitat aus: van der Waerden, Nachruf, a.a.O., S.52. Zur Zeit der Veröffentlichung des Nachrufes war van der Waerden einer der Herausgeber der Mathematischen Annalen; er erwähnte allerdings ihre Entlassung 1933 in seinem Nachruf nicht. Siehe zu der von Emmy Noether durchaus als schmerzlich empfundenen Nichtaufnahme in die Redaktion der Annalen auch Dick, a.a.O., S.18; Weyl, Nachruf, a.a.O., S.70f.

58 Nichtbeamtete Professoren wurden erst mit der 3. Durchführungsbestimmung vom 6.5.1933 vom Gesetz erfaßt.

59 Telegramm vom 24.4.1933 und nachfolgender offizieller Erlaß des Ministers an den Kurator vom 2.5.1933, UnivA Gött., 4 I/122 "37. Beurlaubung und Vertretung jüdischer Professoren"; das Telegramm ist abgedruckt in: Hans Joachim Dahms, Einleitung zu: Die Universität Göttingen unter dem Nationalso-

Fachkollegen beim Ministerium für sie einsetzten,[60] sondern auch ihre Göttinger Schüler, die ihr - in heute zugleich rührend wie zynisch wirkender Weise - ein arisches Denken bescheinigten,[61] wurde Emmy Noether, wie letztendlich allen anderen betroffenen Kollegen auch, am 13. September 1933 die Lehrbefugnis endgültig entzogen.[62]
Im Oktober 1933 emigrierte Emmy Noether in die USA, wo ihr aufgrund des dort inzwischen angelaufenen Hilfsprogramms für die vertriebenen jüdischen Wissenschaftler eine Gastprofessur für zunächst ein Jahr am renommierten Frauencollege Bryn Mawr angeboten worden war.[63] Obwohl man sie in Bryn Mawr sehr herzlich empfing und obwohl sie an der benachbarten Universität in Princeton (in der sie allerdings als Frau wieder nicht lehren durfte) viele ihrer ebenfalls vertriebenen, ehemaligen Kollegen und Freunde wiedertraf, hat Emmy Noether den Verlust von Göttingen und des damit verbundenen Klimas wissenschaftlich-menschlicher Anregung nie verwinden können. Sie besuchte Göttingen noch einmal im Sommer 1934 und fand eine für sie leere, trostlose Stadt vor, da auch ihre wenigen noch in Deutschland verbliebenen Freunde zu dieser Zeit nicht in Göttingen waren. Sie arbeitete in der Bibliothek des mathematischen Instituts, zu der man ihr als "auswärtige Wissenschaftlerin" immerhin Zugang gewährt hatte, und mußte erleben, daß sie von einigen der Göttinger Professoren sogar bewußt gemieden wurde. Sie zog die Konsequenz und löste ihre Göttinger Wohnung (erst jetzt!) endgültig auf.[64] Zurückgekehrt in die Staaten mußte sie mit der Tatsache fertigwerden, daß sie mit inzwischen über 50 Jahren immer noch keine gesicherte feste Stellung hatte. Ihre Gastprofessur war zwar um ein Jahr verlängert worden, aber was nach diesem Jahr werden sollte, war völlig ungewiß. Ende 1934 und Anfang 1935 mußten deshalb - wie schon so oft in ihrem Leben - wieder einmal Gutachten angefordert werden, um ihr eine feste akademische Stellung zu verschaffen. Es sei nicht übertrieben, zu behaupten, so schrieb der bekannte, aus Russland stammende amerikanische Mathematiker Salomon Lef-

---

zialismus, hrsg. von Heinrich Becker u.a., München/ London/ New York/ Oxford/ Paris 1987, S.15-60, hier Abb.8.

60 Helmuth Hasse an Kurator Valentiner, 31.7.1933, UnivA Gött., Personalakte Noether. Hasse (1898-1979, damals Ordinarius in Marburg und eng mit Emmy Noether befreundet, wurde 1934 Nachfolger von Weyl als Direktor des mathematischen Instituts in Göttingen; zu seiner politischen Einstellung muß hier auf die Ausführungen in der in Anm.1 angegebenen ausführlichen Arbeit der Autorin über Emmy Noether verwiesen werden) hatte 14 wissenschaftliche Gutachten für Emmy Noether organisiert, die an das Ministerium weitergeleitet wurden.

61 Als Abschrift ohne Unterschriften und ohne Datum, in: UnivA Gött., 4 I/122, abgedruckt in: Exodus Professorum, Akademische Feier zur Enthüllung einer Ehrentafel für die zwischen 1933 und 1945 entlassenen und vertriebenen Professoren und Dozenten der Georgia Augusta am 18. April 1989 (Göttinger Universitätsreden 86), Göttingen 1989, S.26f.

62 Schreiben des preußischen Ministers für Wissenschaft, Kunst und Volksbildung an den Kurator, 2.9.1933, weitergeleitet an Emmy Noether am 13.9.1933, UnivA Gött., Personalakte Noether. Von den 70 Frauen, die nach Boedeker, a.a.O., während der Weimarer Republik als Assistentinnen oder Dozentinnen (auch ohne Habilitation) an deutschen Universitäten tätig waren, verloren 31 durch die Nationalsozialisten ihre Stelle. Die meisten von ihnen emigrierten. Nicht berücksichtigt sind in diesen Zahlen diejenigen, die sich nach 1933 nicht mehr habilitieren konnten oder die schon vor 1933 emigrierten.

63 Zum Verlauf der Verhandlungen für Emmy Noether, um die sich auch das Somerville College in Oxford bemühte, siehe die Darstellung bei Kimberling, Emmy Noether and Her Influence, a.a.O., S.30ff.

64 Siehe Dick, a.a.O., S.4 und S.33f.

schetz über Emmy Noether, daß alle besseren jungen deutschen Mathematiker ihre Schüler gewesen seien.[65]

Am 8. April 1935 erhielt man in Bryn Mawr den Bescheid, daß die finanzielle Unterstützung für Emmy Noether für weitere zwei Jahre gesichert sei. Am 10. April 1935 mußte Emmy Noether ins Krankenhaus, um sich einer Operation zu unterziehen, an deren Folgen sie am 14. April 1935 starb.[66] In Bryn Mawr und in der gesamten mathematischen Welt wirkte die Nachricht von ihrem Tod wie ein Schock, der auch noch den zahlreichen Nachrufen anzumerken ist, die überall in der Welt, dank van der Waerden sogar in Deutschland, erschienen.[67] Obwohl diese Nachrufe davon zeugen und obwohl Emmy Noether selbst davon gesprochen hat, wie glücklich sie in Bryn Mawr gewesen sei,[68] wo sie vorbehaltlose begeisterte Anerkennung fand, so ist doch nicht von der Hand zu weisen, daß sie sich gleichzeitig in den USA nie zu Hause gefühlt hat. Dies bezeugen insbesondere die Erinnerungen ihrer Schülerin und Freundin Olga Taussky, die Emmy Noether bereits aus ihren letzten Göttinger Jahren kannte und die nun mit ihr gemeinsam in Bryn Mawr arbeitete. Olga Taussky berichtete nicht nur von Emmy Noethers Sorgen und Ängsten in ihren letzten Lebensjahren, sondern insbesondere auch davon, daß Emmy Noether trotz ihrer bitteren Erfahrungen vom Sommer 1934 auch für den Sommer 1935 wieder eine Reise nach Göttingen plante[69] - ein sicheres Zeichen dafür, wie schwer sie an ihrer Exilsituation getragen hat und wie sehr sie sich nach Göttingen sehnte. In einer kurzen Würdigung Emmy Noethers innerhalb einer Geschichte der Entwicklung von Bryn Mawr findet sich ein Satz, der Olga Tausskys Erinnerungen bestätigt und interpretiert und der diesen unerwarteten und plötzlichen Tod Emmy Noethers, ohne ihm etwas von seiner bitteren Schärfe zu nehmen, fast verständlich und einer inneren Logik ihres Lebens entsprechend erscheinen läßt:

"Exile, even though it can be made happy, seems something that certain natures are not made to bear."[70]

Abschließend sei hier noch einmal Alexandroff zitiert, der wahrscheinlich Emmy Noethers größter Bewunderer war und der in seinem Nachruf ein Bild von ihrer Per-

---

65 Wiedergegeben nach Kimberling, Emmy Noether and Her Influence, a.a.0., S.35. Zu den Verhandlungen über eine feste Stellung für Emmy Noether siehe ebd., S.34-37. Salomon Lefschetz (1884-1972) war aus Moskau nach Frankreich und dann in die USA emigriert. Er hatte zunächst als Ingenieur gearbeitet und studierte erst nach einem Arbeitsunfall Mathematik. Seit 1924 war er Gastprofessor und seit 1928 "full professor" in Princeton.

66 Kimberling, Emmy Noether and Her Influence, a.a.0., S.37f.

67 Verzeichnis der Nachrufe bei Dick, a.a.0., S.43.

68 Siehe zum Beispiel der Nachruf Einsteins auf Emmy Noether, den er als Leserbrief an die New York Times sandte, so daß er schon am 4.5.1935 erschien und damit der erste Nachruf auf Emmy Noether war, der veröffentlicht wurde (bibliographische Angabe wie Anm.12). Zur ihrer eigenen Äußerung darüber siehe Kimberling, Emmy Noether and Her Influence, a.a.0., S.39.

69 Olga Taussky, My Personal Recollections of Emmy Noether, in: Emmy Noether, A Tribute to Her Life and Work, New York/ Basel 1981, S.79-92, hier S.86f. Dr. Olga Taussky hatte nach ihrer Promotion in Wien 1931 und 1932 in Göttingen gearbeitet, wo sie u.a. an der Herausgabe der Werke Hilberts beteiligt war. Wegen der sich verschärfenden politischen Situation war sie schon 1932 aus den Semesterferien nicht mehr nach Göttingen zurückgekehrt, sondern zunächst in Wien geblieben und dann über einen Gastaufenthalt nach Bryn Mawr gelangt. Nach dem Tode Emmy Noethers verließ Olga Taussky Bryn Mawr und ging nach England. Sie kehrte nach dem Kriege in die USA zurück und war 1957 die erste Frau, die an das California Institute for Technology berufen wurde. Angaben aus Pinl, Teil II, in: Jahresbericht der DMV 72, 1971, S.165-189, hier S.184, und Taussky, a.a.0., S. 81f.; S. 85f. u. S.89.

70 Cornelia Meigs, What makes a College? A History of Bryn Mawr, New York 1956, S.191.

sönlichkeit zeichnete, das - geprägt von den Eindrücken ihrer letzten Göttinger Jahre - wert ist, in Erinnerung behalten zu werden:
"With the death of Emmy Noether I lost the acquaintance of one of the most captivating human beings I have ever known. Her extraordinary kindness of heart, alien to any affectation or insincerity; her cheerfulness and simplicity; her ability to ignore everything that was unimportant in life - created around her an atmosphere of warmth, peace and good will which could never be forgotten by those who associated with her. But her kindness and gentleness never made her weak or unable to resist evil. She had her opinions and was able to advance them with great force and persistence. ... Glory-seeking and the persuit of worldly success were alien to her. But she knew her worth, and fought for scientific influence. ... She loved people, science, life with all the warmth, all the joy, all the selflessness and all the tenderness of which a deeply feeling heart - and a woman's heart - was capable."[71]

71 Alexandroff, Gedenkrede, a.a.O., S.10f.

Anette Klecha

Engel, Lokomotiven und die Unmöglichkeit "Frau Professor" zu werden. Ein Blick auf die Welt der Edith Stein (1891-1942)

Als kleiner Junge war Helmut Stein mächtig verliebt in seine Tante Edith, die damals (1920) neunundzwanzig Jahre alt war.[1] In einem Brief an die Herausgeberin und Biographin Edith Steins, Waltraud Herbstrith, beschreibt er 1983 die Beziehung zu seiner Lieblingstante, indem er unter anderem die folgende Geschichte aus seiner Kindheit berichtet:

"Zu meinem Geburtstag (24. April) habe ich immer von ihr eine rote Lokomotive erhalten. Zu ihrem Geburtstag im Oktober hat sie als Geschenk von mir dieselbe Lokomotive zurück bekommen (ganz kaputt). Zum nächsten Geburtstag habe ich dieselbe Lokomotive von Tante Edith wieder erhalten, aber so gut wie neu. Eine Tante, die eine Lokomotive heilen kann, ist ein Engel (was einen kleinen Jungen anbelangt)."[2]

Ein Jahr zuvor - 1919 - hatte der Bescheid über die Ablehnung ihrer Habilitationsschrift mit dem Hinweis: *"Der Zulassung einer Dame zur Habilitation, begegnet immer noch Schwierigkeiten. ... Ich bitte Sie daher, Ihre Schriften und Papiere in meiner nächsten Sprechstunde wieder zu holen"*,[3] der Karriere Edith Steins als Dozentin an der Universität ein Ende gesetzt.

Diese beiden Fragmente aus Edith Steins Lebensgeschichte sollen den Anknüpfungspunkt für meinen Blick auf Edith Stein und ihre Welt bilden. Die Auszeichnung von seiten ihres kleinen Neffen, ein "Engel" zu sein, gibt Anlaß zur Beschäftigung mit der Frage: Was für ein Mensch war Edith Stein? Und weil man eine solche Frage, besonders von einem viel späteren geschichtlichen Standort aus, nicht so ohne weiteres beantworten kann, möchte ich mich darauf beschränken, im ersten Abschnitt des Aufsatzes darüber zu berichten, wie Edith Stein sich selbst beschreibt, was sie über ihr Verhältnis zu ihren Mitmenschen sagt, und wie diese Edith Stein erlebten. Einige Informationen über ihren Umgang mit Ereignissen, Entscheidungen und Aufgaben werden ebenfalls dazu beitragen, diesen Punkt annäherungsweise zu beleuchten.

Im zweiten Abschnitt ist zu verzeichnen, daß Edith Stein nicht nur Lokomotiven "heilen" konnte, sondern - um zwei ihrer Spezialgebiete zu nennen, die mich besonders interessieren - zum einen Fachfrau auf dem Gebiet der Philosophie und zum anderen seit ihrer Gymnasialzeit eine begeisterte Verfechterin der Gleichberechtigung der Frau war und dieses Projekt als Autorin und Referentin engagiert vertrat.

Der dritte Abschnitt soll den Blick auf eine Zeit lenken, in der viele Dinge für Frauen nur sehr begrenzt möglich waren, z.B. eine wissenschaftliche Karriere zu machen. Wie hat Edith Stein in dieser Zeit gelebt, bzw. wie hat sie diese Zeit erlebt?

---

1 Edith Stein wurde am 12. Oktober 1891 in Breslau geboren.

2 Waltraud Herbstrith (Hrsg.), Edith Stein - Eine große Glaubenszeugin; Leben - Neue Dokumente - Philosophie, Annweiler o.J., S.195.

3 Nach Waltraud Herbstrith (Hrsg.), Edith Stein, Aus der Tiefe leben, München 1988, S.84.

Abb. 22: Edith Stein, 1926

[illegible] 1926

Edith Stein hatte schon zu Lebzeiten eine gewisse Popularität, sowohl durch ihre selbständige wissenschaftliche Arbeit und Zusammenarbeit mit Edmund Husserl[4] als auch durch ihre spätere Konversion - vom Judentum zum Katholizismus - und der sich aus dieser Verbindung ergebenden pädagogischen und wissenschaftlichen Beschäftigung mit der katholischen Theologie.
Ihre Karriere als Dozentin wurde 1933 durch das in den Ariergesetzen ausgesprochene Lehrverbot seitens der NSDAP endgültig beendet. 1942 wurde sie als Ordensfrau aus dem Karmel im holländischen Echt, wohin sie sich 1938 aus Rücksicht gegenüber ihrem Stammhaus in Köln zurückgezogen hatte, deportiert und in Auschwitz ermordet. Ihre Person, ihr Werk und ihre Lebensgeschichte ist seither Gegenstand des Interesses; einmal als Dokumentation und Erinnerung an eine Zeit der Gewalt und der Menschenverachtung und zum zweiten als Zeugnis eines Lebens, welches seine Kraft aus dem Glauben und dem Vertrauen auf Gott und Jesus Christus zog. Edith Stein wurde 1987 von Papst Johannes Paul II. seliggesprochen.
Über Edith Stein ist sehr viel geschrieben worden. Beim ersten Blick auf ihren Lebenslauf gewinnt man bereits den Eindruck einer interessanten und ungewöhnlichen Lebensgeschichte. Auch zu den beiden oben angesprochenen Aspekten gibt es umfangreiche Literatur.
Sowohl die gebotene Kürze dieses Aufsatzes macht es notwendig, zu wählen und sich zu beschränken, als auch seine Einbettung in diesen Band, dessen Anliegen es ist, ein Stück Geschichte jeweils durch die Beschäftigung mit der Lebensgeschichte einer Person aus dieser Zeit kennenzulernen und dies ganz speziell unter dem Blickwinkel der Betrachtung von Frauenleben. Diesem Anliegen zu folgen bedeutet für meinen Aufsatz über Edith Stein, ein Frauenleben Anfang des zwanzigsten Jahrhunderts zu beleuchten. Unter diesem Aspekt fällt mein neugieriger Blick auf die ungewöhnliche Tatsache der sehr erfolgreichen geisteswissenschaftlichen Arbeit Edith Steins und ihres frühen und kontinuierlichen Einsatzes für die Gleichberechtigung der Frau. "Edith Stein als Verfolgte des Dritten Reichs" und "Edith Steins Konversion und Beschäftigung mit Katholischer Theologie" sind also keine zentralen Themen dieses Aufsatzes.
Manch einer mag sich wundern, den Namen Edith Stein in einem Band über Lebensbilder niedersächsischer Frauen zu finden, ist sie doch in Breslau geboren und hat die meiste Zeit ihres Lebens nicht in Niedersachsen verbracht. Doch ihrer Autobiographie und ihren Briefen kann man entnehmen, daß die Studienjahre in Göttingen (1913-1916), in welche ihre Begegnung mit Husserl und der "Phänomenologie" sowie der Beginn vieler intensiver Freundschaften fällt, eine zentrale Stellung im Leben Edith Steins einnehmen. Sie kehrte im Laufe ihres Lebens häufig in die von ihr sehr geliebte Stadt zurück. 1918 schrieb sie an einen Freund: *"Vielleicht ginge ich für einige Zeit nach Göttingen, wo ich mich - wenn überhaupt irgendwo - ein wenig zu Hause fühle."*[5]

---

4 Edmund Husserl (1859-1938), Professor für Philosophie in Göttingen und Freiburg. Als Begründer der "Phänomenologie" setzte er sich ab gegen den damals dominierenden "Psychologismus".

5 Edith Steins Werke (ESW), Bd.VIII, hrsg. v. L. Gelber und Romaeus Leuven, Druten und Freiburg 1976, S.31.

Nach vier Semestern an der Universität Breslau - Schwerpunkt Psychologie - wechselte Edith Stein 1913 zum Sommersemester an die Universität Göttingen. Dort wollte sie Philosophie bei Edmund Husserl studieren, mit dessen Werk sie sich schon in Breslau bekannt gemacht hatte und dessen Ideen ihr, unzufrieden und durch das Studium im Bilde über die bisher unzureichende Klärung der Grundbegriffe der Psychologie, einen Weg in die richtige Richtung zu weisen schienen. Nach einer ersten Begegnung mit Husserl, bei welcher sie offenbar Eindruck auf ihn machte mit ihren guten Kenntnissen des Husserlschen Werkes, wurde sie bald aufgenommen in die "Philosophische Gesellschaft", einen Kreis fortgeschrittener Studenten und Doktoranden, die sich regelmäßig trafen, um fachliche Probleme zu diskutieren. Edith Stein fiel dort auf, weil sie nicht, wie sonst üblich, erst einmal zurückhaltend schwieg, sondern, wie sie selbst schreibt, "sofort keck mitsprach" und zudem bereit war, schon bei ihrer ersten Sitzung das Protokollschreiben zu übernehmen.[6]

Soviel Engagement fiel nicht nur angenehm auf. Neben dem interessierten Wohlwollen, welches ihr von der Mehrzahl des Kreises entgegengebracht wurde, gab es auch Ablehnung und Unfreundlichkeit. Eine Kommilitonin zum Beispiel störte sich daran, daß *"sie immer einfach mitrede, wo doch die Sachen so schwer seien"*.[7]

Ich denke, diese Episode aus der Göttinger Studentenzeit gibt einen Hinweis auf das ausgeprägte Selbstbewußtsein Edith Steins, ihr Wissen um die eigenen intellektuellen Fähigkeiten und die Sicherheit des eigenen Urteils. In fachlichen wie auch sonstigen Auseinandersetzungen mag dies den Hintergrund abgegeben haben für ihr sicheres und unbefangenes Auftreten, ihr Mitreden-Können und -Wollen, was zu jener Zeit nicht selbstverständlich war, sondern eher auffällig.

Der Eindruck, den Edith Stein bei den meisten ihrer Mitmenschen hinterließ, war jedoch sehr positiv; sie war geschätzt und beliebt. Dies bestätigten sowohl die Schüler, die sie wegen des Lehrermangels als Aushilfslehrerin an ihrem ehemaligen Gymnasium unterrichtete, als auch die Patienten eines Lazaretts, wo sie, ebenfalls während des Ersten Weltkrieges, freiwillig Dienst tat. Für sie als Patriotin war das eine Selbstverständlichkeit, auch empfand sie es als geboten, als Frau ebenfalls einen Beitrag zu leisten; sie mochte es nicht besser haben als die Studiengefährten, die im Feld waren.[8]

Edith Steins Beziehung zu ihren Mitmenschen kann man m.E. besonders deutlich durch ihr Verhältnis zu Kindern charakterisieren. Für Nichten und Neffen war sie eine begehrte Gesellschaft und als Pflegerin in Zeiten schwerer Kinderkrankheiten gefragt und bewährt. Ein Neffe schreibt:

" ... aber ich erinnere mich recht gut, wie wohl ich mich in ihrer Gesellschaft fühlte, und welch grenzenloses Vertrauen ich zu ihr hatte. Sie war die einzige von unseren Verwandten ihrer Generation, die uns Kinder ernst zu nehmen schien, uns zuhörte und mit uns redete wie mit ihresgleichen. Wir liebten sie fast schwärmerisch. ... Oft in meiner späteren Jugend und Studentenzeit, und gelegentlich sogar noch jetzt, hatte ich das plötzliche Verlangen, mich mit ihr über dieses oder jenes aussprechen zu können."[9]

---

6 Vgl. Edith Stein, Aus meinem Leben, Freiburg 1987, S.222.

7 Ebd., S.225.

8 Ebd., S.313.

9 Zit. nach Herbstrith, Glaubenszeugin, a.a.O., S.131f.

Edith Stein selbst berichtet:
"Wenn später wieder einmal eins der Kinder sich krank meldete, kam meine Schwägerin zu mir und sagte einfach: 'Wolfgang (oder Helmut) läßt dich grüßen und dir sagen, er sei krank'."[10]
Interessant ist auch ein Blick auf Edith Steins Einstellung zur wissenschaftlichen Arbeit, die sie anläßlich der Beschäftigung mit ihrer Dissertation schildert. Im Wintersemester 1913, also ihrem zweiten Semester in Göttingen, beginnt sie neben den Vorbereitungen zu den mündlichen Staatsexamensprüfungen auch mit Vorarbeiten für ihre Dissertation. Sie notiert dazu folgendes:
"Ihr <der Dissertation> wurde auch der größte Teil des Tages gewidmet. Meine Tage waren lang; ich stand früh um sechs auf und arbeitete bis Mitternacht, fast ohne Unterbrechungen. Da ich meist allein aß, konnte ich auch während der Mahlzeiten nachdenken. Und wenn ich zu Bett ging, legte ich mir Papier und Bleistift auf dem Nachtisch zurecht, damit ich Gedanken, die mir nachts kämen, gleich festhalten könnte. Oft fuhr ich auf, weil mir im Traum etwas eingefallen war, was mir recht gescheit dünkte. Wenn ich es aber im Wachen fassen wollte, blieb mir nichts Greifbares."[11]
Sie arbeitete hartnäckig, fast verbissen und bekam Schlafstörungen. Sie stellte fest, daß sie sich - gewohnt, mit ihrem Willen das zu erzwingen, was sie sich zur Aufgabe gemacht hatte - den "Schädel einrannte" und nicht weiterkam.
"Bücher nützen mir nichts, solange ich mir die fragliche Sache nicht in eigener Arbeit zur Klarheit gebracht habe. Dieses Ringen nach Klarheit vollzog sich in mir unter großen Qualen und ließ mir Tag und Nacht keine Ruhe."[12]
Nach zweijähriger Unterbrechung durch den Krieg nahm Edith Stein die Arbeit an der Dissertation wieder auf und profitierte von den hart gewonnenen Erfahrungen.
"Jetzt legte ich entschlossen alles bei Seite, was aus Büchern stammte, und fing ganz von vorne an. ... O wie anders ging das jetzt als damals. Freilich setzte ich mich jeden Morgen mit Zagen an den Schreibtisch."[13]
Doch sie machte die Erfahrung, daß sie in der Lage war, eigene Fragen zu stellen, zu bearbeiten und immer neue Probleme zu entdecken und zu formulieren. Sie schrieb:
"Indessen füllte sich Seite um Seite, ich wurde rot und heiß vom Schreiben und ein ungekanntes Glücksgefühl durchströmte mich. Wenn ich zum Mittagessen gerufen wurde, kehrte ich wie aus einer anderen Welt zurück. Erschöpft, aber voll Freude ging ich hinunter. Ich war ganz erstaunt, was ich nun alles wußte; Dinge, von denen ich vor ein paar Stunden noch nichts geahnt hatte."[14]
Als Kind wurde sie von Verwandten mit den Prädikaten "ehrgeizig" und "klug" bedacht. Mit dem ersten, wie sie eingesteht, zu recht, doch über das zweite kränkte sie sich sehr, weil: *"... ich herauszuhören glaubte, daß ich mir auf meine Klugheit etwas einbildete"*.[15] Von einer Tante wurde sie gar mit Vorliebe "Streberin" genannt. Das war alles sehr ärgerlich, denn sowohl ihre kindliche Klugheit als auch die geschilderte Arbeitshaltung hatte nichts mit dem Streben nach Anerkennung und Karriere

---

10 Stein, Leben, a.a.O., S.80.
11 Ebd., S.245.
12 Ebd., S.246.
13 Ebd., S.341.
14 Ebd., S.341.
15 Ebd., S.114.

gemein, sondern entsprang der Lust an der Befriedigung ihres jeweiligen Interesses und dem Genuß an der Gestaltung des eigenen Erkenntnisprozesses.
Die Autobiographie Edith Steins und auch ihr Briefwechsel vermitteln einen Eindruck von ihrer bemerkenswerten, scheinbar nie erlahmenden Energie bei der Bewältigung der ihr wichtigen Anliegen. Ihre Freundin Hedwig Conrad-Martius berichtet in diesem Zusammenhang:
"Innerhalb des Rahmens ihrer Leistungsfähigkeit war immer alles parat bei ihr, alles in aktueller Gegenwärtigkeit gegeben. Es war wirklich, als wenn sie sich nicht in ihren Leistungen verbrauchte. Ich kann mich nicht erinnern, sie je müde gesehen zu haben, wenn auch oft ungemein leidend und elend."[16]
Die Ausführungen bis hierher zeigen Edith Stein von einer eher "ernsten" Seite: intelligent, fleißig, wissensdurstig und erfolgreich bei ihrer Arbeit wie in ihren Beziehungen zu Mitmenschen. Ihre andere, sehr "heitere" Seite als Festrednerin, Verfasserin von witzig-satirischen Verschen, als Reisende, Feiernde und Freundin vermittelt das Bild eines Studentinnen- und Frauenlebens, welches für uns heute selbstverständlich und vertraut ist, für die Zeit Edith Steins aber als Ausnahme gelten muß. Dieser Seite möchte ich mich im letzten Abschnitt zuwenden.

"Lokomotiven"

In diesem Abschnitt soll Edith Stein als Philosophin und Frauenrechtlerin im Mittelpunkt stehen. Da zu dem ersten Punkt schon einiges gesagt ist und eine Auseinandersetzung mit den Steinschen philosophischen Arbeiten den Rahmen dieses Aufsatzes sprengen würde, möchte ich mich im folgenden darauf beschränken, einen kurzen Überblick über die Entwicklung ihrer wissenschaftlichen Interessenlage zu geben, und im weiteren auf Edith Steins Engagement als Frauenrechtlerin eingehen.
Ihr Interesse an Philosophie war früh ausgeprägt, und befragt zu ihren Studieninteressen nennt sie schon lange vor dem Abitur die Fächer Literatur und Philosophie.[17]
Als sie 1911 das Studium aufnahm, war es ihr, wie sie schreibt, *"eigentlich nur um die Wissenschaft zu tun"*.[18]
Mit Rücksicht auf die Familie, die auch an die praktischen Seiten des Lebens - den Broterwerb - dachte, belegte sie jedoch den Studiengang für das höhere Lehramt mit dem Ziel des Staatsexamens. Obwohl sie auch weiterhin ihr Lieblingsfach Philosophie nicht aus den Augen verlor, brachte es das Lehramtsstudium mit sich, daß sie sich hauptsächlich mit Psychologie beschäftigte. Aber schon in Breslau wandte sich Edith Stein der Philosophie Edmund Husserls zu, dessen phänomenologische Methode sie, im Gegensatz zu den von ihr kritisierten Unklarheiten in der Psychologie, sehr anzog, *" ... weil sie ganz eigentlich in solcher Klärungsarbeit bestand und weil man sich hier das gedankliche Rüstzeug, das man brauchte, von Anfang an selber schmiedete"*. [19]
Edith Stein blieb dem phänomenologischen Ansatz immer verbunden, wenn auch ihre Interessen sich langsam in eine von Husserl sehr verschiedene Richtung ent-

16 Zit. nach Waltraud Herbstrith (Hrsg.), Edith Stein - Ein neues Lebensbild in Zeugnissen und Selbstzeugnissen, Freiburg im Breisgau 1983, S.93.
17 Vgl. Stein, Leben, a.a.0., S.143.
18 Ebd., S.157.
19 Ebd., S.191.

wickelten. Nach ihrer Promotion im Juli 1916 war sie zwei Jahre lang Husserls Assistentin, bis sie sich aus dieser Stellung löste, um wieder selbständig wissenschaftlich tätig zu werden. Die Habilitation wurde in Angriff genommen und - wie schon berichtet - 1919 abgelehnt.

Das Thema, welches für Edith Stein in ihrer Dissertation, auch in ihrer Habilitationsschrift und weiterhin im Mittelpunkt steht, ist die Frage nach der menschlichen Person. In der Dissertation "Zum Problem der Einfühlung" behandelt sie "das Phänomen des fremden Seelenlebens" und versucht das "Verstehen geistiger Personen" als einen Akt der Einfühlung zu erklären, den sie als "Erfahrung von fremdem Bewußtsein überhaupt" qualifiziert.[20]

Sie arbeitet heraus, daß das Einfühlen und Erkennen des fremden Subjekts als Person sowohl wesentlich von der Erlebnisstruktur der eigenen Person abhängig ist, als auch wesentlich ist für das, was sie Selbsterkenntnis nennt.[21] Weiterführend beschäftigt sie sich in ihrer Habilitationsschrift mit der Analyse der Person.[22] Ihr naher Freund und Kollege Roman Ingarden schreibt über diese Arbeit:

"Es ist eine die philosophischen Grundlagen der Soziologie darstellende Arbeit, und zwar die Strukturfragen, und - wie ich sagen würde - die ontologischen Grundlagen der Gemeinschaft. ... Warum aber hat sie sich mit der Einfühlung beschäftigt, anstatt sofort die Person ins Zentrum zu stellen? Darum, weil in ihr das Interesse für die Begründung, für das Schaffen der Grundlagen für die Geisteswissenschaften sehr wach war, und sie dachte auch, daß die Einfühlung der Weg zur Klärung der theoretischen Grundlagen des Wissens nicht nur vom Menschen, sondern auch von der menschlichen Gemeinschaft sei."[23]

Nach der Ablehnung des Habilitationsvorhabens beginnt Edith Stein in Breslau selbständig private Philosophievorlesungen und -Übungen sowie Kurse über ethische Grundfragen an der Volkshochschule abzuhalten.[24] Ihre Taufe am 1. Januar 1922 und die Aufnahme einer Lehrtätigkeit an der Lehrerinnenbildungsanstalt in Speyer im selben Jahr bedeuten den vorläufigen Abbruch wissenschaftlicher Tätigkeit.

An dieser Stelle möchte ich nun auf Edith Stein als Frauenrechtlerin zu sprechen kommen, da ihr Interesse an Frauenfragen - außer in ihrer Schulzeit - besonders in der Zeit ihrer Lehrtätigkeit in Speyer (1922-1931) virulent ist. 1931 schreibt sie in einem Brief:

"Als Gymnasiastin und junge Studentin bin ich radikale Frauenrechtlerin gewesen. Dann verlor ich das Interesse an der ganzen Frage. Jetzt suche ich, weil ich muß, nach rein sachlichen Lösungen."[25]

Ein kurzer Rückblick:

Auf der Abiturfeier Edith Steins (1911) wurde für jede Abgängerin ein von den Kameradinnen verfaßter Vers vorgelesen; der für sie gedichtete charakterisiert ihre Einstellung und die Einschätzung ihrer Mitschülerinnen:

---

20 Vgl. Edith Stein, Zum Problem der Einfühlung, München 1980, S.10.

21 Ebd. S.128-138.

22 Abgedruckt 1922 im Jahrbuch für Philosophie und phänomenologische Forschung, Bd.5, unter dem Titel: Beiträge zur philosophischen Begründung der Psychologie und der Geisteswissenschaften, Halle 1922.

23 Zit. nach Herbstrith, Glaubenszeugin, a.a.O., S.210 u. S. 219.

24 Vgl. ESW, Bd. VIII, S.46.

25 Ebd., S.96.

"Gleichheit der Frau und dem Manne
So rufet die Sufragette,
Sicherlich sehen dereinst
Im Ministerium, wir sie." [26]

Als Studentin trat sie - noch als Liberale[27] - in den preußischen Verein für Frauenstimmrecht ein, der vorwiegend aus Frauen bestand, die zum linken, radikalen Flügel der bürgerlichen Frauenbewegung gehörten. "Volle politische Gleichberechtigung der Frau", das war auch ihr Anliegen und sie begründete dieses mit einem "starken sozialen Verantwortungsgefühl".[28] Auch in ihrem Freundeskreis wurde die "Frauenfrage" heiß diskutiert; besonders aktuell bei den Studentinnen natürlich: "das Problem des doppelten Berufs".

"Erna und die beiden Freundinnen waren sehr in Zweifel, ob man nicht der Ehe wegen den Beruf aufgeben müsse. Ich <Edith Stein> allein versicherte stets, daß ich um keinen Preis meinen Beruf opfern würde." [29]

Mit der Übersiedlung nach Göttingen und stärkerer Beanspruchung durch die wissenschaftliche Arbeit geriet die "Frauenfrage" vorläufig aus dem Blickfeld, bis sie im Kontext der Lehrtätigkeit als Frage nach der Erziehung und Bildung von Mädchen wieder akut wurde. Mitte der zwanziger Jahre begann für Edith Stein eine Periode vielfältiger Aktivitäten. Neben ihrer hauptamtlichen Tätigkeit als Lehrerin nahm sie wieder wissenschaftliche Arbeiten in Angriff, die umfangreichste, sie am meisten fordernde, eine Arbeit über Thomas von Aquin, den mittelalterlichen Scholastiker.[30]

Ab 1928 hielt sie zahlreiche Vorträge und war viel auf Reisen (bis ca. 1933). Die Referate,[31] die um die Themen: Mädchenbildung, Frauenbildung, Frauen im Beruf und christliches Frauenleben kreisten, wurden meist im Rahmen der katholischen Frauenbewegung gehalten.

Um eine kleine Einführung in das Steinsche Denken diese Themen betreffend zu geben, möchte ich hier kurz auf ihren ersten Vortrag "Der Eigenwert der Frau in seiner Bedeutung für das Leben des Volkes"[32] eingehen, welcher als paradigmatisch für alle folgenden Vorträge und Aufsätze gelten kann und anhand dessen sich die Steinschen Grundgedanken deutlich skizzieren lassen:

Sie beginnt ihren Vortrag damit, die damalige Situation (1928) in Absetzung gegen die Situation der Frauenbewegung um 1900[33] zu charakterisieren als eine, in der die "weibliche Eigenart" als "selbstverständliche Tatsache" gilt, welche die "Überzeugung eines in der Eigenart beschlossenen Eigenwertes" nach sich zieht. Worin dieser

---

26 Stein, Leben, a.a.O., S.149.

27 Unter dem Eindruck ihres Geschichtsstudiums entwickelte sich bei ihr später eine "positive, dem Konservativen nahestehende Staatsauffassung", vgl. ebd., S.160.

28 Ebd., S.161.

29 Ebd., S.96.

30 Edith Stein, Des Hl. Thomas von Aquino Untersuchungen über die Wahrheit, ESW, Bd.II und III, a.a.O.

31 Abgedruckt in ESW, Bd.V, a.a.O.

32 Er wurde gehalten 1928 auf der Hauptversammlung des katholischen bayrischen Lehrerinnenvereins, in Ludwigshafen/Rhein. Abgedruckt in ESW, Bd.V, a.a.O., S.205-217.

33 Diese stand nach Edith Stein im Zeichen der Emanzipation, verstanden als ein Freikämpfen männlicher Bereiche für die Frau, z.B. Bildungswege und Berufszweige, mit dem Resultat der "Gleichmacherei" von Männern und Frauen. Das Ziel war ein vornehmlich individualistisches. Edith Stein bezieht sich mit dieser Beschreibung auf Forderungen des linken, radikalen Flügels der bürgerlichen Frauenbewegung.

Eigenwert besteht, soll im Verlauf des Vortrages herausgearbeitet werden. Zunächst wird eine Skizze der weiblichen und der männlichen Eigenart geboten: Der Mann widmet sich ganz einem Sachgebiet, unterwirft sich dem Gesetz der Sache mit der Konsequenz einer einseitigen Entwicklung. Die Frau, interessiert am lebendigen, konkreten Menschen, ist mit ihrer ganzen Person beteiligt. Sie hat den Drang zur Entwicklung von Ganzheit und Geschlossenheit.
Die in dieser Skizze dargestellte Polarität der Geschlechtscharaktere wird von Edith Stein als "von Natur aus" gegeben biologisch und ontologisch festgeschrieben.[34] Darüber hinaus macht sie aufmerksam auf zwei dem weiblichen Charakter inhärente Gefahren, den "Geltungsdrang der eigenen Person" und "übersteigertes Interesse am anderen",[35] welche gebannt werden können mit dem Heilmittel der "gründlichen, sachlichen Arbeit", denn:
"Ein Zuschuß männlichen Wesens ist das Gegengift gegen das Allzu-Weibliche. Damit ist aber auch eigentlich schon gesagt, daß wir dabei nicht stehenbleiben dürfen. Es wäre damit nur eine Angleichung an den männlichen Typus erreicht, ... und das wäre weder für uns noch für andere ein großer Gewinn." [36]
An dieser Stelle erwartete ich mindestens, komplementär zur oben geschilderten Defizients der Frau, einen problematisierenden Hinweis auf die, von Edith Stein ja selbst diagnostizierte einseitige Sachlichkeit des Mannes, samt dem entsprechenden "Heilmittel"; extrapoliert aus Steins Analyse der Frau: Der Mann muß an der Entwicklung einer Perspektive arbeiten, die über den jeweiligen abgegrenzten Bereich hinausgeht, und dies mit Hilfe der Orientierung am lebendigen, konkreten Menschen.
Edith Stein sieht dies jedoch völlig anders: Wie schon der Titel des Vortrages nahelegt, geht es ihr, wie eine Biographin Edith Steins zusammenfaßt, um *"Heilung der Welt durch ein reifes, christliches Frauenleben"*.[37] Das Zitat verrät, um welchen "Zusatz" das bereits erwähnte "Heilmittel" noch erweitert werden muß, damit die Frau ein "ganzer Mensch" werden kann; es ist die Orientierung an Jesus Christus, dem "konkreten Bild des ganzen Menschen",[38] welche dem weiblichen Drang nach Hingabe die rechte und geeignete Richtung weist. Auf diesem Hintergrund ist durch die Frau nicht nur die Sanierung des Mannes möglich, sondern auch die des Volkes und der Welt.[39] Das Wirken der Frau in jeder Art von Beruf[40] charakterisiert Edith Stein als wesentlich "mütterlich" und der Eigenwert der Frau läßt sich somit durch

---

34 Vgl. ESW, Bd.V, a.a.O., S.208.

35 " ... Eine Sucht überall Bescheid zu wissen. ... Ein verkehrtes Eindringenwollen in persönliches Leben, eine Sucht, die Menschen mit Beschlag belegen zu wollen. Beides: die Übersteigerung der eigenen und der fremden Persönlichkeit, trifft zusammen mit der weiblichen Hingabe, dem Drang, sich selbst ganz an einen Menschen zu verlieren", (ebd., S.209).

36 Ebd., S.210.

37 Waltraud Herbstrith, Das wahre Gesicht Edith Steins, München 1983, S.93.

38 Vgl. ESW, Bd.V, a.a.O., S.211.

39 "Wenn also Frauen einmal selbst ganze Menschen sind und wenn sie anderen dazu verhelfen, es zu werden, so schaffen sie gesunde, lebenskräftige Keimzellen, durch die dem ganzen Volkskörper gesunde Lebenskräfte zugeführt werden", (ebd., S.212).

40 Stein schließt ausdrücklich auch Berufe ein, die nicht als Frauenberufe galten. Einzige Ausnahme: die "abstrakten Wissenschaften" als "Gebiete strengster Sachlichkeit", in "welcher die weibliche Eigenart nicht fruchtbar zur Geltung komme", (ebd., S.215f.).

den Begriff "Mütterlichkeit" auf den Punkt bringen,[41] " ... *nach dem Vorbild der Mutter der Barmherzigkeit, die für alle da ist, die mühselig und beladen sind".* [42]

Von der Unmöglichkeit "Frau Professor" zu werden

Entscheidungsfreudigkeit und Selbstbestimmtheit prägen Persönlichkeit und Lebensbild Edith Steins. Dies ist untypisch in einer Zeit, in der die freie Entfaltung der eigenen Persönlichkeit und ein selbstbestimmtes Leben für Frauen nur sehr beschränkt möglich war. Einige dieser Beschränkungen gab es für Edith Stein nicht.
Sie hatte eine fortschrittliche Erziehung in einem liberalen Elternhaus. Eine gute schulische Bildung, Berufsausbildung oder Studium und spätere Berufstätigkeit galten dort auch für Mädchen als selbstverständlich. Entsprechend gab es eine ganze Reihe von Akademikern und Akademikerinnen unter den Geschwistern und im Freundeskreis Edith Steins, die ihre kulturellen und geistigen Interessen früh und kontinuierlich prägten. Früh auch lernte sie, selbständig zu sein und eigene Entscheidungen zu treffen. Da ihre Mutter nach dem frühen Tod ihres Mannes vollauf damit beschäftigt war, sich in dessen Geschäft einzuarbeiten und den Holzhandel, den er betrieben hatte, in Schwung zu halten, hatten die Steinschen Kinder weniger als üblich unter elterlichen Ge- und Verboten zu leiden und konnten sich recht frei bewegen. So machte Frau Stein auch keine Einwände, als ihre Tochter sich fünfzehnjährig entschloß, die Schule zu verlassen und sich zwei Jahre später wieder anmeldete, um das Abitur doch noch zu machen; desgleichen als Ediths Umsiedelung nach Göttingen anstand. In einer anderen Sache um Rat befragt, antwortete Frau Stein ihrer Tochter:
"'Tu, was du für richtig hältst; du wirst es selbst am besten wissen.' ... Und so suchte ich mir ganz getrost selbst meinen Weg." [43]
Ihren eigenen Weg im Blick hatte Edith Stein, als sie sich 1918 als Assistentin von Husserl trennte, weil sie nicht länger wissenschaftliches Dienstmädchen sein, sondern wieder selbständig wissenschaftlich arbeiten wollte. In einem Brief an Ingarden schreibt sie dazu:
"Im Grunde ist es der Gedanke, jemandem zur Verfügung zu stehen, den ich nicht ertragen kann. Ich kann mich in den Dienst einer Sache stellen, und ich kann einem Menschen allerhand zu Liebe tun, aber im Dienst eines Menschen stehen, kurz gesagt, gehorchen, das kann ich nicht."[44]
Auch die Konversion zum Katholizismus (1922) ist eine eigenwillige Entscheidung, die Erstaunen bei Bekannten und Entsetzen in ihrer Familie, besonders bei ihrer streng jüdischen Mutter, hervorruft - eine Entscheidung, der Edith Stein konsequent folgt mit dem Eintritt in den Orden der Karmelitinnen (1933) und später mit dem bewußten Annehmen des von ihr vorausgeahnten Schicksals.

---

41 Vgl. ebd., S.217.
42 Ebd.
43 Stein, Leben, a.a.0., S.157.
44 ESW, Bd. VIII, a.a.0., S.31.

Eine gewisse finanzielle Unabhängigkeit[45] bot den Hintergrund für eine unbeschwerte Studienzeit. So berichtet Edith Stein von Festen, Wanderungen, Reisen und vielen anderen gemeinsamen studentischen Unternehmungen. Rückblickend fragt sie sich zuweilen, wo sie eigentlich die Zeit zum Studieren hernahm.[46] Besonders in Göttingen, unabhängig von zu Hause, scheint das Studentenleben sehr gesellig gewesen zu sein und die dort geknüpften Verbindungen sehr eng. Man nahm viele der Mahlzeiten zusammen ein, traf sich zum Tee, ging gemeinsam aus und spazieren, verbrachte die Abende miteinander diskutierend, lernte zusammen und besuchte gemeinsam Lehrveranstaltungen auch "fachfremder" Kommilitonen und Kommilitoninnen. Außer Edith Steins Autobiographie gibt auch ihr Briefwechsel Aufschluß über ihre zahlreichen, kontinuierlich gepflegten, dauerhaften und intensiven Kontakte.

Über Diskriminierungen und Schwierigkeiten von seiten der - bzw. mit den männlichen Kommilitonen wird nichts berichtet, obwohl die oben kurz umrissenen Aktivitäten nicht auf weibliche Gesellschaft beschränkt waren, sondern in gemischten Gruppen stattfanden. Das Verhältnis zwischen Männern und Frauen im Umkreis Edith Steins scheint locker, entspannt und selbstverständlich gewesen zu sein.

Mit der Ablehnung ihres Habilitationsverfahrens stieß auch Edith Stein an die von einer patriarchalischen Gesellschaft gezogenen Grenzen ihrer Freiheit. Sie versuchte (erfolglos) das Habilitationsvorhaben an einer anderen Universität einzuleiten, doch auch ihr ehemaliger Förderer und Doktorvater Husserl schien ihr dabei nicht behilflich sein zu können. Roman Ingarden gibt diesbezüglich eine Interpretation, aus der deutlich wird, daß die allzu steile wissenschaftliche Karriere von Frauen Unbehagen und Abwehr der männlichen Hochschulprominenz hervorrief. Er schreibt:

"Mehrmals versuchte Sie <Edith Stein> sich zu habilitieren; aber Husserl - wie die alten Herren jener Zeit - war der Ansicht, daß Frauen sich nicht habilitieren sollten. Also habilitierte sie sich nicht, obwohl sie den wissenschaftlichen Ertrag dazu hatte."[47]

Ein zweiter Habilitationsversuch um 1930/31 scheiterte ebenfalls; dieses Mal nicht an ihrem "Frau-Sein", sondern an ihrem "Jüdisch-Sein".

Nach einjähriger Tätigkeit als Dozentin am deutschen Institut für wissenschaftliche Pädagogik in Münster (1932-1933) mußte Edith Stein ihre Lehrtätigkeit aufgrund der "Ariergesetze" abbrechen und glaubte " *... nicht an eine Rückkehr an das Institut und überhaupt nicht mehr an die Möglichkeit einer Lehrtätigkeit in Deutschland"*.[48]

Am 15.Oktober 1933 trat sie als Postulantin in den Orden der Karmelitinnen ein.

---

45 Der Verdienst aus den Privatstunden, die Edith Stein während ihrer gesamten Studienzeit erteilte, wurde von ihrer Mutter umsichtig durch Anlage im eigenen Geschäft vermehrt.

46 Vgl. Stein, Leben, a.a.0., S.178.

47 Zit. nach Herbstrith, Glaubenszeugin, a.a.0., S.208.

48 ESW, Bd. VIII, a.a.0., S.137.

Angela Dinghaus
Kunst und Kultur

Seit der Mitte des 19. Jahrhunderts ist in Deutschland ein Anstieg der Zahl von künstlerisch tätigen Frauen zu verzeichnen.[1] Es waren überwiegend bürgerliche Frauen, die ihre Einkünfte durch künstlerische "Heimarbeit" aufbessern wollten. Als Erwerbsfeld übte der Kunstsektor offenbar eine große Anziehungskraft auf jene Frauen aus, die ihre eigene Existenz sichern oder zum Lebensunterhalt der Familie beitragen mußten, ohne durch "unstandesgemäße" Arbeit kompromittiert zu werden. Aufgrund der ästhetisch ausgerichteten Mädchenbildung verfügten Frauen aus dem Bürgertum meist über elementare künstlerische Kenntnisse und ihre künstlerischen Ambitionen wurden gesellschaftlich akzeptiert. Ob als "verschleierte" Erwerbsarbeit oder offene Berufstätigkeit - bürgerliche Frauen mußten hier nicht mit dem sozialen Abstieg rechnen. Doch die Verdienstchancen waren sehr begrenzt. Weibliche Kunst bewegte sich in der Regel auf der sogenannten "unteren" Ebene: Illustration, Porzellan- und Aquarellmalerei oder Zeichnen.[2] Dazu zählte auch das Kunstgewerbe, schien es doch durch seine Nähe zur Dekoration (des Hauses) eine "ideale weibliche Beschäftigung" zu sein.[3]
Künstlerische Betätigung wurde den Frauen, insbesondere der bürgerlichen Frau, noch eher zugestanden als beispielsweise die Bereiche Wissenschaft oder Politik. Kreativität oder Innovationskraft hingegen galten auch in der Kunst als typisch männliche Eigenschaften: *"... die Spitze der Spitzen"* wurde Künstlerinnen *"abgestritten - das Genie"*.[4]
Als Modell dagegen, Bildthema oder "Muse" wurden Frauen von jeher akzeptiert, als "aktiv Schaffende" in der bildenden Kunst allerdings von der Kunstgeschichte übersehen;[5] ihre Werke gingen oftmals verloren.
Kunstkritiker beeinflussen die öffentliche Kunstrezeption maßgeblich, und ihre Kunsturteile bestimmen nicht zuletzt die öffentliche Präsenz eines Kunstwerkes. In der Kunstgeschichte wurden Künstlerinnen zwar nicht unterschlagen, doch bei ihnen beurteilten Kunstkritiker und Kunsthistoriker nicht allein das Geschaffene.[6] Es gab eine besondere Art, über "Frauenkunst" zu urteilen. Oft stand mehr die Künstlerin als Frau im Mittelpunkt des Interesses und weniger ihr Werk. Und aufgrund ihres Geschlechtes wurde Frauen die Fähigkeit zur bildenden Kunst abgesprochen. Gebil-

---

1 Renate Berger, Auf der Suche nach Künstlerinnen, in: Ilse Brehmer/ Juliane Jacobi-Dittrich/ Elke Kleinau/ Annette Kuhn (Hrsg.), Frauen in der Geschichte, Bd.4: "Wissen heißt leben...". Beiträge zur Bildungsgeschichte von Frauen im 18. und 19. Jahrhundert, Düsseldorf 1983, S.407-428, S.422.

2 Herrad-Ulrike Bussemer, Frauenemanzipation und Bildungsbürgertum. Sozialgeschichte der Frauenbewegung in der Reichsgründungszeit, Weinheim und Basel 1985, S.219.

3 Ulrike Stelzl, "Die Zweite Stimme im Orchester" - Aspekte zum Bild der Künstlerin in der Kunstgeschichtsschreibung, in: Dorothea Frandsen/ Ursula Huffmann (Hrsg.), Frauen in Forschung und Lehre, Bonn 1985, S.39-54, S.43.

4 Alice Rühle-Gerstel, Das Frauenproblem der Gegenwart. Eine psychologische Bilanz, Leipzig 1932, S.313.

5 Isabel Schulz, Die Frau als Künstlerin. Über das Leben und Werk von Künstlerinnen früher und heute, Hamburg 1986, S.3.

6 Ruth Nobs-Greter, Kunsturteil und Geschlechterideologie. Aspekte eines Zusammenspiels, in: Neue Gesellschaft für Bildende Kunst e.V., Berlin (Hrsg.), Das verborgene Museum I. Dokumentation der Kunst von Frauen in Berliner öffentlichen Sammlungen, Berlin 1987, S.10-14, S.10.

ligt wurde lediglich die "Hobbykünstlerin", allenfalls als Interpretinnen gestand man Frauen die Bereiche Tanz und Schauspielkunst zu.[7] Als Interpretin (Sängerin) begegnet uns die Frau auch in der Musik.[8] Als Beweis für die angebliche Unfähigkeit der Frau, kreativ und innovativ zu wirken, galt das angebliche Fehlen bedeutender Künstlerinnen.[9] Da es keinen weiblichen Leonardo, Rembrandt oder Dürer gegeben habe, seien Frauen eben nicht zu künstlerischen Hochleistungen fähig.
Doch Frauen in der Kunst spielten nicht von Natur aus die "zweite Stimme im Orchester"[10]. Es gab Faktoren, welche die weibliche Kreativität einschränkten: Sozialisation, schlechtere Ausbildungsmöglichkeiten und Benachteiligungen, z.B. bei Ausstellungen, führten dazu, daß sich die Geschlechterdifferenz auch in der Kunstproduktion niederschlug. Die herkömmlichen Geschlechtsrollenzuweisungen wurden auch von den Kunsthistorikern übernommen.[11] Für brachliegende schöpferische Fähigkeiten machten sie weder geschlechtsspezifische Rollenmuster noch schlechtere Ausbildungsmöglichkeiten verantwortlich, sondern die "weibliche Natur".[12]
Künstlerinnen waren und sind zusätzlich mit anderen Schwierigkeiten konfrontiert als solchen, die der Künstler - oft im Abseits der bürgerlichen Gesellschaft - ohnehin zu überwinden hat.[13] Künstlerinnen hatten kaum weibliche Vorbilder. Psychische Barrieren, die die Künstlerin aufgrund ihrer weiblichen Sozialisation und den gesellschaftlichen Rollenerwartungen verinnerlichte, belasteten ihre Arbeit stark. Nimmt man an, der authentische Ausdruck seiner selbst sei für den Künstler zentral, so scheint dies für künstlerisch tätige Frauen problematischer zu sein, da sie häufig über ein fremdbestimmtes Bild von sich selbst verfügen.[14]

In der bildenden Kunst waren Frauen erheblich benachteiligt. Der Besuch von staatlichen Akademien blieb ihnen bis nach dem Ersten Weltkrieg meist verwehrt und war nur in Ausnahmefällen möglich. Die einzige Alternative für Frauen waren private Kunstschulen.[15] Die privaten Schulen hatten jedoch ein geringeres Niveau als staatliche Akademien. Wegen mangelnder Professionalität wurden sie nicht anerkannt. Um 1900 gab es nur drei staatlich subventionierte Lehranstalten für Frauen.[16]

---

7 Peter Gorsen (Hrsg.), Frauen in der Kunst, Bd.2, Frankfurt/ M. 1980, S.38.

8 Vgl. Eva Rieger, Die geistreichen aber verwahrlosten Weiber - Zur musikalischen Bildung von Mädchen und Frauen, in: Ilse Brehmer/ Juliane Jacobi-Dittrich/ Elke Kleinau/ Annette Kuhn (Hrsg.), Frauen in der Geschichte, Bd.4: "Wissen heißt leben...". Beiträge zur Bildungsgeschichte von Frauen im 18. und 19. Jahrhundert, Düsseldorf 1983, S.397-406.

9 Schulz, a.a.O., S.9. Vgl. zur Rezeptionsgeschichte weiblicher Kunst: Ruth Nobs-Greter, Die Künstlerin und ihr Werk in der deutschsprachigen Kunstgeschichtsschreibung, Zürich 1984, S.105 u. S.113ff. Wesentlich sei weniger, daß über Künstlerinnen berichtet worden ist, sondern was über sie geschrieben wurde (ebd., S.96f.). Vgl. zu Frauen in den Nachschlagewerken der bildenden Kunst: Jörg Krichbaum/ Rein A. Zondergeld, Künstlerinnen. Von der Antike bis zur Gegenwart, Köln 1979, S.15, und zu Frauen in der Kunstgeschichtsschreibung im Überblick: Stelzl, a.a.O.

10 Hans Hildebrandt, Die Frau als Künstlerin, Berlin 1928, S.109.

11 Gorsen, a.a.O., S.23.

12 Marina Sauer, Dilettantinnen und Malweiber. Künstlerinnen im 19. und 20. Jahrhundert, in: Neue Gesellschaft für Bildende Kunst e.V., Berlin (Hrsg.), Das verborgene Museum I. Dokumentation der Kunst von Frauen in Berliner öffentlichen Sammlungen, Berlin 1987, S.21-31, S.26ff.

13 Linda Nochlin, Women, Art and Power and Other Essays, New York 1988, S.176.

14 Germaine Greer, Das unterdrückte Talent. Die Rolle der Frauen in der bildenden Kunst, Berlin/ Frankfurt/ M./ Wien 1980, S.325. Die skizzierten Probleme von Künstlerinnen sind heute noch aktuell, vgl. dazu Judy Chicago, Durch die Blume. Meine Kämpfe als Künstlerin, Reinbek bei Hamburg 1984.

15 Schulz, a.a.O., S.18ff.

16 Sauer, a.a.O., S.25f.

Eine Ausbildung an Akademien garantierte und garantiert sicher nicht künstlerisch gute Leistungen und künstlerischen Erfolg. Doch die Verweigerung der Aufnahme von Frauen in die Akademien kam einer Aussperrung gleich, die nicht ohne Folgen blieb. Denn die Künstlerinnen verfügten über weniger Ausstellungsmöglichkeiten und Kontakte.[17] Moralische Bedenken untersagten Frauen bis Ende des 19. Jahrhunderts auch das Aktstudium. Als ein zentraler Aspekt des Kunststudiums war der Akt bis weit in das 19. Jahrhundert die Voraussetzung "hoher" Kunst (z.B. Historienmalerei).[18] Somit fehlte ein wesentliches Ausbildungsfeld. Die Arbeit von Malerinnen sollte sich auf die als "typisch weiblich" assoziierten Porträts und Stilleben[19] beschränken.
Die akademische Schulung wurde zwar schon gegen Ende des 19. Jahrhunderts von vielen Künstlern kritisiert, doch das Aktstudium gehörte nach wie vor zur wesentlichen Voraussetzung für den künstlerischen Werdegang.[20] Gegen das weibliche Aktmodell gab es übrigens keine moralischen Bedenken. Abgelehnt wurde nicht das weibliche Modell, sondern die eigenständige Künstlerin.[21] Gesellschaftlich akzeptiert war Kunst von Frauen lediglich als "Freizeitbeschäftigung", das hieß vor allem ohne berufliche Ambitionen,[22] so wie es zahlreiche Frauen aus dem gehobenen Bürgertum praktizierten, die sich aus Neigung, zur Zerstreuung oder um die Zeit bis zur Heirat zu überbrücken künstlerisch betätigten.[23] Sie schienen - mit dem Etikett "Dilettantinnen" versehen - keine ernsthaften Konkurrentinnen zu sein. Als solche konnten Frauen mit einem gewissen Verständnis rechnen. Gleichzeitig beinhaltete dieses Verständnis aber auch "wohlwollende" Abwertung.
Unter dem geringen Ansehen der "Dilettantinnen" hatten die professionellen Künstlerinnen zu leiden. Auch ihnen wurde die Ernsthaftigkeit abgesprochen, ebenso wie den Frauen, die sich allein aus Muße und zum Zeitvertreib der Kunst widmeten. Abwertend wurden sie "Malweiber" genannt.[24] Die "ernsthaften" Künstlerinnen kämpften letztlich auch um die Zulassung an Akademien, um sich von den "Dilettantinnen" abzugrenzen.[25]
Die Bildhauerin Clara Rilke-Westhoff, die um die Jahrhundertwende mit der Malerin Paula Modersohn-Becker zu den ersten Frauen des Worpsweder Künstlerkreises zählte, engagierte sich für eine verbesserte Ausbildung von Künstlerinnen. Auch sie erlebte die Nachteile und Anfeindungen, denen Frauen in der bildenden Kunst ausgesetzt waren. Die Schülerin Auguste Rodins, Clara Rilke-Westhoff, sollte sich

---

17 Ebd., S.26.

18 Berger, Auf der Suche..., a.a.0., S.407.

19 Schulz, a.a.0., S.14f., und Gislind Nabakowski, Frauen in der Kunst, in: Gislind Nabakowski/ Helke Sander/ Peter Gorsen, Frauen in der Kunst, Bd.1, Frankfurt/ M. 1980, S.185-296, S.194f.

20 Renate Berger, Malerinnen auf dem Weg ins 20. Jahrhundert. Kunstgeschichte als Sozialgeschichte, Köln 1982, S.140ff.

21 Ebd., S.139.

22 Ebd., S.147 u. S.58.

23 Sauer, a.a.0., S.21. Die Kunst scheint seit der Romantik auch eine Alternative für bürgerliche Frauen gewesen zu sein, der einengenden Rolle als Hausfrau und Mutter zu entgehen (Irene Below, "Auf die Seele kommt es an!" Eine autobiographische Skizze zum Gebrauch von Kunst und Kunstgeschichte, in: Cordula Bischoff/ Brigitte Dinger/ Irene Ewinkel/ Ulla Merle, Frauen Kunst Geschichte. Zur Korrektur des herrschenden Blicks, Gießen 1985, S.13-32, S.17). Die künstlerische Tätigkeit mag ein Bewußtsein von der Fähigkeit zur geistigen Produktion gefördert haben (Helga Möbius, Die Frau im Barock, Stuttgart 1982, S.176).

24 Sauer, a.a.0., S.22.

25 Stelzl, a.a.0., S.42.

dennoch zu einer selbständigen Bildhauerin entwickeln, die von Auftragsarbeiten leben konnte.
Die Stellung der Künstlerin war nicht anders als die der Frauen in Familie und Gesellschaft. Selbst in den freien Künstlergemeinschaften blieb sie häuslich gebunden und gebunden an ihre Rolle als Frau. Das galt auch für den Worpsweder Künstlerkreis.[26]
In der Ehe besaßen viele Künstlerinnen weniger künstlerischen Freiraum als der Mann. Dies wird besonders beim Künstlerehepaar deutlich. Wurde dem Künstler das Recht auf Arbeit und auf ein eigenes Atelier zugestanden, konnte sich die Künstlerin der Verantwortung für die Hausarbeit und Kindererziehung kaum entziehen.[27] Künstlerinnen gaben nach der Heirat ihre Kunst oft auf oder machten diese zur Nebentätigkeit.[28] Künstlerinnen erzählen, daß es ihnen nicht leicht fiel, neben den familiären Anforderungen das eigene künstlerische Profil zu retten.[29] Dafür übernahm so manche Frau in einer Künstlerehe die Rolle des Ernährers. Sie verdiente Geld mit Auftragsarbeiten oder im Kunstgewerbe, damit der Mann seine Kunst ungestört von Alltagsproblemen ausüben konnte.[30] In Künstlerehen steckten Frauen ihre eigenen Ambitionen meist zurück, sie förderten vielleicht noch die Karriere des Mannes.[31]
In der Rolle als Anregerin des Künstlergatten leisteten Frauen oft "Hebammendienste" für die Kunst anderer.[32] Als Ehefrauen, die sich um die Alltagsprobleme kümmern, als "Musen", die inspirieren, als Sekretärinnen und Mitarbeiterinnen standen Frauen schon lange "im Schatten" von Männern.[33]
"Schattenarbeit"[34] im Hintergrund leistete auch Lisa Hausmann-Löns aus Hannover, die entscheidend dazu beigetragen hat, ihrem Ehemann Hermann Löns eine Karriere als Schriftsteller zu ermöglichen. Indem sie ihn von seinen beruflichen Verpflichtungen entlastete und einen großen Teil seiner Arbeiten übernahm, schuf Lisa Hausmann-Löns den nötigen Freiraum für das Fortkommen ihres Mannes. Möglicherweise versuchte sie auch, stellvertretend über ihren Mann, dessen Karriere ihr sehr wichtig war, Bedeutung zu erlangen. Ihre eigenen Ambitionen als Journalistin konnte Lisa Hausmann-Löns jedoch nicht verwirklichen.

In der Weimarer Republik verbesserten sich die Rahmenbedingungen für Künstlerinnen. In den Großstädten herrschte ein toleranteres Klima gegenüber Frauen, die als Künstlerinnen ein Leben am Rande der bürgerlichen Gesellschaft führen wollten.[35] Doch der Grundkonflikt, Ehefrau und Mutter und gleichzeitig

---

26 Sauer, a.a.O., S.22ff.
27 Ebd., S.23f.
28 Birgit Gatermann, "Malweiber". Bildende Künstlerinnen in den zwanziger Jahren, in: Hart und Zart. Frauenleben 1920-1970, Berlin: Elefanten Press 1990, S.99-105, S.101f.
29 Renate Berger (Hrsg.), "Und ich sehe nichts, nichts als die Malerei". Autobiographische Texte von Künstlerinnen des 18.-20. Jahrhunderts, Frankfurt/ M. 1988, S.23.
30 Berger, Malerinnen..., a.a.O., S.238f.
31 Schulz, a.a.O., S.24.
32 Berger, Malerinnen..., a.a.O., S.246ff.
33 Inge Stephan, Das Schicksal der begabten Frau. Im Schatten berühmter Männer, Stuttgart 1989, S.178.
34 Ebd., S.12f.
35 Gatermann, a.a.O., S.104.

Künstlerin zu sein, blieb bestehen. Und Vorurteile gegenüber Künstlerinnen waren auch in den zwanziger Jahren noch weit verbreitet.[36]
Gegen Ende der zwanziger Jahre vertrat der Kunsthistoriker Hans Hildebrandt - stellvertretend für viele - nach wie vor die Ansicht, daß Frauen in der Kunst allenfalls die Rolle der Gehilfin und Nachahmerin des Mannes zukomme:
"... Trotz unverhoffter Steigerung der Selbständigkeit bewahrheitet sich dennoch die alte Erfahrung auch jetzt: Die Kunst der Frau begleitet die Kunst des Mannes. Sie ist die zweite Stimme im Orchester, nimmt die Themen der ersten Stimme auf, wandelt sie ab, gibt ihnen neue, eigenartige Färbung; aber sie klingt und lebt von jener."[37]
Das von Hildebrandt erwähnte Attribut "Selbständigkeit" - eine Anspielung auf die "moderne" und "emanzipierte" Frau der Weimarer Zeit - mochte der Kunsthistoriker Künstlerinnen nicht zugestehen. ...
Modern und rational, selbstbewußt und unabhängig - das ist das Bild von der "Neuen Frau" der zwanziger Jahre. Man erkennt sie am Bubikopf, an der Zigarette und am sportlichen Outfit. Selbstverständlich ist sie berufstätig und chauffiert ihr Automobil selbst.
Symbolisiert wurden die neuen Freiheiten der Frauen durch die Mode. Bequeme, sportliche und erschwingliche Kleidung hatte sie vom einengenden Korsett befreit.
Größere Handlungsspielräume als in der wilhelminischen Zeit standen namentlich der weiblichen Jugend in den Weimarer Jahren zur Verfügung, doch meist nur so lange, bis sie vom "Ehealltag eingeholt" wurden.[38]
Als Symbol für die Fortschrittlichkeit der Weimarer Republik, für Urbanität und Technikbegeisterung[39] ist das (von den Medien vermittelte) Ideal von der "Neuen Frau" ein "Zerrbild" der Realität.[40] Gegenpol zum modernen Frauenleitbild blieb die herkömmliche Rolle der Frau in der Familie. Standen Frauen auch vorübergehend oder längere Zeit im Erwerbsleben, so sollte doch ihr eigentliches Ziel die Heirat und Mutterschaft sein.[41] Und weder die Heimarbeiterin noch die Fabrikarbeiterin oder die Akademikerin repräsentierten den neuen Frauentypus in der Öffentlichkeit, sondern wenn überhaupt, dann junge Verkäuferinnen und Büroangestellte.[42]
Bei näherem Hinsehen entpuppt sich jedoch der Angestelltenberuf für die Frau als typischer Übergangsberuf für den Zeitraum zwischen Schule und Heirat, mit geringen Aufstiegs- und Verdienstmöglichkeiten. Ein modernes, besseres Leben als Angestellte inklusive guter Heiratschancen versprachen wohl Kino und Romane, doch im Alltag der Frauen ließen sich diese Wünsche kaum realisieren.[43]

---

36 Ebd., S.100f.

37 Hildebrandt, a.a.O., S.108f.

38 Christiane Koch, Sachlich, sportlich, sinnlich. Frauenkleidung in den 20er Jahren, in: Kristine v. Soden/ Maruta Schmidt (Hrsg.), Neue Frauen. Die zwanziger Jahre, Berlin (West) 1988, S.16-19.

39 Ute Frevert, Kunstseidener Glanz. Weibliche Angestellte, in: Hart und Zart. Frauenleben 1920-1970, Berlin: Elefanten Press 1990, S.15-20, S.15.

40 Ute Frevert, Frauen-Geschichte. Zwischen bürgerlicher Verbesserung und neuer Weiblichkeit, Frankfurt/ M. 1986, S.174.

41 Christiane Koch, Schreibmaschine, Bügeleisen und Muttertagssträuße. Der bescheidene Frauenalltag in den zwanziger Jahren, in: Hart und Zart. Frauenleben 1920-1970, Berlin: Elefanten Press 1990, S.69-81, S.69.

42 Frevert, Frauen-Geschichte, a.a.O., S.171f. Mitte der 20er Jahre gab es ca. 1,5 Millionen weibliche Angestellte. Seit 1907 hatte sich ihre Anzahl verdreifacht (Frevert, Kunstseidener Glanz, a.a.O., S.15f.).

43 Frevert, Kunstseidener Glanz, a.a.O., S.17-20.

Trotz Frauenwahlrecht und verbesserten Bildungs- und Berufschancen, sozialer Reformen in der Fürsorge, im Wohnungswesen und in der Hauswirtschaft sowie einer neuen Freizeit- und Körperkultur hielten sich die traditionellen geschlechtsspezifischen Rollenmuster in der Weimarer Gesellschaft und in der Arbeitswelt - wenn auch auf neuer Grundlage.[44] Rationalisierung und Mechanisierung der Hauswirtschaft etwa verringerten zwar die Hausarbeit für die Frauen, doch gestiegene Normen an Wohnstandards und Reinlichkeit erhöhten wiederum die Anforderungen.[45]
Zur Kehrseite der Moderne gehörten tradierte Werte und Normen aus dem 19. Jahrhundert. Modernität und konservative Wertvorstellungen trafen in der Frauenrealität aufeinander.[46]
Ähnlich wie der Mythos von den Goldenen Zwanziger Jahren ist auch die "Neue Frau" ein Kunstprodukt mit vielen Brüchen[47] - aber auch einem realen Kern. Durch die zunehmende Demokratisierung der Gesellschaft und die neue Massenkultur verfügten Frauen, verglichen mit den Jahrzehnten zuvor, über erweiterte Handlungsmöglichkeiten, und sie waren in der Öffentlichkeit stärker präsent.
Der Kunsthistoriker Hildebrandt beurteilte die "neue Stellung" der Frauen ambivalent. So konstatierte er zwar zunehmende Aktivitäten des weiblichen Geschlechts, die er durchaus positiv bewertete. Gleichzeitig reduzierte er den Eigenanteil von Frauen an ihrer aktiven Rolle, indem er letztere als wunschgemäßes Verhalten definierte, das auf Verlangen der Männer zustande gekommen sei:
"Der Mann braucht jetzt das Weib, das auch Kamerad ist. Er braucht die körperlich und seelisch gesunde, frische, mit Tatsachen rechnende, wissende statt sich verträumende Gefährtin seiner Arbeit und seiner Erholung, die nicht mehr nur geistiger, sondern in hohem Maße auch leiblich-sportlicher Natur geworden ist. So ward die Frau aus dem Urgrund ihrer Passivität heraus zu einer Aktivität gedrängt, die sie vordem kaum jemals übte."[48]
Zur Aktivität seien die "neuen" Frauen also nur "gedrängt" worden, weil die Männer dies wünschten. Aus Hildebrandts Äußerungen spricht jedoch auch Bewunderung für das große Engagement namentlich von Künstlerinnen in den zwanziger Jahren:
"Die neue Stellung des Weibes und seine innere Umbildung spiegeln sich mit am augenfälligsten im Bereiche der Kunst. Man spürt die überwältigende Freude des so lange bevormundeten Geschlechtes an der neugewonnenen Freiheit. Die Frau beginnt zu wagen, betritt neugiervoll und tatenlustig jedes ihr bislang verwehrte Gebiet männlichen Gestaltens, versucht sich in Architektur, Wandmalerei, Bühneninszenierung, Plakat und, wenn auch schüchtern noch, in der Karikatur usw. usw. ... ."[49]

In den zwanziger Jahren gab es eine hohe Beteiligung von Frauen an jenen innovativen Kunstrichtungen, die sich von den akademischen Schranken befreit hatten, wie

44 Auch "Mütterlichkeit" gehörte zu diesen traditionellen Strukturen. Der Muttertag ist eine Erfindung aus den 20er Jahren, vgl. Koch, Schreibmaschine, Bügeleisen..., a.a.O.
45 Ebd., S.70-74.
46 Frevert, Frauen-Geschichte, a.a.O., S.171.
47 Gatermann, a.a.O., S.103.
48 Hildebrandt, a.a.O., S.108.
49 Ebd.

z.B. die Abstrakten, oder die von Männern noch nicht mit Beschlag belegt waren, wie die Fotografie.[50]
In den Jahren vor und nach dem Ersten Weltkrieg war viel Neues auf den Gebieten der bildenden Kunst und Literatur in Gang gekommen.
Kate Steinitz gehörte zur hannoverschen Kunstszene,[51] die der Stadt den Flair einer kulturellen Metropole gegeben hatte - nicht nur als "Mitarbeiterin" von Kurt Schwitters, dem Dadaisten.
Hannover blieb von experimenteller Kunst zunächst weitgehend unberührt. 1916 wurde dort die Kestner-Gesellschaft gegründet, die dem Provinzialismus und Traditionalismus den Garaus machen wollte. Die moderne Kunst hielt auch in Hannover Einzug, allerdings währte die kulturelle Aufbruchstimmung nicht lange und blieb auf kleine Kreise begrenzt.[52] Von ihrem provinziell-konservativen Charakter konnte sich die Stadt nur schwer lösen.[53] Das spürte auch Kate Steinitz, die 1917 aus Berlin nach Hannover gekommen war. Aus bürgerlichem Hause wie so viele Künstlerinnen hatte sie ein Malereistudium absolviert und widmete sich intensiv der neuen Kunst. Die Automobilliebhaberin Kate Steinitz war eine Frau der neuen Zeit - modern und eigenständig, mit Brüchen und Zwiespälten. Als Journalistin und Fotografin fand Kate Steinitz zu ihrem eigenen Stil und verkörperte damit den neuen Zeitgeist.

War die Fotografie eine Disziplin, die von Frauen stark geprägt werden konnte, so gehörten selbständige Fotografinnen auch in der Weimarer Zeit zur Minorität.[54]
In der Auseinandersetzung mit der Malerei, beflügelt durch die rasante Entwicklung der fotografischen Technik, rang die Fotografie bis in die zwanziger Jahre um ihre Standortbestimmung: Handwerk oder Kunst? Die hannoversche Fotografin Aenne Heise sah es als ihre Aufgabe an - ganz im Sinne der Neuen Sachlichkeit - ihren Gegenstand mit größtmöglicher Perfektion abzubilden und dabei Struktur und Form der Objekte zur Geltung zu bringen. Fast ein halbes Jahrhundert arbeitete sie in Hannover, technisch und handwerklich auf der Höhe ihrer Zeit, und sie machte sich,

---

50 Krichbaum/ Zondergeld, a.a.O., S.70ff. u. S.75.

51 Vgl. Henning Rischbieter (Hrsg.), Die Zwanziger Jahre in Hannover, Ausstellungskatalog Kunstverein Hannover 1962. Zur Einordnung des Kreises um Steinitz im Hinblick auf politische Bewegungen gegen Ende der Weimarer Zeit vgl. Herbert Obenaus, Liberales Milieu in der sozialen Isolierung: der Steinitz-Kreis in Hannover während der letzten Jahre der Weimarer Republik, in: Hans-Dieter Schmid (Hrsg.), Hannover - Am Rande der Stadt, Bielefeld 1992, S.121-142.

52 Nur wenige, vor allem großbürgerliche Häuser förderten die moderne Kunst in Hannover, vgl. Henning Rischbieter, Hannoversches Lesebuch oder: Was in Hannover und über Hannover geschrieben, gedruckt und gelesen wurde, Bd.2: 1850-1950, Hannover 1978, S.239f.

53 Adelheid v. Saldern, Stadt und Moderne. Hannover der zwanziger Jahre unter soziokulturellen Aspekten, in: Dies. (Hrsg.), Stadt und Moderne. Hannover in der Weimarer Republik, Hamburg 1989, S.7-30, S.8. In der politischen Kultur Hannovers überwog der Konservatismus. Symptomatisch dafür waren der Hindenburg-Kult (vgl. dazu Sabine Guckel/ Volker Seitz, "Vergnügliche Vaterlandspflicht" - Der Hindenburg-Kult am Zoo, in: Geschichtswerkstatt Hannover (Hrsg.), Alltag zwischen Hindenburg und Haarmann. Ein anderer Stadtführer durch das Hannover der 20er Jahre, Hamburg 1987), eine überwiegend konservative Studentenschaft (vgl. Otfried Brügge/ Joachim Vallon, Studenten und Politik am Beispiel der Technischen Hochschule Hannover, in: Adelheid v. Saldern (Hrsg.), Stadt und Moderne. Hannover in der Weimarer Republik, Hamburg 1989, S.225-252) und der Lessing-Prozeß 1925 (vgl. Rainer Marwedel, Theodor Lessing 1872-1933. Eine Biographie, Darmstadt und Neuwied 1987).

54 Krichbaum/ Zondergeld, a.a.O., S.86. Frauen wurden in der fotografischen Arbeit häufig zu Hilfsdiensten herangezogen, vgl. Heike Foth, Fotografie als Frauenberuf (1840-1913), in: Rudolf Herz/ Brigitte Bruns (Hrsg.), Hof-Atelier Elvira 1887-1928. Ästheten, Emanzen, Aristokraten, München 1985, S.153-170.

insbesondere als (selbständige) Fotografin von Kunsthandwerk sowie in der Architekturfotografie einen Namen.

Die zwanziger Jahre waren auch das Jahrzehnt innovativer Tanzkultur: Charleston, Revuegirls und Kunsttanz. Die neuen Tanzrichtungen wurden besonders von Frauen geprägt. In Hannover wurde Mary Wigman bekannt als Tänzerin des expressionistisch orientierten Ausdruckstanzes.[55] Weniger im Mittelpunkt des öffentlichen Interesses stand Yvonne Georgi, eine Schülerin Mary Wigmans. Die Schülerin sollte die neue Tanzrichtung in Hannover einführen. Bis ins hohe Alter blieb Yvonne Georgi eine vielseitige Tänzerin und Choreographin.

Die literarische Produktion von Frauen hat, ebenso wie die Leistungen von Frauen in den bildenden Künsten, nur wenig Niederschlag in der Geschichte gefunden. Frauen waren für die traditionelle Literaturgeschichtsschreibung die "geborenen Leserinnen", passive Konsumentinnen. Da allgemein angenommen wurde, daß das weibliche Geschlecht von "Natur" aus nicht schöpferisch sei, wurde der Frau als Autorin allenfalls noch die Unterhaltungsliteratur zugestanden.[56]
Gegenüber der bildenden Künstlerin allerdings scheint die Literatin privilegiert, benötigt die schreibende Frau doch "nur" Papier und Feder, während die materiellen Voraussetzungen in Malerei und Bildhauerei (Arbeitsräume, Arbeitsmaterial und eine klar definierte Ausbildung) schwieriger zu erlangen sind.[57] Doch zur Grundlage jeglicher künstlerischen Entfaltung gehören nicht allein günstige materielle Voraussetzungen. Wesentlich ist es, den "Kopf frei zu haben", über Muße und innere Freiräume zu verfügen. Für Schriftstellerinnen - so Virginia Woolf - symbolisiert diese Freiheiten ein eigener Raum.[58]
Im 18. und 19. Jahrhundert gab es Autorinnen von Romanen, Lyrik und Dramen.[59] Doch viele veröffentlichte Texte von Frauen erschienen anonym oder unter einem - meist männlichen - Pseudonym.[60] Frauen, die vom Schreiben lebten, waren jedoch eine Minderheit.[61]

---

55 Hedwig Müller, Im Taumel der Selbsterfahrung. Die Tänzerinnen des Ausdruckstanzes, in: Hart und Zart. Frauenleben 1920-1970, Berlin: Elefanten Press 1990, S.120-126, S.120. Vgl. zur Geschichte des Ausdruckstanzes und über Mary Wigman ausführlich: Dies., Die Begründung des Ausdruckstanzes durch Mary Wigman, Diss., Köln 1986.

56 Gisela Brinker-Gabler (Hrsg.), Deutsche Dichterinnen vom 16. Jahrhundert bis zur Gegenwart. Gedichte und Lebensläufe, Frankfurt/ M. 1986, S.17f.

57 Nabakowski, a.a.O., S.206, und Bussemer, a.a.O., S.220.

58 Virginia Woolf, Ein Zimmer für sich allein (1928/29), Frankfurt/ M. 1991.

59 Barbara Becker-Cantarino, Leben als Text. Briefe als Ausdrucksmittel und Verständigungsmittel in der Briefkultur und Literatur des 18. Jahrhunderts, in: Hiltrud Gnüg/ Renate Möhrmann (Hrsg.), Frauen Literatur Geschichte. Schreibende Frauen vom Mittelalter bis zur Gegenwart, Stuttgart 1985, S.83-103, S.83. Die "Schule" schreibender Frauen war die (literarische) Briefproduktion seit dem 18. Jahrhundert.

60 Sigrid Weigel, Der schielende Blick. Thesen zur Geschichte weiblicher Schreibpraxis, in: Inge Stephan/ Sigrid Weigel, Die verborgene Frau. Sechs Beiträge zu einer feministischen Literaturwissenschaft, Berlin 1983, S.83-137, S.91f. Zu Frauenliteratur um 1848 vgl. Renate Möhrmann, Die andere Frau. Emanzipationsansätze deutscher Schriftstellerinnen im Vorfeld der Achtundvierziger-Revolution, Stuttgart 1977, und zu Autobiographien als Dokument von Frauengeschichte: Kay Goodmann, Die große Kunst, nach innen zu weinen. Autobiographien deutscher Frauen im späten 19. und frühen 20. Jahrhundert, in: Wolfgang Paulsen (Hrsg.), Die Frau als Heldin und Autorin. Neue kritische Ansätze zur deutschen Literatur, Bern und München 1979, S.125-135.

61 Sigrid Weigel, "...und führen jetzt die Feder statt der Nadel". Vom Dreifachcharakter weiblicher Schreibarbeit - Emanzipation, Erwerb und Kunstanspruch, in: Ilse Brehmer/ Juliane Jacobi-Dittrich/ Elke

Abschließend sollen Leben und Werk zweier - weitgehend unbekannter - Schriftstellerinnen aus dem 20. Jahrhundert vorgestellt werden. Dabei handelt es sich um Repräsentantinnen der niederdeutschen Literatur und der Emigrantinnenliteratur.

Die niederdeutsche Autorin und engagierte Sozialdemokratin Wilhelmine Siefkes verfaßte - zunächst in ihrer Freizeit - auf plattdeutsch sozialkritische Texte. Während des Nationalsozialismus erhielt sie Veröffentlichungsverbot. In den Jahren danach begann ihre eigentliche literarische Schaffensphase. Wilhelmine Siefkes' Romane, Gedichte, Kinder- und Jugendtheaterstücke sind über ihre Heimat Ostfriesland hinaus jedoch kaum bekannt geworden.

Von der Forschung bisher weitgehend unterbelichtet ist die Geschichte der Frauenliteratur im Exil. Über Schriftstellerinnen und ihre spezifischen Probleme in den Exilländern wissen wir immer noch zu wenig.[62]
Für Künstler und Intellektuelle kann der Verlust der Muttersprache sehr problematisch sein. Es handelt sich nicht allein darum, im Exil eine neue Sprache zu erlernen, ist doch ihre Arbeit - besonders die der Literaten - eng verbunden mit dem Sprachsystem der Muttersprache. Und Flüchtlinge sind häufig dazu gezwungen, ihr Weltverständnis zu ändern[63] - was jedoch nicht unbedingt Entfremdung und Isolation, sondern auch eine Erweiterung des Horizontes bedeuten kann. In der Zeit des Nationalsozialismus wurde das Gefühl der Isolation bei einem Teil der Schriftsteller noch verstärkt: die humanistische Kultur, besonders der Weimarer Jahre, schien verloren, das kulturelle Erbe in Frage gestellt.[64]
Den geflohenen Schriftstellern war häufig die materielle Basis entzogen worden, Sprachbarrieren erschwerten ihre Integration ins kulturelle Leben der Gastländer, viele Schriftsteller waren im Ausland unbekannt oder standen erst am Anfang ihrer literarischen Entwicklung. Doch auch bekannte Schriftsteller waren aufgrund des sprachlichen Wertes ihrer Werke oft nur im eigenen Land marktfähig oder sie behandelten Themen, die ausländische Leser nicht interessierten.[65] Wenn sie im Exilland keinen Markt gefunden hatten, mußten sie, um zu überleben, irgendwelche Arbeiten annehmen. Flüchtlingsfrauen scheinen hier über eine größere soziale (auch sprachliche) Beweglichkeit verfügt zu haben als Männer; sie suchten sich eine Arbeit, die jedoch oft aus unattraktiven Jobs bestand.[66] Auch Schriftstellerinnen gaben ihren Beruf leichter auf als Männer, die selten auf die Idee kommen, ihren Unterhalt anders als mit dem Schreiben zu verdienen. Von Frauen dagegen wird genau das

---

Kleinau/ Annette Kuhn (Hrsg.), Frauen in der Geschichte, Bd.4: "Wissen heißt leben...". Beiträge zur Bildungsgeschichte von Frauen im 18. und 19. Jahrhundert, Düsseldorf 1983, S.347-367, S.359f.

62 Renate Wall, "verbrannt, verboten, vergessen". Kleines Lexikon deutschsprachiger Schriftstellerinnen 1933 bis 1945, Köln 1988. Renate Wall hat 150 Schriftstellerinnen im Exil zusammengestellt. Zur Geschichte von Frauen im Exil vgl. auch Gabriele Kreis, Frauen im Exil. Dichtung und Wirklichkeit, Darmstadt 1988, S.35.

63 Anthony Heilbut, Kultur ohne Heimat. Deutsche Emigranten in den USA nach 1930, Weinheim und Berlin 1987, S.67. Vgl. zur Exilliteratur in den USA auch: Joachim Radkau, Die deutsche Emigration in den USA, Düsseldorf 1971.

64 Ebd., S.51.

65 Hans-Albert Walter, Asylpraxis und Lebensbedingungen in Europa. Deutsche Exilliteratur 1933-1950, Darmstadt und Neuwied 1972, S.159f. Vgl. zu dem rechtlichen Status in den Gastländern und zu den materiellen Bedingungen der Exilschriftsteller ebd.

66 Heilbut, a.a.O., S.77.

erwartet.[67] Um den Alltag zu meistern, nehmen sie auch den sozialen Abstieg in Kauf.[68]
Ilse Losa aus Melle bei Osnabrück, die aufgrund ihrer jüdischen Herkunft während des Nationalsozialismus emigrieren mußte, konnte im portugiesischen Exil als Schriftstellerin Fuß fassen und gehörte damit zu den Ausnahmen. Ilse Losa lernte Portugiesisch und veröffentlichte in der Landessprache ihres Gastlandes. Der Beitrag über Ilse Losa verdeutlicht die Problematik eines Emigrantenlebens, abgeschnitten vom vertrauten Sprachkreis, heimatlos. Gezeigt wird aber auch eine Frau, die versucht, diese Probleme für sich zu lösen und der die Integration gelingt. Ilse Losa ist heute in Portugal eine bekannte und vielgelesene Schriftstellerin. In Deutschland steht eine ausführliche Rezeption ihrer Werke noch aus.

---

67 Kreis, a.a.O., S.141.
68 Ebd., S.82f. u. S.186.

Isolde Braune

"... als Mensch im Beruf" - Die Bildhauerin Clara Rilke-Westhoff (1878-1954)

"Ich glaube, bei Künstlerinnen ist es sehr schwer, daß sie es zu etwas bringen, viel schwerer als bei Männern... . Daher hat es auch noch so wenig wirklich tüchtige Frauen gegeben. Also ich meine tüchtig im dem anderen Sinne, nicht als Frau tüchtig -, sondern als Künstler oder überhaupt als Mensch im Beruf. Unter welchen Bedingungen die Frauen nun eigentlich was leisten können, weiß ich nicht, ich weiß nur, daß ich was leisten w i l l."[1]

Sicherlich ist das Engagement der Bildhauerin Clara Rilke-Westhoff nicht mit dem ihrer Zeitgenossin, der Schriftstellerin Gertrud Bäumer, zu vergleichen, die es sich zur Lebensaufgabe gemacht hatte, für die Gleichberechtigung der Frau zu kämpfen. Clara Westhoffs Lebensaufgabe war die Bildhauerei; doch sah sie sich im Laufe ihrer Ausbildung vor Situationen gestellt, die sie dazu veranlaßten, sich für die Öffnung des Kunststudiums auch für Frauen einzusetzen.

Sie hat es jedoch erreicht, wie nicht viele Künstlerinnen ihrer Zeit, an die Öffentlichkeit zu treten und sich durch ihre Kunst eine Existenz zu schaffen. Als weiblicher "Bildhauer", wie sie sich in einem Brief an ihren Vater am 21. November 1898, ihrem zwanzigsten Geburtstag, bezeichnete,[2] schwamm sie gegen den Strom ihrer Zeit.

Clara Rilke-Westhoff wurde am 21. November 1878 in Bremen geboren und starb dort am 9. März 1954.[3]

Als entscheidende Phase im Leben der Bildhauerin ist wohl ihre Studienzeit von 1895 bis 1902 anzusehen. In diesem relativ kurzen Lebensabschnitt drängten sich einschneidende Erlebnisse und wurden die wichtigsten Entscheidungen getroffen.

Die Bedingungen, unter denen Frauen studiert haben, entsprachen der Geringschätzung, die man in der damaligen Gesellschaft den Fähigkeiten der bildenden Künstlerinnen entgegenbrachte. Ein Kommissionsbericht des preußischen Abgeordnetenhauses von 1912/13 sprach von der *"erfahrungsgemäß geringe<n> Veranlagung des weiblichen Geschlechts für die großen Aufgaben der hohen Kunst"*.[4] Davon war insbesondere, wie wir noch sehen werden, die Frau in der Bildhauerei betroffen. Diesem vorgeschobenen, rational nicht nachvollziehbaren Argument liegt eine unterschwellige, aber konsequent verfolgte Verdrängungspolitik zugrunde.

In diesem Zusammenhang ist auch das Zutrittsverbot der Akademie für Frauen zu sehen. Die einzige Möglichkeit einer künstlerischen Ausbildung, die Frauen blieb, war der Besuch einer privaten Malschule.[5] Wie auch immer man dem künstlerischen

---

1 Clara Westhoff in einem Brief an ihre Eltern, dat. 24.5.1899, zit. nach Marina Sauer, Die Bildhauerin Clara Rilke-Westhoff 1878-1954. Leben und Werk (m. OEuvre-Katalog), Diss., Bremen 1986, S.77.

2 Zit. nach Inge Stephan, Leben und Werk von Clara Westhoff-Rilke (1878-1954), in: Dies., Das Schicksal der begabten Frau. Im Schatten berühmter Männer, Stuttgart 1989, S.109-126, S.109.

3 W. Cohrs (Hrsg.), Clara Rilke-Westhoff (1878-1954), Plastiken, Zeichnungen, Gemälde. Katalog Galerie Cohrs-Zirus, Worpswede 1978, Einführung, o.S., s. letzte Seite.

4 Zit. nach Sauer, a.a.0., S.81f.

5 Ebd., S.21 u. S.81.

Abb. 23: Clara Westhoff, um 1900

Niveau der Akademien gegenüberstand - die Studienbedingungen auf einer staatlichen Akademie wiesen im Gegensatz zu den privaten Malschulen wesentliche Vorteile auf, von den Berufsaussichten angesichts eines akademischen Abschlusses ganz abgesehen.
Die meisten privaten Malschulen wurden unter dem Gesichtspunkt des finanziellen Ertrages gegründet. Dementsprechend grob waren die Aufnahmekriterien: Es gab keine Aufnahmeprüfung.[6] Das wahllose Aufnahmeverfahren wirkte sich auch auf die räumliche Situation aus. Dazu der anschauliche Bericht einer anonymen Verfasserin:
"Die Anfängerin, wie die beinahe fertige Künstlerin, die durch Schwatzen störende Dilettantin, wie die für den Erwerb arbeitende ernste Malerin - alle werden wie Heringe in den engen Raum gepfercht; ohne Platz, das Bild in gehöriger Entfernung betrachten zu können, schwebt Künstlerin und Kunstwerk in ständiger Gefahr, den Bächen der Aquarellgläser oder den Sikkativfluten der Nachbarinnen zu erliegen, der schwereren Unglücksfällen <sic> durch umfallende Malstöcke nicht zu gedenken. Einigemale in der Woche erscheint der Lehrer, um in einer Stunde 40 bis 60 Damen zu korrigieren! ... - Und dafür 60 M. im Monat!"[7]
Der Kostenfaktor wirkte sich erschwerend auf die Studiensituation aus. Die Honorarbeträge waren unterschiedlich. Sie setzten sich nach einem Bericht von Clara Westhoff aus folgenden Posten zusammen: ein Grundhonorar von 30 M., der Abendakt (12 M.) sowie ein Beitrag für die Anatomie.[8] *"Aber man muß nur bedenken, wie billig die Herren studieren, dann kriegt man doch 'ne Wut."*[9]
Diese pekuniären Umstände machten es für die angehenden Künstlerinnen notwendig, sich durch Nebenverdienst - häufig sogenanntes "Kunstgewerbliches" - den Lebensunterhalt bzw. das Studium zu finanzieren. Die Anfertigung dieser kleinen Werke nahm viel Zeit und Kraft in Anspruch und beeinträchtigte das Studium.[10]
Hinzu kam, daß sich vor allem studierende Töchter vor ihren Eltern rechtfertigen mußten, einen so wenig zweckgerichteten und einträglichen Beruf ergriffen zu haben. Dies geht aus einem Brief Paula Beckers[11] an ihre Eltern hervor. Sie sprach eigens ihre Mutter an, die *"denkt, mein Leben sei ein einziger egoistischer Freudenrausch"*.[12]
Ein getreuer Spiegel der geschilderten Situation der kunstschaffenden Frau war die Presse. Dort fanden Künstlerinnen und ihre Werke kaum Erwähnung, geschweige denn angemessene Würdigung.[13] Rudimente davon sind noch heute erhalten. In den

---

6 Ebd., S.84.
7 Zit. nach ebd., S.84.
8 Ebd., S.82 u. S.83, Anm. 517. Nach dem Frauenroman "Die das Leben lieben" von Klaus Rittland (Pseudonym für Elisabeth Heinroth), Dresden/ Leipzig 1902, S.126, benötigte ein(e) sparsame(r) Student(in) im Jahr "2000 Mark", d.h. im Monat ca. 167 Mark. Davon seien 42 Mark (ohne Anatomie, ohne Arbeitsmaterial) für Studienhonorar zu entrichten gewesen. Im Vergleich dazu beträgt das Honorar für eine Stunde bei einem Privatdozenten heute 50 bis 70 DM (Auskunft: Hans-Helmut Hiller, Maler und Privatdozent, Emlichheim).
9 Brief Clara Westhoffs, dat. 8.11.1897, zit. nach Sauer, a.a.O., S.82.
10 Ebd., S.84.
11 Näheres zu der Malerin Paula Modersohn-Becker im folgenden.
12 Brief dat. 10.9.1899, zit. nach Sauer, a.a.O., S.85.
13 Weiteres zu diesem Thema vgl. ebd., S.86.

Katalogen einiger Bibliotheken ist Clara Rilke-Westhoff nur unter dem Namen ihres Mannes zu finden, unter ihrem Geburtsnamen gibt es nicht einmal einen Hinweis auf ihre Person.

Im Jahre 1895 faßte Clara Westhoff den Entschluß, die Münchener Malschule Fehr/ Schmitt-Reutte zu besuchen.[14] Es war zu der damaligen Zeit nicht selbstverständlich, ein Mädchen von 17 Jahren unbegleitet in die Fremde ziehen zu lassen, noch dazu mit einem Berufsziel, das selbst Männer an den Rand der bürgerlichen Gesellschaft stellte. Die Voraussetzung zu ihrem Studium war also das Einverständnis der Eltern. Claras Vater, der Kaufmann Friedrich Westhoff, malte selbst in seiner Freizeit Aquarelle, und er legte dem Entschluß seiner Tochter nichts in den Weg.[15]
Clara Westhoff hatte das Glück, mit der Fehr-Schule eine Ausbildungsstätte gefunden zu haben, die im Gegensatz zu anderen Malschulen höhere Anforderungen stellte. Friedrich Fehr war nach zeitgenössischen Aussagen ein Lehrer von hervorragenden künstlerischen und pädagogischen Fähigkeiten. Zwei Jahre besuchte Clara Westhoff seine Zeichenklasse, und sie machte dort bedeutende Fortschritte.[16] In einem Brief an die Eltern vom 5. Oktober 1895 schilderte sie begeistert eine Korrekturstunde:
"Es war heute Herr Fehr zur Korrektur da. Er stellt sich eine Weile zu jeder Dame hin, gibt Lehren, tadelt usw. Loben tut er nie! Ich habe in dieser einen kurzen Stunde, in dem Augenblick, wo er bei mir stand, mehr gelernt, als in den drei viertel Jahren bei Junghans überhaupt."[17]
Auch folgender Briefauszug gibt ein Zeugnis ihres Arbeitseifers und ihrer persönlichen Entwicklung:
"Je mehr ich studiere, je mehr ich lerne, je mehr ich sehe, desto mehr angefeuert werde ich, ich bin jetzt schon ganz anders als am Anfang, als überhaupt früher."[18]
Besonders hervorzuheben ist der engagierte Kampf Clara Westhoffs um die Öffnung akademischer Anatomiekurse für Frauen. Diese waren in Deutschland den Frauen noch verschlossen, anders als z.B. in Frankreich, wo Clara Westhoff später studierte.[19] In einem Brief an ihre Eltern äußerte sie ihre Unzufriedenheit über diese Situation:
"Da existiert eine sogenannte 'Anatomie', wo täglich Vorträge für Ärzte sind und wo sie ein Mal in der Woche ... für Künstler stattfinden. Und zwar nur für die Akademie und Kunstgewerbeschule und nur für Herren. Jetzt sag mir einer, warum n u r für Herren? Das muß anders werden und soll mich nicht wundern, wenn wirs durchsetzten."[20]
Clara Westhoff scheute selbst den Weg zum Minister nicht, dem sie ihr Anliegen vortrug. Der Kultusminister verhielt sich jedoch ablehnend, was ihm umso leichter gemacht wurde, da sich nicht alle betroffenen Frauen für die Öffnung der Anato-

14 Cohrs, a.a.O., erste Seite.
15 Ebd.
16 Sauer, a.a.O., S.22.
17 Zit. nach ebd.
18 Brief dat. 30.11.1895, zit. nach ebd., S.22.
19 Ebd., S.30.
20 Zit. nach ebd., S.82f.

miekurse einsetzten. Viele der oft sehr wohlhabenden Schülerinnen suchten im Studium eher Unterhaltung und verkürzten sich damit die Zeit bis zu ihrer Verheiratung.[21] So standen Künstlerinnen wie Clara Westhoff, die versuchten, die Mißstände in der Ausbildung für Frauen zu beheben, sehr vereinzelt da.

"Der Herr Rat war ein kleines Ekel und unseren Plänen entschieden nicht geneigt. Er sprach von Konsequenzen, die daraus erwüchsen ... , daß der Vortragende sich der Damen wegen einschränken müßte, ob sich das für Damen eignete (er meinte wohl, obs den Damen bei den Leichen nicht übel würde) ... . Ich sagte, das wäre doch Sache der Damen und er meinte, nein, sie hätten auch viel Verantwortung (Verantwortung für unsere Moral, scheint mir!).

Darauf sagte er, daß wir auch dann bald kommen könnten und an der Akademie teilnehmen wollten und sie kämen schließlich in die Lage, eine Damenakademie gründen zu müssen. Dann gründen Sie doch eine, sagte ich. - Ja und warum nicht? Wenn der Staat sich verpflichtet fühlt<,> für die männlichen Künstler ganz ungeheure Unterstützungen zu leisten, warum tut er es nicht für die weiblichen?"[22]

Wie Clara Westhoff das Problem für sich löste, schilderte sie in einem Brief aus Leipzig an ihre Eltern vom 26. August 1899:

"Außerdem treibe ich Anatomie, ich war bei einem Arzt, der mir Bücher geliehen hat, nach denen ich studieren kann."[23]

Zur Ergänzung ihrer Zeichenstudien besuchte Clara Westhoff häufig Ausstellungen älterer Meister. So kam es auch, daß sie anläßlich eines Besuches der Glaspalast-Ausstellung im Jahre 1895 in München den ersten Kontakt zur Künstlervereinigung Worpswede aufnahm.[24] Zum Kern der Künstlerkolonie Worpswede gehörten zunächst nur Männer: Fritz Mackensen, der den kleinen Ort 1884 entdeckte, Otto Modersohn, Hans am Ende, Fritz Overbeck und Heinrich Vogeler.[25]

Heinrich Vogeler, den Clara Westhoff 1897 in seinem Münchener Atelier besuchte, unterstützte ihren Plan, als Schülerin Fritz Mackensens nach Worpswede zu gehen. Noch in München kam Clara zum ersten Mal der Gedanke, Bildhauerin zu werden. Im Frühling desselben Jahres hatte die junge Künstlerin den Bildhauer Ignazius Taschner kennengelernt, der ihr Porträt in Stein schlug.[26]

Fritz Mackensen, der Lehrer Clara Westhoffs, gilt als Entdecker ihres bildhauerischen Talentes.[27] Bei ihm nahm sie seit 1898 Unterricht im Zeichnen und Modellieren. In diese Zeit fiel auch der Beginn einer Freundschaft zwischen den beiden Künstlerinnen Paula Becker und Clara Westhoff. In sensibler und plastischer Sprache schilderte Paula Becker in ihren Briefen und Tagebüchern Clara Westhoff:

"Die hat jetzt eine alte Frau modelliert, innig, intim. Ich bewunderte das Mädel, wie sie neben ihrer Büste stand und sie antönte. Die möchte ich zur Freundin haben.

---

21 Ebd., S.82.

22 Clara Westhoff, zit. nach ebd., S.83.

23 Zit. nach ebd., S.166, Anm. 60.

24 Ebd., S.23.

25 Näheres über die Worpsweder Maler und ihre Werke vgl. Worpswede, mit einer Einführung von Horst Keller, in: Worpsweder Reihe 1, hrsg. v. Wolf-Dietmar Stock, Fischerhude 1984.

26 Sauer, a.a.O., S.23f.

27 Cohrs, a.a.O., erste Seite.

Groß und prachtvoll anzusehen ist sie und so ist sie als Mensch und so ist sie als Künstler."[28]

Auf Anraten ihres Lehrers Mackensen reiste Clara Westhoff nach Leipzig zu Max Klinger.[29] Wie schwierig es für eine Frau war, in einen künstlerischen Bereich einzudringen, der bisher als Domäne der Männer galt, schildert folgende Anekdote über eine Befähigungsprobe, die Klinger von Clara Westhoff verlangte:

"... anstatt ihr, wie sie erwartet hatte, etwas zum Modellieren zu geben, sperrte er sie in einen kleinen Nebenraum, gab ihr ein Stück Marmor, den Gipsabguß einer Hand und sein schweres Steinmetzwerkzeug: 'So, das meißeln Sie mir mal aus.' Aber er hatte sich in seinem Gast, dessen Anwesenheit er völlig vergaß, geirrt. Als er spät abends zufällig in den kleinen Nebenraum trat, fand er die von Arbeit und Hunger erschöpfte Bildhauerin auf der Erde schlafend - aber die Hand war ausgemeißelt."[30]

Damit war es Clara an sehr maßgeblicher Stelle gelungen, Anerkennung als Bildhauerin zu erringen. Sie durfte unter Klingers Anleitung arbeiten und der Meister wunderte *"... sich sehr über meine Konsequenz und Ausdauer, mit der ich mir die Hände zerschlage"*, wie Clara Westhoff ihren Eltern berichtete.[31]

Clara Westhoff hatte damit nicht nur einen Befähigungsbeweis im ästhetischen Sinne geliefert, sondern auch eine Basis für das Kunstschaffen der Frau hergestellt. Sie blieb dennoch als Bildhauerin eine Ausnahme. Möglicherweise war - und ist noch heute - die Abneigung der Frauen gegen die schwere körperliche Arbeit der Bildhauerei stärker als der Drang zur schöpferischen bildhauerischen Arbeit. Steinblöcke mußten nicht nur künstlerisch behauen, sondern gegebenenfalls gehoben und von der Stelle bewegt werden. Bei Clara Westhoff trafen Talent und körperliche Voraussetzungen zusammen. Zeitgenossen beschreiben die Bildhauerin als große, kräftige Frau mit "schwerem Bildhauerschritt".[32] Fotografien bestätigen diese Schilderung.

In Klingers Atelier war Clara Westhoff in eine neue Welt versetzt. Die künstlerische Arbeit beschränkte sich dort weder auf einen elitären Kreis wie in Worpswede, noch handelte es sich um einen verkürzten, speziell auf Frauen zugeschnittenen Unterricht wie in den privaten Malschulen.

Die Bildhauerin Clara Westhoff hatte, wie Klinger urteilte, "viel Ausdruck und Energie" bewiesen.[33] Doch laut Klinger fehlten ihr die "trockene Wissenschaft, das Positive". Auf Anraten Klingers begann Clara Westhoff, umfassende anatomische Studien zu treiben. Durch diese konkreten Arbeiten gewann sie eine solide Grundlage für ihr künstlerisches Schaffen.[34]

Sie beschloß, ihr Studium in Paris fortzusetzen. Die Bildhauerin emanzipierte sich allmählich von dem weltabgeschiedenen Worpsweder Kreis. Auch Klinger hatte ihr

---

28 Zit. nach Sauer, a.a.O., S.24f.

29 Max Klinger (1857-1920), Maler, Bildhauer, Graphiker. Näheres in: Das große Buch der Kunst. Bildband, Kunstgeschichte, Lexikon, hrsg. v. B. Bilzer/ J. Eyssen/ O. Stelzer, Braunschweig 1958, S.423.

30 Zit. nach Sauer, a.a.O., S.166, Anm.64.

31 Brief dat. 9.8.1899, zit. nach ebd., S.167, Anm.64.

32 Ebd., S.45.

33 Zit. nach Cohrs, a.a.O., zweite Seite.

34 Ebd.

geraten, von Leipzig nicht nach Worpswede zurückzukehren.[35] In Paris fand ihr Studium eine Art Höhepunkt in der Begegnung mit Auguste Rodin.[36] In ihm - wie vorher in den Worpswedern, die sich von der Historienmalerei[37] einer schlichten Naturanschauung zugewandt hatten - begegnete sie wieder einem Neuerer. Form bedeutete für Rodin nicht mehr Geschlossenheit, sondern Dynamik. Diese steht für Bewegung, Zerfließendes, Aufgewühltes. Das Licht wirkt dabei noch in der vollendeten Plastik spielerisch und gestalterisch mit.[38]
Als Clara Westhoff im Juni 1900 aus Paris nach Worpswede zurückkehrte, begann eine Zeit der Verarbeitung des Erlebten und Gesehenen. In Westerwede richtete sie sich ein Atelier ein, in dem eine Vielzahl an kleineren Plastiken entstand.[39]

Im Jahre 1900 schien die Worpsweder Künstlerbewegung ihren Höhepunkt erreicht zu haben. Dichter erweiterten den Kreis, namentlich Carl Hauptmann, Richard Dehmel und Rudolf Alexander Schröder. Von einigen schuf Clara Westhoff auch Porträtbüsten.[40] Otto Modersohn schrieb kurze Zeit später über diese Zeit in seinem Tagebuch:
"Bildersehen, Kunst, Musik, Literatur, ... glückliche Arbeit, alles vereinigte sich, um eine wahrhaft ideale Zeit zu bilden."[41]
Damit ist vor allem gemeint, daß die Kunst zum eigentlichen Erleben wurde und eine persönlich-existentielle Bedeutung erlangte. Das drückte sich in den Lebensgewohnheiten der Worpsweder Gemeinschaft aus und auch in ihren festlichen Zusammenkünften. Ein anschauliches Beispiel ist das Gemälde Heinrich Vogelers "Das Konzert". Mittelpunkt der Zusammenkünfte war Vogelers Barkenhoff. Man kleidete sich zu jedem meist sonntäglichen Zusammentreffen an wie für ein Fest, und zwar nicht nur die Frauen, sondern auch die Männer. Dieses Gemälde, das viele der in Worpswede anwesenden Künstler und Künstlerinnen darstellt, hat somit doppelte Aussagekraft. Gemeinsame Veranstaltungen wie dieses Konzert waren Feiern des Lebens, Hohelieder, Konzerte.
Dieses Lebensideal manifestierte sich im Jugendstil. Doch nur kurze Zeit währte dieser ins Diesseits transzendierte Traum. Das gilt sowohl für die künstlerische Bewegung des Jugendstils überhaupt als auch für den Worpsweder Kreis.
Im Sommer 1900 war auch der Dichter Rainer Maria Rilke auf dem Barkenhoff. Das Lebensgefühl der Worpsweder Künstler spiegelt sich in seinen Aufzeichnungen wider. Interessant ist, daß Frauen bei ihm die Bedeutung einer Allegorie der Feier zu haben scheinen. Rilke beschrieb das erste Zusammentreffen mit Clara Westhoff in seinem Tagebuch am 10. September 1900:
"Als wir eben in der dunkeln Diele standen und uns aneinander gewöhnten, kam Clara Westhoff. Sie trug ein Kleid aus weißem Batist ohne Mieder im Empirestil. ...

35 Sauer, a.a.O., S.27.
36 Näheres dazu vgl. ebd., S.28-32.
37 Historienmalerei, stofflich an geschichtliche, auch sagenhafte und biblische Themen gebundene Malerei, vgl. Bilzer u.a., a.a.O., S.66.
38 Ebd., S.127.
39 Cohrs, a.a.O., dritte Seite.
40 Stephan, a.a.O., S.115, erwähnt auch Gerhard Hauptmann, der bei Sauer, a.a.O., S.33, nicht genannt wird.
41 Dat. 15.1.1901, Sauer, a.a.O., S.33, zit. nach Stephan, a.a.O., S.115.

Um das schöne dunkle Gesicht wehten die schwarzen, leichten, hängenden Locken, die sie, im Sinn ihres Kostüms, lose läßt zu beiden Wangen. - Das ganze Haus schmeichelte ihr, ... und als sie oben bei der Musik in meinem riesigen Lederstuhl lehnte, war sie Herrin unter uns. Ich sah sie an diesem Abend wiederholt schön."[42]
Doch Rilke war nicht nur für die äußere Erscheinung Clara Westhoffs empfänglich, sondern er setzte sich von Anfang an mit ihrem bildhauerischen Werk auseinander und machte es zum Gegenstand zahlreicher ausführlicher Tagebucheintragungen[43]:
"Aber große Freude wurde uns wieder durch den kleinen Akt des sitzenden Knaben, welcher, besonders von vorn gesehen, eine überaus köstliche Arbeit darstellt. Das linke Knie, um welches sich der Kranz der Arme spannt, ist sanft angezogen, während das rechte, stärker abgebogen, direkt unter das vorgestreckte Kinn führt, dem es als Stütze dient. Dieser Aufbau zum Kopf hat etwas unglaublich Monumentales. Es ist direkt im Geiste des Steines gedacht, diese Anordnung der Glieder, die fast etwas von einer Formation im Schiefer hat und zugleich architektonisch so stetig als Piedestal des Kopfes wirksam ist."
Für Rilkes weiteres Schaffen war auch von Bedeutung, daß Clara Westhoff ihm das Werk Auguste Rodins erschlossen hat.
Wenn Clara auch eine hervorragende Rolle in seinen Tagebuchaufzeichnungen spielte, schien Rilke sich doch in gewisser Weise beiden Künstlerinnen, Paula Bekker und Clara Westhoff, zuzuneigen. Es entwickelte sich bald ein reger Gedankenaustausch zwischen den beiden Frauen und Rilke.[44]

Die "Hohe Zeit", der Sommer 1900, endete gleichsam mit drei Hochzeiten. Im Jahre 1901 heirateten Heinrich Vogeler und Martha Schröder, Paula Becker und Otto Modersohn und schließlich Clara Westhoff und Rainer Maria Rilke.
Die Aufzeichnungen aus diesem Zeitraum sind bisher der Öffentlichkeit noch nicht zugänglich gemacht worden. Was den Heiratsentschluß von Clara Westhoff betrifft, gibt es nur Mutmaßungen, Spekulationen und vage Anhaltspunkte, die lose miteinander verknüpft werden. Für den entscheidenden Schritt der Eheschließung werden verschiedene Gründe angenommen. Zum einen die Verlobung Paula Beckers, die Rilke seelisch aus dem Gleichgewicht gebracht habe, zum anderen die Möglichkeit, daß Clara bereits ein Kind von Rilke erwartete.[45] Die Hochzeit fand am 28. April 1901 statt; am 12. Dezember des gleichen Jahres wurde die Tochter Ruth geboren.[46]
Das Ehepaar Rilke zog sich offenkundig vor der Umwelt in sein neugegründetes Heim in Westerwede zurück; wenn auch, so Rilke in einem Brief vom 12. Februar 1902 an Paula Modersohn-Becker, um am "Innern des Hauses"[47] zu bauen. Zwi-

---

42 Zit. nach Stephan, a.a.O., S.115f.
43 Vgl. Sauer, a.a.O., S.34f. Das folgende Zitat aus Rilkes Worpsweder Tagebuch vom 3.10. 1900 aus: Cohrs, a.a.O., o.S.
44 In ihren Beziehungen zueinander scheinen die beiden Frauen und Rilke jeweils "Fronten" gebildet zu haben. Dies wird ersichtlich aus einem Brief Paula Beckers an Rilke vom 25.10.1900, in dem sie schreibt: "Clara Westhoff und ich, wir sprachen neulich darüber, daß Sie eine lebendig gewordene Idee von uns seien, ein erfüllter Wunsch", (zit. nach Sauer, a.a.O., S.35).
45 Vgl. dazu Stephan, a.a.O., S.118, und Sauer, a.a.O., S.35, Anm. 144.
46 Sauer, a.a.O., S.35. Das Gespräch, in dem sich Clara Westhoff und Rainer Maria Rilke vermutlich zur Heirat entschlossen, fand jedoch bereits im Februar statt (ebd., Anm. 145).
47 Zit. nach ebd., S.37.

schen dem Paar und den Freunden trat eine spürbare Entfremdung ein. Nach Meinung der Freunde bewirkte Rilke eine starke Wesensveränderung bei seiner Frau: Clara Rilke-Westhoff habe augenscheinlich ihre "Individualität eingebüßt",[48] indem sie sich nach ihrer Heirat Rilke völlig angepaßt habe.
Nach Heinrich Vogeler hatte Rilke seiner Frau "wesensfremde Formen aufgeprägt".[49] Carl Hauptmann beschrieb in seinem Brief vom 31. März 1902 an Otto Modersohn die Veränderung, die sich an Clara Rilke-Westhoff vollzogen habe, folgendermaßen:
"... die wundervolle, hohe, fliegende Clara Westhoff ist still geworden und saust nicht mehr einher wie ein Sturmwind - ... ."[50]
Paula Modersohn-Becker wandte sich in einem Brief direkt an Clara und Rainer Maria Rilke:
"Lieber Reiner <sic> Maria Rilke, ich hetze gegen Sie. Und ich glaube es ist nötig<,> daß ich gegen sie <sic> hetze. Und ich möchte mit tausend Zungen der Liebe gegen Sie hetzen, gegen Sie und gegen Ihre schönen bunten Siegel, die Sie nicht nur auf Ihre feingeschriebenen Briefe drücken."[51]
Clara selbst sprach später in ihren Gedenkworten an Paula Modersohn-Becker anders darüber:
"Entwicklungen lassen sich nicht gemeinsam durchmachen. ... Wurden nicht vielleicht auf beiden Seiten die Fahnen des jugendlichen Schwärmens hereingenommen und eine ernstere Arbeit begonnen?"[52]
Damit ließe sich ein anderer Gesichtspunkt verbinden. Wesentlich ist weniger die Tatsache, daß Rilke formend auf Clara Westhoff eingewirkt hat, sondern die Frage danach, inwiefern es in Claras Wesen begründet lag, die Formung durch Rilke in dieser Weise aufzunehmen. Zu bedenken ist außerdem, daß das Eheleben für Frauen und Mädchen der damaligen Zeit eine einschneidende Veränderung der Lebensführung bedeutete.

Die finanzielle Not der Familie sorgte dafür, daß das neu gegründete Heim bereits Ende 1902 wieder aufgelöst werden mußte. Das Kind wurde "zu den Eltern in Oberneuland" gegeben, wie Otto Modersohn am 15. September 1902 in seinem Tagebuch notierte.[53]
Es folgt eine Ehe auf Reisen, ein Wanderleben, in dem ein gelegentliches Zusammentreffen bei Freunden für beide einen Ruhepunkt darstellte.
Rilke hat sich zeitlebens für die künstlerische Entwicklung seiner Frau eingesetzt.[54]
Clara Rilke-Westhoff arbeitete hart, bis aus ihren Studien langsam ertragreiche Auftragsarbeiten wurden, bis die Schülerin sich in die selbständige Bildhauerin verwandelte. Clara Rilke-Westhoff schrieb am 22. März 1904 aus Rom, wo sie sich mit ihrem Mann aufhielt:

48 Paula Modersohn-Becker, zit. nach Stephan, a.a.0., S.120.
49 Zit. nach Sauer, a.a.0., S.38.
50 Zit. nach ebd., S.38.
51 Zit. nach Stephan, a.a.0., S.121.
52 Zit. nach Cohrs, a.a.0., vierte Seite.
53 Sauer, a.a.0., S.41.
54 Vgl. ebd., S.63.

"Jetzt ist wieder die Arbeit da und beginnt langsam das Einzige zu werden, das Große, Wichtige - und so sind wir zwei Anbeginne, die arbeiten lernen."[55]

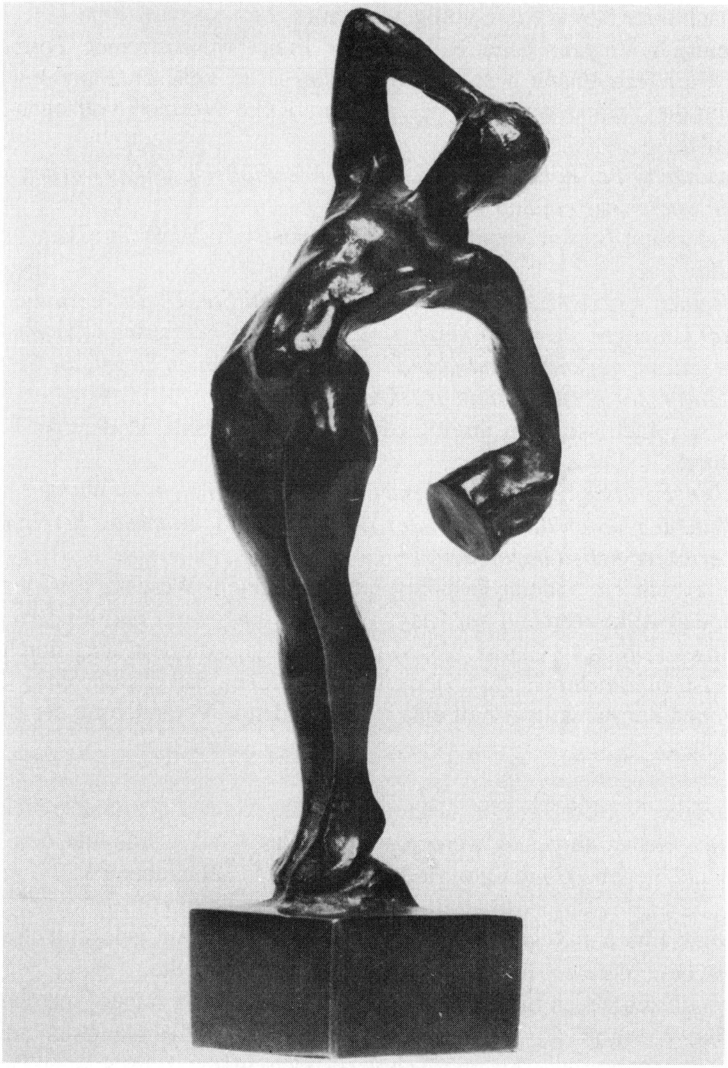

Abb. 24: Turnerin. Plastik von Clara Rilke-Westhoff, 1910

55 Zit. nach ebd., S.45. Zu den darauffolgenden Lebensabschnitten der Bildhauerin in Stichworten: 1902-1917, reges Reiseleben zwischen Rom, Paris, Berlin, München, Bremen, Oberneuland; 1919-1954, ruhige Schaffensphasen in Fischerhude (vgl. ebd., S.41-63; S.64-73). Da die Aufzeichnungen Clara Westhoffs aus ihrer Brautzeit und aus der Zeit in Fischerhude der Öffentlichkeit noch nicht zugänglich gemacht wurden, bleiben viele Fragen unbeantwortet: Gründe der Eheschließung, das Leben der Tochter Ruth, die Beziehung Claras zu ihrem 13 Jahre jüngeren Bruder, dem Maler Helmuth Westhoff. Es ist Rilke, dem wir zahlreiche Mitteilungen über Clara Westhoffs Leben verdanken. So liegt die Phase von 1900 bis zu seinem Tod 1926 einigermaßen offen vor uns.

Barbara Walter

Lisa Hausmann-Löns (1871-1955)
Die Frau hinter den Kulissen

Eine ebenso große Faszination wie vom Wirken und Werk berühmter Persönlichkeiten geht häufig auch von ihrem Leben aus. Dies ist vielfach einer der Gründe, sich mit dem Werdegang eines Menschen, seiner Weltanschauung, seinen Neigungen und Interessen sowie seinen Freunden und Angehörigen zu befassen. In besonderem Maße trifft das auf berühmte Künstler und Schriftsteller zu; Fachleute erhoffen sich durch die Kenntnis der Lebensumstände Interpretationshilfen für das bessere Verständnis des Werks.

Von diesem Interesse "profitieren" engste Angehörige und Freunde aus dem Umkreis berühmter Persönlichkeiten, denen ansonsten von den Zeitgenossen und der Nachwelt wenig oder keine Aufmerksamkeit zuteil werden würde. Insbesondere sind es häufig die Frauen bekannter Schriftsteller, die als "Ehefrauen berühmter Männer" für die Öffentlichkeit entdeckt werden. Ein solcher Fall liegt hier vor.

Der Name Löns mag bei einigen Leserinnen und Lesern, vor allem im norddeutschen Raum, Erinnerungen wachrufen an den "Heidedichter", "Hannoverschen Lokalmatador", "Vorläufer der Nazis";[1] mithin vage Charakterisierungen, die die Persönlichkeit des regional namhaften Journalisten und Schriftstellers Hermann Löns (1866-1914) umschreiben. An seiner Seite lebte Lisa Hausmann-Löns seit ihrer Eheschließung im Jahr 1902 bis zur Trennung neun Jahre später.

Die zentrale Perspektive, unter der Lisa Hausmann-Löns (im folgenden soll sie der Einfachheit halber Lisa genannt werden) betrachtet und dargestellt werden soll, ergibt sich aus ihrer Rolle als Ehefrau des Schriftstellers. Folglich liegt auch der zeitliche Schwerpunkt unserer Betrachtungen im ersten Jahrzehnt des 20. Jahrhunderts, dem Zeitraum ihres Zusammenlebens mit Hermann Löns. Es soll aufgezeigt werden, in welch vielfältiger Weise Lisa in ihrer Eigenschaft als Ehefrau Einfluß auf Löns' schriftstellerisches Schaffen nahm. Dokumentiert werden kann ihr Wirken vor allem anhand von Originalbriefen des Schriftstellers und anderen Archivalien, die sich zum größten Teil in dem umfangreichen Hermann-Löns-Archiv der Stadtbibliothek Hannover befinden.[2]

Die so gewonnenen Erkenntnisse über das Ehepaar Löns werden vorrangig für Anhänger des Dichters und für Literaturwissenschaftler von Bedeutung sein. Aber auch Leser ohne diese Spezialinteressen mögen manch Wissenswertes an Lisas Lebensweg entdecken; können hier doch dank authentischer Lebensdokumente einige Grundzüge des individuellen Lebenswegs dieser Frau anschaulich dargestellt wer-

---

1 Eine gewisse Affinität des literarischen Werks von Hermann Löns zu dem von den Nationalsozialisten proklamierten Gedankengut wird gelegentlich in der sehr umfangreichen Sekundärliteratur eingeräumt. Bedauerlicherweise wurde die brisante Fragestellung, ob Hermann Löns als literarischer Vordenker des Nationalsozialismus einzustufen sei, bislang lediglich in einer neueren wissenschaftlichen Arbeit thematisiert: Kuno Duenhoelter, Die Rezeption der Werke von Hermann Löns in Buchpublikationen des Dritten Reichs, Staatsexamenarbeit, Mannheim 1981. Eine umfassende systematische Untersuchung zu diesem Thema steht allerdings noch aus.

2 Den Anstoß zur Auseinandersetzung mit Lisa gab die Bearbeitung des umfangreichen Hermann-Löns-Archivs der Stadtbibliothek Hannover (im folgenden Löns-Archiv Hannover genannt), die die Verfasserin in den Jahren 1988 bis 1990 durchführen konnte; daher kann sich der Aufsatz in weiten Teilen auf bis vor kurzem unbearbeitetes und unveröffentlichtes Archivmaterial stützen.

den, die auch für zahlreiche ihrer Zeitgenossinnen charakteristisch sind. So wird greifbarer, innerhalb welcher Grenzen und Handlungsspielräume, bedingt durch Erziehung und Gesellschaft, sich bürgerliche Frauen um die Jahrhundertwende häufig bewegten.

Zu den authentischen Lebensdokumenten aus dem erwähnten Löns-Archiv, die speziell für die hier vorliegende Biographie erstmals ausgewertet wurden, gehören ca. 70 von Lisa verfaßte Briefe aus den Jahren 1910 bis 1940, die sie an verschiedene Empfänger[3] richtete. Besonders wertvoll ist auch Lisas - leider unvollständig vorliegender - maschinenschriftlicher autobiographischer Bericht, der zehn Seiten umfaßt und den bezeichnenden Titel "Hinter den Kulissen" trägt. Ebenfalls sehr aufschlußreich ist der Ehe- und Erbvertrag des Ehepaars Löns aus dem Jahre 1902. Ferner existiert ein für Lisa ausgestelltes Arbeitszeugnis des "Hannoverschen Anzeigers", unterzeichnet von August Madsack.[4] Die Materialien des Löns-Archivs Hannover bilden das Fundament des vorliegenden Aufsatzes. Ergänzende Informationen ergaben sich aus der Einsichtnahme in zwei Nachlässe. Es handelt sich hierbei zum einen um den Deimann-Nachlaß[5] in der Stadt- und Landesbibliothek Dortmund, zum anderen um den Hanna-Fueß-Nachlaß[6] im Stadtarchiv Celle.

Abgesehen von den genannten Archivmaterialien, die den Reiz des Authentischen haben, geben zahlreiche, jüngst recherchierte literarische und übersetzerische Arbeiten von Lisa selbst[7] sowie Abhandlungen zu Hermann Löns' Leben und Werk zusätzlich Aufschlüsse über Lisas Persönlichkeit. Zu letzteren ist einschränkend zu sagen, daß sich die meisten Löns-Biographen lediglich ganz am Rande mit Lisa auseinandersetzten. Meist standen die Gründe für die Trennung des Ehepaars im Jahr 1911 sowie die Diskussion über mögliche autobiographische Züge in Hermann Löns' Roman "Das zweite Gesicht" (1912) im Mittelpunkt des Interesses.

Bevor nun Lisa in das Zentrum der Betrachtung rückt, seien einige Anmerkungen zu Hermann Löns' Werdegang und sozialem Status erlaubt. Er wurde in Kulm/ Westpreußen als ältester von vierzehn Kindern eines Gymnasiallehrers geboren, hatte in Münster/ Westfalen sein Abitur abgelegt und sich nach einem abgebrochenen Studium dem Journalismus zugewandt. Der Einstieg ins Berufsleben gelang ihm nicht sofort; Löns' erste Anstellungen bei Zeitungen in Kaiserslautern bzw. in Gera währten nur kurze Zeit. In Hannover endlich konnte er Anfang der 1890er Jahre beruflich Fuß fassen, und nach nur wenigen Jahren stand er in der Blüte seines journalistischen Schaffens.

---

3 An Hermann Löns' jüngsten Bruder Ernst, an die Verleger Adolf Sponholtz und Eugen Diederichs sowie an gemeinsame Freunde des Ehepaars, darunter u.a. die Bückeburger Schriftstellerin Lulu von Strauß und Torney.

4 Darüberhinaus enthält das Archiv einige Fotografien, die Lisa gemeinsam mit ihrem Mann respektive mit ihrem Sohn zeigen. Außerdem existieren zahlreiche Prozeßunterlagen (Erbschaftsstreit u.a.), die hier nicht berücksichtigt wurden.

5 Wilhelm Deimann (1889-1969) war einer der kompetentesten Löns-Biographen. In seinem - bislang weitgehend unbearbeiteten - Nachlaß befinden sich über 100 Briefe von Lisa, der einzige, der Verfasserin bekannte Brief von Löns an sie und eine für Lisa ausgestellte Ahnentafel (vermutlich aus den dreißiger Jahren) sowie zahlreiche weitere, Lisa betreffende Materialien.

6 Hanna Fueß (1886-1972), Cousine von Lisa. In ihrem Nachlaß befindet sich u.a. zahlreiche Korrespondenz von Hermann Löns und von Lisa, jeweils mit verschiedenen Personen.

7 Es handelt sich dabei um Zeitungsartikel sowie um Übersetzungen literarischer Werke, auf die später etwas detaillierter eingegangen werden wird.

Wer war nun Lisa Hausmann, der Hermann Löns - vermutlich Anfang 1900[8] - beim Betreten seines Redakteurbüros beim "Hannoverschen Anzeiger" begegnete? In welcher gesellschaftlichen Schicht war die neue Mitarbeiterin des Redakteurs für "Lokales" durch ihre Herkunft und Erziehung verwurzelt? Welche Fähigkeiten und Neigungen charakterisierten die neue Kollegin von Hermann Löns?
Im Gegensatz zu Löns, der hinsichtlich seiner Herkunft gar kein Niedersachse war, wie häufig fälschlich angenommen wird, kam Lisa, mit Taufnamen Louise Dorette Karoline, am 2. September 1871 in Hannover zur Welt. Sie war die erstgeborene Tochter des aus Barbis im Harz stammenden Landschaftsmalers Gustav Hausmann (1827-1899) und dessen Ehefrau, der aus Moringen, Kreis Northeim gebürtigen Hausfrau Johanne Hausmann, geb. Fueß (1842-1911). Seit 1856 in Hannover ansässig, erwarb sich Gustav Hausmann seinen Lebensunterhalt als freischaffender Künstler vor allem mit Auftragsarbeiten; in den Jahren 1862 bis 1865 war er außerdem als Lehrer der Prinzessinnen von Hannover tätig.[9] Wenige Jahre nach der Eheschließung konnte das Ehepaar Hausmann 1874 ein eigenes Heim erwerben, das Haus Am Bokemahle 10a, in dem Lisa mit ihrer sieben Jahre jüngeren Schwester Martha aufwuchs.
Die knappen Aussagen über ihr Elternhaus - Beruf des Vaters, Vermögensverhältnisse - deuten darauf hin, daß Lisa aus gutbürgerlichem Hause stammte. Durch diesen gesellschaftlichen Status war der Ausbildungsgang, den sie beschreiten sollte, bereits vorgezeichnet. Das bedeutete zur damaligen Zeit nicht unbedingt eine qualitativ gute, leistungsorientierte Schulbildung, sondern vielmehr - im Vergleich zu unteren Schichten - eine bestimmte Schwerpunktsetzung der Bildungsinhalte. Dementsprechend hielten Lisas Eltern offensichtlich an dem für ihren Stand gültigen Stereotyp fest:
"... Klavierspielen, Zeichnen und Konversieren in Fremdsprachen sei unverzichtbarer Bestandteil der Ausbildung einer Tochter zur gesellschaftsfähigen Dame ... ."[10]
Wie sie dieses Ausbildungsziel zu verwirklichen suchten, berichtet uns Lisa selbst in ihrer fragmentarischen Autobiographie. Demnach besuchte sie eine private höhere Töchterschule,[11] in der im Gegensatz zu vielen anderen Mädchenschulen Grundkenntnisse der französischen und englischen Sprache vermittelt wurden. Außerdem sorgten ihre Eltern dafür, daß ihr privater Klavierunterricht erteilt wurde.[12]
Hausmanns ermöglichten Lisa demnach eine standesgemäße Ausbildung, die allerdings nicht ihren Bedürfnissen und Wünschen entsprach. Lisa beschreibt sich rückblickend als äußerst lerneifriges und wissbegieriges Kind; dennoch habe man, wie sie bedauernd feststellt, im Elternhaus wenig Wert auf den Erfolg ihrer schulischen Ausbildung gelegt. Die mangelnde Unterstützung läßt sich beispielhaft an dem Umstand verdeutlichen, daß sie ohne Rücksicht auf das laufende Schuljahr zu längeren Besuchen bei Verwandten geschickt wurde.

---

8 Löns erwähnt ein Frl. Hausmann erstmals in einem Brief vom 5.6.1900 an seine damalige Ehefrau Elisabeth (Löns-Archiv Hannover).

9 Im Niedersächsischen Landesmuseum Hannover befinden sich ca. 200 Gemälde von Gustav Hausmann. Literatur zu Hausmann: Kataloge der Niedersächsischen Landesgalerie Hannover, IV. Die Ölskizzen, bearbeitet von K. Weschenfelder, Hannover 1983, und Lisa H. Löns, Der Landschaftsmaler Gustav Hausmann, in: Der Türmer, Jg. 38, H.4, Januar 1936, S.353-357.

10 Zit. nach Jürgen Zinnecker, Sozialgeschichte der Mädchenbildung, Weinheim und Basel 1973, S.72.

11 Geleitet von einem Frl. von Lochausen.

12 Klavierunterricht nahm sie bei dem Musikdirektor a.D. Adolf Seemann.

Aber auch das Niveau der damaligen Mädchenbildung kam ihren Lernbedürfnissen wenig entgegen. Lisa führt Gründe für die schlechte Qualität des Unterrichts an: *"Von irgend einem logischen Aufbau der Bildung konnte keine Rede sein. Dazu wechselten die Lehrer zu viel, die immer nur im Nebenamt an dieser Privatschule unterrichteten. Wer weiss wie oft ist der punische Krieg wohl durchgenommen, aber bis zum Mittelalter bin ich in der gesamten Schulzeit nicht gekommen."*[13]
Untersuchungen zur Mädchenbildung im Deutschland des 19. Jahrhunderts belegen, daß der geschilderte Mißstand sehr verbreitet war. Das Unterrichten an Mädchenschulen diente Lehrern häufig nur als Durchgangsstation auf der Karriereleiter; der dadurch bedingte permanente Lehrerwechsel ermöglichte kaum kontinuierlichen Unterricht.[14] Die erst elfjährige Lisa jedenfalls griff zur Selbsthilfe, indem sie sich durch gezielte Lektüre von Sachbüchern aus einer Leihbibliothek verschiedene Wissensgebiete selbständig erarbeitete.
Einschneidende Veränderungen im Werdegang der jungen Lisa kündigten sich vermutlich in den Jahren 1885/86 an. In dem Zeitraum wurde sie konfirmiert, und mit dem kirchlichen Ereignis war üblicherweise ein sehr weltliches verbunden, nämlich das Ende der Schulzeit.[15] Entscheidungen über Lisas berufliche Zukunft mußten getroffen werden, doch leider bricht an dieser wichtigen Stelle ihr autobiographischer Bericht mitten im Satz ab, die folgenden Seiten gingen verloren. Immerhin lassen sich einige Anhaltspunkte über Lisas beruflichen Werdegang mit Hilfe anderer Quellen gewinnen. So steht zum einen zweifelsfrei fest, daß sie als junge Frau längere Zeit - vermutlich ein Jahr - in England verbrachte.[16] Ein Auslandsaufenthalt war in der damaligen Zeit für junge, unverheiratete Frauen ihres Standes durchaus keine Seltenheit, sollten die "höheren Töchter" doch den letzten gesellschaftlichen Schliff erhalten. Die Wahl Englands lag aufgrund der traditionell engen Beziehungen Hannovers zum englischen Königshaus ebenfalls nahe. Außergewöhnlich wäre jedoch, wenn der Hinweis eines Löns-Biographen über Lisas dortigen "Zeitvertreib" zuträfe. Demnach sei sie "in einer Schriftleitung in England" tätig gewesen.[17]
Zum anderen erwarb sich Lisa offensichtlich berufliche Qualifikationen als Sekretärin. Diesen Schluß läßt ihr Arbeitszeugnis zu, das sich auf ihre Tätigkeit beim "Hannoverschen Anzeiger" in den Jahren 1900 bis 1902 bezieht und in dem sie als "Redaktionssekretärin und Telephon-Stenographin" bezeichnet wird.
Offensichtlich schätzte ihr damaliger Vorgesetzter, der Redakteur Hermann Löns, nicht ausschließlich ihre Qualitäten als Sekretärin, wie ihre baldige Eheschließung - Mai 1902 - vermuten läßt. Diese Wertschätzung mag zu einigen Turbulenzen in seinem Privatleben Anlaß gegeben haben, denn Hermann Löns war ein verheirateter Mann. Bereits seit 1893 war er mit Elisabeth, geb. Erbeck (1864-1922), verheiratet, die er als Verkäuferin in einer Konditorei kennengelernt hatte. Welche Rolle seine neue Mitarbeiterin dabei spielte, daß die Ehe zunehmend brüchiger wurde und Ende des Jahres 1901 geschieden wurde, läßt sich nicht genau beurteilen, vermutlich aber keine ausschlaggebende. Hermann Löns wurde schuldhaft geschieden, da ihm Ehe-

---

13 Zitiert nach ihrer Autobiographie "Hinter den Kulissen" (Löns-Archiv Hannover).

14 Vgl. dazu Zinnecker, a.a.O., S.33 u. S.41.

15 In evangelischen Ländern fiel der Abschluß der Mädchenschule mit der Konfirmation zusammen oder erfolgte ein bis zwei Jahre später, vgl. Zinnecker, a.a.O., S.57.

16 Auf diesen Auslandsaufenthalt geht sie u.a. in einem Brief an Wilhelm Deimann, datiert vom 9.8.1951, kurz ein (Stadt- und Landesbibliothek Dortmund).

17 Wilhelm Deimann, Der andere Löns, Münster 1965, S.97.

bruch mit mehreren, namentlich erwähnten Frauen zur Last gelegt wurde; der Name Hausmann erscheint allerdings in der Scheidungsurkunde nicht.[18]
Von seiner Seite mögen die Ehe vor allem enttäuschte Erwartungen belastet haben, die bedingt waren durch das sehr einfache Naturell der aus kleinbürgerlichen Verhältnissen stammenden Elisabeth, sowie die Kinderlosigkeit des Ehepaares. Die Interpretation des Löns-Biographen Martin Anger über die Hintergründe der Scheidung weisen in diese Richtung:
"Geistig bestanden keine allzu engen Bindungen, dafür war Elisabeth zu schlicht, und das, wonach ihr Mann sich sehnte, Kinder, konnte sie ihm nicht schenken. Fünfmal hatte sie eine Fehlgeburt."[19]
Der vorangegangene Ausflug in Lisas Vergangenheit zeigt, daß nun begründete Hoffnung bestand, die zweite Ehe von Hermann Löns würde unter einem günstigeren Stern stehen. Denn im Gegensatz zu seiner ersten Frau hatte Lisa dank ihrer Herkunft, Erziehung und Ausbildung bessere Voraussetzungen, ihm eine "ebenbürtige" Partnerin zu sein. Zu diesem vergleichbaren soziokulturellen Hintergrund traten weitere verbindende Gemeinsamkeiten, so in erster Linie das gemeinsame berufliche Arbeitsfeld bei hannoverschen Zeitungen. Wie sich in den ersten Ehejahren zeigen sollte, hatte Lisa auch eigene journalistische Ambitionen, die ihr Mann aus voller Überzeugung förderte.
Eine gemeinsame Vorliebe gab laut Lisa[20] den Ausschlag dafür, daß sich aus der beruflichen Beziehung eine persönliche Bindung entwickelte; es war das von beiden geteilte große Interesse an der Tierwelt. Hermann Löns setzte seine Natur- und Tierliebe literarisch um, z.B. in dem bekannten Sammelband "Mümmelmann" (1909). Seit seinen Studentenjahren verfaßte er kurze Abhandlungen, vor allem über Käfer, Schnecken und verschiedene Vogelarten, die in Fachzeitschriften veröffentlicht wurden. Bei Lisa hatte sich, wie sie in ihrer Autobiographie schildert, ihre große Vorliebe für die verschiedensten Tierarten schon in frühester Kindheit gezeigt; im Laufe der Jahre richtete Lisa in ihrem Elternhaus einen kleinen "Privatzoo" ein, bestehend aus Elster, Krähe, Kauz, Falke, Dachs, Fischen, Schlangen und anderen Tieren.
Nur wenige Monate nach Hermann Löns' Scheidung von seiner ersten Frau verlobten sich die beiden "Tiernarren", und bereits im Mai 1902 fand die Hochzeit in Hannover statt.
Vor der Trauung wurde zwischen den künftigen Ehepartnern ein Ehe- und Erbvertrag abgeschlossen, der insofern bemerkenswert ist, als der Ehefrau dort weitreichende Rechte eingeräumt wurden, ohne irgendwelche Verpflichtungen ihrerseits zu beinhalten. Aber es stimmt nachdenklich, daß es offensichtlich notwendig war, diese Freiräume abzusichern, und zwar durch einen privatrechtlichen Vertrag, der die ausdrückliche Erlaubnis des Ehemanns zu den festgelegten Rechten der Ehefrau enthielt.

---

18 Eine Fotokopie der Scheidungsurkunde befindet sich im Löns-Archiv Hannover.
19 Zitiert nach Martin Anger, Hermann Löns. Schicksal und Werk aus heutiger Sicht, Point-Press-Verlag 1978, S.38. Löns' erste Frau veröffentlichte kurz vor ihrem Tod ein Buch über ihre Ehe: Elisabeth Löns-Erbeck, Meine Erinnerungen an Hermann Löns, Dortmund 1921.
20 Brief von Lisa an Wilhelm Deimann, 9.8.1951 (Stadt- und Landesbibliothek Dortmund).

Schriftliche Ehe- und Erbverträge, in den vorangegangenen Jahrhunderten in deutschen Städten weit verbreitet, findet man zu Beginn des 20. Jahrhunderts kaum noch. Insofern ist der hier vorliegende Vertrag[21] eine Rarität.
Welche besonderen Vereinbarungen wurden getroffen, welche Rückschlüsse erlauben sie?
Vereinbart wurde u.a. zunächst *"vollständige Gütertrennung unter Ausschließung aller Verwaltung und Nutznießung des Ehemanns am Vermögen der Frau"*. Zweitens sollte Lisa *"völlig frei <sein> in der Verwertung ihrer Arbeitskraft"* und auch *"nicht verpflichtet, aus den Einkünften ihres Vermögens oder aus ihren Arbeits- und Geschäftserträgen irgendeinen Beitrag zur Bestreitung des ehelichen Aufwands zu leisten"*. Drittens wurde ihr *"ein für alle Mal die Zustimmung zum Eingehen aller Art von Verträgen"* erteilt.
Punkt eins und zwei lassen den Schluß zu, daß Lisa einiges Vermögen mit in die Ehe brachte, das aber in ihrer alleinigen Verfügungsgewalt verbleiben sollte. Außerdem stand es ihr gemäß Punkt zwei und drei frei, alle Arten von Verträgen, auch jedes ihr beliebige Arbeitsverhältnis einzugehen. Dank dieser Klauseln besaß sie nun, auch in ihrem neuen Status als verheiratete Frau, zumindest theoretisch gewisse Freiräume in materieller und rechtlicher Hinsicht, die sie nach geltendem Recht nicht gehabt hätte.
Von dem Recht, nach Ablauf ihrer Tätigkeit beim "Hannoverschen Anzeiger" weitere feste Arbeitsverhältnisse ihrer Wahl einzugehen, machte Lisa in den folgenden Jahren ihrer Ehe keinen Gebrauch; es gibt jedenfalls keine Hinweise darauf.
Stattdessen eröffneten sich ihr durch die Ehe mit dem Redakteur Löns neue und vielseitige berufliche Entfaltungsmöglichkeiten, die sie auch zu nutzen wußte. Überwiegend in den von Hermann Löns redigierten Sparten hannoverscher Zeitungen erschienen seit Anfang 1904 zahlreiche von Lisa namentlich gezeichnete, vor allem feuilletonistische Arbeiten. Bislang wurden 54 Artikel[22] aus den Jahren 1904 bis 1911 ermittelt.
Durch die Position ihres Ehemanns hatte Lisa einerseits die nötigen Kontakte zu den Publikationsorganen und damit die Möglichkeit, eigene Arbeiten zu veröffentlichen. Andererseits förderte Hermann Löns ihre Ambitionen, als Journalistin selbst Fuß zu fassen, indem er ihr als namhafter Fachmann Rückendeckung gab. Er ging sogar so weit, ihre Arbeit gegen ungerecht erscheinende Kritik von außen zu verteidigen, da er ihre selbständigen journalistischen Gehversuche grundsätzlich ernst nahm und guthieß, wie ein Brief aus dem Jahr 1905 sehr anschaulich belegt. Lisa hatte in diesem Fall einer - leider uns unbekannten - Redaktion eine feuilletonistische Arbeit, die Skizze "Largo"[23], zur Veröffentlichung angeboten, die jedoch mit dem Hinweis darauf abgelehnt worden war, es handele sich um ein Plagiat von Theodor Storms "Bekenntnis". Da seine *"Frau, wie leicht denkbar, sehr erregt"* sei, schrieb Löns in ihrem Namen am 28. September 1905 an diese Redaktion einen Brief,[24] in dem er

21 Eine Fotokopie des Ehe- und Erbvertrags vom 12.3. bzw. vom 24.5.1902 liegt im Löns-Archiv Hannover vor.

22 Von diesen Arbeiten wurden drei Artikel später in einer kleinen Broschüre veröffentlicht: Lisa H.-Löns, Der geliehene Onkel - Fritzchen - Die Rose. Drei Humoresken. In deutscher Einheitskurzschrift, Berlin 1927.

23 Später veröffentlicht im Hannoverschen Unterhaltungsblatt, Nr. 33, 24.4.1907, Beilage zum Hannoverschen Tageblatt.

24 Löns-Archiv Hannover.

Abb. 25: Lisa und Hermann Löns, um 1907 - 1909

sie gegen den erhobenen Vorwurf vehement verteidigte. Interessant und auffällig ist der häufige Gebrauch des Pronomens "wir", der auf eine sehr weitgehende Übereinstimmung des Ehepaars schließen läßt. Nachdem Löns eingangs feststellte, seine Frau sei grundsätzlich in jeder Beziehung ehrlich und gewissenhaft, schrieb er weiter:

"Obgleich sowohl ich wie meine Frau sehr viel gelesen haben, ist uns das Stormsche 'Bekenntnis' völlig fremd, wie wir beide von Storm nicht sehr viel gelesen haben, da wir beide seine Art nicht mögen ... ."

Es folgen Ausführungen zur Entstehungsgeschichte der Skizze, darauf fuhr er fort:

"Wir beide, meine Frau und ich, haben es nicht nötig, abzuschreiben, da wir genug eigene Ideen haben. Wir sind selbstverständlich nicht so borniert, um nicht zu wissen, daß Ideen unabhängig von einander entstehen können, aber unter einem Plagiat verstehen wir bewußten Diebstahl ... ."

Diese Zitate zeugen davon, daß Löns - wohl auch, um seinen eigenen Ruf zu schützen - seine Frau in puncto Belesenheit, literarischen Geschmacks sowie Grundhaltungen auf gleiche Stufe mit sich selbst stellte. Der folgende Briefabschnitt zeigt, daß er Lisas journalistischen Fortschritte interessiert begleitete, wobei er darauf bedacht war, ihre Suche nach einem eigenen Stil nicht zu beeinträchtigen:

"Ich bemerke noch, daß meine Frau an dem 'Largo' sehr langsam und schwer arbeitete, da es ihre erste ernstere novellistische Arbeit war; bis dahin schrieb sie leichtere Sachen. Während der Arbeit fragte sie mich einige Male, ob mir die psychologische Entwicklung gefalle, ich lehnte aber die Beantwortung ab, wie immer in solchen Fällen, da ich der Meinung bin, es sei besser, meine Frau ringe sich selber durch, als daß sie sich bei mir Rat hole. Ich weiß aber noch, daß ich erstaunt war, daß meine Frau bei ihrem ausgesprochen heiteren Naturell auf ein so dunkeles Thema kam ... ."

Abschließend betonte er nochmals, das "Largo" sei *"ureigenes Dichters Produkt"* und wies den Vorwurf des Plagiats *"ganz entschieden zurück"*.

In anderer Hinsicht profitierte Lisa ebenfalls beruflich von der Stellung ihres Mannes: Löns trat seit 1901 zunehmend als Schriftsteller mit eigenen, in Buchform publizierten Werken an die Öffentlichkeit, die ab 1907 überwiegend beim hannoverschen Sponholtz-Verlag[25] erschienen. Als Folge der engen, freundschaftlichen Zusammenarbeit Hermann Löns' mit dessen Eigentümer, Adolf Sponholtz, erhielt Lisa die Möglichkeit, ihre während des Auslandsaufenthalts in England vertieften Sprachkenntnisse literarisch zu nutzen. So erschien bei Sponholtz im Jahre 1908 ihre erste Buchpublikation, eine Übersetzung von Jack Londons Roman "Wenn die Natur ruft" (amerikanischer Originaltitel: "The Call of the Wild"). Selbst nach der Trennung des Ehepaars Löns wurde die Zusammenarbeit zwischen Lisa und dem Sponholtz-Verlag fortgeführt, es folgten sechs weitere Übersetzungen Lisas von Romanen und Novellenbänden in diesem Verlag.[26]

Widerspricht das eben Gesagte nicht dem Motto dieses Artikels, das gleichzeitig Titel ihrer Autobiographie ist? Erstaunlicherweise nicht, denn die von Lisa in dieser Zeit unter eigenem Namen veröffentlichten Schriften (mindestens 54 Zeitungsartikel, eine Romanübersetzung) machten lediglich einen Bruchteil der Arbeiten aus,

---

25 Nachfolgeverlag ist heute CW Niemeyer in Hameln.

26 Lediglich die letzte Übersetzungsarbeit Lisas, eine Biographie, wurde 1940 durch einen anderen Verlag veröffentlicht, Gustav Wiese Verlag, Berlin.

die sie - neben Haushalt und Kindererziehung - leistete. "Hinter den Kulissen", ohne daß es jemals publik geworden wäre, stellte Lisa den weitaus größten Teil ihrer Arbeitskraft in den Dienst der Karriere ihres Mannes. Sie wirkte teilweise sogar als seine informelle Stellvertreterin beim "Hannoverschen Tageblatt".
Insbesondere seit dem Jahr 1906 mehren sich die Anzeichen intensiver Zusammenarbeit des Ehepaars Löns. Trotz der Geburt[27] ihres gemeinsamen und schwer behinderten Sohnes Dettmer (1906-1968)[28] sorgte Lisa dafür, daß ihr Mann von journalistischen und anderen Verpflichtungen weitgehend entlastet wurde, um seinem Wunsch entsprechend als Schriftsteller tätig und bekannt werden zu können.
Lisa entlastete ihren Ehemann von seinem "Broterwerb" als Journalist in erster Linie dadurch, daß sie phasenweise nahezu alle seine Verpflichtungen übernahm. Diese erforderten unterschiedliche Fähigkeiten und Spezialkenntnisse. Dabei schlüpfte sie abwechselnd in die Rolle eines Redakteurs, Buchhalters oder Managers, wie ein Brief von Löns an seinen Studienfreund Max Apffelstaedt vom 30. Dezember 1906[29] sehr eindrucksvoll zeigt:
"Seit Ostern hat mir der Verlag die Leitung des Unterhaltungsfeuilletons aufgebrummt, und wenn meine Frau auch drei Viertel dieser Arbeit macht und ich das übrige zu Hause erledigen kann, so zersplittert das immerhin etwas ... . Hier bei der Zeitung habe ich vier kleine Beilagen neu eingeführt, zwei, 'Heimat' und 'Kunst und Wissen', leite ich, zwei, 'Jugend' und 'Frauenfragen', zeichne ich zwar, doch stellt meine Frau sie her, die auch die ganze Feuilletonbuchführung und Abrechnung hat und den nicht uneinträglichen Vertrieb meiner Zweitdrucke, den angenehmsten Verdienst der Welt, besorgt. Wäre das nicht der Fall, so käme ich zu nichts Eigenem."
Diese Form der Zusammenarbeit, insbesondere Lisas Tätigkeit als Redakteurin, wenn nicht sogar als "Ghostwriter", hatte sich in der Praxis offensichtlich bestens bewährt. Einige Jahre später erfahren wir erneut, daß Lisa die Arbeit machte, ihr Mann aber dafür verantwortlich zeichnete. Löns schrieb Ende August 1910[30] an seine Schwester Elsbeth:
"Ich brauche jetzt auch nicht mehr so wüst viel Feuilletons zu schmieren, denn seit 14 Tagen habe ich die Feuilletonredaktion am Tageblatt wieder übernommen, d.h., ich zeichne verantwortlich und Lisa macht die meiste Arbeit. Sie wünschte sich schon lange sowas, kennt die Sache genau und ist froh, einige M. zum Haushalt beisteuern zu können."
Der Briefausschnitt zeugt ebenfalls von Lisas Bereitschaft, die Haushaltskasse füllen zu helfen, obgleich sie laut Ehe- und Erbvertrag nicht dazu verpflichtet war.
Lisas Einsatz für die Karriere ihres Mannes beschränkte sich nicht auf die erwähnten, überwiegend journalistischen Arbeiten. Auch auf Hermann Löns' schriftstellerisches Werk nahm sie großen Einfluß. Sie diente ihm als Privatsekretärin, in anspruchsvollerer Funktion auch als Privatlektorin. Häufig fertigte sie maschinen-

27 Die Geburt war sehr langwierig und gefährlich, wie Löns vier Tage später, am 19.6.1906, in einem Brief an Ernst Bock (Stadt- und Landesbibliothek Dortmund) berichtet: "Es war eine böse Sache, die 60 Stunden dauerte, zwei Aerzte erforderte und meine Frau um ein Haar das Leben kostete."

28 Dettmer, übrigens der einzige Nachkomme von Hermann Löns, war von Geburt an geistig und körperlich behindert, infolge einer besonderen Form der Kinderlähmung, genannt "Little-Krankheit"; zusätzlich hatte er ein Augenleiden, das allmählich zu vollständiger Erblindung führte.

29 Zitiert nach Uwe Kothenschulte, Hermann Löns als Journalist, Dortmund 1968, S.33 (= Dortmunder Beiträge zur Zeitungsforschung, Bd. 13).

30 Eine beglaubigte Abschrift dieses Briefes befindet sich im Löns-Archiv Hannover.

schriftliche Abschriften (=Typoskripte) seiner Werkmanuskripte an,[31] nahm aber auch Einfluß auf die inhaltliche Gestaltung der zu veröffentlichenden Werke, wie mehrere Lönsbiographen[32] anerkennend feststellen. Wilhelm Deimann berichtet beispielsweise über die Vorarbeiten zur Herausgabe der Jagdschilderungen in "Mein braunes Buch. Heidbilder" (1907): *"Die Arbeiten, die sich im Laufe der nächsten Jahre ansammelten, ließ er im Herbst 1906 durch seine Gattin und einen befreundeten Oberlehrer für die Buchausgabe sichten."*[33]

Einen ganz neuen Aspekt bezüglich Lisas "Lektoratstätigkeit in Hermanns Diensten" ergab die Einsicht in die Unterlagen des Löns-Archivs. So blieb bislang gänzlich unbemerkt und unberücksichtigt, daß zahlreiche der dort vorliegenden Werkmanuskripte des Schriftstellers, z.B. die Romanmanuskripte zu "Der letzte Hansbur" (1909) und "Das zweite Gesicht" (1912) mit zahlreichen handschriftlichen Anmerkungen Lisas versehen sind. Sie beziehen sich sowohl auf Inhalt wie Form der Romane, denn die Anmerkungen enthalten inhaltliche Kritik und Anregung sowie orthographische und stilistische Verbesserungsvorschläge.[34]

All die Spuren von Lisas Wirken werfen die Frage auf: Wäre Hermann Löns auch ohne seine Frau Lisa der bekannte und vielschreibende Schriftsteller geworden, als der er seinerzeit galt? Wären die Werke, die zu seiner Popularität führten, ohne Lisa jemals geschrieben worden? Dazu nur so viel: Vor der Eheschließung 1902 erschienen lediglich drei der insgesamt 19 von Löns selbst bearbeiteten Buchpublikationen;[35] und die Werke, die ihn berühmt - und auch berüchtigt! - machten, der Gedichtband "Der kleine Rosengarten"[36] sowie der Roman "Der Wehrwolf"[37] waren im Jahr 1911 bzw. 1910 erstmalig erschienen. Die meisten seiner Publikationen fallen demnach in die Zeit des Zusammenlebens mit Lisa.

In Bezug darauf, was Lisa unmittelbar durch ihr oben gezeigtes Engagement für die Karriere ihres Mannes bewirken konnte, war sie sicherlich ein Einzelfall. Bemerkenswert ist aber auch die damit verbundene, zur damaligen Zeit sicherlich nicht selbstverständliche Bereitschaft, der Ehefrau redaktionelle und andere Aufgaben zu übertragen.

---

31 Solche Arbeiten erwähnt Löns in einem Brief an Adolf Sponholtz vom 17.4.1909 (Löns-Archiv Hannover).

32 Neben Deimann erwähnt auch Griebel, daß Lisa an Vorarbeiten für Veröffentlichungen beteiligt war: "Lisa Löns-Hausmann hat an der Auswahl und dem Aufbau des 'Goldenen Buches' wesentlichen Anteil genommen", Erich Griebel, Hermann Löns. Der Niederdeutsche, Berlin und Leipzig 1934, S.290. Das von Griebel erwähnte Werk "Mein goldenes Buch" erschien erstmals bereits im Jahre 1901.

33 Wilhelm Deimann, Der Künstler und Kämpfer. Eine Lönsbiographie und Briefausgabe, Hannover 1935, S.67.

34 Inwiefern Löns diese Anmerkungen berücksichtigt hat und inwieweit Lisa somit direkten Einfluß auf sein Werk ausübte, könnte eine Vergleichsanalyse von Manuskript, Typoskript und publiziertem Werk klären.

35 Posthum erschienen weitere Buchtitel.

36 Diese volksliedhaften Gedichte wurden häufig vertont und gehörten bald in weiten Teilen der Bevölkerung zum allgemeinen Liedgut. Eines erlangte als Kriegslied besondere "Berühmtheit", nämlich das "Matrosenlied" oder "Engellandlied" in der Vertonung von Herms Niel. Es enthält die Worte "Komm wir fahren gegen Engelland..." und erklang während des 2. Weltkriegs vor jeder Sondermeldung im Rundfunk.

37 "Der Wehrwolf" gehörte in den dreißiger Jahren zu den auflagenstärksten und meistgelesenen Romanen Deutschlands, vgl. Marianne Weil, Der Wehrwolf von Hermann Löns, in: Marianne Weil (Hrsg.), Wehrwolf und Biene Maja, Berlin 1986, S.224.

Keine Ausnahmeerscheinung hingegen war Lisa auf einer anderen Ebene. Es war und ist ein weitverbreitetes Phänomen, daß Männer, die im Rampenlicht der Öffentlichkeit stehen (z.B. in Politik, Wirtschaft oder Kultur), dies häufig deshalb tun können, weil sie von ihren Ehefrauen Rückendeckung erhalten. Vielfach werden im Privatleben Voraussetzungen für berufliche Höchstleistungen geschaffen. Dies war beim Ehepaar Löns nicht anders.

Wie die Auseinandersetzung mit seiner Biographie und die Kenntnis seiner unzähligen Briefe zu erkennen geben, war Hermann Löns ein recht labiler, unsteter und zu Depressionen neigender Mensch. Er litt häufig an Nervosität und Schlafstörungen, verursacht durch die Unfähigkeit, abzuschalten, wenn ihn literarische Projekte beschäftigten. Weitere destabilisierende Faktoren waren die beunruhigende Wirkung, die der Vollmond auf ihn ausübte und nicht zuletzt seine periodische Trunksucht. Das eheliche Zusammenleben gestaltete sich unter diesen Umständen sicherlich nicht einfach, und es bedurfte eines ausgeglichenen Wesens, um diesen unsteten Menschen zu stabilisieren.

Lisas ganzer Aufmerksamkeit bedurfte Löns besonders dringend während seiner intensivsten Schaffensperioden. Dann nämlich war es ihre Aufgabe, die "kreative Spannung", den Arbeitsstreß abzufangen, Löns in seinen zeitweise halluzinatorischen, fieberähnlichen Zuständen zu betreuen. Lisa schildert im nachhinein einer Freundin diese Situationen folgendermaßen:

"Ich weiß, daß er - ehe er damals mit dem 'Zweiten Gesicht' recht zu Rande kam - keinen Augenblick allein sein konnte und ich musste sogar nachts bei ihm sitzen, wenn er arbeitete, da er sagte, sobald er allein sei, spräche immer jemand mit ihm ... . Ich bin in solchen Stimmungen über Stock und Stein mit ihm gelaufen und habe immer als Blitzableiter gedient, um diese Zustände anderen zu verbergen. Es gab ja eigentlich so ein kleines Theater jeden Freitag vor der 'Sonntagsplauderei'[38] und ein grösseres natürlich noch vor den Romanen und Balladen ... ."[39]

Die Zeit des intakten Ehelebens, der fruchtbaren beruflichen Zusammenarbeit fand ein jähes Ende. Nach heftigen Auseinandersetzungen zog Lisa am 27. Juli 1911 die Konsequenzen und verließ, gemeinsam mit ihrem nun fünfjährigen Sohn, die eheliche Wohnung.[40]

Es begann eine Art Kleinkrieg zwischen den Eheleuten, der anfangs sogar öffentlich ausgetragen wurde. "Zankapfel" war dabei der gemeinsame Sohn. So war am 24. August 1911 im "Hannoverschen Anzeiger" zu lesen:

"Vermißte Person (100 M Belohnung). Löns, Dettmer, geb. am 15. Juni 1906 zu Hannover, wird seit dem 29. v. M. vermißt. Er befindet sich in Begleitung der Ehefrau Luise Löns. Die Ehefrau Löns hat die Wohnung ihres Ehemannes, Lortzingstraße 5, verlassen und dabei das Kind mitgenommen. Beschreibung des Kindes: 60-70 Zentimeter groß, hellblonde Haare, hellblonde Augenbrauen, hellblaue Augen, hübsche Gesichtsbildung, leichtgebogene Nase, schlanke Gestalt, unsichere Körperhaltung, Sprache etwas zurück. Besondere Kennzeichen: Augenhaltung nach

---

38 Angesprochen sind damit die unter den Pseudonymen "Fritz von der Leine" und "Ulenspeigel" veröffentlichten, wöchentlichen Glossen in mehreren hannoverschen Zeitungen.

39 Brief von Lisa an Lulu Diederichs, geb. von Strauß und Torney, 14.6.1916 (Löns-Archiv Hannover).

40 In Briefen beider Ehepartner aus der Folgezeit finden sich eine Unmenge von Hinweisen darauf, warum die Ehe scheiterte. Gerade die Fülle an möglichen Ursachen macht die Beantwortung der Frage, warum sie sich letzten Endes trennten, nahezu unmöglich.

oben und über dem Gesäß kleine Hautfalte. Bekleidung: Blauer Kittel. Der Vater des Kindes wünscht nur den Aufenthalt des vermißten Knaben zu erfahren. Nachrichten werden auf Zimmer 185 des Kgl. Polizeipräsidiums entgegengenommen."
Die Reaktion Lisas kam prompt, am 27. August 1911 war im gleichen Blatt zu erfahren:
"Zu der polizeilichen Meldung 'Vermißte Person' erhalten wir von der Mutter des Knaben folgende Berichtigung: Sehr geehrte Redaktion! Ihre Lokalnotiz 'Vermißte Person' war nicht ganz richtig. Mein Junge mißt genau 100 Zentimeter, trägt auch nicht vier Wochen lang einen blauen Kittel, sondern meist einen weißen Kieler Anzug. Hochachtungsvoll L. Hausmann-Löns."
Der Kleinkrieg wurde auch mit anderen Mitteln fortgeführt, nämlich mit Beschuldigungen, Intrigen, Pfändungsklagen usw. Die Scheidung aber, obgleich zu unterschiedlichen Zeiten von beiden angestrebt, wurde nie vollzogen, vermutlich wegen der dann zu klärenden Frage des Sorgerechts für den Sohn Dettmer. Dennoch war die Trennung de facto besiegelt, da sich Hermann Löns einer direkten Aussprache oder Aussöhnung, die Lisa anstrebte, zeitlebens widersetzte.
Hermann Löns verließ Hannover kurz nach der Trennung für mehrere Monate, hielt sich überwiegend bei Freunden und Verwandten im In- und Ausland auf. Nach Hannover zurückgekehrt, lebte er bald erneut in eheähnlichen Verhältnissen. Diesmal war seine Lebensgefährtin die wesentlich jüngere, aus einfachen Verhältnissen stammende Ernestine Sassenberg (um 1890-1970), ehemals Kindermädchen seines Sohnes Dettmer. Bei Kriegsausbruch meldete sich der bereits 48jährige Hermann Löns als Kriegsfreiwilliger und wurde dank guter Beziehungen gezogen. Bereits bei den ersten Gefechten seiner Kompanie an der Westfront fiel Hermann Löns am 26. September 1914 vor Reims. Sein "Heldentod" wurde in zahlreichen Zeitungen der Heimat beklagt, Gedenkveranstaltungen folgten; sein Tod "auf dem Felde der Ehre" ließ den Absatz seiner Werke in die Höhe schnellen.
Was wurde aus Lisa und dem gemeinsamen Sohn? Konnte Lisa aus eigener Kraft ihre Talente, die erworbenen Fähigkeiten weiter vertiefen und zu ihrem eigenen Fortkommen nutzen?
Lisa sollte ihren Mann um volle vier Jahrzehnte überleben. So häufig und so lange sie es ermöglichen konnte, lebte der schwer behinderte Sohn Dettmer bei ihr. Von Zeit zu Zeit und nach Lisas Tod war er in verschiedenen Anstalten untergebracht, zuletzt in Bethel bei Bielefeld, wo er 1968 verstarb.
Beruflich blieb Lisa eine Karriere im journalistischen Bereich, die sie angestrebt hatte, versagt. In Münster, wo sie seit 1912 lebte, versuchte Lisa, bei der dortigen Zeitung Fuß zu fassen. Doch der erfolgreiche Journalist Hermann Löns nutzte seinen Einfluß aus, um ihr diesen Weg zu verbauen. Seine Artikel erfreuten sich selbst als Zweitdrucke bei vielen Zeitungen, darunter auch der Münsterschen, großer Beliebtheit. Dank dieser Popularität konnte Löns bei den Redaktionen durchsetzen, daß Lisas Artikel nicht veröffentlicht wurden.[41]
Die andere, während der Ehe eingeschlagene Richtung aber konnte Lisa weiterverfolgen. Der Kontakt zu Löns' Verleger Sponholtz blieb nämlich weiterhin bestehen,

41 Lisa beklagte in Briefen an Arnold Garde, 30.6.1919 sowie an Wilhelm Deimann, 9.8.1951 (beide in der Stadt- und Landesbibliothek Dortmund), daß Löns zu ihren Ungunsten bei verschiedenen Zeitungen intervenierte. Gelegentlich gelang es Lisa dennoch, eigene journalistische Arbeiten unterzubringen, so beispielsweise den Artikel "Die Landpartie" im Münsterschen Anzeiger Nr.366, 11.5.1913.

und so konnten zwischen 1916 und 1940 sieben weitere, von Lisa aus dem Englischen übersetzte literarische Werke erscheinen.

Zeitlebens treu blieb Lisa dem Grundsatz, "Hinter den Kulissen" weiterhin für Löns' literarisches Werk Sorge zu tragen, Verantwortung zu übernehmen. Als seine rechtmäßige Witwe und Erbin besaß sie dazu die Legitimation und den nötigen Einfluß. Es könnte das Kapitel der Publikationsgeschichte Lönsscher Werke und das damit verbundene Kapitel der Rezeption seiner Werke neu beleben, würde man den Komplex ihrer diesbezüglichen Aktivitäten genauer untersuchen. Hier sei lediglich exemplarisch verdeutlicht, auf welche Weise Lisa ihre Intention, ein weitgehend positives Bild des Schriftstellers Hermann Löns zu wahren, umzusetzen suchte.
Ihr vordringlichstes Anliegen war dabei, einer auf reinen Profit ausgerichteten Verwertung von Löns' literarischen Erzeugnissen - in Form von Neuauflagen und Sammelwerken - entgegenzuwirken. Obgleich Lisa das literarische Talent ihres Ehemanns generell sehr hoch einstufte, differenzierte sie doch klar zwischen qualitativ hochstehenden Werken von bleibendem Wert und solchen Arbeiten, die als unausgereiftes Frühwerk[42] oder als Gelegenheitsarbeiten höheren literarischen Ansprüchen nicht genügten und somit Löns' literarischen Ruf beeinträchtigten. Konsequenterweise prangerte sie die Praktiken skrupelloser Verleger an, die ihrer Ansicht nach minderwertige Arbeiten ihres Mannes aus reinem Profitinteresse neu auflegten.[43] Sie scheute aber auch nicht davor zurück, bisweilen zu drastischeren Mitteln zu greifen, um der in ihren Augen teilweise rücksichtslosen, unverantwortlichen Vermarktung des Lönsschen Werkes entgegenzutreten; dies tat sie, obgleich ihr selbst der größte finanzielle Nutzen daraus erwachsen wäre.[44]
So strengte sie im Jahr 1918 einen Prozeß an, um eine Neuauflage von frühen Gedichten ihres Mannes, die er selbst als "Jugendsünden" angesehen hatte, zu verhindern. In diesem Fall ging es um die 1893 in dem von Arnold Garde herausgegebenen Sammelband "Menschliche Tragödie" veröffentlichten Gedichte von Löns. Lisa gewann den Prozeß und konnte dadurch eine erneute Veröffentlichung der Gedichte unter anderem Titel verhindern. Sie tat ein weiteres, indem sie die Verlagsrechte des 1893 erschienenen Bändchens sowie alle noch lieferbaren Exemplare aufkaufte und damit praktisch eine weitere Verbreitung der Gedichte ausschloß.[45]

---

42 Lisas ausgeprägtes Verantwortungsgefühl für das Werk ihres Mannes kommt deutlich in einem Brief an Arnold Garde vom 30.6.1919 (Stadt- und Landesbibliothek Dortmund) zum Ausdruck, in dem es heißt: "Deshalb möchte ich ein bißchen Lebensarbeit nachweisen können in der Pflege von Hermann Löns Literaturkindern und die kleinen unartigen, noch nicht ganz wohlgeratenen aus seiner Jugendzeit, möchte ich verhindern, so anspruchsvoll aufzutreten, wie ihr Vater es ihnen nicht erlaubt haben würde."

43 So etwa in einem Brief an Arnold Garde vom 24.4.1919 (Stadt- und Landesbibliothek Dortmund): "...kürzlich antwortete mir ein Verleger, den ich auf die Minderwertigkeit der Sachen hinwies und daß sie nur als Gelegenheitsarbeiten in Tageszeitungen ihre Existenzberechtigung gehabt hätten: 'Was heißt Minderwertig? Was jetzt den Namen Löns trägt, damit macht man Geschäfte.' So etwas ist nicht im Sinne des Verstorbenen und ich wehre mich dagegen bis zum Äußersten."

44 Der 1917 abgeschlossene Erbschaftsprozeß regelte u.a., daß künftig 1/6 der Tantiemen aus dem Verkauf Lönsscher Werke an Lisa, 3/6 an ihren unmündigen Sohn Dettmer fließen sollten. Abschriften der Prozeßunterlagen befinden sich im Löns-Archiv Hannover.

45 Ihre Kontrahentin in dem genannten Prozeß war übrigens Löns' erste Frau, Elisabeth Erbeck. Die genauen Hintergründe und Details dieses Prozesses erläutert Lisa in den Briefen an Arnold Garde vom 24.4. sowie vom 30.6.1919 (Stadt- und Landesbibliothek Dortmund). Der mögliche Einwand, Lisa habe sich hier von persönlichen, nicht so sehr von sachlichen Motiven leiten lassen, wird durch die Tatsache ent-

Doch Lisas Engagement für Löns' literarische Hinterlassenschaft beschränkte sich nicht auf die Veröffentlichungen seines Werks in Buchform, sondern zog weitere Kreise. Denn Löns' schriftliches Werk wurde auch in andere Medien umgesetzt. Vor allem in der Zeit des Nationalsozialismus, als die Heimatverbundenheit in eine "Blut und Boden"-Ideologie pervertiert wurde, entstanden zahlreiche Hörspiele und einige Filme, die auf seinen Werken basierten. Komponisten widmeten sich der Vertonung seiner in "Der kleine Rosengarten" gesammelten Gedichte, und der Roman "Der Wehrwolf" erlebte 1937 sogar sein Debüt in einer Bühnenversion.
Welche Haltung Lisa zum Nationalsozialismus hatte, läßt sich nur annäherungsweise feststellen; ihr Engagement für den von den Nationalsozialisten wiederentdeckten und gefeierten Hermann Löns zeigt bereits, daß sie sich zumindest arrangierte, ja sogar die Propaganda der Faschisten mit gefördert und getragen hat. Wie aus Lisas Briefen hervorgeht, verfolgte sie die nationalsozialistische Vermarktung von Löns sehr aufmerksam. Doch so kritisch Lisa sich auch sonst zur Vermarktung des Lönsschen Nachlasses verhielt - mit den nationalsozialistischen Verwertungsinteressen hat sie offensichtlich wenig Probleme gehabt. In einigen Fällen nahm sie direkt an der Entstehung und Konzeption solcher Bearbeitungen teil; ein Beispiel sei stellvertretend für andere genannt: So betreute und begleitete Lisa die Dreharbeiten zur Verfilmung von "Dahinten in der Haide", die im "Dritten Reich" anliefen.[46]
Im Jahre 1933 waren Löns' sterbliche Überreste in Frankreich aufgefunden worden und lösten eine hitzige öffentliche Debatte darüber aus, ob diese nach Deutschland überführt werden sollten und in welcher Weise dies zu geschehen hätte. An der Debatte beteiligten sich unter anderem der "Reichsverband Deutscher Schriftsteller", die "Löns-Gedächtnisstiftung" sowie das Reichsministerium für Volksaufklärung und Propaganda.[47]
In dieser Angelegenheit setzte sich Lisa besonders wohltuend vom sonstigen Umfeld der Freunde, Verwandten und Verehrer Hermann Löns' ab, die angesichts einer möglichen offiziellen Beisetzung z.T. in Euphorie gerieten. Lisa dagegen äußerte von Anfang an in zahlreichen Briefen des Jahres 1934 starke Bedenken gegenüber den offiziellen Planungen. Vor allem befürchtete sie, die Überführung und Beisetzung könnte zur "nationalen Reklame" mißbraucht werden; aus diesem Grund legte sie zunächst Einspruch gegen die Überführung ein.[48] Nur unter bestimmten Bedingungen wollte Lisa dem Vorhaben zustimmen und verfocht damit eine seinerzeit äußerst unpopuläre Haltung, denn sie forderte, daß: *"die Überführung dann in aller Stille und zwar zur frühen Morgenstunde um halb sechs Uhr stattfindet*

---

kräftet, daß sie auch - in ähnlichen Fällen - gegen andere Personen prozessierte; einen solchen Fall schildert sie selbst in dem bereits angegebenen Brief an Arnold Garde vom 24.4.1919.

46 Lisa informierte Hermann Löns' jüngsten Bruder Ernst über den Stand der Dreharbeiten in einem Brief vom 11.5.1934 (Löns-Archiv Hannover) sowie in zahlreichen weiteren Briefen desselben Jahres.

47 Das Reichsministerium für Volksaufklärung und Propaganda plante eine Überführung, die in nichts der Beisetzung Friederichs II. 1991 nachgestanden hätte: Der Sarg sollte unter Beteiligung von Regimentern, Jugendverbänden, Bauern in historischen Trauertrachten und anderen Gruppen an der französischen Grenze abgeholt und nach Zwischenstation in Spandau in der Friedenskirche von Potsdam beigesetzt werden; ausführliche Beschreibung der Planungen im Brief Lisas an Traugott Pilf, 26.6.1934 (Löns-Archiv Hannover).

48 Brief von Lisa an Traugott Pilf vom 14.5.1934 (Löns-Archiv Hannover). Den gesamten Komplex von Planung, Durchführung und Bewertung der Überführung/ Beisetzung dokumentieren zahlreiche Akten im Löns-Archiv Hannover sowie Korrespondenzen im Niedersächsischen Hauptstaatsarchiv Hannover: Hann. 122a, Nr. 3532 sowie Hann. 180 Lbg., Nr.261.

und unter allen Umständen Radioübertragung, Kinoaufnahmen und Lautsprecher ausgeschlossen sind. ... Und es soll keines der neuen Kampflieder dort zu hören sein".[49]

Lisas Vorbehalte bezogen sich 1934 nur auf den, wie sie es nannte, "übersteigerten Nationalismus", keinesfalls aber auf das Regime. Dies wird deutlich in einem Brief vom 26. Juni 1934, in dem sie ihre Ablehnung, mit dem bereits gebräuchlichen "Deutschen Gruß" zu unterzeichnen, folgendermaßen begründet:

"Ich brauche den Ausdruck 'Heil Hitler' nie; der Mann ist zu gut dazu, dass er zu einer Redensart verwandt wird, die so gedankenlos verwandt wird wie 'Mahlzeit'! Wir müssten mehr Männer wie ihn und Hess haben!"[50]

Wie Lisa Hermann Löns' neue Popularität beurteilte, kommt in dem oben zitierten Brief vom 14. Mai 1934 zum Ausdruck:

"Er ist nun aus der Reihe der einfach gern gelesenen Autoren herausgetreten und gilt als Bahnbrecher für den Nationalsozialismus. ... Wenn er der richtige Vorkämpfer für diese Bewegung war, dann sollten die Leute aber aus seinen Schriften auch noch herauslesen, dass er den übersteigerten Nationalismus durchaus nicht gemeint hat und nicht dieses Deutschtum mit Pauken und Trompeten, ein Deutschtum, das man durch Propaganda vertritt."

Dementsprechend kann man nun resümieren: Im Jahre 1934 befürwortete Lisa das Regime und insbesondere dessen Staatsspitze. Ablehnend stand sie dagegen dem ihrer Ansicht nach gesellschaftlichen Phänomen des "übersteigerten Nationalismus" gegenüber, das sie in keinen kausalen Zusammenhang mit den offiziellen politischen Zielen, dem politischen System stellte und diesem daher nicht anlastete. Grundsätzlich stimmte sie der Vereinnahmung Löns' durch die Nationalsozialisten zu, wünschte lediglich gewisse Modifikationen in der Interpretation seines Werkes.

Ein anderes Ereignis, aus dem sich Rückschlüsse auf Lisas politisches Bewußtsein ziehen lassen, fand im Herbst 1939 statt. Obgleich sie bei dieser Gelegenheit die Willkür des diktatorischen Regimes selbst zu spüren bekam, verteidigte sie die Machthaber.

Vorgefallen war folgendes: Im November 1939 wurde Lisa bei den Behörden denunziert, da sie im Besitz "unerwünschten Schrifttums"[51] sei. Es fand eine polizeiliche Haussuchung statt, ihre Bücher - teilweise von linken und/ oder jüdischen Autoren - wurden konfisziert. Lisa erhob durch ihren Anwalt Einspruch bei der Reichskanzlei in Berlin und erhielt tatsächlich ihre Bücher zurück.[52] Lisa war mit ihrem Protest erfolgreich, möglicherweise aufgrund ihrer Sonderstellung als Witwe von "Lieblingsautor" Löns. Nach Erhalt der Bücher schrieb sie:

"Ich kann also zu meiner Befriedigung feststellen, dass die Regierung solche Übergriffe weder gutheisst noch befürwortet, dass es aber eine recht traurige Sache ist,

---

49 Brief von Lisa an Traugott Pilf vom 14.5.1934 (Löns-Archiv Hannover). Letztendlich kam es doch zu der Beisetzung in der Lüneburger Heide, der zunächst ein unerwarteter Zwischenfall vorausging; die sterblichen Überreste wurden in der Nacht vor der geplanten Beisetzung aus der Kirche entwendet und an einer Landstraße begraben.

50 Brief Lisas an Traugott Pilf, 26.6.1934 (Löns-Archiv Hannover).

51 Gemäß der Liste II des schädlichen und unerwünschten Schrifttums. Bearbeitet und herausgegeben von der Reichsschrifttumskammer, Stand v. 31. Dezember 1938, Leipzig o.J.

52 Brief von Lisa an Wilhelm Deimann, 24.7.1940 (Stadt- und Landesbibliothek Dortmund).

dass die Herrn hinter einer chinesischen Mauer sitzen, hinter die so leicht keine Kunde von den Tatsachen dringt."[53]

Nicht den politisch Verantwortlichen gab sie die Schuld an dem Vorfall, sondern sie beklagte in erster Linie das zunehmende Denunziantentum und die Blindheit der Machthaber gegen derlei "gesellschaftliche" Fehlentwicklungen. Immerhin gab sie der Regierung insofern eine Mitschuld, als sie für den "Mißbrauch", für "Fehlleistungen" der von ihr geschaffenen bzw. eingesetzten Organe verantwortlich sei. In dem Zusammenhang zog sie einen interessanten Vergleich:

"Die katholische Kirche verwart <sic> sich auch dagegen, die Ausschreitungen der Hexenprozesse verschuldet zu haben, aber sie hat das Instrument der Inquisition geschaffen und ist deshalb für die Handlungen ihrer Organe verantwortlich. Ähnlich liegt es hier."[54]

Auch 1940 noch ist Lisas Vertrauen in die Regierungsspitze und insbesondere in deren angebliche Rechtsstaatlichkeit ungebrochen. Die ihrer Ansicht nach negativen Zeiterscheinungen wie übersteigerter Nationalismus und Denunziantentum interpretierte sie als gesellschaftliche Fehlentwicklungen, nicht aber als dem politischen System immanente Faktoren. Der Regierung unterstellte sie beste Absichten, es mangele lediglich an der umfassenden Kontrolle der zur Willkür tendierenden ausführenden Staatsorgane.

Lisa wollte - bewußt oder unbewußt - das Unrechtsregime nicht als solches erkennen, gelang doch durch die Literaturpolitik der Nationalsozialisten Löns' Durchbruch vom regional bekannten zum nationalen Schriftsteller. Im "Dritten Reich" wurde die Vermarktung von Löns' Werk enorm forciert und sicherte damit Lisas finanzielle Unabhängigkeit. Ferner besaß sie vermutlich als Witwe des Nationaldichters Löns eine Sonderstellung. Ihre Bücher, in der "Liste des schädlichen und unerwünschten Schrifttums" aufgeführt, erhielt sie, sicherlich ein Einzelfall, zurück. Und offensichtlich mußte sie auch als Mutter eines geistig und körperlich behinderten Kindes keine Sorge tragen, ihr Sohn könne als "unwertes Leben" der Euthanasie zum Opfer fallen.

Es wurde gezeigt, daß Lisa die Karriere ihres Mannes maßgeblich förderte. Dafür brachte sie durch ihre Ausbildung und ihr eigenes Interesse an dem Arbeitsgebiet ihres Mannes besonders günstige Voraussetzungen mit. Ihre eigenen beruflichen Ambitionen gerieten dabei nicht gänzlich ins Hintertreffen. Gerade die auch durch ihre Mitwirkung erreichte steigende Popularität des Journalisten und Schriftstellers Löns eröffneten Lisa Möglichkeiten, mit feuilletonistischen Arbeiten und mit Übersetzungen an die Öffentlichkeit zu treten.

Trotz einer weitgehenden Identifizierung Lisas mit dem literarischen Werk ihres Mannes ließ sie sich nicht auf die Rolle der Nachlaßverwalterin reduzieren. Sie ging nicht in der Rolle der "Witwe Löns" auf, sondern war auch offen für kulturelle und aktuelle gesellschaftliche Belange.

Briefe aus den Jahren nach dem Ersten Weltkrieg zeigen fokusartig das Spektrum ihrer Interessen zur damaligen Zeit auf. Diese reichten von solchen auf musikalischem Gebiet[55] bis hin zu handfesten politischen Ambitionen. Keine zwei Monate

53 Ebd.

54 Ebd.

55 Lisa in einem Brief an Traugott Pilf, 25.7.1921 (Löns-Archiv Hannover): "Meine aktive Musik habe ich nun ganz aufgegeben ...".

nach Gründung der Deutschen Demokratischen Partei (DDP) befand Lisa sich bereits Anfang 1919 auf einer fünftägigen Propagandareise für die DDP durch Thüringen.[56] Abgesehen von ihren parteipolitischen Aktivitäten engagierte sie sich seit 1920 im Bildungswesen. Dabei setzte sie sich insbesondere für die Volkshochschulbewegung in Thüringen ein, vor allem für die Entstehung von weiteren ländlichen Heim-Volkshochschulen.

Soweit der Ausblick auf Lisas Leben. Möglicherweise wäre ihr Lebensbild um einige Facetten bereichert worden, wenn uns auch aus ihrer Sicht eine umfangreichere Darstellung vorliegen würde. Doch Lisa lehnte es ab, ihre Memoiren zu schreiben. Sie befürchtete, mit einer solchen Publikation den "Lönsrummel", wie sie es nannte, weiter anzuheizen.[57]

Bis ins hohe Alter blieb Lisa geistig äußerst rege. So verfaßte sie ihre letzte Übersetzung im Alter von 69 Jahren. Am 2. Dezember 1955 verstarb Lisa Hausmann-Löns in Bad Oeynhausen, ihrem letzten Wohnort.

---

56 Lisa darüber an Adolf Sponholtz, 14.1.1919 (Löns-Archiv Hannover). Von 1915 bis 1941 lebte Lisa gemeinsam mit ihrem Sohn in Jena/ Thüringen.

57 Brief Lisas an Traugott Pilf vom 25.7.1921 (Löns-Archiv Hannover).

Sabine Guckel

"Feine alte Sache in neuer Aufmachung" oder wie in den zwanziger Jahren die Künstlerin Kate Steinitz mit den Ambivalenzen der "Neuen Frau" umging (1889-1975)

New York 1919: Marcel Duchamp, Man Ray, Francis Picabia.
Zürich 1919: Hans Arp, Hugo Ball.
Paris 1919: Louis Aragon, Paul Eluard, Tristan Tzara.
Berlin 1919: Richard Huelsenbeck, Raoul Hausmann, John Heartfield.
Hannover: Kurt Schwitters und ... KATE STEINITZ

Die Spielorte des internationalen Dadaismus. Auch der deutsche Spießer ärgert sich. In der Gesellschaft illustrer Weltstädte behauptet sich ohne Verschüchterung: Hannover, die Provinzhauptstadt der norddeutschen Tiefebene. Was hat die "fahlste aller Städte" - so ein vielzitiertes Apercu Theodor Lessings - der neuen Kunstrichtung zu bieten? "Wir wünschen die Welt bewegt. Unruhe statt Ruhe" - in Berlin gibt Raoul Hausmann den dadaistischen Imperativ schlechthin aus. Im Hintergrund revoltiert, was vom Wilhelminischen Kaiserreich übrig geblieben ist. Doch Vicki Baum bemerkt, daß 1919 sogar die Revolution in Hannover ordentlich abläuft: Bei Nacht werden die Barrikaden der Aufständischen mit kleinen Positionslichtern markiert.[1] Daß auch ja niemand stolpert!
Hierzulande ist der revolutionäre Zauber bald vorbei. Kurz und (fast) schmerzlos läuft an einem Sonntag auch der Kapp-Putsch im März 1920 vor allem im Park von Herrenhausen ab.
Doch Kurt Schwitters, der vielfach bespöttelte "internationalste Kleinbürger der Welt", der "Dadaist im Bratenrock", stört auf seine Weise des Bürgers Ruhe nachhaltig. Seit einiger Zeit hat er eine Mitstreiterin und Hannover eine engagierte Bürgerin, die versucht, der Stadt kulturell auf die Sprünge zu helfen: Kate Steinitz.
"Gastgeberin, Künstlerin, Dame und Bohémienne in einer Person", schwärmt 1927 der spanische Literat Ernesto G. Caballero in seinen Reiseberichten in der "Gazeta Literaria" von Kate Steinitz. "12.302 Kilometer Kunst" hatte er auf den Spuren der Moderne in der Weimarer Republik kreuz und quer durch ganz Deutschland zurückgelegt. Und während einer Station seiner Reise, die ihn auch nach Hannover führte, hatte er ein Objekt seiner Begeisterung gefunden. Dort, auf dem einzigen Boulevard der Stadt, entwickelte sich die Wohnung der Familie Steinitz, die Belle Etage des großbürgerlichen "Haus Basse" auf der Georgstraße 34, zu einem Treffpunkt der internationalen Avantgarde. Hier machte der "Sturm"-Herausgeber Herwarth Walden seine Aufwartung ebenso wie die Konstruktivisten El Lissitzky und Laszlo Moholy-Nagy. Die Chanteuse Claire Waldoff fand sich ein, genauso Mary Wigman, die sich zuerst in Hannover dem modernen Ausdruckstanz verschworen hatte. Der Bauhaus-Lehrer Ludwig Hilbersheimer und die Architektin Lucy Otto-Hillebrand dachten dort über Neues Bauen nach. Raoul Hausmann und Kurt Schwitters trugen

---

1 Rainer Marwedel, Theodor Lessing 1872-1933. Eine Biographie, Darmstadt/ Neuwied 1987, S.206.

Lautgedichte vor. Der hannoversche Philosophieprofessor Theodor Lessing, der sich zu dieser Zeit mit antisemitischen, reaktionären Burschenschaftlern an der Technischen Hochschule auseinanderzusetzen hatte, kehrte gleichfalls mit Ehefrau Ada ein. Von der erlauchten Gästeschar legt ein mittlerweile berühmtes Gästebuch mit konstruktivistischen Zeichnungen und dadaistischen Collagen Zeugnis ab. Es zeigt, daß dort die "abstrakten hannover" tagten, jene internationale Avantgarde-Bewegung in Sachen Malerei, Architektur und Typographie, Kurt Schwitters Dada-Vorträge organisierte und sogar Tanznachmittage abgehalten wurden.
In den Metropolen waren Salons nicht mehr als das I-Tüpfelchen auf einer sowieso lebhaften kulturellen Szene. In Hannover dagegen war ein solcher Salon etwas Besonderes. Ein Ort, der das Vergnügliche mit dem Nützlichen verband, eine Drehscheibe, die den Kontakt zwischen Künstlern, Intellektuellen, Mäzenen, Offiziellen und Normalbürgern in Schwung hielt. Ein Relais für Impulse, die die vielen auswärtigen Besucher, aus dem Reich wie aus dem Ausland, mit sich brachten.
Nichts davon war im Jahre 1917 vorauszusehen, als es Kate Steinitz, die Initiatorin dieses Salons, mit Mann und Töchtern aus der Großstadt Berlin nach Hannover verschlug. *"Es war für mich höchste Zeit"*, schrieb sie später über ihren Umzug, der zum kleinen Ausbruch wurde. *"Ich kam aus Berlin, wo kurz vor dem Krieg mit dem Blauen Reiter, der Berliner Sezession und in vielen Galerien die starken Farben der Fauves und der Brücke eingezogen waren. Sowie Mann und Kind in der Wohnung installiert waren, suchte ich das graue Hannover nach Farbflecken ab."*[2]
Zu Farben besaß die 1889 im oberschlesischen Beuthen geborene Kate Traumann seit jeher eine starke Beziehung. Im Berlin des Wilhelminischen Kaiserreichs studierte die bis dahin wohlbehütete Tochter aus bürgerlichem Milieu, der Vater war Richter, Malerei. Bei Woelfflin hörte sie Vorlesungen über Kunstgeschichte. Damals sah sie die Südseebilder von Gauguin und die schrägen Arbeiten van Goghs. In den Malklassen des Berliner Künstlerinnenvereins erteilten ihr zwischen 1910 und 1912 Käthe Kollwitz Ratschläge und Hans Baluschek impressionistische Unterweisung. In den darauffolgenden zwei Jahren versuchte sie sich unter den Rundbögen der Berliner Eisenbahnbrücken als Schülerin von Lovis Corinth. Die Fauves und der Expressionismus waren in Mode gekommen. An den nicht nur damals weit verbreiteten Bazillus des wilden Strichs erinnerte sich Kate Steinitz später mit Selbstironie: *"Ich war die kleinste Schülerin, aber ich kompensierte das, indem ich große Leinwände benutzte. Sie nannten mich 'Haupt-Matador' und tatsächlich zerstörte ich die wunderbar weiße Malfläche mit wildgewordenen Pinselstrichen."*[3]
Von der ungestümen Bezwingerin der weißen Leinwand war nach der Heirat mit dem Arzt Dr. Ernst Steinitz im Jahre 1913 und der Geburt der ersten Tochter 1915 nicht mehr viel zu spüren. Kate Steinitz malte nun für den Hausgebrauch, überwiegend Kinderbilder, kleine friedliche Szenerien. Den Zeichnungen sah man die akademische Vorbildung an, doch hielten sie sich von der Radikalität der neuen Kunst weit entfernt. Steinitz' Kenntnisse der modernen Malerei schienen darin wie weggewischt. War das Studium in den "Malklassen für Frauen", z.B. bei Corinth, also

---

2 Kate T. Steinitz, Kurt Schwitters - Erinnerungen aus den Jahren 1918-1930, Zürich 1963, S.13.
3 Zit. u. übers. nach Kate Steinitz (Kat.), Art Gallery, California State College, San Bernadino 1982.

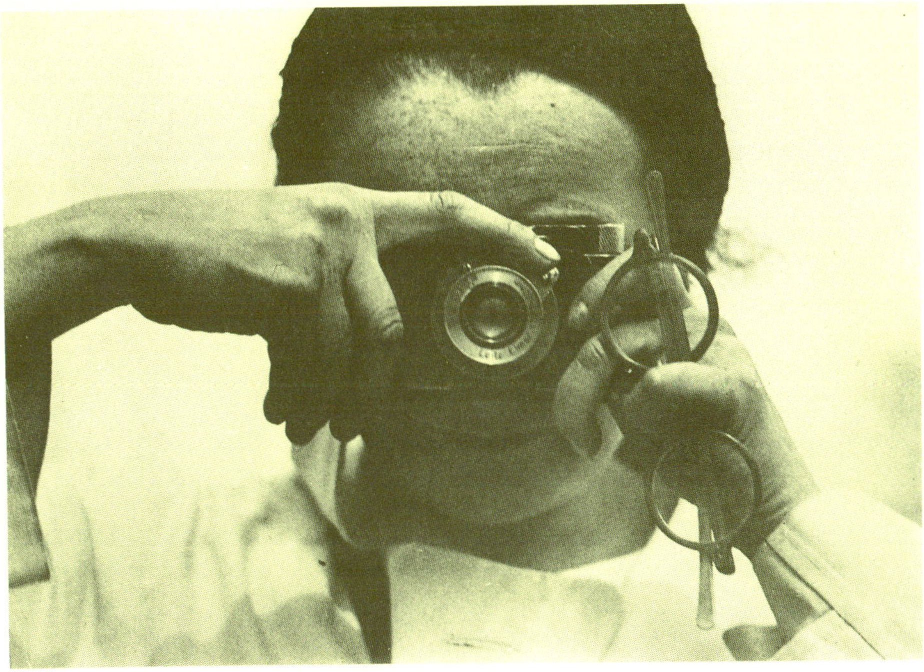

Abb. 26: Kate Steinitz. Selbstportrait, um 1928 - 1935

tatsächlich nicht mehr als eine *"durchaus gesellschaftsfähige Freizeitbeschäftigung für Töchter aus bürgerlichem Hause"*[4] gewesen?
Auf Vermittlung von Paul Erich Küppers, des Leiters der seit 1916 bestehenden hannoverschen Kestner-Gesellschaft, lernt Kate Steinitz Kurt Schwitters kennen. "Graf Merz" bringt Steinitz erst jetzt wieder allmählich die Spielregeln der Kunstmoderne nahe. Die hannoversche Druckerei Molling, in der beide gemeinsam ganze Nachmittage mit Drucklettern experimentieren, wird für Kate Steinitz zu einer "Hochschule der Typographie". Mehr als einmal erteilt ihr "Dr. Gustav Pfitzer" alias Kurt Schwitters in dieser selbst ernannten Lehranstalt vor Ort Nachhilfeunterricht. Aus einer solchen Arbeitssituation heraus entstehen gemeinsame Projekte. Der "Hahnepeter" zuerst, später "Die Märchen vom Paradies", das den "Hahnepeter" nochmals aufnahm, schließlich "Die Scheuche". Zentrale Gedanken des Konstruktivismus und der dadaistischen Erzählweise sind in diesem "typographischen Märchen" auf einfache Art angewandt. Aus Drucklettern und elementaren geometrischen Formen entstehen Figuren. Buchstaben werden groß, gewinnen an Eigenleben. Geschichten werden erzählt voller einleuchtender Paradoxien und subversiver Kraft. Im "Hahnepeter" lautet ein Satz: "wenn wo ne Schraube ist muss man auch daran drehn". Ein programmatischer Satz. Nicht nur für Kinder. Denn eine andere Redensart, ein Artefakt der alten wilhelminischen Obrigkeitsgesellschaft, bleute schon den Kindern ein, daß "solang das Deutsche Reich besteht, sich jede Schraube rechts rum dreht". Raoul Hausmanns oben erwähntes Diktum von der erwünschten Unruhe - hier wurde erkannt, daß jeder Richtungswechsel mit Bewegung beginnt.
APOSS - aktiv, paradox, ohne Sentimentalität und sensibel, ein Akronym steht seit 1924 für den eigens für die Veröffentlichung aller weiteren folgenden typographischen Märchen gegründeten Aposs-Verlag. Ein Motto, das den Maximen des Handelns wie des künstlerischen Schaffens sowohl Schwitters' wie Steinitz' durchaus entspricht. *"Ein wunderbares Motto"*, wie auch Kate Steinitz befindet, zumal sie die Signatur "Merz" als Label für die gemeinsamen Projekte ablehnt, schließlich sei, *"Merz doch ein absolut individueller Hut, der nur auf einen Kopf paßte"*.[5]
1925 wird der holländische De-Stijl-Konstruktivist Theo van Doesburg von den typographischen Märchen infiziert. "Die Scheuche" ist auch sein Werk, ein Versuch, die nur scheinbar elitäre moderne Kunst in den Dienst einer neuen, aufgeklärten Didaktik zu stellen. Die elementare Formensprache unterstrich dabei den klaren Blick auf die Wirklichkeit. Die verschnörkelte Phantasiewelt der bürgerlichen Märchen des 19. Jahrhunderts hatte mit solchen Märchen nichts mehr gemeinsam. Der Ruf lautete jetzt: APOSS statt Grimmsche Hausmärchen. Doch wieviel programmatische Radikalität ließ ein Alltagsleben überhaupt zu?
Nach ihren eigenen Aussagen beginnt Kate Steinitz, um die finanziellen Belastungen ihres Haushaltsbudgets durch ihre diversen künstlerischen Aktivitäten nicht weiter zu belasten, 1925 mit dem Schreiben für den "Hannoverschen Kurier", dessen Redaktionsräume gleich in ihrer Nachbarschaft untergebracht sind. Zwischen 1925 und 1932 schreibt sie über Gott und die Welt. Ihr Repertoire reicht von den "Briefen an die Frau" bis hin zu Berichten über das Bauhaus in Dessau. Überwiegend arbeitet

---

4 Kate Steinitz. Eine Dokumentation. (Kat.), Hannover 1989, S.32.
5 Steinitz, Erinnerungen, a.a.O., S.74.

sie fürs Feuilleton und für die Illustrierten Beilagen der hannoverschen Tageszeitungen, häufig für die Beilage "Die Frau", darüber hinaus aber auch für überregionale Zeitungen und Journale. Sie entwirft z.B. Porträtskizzen von Berliner Frauen wie Ada Beil, Betty Stern, Katharina von Kardorff-Oheimb oder Gertrude Baer und kommentiert Kabarettveranstaltungen der Künstlerinnengemeinschaft "Gedok" etwa so: *"Kabarettbomben platzten wohlgezielt mitten hinein in den geheiligten Bestand der hannoverschen Selbstgefälligkeit."* Den pathetischen Mief deutscher Schulaufsätze konfrontiert sie mit der unverblümten Frage: *"Und nun bitte ich um Gegenäußerung. Ist Karl der Große so lebendig wie ein Warenhaus, ein Fahrrad oder eine blühende Wiese?"* Buchrezensionen erscheinen, wie die über Axel Eggebrechts "Katzen", dessen eloquente Fertigkeiten sie lobt und dabei selbst fast an die Grenzen des sprachlichen Kunstgewerbes rutscht: *"Seine Darstellung springt vom Dachfirst zur Gosse, von der warmen Ofenbank zum grausen Wasserpfuhl an der Front. Sein blitzschnelles Weberschiffchen zieht zwischen allen Katzenetymologien ... glänzende Fäden aus seidenem Katzenhaar."* Steinitz schreibt zusammen mit Friedrich Vordemberge-Gildewart über die "abstrakten Künstler", aber ebenso über "Stadtbad und Butterbrotpapier". Ihre unübertroffene Laudatio auf das französische Äquivalent zur deutschen Lederhose hat auch heute noch Bestand: *"Die Baskenmütze mußte kommen. Man hat mit dieser Mode den Nagel auf den Kopf geschlagen."* Sie moralisiert etwas in ihren kleinen Prosaarbeiten wie "Warten" oder "Der verhinderte Dichter" oder "Liebe" oder "E.W.A.G.".

Aber ihr wahres Steckenpferd ist und bleibt das Automobil. Sie skizziert immer wieder die neue "Frau am Steuer" in "Panne" oder ein "Auto fürs Wochenende". 1925 und 1926 beklagt sie sich über die für Automobilisten schwierige Verkehrssituation in der hannoverschen Innenstadt: "Fahrerleiden in Hannover" und "Ein Autounglück ist zu verhindern! Die Windmühlenstraße muß Einbahnstraße werden". "Die Damenfahrerin" erscheint 1927 gleich viermal in überregionalen Tageszeitungen. In den Illustrierten Beilagen erscheinen ihre "Auto"-Artikel häufig flankiert von Abbildungen elegant gekleideter Flappers, unter solchen Fotos steht etwa demonstrativ: "Sie fahren ohne Männer". In ihrer Sprache oszillieren, ironisch gebrochen, die Begeisterung für eine vorher nicht gekannte Mobilität, aber ebenso traditionelle, klischeehafte Frauenbilder. Die Grenze zwischen Unterhaltungsschreibe und essentiellen Ansichten ist dabei schwer zu ziehen und Augenzwinkern und feine Ironie sind im Text inbegriffen:

"Das Autofahren der Dame ist eine schöne, aber auch ernste Sache, durchaus keine Spielerei. Selbst die schöne Frau im schönheitspreisgekrönten Wagen muß dauernd aufpassen. Im Straßengewühl geht es immer um Sekunden. Darum ist das Fahren eine Schule der Frauen, eine Lebenserziehung. Gewandt sein in der kritischen Situation bei Kröpcke, geistesgegenwärtig ruhig und vollendet liebenswürdig angesichts des weltenlenkenden Schupos."[6]

Was Kate Steinitz hier beschwört, ist nicht so sehr eine allgemeine Freiheit aller Frauen dieser Zeit. Das Autofahren blieb ein Privileg für wohlhabende Frauen der oberen Schichten. Aber als Vorstellungsbild verschafft sich "Die Dame am Steuer"

---

6 "Die Dame am Steuer", Illustrierte Beilage 1928. Dieser und die folgenden Zeitungsartikel sind Kate Steinitz' eigener Sammlung ihrer veröffentlichten Artikel entnommen. Der Band mit diesen Artikeln befindet sich im Kurt Schwitters-Archiv der Stadtbibliothek Hannover. Nicht alle Artikel darin sind datiert.

in den zwanziger Jahren in den Köpfen der Leser und Leserinnen, der Kinobesucher und -besucherinnen energisch Platz. *"Die motorisierte Frau wird zu einem Symbol für technisch-gesellschaftlichen Fortschritt, der ihr mehr Mobilität erlaubt"*, so Elke Kupschinsky über die neue, meist ideelle Beziehung zwischen Frau und Automobil.[7]

Eine andere Facette der "Neuen Frau" karikiert Steinitz in ihrer kleinen Prosaarbeit "E.W.A.G.",[8] "Ewig weiblich A.G.". Sie erzählt darin die Geschichte eines Mannes, der der Kategorie "Direktor" angehört. Vom obligatorischen Chauffeur in einer großen Limousine über den Kurfürstendamm gefahren, wird dem Mann schlagartig zum ersten Mal der Flapper, ein eigentlich schon zu diesem Zeitpunkt nicht mehr nur auf die deutsche Metropole Berlin beschränktes Phänomen, augenfällig, das ihm sogleich uniformiert erscheint, ihn irritiert und Verschwörung wittern läßt: *"Alle Damen trugen die glühende Blume. Es war so eine Art Vereinsabzeichen, eine Kokarde. Der Herr Doktor seufzte: 'Alle Frauen haben sich organisiert! Schöne Zustände sind das in der Republik'!"*[9] Der Schrecken sitzt tief, währt aber nur kurz. Der tüchtige Geschäftsmann weiß diese neue "Erscheinung" sofort zu kompensieren, er will sie für seine Geschäfte nutzen. In einer Mischung aus Protokoll und innerem Monolog hält er stichwortartig seine Pläne fest: *"Beteiligung. Blumenzauber am Kurfürstendamm. Filialgemeinschaft mit großartigem internationalen Unternehmen E.B.A.G. (nach Begründerin, berühmter Eva!) oder E.W.A.G. (Ewig weiblich A.G.). Ist wohl ein und dasselbe. Jedenfalls feine alte Sache in neuer Aufmachung. Hat jetzt sogar Uniform angelegt."*[10]

Rationalisierungsmaßnahmen in den Betrieben der Städte, der Ausbau des Dienstleistungssektors machten aus den Frauen ein Heer von Angestellten. Berufstätigkeit gehörte zum Bild der sogenannten "Neuen Frau". Die Zeiten hatten sich geändert. So wie früher, im Wilhelminischen Reich mit seinen halbwegs geschlossenen lebensweltlichen Konventionen, wurde es nie mehr wieder. Die Frauen vor dem Ersten Weltkrieg hatten anderen Rollen in der Öffentlichkeit entsprochen. Jetzt wurde langsam umdisponiert: *"Das neue propagierte Frauenbild unterscheidet sich sowohl in der inneren Einstellung als auch in der äußeren Erscheinung von den Bildern der Vorkriegszeit (z.B. Backfisch, Hausmütterchen, Blaustrumpf, alte Jungfer, Kokotte), präsentiert Sachlichkeit, Tapferkeit, Jugendlichkeit, meist Erwerbstätigkeit, auf jeden Fall immer große Geschäftigkeit."*[11]

Etwas verspätet also bemerkt ein Mann aus den besseren Kreisen in Kate Steinitz' Artikel "E.W.A.G.", daß sich die Frauen der Weimarer Republik geändert haben. Er erkennt die Zeichen einer gewandelten Zeit, nicht um darüber zu lamentieren, sondern um sie zu nutzen. So wird die "glühende Kokarde" zur Insignie einer Emanzipation, die an der Oberfläche verharrt. Um Karriere zu machen, bleibt der "Neuen Frau" der zwanziger Jahre häufig nur der Einsatz ihrer ganzen Person, also

---

7 Elke Kupschinsky, Die vernünftige Nephertete. Die "Neue Frau" im Berlin der 20er Jahre, in: Die Metropole, hrsg. v. Jochen Boberg u.a., München 1986.

8 Hannoverscher Kurier v. 18.12.1926.

9 "E.W.A.G.", ebd. Steinitz schrieb diesen Artikel unter dem einen ihrer beiden Pseudonyme Annette Nobody.

10 Ebd.

11 Kupschinsky, a.a.O.

auch ihres Körpers. *"Gerade, wenn sie aufsteigen will, kann der Einsatz der 'Weiblichkeit der neuen Frau' neben Vor- und Ausbildung zur Erreichung dieses Ziels entscheidend beitragen"*, so noch einmal Elke Kupschinsky.
Auch für diese Art von Berufstätigkeit steht "die glühende Blume" in Kate Steinitz' Geschichte. Ein Accessoire weiblicher Mode mutiert zu einem politischen Symbol. Die Subversivität dieser totalen Erscheinung verunsichert Männer aber nicht wirklich und nicht so sehr, als daß sie nichts mit ihr anzufangen vermögen. Bei allen guten Eigenschaften des neuen Frauentyps, so lautet daher die Botschaft der Autorin von "E.W.A.G.", bleibt ein bitterer Rest: die äußerliche Emanzipation der Frauen in den zwanziger Jahren ist vor allem als Ware verkäuflich.
Einen anderen Teil des neuen propagierten Frauenbilds kritisiert Steinitz 1926 in einer anderen Kurzgeschichte, die "Liebe"[12] heißt. Trotz aller plakativen Geschäftstüchtigkeit blieben viele Frauen in Formen der Opferbereitschaft erstarrt. Die Geschichte geht so: Tüchtige Geschäftsfrau liebt ihren Kompagnon, der schließlich eine andere, weniger emanzipierte Frau heiratet. Die selbständige Geschäftsfrau spült ihren privaten Mißerfolg mit Konvention herunter, eine Verhaltensweise, die Steinitz in "Liebe" in der Maske einer Briefkastentante attackiert. *"Warum sprach Fräulein Anni Weber sich nicht darüber aus? Warum handelte sie wie oben beschrieben, gratulierte höflich, wenn auch leicht ironisch, machte einen korrekten Besuch, ein hochanständiges Verlobungsgeschenk und zeigte sich in heiterer Unterhaltung, freundschaftlich untergefaßt, mit der reizenden Braut in der Stadt. Wir können ihr nicht glauben, daß sie sich wirklich über die Verlobung ihres Kompagnons freute."*[13]
Fräulein Anni Weber schließlich wandert nach Amerika, ins Land der scheinbar unbegrenzten Möglichkeiten, aus.
Die Frauen dieser Zeit, so hätte Kate Steinitz gedacht haben können, sind zwar formal und äußerlich emanzipiert, stehen im Geschäftsleben ihre Frau und entsprechen dem modernen Frauenimage mit Schminke, kurzem Rock und Bubikopf, sind aber nichtsdestotrotz häufig innerlich unemanzipiert. Sie dagegen ist die Ehefrau eines Arztes und hat drei Töchter, aber ihr Engagement für das Kulturleben der Stadt, in der sie lebt, läßt sie sich nicht nehmen. Zu ihren sogenannten typisch weiblichen Eigenschaften steht sie mit ganzer Unverblümtheit. Fast schon eine Anekdote: Mit Nelly und Theo van Doesburg und Kurt Schwitters spinnt sie beim Sonntagnachmittagskaffee neue Ideen aus, nicht ohne im biographischen nachhinein ihrer "silbernen Großmutterkanne" zu gedenken, in der sich die ganze friedliche Szene einer Bratenrock-Bohéme spiegelt.[14] Häufig wirkt sie zudem bewußt harmonisierend oder macht dort weiter, wo andere aufhören. Der technische Direktor der städtischen Bühnen Kranich läßt von ihr seine Dichtungen für das "Fest der Technik" beenden, weil er selbst nicht zu Rande kommt: "Kätchen, ich sitze fest". Eher scheu wird die ansonsten quirlige, energiegeladene Frau, wenn es gilt, sich in der Öffentlichkeit wohlverdiente Lorbeeren abzuholen. Als der hannoversche Mäzen

---

12 "Liebe", Hannoverscher Kurier v. 14.11.1926, Literarische Beilage.

13 Ebd.

14 Steinitz, Erinnerungen, a.a.O., S. 80, s. a. S.133. Die Kaffeekanne als Requisit taucht in einer Collage von Schwitters und Theo v. Doesburg im Gästebuch (Stichwort "Quadratfrack") auf: "...ausgeschnitten schwebt links und rechts im Raum unsere Kaffekanne, silbern gewölbt nahe <dem> Frackärmel...".

Beindorff "die berühmte Kate Steinitz" auf dem Künstlerball "Zinnoberfest" 1928, das sie maßgeblich mit organisiert hatte, endlich einmal kennenlernen möchte, ist sie - verschwunden.
Jene Worte, die Kate Steinitz in ihren Porträts von Berliner Frauen über Katharina von Kardorff-Oheimb findet, lassen sich auf dem Hintergrund ihrer eigenen Einstellungen und Verhaltensweisen wie ihr eigenes Motto lesen: *"Die große Frau von Welt überdeckt niemals den beweglichen Kern einer äußerst warmen menschlichen Lebendigkeit, die temperamentvolle drastische Art des Zupackens wird niemals formlos bei einer klugen Frau, die im besten Sinne große Dame ist."*[15] Aus heutiger Sicht stellen Steinitz' journalistische Arbeiten Belege für die Ambivalenzen einer Frau zwischen den Stühlen, zwischen Familie und Beruf, zwischen Privatheit und Öffentlichkeit dar. Kate Steinitz wird diese Ambivalenzen nicht als Problem gesehen haben. Die Ungereimtheiten und Abstriche ihres eigenen Engagements federte sie mit dem Entwurf eines Frauenbildes ab, das sie mit Qualitäten wie Patentheit, Tüchtigkeit, Bescheidenheit spickte[16] und mit einer Phantasmagorie von der "großen Frau von Welt" versah.

Es mag am Medium Fotografie liegen, das durch seinen instrumentellen Charakter Originalitätszwänge aufhebt und dadurch eine unbelastetere Verarbeitung von Realität und Eindrücken als Malerei ermöglichen kann: Seit 1924, "dem Jahr, in dem sie sich einen eigenen Fotoapparat kaufte",[17] machte Kate Steinitz Fotos, die zeigen, daß sie trotz aller schwer zu übersehenden Einflüße (etwa vom Bauhaus, Moholy Nagy oder Naum Gabo) zu einem sicheren Umgang mit diesem künstlerischen Medium kam, das sogar ihr Motivprivatissimo trug. Bleiben Steinitz' Malerei und Zeichnungen eher blaß - auf diesem Gebiet vermag sie zu überzeugen. Ein nicht genau zu datierendes Selbstporträt besitzt hier eine besondere Aussagekraft: vor dem Gesicht hält Steinitz Dinge, die zu einem scharfen, unbestechlichen Blick verhelfen, einen Fotoapparat und eine Brille.
"Immer rin in den Zinnober, immer knüppeldicke rinn", diese Fanfare erscholl Anfang Januar 1928 durch Hannover, eine Einladung zum Zinnoberfest, Kate Steinitz mittendrin. Walter Serner und Christian Schad hatten 1920 in Genf zum "Grand Bal Dada" mit Jazz-Orchestern geladen. Die Zeitschrift "Der Dada" vom April 1920 demonstrierte die Affinität des Dada zum Tanz. In Berlin wurde ein "Dada-Trott" kreiert. Das Bauhaus in Weimar feierte ebenfalls regelmäßig Feste. Mit Ausnahme von Kandinsky und Klee tanzte dort das ganze Institut. Große Vorbilder also - und ein Gesamtkunstwerk auf alltäglicher Ebene sollte das Zinnoberfest nach dem maßgeblichen Willen der beiden Hauptorganisatoren Steinitz und Schwitters auch sein. Dementsprechend gab es am Abend des 7. Januar im Konzerthaus an der Goethe-Brücke nichts, was von der Gestaltung ausgeklammert worden wäre. In mit tausen-

15 "Berliner Begegnungen", Hannoverscher Kurier v. 1.4.1930, Beilage "Die Frau".

16 Dieser Selbstentwurf hält sich bis zu ihrem hohen Alter hinein. Nach ihrem Tod am 7.April 1975 in Los Angeles schreibt der Freund William A. Emboden diesen Entwurf weiter. Emboden zitiert Jake Zeitlin: "Kate strahlt wie eine Nova an einem Himmel voll leuchtender Sterne. Sie betritt dein Leben nicht allmählich, sondern explodiert hinein und bleibt danach für immer eine stimulierende, unterhaltsame, bildende, treibende Kraft, die niemals versiegt", in: Steinitz, Dokumentation, a.a.O., S.24.

17 Frank G. Kurzhals, in: Ebd., S.50.

den Metern roten Nessels ausgeschlagenen Räumen spielten auf verschiedenen Etagen zwei Tanzorchester. Eine fünfeinhalb Meter hohe Festgöttin thronte inmitten der Tanzfläche, "mit Brüsten, an denen man schaukeln konnte". Die Schüler Rudolf von Labans führten Zeitlupentänze vor. Kurt Schwitters gab den Zinnoberschlager zum besten. Von Walter Gieseking stammte dafür die Vertonung. *"Gegen 1/2 10 Uhr hagelten von der Empore Salven kleiner Zelluloidbällchen auf die Tanzenden. Immer wieder prasselte es, wie aus Mulden geschüttet, springend und kling-klingend durcheinander"*, begeisterte sich ein Reporter.[18] In Großstädten wie Berlin oder Hamburg waren Zinnoberfeste nichts Ungewöhnliches. Künstler gaben den besseren Bürgern ein Stelldichein. Großstädtisch und originell hatten sie zu sein. So etwas kam Hannover gerade recht, der Stadt, die "eine große Stadt wurde, ohne eine Großstadt zu sein". Ein Hauch von dem, was man sich unter Berlins ach so aufregendem "Tanz auf dem Vulkan" imaginierte, wehte an diesem fast schon programmgemäß zur Saaltür herein, als sich "Schieber und Nutten unter die Künstler und Mäzene mischten".[19]

Weniger als ein Jahr später aßen 3500 Besucher Rehbraten und Fürst-Pückler-Eis auf dem "Fest der Technik", ebenfalls ein Ergebnis der Zusammenarbeit von Steinitz/ Schwitters, diesmal im Verbund mit dem Direktor der städtischen Bühnen, Kranich. Am 20. Dezember 1928 war es in der hannoverschen Stadthalle soweit. Aber während das turbulente Zinnoberfest von einem alltäglichen Charme lebte, erinnerten die monumentalen Aufzüge des "Fests der Technik" an die Materialschlachten von Verdi-Opern. *"Was für ein buntmixtes Zehnfruchttheater!"* bemerkte dennoch der Berichterstatter des Hannoverschen Kuriers über die Revue, in der sich alles um Taylorisierung und Technisierung drehte. *"Man sprach damals viel vom Gesamtkunstwerk"*, resümierte Kate Steinitz später. *"Jeder Zoll des Raumes, Bühne und Zuschauerraum sollten aktiviert werden. Licht spielte eine Rolle, gleichgeordnet dem Menschen, dem Wort und dem Ton. Alles drehte sich gegeneinander. Auch der Zuschauerraum rotierte."*[20]

Allen Bemühungen um das Gesamtkunstwerk auf allen Ebenen des (fest)täglichen Lebens zum Trotz - Dada wurde im Verlauf der zwanziger Jahre salonfähig, Festklamauk. Unter den Gästen stellte Kate Steinitz damals eine bezeichnende Tendenz zur Verbürgerlichung fest: *"Da ist ein Major, ein Oberregierungsrat, die 'gute Gesellschaft' von Hannover."*

Nur wenige Jahre später macht eine andere "gute Gesellschaft" der kulturellen Libertinage den Garaus. Künstler wie Kurt Schwitters werden gebranntmarkt. Seine Collagen hängen in der Ausstellung "Entartete Kunst". 1935 wird auch die Jüdin Kate Steinitz mit einem Veröffentlichungsverbot belegt. Aber erst 1936 verläßt die Familie ihr letztes Domizil in der hannoverschen Hindenburgstraße und geht nach Amerika. Von dort aus kümmert sich Kate Steinitz um Schwitters, der zuerst nach Norwegen emigriert, schließlich 1941 in England landet. Sie versucht, für ihn Kon-

---

18 Zinnober. Zinnober. Vom Künstlerfest im Konzerthaus am 7. Januar, in: Hannoverscher Kurier v. 9.1.1928. Autor des Artikels ist Dr. Weinsheimer alias Kurt Schwitters, ein Künstler mit vielen Namen. S. a. Kurt Schwitters-Almanach 1984, hrsg. v. Sabine Guckel u. Michael Erlhoff, Hannover 1984, S.125-128.

19 Marianne Prohl, in: Die 20er Jahre in Hannover, hrsg. v. Henning Rischbieter, Hannover 1962, S.151.

20 Steinitz, Erinnerungen, a.a.O., S.103.

takte herzustellen, bemüht sich um Stipendien, muntert auf, schickt Care-Pakete und versucht, Affidavits zu beschaffen, jene begehrten Einreisepapiere, die für die Verfolgten des Nazi-Regimes oft genug das Alles oder Nichts bedeuteten. Hitlers Armee steht vor Norwegen - Schwitters frozzelt, Galgenhumor, er schreibt an Kate Steinitz, die er um die notwendige Bürgschaft für die Einreisepapiere bittet: *"Man nennt das Aquavit oder Affidewit oder so ähnlich"* und *"ich las den Text der Drucksache durch, was alles der Garant unterschreiben soll. Das ist bei Gott ein Witz, ein Affidawitz."*[21] 1941 sitzt Schwitters im Internierungslager im englischen Hutchinson. Seine Haut hat er gerettet. Nun bittet er seine alte Freundin in Los Angeles um typisch amerikanische Druckerzeugnisse, "um sich", wie er sagt, "ein Bild zu machen". Steinitz schickt ihm u.a. auch Comics und Schwitters macht sich ein Bild. Er collagiert mit Comics. Diese Klebebilder gerieren zu Vorläufern der Popart, zu Vorbildern der Arbeiten von Jasper Johns und Robert Rauschenberg. In einer der wichtigsten Collagen aus jenen Tagen steht eine schöne Frau im Mittelpunkt, wie sie nur in der Phantasiewelt der Comics vorkommt. Die Collage heißt: For Kate.

---

21 Kurt Schwitters, Wir spielen, bis uns der Tod abholt. Briefe aus fünf Jahrzehnten, hrsg. v. Ernst Nündel, Frankfurt/ M./ Berlin 1975, S.158.

Martina Jung und Martina Scheitenberger

Aenne Heise (1895-1986)
Eine Fotografin in Hannover

Aus dem Wunsch heraus, Begegnungen festzuhalten, wurde im späteren Verlauf von Aenne Heises Leben eine fünfzigjährige selbständige Tätigkeit als Fotografin. In hannoverschen Zeitschriften, Ausstellungskatalogen, Publikationen und Reklamen - überall sind Fotos von Aenne Heise zu finden. Sie begann in einer Zeit zu fotografieren, in der andere "höhere Töchter" in die höhere Töchterschule gingen und sich im Anschluß auf die Ehe vorbereiteten.

Über ihr Leben zu schreiben, bedeutete, sich auf eine Spurensuche zu begeben, die sich als äußerst schwierig erwies. Nach ihrem Tod im Jahre 1986 ist ihr schriftlicher Nachlaß in alle Winde verstreut. Gespräche mit Menschen, die Aenne Heise kannten, bilden daher für die Erstellung dieses Portraits eine wichtige Grundlage. Der umfangreiche fotografische Nachlaß liegt, auf Bestreben von Aenne Heise selbst, im Historischen Museum am Hohen Ufer in Hannover.[1]

Besonders über die ersten Lebensjahre bis zu ihrer Ausbildung als Fotografin ist außer ein paar Daten wenig zu erfahren. Aenne Heise selbst sprach kaum über ihre Kindheit, die vom frühen Verlust ihrer Eltern geprägt war. Sie wurde am 9. April 1895 mit dem Namen Anna Dorette Frieda Johanna Heise in Gandersheim geboren. Ihr Elternhaus gehörte der gehobenen bürgerlichen Schicht an. Nach dem Tod der Eltern wechselte sie häufig ihren Wohnort, sie lebte zwischen 1911 und 1922 bei Verwandten in Celle, Braunschweig und Berlin. Nach dem Besuch einer städtischen höheren Mädchenschule in Gandersheim interessierte sich Aenne Heise beruflich zunächst für die Krankenpflege.[2] Während des Ersten Weltkrieges arbeitete sie als Lazaretthelferin und Laborantin in mehreren Krankenhäusern in Berlin und Braunschweig. Nach dem achtmonatigen Besuch einer "Bakteriologisch-chemischen Lehranstalt für Damen" in Berlin, an der sie auch in Mikrofotografie unterrichtet wurde, ging Aenne Heise 1917 in ein Lazarett nach Lüttich.[3] Seit dieser Zeit nannte sie sich Aenne. Hier in Lüttich entstanden die ersten Fotografien, zunächst jedoch mehr aus dokumentarischem als künstlerischem Interesse.[4] Doch schon kurz darauf entschloß sie sich, nach achtjähriger Tätigkeit im Krankenpflegebereich, eine zweite Ausbildung zu machen.

Mit dem Wunsch, "künstlerische Fotografie" zu erlernen,[5] begann Aenne Heise im Oktober 1918 eine Ausbildung als Fotografin an der damaligen Gewerbeschule in Braunschweig. Zu diesem Zeitpunkt befanden sich die künstlerischen Abteilungen an der Schule noch im Aufbau. Die Gewichtung bei den Ausbildungsklassen lag in den handwerklichen Zweigen wie etwa im Baugewerbe und in den Bereichen Keramik, Goldschmiede, Glaserarbeiten, Dekorieren, die unter dem Sammelbegriff

---

1 Der fotografische Nachlaß, nunmehr seit fünf Jahren in Besitz des Historischen Museums am Hohen Ufer in Hannover, wurde im Sommer 1992 inventarisiert.

2 Zeugnisse und andere Dokumente 1907 bis 1918: Schriftlicher Nachlaß Aenne Heise (NL-Heise), Privatbesitz Wundermann.

3 Bescheinigung des Königslazaretts 2 in Lüttich, Februar 1919, NL-Heise, a.a.O.

4 Ursula Bode, in: Aenne Heise. Vom Schatten zum Licht. 50 Jahre Fotografie. Ausstellungskatalog der Handwerksform Hannover, Hannover 1985, Einführung, o.S.

5 Ebd., o.S.

"schmückende Berufe" gefaßt waren.[6] Aenne Heises Zeugnis zeigt, daß sie an dem Aufbau der fotografischen Klasse selbst beteiligt war: *"Fräulein Anna Heise hat während sechs Monaten für Unterrichtszwecke photographische Arbeiten selbständig ausgeführt und dabei Verständnis, Geschmack und Können in höchst beachtlichem Maße bewiesen. Sie war mir in dieser Zeit eine nahezu unentbehrlich gewordene Hilfskraft beim Aufbau unseres Schulbetriebes. Der Direktor Rudolf Curdt."*[7]
1919 wechselte Aenne Heise von Braunschweig an die Kunstgewerbeschule in Hamburg am Lerchenfeld. Für diese Entscheidung sind ihre Gründe nicht bekannt, doch war die Hamburger Schule wesentlich mehr auf eine künstlerische Ausbildung ausgerichtet und sehr beliebt aufgrund ihrer guten Werkstätten.[8] Der Direktor Richard Meyer stand für die Überzeugung, daß alle Fachrichtungen in eine Art Gesamtkunstwerk verbunden werden sollten. Er strebte eine Vernetzung der einzelnen Klassen, ein Ineinandergreifen der Künste "unter den Flügeln der Baukunst" an.[9] So bekamen die Schüler und Schülerinnen Einblicke in andere Sparten an ihrer Schule. Die Jahre 1919 bis 1922, in denen Aenne Heise dort lernte, bedeuteten für die Schule Umbruchjahre. Lehrende, die unterschiedliche Kunstrichtungen vertraten, Anhänger und Anhängerinnen der traditionellen Stile des 19. Jahrhunderts, Verfechter und Verfechterinnen des Jugendstils und des Expressionismus unterrichteten, diskutierten und stritten über ihre verschiedenen Kunstauffassungen.[10]
Aenne Heises Lehrer, Johannes Grubenbecher, zählte Anfang der zwanziger Jahre noch zu den Vertretern der impressionistischen Fotografie mit ihren malerischen Tendenzen und weichen Konturen. Die Schülerarbeiten aus der Zeit spiegeln dies wider. Häufige Motive waren Portraits und Landschaften. Jüngere Arbeiten zeigen, daß sich Johannes Grubenbecher von keiner stilistischen Tendenz vereinnahmen ließ, sondern für neue Richtungen, die sich um ihn herum entwickelten, offen blieb.[11] Diese Offenheit gegenüber neuen Techniken und Strömungen zeigt sich bei Aenne Heises Arbeiten. Der Grundstock dafür wurde in Hamburg gelegt. Ihr Zeugnis und ihr Gesellenbrief belegen die vielseitige Ausbildung in allen in der damaligen Praxis vorkommenden Arbeiten. Bildnis-, Landschafts-, Architektur- und technische Fotografie sowie Reproduktionsverfahren von Gemälden und Zeichnungen gehörten zu dem umfangreichen Repertoire an Unterrichtsinhalten. Sie lernte verschiedenste Positivverfahren, z.B. Silberentwicklung, Bromöl- und Öldruckverfahren.[12] Über die handwerklich fundierte Ausbildung hinaus gingen die Ereignisse in der Stadt Hamburg mit ihren "Großstadtgewächsen" der beginnenden zwanziger Jahre und den berühmten Künstlerfesten, die die Kunstgewerbeschule am Lerchenfeld jährlich veranstaltete,[13] nicht spurlos an Aenne Heise vorbei.

---

6 Bericht über die städtische Fortbildungs- und Gewerbeschule zu Braunschweig 1906-1911.

7 Zeugnis von Aenne Heise, Städtische Gewerbeschule zu Braunschweig, 1.2.1921, NL-Heise, a.a.O.

8 Susanne Harth, Werkstättenunterricht und Gesamtkunstwerk, in: Nordlicht. 222 Jahre. Die Hamburger Hochschule für bildende Künste am Lerchenfeld und ihre Vorgeschichte, Hamburg 1990, S.57-70.

9 Ebd., S.60.

10 Ebd., S.69f.

11 Kilian Breier, Photographie, Fotografik und visuelle Kommunikation. Eine Auswahl von Projekten der Fotoklassen, in: Nordlicht, a.a.O., S.284.

12 Zeugnis von Aenne Heise, Staatliche Kunstgewerbeschule Hamburg, 13.1.1923; Gesellenbrief von Aenne Heise, Gewerbekammer Hamburg, 23.3.1921, NL-Heise, a.a.O.

13 Christian Weller, Die zwanziger Jahre am Lerchenfeld. Vom expressionistischen Aufbruch zur Zigarettenreklame, in: Nordlicht, a.a.O., S.154f.

Als Frau eine "Fotografenausbildung"?

Als bürgerliche Frau eine Fotografinnenausbildung zu absolvieren, war an der Hamburger Kunstgewerbeschule keine Seltenheit. Auch in anderen Fächern, vorwiegend in klassischen Frauensparten wie Textilhandwerk, bildete die Schule seit längerem Frauen aus.[14] An Ausbildungsstätten wie dem Berliner Lette-Verein und in fotografischen Ateliers wie dem von Sophia Goudstikker und Anita Augspurg in München (Atelier Elvira) oder Elsbeth Gropp in Köln, um einige Beispiele zu nennen, konnten Frauen in dieser Zeit das Fotografinnenhandwerk erlernen.[15] Für den frühen Zugang von Frauen zu diesem Ausbildungszweig existieren verschiedene Erklärungsversuche. Hier sei nur einer genannt. Die Fotografie galt seit Ende des 19. Jahrhunderts als ein typischer "Frauen-Anlernberuf mit kunsthandwerklichem Charakter".[16] Der Begriff Kunsthandwerk sammelte auch andere stark von Frauen besetzte Bereiche, man denke an den bereits erwähnten Zweig des Textilhandwerks. Frauen konnten sich hier betätigen, da die kunsthandwerkliche Arbeit nicht als "wesensfremd" angesehen wurde. Aenne Heise war durch ihr Fotografinnendasein also keine Exotin, sondern reihte sich in einen Trend ein, der allerdings von Frauen "aus bürgerlichem Hause" repräsentiert wurde. Ungewöhnlich verlief ihre Ausbildung jedoch insofern, als sie gemeinsam mit Männern in einer Klasse lernte. Bereits zu Aenne Heises Zeit existierten an der Hamburger Kunstgewerbeschule gemischte Klassen. Der damalige Direktor Meyer hatte sich schon früh dafür ausgesprochen, daß Frauen Ausbildungsmöglichkeiten an seiner Schule erhalten sollten. Er plädierte für die Einrichtung gemischter Klassen und setzte dies auch rasch durch. Jedoch zweifelte auch er nicht an der weit verbreiteten Auffassung, daß Frauen an sich untalentierter seien. Sie könnten lediglich Männer in der gemeinsamen Ausbildung zu einem "taktvollere<n>" Verhalten führen. Männer könnten so Einblicke in häusliche Lebensbereiche gewinnen, die für das spätere Berufsleben, z.B. bei der Ausgestaltung von Wohnräumen, wichtig seien.[17] Trotzdem waren an der Hamburger Schule Frauen hauptsächlich in den Textilklassen anzutreffen. Nach ihrer Ausbildung sollten sie eher als Lehrerinnen denn als Künstlerinnen, "womöglich als selbständige", arbeiten.[18] Aenne Heise war offenbar anderer Auffassung. Nachdem sie 1922 die Kunstgewerbeschule verlassen hatte, ging sie nach zweijährigem Aufenthalt in Braunschweig und Lauenstein nach Hannover und machte sich 1924 selbständig.[19]

Anfänge in Hannover

Das Adreßbuch der Stadt Hannover von 1924 führt unter der Rubrik "Photographische Ateliers" 56 Namen auf, 1925 sind es bereits 72, darunter eine

---

14 Susanne Harth, Frauenstudium. Die Werkstätte für weibliche Handarbeiten, in: Nordlicht, a.a.O., S.110-122.

15 Rolf Sachsse, Eine deutsche Fotografin, in: Ruth Hallensleben. Frauenarbeit in der Industrie, Berlin 1985, S.74.

16 Sachsse, a.a.O., S.74.

17 Harth, a.a.O., S.112ff.

18 Ebd., S.120-123.

19 Stadtarchiv Braunschweig, DT 12 280; Stadt Hannover, Ordnungsamt; Handwerkskammer Hannover.

Frau.[20] Man kann sich vorstellen, daß es sehr schwer gewesen sein muß, den Wunsch, selbständig zu arbeiten (Aenne Heise: "Ich mußte immer frei sein!")[21], zu realisieren. In einem Aufsatz über die Fotografin Ruth Hallensleben, die in den dreißiger Jahren mit Industriefotos bekannt wurde, schreibt Rolf Sachsse: *"Junge Frauen, die ... ihre Ausbildung absolviert hatten, konnten jedoch kaum mit einer reellen Chance auf beruflichen Erfolg rechnen. Eventuell richtete ihnen der Vater oder ein Ehemann das Atelier für Gesellschaftsportraits ein, aber nur selten konnten sich Fotografinnen gegen die männliche Konkurrenz durchsetzen."*[22] Aenne Heise hatte keinen Ehemann oder Vater, dessen Vermögen sie abgesichert hätte; sie war darauf angewiesen, ihren Lebensunterhalt durch Berufstätigkeit zu bestreiten.

Ein Auftrag aus der Industrie ermöglichte ihr, in Hannover Fuß zu fassen und die finanzielle Lage ihres Eine-Frau-Ateliers zu konsolidieren: Von Juni 1924 bis März 1927 arbeitete sie bei Günther Wagner (Pelikan) als selbständige Fotografin und fotografierte Firmenprodukte, Plakate, Innenräume und Schaufensterdekorationen.[23] Die Portraitfotografie war der Bereich, in dem es Frauen am ehesten gelang, erfolgreich zu arbeiten. Aenne Heise machte in ihrem Atelier selbstverständlich auch Portraits, da diese eine wichtige Einkommensquelle darstellten. Ihre Vorlieben lagen aber wohl schon früh auf anderen Gebieten.[24] Dies bedeutete keinesfalls, daß sie auf die Portraitarbeit weniger Sorgfalt verwandte. In ihrem Nachlaß findet sich insbesondere aus der Anfangszeit ihrer Arbeit eine beträchtliche Zahl von Kinder- und Erwachsenenportraits. Diese sind sowohl nach den bis in die zwanziger Jahre hinein gebräuchlichen, aufwendigen Verfahren (wie z.B. Bromöldruck) als auch nach modernen Labortechniken hergestellt. Ebenso enthält der Nachlaß eine umfangreiche Zahl von Landschafts- und Ortsansichten, die nicht datiert sind, also nicht eindeutig als Studienarbeiten oder Arbeiten aus ihrer frühen Berufszeit zugeordnet werden können. Die Porträts zeichnen sich durch große Intensität und ein Bemühen, die Persönlichkeit des/der Fotografierten zum Ausdruck zu bringen, aus. Viele der Aufnahmen zeigen klassische Posen der Portraitfotografie: die Blickrichtung der Männer führt gerade in die Kamera, die der Frauen nach schräg unten. Doch gibt es auch Portraits, die gängige Konventionen nicht einhalten. Gesprächspartner und -partnerinnen, die Aenne Heise lange kannten, berichteten, eine Portraitsitzung bei ihr sei keine schnelle oder leichte Angelegenheit gewesen. Sie sei, was die Aufnahme selbst und auch was die Entwicklung betroffen habe, sehr anspruchsvoll gewesen. Zeitlebens arbeitete sie allein, ohne Angestellte, und führte sämtliche Laborarbeiten selbst aus.[25] Ihre gründliche Ausbildung in den verschiedenen fotografischen Herstellungsverfahren trug sicherlich dazu bei, daß sie diesen Teil ihrer Arbeit ebenso hoch bewertete wie die Aufnahme selbst. Mit dieser Auffassung befand sie sich im Spannungsfeld zwischen der traditionellen Fotografie des 19. und frühen 20. Jahrhunderts, die den künstlerischen Anteil gerade in der Laborarbeit erblickte, und den

---

20 Erna von Meyer, Bödekerstraße 5. In der Aufzählung ist der Vorname stets nur mit dem Anfangsbuchstaben verzeichnet. Die Tatsache, daß lediglich bei einer Frau der Vorname ausgeschrieben wurde, erlaubt wohl den Schluß, alle anderen seien Männer.

21 Bode, a.a.O., o.S.

22 Sachsse, a.a.O., S.74.

23 Bescheinigung von Günther Wagner, 23.3.1927, NL-Heise, a.a.O.

24 Interview Siebert, 31.10.1990.

25 Interview Siebert, 31.10.1990; Interview Zimmermann, 23.4.1991.

modernen Fotografen, die ihre Aufmerksamkeit hin zum Sehen und den Leistungen des Kameraobjektivs verlagerten.
Aenne Heise knüpfte viele Kontakte beruflicher und auch persönlicher Art in Hannover. So gelang es ihr, sich in Hannover in vielfältigen Aufgabenbereichen, z.B. in der Architektur-, Kunstgewerbe- und Modefotografie, einen Namen zu machen.
Von 1928 bis 1934 arbeitete sie für die Illustrierte Zeitung, die Wochenbeilage des Hannoverschen Anzeigers.[26] Mitte der zwanziger Jahre wurden zahlreiche neue Zeitschriften auf den Markt gebracht, die der Fotografie einen vorher nicht gekannten Platz einräumten. Die Nachfrage seitens der Presse nach guten Fotografen und Fotografinnen erhöhte sich sprunghaft. Bildserien und Fotoreportagen als typische neue Gestaltungsmittel prägten die neuen Illustrierten.[27] Der Hannoversche Anzeiger führte ab 1926 eine Wochenbeilage, die Illustrierte Zeitung, die diesem Zeitschriftentyp zuzurechnen ist. Die Fotografien von Aenne Heise, die in der Illustrierten veröffentlicht wurden, verweisen zum einen auf die große Vielseitigkeit dieser Fotografin. Sie zeigen zum anderen, daß sie beruflich Kontakt mit den in dieser Zeit im gesellschaftlichen Leben, in Kunst und Kultur in Hannover tonangebenden Kreisen hatte. Neben Fotos von Künstlerfesten (sie fotografierte für das "legendäre" Zinnoberfest der hannoverschen Künstler und Künstlerinnen um Kate Steinitz und Kurt Schwitters)[28] bildeten ihre Kunstaufnahmen in Berichten über lokale Kunstausstellungen den Schwerpunkt ihrer Veröffentlichungen. Daneben gehörten auch Mode-, Innenarchitektur- und Architekturfotos zu ihren Aufträgen für diese Zeitschrift. Besonders bemerkenswert ist, daß sie (ab 1931) auch zu dem neuen Feld der Bildreportagen Beiträge lieferte. Es erscheinen z.T. ganzseitige Fotoserien unter Titeln wie "Schenk' Dir täglich zehn Minuten!"[29] - hier wird für die Vorzüge täglicher Gymnastik geworben - oder "Was man nicht tun soll!"[30] - eine Zusammenstellung von als unfallträchtig dargestellten Alltagsgewohnheiten. Hier fotografierte sie nicht, wie etwa in Aufnahmen zu Hausmusik und bürgerlicher Geselligkeit, das Milieu gehobener Kreise, sondern Alltagssituationen breiter Schichten.
Kontakte zur Kunstgewerbeschule in Hannover und zu verschiedenen Modewerkstätten bestimmten einen weiteren Arbeitsschwerpunkt Aenne Heises in den zwanziger Jahren. Sie arbeitete z.B. für das damals sehr renommierte Modeatelier von Anny Klingenspor in der Königstraße. Über den Arbeitszusammenhang hinaus entstanden dort auch freundschaftliche Verbindungen, etwa zu Gertrud Günther, die während ihres Studiums an der Kunstgewerbeschule (1928-1932) wie andere Modestudentinnen auch als Modell arbeitete (bei Klingenspor) und ab 1935 an der Schule als Dozentin für Mode und Textil angestellt war.[31]
Früh knüpfte Aenne Heise Verbindung zu dem Verband Deutsche Frauenkultur, der im Zuge der Lebensreformbewegung kurz vor der Jahrhundertwende in Berlin ge-

26 Bescheinigung des Hannoverschen Anzeigers, 26.4.1939, NL-Heise, a.a.O.
27 Ute Eskildsen, Fotokunst statt Kunstphotographie, in: Film und Foto der zwanziger Jahre. Eine Betrachtung der Internationalen Werkbundausstellung "Film und Foto" 1929, hrsg. von Ute Eskildsen und Jan-Christopher Horak, Stuttgart 1979, S.19.
28 Hannoverscher Anzeiger Illustrierte Zeitung, 1.1.1928.
29 Ebd., 1.2.1931.
30 Ebd., 22.3.1931.
31 Interview Günther, 22.4.1991. Vgl. auch die Dokumentation zur GEDOK-Ausstellung, "Entwicklung der Textilkunst und des -handwerks durch die Frau und ihre Mitwirkung in der Textil-Industrie in und um Hannover", Hannover 1991, S.49-51.

gründet worden war. Sie fotografierte kunsthandwerklich gefertigte Kinder- und Frauenkleidung. Die Zeitschrift dieses Verbandes erschien bis Ende der zwanziger Jahre unter dem Titel "Deutsche Frauenkleidung und Frauenkultur", dann unter dem gekürzten Titel "Deutsche Frauenkultur". Nach der Gleichschaltung durch die Nationalsozialisten nannte sie sich (ab Heft 6, 1935) "Frauen-Kultur im deutschen Frauenwerk".[32] Aenne Heise arbeitete ab 1932 und auch nach der Übernahme durch das deutsche Frauenwerk für die Zeitschrift, die in nahezu jeder Ausgabe Modeaufnahmen und Fotografien kunsthandwerklicher Arbeiten von ihr veröffentlichte.[33]

Das "neue Sehen" in den zwanziger Jahren

Technische Neuerungen im Kamerabau, in der Filmherstellung und im Laborbereich und die dadurch sprunghaft erweiterten Anwendungsmöglichkeiten führten in der Weimarer Zeit zu einer Revolutionierung der Fotografie. Programm des "neuen Sehens"[34] war es, sich aus dem Bezug zur Malerei zu lösen und - ausgehend von den eigenen Gesetzmäßigkeiten - zu einer eigenständigen Definition zu gelangen. Künstlerisch orientierte Kreise strebten danach, die spezifischen gestalterischen Möglichkeiten des Mediums auszuloten.[35] Charakteristisch waren neue Perspektiven, das Einbeziehen von Bewegung und Zeit, Experimente mit dem Negativ (wie z.B. Überblendungen) und mit der lichtempfindlichen Schicht (Fotogramme) und Fotomontagen. Die andere Strömung, stärker orientiert an den praktischen Anwendungsmöglichkeiten der Fotografie, bezog sich auf den dokumentarischen Charakter des fotografischen Bildes. Diese neue, sachliche Fotografie *"betont den Gegenstand in der seiner Struktur nach optimalen Erscheinungsweise, unter Berücksichtigung der diese Intention betonenden fotografischen Mittel"*.[36] Zu den favorisierten Mitteln gehörten Schärfe über das ganze Foto, Hervorheben von Strukturen und Formen, Isolieren des Fotoobjektes und Makroaufnahmen. Das "sachliche" Herauslösen des fotografierten Gegenstandes aus seinem Kontext förderte eine Erweiterung der Wahrnehmungsmöglichkeiten der Betrachter (Bsp. Makroaufnahmen) und eine gleichzeitige Reduktion des Gesehenen auf seine formalästhetischen Qualitäten.[37] Breite Anwendungsgebiete öffneten sich in den Naturwissenschaften, in der Medizin, im Buch- und Zeitschriftenwesen und vor allem in der Werbung.

Aenne Heise betrachtete ihre Arbeit ihren eigenen Aussagen zufolge zeitlebens als Gebrauchsfotografie.[38] Deutlich zielen ihre Fotografien darauf ab, eine möglichst adäquate Präsentation des Abzubildenden zu erreichen. Ihre in diesem Sinn dokumentarischen Fotos stellen sich in den Dienst der fotografierten Objekte. Die perfekte Beherrschung der fotografischen Mittel ordnete Aenne Heise dem Zweck, die

32 Agnes Gerlach, "Frauenkultur im Deutschen Frauenwerk", in: Deutsche Frauen-Kultur, Jg.39, Heft 5, 1935, S.1.

33 Die Zeitschrift veröffentlichte Anfang der dreißiger Jahre auch Fotografien von Albert Renger-Patzsch und Hans Finsler, zwei Protagonisten der neusachlichen Fotografie.

34 Eskildsen, a.a.O., S.20.

35 Vgl. Laszlo Moholy-Nagy, Malerei Fotografie Film, München 1925.

36 Eskildsen, a.a.O., S.15.

37 Ebd., S.15-18.

38 Bode, a.a.O., o.S.

positive Qualität des Abzubildenden hervorzuheben, unter. Die Fotografie trat in ihren Arbeiten nicht als Selbstzweck hervor. In ihrer Konzentration auf die materiellen Qualitäten, etwa die Struktur eines Stoffes, und auf die Wahl signifikanter Ausschnitte läßt sich ihre Arbeit der sachlichen Richtung zuordnen.
Aenne Heise zog, wann immer möglich, natürliches Licht künstlichen Lichtquellen vor. Sie maß dem sorgfältigen Arrangement hohe Bedeutung zu. Z.B. arbeitete sie mit Licht und Schatten, um die plastische Wirkung fotografierter Objekte zu erhöhen, oder mit dem Kontrast matt-glänzend, um die Materialbeschaffenheit zu betonen (Bsp. metallglänzende Schale auf handgewebter Tischdecke). In ihrem Nachlaß finden sich auch Portraits, bei denen sie in dieser Weise durch die Wahl konzentrierter Ausschnitte und dichtes Heranführen der Kamera die Beschaffenheit der Haut, feinste Härchen, die Wimpern usw. hervorhebt.
In ihrer Arbeit kristallisierte sich die Sachfotografie als deutlicher Schwerpunkt heraus. Immer dort, wo ihre Sujets über die Bereiche Portrait und Mode hinausgehen, kann ihr beruflicher Erfolg für eine Frau in dieser Zeit als durchaus ungewöhnlich angesehen werden. Dabei beteiligte sie sich nach Auskunft von Freunden nicht an Ausstellungswettbewerben und dergleichen oder gehörte einem fotografischen Verband an, um ihr Fortkommen zu fördern. Hier begrenzte sich ihr Ehrgeiz wohl darauf, die Erwartungen ihrer Auftraggeber und Auftraggeberinnen zur vollsten Zufriedenheit zu erfüllen. Ihrer Ausbildung an der, dem Werkbund nahestehenden, Kunstgewerbeschule in Hamburg gemäß sah Aenne Heise keinen Widerspruch zwischen künstlerischem und zweckmäßigem Anspruch ihrer Arbeit. Sie strebte keine zweckfreie Kunst an. Vielmehr bedingten für sie Nützlichkeit und künstlerische Gültigkeit einander.

Selbstverständnis als Frau und Fotografin

Etwa ab der Jahrhundertwende eröffnete sich für Frauen eine eigenständige berufliche Perspektive im Fotografengewerbe. Insbesondere in der Portraitfotografie gelang einigen von Frauen geführten Ateliers der Durchbruch.[39] Eine Rolle spielte hierbei sicherlich, daß in diesem Bereich, vor allem auch in der Kinderfotografie, Frauen als Fotografinnen am ehesten akzeptiert werden konnten. Das Portrait erforderte Eingehen auf den Kunden und seine Wünsche, Schaffen einer entspannten Atmosphäre und Sensibilität für die Persönlichkeit des/der zu Fotografierenden - Fähigkeiten, die der Frau als "wesensgemäß" zugeschrieben wurden.
Finanzielle Selbständigkeit ermöglichte in diesem Gewerbe - wie in wenigen anderen, Frauen offenstehenden Berufsfeldern - eine Jahrzehnte zuvor kaum erreichbare persönliche Unabhängigkeit. Aenne Heise machte 1935 den Führerschein und leistete sich einen offenen Sportwagen, Marke Adler, damals zweifelsohne ein Statussymbol, allemal für eine Frau.[40] Sie bestückte diesen Sportwagen nach erfolgreich abgeschlossenen Aufträgen mit einem gewebten, quadratischen Stander, der ein abstraktes Motiv zu dem Motto "Vom Schatten zum Licht" trug - ein Indiz mehr für die Bedeutung des Autos als Zeichen für weibliche Unabhängigkeit und Erfolg.

---

39 Z.B. Elli Marcus, Steffi Brandl, Hanna Rieß und Lotte Jacobi in Berlin.
40 Elke Thormann, Von Amazonen und Autofahrerinnen. Zum Frauenbild von Tamara de Lempicka in den Zwanziger Jahren, in: Frauen Kunst Wissenschaft, Heft 9/10, 1990, S.44.

Inwieweit Aenne Heise auch in persönlichen Ansichten eine von traditionellen Moralvorstellungen gelöste Haltung entwickelte, läßt sich kaum rekonstruieren. Bemerkenswert sind in diesem Zusammenhang einzelne weibliche Aktaufnahmen aus ihrer frühen Zeit, die sich in ihrem Nachlaß befinden. Vor dem Hintergrund des Ausschlusses von Frauen vom Aktstudium, gängig bis zum Ersten Weltkrieg,[41] könnten diese Fotos als Hinweise auf eine freiere Moralauffassung gelesen werden.
Aenne Heise lebte einen Lebensentwurf, der in der Werbung und in den großen Publikumszeitschriften der Weimarer Republik massenhaft propagiert wurde, den aber in der Realität nur ein verschwindend geringer Prozentsatz von Frauen (meist aus privilegierten Kreisen) verwirklichen konnte bzw. wollte. Dabei entsprach sie dem neuen Frauenbild äußerlich nicht. Sie besaß den offenen Wagen ab 1935 und unternahm damit auch viele private Fahrten. Ihre Unabhängigkeit manifestierte sich in dieser Form also zu einem Zeitpunkt, als die offizielle Doktrin der Nazis Frauen längst an Heim und Herd zu sehen wünschte.[42]

Kunsthandwerk

In den dreißiger und vierziger Jahren widmete Aenne Heise sich vor allem der Fotografie von Kunsthandwerk. In Hannover verhalfen ihr die guten Kontakte zur Kunstgewerbeschule, ab 1938 Meisterschule für das gestaltende Handwerk, sowie zu einzelnen Kunsthandwerkern und -handwerkerinnen zu Aufträgen. Mit dem Kunstschmied Siegfried Prütz, der Lehrer an der Kunstgewerbeschule und zugleich Landeshandwerkspfleger war, bereiste sie die nähere und weitere Umgebung Hannovers, um Aufnahmen von Gebäuden und kunsthandwerklichen Arbeiten zu machen.[43] Aus dieser Zeit stammen Fotografien von Offiziersmessen und -kasinos aus Altenburg, Dessau, Halberstadt, Lüneburg, Nordhausen u.a.m. Des weiteren sind Aufnahmen von bäuerlichem Kunsthandwerk, Schnitzarbeiten, Lebensbäumen und weiteren Exponaten der von den Nationalsozialisten favorisierten "Volkskunst", datiert auf 1943 und 1944, erhalten. Aenne Heises früh ausgebildete Hinwendung zur Fotografie kunsthandwerklicher Objekte eröffnete ihr in der NS-Zeit Arbeitsfelder. Wiederholt reiste sie zur Leipziger Messe. Mit welcher inneren Haltung sie in diesen Jahren tätig war, läßt sich nicht mehr feststellen. Auf jeden Fall arrangierte sie sich soweit, daß sie weiterhin Aufträge erhielt.

Nach 1945

Auch unmittelbar nach Kriegsende hat Aenne Heise ohne Unterbrechung weitergearbeitet, trotz Beschädigung ihres Hauses durch einen Bombenangriff und den allgemeinen Schwierigkeiten bei der Beschaffung von Fotomaterial. Sie war auf die Einnahmen angewiesen. Die vielen Kontakte zu Menschen aus den Bereichen Kunsthandwerk, Architektur, Mode und Industrie eröffneten ihr zahlreiche Aufträge. Für die Professorin Gertrud Günther von der hannoverschen Kunstgewerbe-

41 Renate Berger, Malerinnen auf dem Weg ins 20. Jahrhundert, Köln 1986, S.140-149.
42 Ein Hinweis darauf, daß das Jahr 1933 in Bezug auf das Bild der neuen Frau nicht als krasser Bruch anzusehen ist.
43 Interview Siebert, 31.10.1990.

schule fotografierte sie Schuhmodelle, hergestellt aus Lederresten.[44] Es folgten in den fünfziger Jahren insbesondere Aufträge aus der Industrie und von Architekten. Aenne Heises Stil, zu fotografieren, die Einbeziehung und Hervorhebung des natürlichen Lichtes, stellte die Eigenheit der fünfziger Jahre-Architektur - ihre Transparenz - in den Vordergrund. Besonders bei den von Architekt Ernst Zinsser erbauten Gebäuden, wie dem Verwaltungsbau der Continental-Werke und dem Stadthallenrestaurant, hat Aenne Heise auf ihren Fotos diese Charakteristika herausgearbeitet.[45]
Sie war aber nach wie vor in anderen Sparten präsent, vorwiegend in der Kunsthandwerkfotografie.[46] 1949 gründete sie gemeinsam mit mehreren Vertretern des Kunsthandwerks, unter ihnen der Maler Otto Gefers, der Kunstschmied Gustav Siebert und der Töpfer Richard Uhlemeyer, in ihrem Wohnzimmer die Arbeitsgemeinschaft Kunsthandwerk in Niedersachsen e.V.[47] Aenne Heises Mitarbeit in diesem Verein verdeutlicht ihre starke Verbundenheit mit dem Kunsthandwerk. In Fotografenorganisationen war sie, bis auf die unfreiwillige Mitgliedschaft in der Innung während der NS-Zeit, nie eingetreten.[48] Sie suchte dort keinen Kontakt. Die unter Fotografen und Fotografinnen herrschende Konkurrenz mag ein Grund gewesen sein.[49] Ihr Freundeskreis bestand vorwiegend aus Menschen, denen sie auf ihrem beruflichen Werdegang begegnet war.
Bis 1971 arbeitete sie als selbständige Fotografin. Sie nahm während ihrer langjährigen Tätigkeit immer wieder neue Entwicklungen der Fotografie in ihre Arbeit mit auf, ohne zu kopieren oder ihre Handschrift zu verlieren. Über 50 Jahre hat Aenne Heise sich stetig mit den sich rasch einander ablösenden Verfahren in der Fotografie beschäftigt, vom Bromöldruck bis hin zur heutigen Farbfotografie, mit deren Technik sie sich schnell vertraut machte.[50] Ihre langjährige Tätigkeit als selbständige Fotografin in einem männerdominierten Gewerbe zeugt von einer Durchsetzungskraft, die vielen lebhaft in Erinnerung geblieben ist. 1985 zeigte die Handwerksform Hannover eine Auswahl ihrer Fotografien in einer Einzelausstellung. Ein Jahr später starb Aenne Heise im Alter von 91 Jahren.

---

44 Interview Günther, 22.4.1991.

45 Historisches Museum Hannover, fotografischer Nachlaß.

46 Ebd., vgl. z.B. auch: Gestaltendes Handwerk Niedersachsen, hrsg. vom Niedersächsischen Handwerkskammertag Hannover, Hannover 1955.

47 Interview Siebert, 31.10.1990.

48 Interview Zimmermann, 23.4.1991. Voraussetzung für ihre Arbeit während der NS-Zeit war die Mitgliedschaft in der Innung.

49 Interview Siebert, 31.10.1991.

50 Ebd.

Abb. 27: Innenraum eines Verwaltungsgebäudes, fünfziger Jahre, fotografiert von Aenne Heise

Abb. 28: Handgewebter Stoff, fünfziger Jahre, fotografiert von Aenne Heise

Uta Ziegan

"Ich experimentiere gern." Die Tänzerin, Choreographin und Pädagogin Yvonne Georgi (1903-1975)

"... - wenn ich an Dich denke, sehe ich Dich immer so, wie wir Dich zu Anfang des Jahres 1926 kennengelernt haben: ... als eine sehr junge, faszinierende Tänzerin, die aber in ihrer Art schon eine Meisterin war, ihren Stil, ihre Schule, ihren Ausdruckswillen auf ein junges Ensemble übertrug. Seitdem hat Dein Weg nicht nur die Entwicklung einer neuen Choreographie, sondern auch der - zu unserer Jugendzeit neuen, heute schon klassischen - Musik schöpferisch begleitet und in Anregung und Gestaltung mitbestimmt."[1]

Nur wenige Monate nach Carl Zuckmayers Begegnung mit Yvonne Georgi begann im Herbst 1926 ihr erstes Engagement in Hannover. Sie, damals 22 Jahre alt, konnte noch nicht wissen, daß sie - mit Unterbrechungen - fast 30 Jahre in dieser Stadt leben und arbeiten würde.

Am 5. Oktober 1926 ging in der ausverkauften Schauburg, dem städtischen Theater an der Hildesheimer Straße, der Vorhang zu ihrem Tanz-Debüt auf. Publikum und Kritiker waren sich einig: Es ist *"den ganzen Abend eine so angeregte Stimmung im Hause, so lebhaft geht das Publikum mit, daß dem kritischen Beobachter dies als die erfreulichste Tatsache erscheint; hier ist wirklich da, was für eine fruchtbare Kunstausübung so notwendig ist: Sie hat nicht nur Können, sondern auch Persönlichkeit einzusetzen."*[2]

Die Explosion der Körperlichkeit

Einer Portion Mut, Entschlossenheit und Disziplin bedurfte es schon, um als Tochter aus gutem Hause gegen die bürgerlichen Konventionen des ausgehenden Kaiserreichs eigene Zukunftsvorstellungen durchzusetzen. Allerdings wurde Yvonne Georgi 1903 nicht gerade in eine alltägliche familiäre Konstellation hineingeboren: Ihr Vater war ein angesehener Augenarzt in Leipzig, ihre Mutter eine junge Französin algerischer Abstammung. Tänzerische Neigungen, dem Kind - vor allem jungen Mädchen - noch zugestanden, sollten nicht den beruflichen Weg bestimmen. Auf Drängen der Eltern begann Yvonne Georgi in Leipzig eine Ausbildung als Bibliothekarin und nahm abends - bestärkt von ihrer Mutter - Unterricht in rhythmischer Gymnastik.

Der Aufbruch der bürgerlichen Jugendbewegung und die Propagierung eines neuen Natur- und Körpergefühls begünstigten neue Richtungen im künstlerischen Tanz. Die Befreiung des Körpers vom Korsett und der Füße vom Spitzenschuh bedeutete die Abkehr von konventionellen Lebens- und Verhaltensmaßregeln, die vielen jungen Menschen als antiquiert und überlebt galten. Freie Bewegung an frischer Luft und gymnastische Schulung auch des weiblichen Körpers wurden salonfähig.

---

1 Brief von Carl Zuckmayer an Yvonne Georgi, zit. nach Horst Koegler, Yvonne Georgi, Velber b. Hannover 1963, S.21.

2 Hannoverscher Anzeiger v. 7.10.1926.

"Körperbildungs-Institute" überzogen, ausgehend von den Hochburgen Leipzig und Dresden, das ganze Deutsche Reich, wobei die inhaltliche Ausrichtung von rhythmischer Gymnastik bis zum freien Tanz reichte.

Yvonne Georgi hängte schon bald ihren seriösen Beruf an den Nagel und entschied sich zunächst für eine tänzerisch-gymnastische Ausbildung an der Dalcroze-Schule in Dresden-Hellerau. Die Eltern ließen sie gewähren. Vielleicht waren sie auch stolz auf öffentliche Auftritte der Tochter, die damit ihr Talent unter Beweis gestellt hatte.

Fasziniert von den Tanzabenden Mary Wigmans, setzte Yvonne Georgi ihre Ausbildung bei der Mitbegründerin des deutschen Ausdruckstanzes fort. Bei ihr hoffte sie, ihre tänzerische Phantasie stärker ausleben und weiterentwickeln zu können.

Mary Wigman, als Marie Wiegmann 1886 in Hannover geboren und aufgewachsen - dadurch im Blickpunkt lokalen Interesses -, lehrte Tanz als individuelle Körpersprache des einzelnen Menschen, als schöpferische Ausdrucksform seelischer Zustände. Tanzen hieß: die innere unsichtbare Bewegtheit in körperlich sichtbare Bewegung umsetzen. Der Mensch galt ihr als Mittelpunkt der tänzerischen Aussage. Sie lehnte das klassische Ballett ab, weil das Erlernen festgelegter Schrittfolgen die Individualität der Tanzenden zurücknahm. Da der Ausdruckstanz als subjektive, regelfreie Form des Tanzens an den Ausdruck der tanzenden Persönlichkeit gebunden war - daher der Name -, gab es keine einheitliche, allgemein verbindliche Tanztechnik bzw. kein festumrissenes Lehrsystem. In der Ausbildung sollten die Schülerinnen, seltener Schüler, die Ausdrucksmittel des Körpers kennenlernen und schulen, als Grundlage für die schöpferische, kreative Ausgestaltung eines persönlichen Stils. Durch die Wigman-Schule in Dresden sind zahlreiche international bekannte Tänzerinnen und Tänzer gegangen: u.a. Gret Palucca, Lore Hoyer, Harald Kreutzberg, Max Terpis, Manya Holm.

Zwei Jahre gehörte Yvonne Georgi zur Wigman-Gruppe, bis sie gemeinsam mit Gret Palucca eine Solokarriere begann. Einige Gastspiele führten sie auf Einladung der Freien Volksbühne auch in die Schauburg nach Hannover.

Anläßlich des 70. Geburtstags Mary Wigmans formulierte Yvonne Georgi rückblickend, was sie ihrer Lehrerin zu verdanken hatte:

"Sie zog uns alle in ihren Bann. ... Sie lehrte uns eine Konzentration zu erarbeiten, welche später für uns alle eine Quelle der schöpferischen Kraft wurde. Sie lehrte uns Werte sehen und erleben, die völlig neu für uns waren: es waren Werte, die seit langem der Welt des Tanzes verlorengegangen schienen. Sie wies uns im Tanz in eine Tiefe des Empfindens und des Ausdrucks, weit über das Maß hinaus, das wir - und die Umwelt - für erreichbar gehalten hatten. Kurz, sie lehrte uns, was der Tanz ist und was er bedeutet. Sie gab uns dadurch die Basis für ein Leben, das dem Tanz gewidmet ist."[3]

Mitte der zwanziger Jahre erschien Yvonne Georgis erster Künstlerprospekt, der neben Fotos und Kritiken ihr solistisches Tanzprogramm enthielt. Es finden sich Tänze mit Musik, wobei sie moderne bzw. zeitgenössische Komponisten bevorzugte. Nach der Musik von Joseph Haas tanzte sie ihre "Drei Eulenspiegeleien". Zu ihrem Repertoire gehörten außerdem Tänze nur mit Schlagzeugbegleitung und ohne Musik, deren Titel auf die emotionale, visionäre Aussage schließen lassen: "Gegenspannung", "Tanz des Bösen", "Spur" und "Tanz der Furcht". Gerade durch

3 Ansprache von Yvonne Georgi zum 70. Geburtstag von Mary Wigman (1956), zit. nach Rolf Helmut Schäfer (Hrsg.), Yvonne Georgi. Tanz, Ballett, Braunschweig 1973, S.118.

Abb. 29: Harmonie und Einigung zwischen Geist und Körper: Yvonne Georgi in den zwanziger Jahren

Tänze mit eingeschränkter akustischer Begleitung sollte die Eigenständigkeit des Tanzes als Kunstgattung herausgestellt werden.
Fotos aus der Zeit lassen noch etwas erkennen von dem "neuen Ausdruck" im Tanz: Barfuß, in lockere Tanzanzüge oder weite Gewänder gekleidet, wurden körperentsprechende, natürliche Bewegungen gezeigt, Bewegungsformen des Alltags: gebeugter Oberkörper, angewinkelte Arme und Beine, schleichende, kriechende Haltungen, abrupte Bewegungen am Boden und in der Luft.

"Eine Königin der Bewegung"

Risikofreudige Enthusiasten am Reußischen Theater in Gera brachten den Stein für Yvonne Georgis Karriere als Tanzgruppenleiterin ins Rollen. Yvonne Georgi darüber 50 Jahre später: *"... ein 20jähriges Mädchen als Choreographin - im Grunde könnte das beinahe albern erscheinen."*[4]
Die kleine Tanzgruppe machte über die Stadtgrenzen hinaus Furore und lockte auch Kritiker aus der Kulturmetropole Berlin zu den Premieren. Gastspieleinladungen nach Berlin und Leipzig folgten, aber Geldmangel und/oder Widerstand gegen den modernen Bühnentanz in Gera beendeten Yvonne Georgis Engagement bereits nach einer Spielzeit.
Yvonne Georgi war im Gegensatz zu ihrer Lehrerin bereit, ihre Solokarriere für ein festes Theater-Engagement einzuschränken, weil sie ein bestimmtes Ziel verfolgte: *"Hartnäckig gilt es, dem modernen Tanz seine Berechtigung zu erkämpfen und ihn zu schützen vor dauernden Angriffen. Seine Existenzmöglichkeiten an denselben Stellen, wo bis jetzt das alte Ballett Alleinherrscher war, z.B. innerhalb der Oper, muß bewiesen werden."*[5]
Yvonne Georgi hat in ihrer choreographischen Arbeit nach einer Synthese zwischen den beiden Polen Ausdruckstanz und Ballett gesucht. *"Beide Formen des Tanzes, die klassische und moderne, haben im Grunde dasselbe Ideal: Harmonie und Einigung zwischen Geist und Körper zu zeigen."*[6]
Hannover zeigte sich schon vor Yvonne Georgi aufgeschlossen für den modernen Bühnentanz. 1923 leitete Max Terpis, ebenfalls Schüler Mary Wigmans, für kurze Zeit das hannoversche Ballett.
Ideale vertragliche Voraussetzungen erleichterten es Yvonne Georgi in Hannover, ihre Vorstellungen von Theatertanz zu verwirklichen: als Choreographin des Opernballetts und als Solotänzerin gemeinsam mit Harald Kreutzberg, den sie 1927 aus Berlin abwerben konnte.
Bei den jährlichen Vertragsverhandlungen zwischen Theaterleitung und städtischen Gremien bestand nicht immer Einvernehmen über die häufigen Gastspielreisen und Auslandstourneen des berühmten Tanzpaares. Letztlich wollte man aber den Ruf Hannovers als Metropole moderner Tanzkultur durch einen Wechsel der Ballettlei-

---

4 Tonbandaufzeichnung der letzten Begegnung zwischen Yvonne Georgi und Mary Wigman im März 1973, zit. nach Schäfer, a.a.O., S.13.
5 Yvonne Georgi, Berechtigung des modernen Tanzes, in: Jahrbuch 1, 1928/29, hrsg. v. der Gemeinschaft der Künstlerinnen und Kunstfreundinnen (GEDOK), Ortsgruppe Hannover, S.41. Yvonne Georgi war Mitglied im Beirat Tanz und Gymnastik.
6 Yvonne Georgi, Choreographie, zit. nach Schäfer, a.a.O., S.124.

tung nicht gefährden. Der Theaterkritiker des Hannoverschen Kurier brachte es auf den Punkt:

"Dennoch scheint es mir besser, mit nicht zu hohen Aufwendungen zwei vorzügliche Könner zeitweise zu besitzen, als sich mit Mittelmaß, das man beständig bezahlen kann, durch die Spielzeit hindurchgähnen zu müssen."[7]

Gerade weil Yvonne Georgi die freien Entfaltungsmöglichkeiten im Tanz in ihrer eigenen Lehrzeit zu schätzen gelernt hatte, verstand sie es, die Möglichkeiten und Neigungen ihrer Ensemblemitglieder bei ihrer Arbeit zu berücksichtigen. Das zeigte sich bereits am ersten Tanzabend:

"Es ist charakteristisch für ihre künstlerische Art, daß sie nicht darauf ausging, an diesem ersten Tanzabend unter ihrem Regiment durchaus den Kommandostab zu schwingen, sondern daß sie zunächst ausgewählte Mitglieder der Gruppe in Freiheit sich auswirken ließ: in Kammertänzen, die sie selbst erfunden hatten."[8]

Aus den Rezensionen in der hannoverschen Presse ist der Stolz auf das berühmte Tänzerpaar herauszulesen, das - noch vor Mary Wigman - auf drei Amerika-Tourneen 1929/30 Triumphe feiern und *"den Ruhm des deutschen Tanzes und der Städtischen Bühnen Hannovers (!) bei den gewichtigen Vettern jenseits des Ozeans"*[9] festigen sollte.

In dem Artikel wird auch deutlich, wie es um das Interesse des hannoverschen Publikums bestellt war:

"Ja, wenn man sich um die Karten zu den Vorstellungen der beiden Künstler risse, wenn ihrer bedürftige Hannoveraner sich vor den Einlaßtüren ... stauten ... . Wir wissen alle, daß dem ja nicht ganz so ist."[10]

Der Überschwang, die Begeisterung für das Neue, Experimentelle klang bereits wieder ab. *"So geht Hannover seinen Weg zur Halbmillionenstadt unbeirrbar weiter und es wird sich sicherlich zu einer Großstadt allerersten Ranges entwickeln, wenn es die alten, guten Bahnen, fernab jeder übertriebenen Moderne, jeder Modemacherei weiter wandelt."*[11]

Als Leiterin des hannoverschen Balletts, ab 1928 kam für eine Spielzeit noch die Leitung des Braunschweiger Balletts hinzu, hat Yvonne Georgi es dennoch geschafft, die Gunst des Opernpublikums zu gewinnen, indem sie im tänzerischen Bereich *"das Neugewonnene <Elemente des Ausdruckstanzes, d.V.> für die Bühne geschickt und ohne peinliche Veräußerlichung auszuwerten"*[12] und die äußere Gestaltung durch farbenprächtige Kostüme und dekorative Ausstattung für ihre künstlerische Aussage zu nutzen wußte. Yvonne schrieb dazu selbst 1926:

"Die Entwicklung und der Aufschwung, den der Tanz in den letzten Jahren, besonders in Deutschland genommen hat, ging vom Konzertpodium aus, und zwar von der soliden Arbeit Mary Wigmans. Der äußere Charakter dieser Aufführungen war der einfache schwarze Vorhang, der einfache Tanzkittel, ... Auf Dauer muß diese Phantasielosigkeit, jetzt nur äußere Dinge betreffend, auf das Publikum lähmend wirken. ... Die Grenzen, die dem Tanz des Konzertpodiums gesteckt sind (allein

---

7 Hannoverscher Kurier v. 1.10.1928 (Abendausgabe). Die Städtischen Bühnen waren bereits damals ein hoch subventioniertes Unternehmen.

8 Hannoverscher Anzeiger v. 7.10.1926.

9 Hannoverscher Kurier v. 1.10.1928.

10 Ebd.

11 Hannoverscher Anzeiger Illustrierte Beilage v. 25.11.1928.

12 Koegler, a.a.0., S.32.

schon durch den Raum), erfordern eine Erweiterung, deren äußere Bedingungen vom Theater gegeben werden. ... Es ist nicht wahr, daß der Ausdruck, die Intensität der Tanzenden auf dem Theater, sei es in einem Ballett oder innerhalb der Oper, verliert."[13]

Der Artikel ist auch zu lesen als Positionsbestimmung gegenüber Kolleginnen und Kollegen, die Yvonne Georgis Arbeit als Kompromiß und Konzession an bestehende Erwartungen des Publikums und traditionelle Theaterarbeit abgelehnt haben.

Yvonne Georgi hat die Vielseitigkeit, die ein laufender Opernhaus-Spielplan - auf den sie nur beschränkt Einfluß hatte - ihr an Aufgaben abverlangte, als persönliche Herausforderung und Erweiterung ihrer tänzerischen und choreographischen Möglichkeiten begrüßt.

Was das hannoversche Publikum ab 1926 geboten bekam, war denn auch enorm vielfältig: Neuinszenierungen älterer Werke wie "Don Juan" (Christoph Willibald Gluck), "Puppenfee" (Bayer) oder "Josefslegende" (Richard Strauß), aber auch Zeitgeist-Stücke standen auf dem Programm: "Das seltsame Haus" (Musik: Paul Hindemith), "Baby in der Bar" (Musik: Wilhelm Groß) und "Robes Pierre & Co." (Musik: Friedrich Wilckens).

Dreimal reiste Yvonne Georgi mit Harald Kreutzberg zu den "gewichtigen Vettern" nach Amerika, um an die 60 Tanzabende pro Tournee zu geben. Das "Persische Lied" wird zum Markenzeichen der beiden, gelegentlich verglichen mit der Bedeutung des "Sterbenden Schwan" im Repertoire der Ballerina Pawlowa. Ein Tanzabend in Los Angeles: Ein Idol des Tanzes bekommt Besuch von ihrem Schwarm, *"den wir anhimmelten wie die Jugend heute die Beatles"*[14]: Greta Garbo bei Yvonne Georgi.

Ihren ersten von insgesamt drei Abschiedsabenden in Hannover gestaltete Yvonne Georgi am 24. Juni 1931 gemeinsam mit Harald Kreutzberg und ihrer Tanzgruppe. Einschneidende Sparmaßnahmen an den Städtischen Bühnen hatten die Kündigung fast des gesamten Balletts zur Folge. Kontroversen um die Spar- und Personalpolitik des städtischen Theaterausschußes kursierten auch diesmal durch die hannoversche Öffentlichkeit. Andere Ansatzpunkte für den Rotstift am aufgeblähten Opernhausapparat wären denkbar gewesen. Man sparte zunächst an den Personalkosten. Die Trennung war einvernehmlich. Yvonne Georgi wird von 1933 bis 1936 mit Halbjahresverträgen nach Hannover zurückkehren. Private und berufliche Pläne zogen sie nach Amsterdam, wo sie im Januar 1932 den Musikwissenschaftler und "De Telegraaf"-Korrespondenten Louis M.G. Arntzenius heiratete und eine Tanzschule eröffnete.

Die neue politische Situation nach 1933 bedeutete nicht abrupt das Ende des modernen Tanzes in Deutschland. Die nationalsozialistischen Kulturfunktionäre versuchten, die neue Tanzbewegung für ihre Ziele dienstbar zu machen und versicherten sich dabei der Mitarbeit vieler berühmter Tänzerinnen und Tänzer (zum Beispiel Harald Kreutzberg, Gret Palucca, Mary Wigman), u.a. für Massenchoreographien bei den Olympischen Spielen 1936 in Berlin.

Norbert Servos hat sich mit den Protagonisten des Ausdruckstanzes zwischen Widerstand und Anpassung beschäftigt und zieht folgendes Resümee:

---

13 Ebd., S.31f.; vgl. auch Yvonne Georgi, Theatertanz, in: Theateralmanach Hannover 1929, S.27f.

14 Yvonne Georgi, zit. nach Hannoversche Presse v. 14.11.1967.

"Die Künstler, die nur Künstler sein wollten, bedienten die Politik. Sie waren keine Opfer, nicht einmal Verführte, sondern Zuträger, Wegbereiter, wenn auch wider Willen und blindlings. Als sie die Ziele erkannten, für die sie eingespannt wurden, hatten sie ihre Schuldigkeit bereits getan; sie wurden in Ungnade entlassen."[15]
Für die "Gleichschaltung" tausender von Körper war Yvonne Georgi nicht zu haben. Insofern hat sie die Grundidee des Ausdruckstanzes, nach der die Individualität der Tanzenden auch im Ensemble zur Geltung kommen soll, konsequenter beibehalten als viele ihrer Kolleginnen und Kollegen.
Yvonne Georgi wandte sich in den dreißiger Jahren verstärkt dem klassisch-akademischen Tanz zu, unterstützt von ihrem Freund und langjährigem "Ballett"-Lehrer Victor Gsovsky. Stolz wird sie später ein Zertifikat der russischen Tanzpädagogin Madame Rousanne vorlegen können, das ihr *"tiefe<n> Kenntnis der großen Traditionen des klassischen Tanzes"*[16] bescheinigt. In Hannover choreographierte sie hauptsächlich zu Werken klassischer Komponisten wie Bach, Mozart, Beethoven und Schumann - auch bedingt durch die gelenkte und kontrollierte Spielplan-Gestaltung im nationalsozialistischen Deutschland. In ihren Soloprogrammen spielten zeitgenössische französische Komponisten noch eine wesentliche Rolle. Ihr zweiter Abschied aus Hannover 1936 verlief erwartungsgemäß unauffällig. Lediglich der kleine Beethovensaal in der Stadthalle wurde für ihren letzten Auftritt zur Verfügung gestellt. In einer Rezension dieses Abends klingen die neuen kulturpolitischen Prämissen an. Der Autor stellt fest, daß *"ihre innere Beziehung beispielsweise zu Mozart und Beethoven nicht immer dem <entspricht>, was wir <!> uns darunter vorstellen, ... Ihre Tanzschöpfung 'Die Geschöpfe des Prometheus' und Mozarts 'Kleine Nachtmusik', um nur die beiden Arbeiten aus den letzten beiden Jahren zu erwähnen, trafen in der geistigen Haltung nicht das Wesenseigene, ... "*. Ihre neuen Tanzleistungen stießen im nationalsozialistischen Deutschland vielfach an *"Grenzen, denn die Musik - wie die Tanzgesinnung ist dem Wandel unterworfen"*.[17]
Der "Wandel" folgte ihr 1941 durch die deutsche Besetzung der Niederlande. Die Leitung der NS-Kulturorganisation "Kraft durch Freude" stellte sie vor die Alternative: acht Vorstellungen ihrer Tanzgruppe in Deutschland oder Zwangsverpflichtung ihrer männlichen Tänzer. Ihre Entscheidung für eine Deutschland-Tournee hat sie nach der Befreiung der Niederlande durch alliierte Truppen mit einem mehrjährigen Auftrittsverbot bezahlen müssen.

"Eine choreographische Architektin"

1951 kehrte Yvonne Georgi nach Deutschland zurück. Zu dieser Zeit waren es moderne, aber klassisch-akademisch orientierte Ballettensemble, die die Richtung im internationalen Tanz bestimmten.
Nach drei Jahren Ballettarbeit in Düsseldorf kam Yvonne Georgi 1954 wieder nach Hannover. *"Hier sehe ich keine Möglichkeiten mehr und suche sie dort, wo ich Verständnis und Förderung gesichert weiß."*[18]

---

15 Norbert Servos, Zwischen Widerstand und Anpassung. Ausdruckstanz damals und heute? In: Ballett International, Vol. 10, 1987/ No.1, S.21.

16 Zertifikat v. R. Rousanne, zit. nach Schäfer, a.a.O. , S.26.

17 Zeitungsartikel o. nähere Angabe v. 29.4.1936, aus: Deutsches Tanzarchiv, Köln.

18 Yvonne Georgi, in: Düsseldorfer Nachrichten, zit. nach Koegler, a.a.O., S.42.

Die Konditionen waren gut, und Arbeit gab es reichlich. Zwei Ballettpremieren im Opernhaus und ein Kammerballettabend im Ballhof pro Spielzeit sicherten auch dem Tanztheater eine selbständige Existenz und erfüllten Yvonne Georgis wichtigste Forderung: *"Gebt dem Tanztheater mehr Chancen."*[19]
Darüber hinaus übernahm sie auch die Leitung der Tanzabteilung an der Akademie für Musik und Theater, die heute Staatliche Hochschule ist. Ein enormes Arbeitspensum ließ sie von morgens bis spät abends zwischen Lehrtätigkeit, Ballettproben und Einstudierungen hin und her pendeln. Sie hat von sich selbst einmal ironisch als "Tanzfabrik" gesprochen. Ihre Ernennung zur Professorin 1959 wird daran nichts ändern - im Gegenteil, aber vielleicht hat es zu ihrem Entschluß beigetragen, sich mit ihrem Mann in Hannover festzusetzen und ein Haus zu bauen. Im Ringelnatzweg in Herrenhausen lebte sie bis zu ihrem Tod 1975, umgeben von dem, was sie von ihren Reisen und Tourneen an Schönem, Interessantem und Skurrilem aus vielen Ländern mitgebracht hatte. In einem breiten Barockschrank hütete sie Schätze aus ihrer früheren Zeit: die Kostüme der Solotänzerin als greifbare Vergangenheit.
In ihrer Arbeit blieb aber immer das Gegenwärtige und Neue wichtig. Wer wagt, gewinnt: Zahlreiche Ur- und Erstaufführungen bereicherten von Hannover aus das Musiktheater der fünfziger und sechziger Jahre. Die Vorstellungen Yvonne Georgis vom modernen Tanztheater und ihre choreographischen Resultate haben nicht selten sehr gegensätzliche Publikumsreaktionen ausgelöst.
"Vor dem Einsetzen des Schlußbeifalls für den ersten Ballettabend dieser Saison im hannoverschen Opernhaus beeilten sich einige Mißgestimmte ihre Ablehnung lauthals anzubringen. Bravo-Rufe einer Gegenpartei waren die Antwort und wohltemperierte, aber nicht gerade überschäumende Beifallskundgebungen für die Ballettmeisterin Yvonne Georgi, die es ihrem Publikum an diesem Abend nicht gerade leicht gemacht hatte."[20]
Eine Animatorin zu sein, die Grenzen des Etablierten zu überschreiten, Publikum und Kritikern Neues "zuzumuten" und Kontroversen auszulösen, prägten ihren Stil, den Georgi-Stil.
Ihre Suche nach neuen Wegen ging so weit, daß sie nicht nur Ballette mit vorgegebener Handlung choreographierte, sondern ihrerseits *"choreographische Meditationen über die Welt und das Leben, über die Zeit und die Gegenwart"*[21] zu zeitgenössischer Musik erarbeitete. Die Entstehungsgeschichte eines dieser Ballette, "Zwischen den Welten", besagt viel über Teamgeist und Selbstbewußtsein Yvonne Georgis. Sie trat nämlich erst in Erscheinung, nachdem der Bühnenbildner Rudolf Schulz die Ausstattung nach seinen Ideen entworfen und der junge Komponist Hans Kox dazu eine Musik für zwei Klaviere geschrieben hatte.
Yvonne Georgi hatte das Ballett als Gesamtkunstwerk im Sinn, als harmonische Verknüpfung von Musik, Bewegung, Kostümen, Dekorationen und Licht, inspiriert von modernen Strömungen in Kunst und Literatur.
Zu den interessantesten Experimenten des ersten Nachkriegsjahrzehnts gehörten drei Ballette nach der elektronischen Musik von Henk Badings, übrigens die ersten ihrer

---

19 Neue Rheinische Zeitung v. 15.3.1959, aus: Deutsches Tanzarchiv, Köln.
20 Hannoversche Allgemeine Zeitung v. 28.11.1963; der Artikel berichtet über die drei erstaufgeführten Ballette "Peter Schlemihl" (Peter Ronnefeld), "Vier Essays" (Tadeusz Baird) und "Nobilissima Visione" (Paul Hindemith).
21 Koegler, a.a.O., S.45.

Art in Deutschland. Von dieser Musik war sie angetan, *"weil elektronische Musik mit ihren neuen Aussagemöglichkeiten den Choreographen ebenfalls zu neuen Versuchen inspiriert, indem sie ihn zwingt, die Grenzen des üblichen Tanzvokabulariums zu überschreiten"*.[22]
Im Oktober 1958 fand die Uraufführung des zweiten elektronischen Balletts "Evolutionen" im Ballhof statt.
"Wer noch Zweifel an der Ausdruckskraft und Schönheit elektronischer Musik von Henk Badings hatte (und man war nach seinem ersten Elektronen-Ballett vor zwei Jahren noch skeptisch), der wurde jetzt nicht nur überzeugt, sondern sogar begeistert, nachdem er die Uraufführung seines zweiten Balletts gesehen hatte. Auch diesmal hob es Yvonne Georgi, mit stürmischem Erfolge, im Ballhof des Landestheaters aus der Taufe."[23]
Eine Choreographin lebt von und mit ihren Tänzern. *"Ich habe mich immer bemüht, die Individualität meiner Tänzer zu entwickeln in Beziehung zu Thema und Aussage."*[24] Sie ließ Teile von einzelnen Ensemblemitgliedern oder einer kleineren Gruppe selbst erarbeiten und baute sie danach in das Gesamtwerk ein. In dieser gemeinsamen Kreativität sah sie auch eine Perspektive für die Zukunft:
"Die körperliche Technik ist beinahe am Ende ihrer Weiterentwicklung, denn mit zwei Armen und zwei Beinen, einem Rumpf und einem Kopf, Füßen und Händen läßt sich nicht viel mehr entwickeln, als das klassische und moderne System schon geben. ... Dramaturgie der Werke und Themen müssen den Anstoß zur Neuentwicklung geben. Dazu könnte vielleicht die Improvisation kommen, die lange Zeit verboten und unerwünscht war. Und das bedeutet eine Mitarbeit der Tänzer beim Gestalten eines Stückes."[25]
Ihr "guter Draht" zum Ensemble erstreckte sich auch auf den privaten Bereich: Gemeinsame Feste im Haus Yvonne Georgis sind noch in guter Erinnerung. Internationale Erfolge auf Gastspielreisen, u.a. nach Monte Carlo, stärkten das Selbstbewußtsein der Georgi-Truppe, die länger zusammenhielt als die meisten deutschen Ballette.
1970 wurde das Jahr der großen Ehrungen. Am Ende ihrer Tätigkeit als Ballettleiterin bat man sie um ihre Widmung im Goldenen Buch der Stadt Hannover. Kurze Zeit später verlieh ihr Ministerpräsident Alfred Kubel das Große Verdienstkreuz des Niedersächsischen Verdienstordens.
Ein halbes Jahr vor Mary Wigmans Tod, im März 1973, besuchte Yvonne Georgi ihre Lehrerin in Berlin, um mit ihr über Vergangenes und Gegenwärtiges zu plaudern. Zwei Zeuginnen dieses Jahrhunderts, mit denen ich mich gern persönlich unterhalten hätte, denn - so formulierte es Mary Wigman - *"die Spuren löschen doch aus, da kannst du machen, was du willst"*. Das Gespräch ist als Tonbandaufzeichnung erhalten geblieben.[26]
Ihren letzten großen Erfolg als Choreographin feierte Yvonne Georgi mit 70 Jahren: *"Und als Yvonne Georgi im Herbst 1973, ... , im Opernhaus die Uraufführung ihres folkloristischen Show- und Jazz-Balletts "Skorpions" nach Musik des Amerikaners*

22 Yvonne Georgi, Elektronische Ballette, zit. nach Schäfer, a.a.0., S.107.
23 Der Mittag (Düsseldorf) v. 2.10.1958.
24 Yvonne Georgi, Ensemble, zit. nach Schäfer, a.a.0., S.125.
25 Ebd., S.126.
26 Vgl. Schäfer, a.a.0. In diesem letzten Band über Yvonne Georgi, der anläßlich ihres siebzigsten Geburtstags erschienen ist, findet sich ein Ausschnitt dieses Gesprächs, S.11-16.

Moron Gould attraktiv, effektvoll herausbrachte, hatte sie sich noch einmal ein neues Gebiet ihrer Kunst erobert. Die überwältigenden Publikumsreaktionen, ja, Ovationen, die dieser Mischung aus Jazz, Tanz und klassischem Ballett entgegengebracht wurden, mögen Yvonne Georgi bewiesen haben, wie unerschütterlich ihr Ruf geblieben ist, ..."[27]
Yvonne Georgi hat die Tanz- und Theaterkultur über Hannovers Grenzen hinaus bereichert. Sie sollte nicht länger im Schatten Mary Wigmans stehen.[28]

Zusätzlich benutzte Literatur

Ballett. Königliche Spiele in Herrenhausen. Mit einem Text von Kurt Peters, Köln 1966.
Rischbieter, Henning (Hrsg.): Die Zwanziger Jahre in Hannover, Ausstellungskatalog Kunstverein Hannover 1962.
Weidlich, Hansjürgen/ Stille, Ulrich/ Toll, Hans Joachim: Hannover - so wie es war, Düsseldorf 1968.

---

27 Hannoversche Allgemeine Zeitung v. 27.10.1973.
28 Ihr Nachlaß befindet sich im Theatermuseum Hannover.

Erhard Brüchert

Wilhelmine Siefkes (1890-1984)
Ostfriesin - Lehrerin - Demokratin - Schriftstellerin

Wilhelmine Siefkes lebte vom 4. Januar 1890 bis zum 28. August 1984, also vom Beginn der wilhelminischen Aera bis fast ans Ende des 20. Jahrhunderts. Von ihren 94 Lebensjahren verbrachte sie 87 als Einwohnerin der Stadt Leer. In diesem langen Leben hat sie die folgenden vier Rollen, Berufe oder Berufungen ausgefüllt: Sie war Ostfriesin, Lehrerin, Sozialdemokratin und Schriftstellerin.
Ostfriesin war sie durch Geburt und Herkunft. In Leer wurde sie als Tochter einer alten, ostfriesischen Bauernfamilie geboren, und dort verbrachte sie auch ihre Kindheit und Jugend. Vor dem üblichen Schicksal, als reiche Bauerntochter noch unter Zwanzig an einen ähnlich reichen Bauernerben "vermittelt" zu werden, bewahrte sie wahrscheinlich nur das Unglück ihres Vaters. Dieser war 1879 aus einer Kutsche geschleudert worden und von da an nicht mehr voll arbeitsfähig. Die Folgen waren ein schleichender Niedergang des bäuerlichen Familienbesitzes der Siefkes und damit verbunden auch eine Neuorientierung der Kinder.
Das intelligente Mädchen Wilhelmine fiel den Lehrern auf. Aber erst als man ihr im Jahre 1907 eine Freistelle am Oberlyzeum und Lehrerinnenseminar in Leer anbot, akzeptierte die Mutter - der Vater war schon 1903 gestorben -, daß Wilhelmine den damals immer noch außergewöhnlichen Weg der höheren Mädchenbildung beschritt. Das Berufsziel war Lehrerin, was sonst! Lehrerin oder Krankenschwester: andere Berufe gab es damals für selbständige, außerhalb des Hauses und der Familie arbeitende Frauen aus den höheren Gesellschaftsschichten kaum. Noch im Jahre 1979 dachte Wilhelmine Siefkes in ihrer Autobiographie "Erinnerungen" erstaunt und entrüstet an diese Zeit zurück, in der sie sich zur Anhängerin von Helene Lange und deren Kampf um mehr Frauenrechte entwickelte:
"Ein Beruf galt als wesensfremd für ein Mädchen, als unweiblich. Wer von der heutigen Generation weiß wohl, wie schwer der Kampf gegen dieses Vorurteil gewesen ist, wie es der nicht nachlassenden Tapferkeit mutiger Frauen wie Helene Lange bedurft hat, bis Breschen geschlagen wurden in Bastionen, die sich immer die Männer vorbehalten hatten."[1]
Im Jahre 1910 bestand sie das Lehrerinnenexamen und erhielt die für eine weibliche Anfängerin unerhörte Aufgabe, in Jemgum eine kleine Privatschule einzurichten, die von der bäuerlichen Bevölkerung als Vorbereitung auf die höhere Schule in Leer genutzt werden sollte. Mit ungeheurem Elan und praktischem Geschick - auch die männlichen Bauern, Pastoren und Schulinspektoren wurden nicht geschont - ging sie an die Arbeit. Und hier nun, in Jemgum, wurde sie mit dem Niederdeutschen, dem unverfälschten Platt des Rheiderlandes, geradezu konfrontiert:
"Meine Eltern hatten auch Plattdeutsch miteinander gesprochen. So war es mir vertraut, aber uns Kinder hatten sie hochdeutsch erzogen, wie es damals in den Bürgerfamilien durchweg Brauch war. Darum war es mir durchaus nicht geläufig. Hier in Jemgum jedoch blieb mir nichts anderes übrig, als mich mit den Eltern meiner Schüler in ihrer Sprache zu unterhalten, wenn ich nicht Außenseiter bleiben wollte. Dabei entdeckte ich, wie schön diese Sprache war, wie kraftvoll und bildhaft,

---

1 Wilhelmine Siefkes, Erinnerungen, Leer 1979, S.42.

Abb. 30: Wilhelmine Siefkes, 1970

und daß es eine Schande wäre, wenn sie dem Hochdeutschen einfach weichen müßte."[2]
Bis 1916 blieb Wilhelmine Siefkes in Jemgum, um dann für ein Jahr eine Stelle als Lehrerin in Fallersleben in Südniedersachsen anzunehmen. Im Kriegsjahr 1917 kehrte sie ihrer Mutter zuliebe wieder nach Leer zurück. Den Ersten Weltkrieg erlebte Wilhelmine Siefkes im ruhigen Ostfriesland nur ganz am Rande mit. Sie hatte sich auch bis dahin wenig mit Politik befaßt. Stattdessen schrieb sie - heimlich - hochdeutsche Romane und Gedichte. Im Jahre 1920 erschien ihr erster Roman "Uda van der Mölen" auf hochdeutsch, aber mit plattdeutschen Dialogen.
Doch schon vorher, bei Kriegsende und zu Beginn der Weimarer Republik, ist sie *"wie aus einem Traum erwacht"*.[3] Sie erkennt, welche ungeheuren Veränderungen der Krieg mit sich gebracht hat, welche Neuerungen auf allen Gebieten der Gesellschaft, Pädagogik, Kunst und Politik nun einsetzen. Und sie beteiligt sich von jetzt an aktiv daran.
In dieser Zeit lernt sie Hermann Tempel kennen, einen sozialdemokratischen Lehrer und Kollegen. Er bildete den geistigen Mittelpunkt der Lehrerschaft in Leer. Tempel ist es, der Wilhelmine Siefkes' Blick für die wirtschaftlichen und politischen Mißstände und Ungerechtigkeiten der Zeit schärft. Die "höhere Tochter" aus dem ostfriesischen, selbstbewußten, seit Jahrhunderten freien Bauerntum erkennt staunend die Nöte, Enge und den berechtigten Kampf der in Ostfriesland meist sozialdemokratischen Arbeiter. Sie vergleicht die Reden und Schriften Tempels mit ihren eigenen Schulerfahrungen bei Arbeiterkindern und konstatiert Parallelen. Und nun lernt sie auch Louis Thelemann schätzen, einen ostfriesischen Gewerkschaftler, mit dem sie als Kind in einer Klasse gewesen war. Er hatte sich nach einer Zimmermannslehre, einigen Wanderjahren als Handwerker und nach der Kriegsteilnahme der Politik zugewandt und nahm bald eine führende Stellung innerhalb der ostfriesischen Arbeiterschaft ein.
Wilhelmine Siefkes zeigte sich auch zutiefst beeindruckt von einem Vortrag des späteren preußischen Kultusministers Adolf Grimme über Christentum und Sozialismus. Sie engagierte sich von da an in der entstehenden Arbeiterwohlfahrt in Leer.
Konflikte mit ihrer Mutter, mit Verwandten, Freundinnen, ja mit Pastoren der lutherischen und reformierten Kirchen, die alle die "gottlosen, roten Sozis" verabscheuten, blieben da nicht aus. Es ist, als wenn die schon dreißigjährige Wilhelmine sich jetzt erst von den Scheuklappen ihrer Jugend befreit hat und nun beginnt, die sozialen Ungerechtigkeiten der Gesellschaft wahrzunehmen.
Eines Tages entschloß sie sich, der Sozialdemokratie als Mitglied beizutreten. Und sie half Louis Thelemann, dem Schulkameraden und jetzigen Gewerkschaftsvorsitzenden, sogar mit ihrem eigenen Arbeitszimmer und mit ihrer ersten, neuen Schreibmaschine aus, um Rentenanträge für alte und kranke Menschen in Leer und Umgebung zu formulieren und formgerecht zu schreiben. Nebenbei benutzte sie die Schreibmaschine auch für ihr weiter wachsendes, literarisches Werk. Doch das verheimlichte sie noch vor den politischen Aktivisten Thelemann und Tempel.
Die beiden gründeten in Leer eine eigene, sozialdemokratische Zeitung, den "Volksboten", für den natürlich wieder Wilhelmine mit ihrer Schreibmaschine und ihrem sprachlichen Talent gefragt war. Aber das war noch längst nicht alles. Noch

---

2 Ebd., S.44.
3 Ebd., S.56.

als fast Neunzigjährige berichtete Wilhelmine Siefkes in ihren "Erinnerungen" mit großer Begeisterung von der damaligen Aufbruchsstimmung, die sich in Theateraufführungen, Klavierabenden, bei Bildungsvereinen, in der Gründung eines Volkschors, dem Bau eines Arbeiterjugendheimes und vielen anderen Veranstaltungen bemerkbar machte.

Bei der Jugend kamen besonders die plattdeutschen Kasperlestücke mit selbstgeschnitzten Puppenköpfen gut an, für die Wilhelmine Siefkes Grimmsche Märchenvorlagen ins Plattdeutsche umschrieb. Sie spielte in diesen Jahren auch meistens selbst in den jährlichen, plattdeutschen Heimatspielen von Leer mit, die ihr Bruder Siegfried organisierte.

In dieses erfüllte Leben - vielleicht die aktivste und glücklichste Zeit von Wilhelmine Siefkes - stießen nun die ersten Vorboten des Nationalsozialismus wie ein drohendes Gewitter hinein:

"Wir sahen mit Schrecken, wie die politische Auseinandersetzung immer mehr verrohte, wie sie schließlich in offene Gewalttätigkeit ausartete. Wir konnten noch nicht glauben, daß unser Volk diesen braunen Horden erliegen würde, die mit nachweisbaren Verleumdungen und Lügen arbeiteten."[4]

Hermann Tempel war im Mai 1928 für die Sozialdemokratie in den Reichstag eingezogen, und von ihm erhielten Wilhelmine Siefkes und Louis Thelemann in Leer Augenzeugenberichte über das haßerfüllte, fanatische und demokratiefeindliche Treiben der Nationalsozialisten in Berlin und anderswo. Tempel sagte düster voraus: *"Sie werden aus Deutschland eine große Kaserne, ein großes Zuchthaus machen!"*[5]

Bis zur letzten, halbwegs freien Wahl am 5. März 1933 kämpfte er gemeinsam mit Siefkes, Thelemann und anderen Demokraten in Leer gegen die "braune Flut". Dann war leider auch hier der Damm gebrochen. Tempel verlor seinen Reichstagssitz, Thelemann verlor seinen Posten als Bauaufseher bei der Stadt Leer, und wenig später mußte auch Wilhelmine Siefkes ihren geliebten Schuldienst quittieren - für immer, wie sich zeigen wird. Als überzeugte Demokratin hatte sie sich geweigert, eine verlogene Ergebenheitserklärung der Lehrerschaft an Hitler zu unterzeichnen.

Es begannen nun zwölf Jahre der Angst vor Verleumdung, Hausdurchsuchung, ja, Verhaftung - nicht nur der eigenen, sondern auch derjenigen der verläßlichen, demokratischen Freunde. Frau Siefkes erhielt Veröffentlichungsverbot. Es gelang ihr aber trotzdem, in den folgenden Jahren unter dem Pseudonym "Wilmke Anners" im Mahnkeverlag in Verden plattdeutsche Kinder- und Jugendtheaterstücke zu veröffentlichen.

Hermann Tempel entkam unter abenteuerlichen Umständen mit knapper Not über die "grüne Grenze" nach Holland. Die alleinstehende Wilhelmine Siefkes, deren Mutter inzwischen verstorben war, und Louis Thelemann zogen gemeinsam unter ein Dach, in das Haus der Mutter Thelemanns. Sie entschieden sich für eine Art von "innerer Emigration", durch die sie die Nazizeit äußerlich halbwegs unbeschadet überstanden. 1936 erhielt Wilhelmine Siefkes eine Bürobeschäftigung in den Ostfriesischen Blindenwerkstätten von Ihrhove bei Leer, wo sie bis Kriegsende mithalf.

Sie nutzte die Zeit, die ihr jetzt unfreiwillig zur Verfügung stand, für das Schreiben an ihrem wohl bekanntesten Werk, dem plattdeutschen Roman "Keerlke", für den sie im Jahre 1940 (anonym eingereicht) den Johann-Hinrich-Fehrs-Preis in Ham-

---

4 Ebd., S.90.

5 Ebd., S.93.

burg erhielt. In "Keerlke" konzentriert Wilhelmine Siefkes ihre eigenen, langjährigen Erfahrungen als Lehrerin zu einem überzeugenden sozialen Gemälde der Zeit, das sich weit heraushebt aus manchen nostalgisch verbrämten Erinnerungsstücken der Dialektliteratur. Sie scheut sich nicht, die unteren Schichten der ostfriesischen Bevölkerung mit ihren zum Teil alkoholabhängigen Männern und den leidgeprüften Kindern und Müttern in ihrer plattdeutschen Heimatsprache hautnah darzustellen. Der "Held" ist Keerlke, ein etwa sechsjähriger Junge, der sich mühsam und qualvoll seinen Weg ins Leben suchen muß. In niederdeutscher Sprache liebevoll charakterisiert, begleitet ihn die Sympathie der Dichterin.
Durch die Geschehnisse des Zweiten Weltkrieges bekam auch das Leben von Hermann Tempel eine tragische Wendung. In den Niederlanden nach dem Einmarsch der deutschen Truppen 1940 verhaftet, wurde er noch jahrelang in Osnabrück und Wolfenbüttel eingekerkert, bis er unter ständiger Polizeiaufsicht bei seiner Schwester leben durfte. In Berlin und Oldenburg konnten Wilhelmine Siefkes und Louis Thelemann ihren gemeinsamen Freund aus der demokratischen Weimarer Zeit noch einmal - zum letzten Mal - besuchen und sich mit ihm aussprechen. Am 27. November 1944 starb Hermann Tempel in Oldenburg an den Folgen seiner in der Haft erlittenen Krankheiten. Wilhelmine Siefkes und Louis Thelemann fuhren heimlich zu seinem Begräbnis auf dem Oldenburger Gertrudenfriedhof.
Auch in Ostfriesland bekam man jetzt immer mehr die Auswirkungen des Krieges zu spüren. Im März 1943 wurden Siefkes und Thelemann in Leer ausgebombt. Und zu den Folgen des mißglückten Attentats auf Hitler am 20. Juli 1944 gehörte auch die Verhaftung aller ehemaligen sozialdemokratischen Angehörigen des Stadtrats von Leer. Louis Thelemann war einer von ihnen und wurde für mehrere Wochen in das Konzentrationslager Neuengamme bei Hamburg verschleppt. Wilhelmine Siefkes erlebte bange Zeiten und atmete erst wieder auf, als ihr Lebensgefährte die dramatische Auflösung des Lagers überlebt hatte und entlassen wurde - seelisch gedemütigt und halb verhungert.
Das Kriegsende 1945 empfanden dann beide als Erlösung vom nationalsozialistischen Alptraum. Thelemann war, wie viele Demokraten aus der Weimarer Zeit, der britischen Besatzungsmacht beim politischen Aufbau hochwillkommen. Er stieg zum Bürgermeister von Leer und später zum Landtagsabgeordneten in Hannover auf. Doch schon im Jahre 1953 starb er. Die bei Kriegsende fünfundfünfzigjährige Wilhelmine blieb bis zu seinem Tod an seiner Seite.
Wilhelmine Siefkes fühlte sich nach dem Krieg körperlich zu schwach, um noch einmal in den Schuldienst einzutreten. So wurde sie nach zwölfjähriger Zwangspause in ihren rechtmäßigen Ruhestand versetzt.
Nun erst begann ihre Hauptschaffenszeit als ostfriesische Heimatdichterin. Sie schrieb das Stück "Brörs" und erhielt dafür einen Förderpreis des Ohnsorg-Theaters in Hamburg. Eine Reihe kleiner "Vertellsels" (Geschichten): "Van lüttje un grote Knevels" wurde in Leer verlegt. 1952 erschien der zweisprachige Roman "Kasjen und Amke", 1957 "Uke setzt sich durch", worin die Dichterin das Keerlke-Thema, und zwar jetzt unter dem Einfluß der Kindheitserlebnisse von Louis Thelemann, fortsetzt. Diese Erzählung handelt von der positiven Entwicklung eines Jungen, trotz unvollkommener Schul- und Lehrverhältnisse, zu denen auch die schulische Benachteiligung plattdeutsch sprechender Kinder in Ostfriesland gehört.
Wilhelmine Siefkes nahm auch seit 1949 an den jährlichen Treffen niederdeutscher Autoren in Bad Bevensen teil, den inzwischen legendären "Bevensen-Tagungen".

Hier pflegte sie bis zu ihrem Tode intensive Kontakte zu anderen "Schrieverslü", ebenso wie auch im ostfriesisch-oldenburgischen "Schriever-Kring". Im Frühjahr 1954 gehörte sie zu den westdeutschen Teilnehmerinnen an der letzten, gesamtdeutschen Arbeitstagung plattdeutscher Autoren in Warnemünde-Rostock in der DDR. Viele Jahre lang wirkte sie auch an der ostfriesischen Schriftenreihe "Leuchtboje" mit, einer heimatgebundenen Reihe für Schulen.
Ihre schriftstellerischen und privaten Verbindungen über die Grenze nach den Niederlanden hin, besonders ins Groninger Land, intensivierten sich. Die Niederländer übertrugen mehrere ihrer Werke ins "Grunnegers".
Sie erlebte beglückt, daß "Keerlke" vor allem auch von ostfriesischen Arbeiterfamilien gelesen und von vielen als Zeitdokument empfunden wurde. Zahlreiche Lesungen in Vereinen, Schulen und im Rundfunk machten Wilhelmine Siefkes immer mehr bekannt. Ehrungen blieben nicht aus: 1960 das Bundesverdienstkreuz, 1968 die Ubbo-Emmius-Medaille der Ostfriesischen Landschaft, 1970 das Ehrenbürgerrecht von Leer.
Im August 1984 starb Wilhelmine Siefkes in Leer. Sie wurde nicht nur als die "große, alte Dame" der ostfriesischen Literatur zu Grabe getragen, sondern auch von vielen Menschen, die sie kannten oder ihre Werke schätzten, als "uns Wilhelmintje" ehrlich betrauert.
Betrachtet man ihr Gesamtwerk, so fällt auf, daß es vor allem Themen wie Kindheit und Jugend sind, die Wilhelmine Siefkes häufig beschäftigt haben.[6] Die Formulierung: *"Dat Kind, dat na de Moder will"* enthält eine treffende Beschreibung ihrer Leitthemen.[7] Diese Themen hat sie im besten Sinne realistisch behandelt, das heißt ohne Beschönigung, ohne Wegsehen vor Not und Fehlentwicklungen, aber auch immer mit einem deutlichen Sehnen nach einem "besseren Leben" hin.
Hier hat die Ostfriesin und Schriftstellerin Wilhelmine Siefkes sicherlich auch ihre beiden anderen Lebensrollen deutlich hervortreten lassen: Sie schrieb immer als erkenntnishungrige und dabei mitleidende Lehrerin und als verantwortungsbewußte, sozial engagierte Demokratin.

Eine Auswahl der Werke von Wilhelmine Siefkes
"Uda van der Mölen" (Roman), Bremen-Wilhelmshaven 1920.
"Sneewittje. En Spill na Grimm sien Märken in 4 Biller", Verden 1935. (unter Pseudonym "Wilmke Anners")
"Keerlke. En Gang dör en Kinnerland", Hamburg 1941.
"Brörs. En märchenhachtig Komödienspill in 5 Bedriewen", Hamburg 1949.
"Van lüttje un grote Knevels" (Geschichten), Leer 1950.
"Kasjen und Amke" (Roman), Leer 1952.
"De Fahrt na't witte Aland" (Hörspiel, NDR), 1953.
"Uke setzt sich durch" (Erzählung), Hamburg 1957.

---

6 Hille Niekerken, "Keerlke" - die Geschichte einer Kindheit, in: Plattdeutsche Erzählungen der Gegenwart, hrsg. v. J.D. Bellmann/ W. Lindow, Neumünster 1968, S.68-71; John Ubben, Jugend, das zentrale Thema in Wilhelmine Siefkes Werken, in: Ostfriesland 1959, H.4, S.25-29; Joachim Böger, Wilhelmine Siefkes' Leben und Werk. Eine Untersuchung zu ihrer Stellung in der niederdeutschen Gegenwartsliteratur, Staatsexamensarbeit, Göttingen 1979.
7 Jürgen Byl, "Dat Kind, dat na de Moder will", Leitthemen im Werke von Wilhelmine Siefkes, in: Ostfriesland 1959, H.4, S.18-24.

"Freerk Ulenga" (Heimatspiel), Leer 1957.
"Tüschen Saat un Seise" (Gedichte), Hamburg 1959.
"Van de Padd of" (Roman), Hamburg 1961.
"Tant' Remda in Tirol un anner Vertellsels", Jever 1964.
"Keerlelske" (Hörspiel, NDR), 1968.

Renate Wall

Ilse Losa (geb. 1913) - Unter fremden Himmeln

Ilse Losa hat ihr großes schriftstellerisches Können nicht in Deutschland, ihrem Geburtsland, entfalten dürfen. Sie gehörte zu den mehr als zweihundert namentlich bekannten deutschsprachigen Schriftstellerinnen, die bei der Machtübernahme der Nationalsozialisten verfolgt wurden, im Konzentrationslager starben oder vorher ins Exil flüchteten, dort schrieben, zu schreiben begannen oder verstummten.
Nach dem Krieg kehrten nur sehr wenige der geflüchteten Schriftstellerinnen zurück nach Deutschland. Manche Autorin kam, um Deutschland endgültig zu verlassen. Die Erinnerungen an die furchtbaren Zeiten der Verfolgung machten ein Bleiben unmöglich, auch waren oft schon Wurzeln im Exilland gewachsen, und die zurückgekehrten Schriftstellerinnen und Schriftsteller merkten schnell, daß sie in Wirklichkeit gar nicht erwünscht waren.
Auch Ilse Losa kehrte nicht zurück. Sie blieb in Portugal, dem Land, das ihr Schutz gewährt hatte vor dem Zugriff der Nazis. Ihr gelang jedoch, was nur wenigen Schriftstellerinnen in der Fremde glückte. Sie wurde eine der bekanntesten Autorinnen ihres Exillandes. Für ihr umfangreiches Werk, es umfaßt zahlreiche Erzählungen, Romane, Kinderbücher und Kindertheaterstücke, wurde sie u.a. mit dem Kleinen und Großen Gulbenkian-Preis ausgezeichnet. In deutscher Sprache erschien in all den Jahren lediglich der 1967 in der DDR veröffentlichte Erzählband "Das versunkene Schiff".
Ilse Losa, geb. Lieblich, wurde 1913 in Buer, einem kleinen Ort zwischen Wiehengebirge und Teuteburger Wald, etwa 25 km entfernt von Osnabrück, geboren. Ihre ersten Lebensjahre verbrachte sie dort bei den Großeltern, bis sie von den Eltern in die benachbarte Kleinstadt Melle geholt wurde, wo sie zur Schule ging. Später fuhr sie jeden Tag mit dem Zug nach Osnabrück zum Lyzeum.
Ihren Vater, den Pferdehändler Arthur Lieblich, begleitete sie hin und wieder auf seinen Fahrten über Land. Er war ein freundlicher, hilfsbereiter Mann, den die Bauern gern in ihr Haus luden. Ihre Mutter Hedwig Lieblich, geb. Hirsch, eine gebildete, kulturell interessierte Frau, war in der von ihren Eltern arrangierten Ehe nicht glücklich. Doch war zu jener Zeit in jüdischen Familien eine Ehescheidung undenkbar.
Aus Melle wurde Ilse Losa nicht vertrieben. Melle blieb aufbewahrt in der Erinnerung als Heimat der Kindheit, Ort unwiederbringlicher Geborgenheit:
"Die Ausflüge ins Wiehengebirge, Kaffeetrinken am Waldmeister, unser Garten mit den Fliederbäumen, Stachelbeeren und Johannistrauben, das Zusammenhocken mit Elfriede am Kleft, die schönen Pferde im Stall meines Vaters und vieles mehr, das man nicht vergessen kann ... ."[1]
1928 zog die Familie Lieblich nach Hildesheim, hauptsächlich auf Wunsch der Mutter, die der Enge der Kleinstadt entfliehen wollte. Der Vater starb zwei Jahre später und hinterließ Frau und Kinder mittellos. Ihre Mutter machte aus der Wohnung eine kleine Pension. An eine lange Schulausbildung der Kinder war nicht mehr

1 Ilse Losa in einem Brief an Renate Wall, dat. 26. Juni 1987.

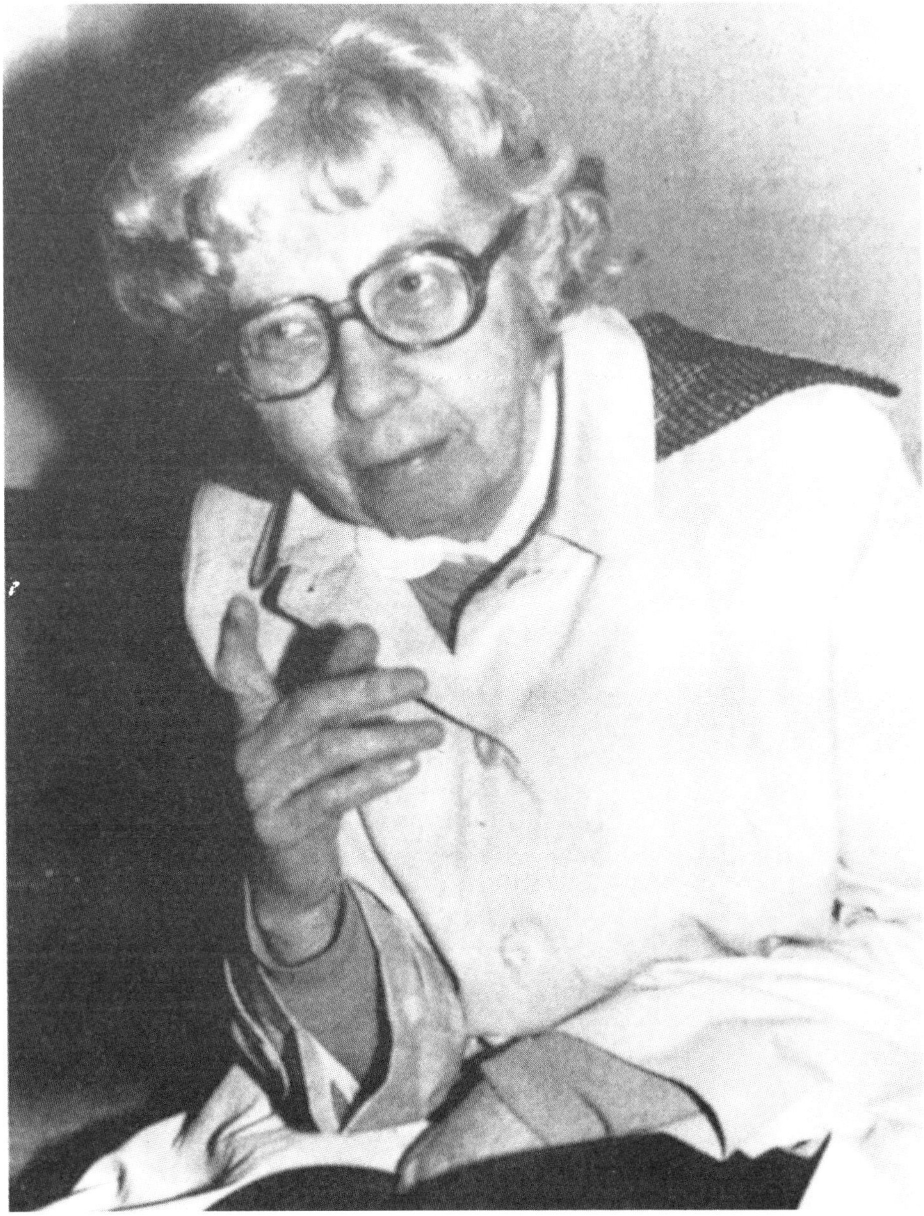

Abb. 31: Ilse Losa (undatiert)

zu denken. Ilse Losa beendete das Gymnasium nicht. Stattdessen nahm sie an der Handelsschule an einem sechsmonatigen Schnellkurs teil und ging anschließend für ein Jahr als Au-pair-Mädchen nach England. Nach ihrer Rückkehr war es wegen der großen Arbeitslosigkeit und des wachsenden Antisemitismus schwer, eine Stelle zu finden. In dem Krankenhaus, das sie als Volontärin aufnahm, durfte sie als Jüdin nach 1933 nicht bleiben. Sie arbeitete kurze Zeit in einem jüdischen Krankenhaus und zog dann nach Berlin. Arbeit fand sie immer nur vorübergehend - jüdischen Unternehmen, Betrieben, Geschäften wurde planmäßig die Existenzgrundlage genommen.

1934 hielt sie eines Tages eine Vorladung zu einem Verhör bei der Gestapo in den Händen. Einer ihrer Briefe an eine in Hannover lebende Pazifistin, in dem sie sich eindeutig gegen den Nationalsozialismus ausgesprochen hatte, war abgefangen worden. Drei qualvolle Stunden lang wurde sie im Präsidium am Alexanderplatz verhört. Und immer wieder die Frage, ob sie, so blond und blauäugig, wirklich Jüdin sei. Ilse Losa wagte nicht zu lügen und vermutete erst später, daß der junge Gestapobeamte ihr vielleicht hatte helfen wollen. Bis zum nächsten Verhör wurde ihr eine Frist von einigen Tagen gesetzt. Sie nutzte sie zur Flucht nach Portugal, wohin bereits einer ihrer Brüder geflohen war, der die täglichen Verfolgungen auf der Straße nicht länger hatte ertragen können.

Ein Leben im Exil - das bedeutet Entwurzelung, Heimatlosigkeit und tiefste Verunsicherung, zumeist auch Armut und Sprachlosigkeit. In ihrem Roman "Nach Mitternacht" beschreibt Irmgard Keun, selbst Emigrantin, eindringlich die Situation jener, die in fremden Ländern um Aufnahme bitten mußten:

"Armer Emigrant. Glatt und hart umschalt wie eine Kastanie wird jedes Land für dich sein. Dir selbst wirst du zur Qual werden und anderen Menschen zur Last. Die Dächer, die du siehst, sind nicht für dich gebaut. Das Brot, das du riechst, ist nicht für dich gebacken. Und die Sprache, die du hörst, wird nicht für dich gesprochen."[2]

Für Ilse Losa kam zu den Schwierigkeiten des Lebens im Exil noch der Schock über die gesellschaftliche Diskriminierung der portugiesischen Frauen hinzu. Für eine selbständige junge Frau, an das Großstadtleben Berlins gewöhnt und an die nach dem Zusammenbruch des Kaiserreichs gewonnenen Rechte und Freiheiten für Frauen, mußte das zutiefst patriarchalisch strukturierte Leben in Portugal - das öffentliche Leben fand unter Ausschluß der Frauen statt - wie ein Rückfall ins 19. Jahrhundert erscheinen. In aller Schärfe umreißt Ilse Losa diese Situation in ihrer Erzählung "Sicherheitsnadeln oder eine Geschichte, die ungeschrieben blieb":

"Wäre ich ein Mann, so würde ich, Krone der Schöpfung, mich an ein Eckhaus lehnen, Arme und Beine kreuzen und die namenlose Menschenmasse an mir vorüberziehen lassen. Dabei würde ich die häßlichen Frauen verspotten, indem ich vor ihnen auf die Erde spuckte, den hübschen aber Galanterien zuwerfen, würde recht zufrieden mit mir und stolz auf mich sein und mich des Lebens freuen. Doch kann ich von alldem nichts tun, da ich nicht zu der bevorzugten Hälfte der Menschengattung, sondern zu der untergeordneten gehöre."[3]

---

2 Irmgard Keun, Nach Mitternacht, Stuttgart 1982, S.126.

3 Ilse Losa, Sicherheitsnadeln oder eine Geschichte, die ungeschrieben blieb, in: Das versunkene Schiff, Berlin/ DDR 1967, S.102.

Es gibt Freiheiten, hinter die es sich nicht zurückgehen läßt. Die Einschränkungen, die "anständigen" Mädchen auferlegt waren, wollten sie nicht Anstoß erregen und sich damit um den Mann bringen, gingen bei weitem über das hinaus, was Ilse Losa zu akzeptieren bereit war. *"Doch gehöre ich nun einmal zu den Frauen, die sich nicht mit den von den Männern für uns dekretierten Moralgesetzen abfinden können"*,[4] läßt sie die Ich-Erzählerin, auch eine Fremde, in dieser Geschichte sagen und sucht wie sie, zwischen Auflehnung und Anpassung einen Weg, der ihr Möglichkeiten verspricht, am öffentlichen Leben teilzunehmen.

In Porto, wo sie und ihr Bruder lebten und sich mit Deutschunterricht ernähren konnten, fand sie schnell Anschluß an Studentinnen und Studenten. Ihr blieb das Schicksal vieler Flüchtlinge - ein Leben auf Widerruf in einem fremden Land, das Unbehaustsein auf unabsehbare Zeit - erspart. 1935 heiratete sie den Architekten Arménio Losa. Ausländerinnen, die mit einem Portugiesen die Ehe schlossen, erhielten die portugiesische Staatsbürgerschaft. Dies Privileg wurde Ausländern, die eine Portugiesin heirateten, nicht gewährt.

Bis 1938 ließ die Salazar-Regierung[5] die deutschen Flüchtlinge noch relativ ungehindert einreisen. Für die meisten war Portugal nur Durchgangsstation auf dem Weg in die USA, nach Afrika oder in lateinamerikanische Länder. Doch vergingen oft viele Monate, bevor das dringend benötigte Ausreisevisum eintraf oder endlich ein freier Platz auf einem Schiff gebucht werden konnte. Nach 1938 wurde die Aufenthaltsdauer für die Flüchtlinge auf drei Monate eingeschränkt. Wer bis dahin kein Ausreisevisum vorzeigen konnte, kam in die Gefängnisse von Aljube und Caxias. Auch einer der beiden Brüder Ilse Losas war dort mehr als ein Jahr inhaftiert. Die Bestimmungen wurden erst gelockert, als das Kriegsglück der Deutschen sich zu wenden begann. Die bis dahin hitlerfreundliche portugiesische Regierung wandte sich den Alliierten zu. Auf Veranlassung der Engländer durften die Flüchtlinge die Gefängnisse verlassen und wurden in Caldas da Rainha in Pensionen, Hotels oder auch privat untergebracht. Die meisten von ihnen verließen Portugal nach dem Krieg.

Portugal bot Ilse Losa die beruflichen Möglichkeiten, die ihr in Deutschland verweigert worden waren. Sie leitete einen Kindergarten in Porto, versah dort später für zwei Jahre den Lehrstuhl für Kinderliteratur an der Fachhochschule zur Ausbildung von Grundschullehrern und war einige Jahre Lektorin für deutsche Literatur beim Lissabonner Verlag Livros do Brasil.

Und sie schrieb - zunächst auf deutsch. Schon als junges Mädchen hatte sie begonnen zu schreiben, für Veröffentlichungen reichte die Zeit jedoch nicht mehr. Freunde rieten ihr, in portugiesischer Sprache zu schreiben, und auch ihr Mann drängte sie dazu - sie sei nun Portugiesin, und die beiden Töchter würden in Portugal aufwachsen. Ilse Losa ließ sich überzeugen und begann mit der portugiesischen Sprache zu experimentieren. Es fiel ihr nicht leicht, sich in der anderen Sprache zu-

---

4 Ebd., S.103.

5 1926 kam es in Portugal durch einen Putsch zu einer Militärdiktatur. 1928 wurde der Nationalökonom António de Oliveira Salazar (1889-1970) in die Regierung berufen, um die dringenden Finanzprobleme zu lösen. Von 1932 bis 1968 beherrschte er das Land als Ministerpräsident. Seine Regierungszeit ist gekennzeichnet durch große Armut weiter Bevölkerungsschichten, Privilegienwirtschaft, Unterdrückung aller demokratischen Kräfte, Willkür und Gewalt.

rechtzufinden, die, vom Arabischen geprägt, überreich an feinsten Anspielungen und bildhaften Ausschmückungen ist. Ilse Losa schrieb "básico". Schnörkellos, auf das Wesentliche reduziert, entwickelte sie einen eigenen, klaren und originalen Stil. Überraschend viele der geflüchteten Schriftstellerinnen begannen im Exil in der Sprache des Exillandes zu schreiben oder schrieben "zweisprachig". Sie empfanden die Ausdrucksmöglichkeiten in einer weiteren Sprache zumeist als Gewinn. Ein neues sprachliches System zu entdecken, kann auch bedeuten, eine neue Welt zu entdecken und ist nicht nur Bereicherung für die Schreibenden, sondern in hohem Maße auch für das Gastland.

Später hat Ilse Losa diese Entscheidung oft bedauert. Es war ihr dadurch der Weg zum deutschen Büchermarkt verschlossen. Jedoch fanden, besonders in der Nachkriegszeit, nur die wenigsten Schriftstellerinnen, die im Exilland blieben und weiterhin in deutscher Sprache schrieben, auch deutsche Verleger für ihre Bücher. Selbst das Werk der während der Weimarer Republik weit über die Grenzen Deutschlands hinaus bekannten Schriftstellerinnen Else Laske-Schüler, Irmgard Keun oder Marieluise Fleißer erfuhr erst in den siebziger Jahren eine späte Würdigung, nicht zuletzt durch die Frauenbewegung, die laut nach dem Anteil der Frauen an der Literaturproduktion jener Jahre fragte. Erfolgsschriftstellerinnen der zwanziger Jahre wie Lili Körber, Rahel Sanzara, Adrienne Thomas oder Alice Berend sind, trotz vereinzelter Neuauflagen in den letzten Jahren, auch heute noch unbekannt. So unbekannt, wie es die Exilgeschichte der Frauen ist und die Literatur der Exilschriftstellerinnen.

Ilse Losas Werk ist geprägt von den Erfahrungen der Vertreibung und Entwurzelung, der Auseinandersetzung mit dem Land, dessen Bürgerin sie wurde und dem Schmerz um die verlorene Heimat, der Sehnsucht nach Zugehörigkeit. Das gilt für viele ihrer Erzählungen, insbesondere jedoch für drei Romane.

1949 erschien ihr in weiten Teilen autobiographischer Roman "O Mundo em que vivi" (Die Welt, in der ich lebte). Am Schicksal der Rose Frankfurter schildert Ilse Losa ihr eigenes Leben in Deutschland bis zur Flucht nach Portugal. In dem stets von Armut überschatteten Haus der Großeltern verbringt Rose ihre ersten Lebensjahre, geborgen im Rhythmus der jüdischen Feiertage und im liebevollen Verständnis des Großvaters, bis die Eltern das Kind holen und es auf deutsche Schulen schikken. Die deutsche Sozialisation beginnt die jüdische zu überlagern. In dem Maße wie Rose wächst und älter wird, verliert ihr Leben an Fraglosigkeit und Selbstverständlichkeit. Der zunehmende Rassenwahn macht sie schließlich zur Fremden im eigenen Land, wirft sie auf existentielle Weise auf sich selbst zurück. Ihrer Identität als Deutsche beraubt, als Jüdin zutiefst gedemütigt, muß sie fliehen, als ihr nach einem Verhör bei der Gestapo die Vernichtung droht.

1952 folgt "Rio sem ponte" (Fluß ohne Brücke) und 1962 der Roman "Sob céus estranhos" (Unter fremden Himmeln), der, ohne in dieser Absicht entstanden zu sein, als Fortsetzung des ersten Romans gelesen werden kann. Ilse Losa beschreibt darin den Versuch des Heimischwerdens in der Fremde. Dem nach Portugal emigrierten Halbjuden José Berger gelingt es, sich durch die Liebesheirat mit einer Portugiesin und über das gemeinsame Kind ein Stück weit zu verwurzeln. Wie stark er sich zugehörig fühlt, wird ihm machtvoll bewußt, als er, von einer Reise aus dem

zerstörten Deutschland zurückkehrend, die Grenze nach Spanien passiert und von einer tiefen Vorfreude auf das Nachhausekommen erfaßt wird.
Ilse Losas umfangreiches Erzählwerk ist in Portugal in mehreren Sammlungen herausgegeben worden, u.a. 1950 Erzählungen: "Historias quase esquecidas" (Fast vergessene Geschichten), 1951 Poesie: "Grades brancas" (Weiße Gitter), 1955 Erzählungen und Novellen: "Aqui havia uma casa" (Hier stand ein Haus), 1958 Reisebeschreibungen: "Ida e volta à procura de Babbitt" (Hin und zurück auf der Suche nach Babbitt), 1979 die Erzählungen "O barco afundado" (Das versunkene Schiff), die 1967 bereits in deutscher Sprache erschienen waren. Einzelveröffentlichungen ihrer Erzählungen sind in brasilianischen, bulgarischen, kanadischen und westdeutschen Anthologien zu finden. Mit einer Vielzahl von Kindergeschichten und Kindertheaterstücken machte sie sich daneben um die traditionsarme portugiesische Kinderliteratur verdient. Sie gab Anthologien moderner portugiesischer Autoren und Autorinnen heraus sowie portugiesische Jugend- und Kinderbuchsammlungen und war als Übersetzerin tätig. Sie übersetzte sowohl vom Portugiesischen ins Deutsche, als auch umgekehrt vom Deutschen ins Portugiesische, darunter Werke von Hilde Domin, Anna Seghers, Berthold Brecht und Thomas Mann.
In ihrer Erzählung "Retta" nimmt sich die Titelheldin, eine nach Portugal geflüchtete Emigrantin, das Leben. Das unstillbare Heimweh, die Sehnsucht nach "ihrem" Wald, dem Spessart, und die wohlmeinende Verständnislosigkeit ihres portugiesischen Mannes sind nicht länger zu ertragen. Ist Ilse Losa heimisch geworden in Portugal? Die Integration ist ihr sicher gelungen. Die Annahme der portugiesischen Sprache, auch als "Schreibsprache", ist Teil der Integration, die durch die öffentliche Anerkennung ihres Werkes und die in Portugal beheimateten Töchter und Enkelkinder verstärkt wurde. Doch ist auch ihr die Sehnsucht geblieben, nicht nach dem Land, aber nach Landschaften, nach dem Wald:
"Meine Bewegtheit beim Anblick des ausgedehnten Herbstwaldes war echt. Golden, schwefelgelb, grün, wein- und blutrot gefärbt war er. Tote Blätter raschelten leise unter meinen Füßen. Die Erde strömte den gleichen würzigen Geruch aus wie damals, und meine Schritte waren wie die schon viele Male getanen Schritte. Das alles war wieder ein untrennbarer Teil von mir, wie mein Atem und wie die Wurzel Teil der Pflanze ist."[6]
Nach Melle, dem Ort, der Heimat war, das verlorene Kinderparadies, ist Ilse Losa nach dem Krieg oft zurückgekehrt. Sie kam privat, besuchte dort Verwandte und Freundinnen aus der Schulzeit. Von ihr als Schriftstellerin wußten nur wenige. Reichtum und Vielfalt der portugiesischen Literatur sind in Deutschland noch zu entdecken. Erst 1988 wurde sie, anläßlich der Gedenkveranstaltungen zum fünfzigsten Jahrestag des Novemberpogroms, offiziell von den Städten Osnabrück und Melle zu Lesungen eingeladen. Die Resonanz war groß. Ilse Losa gab Rundfunk- und Zeitungsinterviews, ein Film über ihr Leben wurde gedreht, und fast ein halbes Jahrhundert nach ihrer Entstehung erschienen erstmals in deutscher Übersetzung ihre Romane "Die Welt in der ich lebte" (1990) und "Unter fremden Himmeln" (1991) sowie eine Sammlung ihrer Erzählungen u.d.T. "Tagträume und Erzählungen

6 Ilse Losa, Treffen im Herbst, in: Das versunkene Schiff, a.a.0., S.164.

der Nacht" (1992). Es hat lange gedauert, bis Ilse Losa zurückkehrte - "heim ins Wort" -, und sie hat viel zu sagen.

Zusätzlich benutzte Literatur

Engelmayer, Elfriede: "Von der Heimat, die man haben muß, um sie nicht zu brauchen" und "Denn Sprache ist ja Heimat, dieses furchtbare Wort" - Gespräch mit Ilse Losa, in: Tranvia, Nr.12, März 1989.

Gutzeit, Angela: "Die Welt, in der ich lebte" - Begegnung mit einer Emigrantin, in: Anschläge, H.19, Nov./ Dez. 1988.

Wall, Renate: Jüdische Dichterin aus Melle lebt und arbeitet in Portugal, in: Meller Kreisblatt v. 4. Januar 1988.

Autorinnen und Autoren

Bock, Marion: geb. 1962, Studium der Geschichte und Soziologie an der Universität Hannover. Forschungen, Vorträge und Veröffentlichungen zur Frauengeschichte am Beispiel Hedwig Kettler.

Braune, Isolde: geb. 1966, Studium der Germanistik und Geschichte an der Universität Hannover. Veröffentlichung über musikalisches Stimmtraining.

Brüchert, Erhard: geb. 1941, Studium der Germanistik und Geschichte in Marburg, Berkeley/ Kalifornien und Göttingen. OStR für Deutsch und Geschichte am Gymnasium Eversten in Oldenburg. Hoch- und niederdeutscher Autor mit Schwerpunkten in der Gattung des Dramatischen: Kinder- und Jugendtheater, niederdeutsche Geschichtshörspiele für den NDR und Radio Bremen. Mitarbeit in der sprachpflegerischen Arbeit der "Oldenburgischen Landschaft" und in der Lehrerfortbildung. Mitglied des Beirats des "Instituts für niederdeutsche Sprache" in Bremen und seit 1992 1. Vorsitzender der "Bevensen-Tagung" (Jahrestagung für Niederdeutsch). Zahlreiche Veröffentlichungen.

Dinghaus, Angela: geb. 1959, Studium der Geschichte und Politik an der Universität Hannover. Veröffentlichungen zu Themen der hannoverschen Stadtgeschichte.

Fesche, Klaus: geb. 1960, Studium der Geschichte und Politik an der Universität Hannover. Geschichts-Theater-Projekt und Veröffentlichungen zu Themen der hannoverschen Stadtgeschichte.

Guckel, Sabine: geb. 1958, Studium der Germanistik, Geschichte und Philosophie an der Universität Hannover. Veröffentlichungen zu Themen der hannoverschen Stadtgeschichte und Kunst. Promotion über Semiohistorie.

Hormann-Reckeweg, Birgit: geb. 1951, Studium der Sozialwissenschaften an der Universität Hannover, leitet das Archiv der Hauptverwaltung der Industriegewerkschaft Chemie-Papier-Keramik. Zahlreiche Veröffentlichungen zur Geschichte der I.G. Chemie-Papier-Keramik und ihrer Vorläuferorganisationen.

Jung, Martina: geb. 1957, Studium der Soziologie, Sozialpsychologie und Pädagogik an der Universität Göttingen. Mitarbeiterin im Frauenhaus und in der Frauen-Beratungsstelle Braunschweig, Lehrauftrag an der Fachhochschule Braunschweig/ Wolfenbüttel, Ausstellungsprojekt (Katalog) zur Nachkriegsgeschichte von Frauen in Hannover.

Klecha, Anette: geb. 1960, z.Z. Studium der Philosophie und Politik an der Universität Hannover.

Koerner, Marianne: geb. 1957, Studium der Geschichte, Soziologie und Germanistik an den Universitäten Gießen und Göttingen. Mitarbeit an diversen Frauenprojekten, 1986-1988 Mitglied im Bundesvorstand der Geschichtswerkstatt e.V., 1987 und 1988 Angestellte der Geschichtswerkstatt Göttingen e.V. Z.Z. Dissertation zu Studentinnen von 1900 bis 1918. Veröffentlichungen zur Stadt- und Frauengeschichte Göttingens.

Korff, Bettina: geb. 1962, Studium der Geschichte und Germanistik an der Universität Hannover. Veröffentlichungen zu Themen der hannoverschen Stadt- und Stadtteilgeschichte.

Lesemann, Silke: geb. 1962, Studium der Geschichte und Soziologie an der Universität Hannover. Von 1987 bis 1992 wissenschaftliche Mitarbeiterin am Stadtarchiv Hildesheim. Promoviert z.Z. mit einem Forschungsprojekt zur Frauengeschichte der Frühen Neuzeit/ Hildesheim. Veröffentlichungen zur Stadt- und Stadtteilgeschichte Hannovers und Hildesheims.

Meier-Kaienburg, Helma: geb. 1948, Studium der Anglistik und Geschichte in Bonn und Hannover. Studienrätin an einem hannoverschen Gymnasium. U.a. Veröffentlichungen (und Promotion) zum Thema: Frauenarbeit auf dem Lande/ Hannover-Braunschweig.

Möhle, Sylvia: geb. 1962, Studium der Geschichte, Politik, Romanischen Philologie und Kunstgeschichte an der Universität Göttingen. Z.Z. Dissertation: "Ehekonflikte und Ehescheidung in Göttingen 1740-1840". Veröffentlichungen zur Stadt- und Handwerksgeschichte Göttingens, zur Geschichte der Revolution 1918 im Eichsfeld sowie zur Ehescheidung im 18. Jahrhundert.

Möller, Carl: geb. 1930, Studium in Karlsruhe und Münster: Bauingenieurwesen, Betriebswirtschaft und Geschichte. Nach führenden Positionen in der Wirtschaft und Politik (Landtagsmandat, Oberbürgermeister von Osnabrück) ist er heute als Geschäftsführer des Landschaftsverbandes Osnabrück e.V. tätig. Seine Publikationen beschäftigten sich vorwiegend mit Themen der Osnabrücker Geschichte.

Mußmann, Olaf: geb. 1958, Studium der Geschichte und Politik an der Universität Hannover. Langjährige Vorstandsarbeit in der Geschichtswerkstatt Hannover e.V., Forschungsprojekt und Veröffentlichung zur Geschichte regionaler Industrialisierungsverläufe. Seit 1991 wissenschaftlicher Mitarbeiter am Historischen Seminar der Universität Hannover.

Pockrandt, Solveig: geb. 1954, Studium der Anglistik und Geschichte an der Universität Braunschweig. Veröffentlichungen und zahlreiche Vorträge zur regionalen Frauengeschichte/ Braunschweig.

Scheitenberger, Martina: geb. 1961, Studium der Germanistik und Geschichte an der Universität Hannover. Erarbeitung einer Ausstellung zu dem Thema: "Frauen in der unmittelbaren Nachkriegszeit in Hannover" und Erstellung eines begleitenden Katalogs.

Tollmien, Cordula: geb. 1951, Studium an der Universität Göttingen: Mathematik, Physik, Geschichte. Lehrtätigkeiten an Schule, Hochschule und in der Erwachsenenbildung, lebt als freie Schriftstellerin in Hann. Münden. Zahlreiche literarische und historische Veröffentlichungen zur Geschichte der Arbeiterwohlfahrt, der Universität Göttingen, über das Leben der Mathematikerin Emmy Noether u.a.

Walter, Barbara: geb. 1958, Studium der Geschichte und Anglistik an den Universitäten Freiburg i.Br. und Sussex/ England. Freie Mitarbeit beim Ploetz-Verlag Freiburg i.Br., wissenschaftliche Mitarbeiterin der Stadtbibliothek Hannover.

Wall, Renate: geb. 1942, Pädagogik-Studium an der Universität Osnabrück: Englisch, Deutsch, Kunst. Seither Realschullehrerin im Schuldienst. Veröffentlichung zur Exilliteratur von Schriftstellerinnen.
Wetzorke, Friederike: geb. 1956, Studium der Germanistik und Geschichte. Forschungstätigkeit beim "Arbeitskreis Andere Geschichte e.V. Braunschweig" mit dem Forschungsschwerpunkt Frauengeschichte. Veröffentlichung zur Geschichte der Dienstmädchen in Braunschweig.
Zeller, Susanne: geb. 1951, Studium an der Gesamthochschule Duisburg und an der Freien Universität Berlin: Erziehungswissenschaften mit den Schwerpunkten Sozialgeschichte und Sozialpädagogik. Promotion an der Technischen Universität Berlin/ Institut für Sozialpädagogik. Zahlreiche Veröffentlichungen zur Geschichte der Sozialpädagogik und über Frauen in der Sozialarbeit.
Ziegan, Uta: geb. 1960, Studium der Geschichte und Germanistik an der Universität Hannover. Wissenschaftliche Mitarbeiterin an der Universität Hannover (Forschungs- und Ausstellungsprojekte "Hannover in der Weimarer Republik" und "Historische Freizeit") und im Historischen Museum Hannover. Veröffentlichungen zur hannoverschen Stadtgeschichte.

Bildnachweis

Archiv des Friederikenstiftes Hannover: Abb. 12.
Archiv der I.G. Chemie-Papier-Keramik Hannover: Abb. 20.
Bayrische Staatsbibliothek München: Abb. 22.
Hannoversche Geschichtsblätter, Bd.9/ 1908, S.112: Abb. 1.
Historisches Museum Hannover und Handwerksform Hannover: Titel, Abb. 27, 28.
Institut für Bau- und Kunstgeschichte der Universität Hannover: Abb. 29.
Kunsthalle Bremen: Abb. 9.
Landesarchiv Berlin: Abb. 8.
Mary J. Lyschinska, Henriette Schrader-Breymann, Bd.1, Berlin/ Leipzig 1927: Abb. 13, 14.
Medienarchiv der Fachakademie für Sozialpädagogik München: Abb. 18.
Privatbesitz Marie Kaldauke: Abb. 19.
Privatbesitz Helma Meier-Kaienburg: Abb. 10.
Privatbesitz Ilse Losa: Abb. 31.
Privatbesitz Gesie Wetzig de Vries: Abb. 30. (Fotografiert von Gesie Wetzig de Vries.)
Privatbesitz Friederike Wetzorke: Abb. 7.
Rilke-Archiv Gernsbach: Abb. 23, 24.
Sprengel Museum Hannover: Abb. 26.
Staatliche Museen Kassel: Abb. 11.
Stadtarchiv Hannover: Abb. 17.

Stadtbibliothek Hannover: Abb. 25.
Städtisches Museum Braunschweig: Abb. 6.
Stadtmuseum München: Abb. 15, 16.
Universitätsarchiv Göttingen: Abb. 21.